U0559193

作者给研究生上课

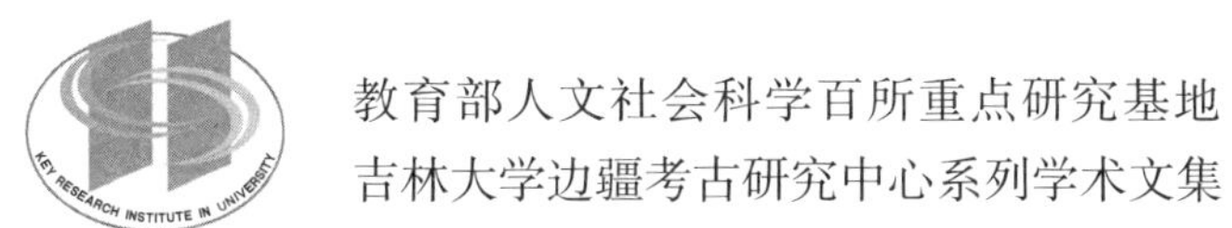

教育部人文社会科学百所重点研究基地
吉林大学边疆考古研究中心系列学术文集

# 汉以前东北考古研究

朱永刚 著

科学出版社
北 京

## 内 容 简 介

本书是对汉以前东北考古研究专题文集，共收入论文40篇，包括“新石器时代”“青铜时代”“燕秦汉时期”“区域考古学文化编年与谱系研究”“其他”五部分。内容涉及考古学文化和史前聚落个案研究；区域考古学文化编年、谱系、发展阶段和时空框架研究；还有对史前器具、陶器纹饰和刻划符号的解析。

本书供中国东北及东北亚地区考古与历史研究者和高校相关专业师生阅读参考。

**图书在版编目(CIP)数据**

汉以前东北考古研究 / 朱永刚著. —北京：科学出版社，2017.11
(教育部人文社会科学百所重点研究基地吉林大学边疆考古研究中心系列学术文集)

ISBN 978-7-03-055060-6

Ⅰ. ①汉… Ⅱ. ①朱… Ⅲ. ①新石器时代考古-东北地区-文集②考古-东北地区-青铜时代-文集③考古-东北地区-秦汉时代-文集 Ⅳ. ①K872.304-53

中国版本图书馆CIP数据核字(2017)第265891号

责任编辑：赵 越/责任校对：邹慧卿
责任印制：肖 兴/封面设计：张 放

科学出版社 出版
北京东黄城根北街16号
邮政编码：100717
http://www.sciencep.com

中国科学院印刷厂 印刷
科学出版社发行 各地新华书店经销

*

2017年11月第 一 版 开本：787×1092 1/16
2017年11月第一次印刷 印张：36 1/2 插页：1
字数：850 000

**定价：298.00元**

（如有印装质量问题，我社负责调换）

本书的出版得到

吉林大学

边疆考古与中国文化认同协同创新中心

资助

# 引　言

将这本文集取名为《汉以前东北考古研究》，有这么几点考虑。一是，1982 年我考入吉林大学研究生院，师从张忠培先生，张先生当时给我拟定的研究方向为“汉以前东北考古学”，在我从教的三十多年里，始终遵循先生指引的这一方向从未改变；二是，留校任教后，先后开设了“东北新石器与青铜时代考古”“汉以前东北考古区系类型研究”“东北燕秦汉考古和东北考古专题”等系列课程，在汉以前东北考古教学与实践中，始终把握学科最新发展动态、突出专业特色；三是，吉林大学地处东北，一直强调严格的田野考古训练，坚守一切认知从考古材料出发的治学理念。多年来，我主持或参加的十余次考古发掘、区域考古调查，主要集中在包括内蒙古东部在内的东北地区，在此基础上产生的系列研究成果，也都围绕这一领域展开。所以我认为这一命题既是对自己学术经历的回顾，也是研究成果的检视和总结，更是为表达吾师引领、惠泽终身、融入我内心感动的回馈。

本书收入的 40 篇论文是从历年发表的文章中甄选出来的，代表了我在汉以前东北考古方面的主要观点与学术体系。文集分五个部分。第一部分，新石器时代收入 10 篇论文。《辽东地区新石器时代含条形堆纹陶器遗存研究》一文，写于 20 世纪 90 年代。该文通过陶器类型学研究，认为辽东半岛新发现的“三堂一期文化”显然不是由小珠山下层、小珠山中层发展而来的，说明在本地区小珠山系列文化之外，还存在着另一种以条形堆纹陶器代表的遗存。这类遗存可能是由鲁西南经胶东半岛传入辽东半岛的，在继续北上过程中，除形成偏堡子类型，还影响到西北朝鲜地区。这类遗存的主要特点表现为，时间上的延续性，空间上的流动性和地域上的差异性。《大沁他拉陶器再认识》曾假定，新石器时代沿科尔沁沙地南缘，经奈曼、库伦、彰武、康平一线，存在一条沟通辽西腹地与下辽河平原的通道。《从科尔沁沙地东部考古发现看下辽河流域新石器文化的向西传布》继续重申这一观点。根据近年来的考古新发现，偏堡子类型那样的遗存还向西直抵内蒙古奈曼旗、扎鲁特旗，参与到南宝力皋吐墓地所反映的文化构成中。由此证明，我在二十多年前提出的沿科尔沁沙地南缘存在文化通道的设想是成立的。《中国东北先史环壕聚落的演变与传播》一文，是参加日本九州大学人文科学研究院合作项目而写作的。该文将辽西地区环壕聚落的发展分为三个阶段，探讨了其形态和结构的演变。通过与下辽河、嫩江中下游和吉林省中部、东部地区发现的环壕遗址比较，从时空范畴看，东北最早的环壕发生在辽西地区，然后呈序时性的由西向东延展分布。按这一线索推导，集中发现于朝鲜半岛南部和日本九州地区环壕形成的聚落，深受中国东北影响，并指出这绝不仅仅是单一文化元素的传播，环壕聚落本身就蕴含着深刻的文化内涵。接下来的《论西梁遗存及相关问题》《关于南宝力皋吐墓地文化性质的几点思考》《探索内蒙古科尔沁地区史前文明的重大考古新发现——哈民忙哈遗址发掘的主要收获与学术意义》几篇论文，是对内蒙古东部地区近年来发掘的几批新材料的探讨。通过文化内涵解析和年代与性质的认定，可确认它们属于不同年代、各具特点的几种新考古学文化类型，其中科左中旗哈民忙哈遗址的发现尤为重要。哈民忙哈遗址是我国考古工作者在北纬43°以北地区，首次大面积发掘的史前聚落遗址，遗址埋藏条件好，出土遗物丰富，遗迹保存完整。发掘中清理出相当完整的房屋木构架遗迹和大批非正常死亡堆弃的人骨，场景十分震撼，在我国新石器时代考古中极为罕见。《内蒙古哈民忙哈遗址房址内大批人骨死因蠡测——关于史前灾难事件的探索与思考》一文，根据种种迹象判定，哈民忙哈遗址是遭遇突发事件而废弃的。通过凝固历史瞬间的情境观察和人骨死亡年龄统计，结合自然环境和生业方式分析，在排除地质灾害、人为杀戮等灾难后，提出距今5000年前科尔沁沙地曾遭受过瘟疫肆虐，导致哈民忙哈居民群体死亡的直接原因，应缘于一场鼠疫。《文化变迁与边缘效应——西辽河流域北系区几种新石器文化的发现与研究》一文，基于2000年以来，我在西辽河以北地区多次考古调查和参加几处重要遗址发掘所掌握的第一手资料，也是对这一地区史前文化长期关注和思考的总结。主要观点可以表述为：在辽西新石器时代框架内，存在两个文化序列，一个是兴隆洼—赵宝沟—红山—小河沿主体文化序列；另一个是西梁—富河—哈民忙哈—南宝力皋吐非主体文化序列。由于后者只见于西辽河以北边缘地带，且有很强的自身特点，表现出与中心区域考古文化相分异的现象。在这一地区发生的一系列文化变迁，呈现渐行渐远的“离心运动”，这种情况到新石器时代晚期表现得尤为突出。本文以西辽河北系区几种文化类型为切入点，整合周边地区相关材料，探讨了考古文化变迁与边缘效应问题。在区系考古学文化研究取向方面，提出将辽西地区新石器文化解构成两个序列的双重构造模式，从理论层面为重建该地区新石器文化体系进行了有益探索。

第二部分，青铜时代收入16篇论文。青铜时代是我对汉以前东北考古研究着力较多的一方向，这次收入的论文几乎涉及东北重要的青铜文化和考古遗存，覆盖范围较广。最早写作的《夏家店上层文化的初步研究》，首次以文化因素分析方法对夏家店上层文化成分进行解析，在文化分期、渊源及与周邻文化关系方面的讨论均有独到见解。关于族属研究，本文对夏家店上层文化为山戎遗存的论证，修正了学术界一直以来占主导地位的东胡说观点。20世纪50年代初命名的西团山文化，是东北地区最早确认的青铜文化。作为早年写作的《西团山文化墓葬分期研究》（《北方文物》1991年3期）的姊妹篇《西团山文化来源探索》一文，从更广泛的视野和文化谱系角度探讨西团山文化来源问题，最先提出西团山文化与辽东山地及下辽河平原商周时期诸文化遗存存在文化谱系的渊源关系。《论高台山文化及其与辽西青铜文化的关系》，首次对高台山文化特征组合与年代进行了界定，比较分析了高台山文化与辽西地区三种青铜的关系，借此推定辽西青铜时代不同系统考古学文化的变迁，与高台山文化向西扩展有关联。该文还以陶鬲谱系为线索，第一次提出夏家店上层文化主体源于高台山文化，这一观点为学界广为引用。嫩江下游及周邻地区是东北青铜时代一个独立的考古文化区，但田野工作长期滞后。1986年肇源白金宝遗址第三次发掘规模大、内涵丰富。我经历了从发掘、整理到编写报告的全过程。张忠培先生在《肇源白金宝——嫩江下游一处青铜时代遗址的揭示》考古报告的序中写道，“考古学者至今在肇源白金宝遗址发掘过三次，前两次发掘仅确认出该遗址只存在一层堆积即白金宝文化堆积，而第三次发掘，则从层位上辨识出白金宝遗址存在着先后叠压的四层文化堆积。这先后四层叠压的文化堆积的揭示与确认，不仅于白金宝遗址是第一次，至今于嫩江流域考古发掘工作中也是唯一的一次。”本文集收入的《松嫩平原先白金宝文化遗存的发现与研究》《论白金宝二期文化》《肇源白金宝遗址分期与各期文化层面考察》三篇文章，就是我在整理这批材料过程中，阶段性的认识或对所关心问题的阐述。其中最后一篇，是由《肇源白金宝》考古报告结语第二部分经重新命题改写而成。东北地区青铜时代，若从典型陶器空间坐落的区位来看，西部是鬲分布区，东部为壶分布区，它们在各自分布区内形成了传承有序的考古学文化系统。由于典型陶器的特质性，历来被研究者所重视。虽然较之陶鬲，陶壶的形态特征不易把握，但在辽东地区陶壶却是可串联起各类考古遗存、建立考古学文化编年序列、辨析谱系关系唯一的类型品。这便是《辽东地区双房式陶壶研究》的写作背景。该文提出三点认识：一是双房式陶壶的祖型可追溯到庙后山文化，在以后的发展进程中逐渐形成以太子河、浑河为中心，分布范围遍及辽东地区并反映时段特征的一种文化遗存；二是将双房式陶壶分为A、B两型，在辽东地区它们是出于同源陶壶谱系的两个发展序列；三是所谓“美松里”陶壶，是双房式陶壶自西周中晚期发生分野以后，向东流向西北朝鲜地区的一支。同时向北流布的另一支，对西团山文化的形成产生了深刻影响。《大、小凌河流域含曲刃短剑遗存的考古学文化及相关问题》一文，以介于辽西与辽东两大文化板块之间的大、小凌河流域为伸长点，将这一地区含曲刃短剑遗存划分为三个考古文化期。指出公元前一千纪后，曲刃短剑为代表的这类遗存以其连续性保持着文化内涵上的承继关系，并与努鲁儿虎山西侧的夏家店上层文化形成显著区别。这一时期，虽然大、小凌河流域青铜短剑墓具有多元文化成分杂糅的特点，但是来自辽东地区的文化因素表现得更为强烈。基于上述研究成果，《东北青铜文化的发展阶段与文化区系》一文，对东北青铜时代考古学文化作了全面总结，第一次在该领域建立起了比较完整的时空框架与谱系结构。此后在《东北青铜时代区系考古学文化论纲》中，又进一步对这个结构体系进行了细化与完善。将东北青铜时代划分六个考古文化区、四个发展阶段和东西两大区系与中间地带，这种分布格局比照先秦文献记载的东北诸古代民族方位，已具有了民族文化区的雏形。林沄先生对我承担的《汉以前东北考古学》国家教委“八五”社科规划项目的结项报告曾评价到，“一方面以亲自发掘的重要新资料，填补了汉以前东北考古的多项空白，修正了旧有的认识，提出了新的文化类型和研究题目。另一方面，则以很宽广的文化视野和细密的比较研究，对本地区及邻区诸考古文化的年代序列、源流、相互影响提出了许多新见解。”“尤其可喜的是，在东北青铜时代考古文化区系类型上已构成一个新的自成一家的框架。”

我对东北和北方地区出土的青铜器一直比较关注，陆续发表过几篇文章，现在看来都不尽如人意。但它们毕竟记录了那个时间段我所思考的问题，也反映了当时的认识水平，所以也收录到文集里来。其中代表性的有两篇：一篇是《试论我国北方地区銎柄式柱脊短剑》，文中指出夏家店上层文化最具代表性的銎柄短剑，既不同于典型的“东北系”分体曲刃剑，又区别于“北方系”的联铸体直刃剑，其祖型蕈首直刃剑与南西伯利亚米努辛斯克盆地所见卡拉苏克式短剑为同一系统。据此判定銎柄短剑是卡拉苏克式短剑的支流衍派，这个观点曾引起学界的关注；另一篇《中国北方的管銎斧》，通过对发现于我国北方地区管銎斧的全面梳理和分类与编年研究，就其分布的区域特点、文化性质和存续发展过程进行讨论。该文指出中国北方自夏代就已出现了接受中原夹内兵器影响的原生斧，至少到商代晚期又形成不同形制、各具地方特点的管銎斧变体。尽管不排除部分类型品受到外来因素的影响，但就文化背景和形制特点分析，中国北方地区的管銎斧是自成一系发展起来的。

第三部分，燕秦汉时期，发表过的文章不多，选了 3 篇。《吉林省梨树县二龙湖古城址调查及年代认识》是一篇简报，之所以选定收入进来，是因为二龙湖战国至汉初古城址的认定，颠覆了此前学界对战国时期燕文化在东北地区分布范围的认识，使其控制范围又向北推进了 100 余公里。这一发现对东北民族、考古、疆域研究具有重要意义。《辽宁锦西部集屯三座古城址考古纪略及相关问题》一文，通过对部集屯集中发现的三座城址形制、结构、建筑特点的考察与年代认识，为这一地区先秦古代部族的考定和秦汉郡县设置研究提供了重要依据。《东北燕秦汉长城与早期铁器时代考古学文化研究的若干问题》，表述了这样一个事实，即东北燕秦汉长城是一个巨大的防御体系，更是一条特定历史时期划定的不同民族、疆域和不同文化及生存状态的分界线。从时空范畴和内容形式看，燕秦汉长城以南辽河东西两翼地区为中原文化政体覆盖范围，文化面貌与燕秦汉文化大体一致，并保持同步发展态势；长城以北及边远地区，则保持着原有文化的多样性和交错并存的复杂性。本文历数长城以北地区含早期铁器的遗址和墓葬，探讨了汉式铁器在东北的传播，针对已发现的诸考古学文化遗存，结合汉魏文献记载，提出东北早期铁器时代已形成民族文化分布的基本格局。

进入 2000 年以后，我和我的同事王立新教授先后承担两项教育部人文社会科学重点研究基地重大项目（项目号：01JAZJD78003、2007JJD780122）。2002～2003 年，项目组在西拉木伦河上游进行了较大范围的考古调查，并对重点遗址发掘。这次田野工作历时两年，涉及内蒙古克什克腾旗、林西县、巴林右旗三个旗县，踏查遗址 40 余处，识别先秦时期 9 种文化遗存，其中林西县井沟子西梁新石器时代遗址和井沟子青铜时代墓葬为代表的两种文化遗存为首次发现。这项工作的意义在于，填补以往不同时段考古学文化的空白，同时也确立了该流域区先秦时期比较完整的考古学文化编年序列。2007年和2009年，“科尔沁沙地汉以前考古”课题组，对吉林省通榆县、洮南县、白城市洮北区，内蒙古科右中旗、扎鲁特旗、通辽市、开鲁县、科左中旗、奈曼旗、库伦旗等两市八旗县，进行了有针对性的田野考古调查和复查，共新发现含新石器时代遗存的遗址30余处，结合近些年在这一地区几次大规模发掘，尤其是多项重大考古发现，使考古工作一直比较薄弱的科尔沁沙地新石器时代考古取得了突破性进展。据目前掌握的材料，已初步建立起的编年序列共有9种文化遗存，可划分六个时段。本文集第四部分选入的论文，基本都同区域考古学文化编年与谱系研究有关，其中有4篇是所承担项目的阶段性成果或相关研究。

第五部分，列入其他考古学研究的有6篇文章。过去我在考古发掘和资料整理时，遇到个别既叫不出名字也不明用途的器物，还有陶器上的特殊纹饰和刻划符号等，往往会萌生出种种猜测。然而出于好奇的猜测不是根据，需要的是考古学方法，并结合历史文化印记的寻觅和民族志材料的认证，做出合乎实事的逻辑判断。也许是兴趣使然，我对这类题材比较关注，因为它们是保留下来的古代形象历史，极富情趣且内涵丰富，值得充分利用。这里收入的几篇文章，全凭个人理解，虽然难免疏漏、错误，但在探究过程中却帮助我扩大了文化视野，也算有所收获。最后一篇《中国考古学20年之发展现状与跨世纪的中国考古学》，是为吉林大学纪念党的十一届三中全会召开20周年大型学术报告会撰写的讲演稿，附在后面就作为结束语吧。

需要说明的是，本文集收入的40篇文章中，有30篇为我独立撰写，其余10篇系与师友、学生合作，皆由我执笔完成。

本文集编辑过程中，吕军老师和她的学生们对部分早期文稿重新进行了文字打印和图表扫描，文中大部分插图由我的学生陈醉做了修改和重绘，我妻子敖澄参加了大部分文稿的打印和校对工作，科学出版社赵越负责全书编辑，对于他们的辛勤付出表示衷心感谢！本文集出版得到吉林大学边疆考古与中国文化认同协同创新中心资助，是我要特别致谢的。

# 目　录

## 新石器时代



## 青 铜 时 代

## 燕秦汉时期



## 区域考古学文化编年与谱系研究



## 其　他

# 新石器时代

# 辽东地区新石器时代含条形堆纹陶器遗存研究

1956年王增新报道了在辽宁新民县下辽河以东偏堡沙岗子遗址发现的几件完整陶器，其中的一件大口深腹罐器表施有纵向排列的条形堆纹，纹饰特征十分鲜明。同时在该遗址还采集到各类刻划纹和细泥条堆纹陶片。报告者认为“陶器的式样和花纹都很少见”，“显然是易于区别而有特殊性的”[1]，1965年，中国社会科学院考古所东北队首先在沈阳肇工街发掘到含条形堆纹陶片的文化堆积，证明这类遗存是单独存在的。20世纪70年代以后，沈阳市文物考古工作队，又先后在新民县东高台山和沈阳新乐遗址找到了确定其相对年代关系的地层依据。通过对这种遗存文化内涵的初步了解，人们一般认为它是下辽河流域新石器晚期阶段的一种考古文化，提出命名为“偏堡子类型”[2]。然而值得注意的是，随着近年辽东地区田野考古工作的进展，在本溪沿太子河流域地区、鸭绿江右岸的丹东地区和辽东半岛南端的旅大地区，也相继发现了饰条形堆纹的陶器。由于这种特殊纹饰的陶器已具有较大分布区，所以引起了考古学界的普遍关注。

所谓“条形堆纹陶器”是指在器表纵向贴塑细泥条堆纹的陶器。因为这种泥条的宽度一般不超过0.5厘米，截面呈三角形，有的研究者又把它叫作“窄细条堆纹”或“尖突棱堆纹”[3]。据观察条形堆纹有两种制法，一种是将细泥条等距离贴附于器表；另一种是直接在器表挤压堆塑成形。纹样有直条、曲折条、波浪条，泥条表面往往切压成绳索或链条状。陶系多为羼滑石粉的红褐陶，也有灰褐或黑陶。器类有筒形罐、壶和鼓腹罐。据目前已发表的材料，含条形堆纹陶器的遗存主要见于辽河及辽东半岛地区，均属于新石器时代的文化遗存，本文拟对这一时空范围内含条形堆纹陶器遗存的成因、文化性质及相关问题做一探讨，不当之处恳请指正。

## 一

在考察了条形堆纹陶器的分布、出现率、形式特点及由这类陶器构成的器物组合之后，本文认为根据其分布地域和文化差异可划分为三个区（图一）。

**1. A区**

指辽东半岛南端，主要见于半岛西侧临渤海的诸岛屿上。发掘的遗址有长兴岛三堂和交流岛蛤皮地[4, 5]。另外在旅大近郊的文家村、郭家村也发现过条形堆纹陶器残片[6, 7]。叠唇筒形罐是该类遗存最主要的器类，据三堂遗址陶器统计约占 89.3%、上述遗址出土的叠唇筒形罐在器物造型和纹饰风格方面呈现出很大的一致性，所以是这类遗存典型的代表性器物。与叠唇筒形罐共存的其他器型有壶、钵、碗、盂，但出土数量少，其中壶无完整器，仅见口沿残片，从发表的线图来看似乎很难辨识其形态。

三堂遗址的地层关系表明，含条形堆纹陶器的一期遗存早于相当于小珠山上层文化的二期遗存。另据郭家村遗址第三、四层堆积中曾出现一些“用细泥条填充凸起”堆纹陶片的共存关系分析[8]，这类遗存的年代大体相当于小珠山中层时期或略晚些。碳十四测定数据小珠山中层距今 6055 年±315 年，郭家村ⅡT6 第六层距今 5625 年±125 年（均经树轮校正）[9]，可供参考。

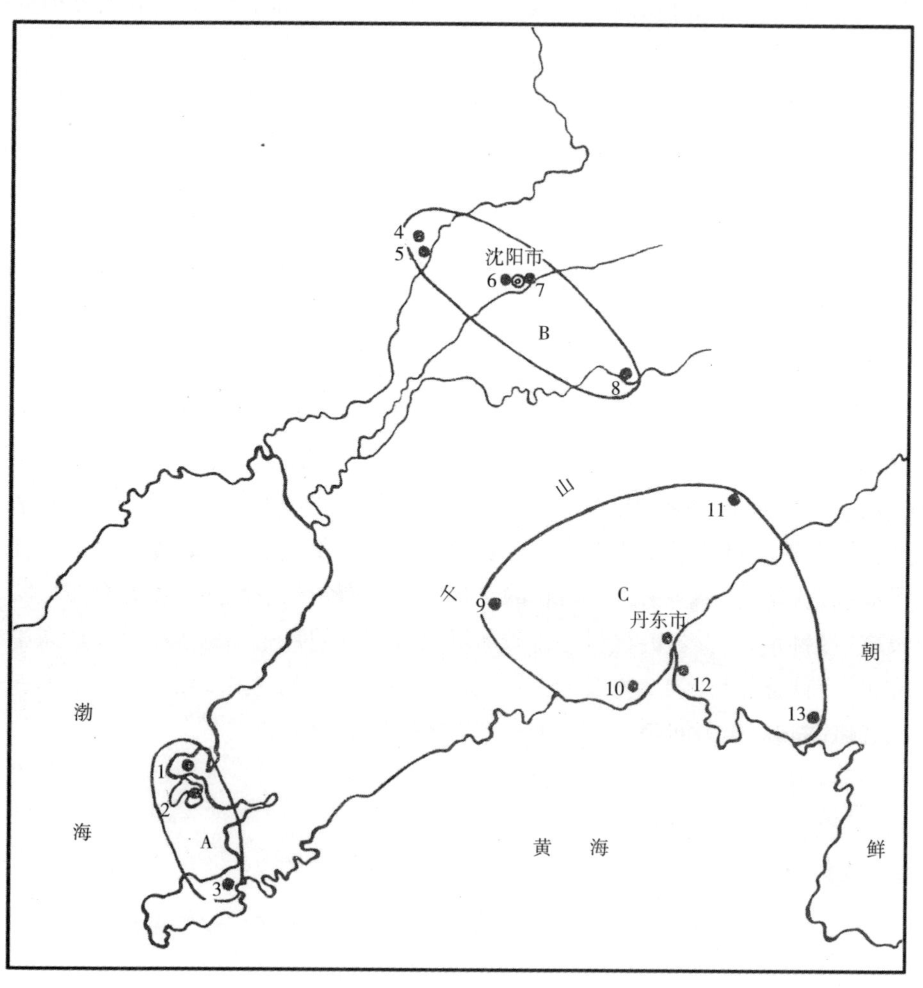


图一　辽东条形堆纹陶器分布示意图

1. 长兴岛三堂　2. 交流岛蛤皮地　3. 甘井子文家村　4. 新民偏堡　5. 新民东高台山　6. 沈阳新乐　7. 沈阳肇工街　8. 本溪马城子　9. 岫岩北沟　10. 东沟石佛山　11. 宽甸　12. 龙川郡双鹤里　13. 定州郡堂山

**2. B 区**

位于下辽河流域，以沈阳、新民为中心。已知地点有沈阳肇工街[10]、新乐[11]新民高台山和偏堡子[12, 13]。另外在本溪马城子 B 洞下层、水洞下层、九洞沟龙洞下层等地点也发现了含条形堆纹直腹筒形罐陶片，发掘者指出“从器形和纹饰观察具有偏堡子文化类型的器物特点”[14]。因此，太子河上游地段也应属于这一区域。筒形罐是 B 区的典型器物，有两种形式，一种是鼓腹叠唇筒形罐，其基本形态与 A 区同类器相似，另一种是直腹无叠唇筒形罐，为其他地区所不见。据东高台山遗址的统计，壶占出土陶器的 28%，是与筒形罐伴出的主要器类。器形为矮领、长圆腹，个别的有器耳，器表施条形堆纹或刻划的线型几何纹。

以偏堡子为代表的这类遗存的年代，可以从陶器的纹饰特点及相关遗址的地层关系两方面推定。

（1）东高台山陶壶的正反三角复线纹和回字形复线纹、肇工街叠唇筒形罐上的梳齿纹，与丹东地区北沟和石佛山遗址出土陶器的纹饰相同，且往往施于同类陶器上，这表明它们的年代比较接近。后者的年代被认为大体相当于小珠山上层时期。

（2）东高台山遗址含条形堆纹陶片的地层被本地区早期青铜时代的高台山文化所叠压。高台山文化最早一组碳十四年代数据距今 3960 年±220 年，树轮校正年代 4355 年±245 年[15]，B 区含条形堆纹陶器遗存的年代下限当不晚于此。

**3. C 区**

即千山东南至鸭绿江下游的丹东地区。经正式发掘的遗址有东沟县的石佛山[16]、岫岩县的北沟[17]。此外在丹东以北的宽甸县[18]、西北朝鲜龙川郡的双鹤里，定州郡的堂山也先后发现条形堆纹陶片[19]。本区陶器群以折沿罐、敛口罐和壶为典型器物，还伴出有龙山文化的磨光黑陶圈足盘、三环足盘和镂孔豆。纹饰种类繁多，以刻划为主，常见的有人字纹、平行纹、三角形、网格纹、叶脉纹、复线几何纹、梳齿纹等，据北沟遗址发掘报道，各种刻划纹约占出土陶器的一半以上。饰条形堆纹的陶器数量不多，但特征显著。与 A 区比较，器物的基本组合及刻划纹和条形堆纹在各自器物群中所占比例均有明显不同。与 B 区比较，叠唇筒形罐和矮领长圆腹壶虽是两区共出的器物，但同一类器物的出现率和形态特征有所区别。例如叠唇筒形罐是 B 区的流行器物，尤其是施条形堆纹的筒形罐出现率较高，而在 C 区仅有少量发现，施条形堆纹的筒形罐则更少见。反之 C 区出土的陶壶不仅数量多，而且形式多样，流行竖桥状耳。相比之下，B 区的陶壶则显得形式单一，器耳不发达。此外，C 区的条形堆纹折沿罐、敛口罐和打制的亚腰石锄及细石器等也为其他两区所不见。所以 C 区是与 A、B 区相区别的一个独立考古文化区。

本区含条形堆纹陶器遗存的年代相当于小珠山上层时期。北沟遗址已测定的碳十四数据距今 4390 年±150 年和 4680 年±100 年，大体接近实际年代。

## 二

以上材料表明，含条形堆纹陶器的遗存分布较广，且存在着时间差别。那么如何解释这种区域性的共同现象，条形堆纹陶器最初产生于哪个地区，又是怎样传播的呢？下面我们将进行讨论。

筒形罐是沟通辽东各区含条形堆纹陶器遗存的典型器物。这种筒形罐除一般在器表上半部施条形堆纹外，还有一个明显的特点，就是在器口沿外侧贴泥片形成叠唇。依据叠唇筒形罐在各遗存中的相对年代，按照其口沿叠唇的形式及腹形和纹饰的变化，经排比得到以下演变的逻辑序列。

Ⅰ式：弧腹大平底。口沿外贴扁平泥片与器口尚有一定距离。三堂ⅡF3上：14，器表条形和波浪形堆纹相间等距离均匀排列。三堂ⅡT202⑤：7，器表直曲条纹之间施刻划纹，条形堆纹相对稀疏（图二，1、2）。

Ⅱ式：鼓腹小平底。口沿外贴泥片上缘与器口平齐，剖面呈三角形，东高台山80T1⑤：3，器表直曲条形堆纹相间并施有刻划纹，其纹样与三堂ⅡT202⑤：7标本相近（图二，3）。东高台山80T1⑤：20，条形堆纹变粗呈节状，排列稀疏（图二，4）。石佛山曾采集到相似纹样的标本，亦可归入此式别（图二，5）。

Ⅲ式：口沿外贴泥片下缘向外翻。肇工街出土的标本器表均饰梳齿纹，同类器不见施条形堆纹者。石佛山遗址发掘简报中施梳齿纹的筒形罐亦不同条形堆纹筒形罐共存。因此，梳齿纹是继条形堆纹之后反映叠唇筒形罐发展过程的一个独立阶段（图二，6～8）。

Ⅳ式：折腹、下腹内收成小平底。直口叠唇，唇外有锯齿花边。石棉山ⅠT4：36，素面无纹饰。根据辽东半岛黄海沿岸青铜文化素面叠唇筒形罐较发育的事实，推定此类标本为本排序的最后一段（图二，9）。

从器物形态学的角度观察，这一逻辑序列的演变为，口部叠唇由口沿外贴泥片上缘与口沿有一定距离逐渐发展到外贴泥片上缘与口沿平齐连成一体；口沿外贴泥片下缘经分离与器壁形成一定空隙到逐渐外撇向上翻，最后与口沿相平行；器形由弧腹大平底至鼓腹再到折腹小平底；纹饰由条形堆纹的细条密集排列到节状粗条稀疏分布，由取代条形堆纹的梳齿纹再到素面无纹饰。

检视各式别坐落位置可以看出，Ⅰ式分布于A区，Ⅱ式、Ⅲ式分布于B、C区，Ⅳ式仅见于C区。由此判断A区的叠唇筒形罐要比其他区的同类器早一个阶段。Ⅰ式筒形罐存在的A区文化内涵较单纯，反映的区域性特征最为明显，是迄今辽东地区出条形堆纹陶器最早的区域。B区的叠唇筒形罐出现时间要晚于A区，条形堆纹陶器在这类遗存中是主要文化成分之一。C区的叠唇筒形罐发现较少，在筒形罐上施条形堆纹的做法有退化现象。通过以上分析可以推定，辽东地区的条形堆纹陶器有一个自南而北随时序跨空间的传播过程，它最初形成于A区，然后传播到B区，又渗透到C区，使这种特殊的文化因素成为包含在若干考古遗存中的区域性共同现象。

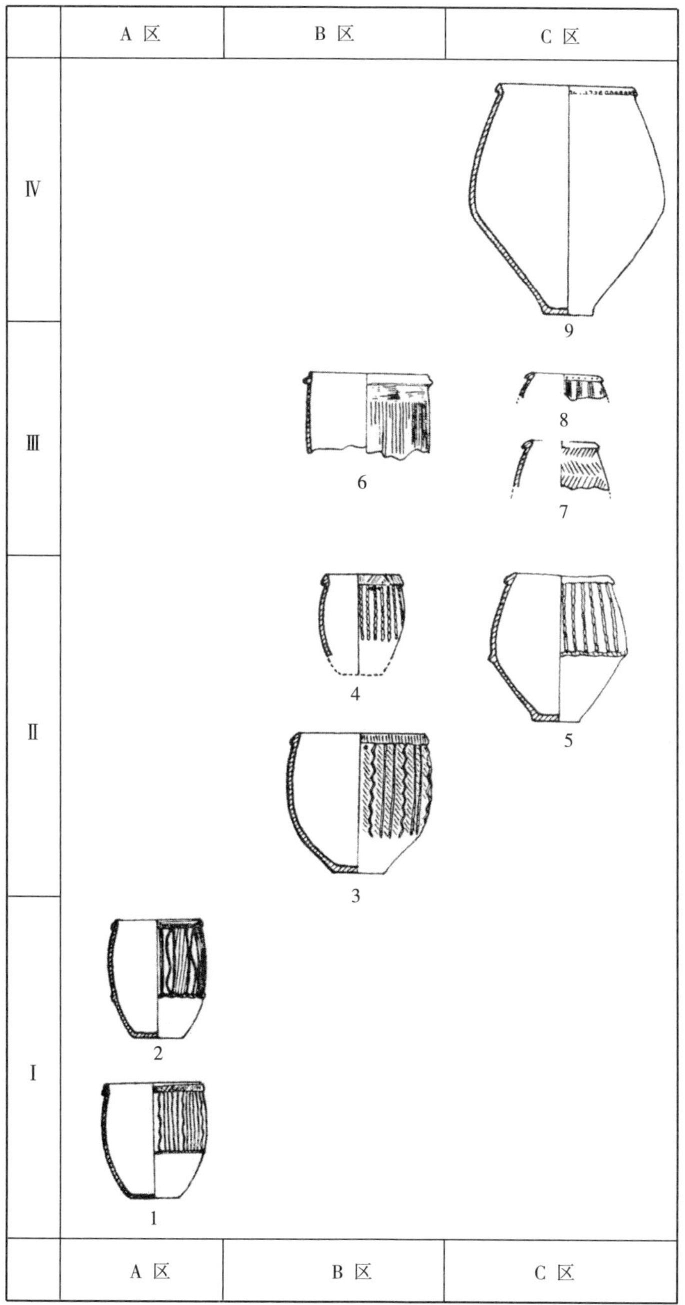


图二　叠唇筒形罐演变序列

1. 三堂ⅡF3上：14　2. 三堂ⅡT202⑤：7　3、4. 东高台山 80T1⑤：3、80T1⑤：20　5. 石佛山采集　6. 肇工街　7. 石佛山ⅠT3：20　8. 石佛山ⅠT3：19　9. 石佛山ⅠT4：36

## 三

B 区含条形堆纹陶器的遗存被人们称为偏堡子类型。关于它的来源，有人认为同该地区较早发现的新乐下层文化有承袭关系[20]。近年通过对新乐下层文化晚期遗存的识别，发现在陶器纹饰和形态上显示出向偏堡子类型过渡的特点[21]，这进一步证实了后者的某些文化因素是在前者的基础上发展而来的，然而长期以来令人困惑不解的是，偏堡子类型陶器突然出现的大量细泥条堆纹在当地传统制陶工艺中找不到任何线索。最初注意到黄淮地区新石器早期文化普遍流行条形堆纹陶器的研究者，曾做出与下辽河流域原始文化“或许有一定联系”的推测[22]。以往在有关东北平底筒形罐区系研究中，也有人试图通过对下辽河地区筒形罐的类型排比寻求答案[23]，但或因受材料限制未能深入探讨，或因缺乏对材料的整体把握，所得结论失之偏颇。总之，其文化成因还是个谜。本文研究认为，偏堡子类型是由多元成分构成的，有三种文化因素来源：其一，无叠唇直腹筒形罐、圈足钵是对当地新乐下层文化的继承和发展。其二，叠唇鼓腹罐、条形堆纹和羼滑石粉的制陶工艺来自 A 区以三堂一期为代表的遗存，是构成偏堡子类型的主体文化成分。其三，矮领长圆腹壶，复线几何划纹，是这一时期 B、C 两区及同邻地区，通过多向文化交流反映在各自陶器群中互为对应的共有成分。可以说偏堡子类型是本地因素和外来因素的混合体，而且在其文化因素构成比例方面，还表现为外来者优于本地者。

由于在辽东半岛南端发现了三堂一期为代表的一类遗存，使人们感到最早见于下辽河区的偏堡子类型已呈现出很大的分布区[24]。有的研究者则明确表示，上述两区的这类遗存，“在文化性质上属同一个考古文化类型，即偏堡子类型”[25]。判断在一定时空范围内的诸遗存是否属于一个考古学文化，主要是通过文化内涵的分析，观察其是否具有共同的或基本一致的文化特征，并与其周围文化相区别。A、B 两区文化面貌大体相近，除了羼滑石粉的红褐陶系、刻划几何纹饰、磨制的凹底双脊石镞等诸因素外，最主要的是施条形堆纹陶器和叠唇筒形罐在这类遗存中均占主体地位，该主要特征与周邻其他考古学文化相区别。着眼辽东地区新石器考古文化的整体环境，将 A、B 两区划归同一考古文化，即被考古界已确认的偏堡子类型，这类特征性遗存不仅见于下辽河区，而且在半岛南端的局部地区也有分布，这一认识符合客观实际。不过差别毕竟是存在的，对两者之间的关系作进一步分析会发现，作为偏堡子类型三种文化成分之一的主体成分是与三堂一期遗存相同或相似的因素。关于这种文化成分前边已有论述，A 区的三堂一期遗存形成在前，B 区的偏堡子出现在后，从文化结构方面考察，显然后者是由前者传播而来的。因此所谓“偏堡子类型”，是辽东半岛南端含条形堆纹陶器遗存向下辽河平原逐步发展，与该地区固有文化因素相融合并受到鸭绿江下游及邻近地区文化影响而形成的。就文化渊源关系来讲，偏堡子类型只是三堂一期遗存代表的考古学文化的派生类型。在这一认识过程中我们已明显感觉到，人们对原有偏堡子类型的理解存在着某种偏差，只有在搞清楚它的来龙去脉之后，才可能得出合乎实际的解释。

C 区含条形堆纹陶器的遗存与 A、B 区比较，文化因素或共存形式的差别都是显而易见的。就文化内涵性质而言，已超出了 A、B 区所理解的考古学文化范畴，C 区应是一种独立的考古学文化，以北沟和石佛山为代表的这类遗存虽然个别器类亦有些差别，但总体文化面貌表现出相当的一致性。由于北沟遗址出土的器物特征更典型，一般称其为北沟文化。

北沟文化具有鲜明的自身特点。陶器纹饰以大量的刻划纹为主，纹样种类繁多，尤为流行人字纹、平行线三角纹、复线几何纹。陶器群基本器物有折沿罐、矮领长圆腹壶以及双桥耳敛口罐和曲颈壶。按本地区新石器考古文化编年序列，这些因素无疑与后洼上层文化有一定的继承关系，但从目前的材料看还缺乏较为清晰的衔接线索，或许其还存在着尚待发现的材料。

从地理位置看，辽东半岛南端至鸭绿江口有狭长的滨海平原陆路相连，又有水路相通，从新石器早期开始处于鸭绿江下游的丹东地区就反复受到半岛南端文化流的撞击。促使其文化面貌相当接近旅大地区的原始文化。新石器时代的晚期，在北沟、石佛山等遗址中都见有山东龙山文化的磨光黑陶器，这类器形以往多见于小珠山上层文化，说明两地的文化联系仍然十分密切并呈现出同步发展的阶段性特征。但是与上一阶段本地文化结构较为单一的情况有所不同的是，北沟文化除了对本地区原有文化的继承外，还吸取了部分偏堡子类型文化因素。这一时期在来自半岛南端和下辽河区两个方向文化因素的交互作用下，这里的区域性文化特征愈加突出，使丹东地区成为一个与上述区域并存的独立的考古学文化区域。

## 四

长期以来人们对辽东半岛南端新石器考古文化的一个基本认识，是按年代序列划分为小珠山下层文化—小珠山中层—小珠山上层三个递进发展的考古文化。但是以往田野工作主要集中于旅大东部的黄海沿岸地带，这一序列并没有涵盖该地区新石器考古文化的全部内容，新发现的三堂一期遗存即以一种崭新的面貌区别于小珠山系列文化。

以三堂一期代表的遗存主要见于旅顺、大连西部渤海沿岸的诸岛屿，其相对年代大体与小珠山中层文化平行或略晚些、下限年代不晚于小珠山上层文化。从时空关系讲，似乎很难想象在目前已普遍为考古界所接受的小珠山系列文化中插入一个以叠唇筒形罐为代表的遗存。但从文化内涵看，它们又确有一部分文化因素存在着继续发展的关系。具体而言，首先，三堂一期陶器大部分陶胎内羼滑石粉和器表刻划的平行线纹、复线几何纹，是年代较早的小珠山下层文化和继之的小珠山中层文化十分流行的制陶方法和装饰纹样。其次，在小珠山系列文化各陶器群中始终占主导地位并显示自身文化传统的筒形罐；与三堂一期的叠唇罐原本属于同一器类。从器物发生学角度观察，后者应是前者的衍生器。由此可见，三堂一期遗存至少有相当一部分文化因素与小珠山系列文化有亲缘关系。然而三堂一期遗存的绝大部分叠唇陶器表面施条形堆纹的做法，却不是当地传统的制陶工艺。所以从文化内涵的另一方面分析，还应该有其复杂成困。追溯这种文化因素的来源，我们注意到山东的北辛文化曾流行过类似的施纹技法。北辛文化在陶器上堆塑细泥条的做法可归纳为以下几个特点：①施于夹砂陶器上，是见于出土数量最多的鼎形炊器上的主要纹饰。②纹饰富于变化，有斜行条纹、纵行条纹、纵直与波浪相间条纹，还有曲折条纹、菱形条纹和编织条纹，并且在常规条形堆纹之间往往施以蓖划地纹。③堆纹宽度在 0.1 厘米左右，成组排列，均施于器腹上部。如果将三堂一期遗存与北辛文化作一比较则会发现，尽管两个文化的陶器群不同，但在陶器上施纹的做法却十分相似，而且从纹样和纹饰的风格特点来看并无本质的区别，只不过后者比前者显得更熟练更富于表现力，北辛文化是山东境内新石器早期文化，已测得的七个碳十四年代数据经树轮校正为距今 7300～6300 年[26]，这是目前我们所知道的有关条形堆纹的最早考古材料。

辽东半岛与山东半岛的原始文化有着密切的关系，与隔海相望的胶东地区似乎保持着更为频繁的文化交往。大多数研究者认为两个半岛之间的文化接触和互为影响开始于大汶口文化早期，从一开始即表现为发展水平较高的山东原始文化对辽东文化影响为主趋势[27]。其具体过程，首先是大汶口文化从鲁西南中心区向胶东的流布，然后是自胶东向辽东半岛的文化传播。随着胶东地区考古发现和研究的进展已证实，目前见于胶东地区最早的“白石村一期遗存”包含有部分北辛文化因素[28]，这其中突出表现为对施条形堆纹技法的掌握和继承。“白石村一期遗存”的绝对年代为距今 5840 年 ± 110 年（经树轮校正）[29]，与本文推定的三堂一期遗存年代比较接近。因此有理由相信在陶器表面施条形堆纹的做法是由鲁西南经胶东传入辽东半岛的，而北辛文化正是这一传统制陶工艺的传播者。

综上所述，三堂一期遗存是小珠山系列文化在某一阶段发生分化后，又在器物装饰风格上而不是具体形态上部分的揉进了北辛文化因素形成的。以这种新因素出现为特征的文化一经形成，即迅速向辽东腹地推进，而条形堆纹作为一种文化符号也随之被广泛传播开来。概之，辽东地区含条形堆纹陶器遗存具有时间上的延续性、空间上的联系性和区域上的差异性三方面的特点。

## 注　释

[1] 东北博物馆文物工作队：《辽宁新民县偏堡沙岗新石器时代遗址调查记》，《考古通讯》1958年1期。

[2] 曲瑞琦：《沈阳地区新石器时代的考古学文化》，《辽宁省考古、博物馆学会成立大会会刊》，1981年。

[3] 辽省文物考古研究所、吉林大学考古学系等：《辽宁省瓦房店市长兴岛三堂村新石器时代遗址》，《考古》1992年2期；许玉林、杨永芳：《辽宁岫岩北沟西山遗址发掘简报》，《考古》1992年5期。

[4] 辽宁省文物考古研究所、吉林大学考古学系等：《辽宁省瓦房店市长兴岛三堂村新石器时代遗址》，《考古》1992年2期。

[5] 辽宁省文物考古研究所、吉林大学考古学系等：《瓦房店交流岛原始文化遗址试掘简报》，《辽海文物学刊》1992年1期。

[6] 言午、刘炯：《大连市文物普查主要收获》，《旅顺博物馆通讯》1986年1期。

[7] 辽宁省博物馆等：《大连市郭家村新石器时代遗址》，《考古学报》1984年3期。

[8] 辽宁省博物馆等：《大连市郭家村新石器时代遗址》，《考古学报》1984年3期。

[9] 社会科学院考古研究所实验室：《放射性碳素测定年代报告》（八），《考古》1981年4期；《放射性碳素测定年代报告》（六），《考古》1979年1期。

[10] 中国社会科学院考古研究所东北工作队：《沈阳肇工街和郑家洼子遗址的发掘》，《考古》1989年10期。

[11] 沈阳市文物管理办公室：《沈阳新乐遗址试掘报告》，《考古学报》1978年4期。

[12] 沈阳市文物管理办公室：《新民东高台山第二次发掘》，《辽海文物学刊》1986年1期。

[13] 东北博物馆文物工作队：《辽宁新民县偏堡沙岗新石器时代遗址调查记》，《考古通讯》1958年1期。

[14] 李恭笃：《本溪地区洞穴文化遗存的发现与研究》，《北方文物》1992年2期。

[15] 辽宁省文物考古研究所、吉林大学考古学系：《辽宁彰武平安堡遗址》，《考古学报》1992年4期。

[16] 许玉林：《辽宁东沟县石佛山新石器时代晚期遗址发掘简报》，《考古》1990年8期。

[17] 许玉林、杨永芳：《辽宁岫岩北沟西山遗址发掘简报》，《考古》1992年5期。

[18] 许玉林、金石柱：《丹东地区鸭绿江流域新石器时代遗址》，《辽宁省丹东本溪地区考古学术讨论会文集》，1985年。

[19] 朝鲜民主主义人民共和国社会科学院考古研究所：《朝鲜考古学概要》（李云铎译），1983年。

[20] 曲瑞琦：《沈阳地区新石器时代的考古学文化》，《辽宁省考古、博物馆学会成立大会会刊》，1981年。

[21] 李晓钟：《沈阳新乐遗址1982～1988年发掘报告》，《辽海文物学刊》1990年1期。
[22] 马洪路：《下辽河流域原始文化》，《史前研究》1986年3、4期（合刊）。
[23] 冯恩学：《东北平底筒形罐区系研究》，《北方文物》1991年4期。
[24] 刘观民：《关于考古学文化的几个问题》，《辽海文物学刊》1991年1期。
[25] 陈全家、陈国庆：《三堂新石器时代遗址分期及相关问题》，《考古》1992年3期。
[26] 中国社会科学院考古研究所实验室：《放射性碳素测定年代报告》（七），《考古》1980年4期；《放射性碳素测定年代报告》（八），《考古》1981年4期。
[27] 郭大顺、马沙：《以辽河流域为中心的新石器文化》，《考古学报》1985年4期。
[28] 烟台市文物管理委员会：《山东烟台白石村新石器时代遗址发掘简报》，《考古》1992年7期。
[29] 中国社会科学院考古研究所实验室：《放射性碳素测定年代报告》（九），《考古》1982年6期。

（原载《青果集——吉林大学考古专业成立二十周年论文集》，知识出版社，1993年）

# 大沁他拉陶器再认识

1974～1975年，朱风瀚曾两次对科尔沁沙地南部奈曼大沁他拉周围的沙丘遗址进行调查。报告发表了采自西湖渔场、福盛泉、乌根包冷、舍塘、南嘎什土五个地点的陶器标本，“初步认为这些新石器时代的遗物属于同一文化类型”，“似应属于红山文化系统”[1]。之后有关红山文化的研究文章在涉及这批材料时多从此说，或有选择地引用部分陶器标本，很少有人对报告的全部内容再作分析。由于报告发表的材料多系采集，没有共存关系和地层依据，当时可比较的材料亦缺乏纵横联系的环节，所以妨碍了对其文化性质的准确判断。

进入20世纪80年代，辽西地区在田野考古工作中陆续辨识和确认的一些新的文化遗存，填补了此前若干时间和地域上的空白，已基本建构起该地区新石器时代考古的时空框架。这对我们重新认识大沁他拉出土的陶器，无疑提供了科学依据。本文通过类型学比较，认为可将大沁他拉陶器划分为五类遗存（图一），现分述如下。

**1. 甲类**

W2：010和W5：01筒形罐（原报告图九，2、10）。两件标本均夹砂陶，下腹壁施有线型之字纹。一件弧腹稍敛口，上腹壁刻划规整的编织纹；另一件敞口，外叠唇，厚胎，口沿下有数圈凹弦纹，下接一周戳印圆点的泥条堆纹。这两件筒形罐无论从器物造型还是纹饰风格都与红山文化的同类器不同，而具有兴隆洼文化的特征，文化属性亦然。

兴隆洼文化是辽西地区已发现年代最早的新石器文化，它延续的时间较长，且呈现阶段性变化。据我们对其主要器类筒形罐上纹饰结构演化的分析，至少可分为四段。

Ⅰ段，以兴隆洼F2②：48、F2③：18为代表。流行交叉纹和短平行斜线纹。施纹方法是用单体片状工具间断着压印出每一道纹饰。因本段不见之字纹，可称无之字纹阶段[2]。

Ⅱ段，以兴隆洼F123④：77为代表。口沿叠唇，在腹壁上三分之一处往往饰一周泥条堆纹带，将共施于一器的几种纹饰分隔开、形成有规律的三段式纹饰布局。这条堆纹带的消长或位置变化，还反映筒形罐制作程序的演进。这时主体纹饰出现的之字纹是采用片状工具在施纹中以其两端交替作支点连续运作，压印而成的。据纹样分析它应是由上一段的交叉纹蜕变产生的。本段之字纹线条或弧或直，疏密不均，支点窝不明显，制作较生涩，可称作早期之字纹阶段[3]。

Ⅲ段，以阜新查海F5：1、T：1为代表。清楚地三段式布局，堆纹带上多压印几

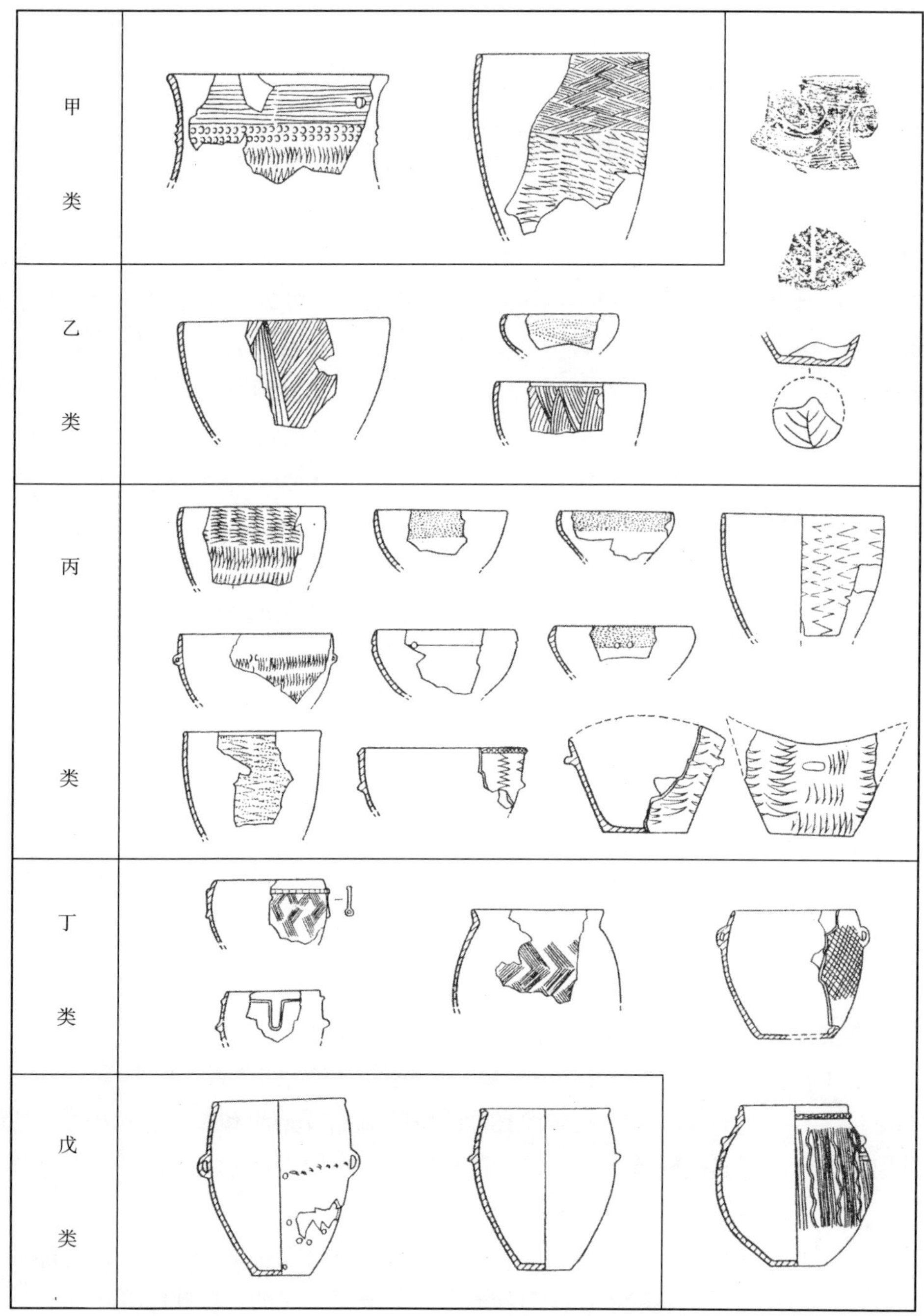


图一　大沁他拉陶器分类图

何纹，堆纹带下之字纹成为主体纹饰。本段之字纹纹样整齐，排列均匀，支点窝明显，施纹技法娴熟，可称成熟的之字纹阶段[4]。

Ⅳ段，以康平王全采集品为代表。与上段典型的三段式布局相比较，筒形罐上的纹饰除口沿叠唇，有一圈短平行斜线纹外，泥条堆纹带消失，几乎通体饰之字纹，在目前所识别的兴隆洼文化陶器中年代最晚[5]。

对照以上依据纹饰及纹饰结构演化为线索排列出的兴隆洼文化编年序列，大沁他拉甲类陶器的时间位置，按其纹饰风格应置于该排序的Ⅱ段或Ⅱ、Ⅲ段之间。

值得注意的是，W2：010筒形罐上腹壁刻划的规整编织纹，与新乐文化、小珠山下层文化及后洼遗址下层的席纹相同，且施纹部位也完全一致。已有的研究认为后者有刻划施纹的制陶传统。看来下辽河东西两侧不同文化之间特征器交叉的现象，在这一时期就已出现了。

**2. 乙类**

W3：015、W9：03深腹钵，S2：02圈足钵，W6：017动物纹饰陶片，W6：02、W3：022饰叶脉纹的器底，还有可能包括部分红顶钵（报告图十，1、3、7；图八，4、9；图九，11）。

为这类遗存提供比较的材料是：①三河孟各庄T4②：2钵、H4：3盂。通体饰正倒平行线三角划纹[6]，同类纹饰在迁西西寨还见于部分筒形罐口沿下的纹饰带[7]。②三河孟各庄、迁西西寨，迁安安新庄和平谷上宅，北埝头遗址均出土有圈足钵碗类陶器，且是这类陶器群的主要器类。在上述遗址中还多发现索纹及器底刻划的叶脉纹[8]。③卷曲的动物纹饰见于敖汉小山和南台地遗址[9]。据此，可认定大沁他拉乙类陶器属赵宝沟文化。

赵宝沟文化主要分布于努鲁儿虎山文化北缘至燕山以南的狭长地带，目前的材料可区分为燕山南北两个类型。燕北类型以小山、赵宝沟代表，中心区应在教来河、大凌河上游。已发现的一些遗址，地表可见排列整齐的“灰土圈”，经揭露均为房址，它们组成了规模大小不等的村落。筒形罐、圈足钵、尊形器、敛口鼓腹罐等构成陶器的基本组合。纹饰突出表现为内填篦点或划线的菱形几何纹、直线几何纹及卷云形动物纹饰。燕南类型有人称为“上宅文化”[10]。典型遗址有迁西西寨、迁安安新庄、三河孟各庄。平谷上宅和北埝头除个别因素外，主体成分也应属于这类遗存。其陶器群以夹砂陶为主，多羼云母或滑石粉。器类有筒形罐、圈足钵、红顶钵、双耳壶。纹饰除压印之字纹、斜线三角纹、重叠人字纹外，还有菱形几何纹和抹条纹。

两种类型有明显的联系和发展演化的脉络可寻。例如，通过迁西西寨一、二期陶器与赵宝沟、小山陶器的类比可以看出，筒形罐由直壁深腹变为弧壁浅腹；之字纹从长幅排列松散到短幅排列缜密；几何纹从重叠人字纹到菱形网格纹，从规范的菱形几何纹再到繁缛化的菱形几何纹。两种类型差异性除需要考虑有一定的地域特点外，恐怕主要反映的是赵宝沟文化早、晚的年代关系：即燕南以西寨为代表的遗存较早，它主要承袭了当地兴隆洼文化并吸收后岗文化和拒马河以北同期遗存的部分文化因素加以融合形成的；燕北小山、赵宝沟遗址年代较晚，正处于文化的盛期，其主体成分是对燕南赵宝沟文化北向传布的发展。

大沁他拉乙类陶器兼有两种类型的特点，但与燕南遗存有更多的相似性。这或许可以进一步说明，无论从地域上或年代上，所谓“上宅文化”只不过是赵宝沟文化早期阶段。

**3. 丙类**

有 F14：07、W7：01、W3T1②：3 筒形罐，F3：01、F8：02 盆，W11：08 斜口罐，F14：05、F14：04、F8：011、F17：06 钵（报告图十，2、4~6、8～13）。另外，报告发表的两面压削的等腰三角形石镞、尖状器、刮削器、磨盘、磨棒也应是丙类遗存的内容。这类遗存的性质属红山文化。

大沁他拉红山文化陶器具有以下特点：压印之字纹与刻划之字纹并存。施纹风格上，前者纹样整齐、排列均匀；后者或直或弧、疏密不均，在同一件陶器上往往纵横之字纹兼施。筒形罐和红顶钵为可辨识器形的主要器类，口沿多直口或敛口，有桥耳、鋬耳和附加堆纹等装饰。

近年考古发现已显露出红山文化在不同地域不同发展阶段上的差异。位于科尔沁沙地南部的奈曼旗大沁他拉、满德图[11]，科左后旗朝阳堡、五家子水库[12]，彰武县小北沟水库[13]、平安堡[14]，康平县敖力营子、李家北砣子、刘家店后岗等[15]，均属于沙丘遗址。这些遗址的面积较小，文化堆积层很薄。由于流沙作用，大部分原生堆积和遗迹被破坏，遗物多失去共存关系和地层依据。

主要特点：生产工具有大型石耜、磨盘、磨棒；细石器异常丰富；陶器种类少，生活器皿以筒形罐和钵为主，有一定数量的盆和斜口罐，其中红顶钵所占比例较大；彩陶均为泥质黑彩，可辨识的完整器少，纹样有条纹、弧线纹、蝌蚪纹、平行纹、正倒三角纹、三角勾连涡纹、菱形纹。这类沙丘遗址文化内涵的共同点和相似处，反映着较大文化发展阶段上年代的一致性，与大凌河流域的红山文化遗存比较，呈现出红山文化较早的时代特点，与老哈河流域同类遗存比较，也具有一定的区域性文化特征。

有迹象表明，红山文化的势力范围，随时间推移，除逐渐向大小凌河流域扩展外，还曾沿科尔沁沙地南缘向东推进，并已抵达西辽河折向下辽河转弯处。值得注意的是，在以往辽北新石器考古文化编年序列中，相应年代段的考古遗存一直是空白，这是今后考古工作应注意的问题。

**4. 丁类**

朱延平把大沁他拉 X2：01、F8：03 夹砂敛口钵（图九，8、9）认定为小河沿文化遗物[16]。因为这两件陶器除在口沿下有附加堆纹外，一件饰有装饰性的垂系；另一件饰有折线回纹。这样的纹饰特点在敖汉旗石羊石虎山墓葬、小河沿南台地遗址、翁中特旗大南沟墓地获得的成批材料中均有见证[17]。大沁他拉 F16：01 双桥耳鼓腹罐和 F1：013、F6：029 折颈鼓腹罐（图九，3、6、5），在原报告中就曾被朱风瀚指出

“为红山文化所不见或少见”。通过器形和纹饰的比较分析，前两件也可进一步认定为类似小河沿文化遗物；后一件腹壁饰有纵向排列的波浪夹直条的条形堆纹，是不同于小河沿文化，易于区别的特殊纹饰，这种纹饰主要见于辽北和辽东半岛南端。

有学者把敖汉旗小河沿南台地、翁牛特旗大南沟划归红山文化系统的晚期阶段[18]。我们认为小河沿文化陶器群成分复杂，一方面，它与红山文化在器物的演变和花纹图案上均有许多共同点，两种文化存在的内在联系反映着对红山文化某些因素的继承和发展；另一方面它与红山文化又有相当区别，主要表现为接受黄河流域多种文化的影响，特别是大汶口文化的影响。吸收融合各方面因素的小河沿文化，与红山文化的差异性远远超过它们的共同性。所以小河沿文化是辽西地区继红山文化之后出现的一种新考古学文化。

对小河沿文化的年代有两点估计，一是通过彩陶纹饰的类比，相似于大汶口文化的八角星纹和相似于河北仰韶文化晚期的半重环纹[19]，可推定其部分遗存约相当于大汶口中期或半坡四期年代段。二是从小河沿文化与夏家店下层文化器物演变关系来看，虽然有联系，但尚缺乏清晰的衔接线索。已知夏家店下层文化较早的遗存接近夏代早期[20]。那么小河沿文化年代下限，据现有迹象来看，或许可早到大汶口文化晚期和庙底沟二期文化阶段，即相当于龙山时代早期阶段，辽西新石器文化向青铜文化的过渡还有缺环。

含条形堆纹陶器的遗存在辽北地区被命名为偏堡子类型。由于近年在辽东半岛南端长兴岛三堂遗址找到了确定其相对年代关系的地层依据，可知这类遗存相当于小珠山中层或略晚[21]。据我们对辽东地区含条形堆纹陶器遗存的了解，条形堆纹技法是由辽东半岛南端向半岛北部传播的[22]。据观察，大沁他拉的条形堆纹矮领鼓腹罐，施纹风格与偏堡子陶器完全相同，器形亦有相似特征[23]。这种陶器标本在辽西区仅发现一件，不可能定为原生地器物，应为偏堡子类型个别因素的流布。由于它和小河沿陶器处于同一时间段内，亦可归入大沁他拉丁类遗存。

综合以上分析，得出以下结论。首先，大沁他拉丁类遗存与小河沿文化有很大的共同点和相似处，文化性质属于小河沿文化。其次，丁类遗存陶器与小河沿文化内容并不完全相同。例如，条形堆纹鼓腹罐和标本 F1：013、F8：03 器表施刻划的交错平行线纹。如果我们把前者看成是偏堡子类型个别因素的流布，后者却是辽东新石器文化陶器最为常见的纹样。就刻划施纹方式来说，小珠山文化系统有其发生发展的过程且从未间断。从这个意义上来讲，大沁他拉丁类遗存含有相当程度的辽东新石器文化因素。该类遗存的折出，对原本研究较薄弱的小河沿文化又提出了新问题。

**5. 戊类**

F6：025 和 F23：02 筒形罐（报告图九，1、4）。两件器物形状相似，均大口微敛、弧腹平底、器表素面磨光，上腹壁饰桥耳或舌状耳（其中一件器底和下腹部有孔，似有甑的功能），在原报告分类中被定为同一式别。在辽西地区，这种素面筒形罐很难归入已识别的任何一种考古学文化。

《考古学报》1992 年 4 期发表的彰武平安堡二期遗存，属以双桥耳筒形罐为典型器物的一种文化遗存，该遗址层位关系表明其早于高台山文化[24]。这种弧腹微敛口筒形罐，饰对称桥状耳，近口沿处有刻划的内填平行线三角纹，其器形和纹饰不同于新乐文化，也不同于偏堡子类型。相比较与大沁他拉的两种素面陶器标本十分相似，可视为同一类遗存。

筒形罐是辽北新石器文化习见的器物，但刻划三角纹饰对称桥耳筒形罐代表的这类遗存在辽北地区尚属首次发现。在平安堡遗址，与这种筒形罐共存的折颈双耳罐、折腹台底钵等部分陶器具有高台山文化特征，特别是同群陶器中还发现了袋足三足器的足根，而后者往往被认为是进入青铜时代的标志物。所以不能简单将包含这种筒形罐的遗存视为新石器文化，然而就“群”的面貌而言，也不可草率将其归入高台山文化。

我们认为，辽北地区筒形罐的消失和袋足三足器的出现有一个过程，这个过程表现为它们各自的演变序列在某一时间段内的并存。平安堡二期遗存两类陶器共存的现象，大体反映了该地区由新石器文化向青铜文化过渡的时代特征。

目前，在整个辽西地区，相当于这一时期的考古学文化还是空白。大沁他拉戊类陶器的辨识为此提供了一个重要线索，即小河沿文化之后、夏家店下层文化之前，辽西地区可能存在着一个素面陶筒形罐为代表的发展阶段，其年代大体相当于龙山时代晚期。至于奈曼旗一带是否是这种素面陶筒形罐遗存的分布区，它与辽北的这类遗存有怎样的联系？以现有材料还无法说清楚。

大沁他拉陶器不是一个时代的遗物，也不单纯为一种考古学文化。通过以上对陶器的分析，参考有关考古发现研究成果，证明它们分别属于兴隆洼文化、赵宝沟文化、红山文化、小河沿文化和素面筒形罐代表的遗存。基此，有以下两点认识：①奈曼旗大沁他拉所在的科尔沁沙地南部，在新石器时代并不如现代自然景观那样荒凉，包括辽西地区已确认的几乎所有新石器文化都曾分布或到达那里。②本文列举的五类遗存，除主要具有辽西新石器文化特征外，还不同程度地反映出来自辽北甚至辽东半岛南端文化因素的流布和影响。反之，上述地区亦受到辽西文化流的反复撞击。事实上，这种文化的双向流动，在整个新石器时代乃至青铜时代几乎未曾间断过。有迹象表明，沿科尔沁沙地南缘，经奈曼、库仑、彰武、康平一线，是沟通辽西腹地与辽河平原的重要通道。围绕这一地带进行考古调查、发掘，包括对已发表的资料做深入细致研究，具有十分重要的意义。

## 注　释

[1] 朱风瀚：《吉林奈曼旗大沁他拉新石器时代遗址调查》，《考古》1979 年 3 期。

[2] 中国社会科学院考古研究所内蒙古工作队：《内蒙古敖汉旗兴隆洼遗址发掘简报》，《考古》

1985 年 10 期，图五，1、4。

[3] 中国社会科学院考古研究所内蒙古工作队：《内蒙古敖汉旗兴隆洼遗址发掘简报》，《考古》1985 年 10 期，图五，6。

[4] 方殿春：《阜新查海新石器时代遗址的初步发掘与分析》，《辽海文物学刊》1991 年 1 期，图四，1、2。

[5] 张少春：《康平县新石器时代遗址调查》，《辽海文物学刊》1988 年 2 期，图二，1。

[6] 河北省文物管理处等：《河北三河县孟各庄遗址》，《考古》1983 年 5 期，图一三，5、6。

[7] 河北省文物研究所等：《迁西西寨遗址 1988 年发掘报告》，《文物春秋》，1992 年增刊，图五，1。

[8] 河北省文物管理处等：《河北三河县孟各庄遗址》，《考古》1983 年 5 期；河北省文物研究所等：《迁西西寨遗址 1988 年发掘报告》，《文物春秋》1992 年增刊；河北省文物管理处：《河北迁安安新庄新石器遗址调查和试掘》，《考古学集刊》（4），中国社会科学出版社，1984 年；北京市文物研究所上宅考古队：《北京平谷上宅新石器时代遗址发掘简报》，《北京平谷北埝头新石器时代遗址调查与发掘》，《文物》1989 年 8 期。

[9] 中国社会科学院考古研究所内蒙古工作队：《内蒙古敖汉旗小山遗址》，《考古》1987 年 6 期；敖汉旗博物馆：《敖汉旗南台地区赵宝沟文化遗址调查》，《内蒙古文物考古》1991 年 1 期。

[10] 北京市文物研究所上宅考古队：《北京平谷上宅新石器时代遗址发掘简报》，《文物》1989 年 8 期。

[11] 吉林省考古研究室：《统一的多民族国家的历史见证》，《文物考古工作三十年》，文物出版社，1980 年。

[12] 段一平等：《科尔沁左翼后旗考古调查概述》，《内蒙古民族师范学院院刊》1981 年 2 期。

[13] 辽宁省文物考古研究所、吉林大学考古系：《辽宁彰武考古复查纪略》，《考古》1991 年 8 期。

[14] 辽宁省文物考古研究所、吉林大学考古系：《辽宁彰武平安堡遗址》，《考古学报》1992 年 4 期。

[15] 张少春：《康平县新石器时代遗址调查》，《辽海文物学刊》1988 年 2 期；孟庆忠：《康平县三处新石器时代彩陶文化遗存》，《辽宁文物》1980 年 1 期。

[16] 朱延平：《辽中区新石器时代文化刍议》，《辽海文物学刊》1990 年 1 期。

[17] 内蒙古自治区昭乌达盟文物工作站：《内蒙古昭乌达盟石羊石虎山新石器时代墓葬》，《考古》1963 年 10 期；辽宁省博物馆等：《辽宁敖汉旗小河沿三种原始文化的发现》，《文物》1977 年 12 期；郭大顺：《大南沟的一种后红山文化类型》，《考古学文化论集》（二），文物出版社，1989 年。

[18] 郭大顺：《大南沟的一种后红山文化类型》，《考古学文化论集》（二），文物出版社，1989 年。

[19] 南京博物馆：《江苏邳县四户镇大墩子遗址发掘报告》，《考古学报》1964 年 2 期，图二六，4；河北省文物研究所：《河北容城县午方新石器时代遗址试掘》，《考古学集刊》（5），

中国社会科学出版社，1987 年，图六，1、3。

［20］ 李伯谦：《论夏家店下层文化》，《纪念北京大学考古专业三十周年论文集》，文物出版社，1990 年。

［21］ 辽宁省文物考古研究所、吉林大学考古系等：《辽宁省瓦房店市长兴岛三堂村新石器时代遗址》，《考古》1992 年 2 期。

［22］ 朱永刚：《辽东地区新石器时代含条形堆纹陶器遗存研究》，《青果集——吉林大学考古专业成立二十周年考古论文集》，知识出版社，1993 年。

［23］ 笔者曾对这件陶器作过细致观察：夹砂灰褐陶系。矮领，领部饰一匝附加堆纹，长弧鼓腹大体呈腰鼓状，器形不周正（发表的线图与实物标本有异）。器表所饰条形堆纹系直接挤压堆塑而成，其间有明显的刮抹痕迹。条形堆纹的宽度不超过 0.5 厘米，截面呈三角形。

［24］ 辽宁省文物考古研究所等：《辽宁彰武平安堡遗址》，《考古学报》1992 年 4 期。

［原载《内蒙古文物考古文集》（第一辑），中国大百科全书出版社，1994 年，与王立新共同署名］

# 中国东北先史环壕聚落的演变与传播

考古学按照其研究年代的范围，可以划分为史前考古学和历史考古学两大分支，即文字记载以前为史前考古学；有文字记载以后为历史考古学。但也有一些学者主张，将文字产生初期可资利用的文献尚不完备时期的考古学称作原史考古学。这一时期虽然文字已经产生，但作为考古学独特研究对象的实物资料依然重要，而对于那些没有文字的边远地区历史却被周围有文字民族记录保存下来的社会尤为重要。我国古代典籍有关先秦东北历史的记述十分简略，多语焉不详。真正有比较明确、翔实的最早记载始于战国晚期至秦汉之际，这些记载是以进入东北的中原人所取得的史实为依据的。从这个意义上说，先秦时期的东北历史或可算是“原始”。

本文所谓先史即泛指史前和原始年代，以战国晚期为下限，其上限，囿于现有资料，上可追溯到距今 8000 年前的新石器时代。环壕聚落作为一种聚落形态，自 20 世纪 80 年代以来随各地不断地发现，已越来越受到学界的普遍关注。据现有考古资料，东北的环壕聚落发生得最早，结束得最晚，在传播中表现出序时性的延展分布，并对朝鲜半岛和日本环壕的形式产生了积极的影响。在作者看来，东北环壕聚落的形式与特征不同于中原及南方地区，因而暗示其发生机制和演变脉络也有所不同，所以本文拟作专门讨论。

## 一、辽西地区环壕聚落的演变

迄今为止，东北环壕聚落时空分布最丰富、资料较系统的是包括内蒙古东南部的辽河以西地区（下称辽西地区）。该地区按考古学文化的年代序列并依环壕聚落的形式、特征，可大体划分为三个发展阶段。

### 1. 第一阶段

公元前 6000～前 5000 年前后为兴隆洼文化时期。已确认的环壕聚落有内蒙古敖汉旗兴隆洼[1]、林西县白音长汗[2]、辽宁阜新市查海[3]等遗址（图一）。另据报道，敖汉旗的兴隆沟、北城子[4]也发现了大型环壕遗址。

兴隆洼遗址位于大凌河支流牤牛河的上源，坐落在一相对高差约 20 米的岗阜上。遗址所在的地表比较平缓，西南有一泉眼。至 1993 年兴隆洼遗址揭露的面积达 2 万平方米，可分为早、晚两个时期。早期聚落有围沟环绕，围沟平面呈椭圆形，长径 183、短径166米，现存沟宽约2米，深0.55～1米。环壕内的房址呈东北—西南方向排列，共11排，每排约10座，共计逾100座。房址均为方形或长方形半地穴式，一般面积在40～70平方米。其中2座140平方米的大型房址，分属两排并列处于聚落中心。另外发现有部分房屋是建在已废弃的房址之上的，这反映每一排的房址有其固定的位置，即使重新营建也不可另外择地。以上情况说明，整个聚落的布局是遵循当时的社会组织而统一规划的。兴隆洼晚期房址的分布打破了早期聚落的格局，整体位置向西北移动。相比较晚期房址分布密集、排列不甚整齐，居室面积也明显变小。由于这一时期的聚落已不完整，无法确认是否有环壕。

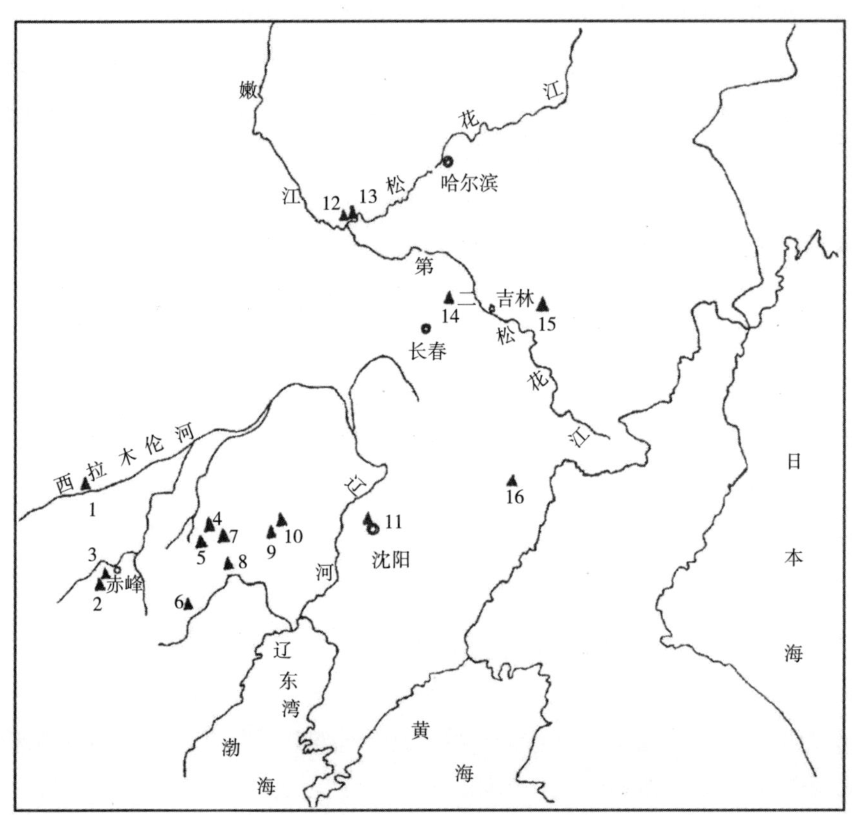


图一　东北先史环壕聚落分布示意图

1. 林西白音长汗　2. 赤峰大山前　3. 赤峰西道　4. 敖汉大甸子　5. 敖汉西台　6. 建平水泉　7. 敖汉兴隆洼　8. 北票康家屯　9. 阜新查海　10. 阜新勿欢池　11. 沈阳新乐　12. 肇源小拉哈　13. 肇源白金宝　14. 九台石头口门　15. 蛟河　16. 通化王八脖子

在环壕外东北侧发现的“灰坑群”值得注意。这些坑穴较浅、底平，出土遗物多动物骨骼、石块，少有陶器及工具。个别坑内见有四肢伸张无头人骨架，显然非一般死亡。对于整个聚落来说，所谓“灰坑群”可能具有特殊的含义。这也从另外一个角度说明，至少兴隆洼遗址早期的环壕是把人们的居住区和其他功能区划分开来的，在这里环壕的主要功能是区划。

最近在敖汉旗境内又发现两处环壕聚落。北城子遗址总面积达 6 万平方米，相当于兴隆洼遗址的两倍。经调查发现的房址有 214 座，周围见有十分清晰的环壕。另一处兴隆沟遗址面积 4.8 万平方米，统计的房址约 150 座。根据地表观察，这两处聚落的布局与兴隆洼遗址有所区别，均可划分出 3 个区，但尚需全面揭露才能确认。

查海遗址现存面积约 1 万平方米。房址的形式和分布特点与兴隆洼晚期聚落相近。全部房址均为圆角方形的半地穴式建筑，一般面积为 40～60 平方米，小型的仅 15～20 平方米，最大的一座面积超过 100 平方米。查海遗址已揭露的 55 座房址分布密集，排与排之间分界不明显。目前在居址外围的东部已清理出一段壕沟，推测应是该遗址的环壕。

另一处经过较大规模发掘的白音长汗遗址，坐落于西拉木伦河北岸的阶地上。遗址东侧有一条涓细的山泉流过，现存面积约 10 万平方米。该遗址分为南北两个相邻的居住区，各自都有围沟环绕，两条围沟之间最近的距离相隔仅 10 余米。其中北边居住区的环壕保存比较完整，平面大体呈椭圆形，长径 125、短径约 100 米，围沟宽 1～2 米，深 0.5～1 米。环壕内已揭露的 29 座房址沿地表等高线的坡度呈东北—西南向排列，共分 4 排，每排约 7 座。南居住区尚未全部发掘，不过据钻探可知其规模形式与北区相似。白音长汗的房址比兴隆洼略小，与查海相若，仍为方形或长方形半地穴式，面积多在 40～60 米，与后两者不同的是，房址东北侧开有斜坡形门道，居室中央设有石板围砌的方形灶。因该遗址已遭部分破坏，是否有中心大房子还不清楚。但据报道 19 号房址建筑比较讲究，出土的遗物与一般居住址不同，尤其是在经过加工的居室地面中央发现一竖立的人形石雕像，直对灶坑及门道[5]，像这样的房址在聚落中可能具有某种特殊功能。

综上所述，兴隆洼文化期的环壕聚落有以下特点。

（1）遗址选择在视野开阔的较平缓漫丘和岗阜上，附近有地表水或地下水源。环壕形状呈椭圆形或不规则圆形。

（2）环壕较浅，即使考虑到地表面因遭受不同程度的侵蚀破坏，原壕沟也不足以起到有效的防御作用。所以辽西地区早期环壕的主要功能是界沟。环壕内构成了一个完整的生活区域，而将某些特殊功能区排斥在外。它体现的是聚落的独立性，也是环壕内居民有效控制、管理内部关系的一种表征。

（3）这一时期环壕聚落的规模，从田野测算的数据来看，兴隆洼环壕的面积约 2.35 万平方米，查海遗址已遭破坏，原面积可能要大于现存的 1 万平方米，白音长汗两个基本对等的环壕面积各约 1 万平方米。最新报道的敖汉旗北城子和兴隆沟遗址总面积分别达到 6 万平方米和 4.8 万平方米，规模最大。但这两处遗址尚无法确认某一时间聚落区的实际界面，而事实上遗址的面积也要大于环壕的范围。所以兴隆洼文化期，常规环壕聚落的规模应在 1 万～2 万平方米。

（4）上述环壕聚落具有较多的共性，如房址均成排分布，各处房址的形状与结构基本一致，按居室面积有大、中、小之分。而中心大房址和特殊功能的房址，在遗址中往往位置突出。然而也可以看出，在聚落布局方面存在一定的差异。兴隆洼遗址早期环壕内房址排列十分整齐，由于最大的两座房址分属两排，并列处在聚落的中心位置，其内部结构或许可分为两区。同样，相当于兴隆洼文化早期的北城子和兴隆沟两处环壕聚落，通过地表观察可划分为三区。查海遗址的房址分布密集，排与排之间分界不明显，其布局情况与兴隆洼遗址晚期聚落相似。但这一时期聚落中心出现小广场，并设有用于原始宗教和祭祀活动的龙形雕塑。年代晚于兴隆洼和查海的白音长汗遗址，则是由两个相邻的环壕聚落组成的。如若借用民族学的方法进行分析，兴隆洼及相关遗址存在的分区现象，反映的早期单体环壕聚落可能是由2～3个不同血缘团体通过互为联姻构建的。它们的关系密切，在同一环壕内共处。年代稍晚的白音长汗双体聚落，反映的是有着联姻关系的血缘团体已不共居一处，而是分别住在两个相互靠近的环壕内。从逻辑关系来看，双体聚落应该是由单体聚落演变而来的。

**2. 第二阶段**

公元前4500～前3000年为红山文化期。与兴隆洼文化相比较，红山文化的分布范围有所扩大，尤其是西部边界已延伸到张家口地区的桑干河上游，在那里与仰韶文化临界。遗址的分布密度有明显增加，仅敖汉旗境内就发现红山文化遗址502处，而同期田野调查的兴隆洼遗址仅60处[6]。如果按敖汉旗红山文化遗址的密度计算，在老哈河到大凌河中上游间的红山文化中心分布区，其数量应不少于2000处。尽管这些遗址不会是同一时间的，但同样某一区域的同一文化遗存也不可能全部发现，如果再把由于后期破坏等因素考虑进去的话，或许这一推算结果是比较接近于实际的。

红山文化的遗址面积大小殊异，小遗址面积仅4000～5000平方米，大遗址面积一般为3万～10万平方米，最大的达200万～300万平方米。这些遗址多沿河流成群分布，每一群数量不等，但层次分明。大型遗址往往处于中心位置，小遗址环绕周围。在调查中发现大遗址出有玉器、石钺等礼仪用品，附近还分布有积石冢、陶窑和玉器作坊等，而小遗址则看不到这些情况。种种迹象表明，红山文化聚落的等级化倾向已十分明显，并有部分中心聚落从中分化出来。

目前对红山文化环壕聚落的了解还是片断的，特别是缺少典型遗址整体布局的完整材料。据调查红山文化遗址大约有十分之一有环壕，可列举的材料有位于兴隆洼遗址东侧发现的一处红山文化的环壕聚落，现地表可见房址40余座；位于牤牛河上游的刘屯遗址群，11处遗址中有3处发现环壕[7]。敖汉旗的西台遗址[8]是迄今唯一发掘过的一处红山文化环壕聚落。遗址坐落在王家营子乡村东200米的岗阜上，南临牤牛河，现高出河床约20米。围沟将红山文化的住址分割为南北相邻的两部分，其中东南部的环壕规模较大，平面呈不规则长方形，西北与东南两条长边约210米，另两条短边约 158 米，周长 600.25 米；西北部的环壕面积仅为东南环壕的三分之一，亦为长方形，其东南侧壕沟之一段为两环壕共用。环壕内发现大量的房址，已清理的 17 座均为长方形半地穴式，长 4～7 米，宽 3～5 米。根据房址间存在的叠压打破关系，估计该聚落使用的时间较长。关于该聚落布局情况，虽然尚无详细报道，但通过与兴隆洼文化期环壕聚落的比较，可提出以下两点认识：

（1）西台遗址两个相连的环壕聚落与兴隆洼文化的白音长汗双体聚落具有某种联系。这种聚落形态为其他地区所不见，它也许反映的是一种两合组织的社会结构，即两个环壕分别代表不同血亲集团的各自“半边”，通过姻亲方式组合成高一级社会组织并表现为双体聚落形态。

（2）这一时期环壕的形状和结构均发生了较大变化，西台遗址为长方形环壕，东南侧设有供出入的通道。壕沟比较整齐，剖面呈倒梯形且相当宽深。如果说兴隆洼文化期的环壕，把住地围成圆形或椭圆形是为了强调血缘集团的牢固性和生活的集体性，那么西台遗址的长方形环壕则很可能是为了防御的需要。因为，从辽西地区聚落形态的演变来看，这种长方形的环壕似乎比较接近后来出现的具有防卫功能的垣壕相伴形聚落。另一方面围绕岗阜而修建的西台遗址的环壕，在利用地势选址方面也与夏家店下层文化有相似之处。而环壕本身的加宽加深更有助于说明由于社群之间矛盾的激化，这一时期环壕的主要功能是为了加强居民住地的防御。

**3. 第三阶段**

公元前 2000～前 1400 年间为夏家店下层文化期。在内蒙古东南部和辽宁西部形成的夏家店下层文化，是东北最早使用金属铜和掌握冶铜技术的考古文化。其分布范围比红山文化又有所扩大，并且呈现出较前期文化面貌和社会结构明显的阶段性变化。其一，以陶鬲为代表的类型品取代了本地区延续数千年的平底筒形罐。其二，大量绘于陶器表面与中原青铜礼器极为相似的彩绘纹饰；少数贵族墓享有的鬶、爵等陶礼器；广为流行的占卜巫术；作为军事权力象征的权杖和青铜联柄铜戈的出现，表明夏家店下层文化社会日趋完备的礼制构建。其三，通过大型墓地的解析，可以看到墓葬规模和随葬品的巨大差别，以及由于社会地位和财力的不同在茔域规划布局上的反映。凡此种种，表明夏家店下层文化正经历着一场深刻的社会变革，旧有的传统体制被瓦解，社会等级化和贫富悬殊的现象已十分突出。

这一时期聚落形态也发生了质的变化。经调查和发掘的夏家店下层文化有环壕设施的遗址，依形状和结构可区分为高台型和垣壕相伴型两种。

高台型，多坐落于独立的岗阜上，其周围经人工修凿出数米宽低于地表的凹陷带（即环壕），被凹陷带所围绕的部分形成高差，看起来宛如凸现的台子。这类遗址一般面积较小，几乎无连续的文化层，地表也很少见有陶片。据 1996 年赤峰市半支箭河调查结果，发现半支箭河南岸以大架子山为制高点，周围呈放射状分布的 21 处夏家店下层文化遗址，多数属于这种类型[9]。编号 KJ7 遗址位于大架子山中心，不仅位置突出而且面积最大。其东北和东南侧各有一道 3～4 米宽的凹陷带，系人工所为，被凹陷带所围绕的部分形成高差达 6 米的峭壁。整个遗址的西北坡较缓，有人工修凿成的数级台阶，在阶面上布有许多石砌圆圈。KJ8 与 KJ7 隔沟相望、独立坐落于小山头上，面积 800 平方米。在山顶西北部外围修凿成一道宽约 3 米的凹陷带，使山顶凸现，形成平缓的台子。距 KJ7 西北 600 米处的 KJ9 遗址，面积约 800 平方米，周围也有一道宽 2～3 米的凹陷带环绕，顶部台子呈椭圆形。其余位于 KJ7 西南的 KJ13、14、18、19 地点和分布于东北的 KJ22、23 地点，也见有人工修凿的凹陷带。这些被凹陷带所环绕凸起的台子多呈椭圆形，有的台面上散布着石圆圈遗迹。有学者认为，以 KJ7 为代表的这类遗址不同于一般的居住址，以往赤峰地区已发现的夏家店下层文化遗址非常密集，实际上绝大多数属于这种非居住性遗址。而此分布异常的情况，将有待于对这类遗址性质的进一步考察[10]。

赤峰西道是一处经过发掘的高台遗址[11]。遗址西、南两边濒临河道，北部有一段很深的围壕，由此构成平地突起的一座 5～8 米高的土台，面积约 6000 平方米。土台上发现的夏家店下层文化的建筑基址，均为双重环状墙体的地面建筑，内、外墙之间还砌有隔墙。一般基址直径 6～7 米，最大的直径达 12 米。其中个别建筑基址的地面上涂有红色颜料，有的房中还砌有用于祭祀或供奉的石台。与此高台下东北面发现的夏家店下层文化半地穴式房址对比，高台子上的建筑规模大、结构复杂、陈设讲究。高台本身和那些带有宗教色彩建筑基址的存在说明，高台型环壕聚落在夏家店下层文化中占特殊地位。

垣壕相伴型，多位于台地或较平缓的坡岗上，遗址周围既有环壕又有土筑墙垣，构成一个防护圈。这类遗址一般面积较大，有连续的较厚文化堆积层和明显的房屋遗迹。经过发掘的有赤峰大山前[12]、敖汉大甸子城子地[13]和建平水泉[14]等遗址。

赤峰大山前第 1 地点（编号 KD1）位于半支箭河及其支流汇合处，坐落在一坡岗向南延伸的河床台地上。遗址三面濒临河道，唯有北部与坡岗相连接的部分被一道西南—东北向的人工壕沟分隔开，由此构成相对独立呈不规则形的台地。台地北缘围壕宽约 20 米，在其内侧发现有保存较好的土筑墙垣。墙体底宽 10 米，残高不足 2 米，内外均为斜坡状，剖面呈拱形。经发掘确认墙垣直接建于生土上，墙体外缘与壕沟南壁连为一体，且垣壕延伸的方向一致，故可判断因挖壕沟而筑墙垣。在垣壕内发掘了一批建在生土上的房址，从房址和垣壕出土的陶片来看，这些房址与垣壕是同时的。

位于第 1 地点北侧平缓阳坡上的另外 4 个地点（编号 KD2、KD3、KD4、KD5）依次平行排列，除 KD5 已被严重破坏外，其余均发现有围壕。不过这些围壕或因水土流失已淤填成低洼的凹陷带，或因沟壁坍塌而形成边际不整的沟壑。由于地表已被严重的侵蚀破坏，推测原围壕内侧也可能有墙垣。

大甸子遗址坐落于敖汉旗大甸子村东南一片高台子上，现存相对高差 2～4 米。遗址南北长约 350 米，东西宽不足 200 米，平面呈圆角长方形，俗称城子地。从地貌观察，台地西、北两侧旁自然形成的深沟大壑构成天然屏障；东南两侧边缘为陡坡，经铲探得知系由围壕和夯土墙构成的人工防护设施。夯土墙底宽 6.15 米，残高约 2 米，墙体内外分别与墙底平面形成 60°～70°角的收分，剖面呈拱形。墙垣外侧的围壕宽度超过 10 米，深 2.9 米。垣壕为一体，系一次性营建而成。在墙垣的西南转角处发现有石块垒砌的门道，通往村砦的这条门道有较大坡度且中央用碎石铺路面，故该门道可能还兼有排水功能。此外，在门址之侧夯土墙上还曾清理出独立的椭圆形石砌遗迹，作为墙垣的附属设施疑为哨所。城子地虽没有大面积发掘，但其东南部已发现了部分房址和灰坑。房址为圆形或方形的半地穴式建筑，出土遗物与大甸子墓地属同一时期。基于此，可以认为这是一处防卫设施完备，垣壕相伴的聚落遗址。在聚落布局上，以该遗址为中心周围约 25 千米范围均不见同等规模的大型遗址，依夏家店下层文化聚落普遍存在的等级化现象，大甸子遗址显然在所在聚落群中处于重要的地位。

水泉遗址位于建平县东北 46 千米的水泉村，因村北有泉水常年不涸而得名，遗址便紧临泉水坐落于其东侧一地势平坦的台地上。台地现高出周围地面 4 米左右，南北长 140、东西宽 135 米，平面呈方形，当地亦称城子地。遗址四周有土筑墙垣，墙体上窄下宽呈梯形，现存底宽 9、高 3 米，在墙垣外侧发现有环壕。从遗存的分布情况来看，夏家店下层文化堆积较厚，遍布整个遗址，在发掘的 2200 平方米范围内，被确认的夏家店下层文化房址有 120 座。这些房址在建筑形式上分半地穴和平地起建两种，平面形状以圆形居多，方形较少。形态相同、等级相当的小型房址分布密集且在同一地点上反复修建，上下依次叠压往往达数层之多。房址附近皆发现有窖穴，也有数个窖穴集中在一起成群分布。由此可见，这类垣壕相伴型聚落一般存续的时间较长，遗址具有相当的稳定性。

关于垣壕相伴型的聚落，在这里还有必要提到夏家店下层文化的石城址。以往考古调查确认，从赤峰附近的阴河、英金河、教来河到大凌河上游的牤牛河沿岸均发现夏家店下层文化的石城址[15]，这些石城址多修建于依山傍水的低山岗阜上，以石质构筑的围墙因地势而呈现不规则形。城址的大小相差悬殊，就分布状态而言，往往组成小型者多，中型者少，大型者仅居一、二的聚落群。近年，北票康家屯遗址的发掘首次对较大型石城址进行了全面揭露[16]。该城址为石砌墙面，现存东、西、南三面城墙残垣清晰可见，北城垣因大凌河侵蚀已荡然无存。在原本为方形或长方形的石城址外侧不仅发现了向外突出的“马面”式建筑，而且还确认城址外围挖有大型的环壕。通过对壕沟的解剖得知，沟口宽 7.5～8 米，沟底宽 1.15、深 3.5～4 米，壕沟距墙 2.2 米，并培筑有护坡土。城内发现有早、晚两个时期的石墙 17 条，这些石墙看上去将城域分割成若干庭院，每个庭院内都建有一座大型的圆形台式房址和若干小型房址。在这里大小房址之间应具有某种领属关系。就每一个独立的庭院而言，它不仅仅是数个家居共享的活动场地，而且也是维系其间亲密关系的纽带。

经局部发掘的石城址还有阜新平顶山[17]、凌源三官甸子[18]、北票下烧锅盖子顶[19]和赤峰新店、西山根[20]，这些石城址的堆积较薄，很少见在同一地点反复修缮连续使用的居址，与垣壕相伴型聚落相比，其存续使用时间较短，而用于军事目的的防御设施则显然加强了。认真分析还可以发现，它们在建筑形制、结构特点和规划布局等方面已形成某种定式，即带有普遍的规律性。目前集中发现的夏家店下层文化石城址，基本以北纬42°为轴线由西向东呈条状分布，如果通过每个聚落群中心城址的作用将它们有机地联系起来，便构成了强大的防御体系。十分有趣的是，这条假定防线的某些地段与战国晚期燕国北部的长城相重合。从文献史料记载和考古发现来看，这一地理位置，既是东北的渔猎文化与农耕文化的接触带，又是遭受北方游部族侵扰的临界域。所以，夏家店下层文化石城址的出现不应该视为偶然现象。通过康家屯遗址发掘证实，石城址的建筑也深受环壕聚落影响。

概之，夏家店下层文化环壕聚落突出表现为以下三个特点：

（1）环壕形式的变化。夏家店下层文化的围壕既宽又深，还常常借助自然的深沟大壑为屏障，构成防护圈。而这一时期出现的将挖掘壕沟时的大量泥土筑成土墙的方法，使有效利用环壕技术强化防卫功能方面开始发生本质性的变化，“也当是从环壕聚落向真正的城邑转变的一种中间形态”[21]。

（2）环壕内涵的变化。夏家店下层文化以前的环壕聚落，居住址多单体房屋成排营建。居址周围很少见有窖穴，窖穴可能集中设置由同一村落的人进行集体管理。聚落中心有共享的活动场地，整体构成开放式格局。夏家店下层文化的环壕内以隔墙划分为一个个独立的庭院，各庭院又按领属关系营造成大小规模不等的房屋。房址附近皆发现有窖穴，这些窖穴当由居住在各庭院的人进行分别管理，由此构成封闭式的营建布局。

（3）环壕功能的变化。夏家店下层文化的环壕除了单纯意义对居住址的防御功能外，还以围沟的形式对某些特殊场所进行专门区划，目的是使之与人们的一般生活区分隔开，突现其重要性。这样的特殊场所可能是当时人们为从事宗教和祭祀等活动专门设置的，如前面列举的高台型环壕聚落大概就属于这种性质。所以这一时期的环壕兼有防御与区划两种功能。

综上所述，辽西地区各时期环壕聚落的演化，既有继承关系，又表现出发展过程中的阶段特征，与中原和南方地区发现的环壕聚落相比较，可以肯定辽西地区的环壕聚落是一个独立运行的体系。

## 二、东北其他地区发现的环壕遗址

近些年在东北其他地区也发现环壕遗址，下面按考古学文化区逐一介绍。

**1. 下辽河区**

1992年在辽宁省阜新勿欢池遗址的发掘中，共揭露出宽窄深浅不同的17条壕沟，这些壕沟纵横交错相互连通，发掘者认为是水渠，系排水、分水的农业灌溉设施[22]。不过据报告提供的遗址平面图观察，基本横贯东西的两条主干沟和数条南北向的枝干沟，至少将遗址已揭露的部分分为两块。位于西部的一个面积较大，由 4 条沟围成的平面呈长方形的封闭区域内，密集分布着 35 座墓葬，墓葬为东西向排列，墓葬与围沟之间没有打破关系。东部的一个面积较小，区域内没有发现墓葬以及其他遗迹，是个“空白”区。从壕沟的结构来看，主干沟上口宽 1.5～3、底宽 0.5～1、深 1.2 米；支干沟上口宽约 1、深 0.3～0.5 米，由此相互连接纵横分割的区块应是不同血缘团体墓地内的茔区，而这种壕沟又是以对墓地进行专门区划的环壕。勿欢池遗址属高台山文化，该文化集中分布于新民、彰武、阜新等下辽河以西地区，西南与夏家店下层文化相接。高台山文化与夏家店下层文化的迄止年代稍有参差，但主要年代序列基本平行。已有研究成果认为两种文化在这一地区直接表现为彼此消长中的交错分布和相互影响[23]，然而在更多的时间里仍以夏家店下层文化对下辽河区的影响为主。高台山文化已测定的碳十四年代为公元前 1700～前 1260 年（经高精度树轮校正，以下的碳十四年代均同，不再提示）。

新乐遗址位于沈阳市北郊一横贯东西的黄土岗地上[24]。该遗址包含三个时期的文化堆积，下层文化陶器以之字纹筒形罐为代表；中层文化以几何纹饰和细泥条堆纹陶器为代表；上层文化以素面三足陶器为代表，其中后者是继高台山文化之后在本地区出现的另一种青铜文化。据报道，发掘者于 1982～1983 年、1987～1988 年，曾先后在遗址的西部和东部偏南共清理出新乐上层文化的壕沟 4 段[25]。这些壕沟的剖面呈“U”字形且非常宽深，从位置和结构来判断很可能是环壕聚落的遗存。其年代下限，可参考的热释光年代数据为距今 3090 年 ± 100 年[26]。

**2. 嫩江中下游区**

白金宝遗址东距黑龙江省肇源县城 50 千米，遗址坐落于嫩江左岸一高出江面 20 米的台地上，现存范围南北长 450 米，东西宽近 400 米。1986 年经大面积发掘[27]，证实该遗址是嫩江中下游地区规模最大堆积最丰富的一处遗址。依地层的叠压关系及文化遗存面貌之异同，可划分为四个文化时期。其中在发掘区北部第一期文化层面上发现了一条平面呈圆弧状的壕沟，壕沟上口宽 1.2～2、深约 1 米，剖面呈倒梯形，发掘长度 26 米。由于壕沟的两端可继续向两个方向延伸，故应是环壕。环壕内房址几乎均为方形或圆角方形半地穴式，面积多不超过 20 平方米。围绕周围的灰坑多以长方形为主，直壁平底。白金宝遗址一期文化遗存与叠压其上的白金宝文化有明显区别，但通过陶器类型学的研究又表现出对后者的接续和演变关系。从地层关系和器物群自身特点来看，白金宝一期文化遗存是本地区先于白金宝文化存在的一种地域特征鲜明的早期青铜文化。这类文化遗存在吉林省的农安、伊通亦有发现，其分布范围在大兴安岭南段东侧一线，以松辽分水岭为界与内蒙古东部的早期青铜文化相毗邻。事实上该文化遗存已发现了与夏家店下层文化同一谱系的陶鬲，这说明嫩江中下游地区空三足器的兴起与夏家店下层文化向北的传布有关系，进而推论环壕聚落也可能是受辽西影响而产生的。白金宝一期文化的碳十四年代为公元前1500～前1100年，其年代下限已达西周早期。

1992年在肇源小拉哈遗址的发掘中也发现壕沟[28]，共清理了两段。位于遗址西部的G3001，东北—西南向，平面略呈弧形，长度约30米，沟上口宽1.1、深1.5米。G3002位于G3001的西侧，上口宽2.91、深3.05米。两条沟大体平行，均为斜壁，剖面基本呈“V”字形。小拉哈遗址壕沟的文化性质尚难以确定，但从其开口层位及小拉哈遗址主要遗存（二期）与白金宝一期文化的关系来看，极有可能与后者属于同一文化性质。可参考的热释光检测年代为距今3830年±340年。

**3. 第二松花江流域区**

腰岭子遗址位于吉林省九台市石头口门村，遗址坐落于村北一丘岗上，现存面积约5万平方米[29]。1995年对该遗址发掘时，在青铜时代文化层面上发现环壕遗迹，已清理出西南—东北向和西北—东南向两段共130余米，平面上看两段均呈弧形可相连接。钻探表明这条环壕是绕山岗分布的，沟上口宽3～4、深1.36～1.5米，沟壁两侧斜直呈倒梯形。沟内出土的鼎、鬲、豆、罐等陶器特征接近于西团山文化，故推断环壕的年代当不早于西团山文化或与之相当。西团山文化的碳十四数据的年代跨度为公元前1105～前325年，编年相当于西周初至战国早中期。

以往的考古调查表明，在第二松花江流域除文化面貌较为单纯统一的西团山文化外，几乎没有发现其他青铜时代的考古遗存，其中尤以吉林市及周邻地区分布最为密集，已发现的居址和墓地超过了100处[30]，这里是西团山文化的中心分布区。近年，在该文化中心区的东部蛟河市境内发现十几处环形土垣遗迹。这些土垣均建在岗阜顶部，直径20～40米，现存高度1米左右。一般间距1.5千米，最远相距9千米，基本沿蛟河右岸分布呈南北走向。报道者认为由于这里正是西团山文化的东部边界，所以它们是带有军事性质的“部界堡寨”[31]。然而这些呈环形的土垣尚没有进行发掘，是否有环壕值得密切关注。

**4. 浑江流域区**

位于吉林省东部长白山地及其延伸地带的浑江流域，北与第二松花江上游相接。据报道这一区域发现了40余处所谓“祭坛遗址”[32]，它们多沿河流两岸分布，坐落于丘岗之上，不仅有壕沟也有土垣。近期选择其有代表性的通化王八脖子遗址[33]进行了较大规模发掘。发掘中发现环绕圆形山丘的壕沟，部分暴露于地表的痕迹清晰可见，已清理的长度约30米，沟上口宽2、深1.5米，剖面呈“V”字形。在壕沟环绕区内发现房址，灰坑和土坑墓。出土的陶器有罐、壶、钵、豆等，器形多为台底或圈足底，一般在口径部饰隆起的细泥条堆纹，腹部置对称桥状耳。石器种类较多，尤以各种形式的石镞磨制的极为精致。在墓葬的随葬品中还见有青铜短剑、铜矛、铜镜及装饰品。初步推断这类文化遗存的年代可界定在春秋—战国时期，年代下限亦可能至汉初。

# 三、东北先史环壕聚落之传播及与朝鲜半岛和日本环壕聚落的关系

根据上述东北环壕聚落之举要，按分布地域及年代关系列表一如下。

表一

| 历史纪年 | 年代（公元前） \ 文化区 | 辽西区 | 下辽河区 | 嫩江中下游区 | 第二松花江流域区 | 浑江流域区 |
| --- | --- | --- | --- | --- | --- | --- |
| | 6000～5000<br>4500～3000 | 兴隆洼文化<br>红山文化 | | | | |
| 夏—早商 | 2000～1400 | 夏家店下层文化 | 阜新勿欢池遗址 | 肇源小拉哈遗址二期文化 | | |
| 晚商—周初 | | | 沈阳新乐遗址上层文化 | 肇源白金宝遗址一期文化 | | |
| 西周早—春秋 | | | | | 九台腰岭子遗址<br>蛟河环土垣遗迹 | |
| 战国 | | | | | | 通化王八脖子遗址及相关文化遗址 |

参照各环壕聚落在表中的落点情况，将它们联系起作整体考察，提出以下三点认识：

（1）已知的东北最早（也是目前中国最早）的环壕聚落发生于辽西地区，而且在该地区持续的时间最长。在经历了几个发展阶段后，逐步完成了向城垣式环壕转变的完整过程，所以说辽西地区的环壕聚落是一个独立运行的体系。

（2）就时空范畴而言，以辽西区为一端呈现出序时性的由西向东延展分布的趋势，

其间没有逆时倒转的现象。

（3）相邻地区的文化具有一定的亲近性或表现出对应的共有文化因素，而各种文化因素的主导传播方向与环壕聚落的序时分布相一致。由此可推导出一个很有意义的结论，即东北先史环壕聚落存在着从辽西区经过下辽河，向北达嫩江中下游；向东进入第二松花江流域又溯流面上直到浑江流域的传播路线（图二）。

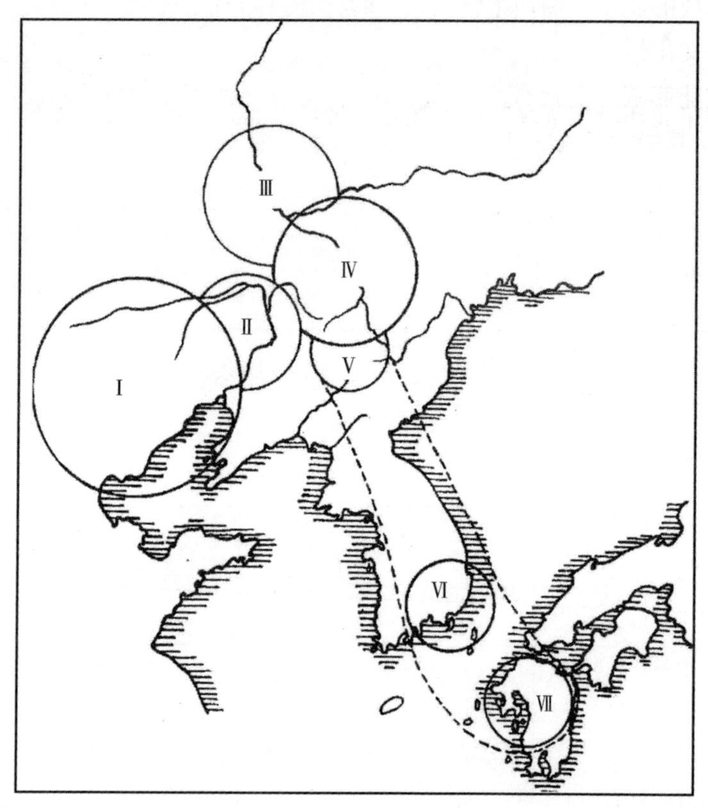


图二　东北先史环壕聚落传播示意图

Ⅰ. 辽西区　Ⅱ. 下辽河区　Ⅲ. 嫩江中下游区　Ⅳ. 第二松花江流域区
Ⅴ. 浑江流域区　Ⅵ. 朝鲜半岛南部地区　Ⅶ. 日本九州地区

了解了东北先史环壕的演变及传播路线后，就这一问题进一步展开，来探讨与朝鲜半岛和日本环壕聚落的关系。

目前，在朝鲜半岛南部地区已发现的环壕聚落遗址近 20 处，属于无纹陶器文化即青铜时代的约占一半。其中公认年代比较早的有蔚山检丹里遗址[34]、芳基里遗址和无去洞玉岘遗址[35]，它们的年代上限相当于公元前 6～前 7 世纪。以检丹里为例，已揭露的 93 座长方形竖穴式房址，分布在山岗的北面和西面沿着等高线的坡度排列。该聚落被划分为三个时期，唯第二期出现环壕。环壕平面呈椭圆形，长近 120、宽约 70 米，南北两侧各有一个出入口。从环壕的地形选择、形式规模以及房址结构来看，均有某些和中国东北环壕聚落相同的特点。前面提到正是在这一时期，环壕形式的聚落在吉林省东部及与朝鲜半岛临界的长白山山前延伸地带已有发现，特别是通化王八脖子遗址的发掘提供了新的实证，因此可以推定朝鲜半岛南部地区出现的形态相似的环壕聚落，是接受东北地区环壕聚落影响的结果。还应该注意到正是在这一时期朝鲜半岛出现的曲刃青铜短剑、素面化的陶器和广为流行的各类石筑墓葬等，也都显示与东北青铜文化既此亦彼的联系。将上述情况综合起考虑，东北环壕聚落对朝鲜半岛的影响不是一种孤立的文化传播现象。

同样的文化影响也波及日本，迄今为止在日本各地发现的弥生时代的环壕聚落已逾 200 处[36]。其中尤以九州地区比较集中，经全面揭露或近于全面揭露的弥生时代前期的典型环壕聚落有福冈市板村遗址[37]、津古内遗址[38]、福冈县葛川遗址[39]等，它们的年代上限大体不会超过公元前 3 世纪。这一时期的环壕聚落多为贮藏穴专用环壕，在形式上还出现双重或多重的环壕，与朝鲜半岛南部地区的环壕聚落相比较似有明显差距，但从普遍流行的“V”字形剖面的环壕结构来看，仍反映与朝鲜半岛的渊源关系。进而推导出日本弥生时代的环壕聚落也深受中国东北环壕聚落的影响，大体是以朝鲜半岛为跳板传入日本的。来自人种学方面的研究也认为，“大多数日本弥生时代居民的种族成分可能来自于中国东北地区的古居民”[40]。由此可见，环壕聚落作为一种文化载体蕴藏着深刻内涵。

## 注　　释

[1] 中国社会科学院考古研究所内蒙古工作队：《内蒙古汉旗兴隆洼遗址发掘简报》，《考古》1985 年 10 期；《兴隆洼聚落遗址发掘获硕果》，《中国文物报》1992 年 12 月 13 日；杨虎、刘国祥：《兴隆洼聚落遗址发掘再获硕果》，《中国文物报》1993 年 12 月 26 日。

[2] 郭自中等：《林西县白音长汗遗址发掘述要》，《内蒙古东部地区考古学文化研究文集》，海洋出版社，1991 年。

[3] 方殿春：《阜新查海遗址的发掘与初步分析》，《辽海文物学刊》1991 年 1 期；辽宁省文物考古研究所：《辽宁阜新县查海遗址 1987～1990 年三次发掘》，《文物》1994 年 11 期。

[4] 武自然：《北城子、兴隆沟遗址——惊人的考古发现》，《人民日报》（海外版）1998 年 8 月 12 日；杨虎等：《敖汉旗发现大型兴隆洼文化环壕聚落》，《中国文物报》1998 年 7 月 26 日。

[5] 郭治中：《论白音长汗发现的女神像及其崇拜性质》，《青果集——吉林大学考古专业成立二十周年考古论文集》，知识出版社，1993 年。

[6] 邵国田：《概述敖汉旗的红山文化遗址分布》，《中国北方古代文化国际学术研讨会论文集》，中国文史出版社，1995 年。

[7] 邵国田：《概述敖汉旗的红山文化遗址分布》，《中国北方古代文化国际学术研讨会论文集》，中国文史出版社，1995 年。

［8］ 杨虎：《敖汉旗西台新石器时代及青铜时代遗址》，《中国考古学年鉴（1988）》，文物出版社，1989年；又参考《敖汉旗志》，内蒙古人民出版社，1991年。

［9］ 赤峰考古队：《内蒙古赤峰市半支箭河中游1996年调查报告》，《考古》1998年9期。

［10］ 赤峰考古队：《内蒙古赤峰市半支箭河中游1996年调查报告》，《考古》1998年9期。

［11］ 王立早：《西道村遗址发掘获重大成果》，《中国文物报》1991年3月21日。

［12］ 赤峰考古队：《内蒙古喀喇沁旗大山前遗址1996年发掘简报》，《考古》1998年9期。

［13］ 中国社会科学院考古研究所：《大甸子》，科学出版社，1996年。

［14］ 辽宁省博物馆等：《建平水泉遗址发掘简报》，《辽海文物学刊》1986年2期。

［15］ 徐光冀：《赤峰英金河、阴河流域石城遗址》，《中国考古学研究——夏鼐先生考古五十年纪念论文集》，文物出版社，1986年。

［16］ 辛岩：《康家屯城址考古获重大突破》，《中国文物报》1999年1月10日。

［17］ 辽宁省文物考古研究所等：《辽宁阜新平顶山石城址发掘报告》，《考古》1992年5期。

［18］ 中日考古合作研究考察组：《辽宁省凌源县三官甸子城子山石城址测量及有关遗存考察》，《东北亚考古学研究——中日合作研究报告书》，文物出版社，1997年。

［19］ 吉林大学考古实习工地。

［20］ 徐光冀：《赤峰英金河、阴河流域石城遗址》，《中国考古学研究——夏鼐先生考古五十年纪念论文集》，文物出版社，1986年。

［21］ 严文明：《中国环壕聚落的演变》，《国学研究》（第二卷），北京大学出版社，1994年。

［22］ 辛岩：《阜新勿欢池遗址发掘简报》，《辽海文物学刊》1997年2期。

［23］ 朱永刚：《论高台山文化及其与辽西青铜文化的关系》，《中国考古学会第八次年会论文集》，文物出版社，1996年。

［24］ 沈阳市文物管理办公室：《沈阳新乐遗址试掘报告》，《考古学报》1978年4期。

［25］ 李晓钟：《沈阳新乐遗址1982～1988年发掘报告》，《辽海文物学刊》1990年1期。

［26］ 抚顺市博物馆考古队：《抚顺地区早晚两类青铜文化遗存》，《文物》1983年9期。

［27］ 黑龙江省文物考古研究所等：《黑龙江肇源白金宝遗址1986年发掘简报》，《北方文物》1997年4期。

［28］ 黑龙江省文物考古研究所等：《黑龙江肇源小拉哈遗址发掘报告》，《考古学报》1998年1期。

［29］ 金旭东等：《九台市腰岭子青铜时代遗址》，《中国考古学年鉴（1996）》，文物出版社，1998年。

［30］ 董学增：《试论吉林地区西团山文化》，《考古学报》1983年4期。

［31］ 董学增：《西团山文化的东界在张广才岭南端威虎岭以西的新证》，《博物馆研究》1987年3期。

［32］ 李树林：《东北考古获重大发现》，《中国文物报》1995年6月4日。

［33］ 王八脖子遗址，见《吉林省志》卷四十三，“文物志”，吉林人民出版社，1991年。

[34] 釜山大学校博物馆：《蔚山检丹里遗址》，1997年。

[35] 庆南大学校博物馆、密阳大学校博物馆：《蔚山无去洞玉岘遗迹》，1998年。

[36] 石黑立人：《全国环濠集落地名表》，《季刊考古学》（第31号），雄山阁，1990年。

[37] 山崎纯男：《福冈市板村遗迹调查概报》，《福冈市埋藏文化财调查报告书》（第49集），1979年。

[38] 西谷正、柳田康雄：《津古内遗迹》，福冈县教育委员会，1970～1974年。

[39] 酒井仁夫：《葛川遗迹》，福冈，1984年。

[40] 潘其风、朱泓：《日本弥生时代居民与中国古代居民的人种学比较》，《华夏考古》1999年4期。

（此文为1999年12月在日本九州大学的演讲稿，2002年刊于《东北アジアにおける先史文化の比較考古学研究》，经整理后发表于《华夏考古》2003年1期）

# 论西梁遗存及相关问题

长期以来辽西文化区西拉木伦河以北的考古工作较少，见诸发表的资料和研究相对薄弱。近年来，吉林大学边疆考古研究中心和内蒙古文物考古研究所在这一地区进行了系列调查和发掘，取得了一些重要成果。特别是对林西县井沟子西梁遗址发掘，揭示了一种文化面貌全新的考古遗存[1]。本文拟就西梁遗存的文化内涵、性质及与兴隆洼文化的关系开展讨论，同时从该类遗存陶器上极富特色的条形堆纹入手，比照松嫩平原和黑龙江中游区域含条形堆纹的新石器文化，探讨其文化来源，并阐释西拉木伦河以北已发现的部分史前文化遗存游离于辽西地区主体文化发展序列之现象。

## 一、西梁遗址概貌

林西县井沟子西梁遗址是2002年考古调查时发现的。现存面积近1万平方米。勘查中依稀可辨被破坏后残存的灰土遗迹，每一处灰土遗迹基本为一个半地穴式房址。初步探明情况后，2003年对该遗址进行了抢救性发掘，共清理房址11座，灰坑2个。

西梁遗址出土的陶器以夹砂陶为主。从陶片观察，大部分陶器的器壁厚1～1.5厘米，器底厚2～2.5厘米，外表多呈灰褐或黄褐色，内壁多呈黑灰色。系采用泥圈套接法成形，个别小器形为泥条叠筑或捏制。纹饰以条形堆纹和线形压划纹为主，并有少量的戳印纹和压印窝点纹。条形堆纹的纹样有并列平行、并列斜行、倒置三角、多重半圆环、波折、连弧等。线形纹样有网格、交叉、平行斜线、交错平行斜线、折线、人字形等（图一）。除小型陶器为素面外，大部分陶器表面均施有条形堆纹和压划线纹组成的复合纹饰，一般自口沿至器底分三段：上段，多在口沿外侧施平行条形堆纹以及相连接的各种几何纹样堆纹；中段，压划的线形主体纹饰；下段，均不施纹饰，为空白带。从施纹技法来看，堆纹系细泥条直接贴附于器表，然后用模具刮抹作整形处理（本次发掘发现的一件锯齿形野猪獠牙制品，经比对其模型与部分条形堆纹截面相吻合），而线形纹饰极有可能采用片状圆头工具或蚌壳类制品，在陶器处于半阴干状态下压划而就。陶器种类单一，基本为筒形罐造型，大者20～30厘米，小者10～15厘米，同一房址出土的筒形罐有大小组合，所以暗示它们应该有使用功能上的区别。形态上有敞口直壁、敞口弧壁和直口弧壁之分。其他器形仅见盂和杯。

石器以打制为主，磨制较少，还见有少量的细石器。种类有锄形器、斧、耜、刀、敲砸器、磨盘、磨棒、杵、臼等。其中锄形器数量最多，多呈不规则三角形或梯形，偏上位置有对称的凹缺，刃部有直刃、弧刃和斜刃之区别，刃口有经使用的磨蚀沟痕和崩疤。石斧较少，通体磨光，弧刃，正锋。石耜极少，均残，器体扁薄，边缘磨制圆滑，侧面留有缚柄的凹缺。所谓石刀，不仅见有打制的半月形或长方形石坯，也见有个别用残石耜改作的石刀和锋利的石片切割器。敲砸器均为打制，大部分仍保留有自然面。

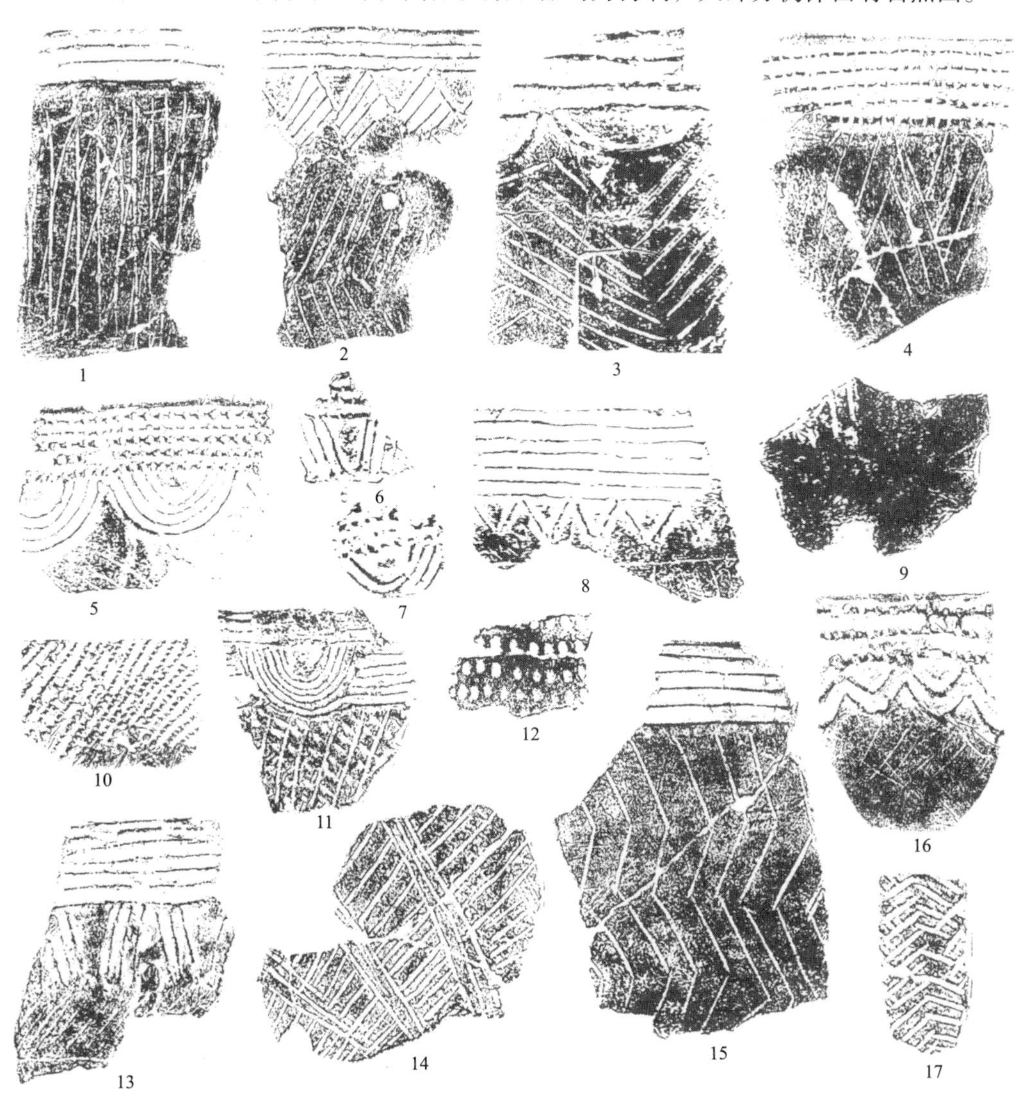

图一 井沟子西梁遗址出土陶器纹饰拓本

1. 条形附加堆纹、交叉线纹（F7②：4） 2. 平行和菱格状条形附加堆纹、人字形线纹（F3②：1） 3. 平行和连弧状条形附加堆纹、人字形线纹（F6②：8） 4. 条形附加堆纹、交错平行斜线纹（F1②：33） 5、7. 平行节状和多重半圆环状条形附加堆纹（F4②：2、F5①：9） 6、13. 平行和斜行条形附加堆纹、对顶状平行线纹（F5③：1、F7①：2） 8. 平行和倒置三角状条形附加堆纹（F3②：3） 9. 网格纹（F1①：1） 10. 斜行节状条形附加堆纹（F6②：3） 11. 平行和多重半圆环状条形附加堆纹、斜行线纹夹戳印纹（F1②：34） 12. 窝点纹（F5①：6） 14. 斜行线纹（F2①：1） 15. 条形附加堆纹、折线纹（F4②：1） 16. 平行节状和波折状条形附加堆纹、网格纹（F7②：2） 17. 压印人字形线纹（F4①：10）

石器中包含有一类器物，系采用质地较软的云母片岩制作，有形似斜刃石斧、长方形石铲、拱背石刀者，器体较厚，周缘光滑，既无锋刃，也无使用痕迹，用途不详。此外，还发现部分残断石器，如锄形器、耜、斧、磨盘等其断面都留有整齐切割的痕迹，系有意而为之，寓意不明。以上特殊现象值得注意。

骨、角、蚌制品数量不多，保存较差，但制作尚精致，运用了劈裂、切割、研磨、钻孔、抛光等多项技术。工具类有骨刀、镶嵌石刃的骨梗、铲形器、骨锥、骨凿和修陶模型器。装饰品有骨管、角管、蚌环、穿孔蚌饰等。

房址依山坡而建，均为半地穴式建筑。从几座保存尚完整的房址可以看出，有进深大于开间的长方形和北宽南窄略呈梯形之区别，凸字形门道有位于南壁中部偏西的特点。大型房址居住面平整坚硬，中部发现有一圆形灶坑，坑壁南侧镶嵌石板，居室内穴壁抹泥，并经烧烤，四壁均发现柱洞（东西两侧为壁柱），大致对称排列。小型房址居住面大多不平整，局部留有炊爨痕迹，柱洞少见。部分小型房址中部地面略低，两侧稍高，北壁设有壁龛，出土遗物主要集中于壁龛附近。据此判断，一般居室内可能划分为炊饮、睡卧、储存等不同的功能区。灰坑很少，位于房址附近，残存的坑穴很浅，出土遗物少。

在房址居住面和堆积中发现大量烧骨，经鉴定有马鹿、梅花鹿、猪、牛、熊、东北狍、獐、麝、貉、兔、雉和各种蚌类等。其中，哺乳类动物马鹿的数量最多，占 73.33%，而骨制工具也多系马鹿骨制作[2]。从动物的种类和数量统计分析，马鹿是主要的狩猎对象，捕捞也是一种辅助经济手段。石器的磨盘、磨棒可能是用于碾压坚果和植物籽实的加工工具，当与采集活动有关。凡此种种，说明当时的食物来源是多渠道的。

## 二、关联材料与西梁类型的提出

检视以往考古调查和发掘材料，还有多个地点发现过这类遗存，列举如下供讨论。

早年，汪宇平先生在《西喇木伦河流域的新石器时代遗址》一文中，曾报道过 2 件采自克什克腾旗瓦盆窑遗址的筒形罐[3]。从发表的照片来看，一件直口，腹型略弧，口沿下施 8 道呈带状分布的附加堆纹并连接倒置三角纹样堆纹，器表面主体纹饰为斜井字划纹。另一件敞口、斜直腹壁，腹腔较深，器表面饰叶脉形压划纹，口沿下和近器底部留有空白。同时还采集到平行与半圆形堆纹纹样的陶片。石器中发现的锄形器数量较多，器体扁平，上端敦厚，刃部略薄，侧视呈楔形，特点是肩部均有对称的半圆形凹缺（图二，1～6）[4]。

1991 年，内蒙古文物考古研究所为配合“集通铁路”建设，对塔布敖包遗址进行抢救性发掘。该遗址位于巴林右旗大板镇西北 30 千米，坐落于嘎斯太河与查干木伦河交汇处。笔者曾近距离观摩过这批材料，所见陶器均为筒形罐，显著特点是装饰于口沿下的平行和几何形组成的条形堆纹，上施戳印纹呈节状。器身除素面外，还见有线形网格纹、人字纹和圆窝纹。与陶器共出的石器有石铲、锄形器、磨盘、磨棒等。据报道此次发掘共清理新石器时代房址 4 座、灰坑 6 个。房址呈方形，半地穴式，面积约 20 平方米，居室中部设有石板灶。灰坑为圆形浅穴。唯一清理的 1 座墓葬，系不规整的椭圆形浅穴，葬式为仰身屈肢。发掘者认为该遗存文化特征不同于当时已知的考古学文化，应属于一种新的文化遗存[5]。

2002 年，笔者在西拉木伦河北岸的考古调查中，在巴林右旗锅撑子山采集到一件夹砂红陶筒形罐[6]。该器敞口、斜直腹，口沿施平行条形堆纹，其下的主体纹饰为压划长直线人字纹，近器底处以圆窝纹填补空白。复原后，口径 34、底径 18.8、高 34 厘米（图二，7）。该遗址位于查干木伦河下游左岸，地势较高，视野开阔，地表散布有大量的陶片和石器，并见有石块围砌的灶址。

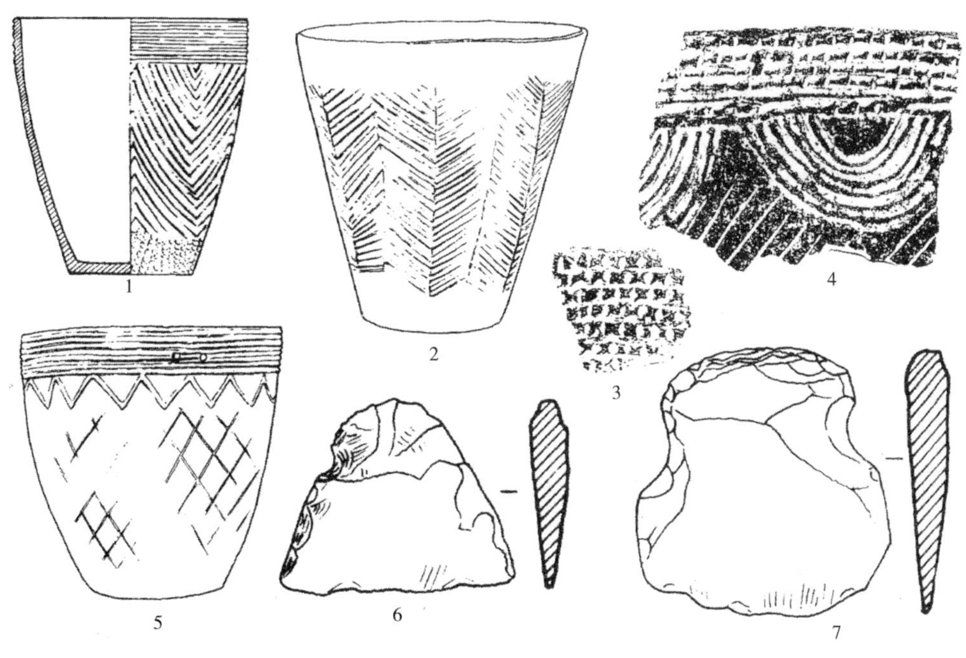


图二 西拉木伦河以北地区发现的西梁类型遗物

1. 巴林右旗锅撑子山采集品（02YGCO：1） 2～7. 克什克腾旗瓦盆窑遗址出土（资料引自注释［3］［4］）

据悉，巴林左旗乌尔吉木伦河右岸的金龟山遗址也发现过类似的陶片[7]。

依据上述材料，结合西梁遗址发掘的认识，试对这类遗存文化内涵做出以下归纳。

（1）遗址的范围不大，地势较高，在西梁遗址已发掘的 500 余平方米范围内，没有发现文化堆积层。就该遗址动物群生活习性分析，遗址周围应有大片疏林、草原及河流。2002 年笔者曾踏查过的塔布敖包和锅撑子山也基本符合这一地貌特征。

（2）遗迹有房址、灰坑、墓葬。经过发掘的西梁和塔布敖包房址的结构均为单间半地穴式，平面形状基本为长方形或方形。据已有的发现，大型房址面积约 40 平方米，小型房址面积约 20 平方米。其中大型房址的地面与穴壁经特殊加工，并发现有排列整齐的柱洞。另外，西梁、锅撑子山和塔布敖包均发现有石板灶的实例。由于受发掘面积所限，聚落布局尚不十分清楚，只知道房址系成行排列。

（3）陶器质地疏松，硬度较低，吸水性强，烧成温度不高。器壁普遍较厚，器类单一，部分陶器见有钻孔缀合裂缝的现象，说明陶器的制作较原始且不稳定。纹饰精致，其条形堆纹及构成的组合纹样具有标志性特点。石器方面，锄形器、敲砸器、石片切割器数量较多，其中锄形器肩部均置有对称半圆形凹缺，形制古朴，器体敦厚。仅从造型来看，这类石器可能有多种用途。石刀尚没有定型产品，磨制石器唯有小型石斧，细石器主要用于骨梗石刃。结合骨角制品和大量的动物碎骨分析，反映其生产水平比较低下，基本属于以狩猎采集等获取自然资源为生业的依存性经济。

西梁遗址没有发现文化层堆积，房址之间亦无打破关系，各房址出土的陶器风格统一，器形与纹饰无明显变化，据此可认定为同一时期遗存。在清理中发现，个别房址（F12）废弃堆积包含有典型红山文化陶片和柳叶形石耜，根据房址居住面与废弃后堆积可能是不同时期形成的层位关系判定，西梁遗存早于红山文化。西梁遗址测得的 2 个碳十四数据（均采自房址居住面），年代分别为距今 7060 年±60 年、6885 年±50 年（半衰期 5730 年，未作树轮校正），也证实了这一点。其他几个地点发表的材料有限，仅从陶器的纹样和纹饰布局分析，与西梁略有不同，已显露出一些早晚差别。相信随着今后考古工作的开展，能够提供其年代外延的新材料。上述地点出土遗物的相似性较大，基本属于同一性质的考古学文化。而其所反映的文化内涵，与辽西地区已发现命名的新石器文化均有明显区别。目前这类遗存仅发现于西拉木伦河以北，在西拉木伦河以南尚不见报道。综合考虑，应是一种新的文化类型。由于这类遗存的鉴别和研究刚刚起步，一些问题尚待探讨，建议暂命名为“西梁类型”。

## 三、与兴隆洼文化的关系

兴隆洼文化的发现与确认，对辽西地区新石器时代考古具有重大意义。随着大规模考古发掘与研究的不断深入，人们对其文化内涵已经有了相当的了解。这一文化的碳十四测年数据，经树轮校正后，为公元前 6200～前 5400 年，其绝对年代与西梁类型相去不远。在分布地域上，西梁类型仅见于西拉木伦河以北，与兴隆洼文化分布范围的北缘相重合。目前在这一地区没有发现能够证明它们相对年代的层位关系，或许如碳十四测定数据所示，西梁类型较兴隆洼文化略晚，两者的文化面貌也有明显区别。

兴隆洼早期聚落的房址为长方形半地穴建筑，四面穴壁均未经过特殊加工。房址面积较大，一般在 50～80 平方米之间，少数达到 100 平方米以上。室内极少发现柱洞，灶址均为圆形土坑式，未见门道[8]。西梁揭露的房址规格较小，有凸字形门道和储物壁龛，灶址有地面式和石板围砌的土坑式两种。另外，居室地面平整和壁面抹泥并经烧烤的房址，沿穴壁内四周设有对称排列的柱洞。两者除了建筑结构和技术方面的差别外，通过房屋面积估算人口数量的一般统计方法衡量，西梁类型每座房屋内的人口显然要少于兴隆洼文化，所以作为社会最基层单位人口数量的差别也反映了两者的社会形态有所不同。

兴隆洼文化早期聚落体现的是一种以大型房址为中心，居住区有环壕围绕，房址成排分布为特点的凝聚式布局。这一时期的聚落规模较大，房址排列整齐，说明聚落在营建之初是经过周密考虑，统一规划设计的。晚期聚落虽然房址分布密集，排列不甚整齐，但仍遵循着房址成行排列，居住区外设有环壕的总体营建原则。所不同的是，如白音长汗遗址同一聚落内出现了两处相邻的居住区[9]，和查海遗址所揭示的公众进行礼仪活动的“空场”[10]。西梁遗址聚落规模较小，发掘的 11 座房址至少可分成两排，较长的一排约有 10 座左右（将已暴露的灰土遗迹计算在内）。其中一座面积较大的房址（F5），除内部营建比较讲究外，出土遗物并看不出与其他房址有功能上的区别。房址之间极少有灰坑，遗址内亦不见环壕迹象。由于西梁遗址发掘面积有限，周围是否有墓葬区尚不能认定，也没发现像兴隆洼文化那样的居室葬。

两者在陶器方面的差别尤为显著，兴隆洼文化的筒形罐腹腔普遍较深，腹壁斜直，下腹壁与器底结合处呈钝角。西梁类型的筒形罐器体普遍较矮，有弧腹者，器底与腹壁结合处多修抹成圆角，另外，“前者大多数房址内皆出钵碗类”[11]，钵为圜底器。而后者所见均为平底器，尤其是台底盂与前者钵碗类很不相同。从纹饰来看，兴隆洼的陶器口沿下均饰有数道凹弦纹，主体纹饰早期多为分段压印的交叉、网格、平行斜线纹，中期以后流行之字纹，并形成口沿外叠唇和器表三段布局的定式。西梁陶器流行在器口沿施平行条形堆纹，并连接倒置三角、多重半圆环、波折、连弧等纹样。压划的线形主体纹饰，一般不分段，近器底处留有空白。另一方面，也有一些相似的特点，如西梁有一类敞口直壁筒形罐的造型就比较接近于兴隆洼文化。两者的纹样和施纹技法虽然区别明显，但西梁最富特色的多条并列堆纹与兴隆洼的多道凹弦纹，对器口沿装饰的表现形式却是一致的。值得注意的是，在巴林右旗锅撑子山采集到的那件筒形罐，除造型与兴隆洼相似外，口部所饰的条形堆纹被刻意修抹成凸凹的瓦楞状，兼具有凹弦纹和凸棱堆纹的双重特点。这些传递两者之间似乎存在着某种文化联系的信息很重要，但就目前掌握的材料尚难以进行深入讨论。

兴隆洼文化石器的制法与西梁类型基本相同，均以打制为主，也采用少量的磨制和细石器压削方法。但总体而言，西梁石器的加工技术显得更为简约、粗放，有些器型分类不清楚，甚至使用没有经过任何加工的自然石片。兴隆洼和西梁最具代表性的石器都是锄形器，从形制来看，前者窄柄、宽肩呈亚腰形，更便于束缚木柄；后者柄与肩无明显的分界，只是在器身两侧略加琢磨出对称的凹缺，显得质朴原始。笔者观察到，西梁的大多数锄形器刃部留有崩疤，磨痕与刃部形成倾斜角且刃角较小的一侧磨损严重。从使用痕迹分析，应为横向缚柄之砍伐工具。当然，兴隆洼文化的亚腰锄形器也应具有这样的功能。不过最近考古工作者在兴隆沟遗址发现了大量的碳化谷物[12]，这一重要发现可能改变以往人们对该文化农业迹象不明显的看法。那么就不排除兴隆洼文化的亚腰锄形器也有被作为农具使用的可能。这说明它们在各自的使用功能上是有所区别的，至少其中的一部分如此。上述比较表明，西梁类型与兴隆洼文化在反映文化面貌的各层面上均存在显而易见的区别，所以可确认为不同性质的两种考古学文化。

# 四、关于北方地区含条形堆纹的诸考古文化

西梁类型以发达的富有鲜明特色的条形堆纹及所构成的组合纹样为显著标志。但这类纹样在西拉木伦河以南却极为罕见，当地似乎无线索可寻，因此从更大区域范围通过相关材料的类比，探讨其来源，将有助于西梁类型研究的深入。

本节要讨论的北方地区，系指大兴安岭东侧松辽分水岭以北的松嫩平原、相邻的黑龙江中游，以及辽西区与上述地区相连接的中间地带。

松嫩平原在地质构造上是一个凹陷区，万年以来西南部还在缓慢下沉，加之嫩江下游和与之相汇合的松花江极度弯曲，使排水不畅，河流侵蚀下切力减弱，形成大片湿地。这里地势平坦，湖沼沙岗相间分布，动植物及水生资源极为丰富，是古代人类理想的栖息地。

目前在这一地区能够认定的新石器文化，只有20世纪初梁思永先生发现并命名的昂昂溪文化[13]。昂昂溪文化的陶器陶土未经淘洗，含细砂，烧制火候不高，陶色不均。器类比较简单，纹饰以贴塑的条形堆纹为主，还有交错三角刻划纹，锥刺纹等。生产工具以石叶石器和磨制精细的骨器最具特色，如昂昂溪五福C地点发现的骨枪头、单排倒刺穿孔鱼鳔、镶嵌石刃的骨刀梗以及各种石镞等，大抵反映了渔猎为主的生产方式。

关于昂昂溪文化的年代，有学者根据近年小拉哈遗址发掘所提供的2个测年数据（距今4000年±360年、3688年±104年），将其年代推定在距今4500～4000年前后[14]。需要指出的是，这2个测年数据，一个是陶片的热释光检测，另一个是兽骨的碳十四测定，前者的误差值较大，后者用骨骼测定的年代在我国北方一般会出现偏晚的现象[15]。事实上，1980年在位于昂昂溪附近发掘的滕家岗遗址公布的一个碳十四数据是距今7360年±85年（半衰期5568年），经高精度校正后为公元前6372～前6097年[16]。滕家岗遗址不仅发现有房址、灰坑、墓葬等遗迹，而且出土遗物多达百

余件，被认为是丰富了昂昂溪史前文化的一次具有重要学术价值的发掘[17]。该遗址曾发表过一件塑有鱼鹰的陶片[18]和一对玉环[19]，如果不考虑区域间隔和文化差异，把（在特定陶器上）堆塑动物的表现手法和玉器相联系，这种现象还见于阜新查海遗址[20]。

最近，朱延平撰文对新开流文化陶器的施纹技法和纹饰进行了细致分析，并类比俄罗斯滨海地区的同类遗存，以鲁德纳亚遗址下层和鬼门洞穴遗址发表的 8 个碳十四测年数据为佐证，提出“新开流文化存续的年代大体上不出距今 7500～6500 年前这个时间范围”[21]。若将昂昂溪文化与新开流文化相比较，从文化内涵看有相似成分，两者的年代应比较接近，所以松嫩平原的新石器文化也完全有可能提早到距今 7000 年以前。

据笔者观察，松嫩平原含条形堆纹的新石器文化遗存可以分为四组。

第一组，以滕家岗、额拉苏 C 地点[22]、黄家围子[23]为代表。滕家岗遗址出土的器类有筒形罐、钵、杯、瓮（一种较大型直壁小底筒形罐）。陶器口沿多为直口，少有微敛口者。器表自上而下饰数道平行或斜行的条形堆纹。纹饰排列紧密，堆纹上一般饰按压纹（图三，1～11）。

第二组，以小拉哈一期乙组 H3062、G3003、G3002 为代表[24]。可辨器形仅见罐类一种，多筒腹，均为直口。部分器物唇部较厚，唇面上饰戳印三角纹（图三，12～16）。

第三组，以混出于小拉哈遗址第 2、3 层的条形堆纹陶片为代表。主要特征是，器口沿均为侈口，唇部普遍加厚，横向贴附的泥条大多数饰有按压纹（图三，17～24）。

第四组，以昂昂溪五福 C 地点墓葬及该遗址采集的部分陶片为代表[25]。墓葬出土的陶器有圆腹圜底罐、弧腹带嘴罐和平流钵等。器表上半部施平行或波浪形无按压条形堆纹，堆纹排列稀疏，剖面呈三角形。同时出现有刻划的复线三角纹（图三，25～27）。

据小拉哈遗址分期，一期乙组的 H3062、G3001、G3002 三个单位均开口于遗址的第 3 层，打破生土层。它们与分在同组内地层（主要是第 2、3 层）出土的陶片，依口沿特征来看，明显有直口与侈口的区别，即侈口陶器出土的相对年代当晚于直口陶器，这样可判定第三组晚于第二组。同理比照条形堆纹由繁复至简约的演化趋势及口部特征，推定第一组的年代最早，至少不晚于第二组。以昂昂溪五福 C 地点墓葬为代表的第四组，鉴于其圆腹圜底罐与贝加尔湖沿岸新石器时代谢洛沃文化和基多伊文化的短颈球腹罐形态几乎完全相同，年代亦应相当。谢洛沃和基多伊是并行发展的两支文化，综合碳十四测定数据，年代大约距今 5500～4000 年[26]。有学者认为，球腹圜底罐“是由贝加尔湖周围地区在新石器时代之末期传入我国东北嫩江流域的”[27]。

以上材料分析显示，含条形堆纹陶器在松嫩平原发生的时间大约可追溯到距今 7000 年以前，而终结于本地区青铜时代之初（在小拉哈二期文化遗存中仍见有少量的堆纹），证明这种富有特色的陶器纹饰在当地延续的时间很长。所谓“昂昂溪文化”很可能包含了不同性质不同发展阶段的考古遗存，待条件成熟时应予以界定。

图三　松嫩平原包含条形附加堆纹的新石器文化遗存出土陶器

1～5. 出自额拉苏C地点（资料引自注释［22］，属第一组）　6～11. 出自黄家围子遗址（T2②：3、T7③：1、H1：1、T2②：6、T2②：3、G5③：1，属第一组）　12～15、18. 出自小拉哈遗址（H3062：1、G3002：4、G3002：2、G3001：5、G3001：8，属第二组）　16、17、19～24. 出自小拉哈遗址（T131③：62、T111③：10、T141②：15、T131③：27、T335②：14、T335②：11、T152③：11、T131③：45，属第三组）　25～27. 出自昂昂溪五福C地点（M1、M2，属第四组）

俄罗斯哈巴罗夫斯克至结雅河口是黑龙江中游流经地区，这里区分出来的以主要遗址命名的三种新石器文化分别为新彼得罗夫卡、格罗马图哈和奥西诺湖文化。年代被推定在公元前4～前5千纪至公元前3千纪前后[28]。作为一种文化现象，该地区不同时期陶器上出现的条形堆纹特征反映了与松嫩平原的密切关系。

新彼得罗夫卡文化石叶石器发达，大型石器以打制为主，磨制较少。另外，还有用砾石加工两侧打出对称缺口的网坠等。陶器发现不多，经复原的平底筒形罐，器壁和口沿均较直。器表施横向泥条堆纹及相连接的倒三角形堆纹，堆纹上饰按压纹，呈节状（图四，1～4）。分布于结雅河流域的格罗马图哈文化分早、晚两期。早期，以格罗马图哈遗址第2、3层为代表，流行的拍印“纺织纹”陶器，看起来与黑龙江上游和外贝加尔地区文化很接近。晚期，典型遗址为谢尔盖耶夫卡及同样出有泥条堆纹陶片的戈尔诺耶。其共有的特征是厚唇，陶片上装饰有条形堆纹，并在泥条上按压坑点花纹（图四，5～16）。奥西诺湖文化在层位关系上晚于格罗马图哈文化。陶器上饰有平行和波浪形无按压纹泥条堆纹（图四，17～21）。

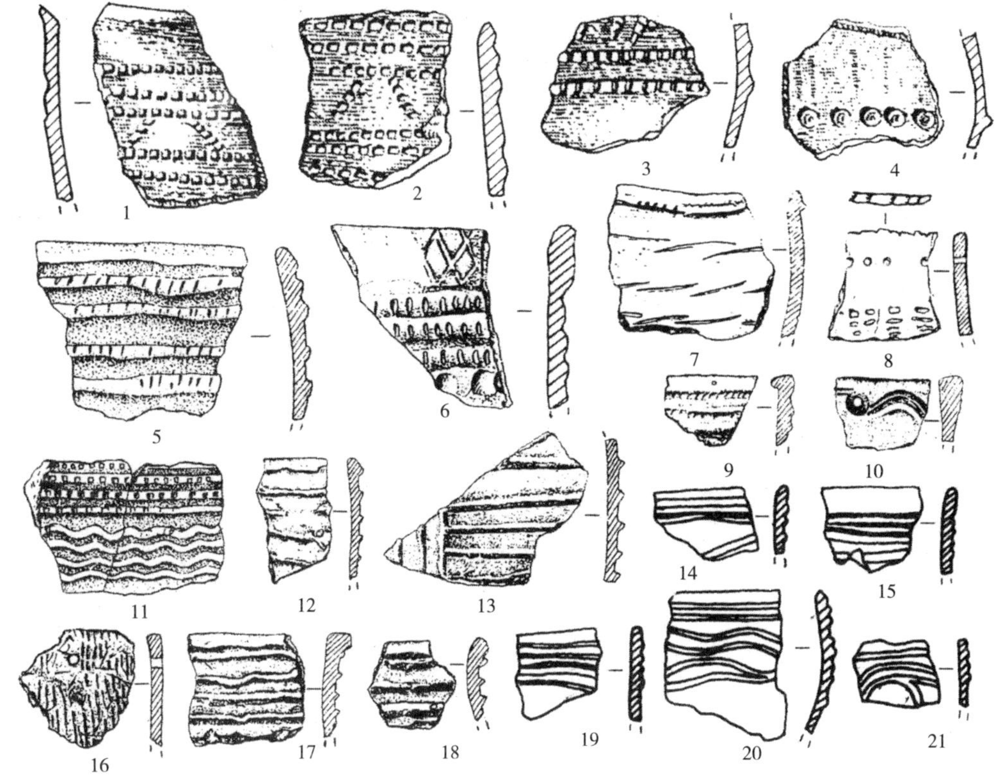

图四 黑龙江中游地区新石器文化遗存出土陶器

1～4. 属新彼得罗夫卡文化 5、6. 出自戈尔诺耶遗址 7～13、16～18. 出自谢尔盖耶夫卡遗址 14、15、19～21. 属奥西诺湖文化

（以上资料分别引自注释［26］之图53、54；大贯静夫：《东北亚洲中的中国东北地区原始文化》，《庆祝苏秉琦考古五十五年论文集》，文物出版社，1989年，图七）

黑龙江中游区域的新石器文化有自身的特点，同时也出现来自周邻地区文化影响而产生的变化。如上面所列举的那样，其与松嫩平原长期存续的含条形堆纹文化遗存表现出更紧密的联系。若直观比较，新彼得罗夫卡文化与额拉苏 C 地点和滕家岗代表的一组遗存相似；奥西诺湖文化与昂昂溪五福 C 地点墓葬及遗址部分采集品代表的四组遗存非常接近；而格罗马图哈文化晚期遗存，既有与二组相似者，也有明显同于三组的特征。由此看来，这一纹饰的演化规律在两地大体是一致的，进而反映它们的文化发展阶段也应基本同步。

# 五、余　论

辽西地区史前文化上自 8000 年以前，下至 4000 年前后，按编年顺序依次为兴隆洼、赵宝沟、红山、小河沿诸文化。由于它们在各自主体文化要素的相互链接上具有同一谱系的连续性，而构成了一个较完整的文化发展序列。西梁类型从文化谱系上很难纳入到目前已认识的辽西新石器文化序列中去。即作为主体文化要素特征的条形堆纹陶器并非是由兴隆洼文化继承而来的，而兴隆洼文化循序发展亦不会产生西梁类型那样的遗存。

辽西地区，尤其是西拉木伦河以北区域，与松嫩平原都处于大兴安岭东侧的浅山丘陵和山前平原地带，地域相通，其间并无险要地理阻断。尽管因文化面貌差异被划分为不同的考古文化区，但新石器时代同属于平底筒形罐文化圈。通过前面对北方地区诸考古文化的考察，西梁类型发达的条形堆纹谱系线索可追溯到松嫩平原甚至更北的黑龙江中游区。在那里条形堆纹发生的年代早，存续的时间长，且保持连贯性，可以认为是流行于当地史前文化的一种传统的施纹技法。西梁类型不仅在陶器上的条形堆纹纹样和排列方式与上述地区列举的新石器文化有较多的相似性，而且与上述地区以细石器为主要特点的渔猎型生产方式相一致。值得关注的还有早年在乌尔吉木伦河发现的富河文化。就文化因素分析，无论是西梁类型富有特色的条形堆纹，还是富河文化的篦点之字纹，包括本地进入青铜时代以后出现的珍珠纹陶器[29]，无一例外都是松嫩平原及东西伯利亚南部等广大北方地区盛行的装饰手法，而同样纹饰在西拉木伦河以南的辽西诸考古文化中心区域却非常少见。所以笔者认为，这些游离于辽西主体文化之外且具有地域分布边缘性特点的遗存，是来自区域间文化传播甚至居民迁徙的结果。

## 注　释

[1] 吉林大学边疆考古研究中心、内蒙古文物考古研究所：《内蒙古林西县井沟子西梁新石器时代遗址》，《考古》2006 年 2 期。

[2] 陈全家：《内蒙古林西县井沟子西梁遗址出土的动物遗存》，《内蒙古文物考古》2006年2期。
[3] 汪宇平：《西喇木伦河流域的新石器时代遗址》，《考古通讯》1955年5期，图版贰，2、3。
[4] 内蒙古自治区文化局文物工作组：《内蒙古自治区发现的细石器文化遗址》，《考古学报》1957年1期，图三，4、8；图七，9、11。
[5] 齐晓光：《巴林右旗塔布敖包新石器时代及夏家店上层文化遗址》，《中国考古学年鉴（1992）》，文物出版社，1994年。
[6] 朱永刚：《查干木伦河流域古遗址文化类型及相关问题》，《考古与文物》2004年3期，图二，4。
[7] 承朱延平先生相告。
[8] 中国社会科学院考古研究所内蒙古工作队：《内蒙古敖汉旗兴隆洼遗址发掘简报》，《考古》1985年10期。
[9] 内蒙古自治区文物考古研究所：《内蒙古林西县白音长汗新石器时代遗址发掘简报》，《考古》1993年7期；内蒙古自治区文物考古研究所：《白音长汗——新石器时代遗址发掘报告》，科学出版社，2004年。
[10] 辽宁省文物考古研究所：《辽宁阜新县查海遗址1987～1990年三次发掘》，《文物》1994年11期。
[11] 杨虎：《试论兴隆洼文化及相关问题》，《中国考古学研究——夏鼐先生考古五十年纪念文集》，文物出版社，1986年。
[12] 刘国祥、贾笑冰、赵明辉：《兴隆沟聚落2002》，《文物天地》2003年1期。
[13] 梁思永：《昂昂溪史前遗址》，《梁思永考古论文集》，科学出版社，1959年。
[14] 赵宾福：《东北石器时代考古》，吉林大学出版社，2003年，第354页。
[15] 赵朝洪：《北方新石器文化中人骨标本的碳十四年代的初步分析》，《考古学研究》（二），北京大学出版社，1994年。
[16] 中国社会科学院考古研究所：《中国考古学中碳十四年代数据集（1965～1991）》，文物出版社，1991年，第98页。
[17] 黑龙江省文物考古研究所：《黑龙江省考古工作近十年的主要收获》，《文物考古工作十年（1979～1989）》，文物出版社，1990年。
[18] 崔福来：《昂昂溪遗址发现陶塑鱼鹰》，《中国文物报》1990年4月19日第1版。
[19] 孙长庆、殷德明、干志耿：《黑龙江新石器时代玉器研究——兼论黑龙江古代文明的起源》，《考古学文化论集》（四），文物出版社，1997年。
[20] 辛岩、方殿春：《查海遗址1992～1994年发掘报告》，《辽宁考古文集》，辽宁民族出版社，2003年。
[21] 朱延平：《新开流文化陶器的纹饰及其年代》，《青果集——吉林大学考古系建系十周年纪念文集》，知识出版社，1998年。
[22] 游寿、王云：《哈尔滨师范学院历史系部分教师赴嫩江和牡丹江文化区作考古调查》，《黑

龙江日报》1962 年 8 月 28 日第 4 版。

[23] 吉林省文物考古研究所：《吉林镇赉县黄家围子遗址发掘简报》，《考古》1988 年 2 期。

[24] 黑龙江文物考古研究所、吉林大学考古学系：《黑龙江肇源县小拉哈遗址发掘报告》，《考古学报》1998 年 1 期。

[25] 梁思永：《昂昂溪史前遗址》，《梁思永考古论文集》，科学出版社，1959 年；笔者在昂昂溪文管站观察过采自昂昂溪遗址的部分陶片标本。

[26] 冯恩学：《俄国东西伯利亚与远东考古》，吉林大学出版社，2002 年，第 115、129 页。

[27] 冯恩学：《我国东北与贝加尔湖周围地区新石器时代文化交流的三个问题》，《辽海文物学刊》1997 年 2 期。

[28] 冯恩学：《俄国东西伯利亚与远东考古》，吉林大学出版社，2002 年，第 223～236 页。

[29] 王立新：《中国东北地区所见的珍珠纹陶器》，《边疆考古研究》（第 2 辑），科学出版社，2003 年。

[原载《考古》2006 年 2 期，并刊于《中国考古学》（英文版）第 7 卷，中国社会科学出版社，2007 年]

# 通榆县三处史前遗址调查与遗存分类

2007年春，吉林大学边疆考古研究中心与吉林省考古研究所、白城市博物馆、通榆县文管所组成考古队，对吉林省通榆县进行了为期11天的考古调查。

此次考古调查的目的有两个：一是了解吉林省白城地区西南部史前遗址分布及保存状况。通榆县位于科尔沁沙地北缘，地处西辽河、嫩江下游和第二松花江三大考古学文化区的结合部，以往有关部门虽做过多次文物普查，但所获资料与信息十分有限。因此，选择通榆县进行的考古调查，不仅仅是查漏补缺，填补“空白”，更重要的是使三大考古学文化区在地域上衔接起来，这无疑具有重要的学术意义；二是通过对遗址文化内涵进行分析，初步建立起本区史前考古学文化的编年序列，为进一步探究与周邻文化的关系寻找线索。

在这次调查的36处遗址中，敖包山、大坝坨子和老富大坨子三处遗址地形地貌较为典型，文化内涵复杂多样，对说明通榆县史前文化遗存具有代表性。现整理撰文予以发表（图一）。

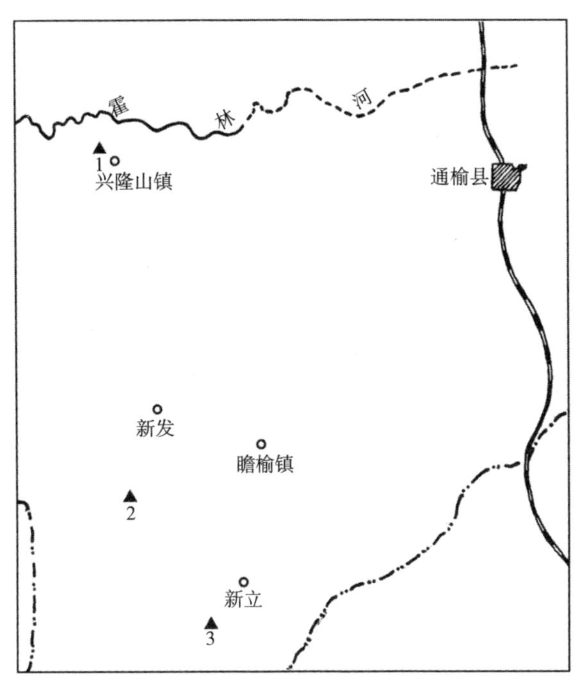


图一　遗址位置示意图

1. 敖包山　2. 大坝坨子　3. 老富大坨子

# 一、敖　包　山

遗址编号 TAB*。敖包山位于兴隆山镇长胜村（镇政所在地）西北 1.5 千米，遗址现状为沙岗，西南—东北走向，长约 450 米，宽近 250 米，相对高程 10 米左右。岗北较陡，其余三面皆为缓坡。敖包山南部地势较低，调查中发现有散布的蚌壳，说明这里原来应存大面积的地表水。遗址现已被辟为耕地，其间错落的沙丘上长有低矮的灌木，及碱草、狗尾草、骆驼刺等混生群丛。

该遗址是 1960 年文物普查时发现的，1981 年被确定为省级重点文物保护单位，此后，白城市博物馆和通榆县文管所又进行过多次考查，也作过简要报道[1]。由于遗址的范围较大，在调查开始时，首先在岗顶中心位置设定坐标点，GPS 定位北纬 44°50.846′，东经 122°25.362′，海拔 183.7 米。以中心点为原点，以正南北为中纵轴，正东西为横轴。将遗址分为四区，即东北 A 区；东南 B 区；西南 C 区；西北 D 区。在 C 区，位于遗址中心点附近的未开垦荒坡上，有一个取土大坑，周围隐约可见一些不规则的灰土遗迹。据称早年调查时曾发现成排分布的房址，房址内有成堆的灰烬，中间夹杂有鸟、兽骨和贝壳，并采集到陶、石、玉等质料遗物[2]。如果地点吻合的话，这里已遭严重破坏。事实上 C 区地表大片砂土裸露，所见遗物较少。D 区的情况与 C 区相似，采集遗物不多。地表遗物主要集中在 A、B 两区，局部见有灰土并散布有大量的陶片、石器、蚌壳碎片及残骨等。采集遗物有石器、陶蚌制品、兽骨和陶片。

（1）石器。有磨制和琢制两种。磨制石器有凿、刀、磨盘、磨棒等。琢制石器又分两种：一种是较大型石器，有琢磨兼制的石刀，打磨兼制的石矛；另一种是细石器，有凹底或平底的石镞，带柄手的石钻，龟背形刮削器等。前者只在刃部琢制，后者为通体琢制。另外还有大量的石叶和打下的废石片（图二）。

（2）陶蚌制品。有陶饼、陶纺轮、陶制人面、穿孔蚌饰等。

（3）动物骨骼。均为碎块，难辨种属。据以往调查报道有野兔、鸟、鱼、蚌等，但均未作正式鉴定。

（4）陶器。采集遗物数量最多的是陶片，整理时凡边长不足 2 厘米的不计算在内，共得 424 片（件），经拼对复原器物 1 件。从一些口沿、器底、器耳等标本，可对该遗址陶器的基本特征大体有所了解。敖包山陶器按质地可分为砂质、夹蚌和夹砂三种，砂质陶含砂粒极为细少、均匀，夹蚌和夹砂陶应为有意羼入。陶色以黄褐色为主，有少量的红褐、灰褐色。一般烧制火候不高，许多陶片内胎呈灰褐色。

纹饰陶片占采集标本的 61.3%，其余为素面陶（含器底、器耳）。由于纹饰陶（包括素面陶）对认识本遗址文化内涵及遗存分类具有重要意义，兹将采集的全部陶片编制成纹饰统计表。

---

* 遗址编号由 3 个字符组成，首个字母 T 表示通榆县，后 2 个字母取自遗址所在地名的第一、二字拼音的辅音字母，下同。

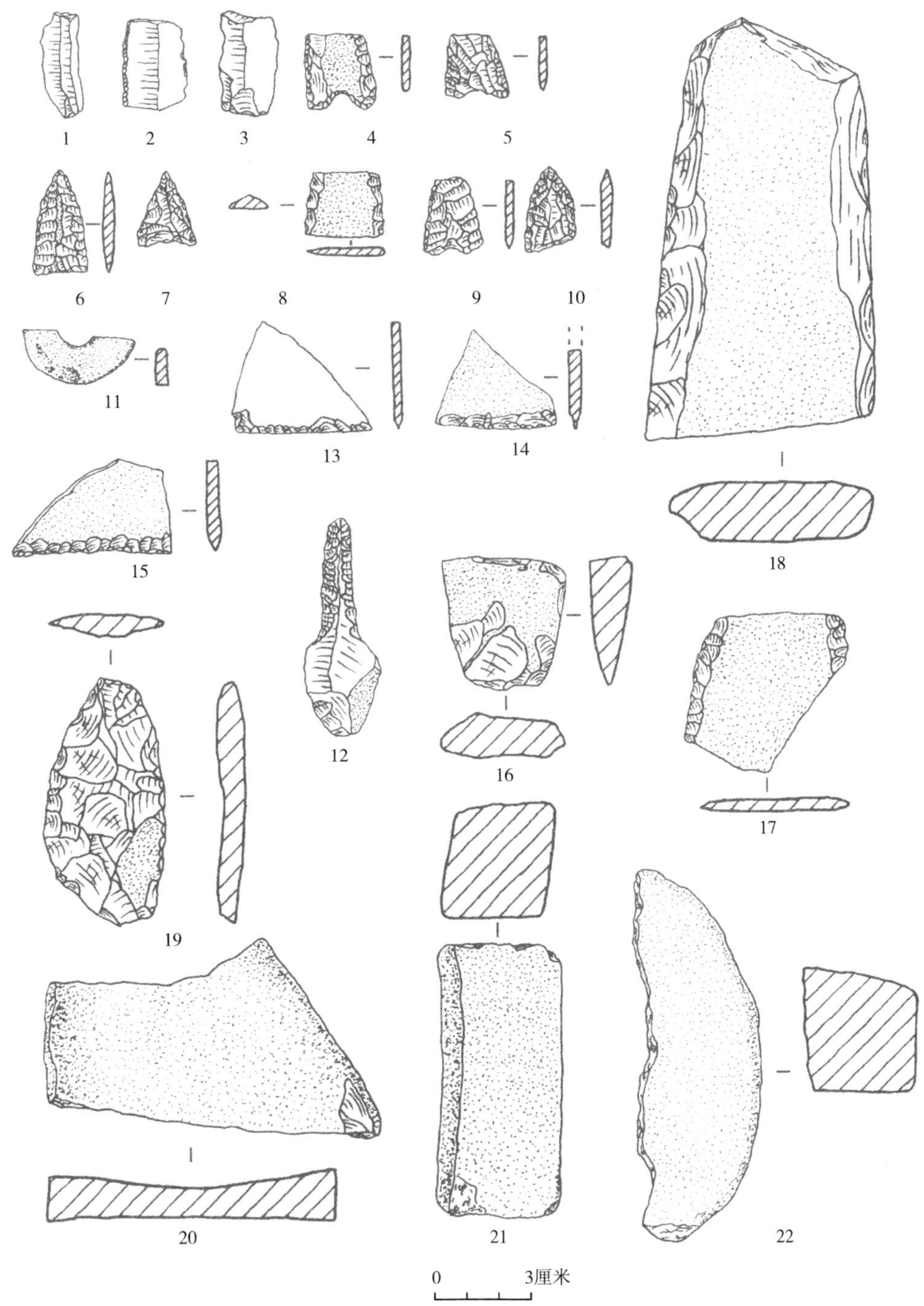


图二 敖包山遗址采集石器

1～3. 石叶（TAB：44、TAB：45、TAB：46） 4～10. 石镞（TAB：47、TAB：48、TAB：49、TAB：50、TAB：51、TAB：52、TAB：53） 11. 石环（TAB：65） 12. 石钻（TAB：54） 13～15、18. 石刀（TAB：55、TAB：56、TAB：57、TAB：58） 16. 石凿（TAB：59） 17、19. 石矛（TAB：60、TAB：61） 20、22. 磨盘（TAB：62、TAB：63） 21. 磨棒（TAB：64）

从表一中可以看出，菱格纹、麻点纹（窝点纹）、绳纹和素面陶数量较多，其余纹饰数量较少，篦点纹最少，仅有 2 片。器底及连带腹片部分如不见纹饰者，专门区分出来进行统计。

**表一　敖包山陶片纹饰统计表**　（单位：片）

| 数量＼纹样<br>采集区 | 菱格纹 | 麻点纹（窝点纹） | 之字纹 | 篦点纹 | 绳纹 | 附加堆纹 | 乳钉纹瘤状耳 | 素面 | 器底 | 小计 | 合计 |
|---|---|---|---|---|---|---|---|---|---|---|---|
| A | 33 | 15 | 3 | 2 | 31 | 1 | 2 | 47 | 21 | 155 | |
| B | 47 | 16 | 7 | | 44 | 2 | 3 | 74 | 6 | 199 | |
| C | 17 | 5 | 3 | | 30 | 1 | | 3 | 5 | 64 | |
| D | 1 | 2 | | | | | | 3 | | 6 | |
| 小计 | 98 | 38 | 13 | 2 | 105 | 4 | 5 | 127 | 32 | | 424 |
| 百分比 | 23 | 9 | 3.1 | 0.4 | 24.8 | 0.8 | 1.2 | 30 | 7.7 | | 100 |

（1）麻点纹：陶质主要有砂质和夹蚌两种。火候不高，一些陶片内胎呈灰褐色。这种纹饰表面极为粗糙，深浅不一，不规则的触点呈麻点状。看似用成束的植物根茎戳印所致（图三，4～8）。另有一种窝点纹，只见于夹蚌和砂质陶，密而有序，触点窝不平整，疑似用钝头工具戳印而成，视觉效果与麻点纹相似（图三，1～3）。这两种纹饰可辨器形有筒形罐、斜口器、钵、壶等。口沿经修抹，器内壁打磨较光滑。壁厚 0.5～0.8 厘米。

（2）菱格纹：陶制有砂质、夹蚌和夹砂三种，以前两者为主。菱格纹样大部分为水平方向的短对角线，交错排列，间距均匀，规范有序，纹理较浅，凹陷的纹底平整。仔细观察，这种菱格纹一般不见拍印纹常见的交错叠压现象，故推定是以一种刻有纹饰的圆柄类器具，在陶器表面连续滚压而就（图三，9～13）。可辨器形有斜口器、筒形罐、盆、壶等，器口沿均经修整，圆唇，器内壁刮抹或打磨，较光滑。壁厚 0.5～0.8 厘米。个别陶片有缀合修补的钻孔。

（3）之字纹：有砂质和夹砂两种。火候一般，陶色以黄褐色为主。夹砂陶施纹方法有压印和刻划两种。压印之字纹，一种纹样较短，之字中间连线很浅，两端楔形凹窝较深，竖压横排，排列紧凑；另一种长幅略有弧度，无明显支点窝，多横压竖排，间距疏朗。刻划纹极少，多用尖头工具刻划而成，纹饰纤细，疏朗。砂质陶只采集到压划标本，长幅，略有弧度，竖压横排。一般壁厚 0.5 厘米，最厚的达 1 厘米。

（4）绳纹：陶质有砂质、夹蚌和夹砂三种，火候不高，质地疏松。陶色以红褐色为主，有的内胎呈灰黑色，普遍施纹饰。纹饰风格细密，纹理较浅，个别模糊不清，基本为纵向施印，可见交错叠压现象。从器形来看有直口、侈口和微敛口三种，腹壁较直，口沿经修理，圆唇，内壁有刮抹痕迹。有的陶片上施有缀合修补的钻孔。壁厚 0.5～0.8 厘米。

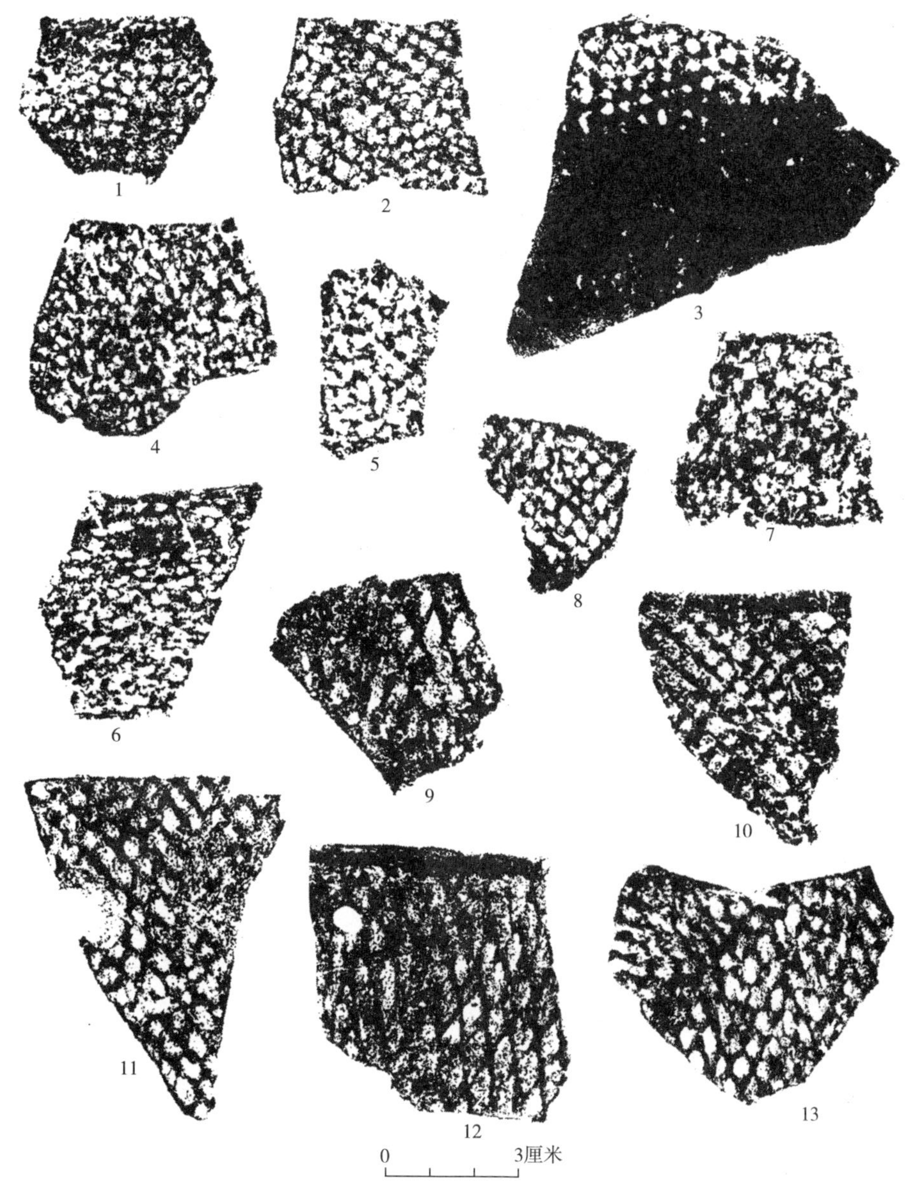

图三　敖包山陶片纹饰拓片

1～3. 窝点纹（TAB：1、TAB：2、TAB：3）　4～8. 麻点纹（TAB：4、TAB：5、TAB：6、TAB：7、TAB：8）
9～13. 菱格纹（TAB：9、TAB：10、TAB：11、TAB：12、TAB：13）

（5）素面陶：按单项统计，素面陶所占的比例最高（不排除包含施纹陶器的素面部分），有砂质、夹蚌、夹砂三种，黄褐色为主。器表既有平整光滑的，也有较粗糙者，还有一些陶片因风蚀严重，无法判断器表是否经过加工修整。遗址唯一复原的一件素面筒形罐（TAB：28），夹砂黄褐陶，口沿下有一条附加堆纹，堆纹及口沿沿面施切压纹。敞口，弧腹壁，腹腔较深，罐底与腹部结合处有明显折角。器表经打磨但不平整。口径6.5、底径4、高6厘米，壁厚0.4厘米（图五，7）。其他还发现有少量的条形附加堆纹、乳钉纹、瘤状耳等贴塑类纹饰。

通过以上对各类纹饰及施纹方法的考察，可以看出它们各具特色。说明敖包山遗址可能包含了不同性质的文化遗存。根据陶质、陶色、纹饰、器型的类型学比较与分析，可将这批材料分为四组。

第1组：以TAB：28附加堆纹筒形罐为代表的素面陶；

第2组：麻点纹、窝点纹、菱格纹；

第3组：之字纹；

第4组：绳纹。

## 二、大坝坨子

遗址编号TDB。新发乡孙家窝棚自然村南约5千米处有一南北向漫岗，当地俗称大坝坨子。遗址位于大坝坨子南端，范围东西长约100米，南北宽约70米。中心点坐标北纬44°27.186′，东经122°27.571′，海拔145米。遗址现已辟为耕地，现场调查发现有数十处大小不等的盗坑，地表散落有人骨、陶片及少量的石器。两年前这里曾发生过集体盗掘古墓事件，据通榆县文管所同行介绍，墓葬均为土坑竖穴，在人骨头部随葬有陶罐，并称还出土了玉环、玉璜等器物。

采集的遗物有石器和陶片。

石器　仅发现有凹底石镞、刮削器、石核、石叶及制作石器产生的废石片（图四，1～4）。

陶器　采集到的标本数量不多，如果按纹饰分类，陶片数量超过10片的仅有之字纹和线型刻划纹两种。

之字纹：均夹砂，陶胎内含砂粒细小，分布均匀，火候一般，基本呈黄褐色。依施纹风格及纹样差别分三种，第一种压印短弧线之字纹，纹样呈半圆弧线形，无明显支点窝，器表面较粗糙，壁厚0.4～0.6厘米；第二种压印短直线之字纹，竖压横排，两端有较深的楔形凹窝，中间连线很浅，大多模糊不清。可辨认器形有筒形罐，器表较粗糙，壁厚0.5～0.8厘米；第三种刻划之字纹，系尖头器具在陶器表面刻划所致，为横压竖排，排列密集紧凑，器表打磨光滑，器壁0.5厘米。

线型刻划纹：夹细砂陶为大宗，次为夹砂陶，基本呈黄褐色，亦有少量陶片为黑灰色。这种纹饰系片状尖头工具在陶器表面压划所致，纹痕极细，有人字纹、交错平行线纹、复线己字形纹，以及由平行线与戳印连点纹和平行线组成的复合纹饰。可辨器形有筒形罐、钵，内外表面普遍经过打磨，器壁较薄，一般厚0.3～0.5厘米。其余纹饰有条形附加堆纹、钝头工具戳印的窝点纹和篦点纹。

按以上表述，经与相关材料比对，可将大坝坨子采集陶片分为2组。

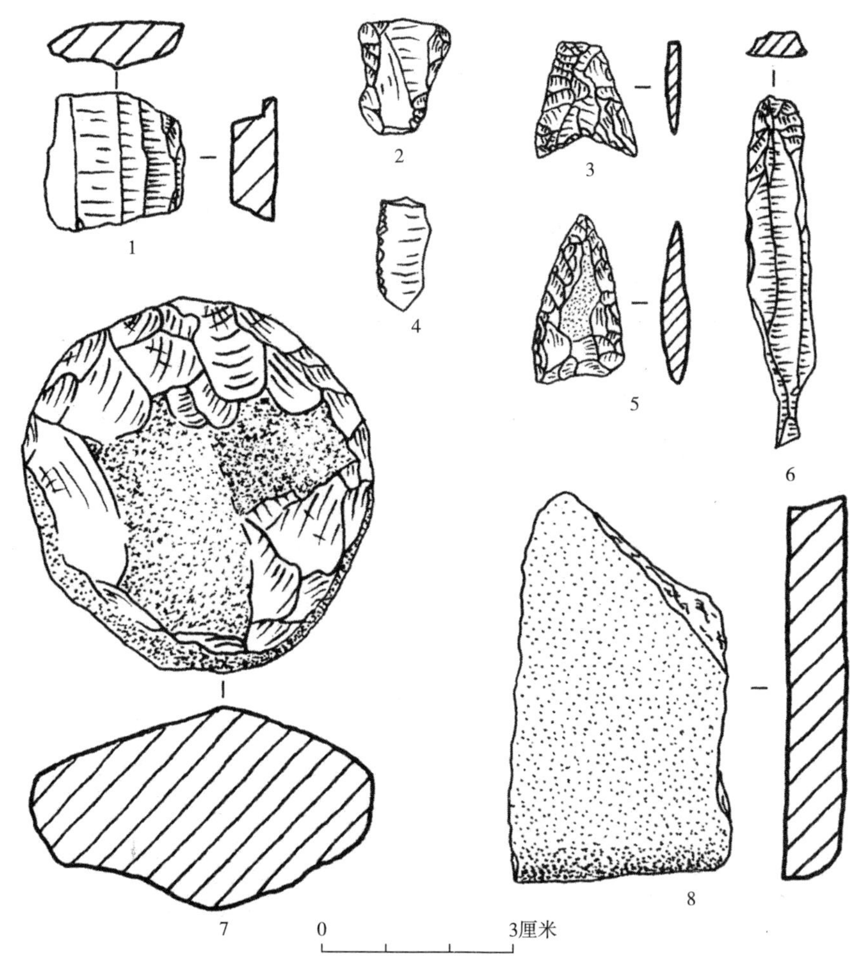


图四　大坝坨子、老富大坨子采集石器

1. 石核（TDB：28）　2、4、6. 刮削器（TDB：29、TDB：30、TLF：30）　3、5. 石镞（TDB：31、TLF：31）　7. 盘状器（TLF：32）　8. 残石器（TLF：33）
（1～4. 采自大坝坨子；5～8. 采自老富大坨子）

第1组：压印短弧线之字纹；

第2组：压印短直线之字纹、刻划之字纹、线型压划纹和戳印连点纹等。另外，依陶质、陶色、器表面经过打磨和器壁较薄等特点，可将大部分素面陶片归入这一组。

条形附加堆纹和以钝头工具戳印的窝点纹发现的数量很少，纹样别致，分别与敖包山第1组、第2组同类纹饰相同。

# 三、老富大坨子

遗址编号 TLF。老富大坨子位于包拉温都乡新立村西南 8 千米处，由南北毗连的两个坨子组成。北坨子地势较高，北临文牛格尺河。南坨子呈漫坡状，地势略向南倾，东西两侧为干涸的河槽，西南接包拉温都乡至瞻榆镇公路。遗址南北长近 100 米，东西宽约 60 米。中心点坐标北纬 44°20.668′，东经 122°34.512′，海拔 154 米。2005 年白城市博物馆对这里进行过调查，据称保存状况比现在好。

遗物主要采集自北坨子，有石器、陶片、鸟类肢骨、啮齿类动物骨骼和蚌壳等。

石器　发现的细石器有凹底石镞、条形刮削器、盘状器和残石器（图四，5～8）。

陶片　在整理时将边长不足 2 厘米及个别风蚀严重的陶片剔除后，得 64 片。所见纹饰有之字纹、人字纹、短斜线纹、条形附加堆纹和少量的彩陶片。

条形附加推纹：夹石英砂黄褐陶，质地疏松。因烧造不良，陶色不均匀，局部呈灰黑色。据观察，这种纹饰是将细泥条等距离平行贴附于器表，间距 1 厘米左右，有横、竖两种排列方式。贴附后又在泥条之间以扁尖头连续切压，使其牢固。纹样为直条，呈绳索状。可辨器形有筒形罐，器壁薄厚不均，可见泥片套接痕迹，壁厚 0.6～0.7 厘米。

之字纹：有夹蚌和夹砂两种，火候一般，陶色以黄褐色为主，亦有少量的红褐色。依施纹风格及纹样差别分三种，第一种为压印的短弧线之字纹，弧线曲度较大，两端均显示有支点窝，壁厚 0.4～0.7 厘米；第二种夹砂红褐陶，为压划长幅之字纹，横压竖排，纹样稀疏略有弧度，支点处有明显划出的现象，壁厚 0.5～0.8 厘米；第三种为压印短直线之字纹，竖压横排，施纹严密紧凑，两端支点凹窝较深，中间连线大多模糊不清，壁厚 0.4～0.6 厘米。以上可辨认器形有筒形罐，斜口器等。

彩陶　仅 3 片，夹砂红陶。红衣黑彩，有平行横线、三角、半圆和垂幛等图案。器表打磨光滑，壁厚 0.7 厘米。

人字纹：夹细砂陶黄褐陶，色泽偏暗。分压划和刻划两种，前者系片状圆头工具所致，纹饰为压划人字纹，壁厚 0.5 厘米；后者为尖头工具刻划的极细复线人字纹和由人字纹构成的几何图案。器表较粗糙，壁厚 0.5 厘米。可辨器形有筒形罐和钵。

短斜线纹：砂质黄褐陶，质地硬，火候较高。这种纹饰系片状圆头工具戳压所致，纹痕较深，斜向平行排列，有的与直线组合。标本为尖唇，略侈口，器壁很薄，厚度仅 0.4 厘米。

口沿饰附加堆纹的素面陶　陶质有砂质和夹砂两种，质地较密实，陶色呈浅黄褐色泛白。按陶系归为一类的素面陶，口沿经加厚处理或在口沿处施有附加堆纹，并在堆纹上施切压纹。可辨器形有筒形罐，平沿，侈口，尖圆唇，器底与腹壁结合处有明显折角，呈浅台底状。制法为泥片套接，套接时将上段泥片插接在下段泥片内侧，结合部器表面留有明显的下段泥片外翻而形成的凸棱。器表不平整，打磨草率。壁厚0.4～0.7厘米。

按上述陶质、陶色、纹样及施纹特点，可将老富大坨子采集陶片分为4组。

第1组：器表施条形附加堆纹、口沿经加厚处理或饰附加堆纹的素面陶；

第2组：压印短弧线之字纹、压划长幅之字纹、彩陶；

第3组：压印短直线之字纹、人字纹；

第4组：短斜线纹；

此外，在该遗址南坨子采集到几片夹砂红褐陶细绳纹陶片，其中有鬲足，纹饰特点与敖包山第4组相同。

# 四、文化类别

本次调查所获材料均为地面采集，虽然没有共存关系和地层依据，但敖包山、大坝坨子和老富大坨子三处遗址采集的陶片，每一处在纹饰类型、施纹方法及陶质、陶色、器形等方面都有差别，文化面貌复杂，说明各遗址均包含了不同性质的文化遗存。在各遗址分组的基础上，经比对、检视以往的一些发掘材料和研究成果，综合分析，共划分出六种文化类别的遗存，它们的对应关系如表二所示。

**表二　遗址各组与文化类别对应表**

| 遗址<br>文化类别 | 敖包山 | 大坝坨子 | 老富大坨子 |
|---|---|---|---|
| A类 | 1组 | √ | 1组 |
| B类 | 2组 | √ | |
| C类 | 3组 | 1组 | 2组 |
| D类 | | 2组 | 3组 |
| E类 | | | 4组 |
| F类 | 4组 | | √ |

注：√表示有可查明的此文化类别的陶片。

A类遗存，包括敖包山1组、老富大坨子1组，此外大坝坨子也见有少量这种遗存的陶片（图五）。A类遗存器表或口沿普遍施条形附加堆纹，在附加堆纹上往往饰

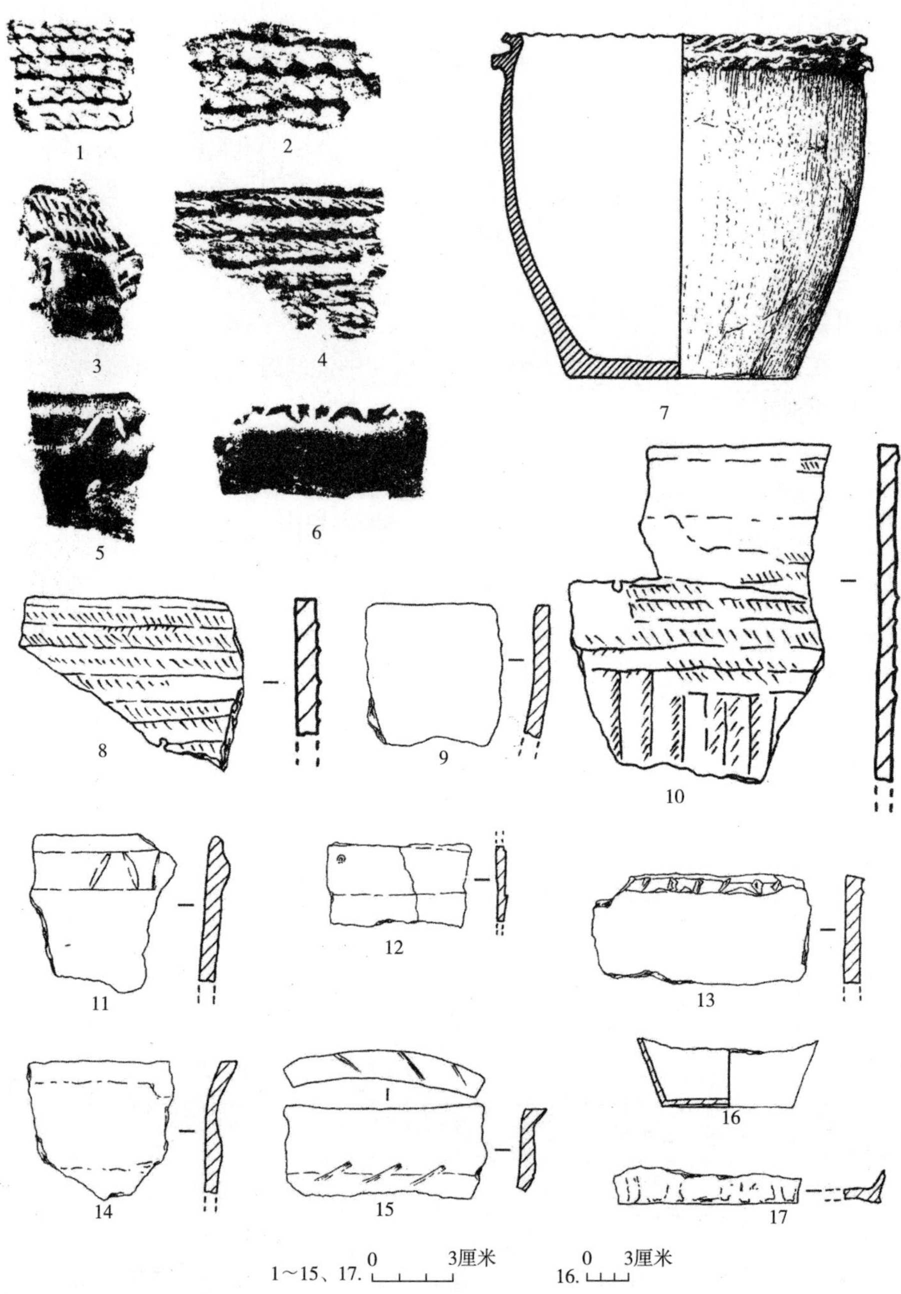


图五　A类遗存

1～6. 附加堆纹拓片（TLF：3、TDB：1、TLF：4、TLF：1、TLF：16、TLF：17）　7. 附加堆纹筒形罐（TAB：28）　8～15. 器口沿（TLF：1、TLF：18、TLF：2、TLF：16、TLF：21、TLF：17、TLF：19、TLF：20）　16、17. 器底（TLF：24、TLF：25）

切压纹，部分陶器口沿唇部较厚，唇下缘饰短斜线纹。采集标本多为直口，少量微敛口，器底既有平底也有浅台底，可辨器形仅见筒形罐一种。从复原的TAB：28筒形罐看，制法为泥片套接，在结合部器表面留有明显的接茬痕迹。整体特征与昂昂溪文化和镇赉县黄家围子遗址早期遗存相似[3]。关于昂昂溪文化，学者们对其年代有不同看法，碳十四年代数据上至距今7000年以远[4]，下达距今4500～4000年前后[5]。实际上所谓“昂昂溪文化”，很可能包含了不同性质，不同发展阶段的考古遗存。据笔者观察，以往主要见于嫩江下游含条形附加堆纹的新石器文化遗存，可以分为四个阶段[6]，A类遗存大体与额拉苏C地点为代表的第一阶段和黄家围子遗址早期遗存更为接近。同类陶片在通榆县民主苗圃南岗遗址、长岭县公爷府屯西南岗遗址[7]和本次调查的长坨子遗址也有发现，可见这种以条形附加堆纹为主要特征的新石器文化遗存，在嫩江下游以南也有较广泛的分布。

B类遗存，除见于敖包山2组外，在大坝坨子也有很少的陶片，具有独特的文化面貌。过去这类遗存发现的极少，尚没有将其作为一种独立的文化遗存识别出来。B类遗存包含的菱格纹、糙面麻点纹和窝点纹陶片，可辨认器形有筒形罐、斜口器、盆（钵）、壶等，除纹饰方面的差别外，其余特征基本一致，尤其是器口沿处缘外都留程度不等的回泥痕迹，说明制作工艺相同（图三、图六）。菱格纹在松辽分水岭以南的东北各新石器考古文化中都没有发现过，而与三江平原的新开流文化[8]及俄罗斯滨海州的鲁德纳亚、马雷舍沃、孔东等遗址的菱形纹陶器纹样相似[9]，即俄罗斯学者称的“阿穆尔编织纹”。它们共同的特点是压印密集规整，菱形纹样均匀，很少交错叠压，很可能是以刻纹的圆棒类器具滚压所致。不同处是B类遗存的菱格纹样为水平方向的短对角线分布，而新开流文化及俄罗斯滨海州的新石器文化则为水平方向的长对角线分布。另外，B类遗存也不见后者流行的鱼鳞纹、篦点纹等。糙面麻点纹是新发现的一种纹饰，在通榆县长坨子遗址第Ⅱ地点和四海泡子渔场遗址第Ⅱ地点也采集到这类陶片[10]。笔者还曾对采自科左中旗（保康）道兰套布苏木白菜营子遗址的麻点纹陶片作过仔细观察，在可辨认的筒形罐和斜口器经修整的口沿上也留有回泥的痕迹，其器表的触点深浅不一，糙面呈麻点状，纹饰特点与敖包山2组所见完全相同。总之，B类遗存在这一地区的发现颇值得注意，虽然对它的了解还很有限，但却为认识一种新的考古学文化提供了线索。

C类遗存，包括敖包山3组、大坝坨子1组和老富大坨子2组，属红山文化（图七）。这类遗存的之字纹陶片，纹样呈圆弧形，两端无明显支点窝，排列方式既有竖压横排，也有横压竖排，施纹娴熟。之字纹特点和彩陶纹样与红山文化西水泉期相似[11]。这是目前所知明确出有红山文化陶片最北的分布地点。

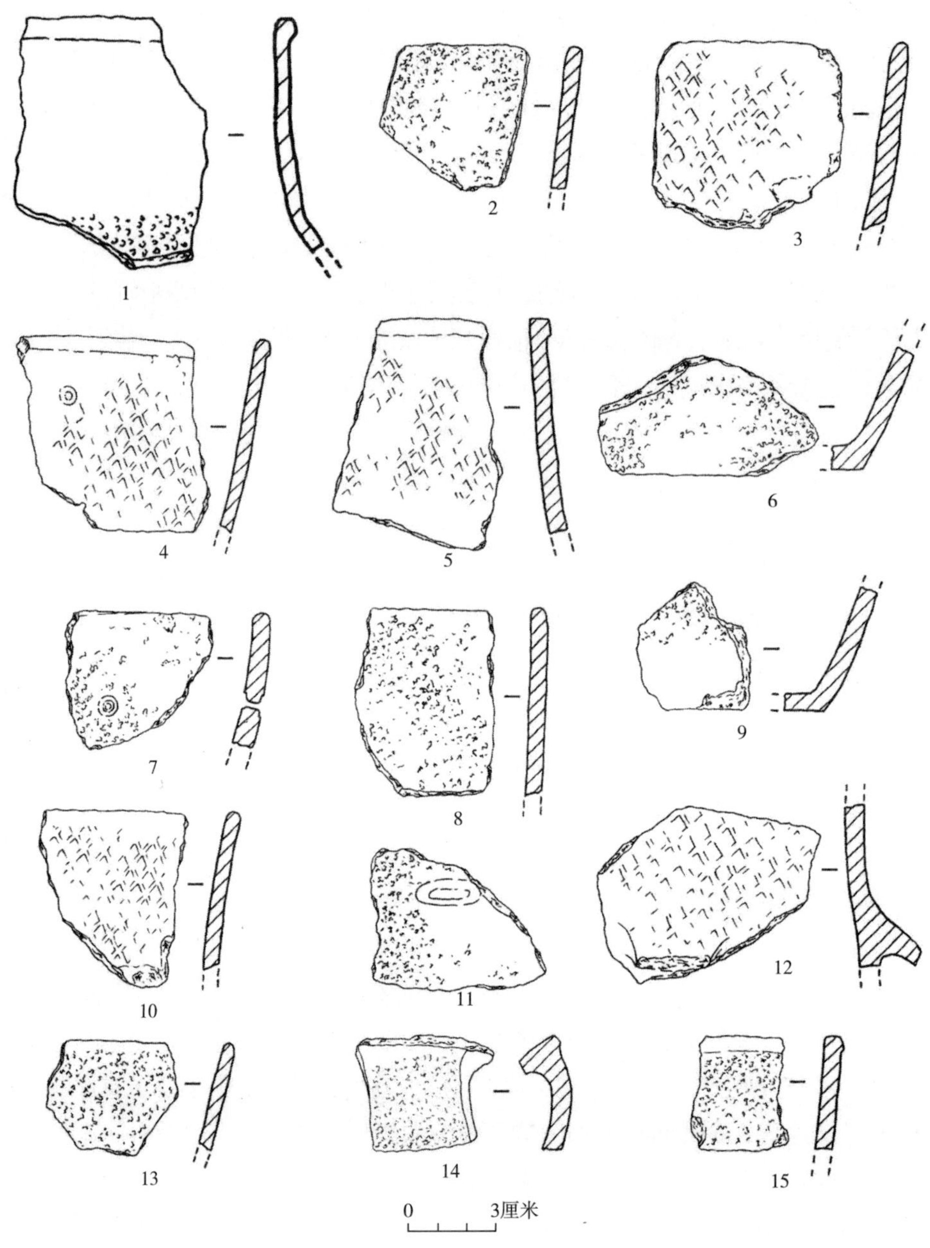

图六　B类遗存

1～5、7、8、10、13、15. 器口沿（TAB：14、TAB：15、TAB：16、TAB：12、TAB：17、TAB：18、TAB：19、TAB：10、TAB：1、TAB：20）　6、9. 器底（TAB：21、TAB：22）　11. 瘤状耳（TAB：23）　12、14. 器耳（TAB：24、TAB：25）

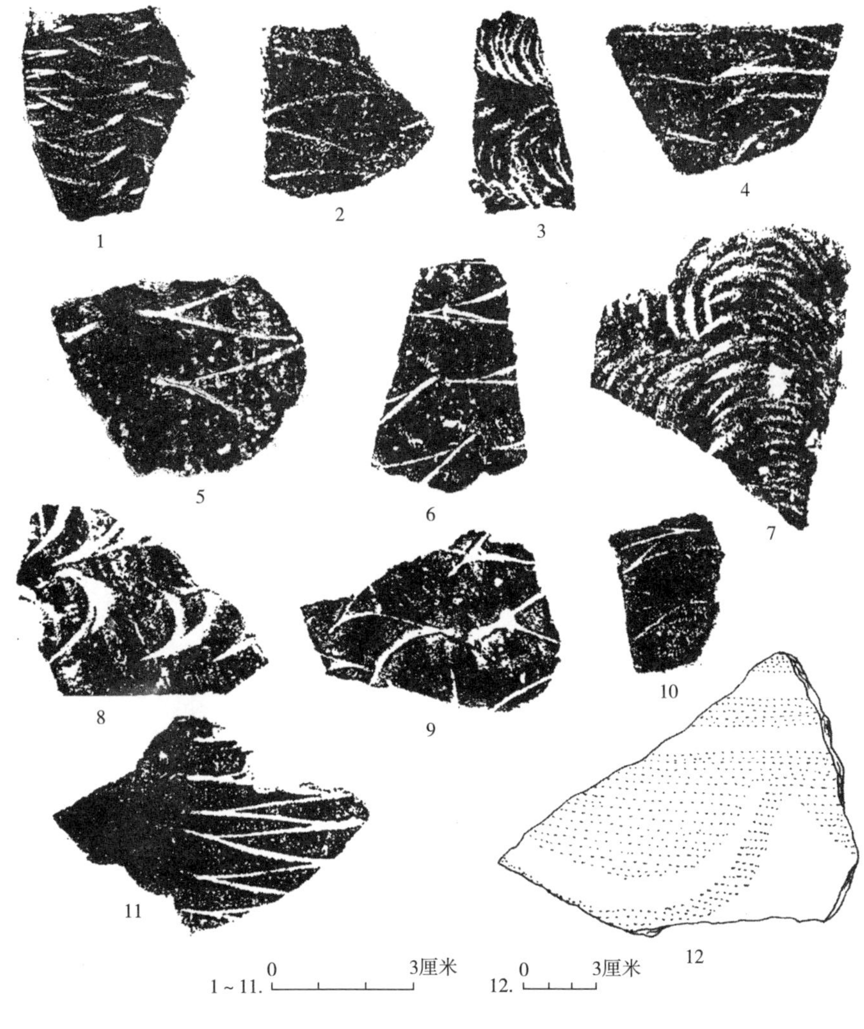

图七　C类遗存

1～11. 之字纹拓片（TAB：26、TAB：27、TDB：29、TAB：6、TLF：6、TLF：7、TLF：8、TDB：3、TLF：9、TAB：30、TAB：31）　12. 彩陶片（TLF：10）

D类遗存，以大坝坨子2组和老富大坨子3组为代表，纹饰多样，有之字纹、人字纹、平行线纹、戳印纹，以及由复线己字纹和复线人字纹构成的几何纹图案（图八）。可辨器形有筒形罐、斜口器、钵等，器壁较薄，内外表面普遍打磨光滑。该遗存压印的短直线之字纹，排列密集，纹样两端有明显的楔形凹窝，之字中间连线很浅或模糊不清。这种类型的之字纹主要见于辽东半岛的小珠山文化系列，早晚演变规律是从规整有序到潦草、散乱，之后逐渐被刻划类纹饰所取代。第二松花江流域以吉长地区为中心的左家山文化系列，也大体符合这一演变规律。D类压印之字纹与小珠山下层偏晚和左家山二期文化的同类纹饰风格一致。另外，细密的压划之字纹、人字纹、平行

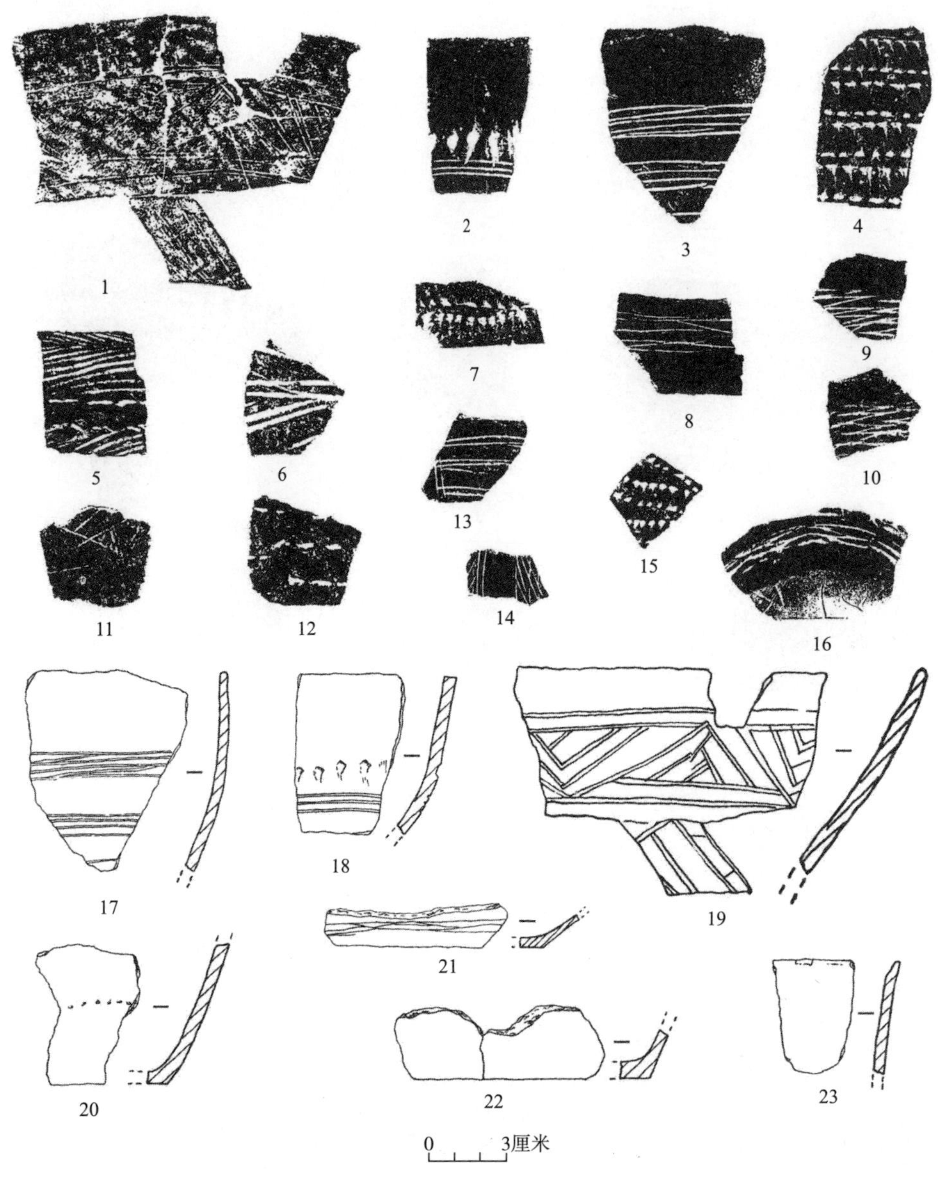


图八　D类遗存

1～3、5、6、8、11～14. 划纹和戳印纹拓片（TLF：11、TDB：4、TDB：5、TLF：12、TDB：6、TDB：7、TDB：8、TDB：9、TDB：10、TDB：14）　4、7、9、10、15、16. 之字纹拓片（TLF：13、TDB：15、TDB：16、TDB：17、TDB：18、TDB：19）　17～19、23. 器口沿（TDB：5、TDB：4、TLF：11、TDB：20）　20～22. 器底（TDB：21、TDB：22、TDB：23）

斜线纹和戳印连点纹等也与左家山二期文化相似，所以基本可归入左家山二期文化。不过这种遗存中的复线己字形及人字形构成的几何图案似乎又具有赵宝沟文化纹饰的特点。这除了说明左家山二期文化可能吸收了来自辽西地区的文化因素外，也不排除存在地域文化差异的可能。上述情况还有待于进一步开展工作，同时也需要从文化的总体格局上来认识。

E 类遗存，仅发现于老富大坨子 4 组（图九，1～4）。识别的遗物很少，陶片纹饰只有压划的短斜线纹，施纹仅限于器物上部。口沿微侈，尖唇，薄胎。这种纹饰具有小珠山上层和左家山三期文化的特点，具体比较与东丰县西断梁山遗址上层出土陶器上的纹饰更为接近[12]。

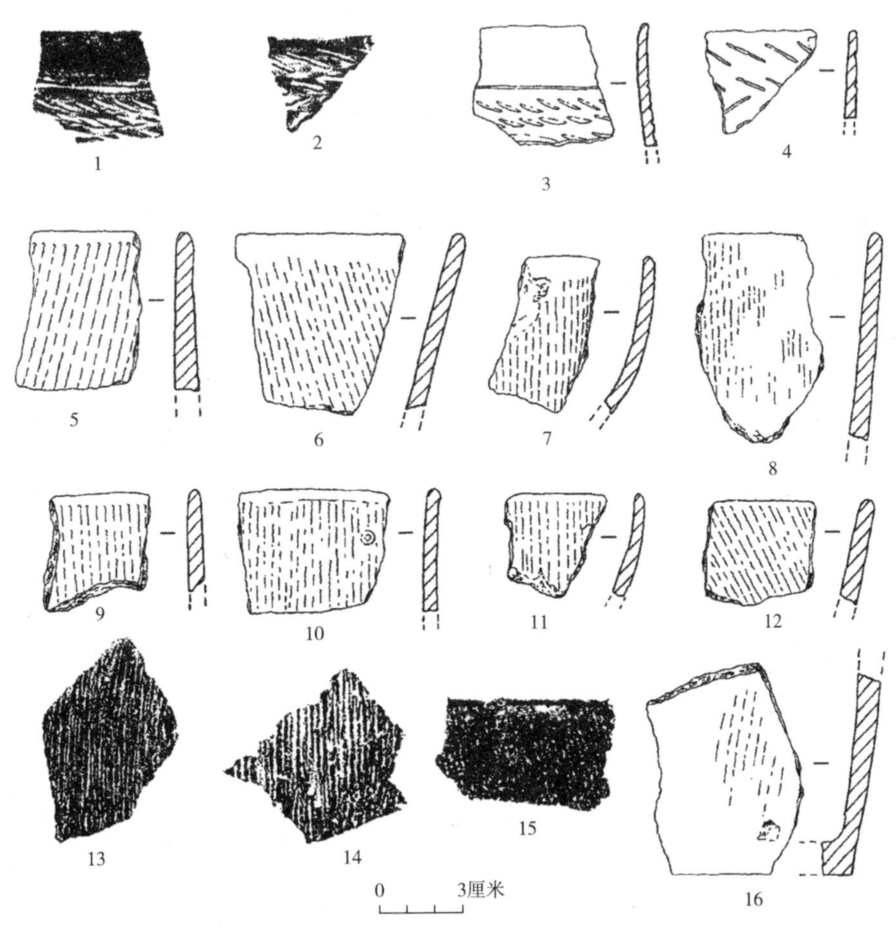


图九　E 类和 F 类遗存

E 类遗存：1、2. 短斜线纹拓片（TLF：14、TLF：15）　3、4. 器口沿（TLF：14、TLF：15）
F 类遗存：5～12. 器口沿（TAB：32、TAB：33、TAB：34、TAB：35、TAB：36、TAB：37、TAB：38、TAB：39）
13～15. 绳纹拓片（TAB：41、TAB：42、TAB：43）　16. 器底（TAB：40）

F 类遗存，陶片均呈红褐色，绳纹，纹理较浅细密（图九，5～16）。除以上划分的敖包山 4 组和老富大坨子南坨子采集到这类遗存的陶片外，在通榆县四海泡子Ⅲ号地点也有发现[13]。四海泡子Ⅲ号地点文化内涵单纯，陶片均为夹砂红褐细绳纹，个别绳纹陶片上还施有珍珠纹，器形有花边口沿鬲和侈口或直口的筒形罐。F 类遗存纹饰风格及相关遗址采集标本的特征组合与白金宝遗址二期遗存最为接近，可以认定属同一种考古学文化。白金宝二期文化是嫩江下游小拉哈文化与白金宝文化之间的一种过渡性文化，碳十四测定的年代数据为晚商[14]。

## 五、小　　结

地处松辽平原中部偏西的通榆县，西部地势较高，属松辽分水岭洪基台地，间有岗地，沙丘，局部微地形较为复杂；东部地势平坦，属湖积冲积平原。境内主要河流有流经北部的霍林河和南部的文牛格尺河，较大的向海泡、蛤蟆泡终年盈水。近年来，由于持续干旱，多数泡塘已干涸，沼泽地的面积不断萎缩，土质沙化严重。

本次调查的 36 处遗址主要位于霍林河、文牛格尺河沿岸和较大的泡塘周围，多坐落于岗阜沙丘之上。除少数几处遗址地面发现的遗物比较集中或时断时续的分布范围较大外，大多数遗址面积较小，地层堆积薄，遗迹少见。由于过渡垦殖、放牧及人为盗掘，遗址均遭到不同程度破坏，保存状况普遍不好。采集到的陶片因风蚀往往纹饰模糊，可辨器形者不多。

调查表明，通榆县境内的史前遗存比较丰富，其中敖包山、大坝坨子和老富大坨子三处遗址具有代表性。经分析归纳可区分出六类遗存：A 类，昂昂溪文化，更接近于黄家围子早期遗存；B 类，是以菱格纹和糙面麻点纹等为显著特征的一种新发现的考古遗存；C 类，红山文化；D 类，左家山二期文化；E 类，左家山三期文化；F 类，为白金宝二期文化。它们的年代关系是，A 类最早，B 类晚于 A 类或大体与 C 类同时[15]，D、E 两类分别相当于小珠山下层偏晚和小珠山中层文化，F 类晚于小拉哈文化而早于白金宝文化，年代可至晚商。以上认定的五种新石器文化和一种早期青铜文化，初步确立了该地区可资比较的文化序列标尺。

这次调查发现的考古遗存呈现出复杂多样的特点，丰富了我们对本地区史前文化的认识。若从大的人文环境来看，松辽分水岭以北至嫩江下游以南的松辽平原中西部地区，是连接辽西、第二松花江流域和嫩江下游三大考古学文化区的交汇点，也是研究三者之间复杂关系之要冲。但这里是否只是各区域间文化交流与传播的边缘地带，或是在与周邻文化的互动与联系中也有自身文化特点，还是按其自身文化特点可以划定一个独立的文化区。现作为问题提出来，以引起大家的注意。相信随着田野工作的进一步开展，新的考古发现将使本地区一系列考古文化现象的解析及与周邻文化关系的讨论更加深入。

## 注　释

［1］王国范：《吉林通榆新石器时代遗址调查》，《黑龙江文物丛刊》1984年4期；白城市博物馆、通榆县文管所：《吉林省通榆县敖包山遗址复查》，《博物馆研究》2006年4期。

［2］王国范：《吉林通榆新石器时代遗址调查》，《黑龙江文物丛刊》1984年4期。

［3］吉林省文物考古研究所：《吉林镇赉县黄家围子遗址发掘简报》，《考古》1988年2期。

［4］中国社会科学院考古研究所：《中国考古学中碳十四年代数据集（1965～1991）》，文物出版社，1992年。

［5］赵宾福：《东北石器时代考古》，吉林大学出版社，2003年。

［6］朱永刚：《论西梁遗存及其相关问题》，《考古》2006年2期。

［7］吉林省文物志编修委员会：《通榆县文物志》，内部资料，1985年，白城市人民政府机关印刷厂；吉林省文物志编修委员会：《长岭县文物志》，内部资料，1987年，白城市人民政府机关印刷厂。

［8］黑龙江省文物考古工作队：《密山县新开流遗址》，《考古学报》1979年4期。

［9］冯恩学：《俄国东西伯利亚与远东考古》，吉林大学出版社，2002年。

［10］本次调查材料。

［11］杨虎：《关于红山文化的几个问题》，《庆祝苏秉琦考古五十五年论文集》，文物出版社，1989年。

［12］吉林省文物考古研究所：《吉林东丰县西断梁山新石器时代遗址发掘》，《考古》1991年4期。

［13］本次调查材料。

［14］朱永刚：《论白金宝二期文化》，《北方文物》2009年1期。

［15］据王立新相告，2007年下半年，在白城洮南县双塔遗址的发掘中，发现随葬麻点纹陶器和红山文化兽面纹玉佩的墓葬，直接打破昂昂溪文化原生堆积的层位关系。

［原载《边疆考古研究》（第7辑），科学出版社，2008年，与郑钧夫共同署名］

# 关于南宝力皋吐墓地文化性质的几点思考

扎鲁特旗南宝力皋吐墓地，2006～2008年连续发掘三年，揭露面积总计达一万多平方米，清理墓葬395座，如果算上被盗掘的100多座墓葬，实有墓葬数不少于500座。这么大规模的墓地在内蒙古东部乃至东北地区实属罕见。该墓地随葬品丰富，出土陶、石、玉、骨、角、蚌等各类遗物1500余件。而更为重要的是，从文化面貌来看，既有与小河沿文化相似的器形，又有偏堡子类型的特色陶器，还有自身特点鲜明的陶器群。就随葬品文化成分的多元性而言，这是一种尚未认识的新石器文化遗存。由于南宝力皋吐墓地所处的科尔沁沙地北部地区，以往田野工作比较薄弱，尤其对史前考古学文化的了解几乎是空白，所以南宝力皋吐墓地的发现及相关报道，引起了考古学界的普遍关注。

南宝力皋吐墓地相关报道指出“在这里首次发现内蒙古东部和东北中部新石器时代晚期两支重要遗存——小河沿文化和偏堡子类型共存的实例，为研究两种文化的关系提供了至为关键的材料。此外，自身特色的陶器群有可能代表了一种新的考古学文化类型”[1]。那么是小河沿文化，还是偏堡子类型，或是强调那些尚未认识陶器的差异性而另立新的考古学文化。对于这样一种似相识又陌生，且所含多种文化成分的标识性很强的遗存，如何界定其文化性质，是本文要着重讨论的问题。

## 一

关于南宝力皋吐墓地的文化性质问题，首先要考虑年代，因为两者之间是有关联的。南宝力皋吐墓地揭露面积大，已发掘的A、B、C三个地点，墓葬形式、头向、葬式、排列和随葬品方面没有明显区别，几乎没有打破关系。陶器的质地、火候、颜色和制法基本相同，应属于同一时期遗存。通过对陶器的比较分析，其中一部分陶器，如交叉细绳纹筒形罐、侈口高领壶、双口壶、折腹盆、钵，是小河沿文化大南沟墓地普遍见到的器物；另一部分陶器，如叠唇罐、矮领深腹壶和条形附加堆纹、复线回形纹、三角形纹等，与偏堡子类型的器形和纹饰极为相似。

小河沿文化的绝对年代，仅发表过大南沟墓地的三个数据，其中M76树皮样本的常规测年为距今 4345 年±80 年，按达曼表树轮校正为 4830 年±180 年，经高精度树轮校正后为公元前 2915～前 2667 年；M54、M35 均使用人骨样本，常规测年分别是距今 3785 年±100 年、3640 年±120 年，达曼表树轮校正为 4135 年±120 年、3955 年±135 年，经高精度树轮校正为公元前 2200～前 1940 年和公元前 2040～前 1740 年[2]。由于后两个数据明显偏晚，在使用时往往被排除。但需要指出的是，人骨与木炭的同位素在热运动中的表现不同，致使碳十四的分子含量也有所不同，必须经同位素分提效应的年代校正后方可进行比较。有学者在分析了中国北方地区新石器文化近百例人骨样本的碳十四年代数据后，得出的校正值约 200 年[3]。如果采取这种方法对后两个数据进行校正，就缩小了与 M76 树皮样本测年误差的幅度。在石棚山墓地的分期中，M76 属早期，另两个数据可作为晚期的参考，这样小河沿文化的年代跨度大约在距今 4000～5000 年。

目前，偏堡子类型没有做过碳十四年代测定。不过根据大连地区小珠山遗址最新发掘的报道，层位关系上晚于小珠山中层文化的偏堡子类型遗存被小珠山上层文化所叠压[4]。小珠山中层文化碳十四测定数据共发表了 10 个，综合这些数据，其较晚年代为公元前 2800～前 2500 年间；小珠山上层文化碳十四测定数据共有 4 个，年代在公元前 2500～前 2000 年[5]。结合文化面貌与偏堡子类型相似，并含有明显山东龙山文化特点的辽宁岫岩北沟遗址陶器分析，偏堡子类型年代应处于小河沿文化晚期[6]。

2010 年，在内蒙古扎鲁特旗召开的“南宝力皋吐古墓遗址学术研讨会”上，披露了一组南宝力皋吐墓地碳十四年代数据[7]。这组数据经高精度树轮校正，除个别数据年代偏晚外，跨度基本落在公元前 2500～前 2000 年。

将以上几组数据比对，南宝力皋吐墓地的年代与小河沿文化晚期或偏堡子类型年代大体相当。如此，在相对年代方面，可以进一步认定，南宝力皋吐墓地包含的那些互为对应多种文化成分的“共时”关系，按目前对内蒙古东部和辽宁史前考古学文化的认识，这是一处大型的新石器时代晚期墓地。

## 二

小河沿文化大抵是继红山文化之后在辽西地区形成发展起来的，以筒形罐、高领壶、彩陶钵、高柄豆、折腹盆和磨制石器、骨梗石刃刀等为特征组合，区别于其他考古学文化。这一时期陶器以素面为主，种类增加，此前一直流传的压印之字纹消失，被拍印的细绳纹所取代。另外，彩陶纹饰的简化，黑陶彩绘陶器的出现，以及随葬陶器的明器化和竖穴半洞室等反映丧葬习俗的改变，凡此种种现象表明小河沿文化正进入一个社会更替，文化发生明显变迁的新阶段。

小河沿文化主要分布于内蒙古东南部和辽宁西部，一些经过发掘的重要遗址和墓地多集中在赤峰地区，由此向东，通辽地区科尔沁沙地以北，则渐为稀少。

毋庸置疑，南宝力皋吐墓地中含有小河沿文化因素，但其占有多大分量，是一般文化交流而出现的个别现象，还是可以直接认定墓地文化性质的主体成分，需要从以下几个方面作些分析。

首先，墓葬形制和葬俗。南宝力皋吐墓地均为长方形土坑竖穴墓，A、B、C 三个地点墓葬头向在 110°～160°，方向比较统一。葬式多为单人仰身直肢葬，未见屈肢葬。发现少量双人或多人墓，皆男女合葬，头向相同。小河沿文化以经过大规模发掘的大南沟石棚山墓地为例，A、B、C 三区头向不一致[8]。墓葬形制除长方形土坑竖穴墓外，有 16 座为竖穴半洞室墓，占全部发掘墓葬的 21%。葬式均为仰身屈肢，且下肢屈度甚大，一种为“跪姿”，另一种为“坐姿”，显然这两种姿势都是下葬前对死者有意安排的。石棚山墓地发现三座双人合葬墓，但男女主人处于同一线上，两腿相交或相叠压，头向相反。应该说两者的墓葬形制和葬俗并不相同。

其次，陶器。一般认为陶器具有划分考古学文化的时空属性，而对基本器物组合的把握又是分析文化内涵与外延，辨识文化性质不可或缺的手段。南宝力皋吐墓地常见器形有筒形罐、叠唇罐、鼓腹罐、壶、折腹盆。器表除素面外，施纹可分两种，一种是条形附加堆纹，包括一部分仿绳索纹；另一种是复线几何纹。前者多施于筒形罐和叠唇罐口腹部，后者多施于壶和鼓腹罐腹部。此外还见有少量的交叉细绳纹、刻划纹、黑红彩等纹饰。从随葬品的共存关系来看，最常见的陶器组合是筒形罐和壶或叠唇罐，个别组合出现了钵或折腹盆[9]。石棚山墓地有 62 座墓葬随葬陶器，共 201 件。其中，48 座墓随葬筒形罐 58 件，占随葬陶器总数的 29%（下同）；32 座墓随葬豆（包括彩陶豆）41 件，占 20%；30 座墓随葬钵 36 件，占 18%；15 座墓随葬折腹盆 19 件，占 10%；10 座墓随葬壶 15 件，占 7%。如果按 10%以上的出现率，石棚山墓地陶器基本组合为筒形罐、豆、钵和折腹盆，个别组合出现壶及其他器形。从器表纹饰来看，夹砂筒形罐口部多见附加堆纹，腹部往往饰细绳纹或刻划纹，泥质红陶的钵和豆上部多施黑彩。由此可以证明，南宝力皋吐墓地和小河沿文化在陶器的基本组合和纹饰风格上有明显区别。

第三，生产工具和装饰品。应该说两者在石、骨类生产工具方面有一些器类相同，形制也很相似，如磨制石斧、石锛、细石器、骨梗石刃刀（匕）。不同的是，南宝力皋吐墓地出土有磨盘、磨棒、饼形石器，还有打制石器和十分罕见的石骨朵（权杖头）。相比较，南宝力皋吐墓地的细石器制品更为丰富，如三角形凹底石镞、各形式的刮削器、石钻、石刃等，所见细石器制品均二次加工。骨梗石刃刀（匕）出土数量多，制作精致。在装饰品方面，南宝力皋吐墓地多随葬玉器，以坠、环、璧、璜等小型饰件为主，并见有绿松石制品。检视石棚山墓地，共有 47 座墓随葬有装饰品，其中 32 座墓随葬石璧或石环。从发表的资料来看，石璧多发现于男性墓，置于颈部或胸前；石环多出于女性墓，佩戴于手臂。显然石棚山墓地装饰品所反映的性别倾向与南宝力皋吐墓地有很大不同。

概之，南宝力皋吐墓地与小河沿文化在墓葬形制、丧葬习俗和随葬品方面的区别是主要的，陶器的形制、组合和纹饰特征也存在明显差异，所以不宜将南宝力皋吐一类遗存归入小河沿文化。

## 三

南宝力皋吐墓地文化成分的复杂性，不是指一般文化交流某种文化因素的个别现象，而是不同文化来源的多元文化因素在同一墓地甚至同一墓葬（随葬品）占有相当分量的文化现象。除小河沿文化外，还有一类文化特征鲜明的陶器也占有较大分量。如器表施竖向或曲齿状条形附加堆纹的叠唇罐，刻划的三角形、折线形复线几何纹矮领深腹壶等，无论器形还是纹饰风格，凸显偏堡子类型的特征。

1956年，王增新报道了辽宁新民县东偏堡沙岗子遗址采集的几件陶器，其中1件筒形罐器表施有竖向的条形附加堆纹，同时在该遗址还发现一些刻划纹和细泥条堆纹陶片。报道者认为“陶器的式样和花纹都很少见”，“显然是易于区别而有特殊性的”[10]。1965年，中国社会科学院考古研究所东北队在沈阳肇工街发掘到这类陶器的原生堆积，在丰富其文化内涵的同时也证明这类遗存是单独存在的[11]。20世纪70年代后，沈阳市文物考古工作者又先后在新民县东高台山和沈阳市新乐遗址的发掘中，找到了确认相对年代的层位关系[12]。学界普遍认为这类遗存是继新乐下层文化之后，分布在下辽河流域一种新石器时代晚期的考古学文化，称“偏堡子类型”或“偏堡子文化”[13]（本文称“偏堡子类型”）。

关于偏堡子类型的来源，有一种观点认为其可能源于辽东半岛南端的“三堂一期遗存”，而这类遗存最富特征的叠唇罐上所施条形附加堆纹，甚至可以追溯到山东的北辛文化[14]。由于在渤海沿岸大连地区新石器文化序列中，饰条形附加堆纹陶器的“三堂一期文化”在层位关系上早于小珠山上层文化，即早于偏堡子类型[15]。所以从陶器形制和纹饰特征分析，以叠唇罐和条形附加堆纹为特色的偏堡子类型，是“三堂一期遗存”向北传播并吸收了当地文化因素的结果。

南宝力皋吐墓地偏堡子类型陶器占有相当分量的文化现象，改变了以往人们对偏堡子类型的认识，扩大了其涵盖的研究范围，但是在什么样的文化背景，以怎样的途径传播的还是一个问题。1994年发表的《大沁他拉陶器再认识》一文，对20年前在科尔沁沙地东南部奈曼旗大沁他拉周围沙丘采集的一批陶器进行分类研究。其中将该遗址采集的1件腹部施纵向直条夹波浪条形附加堆纹罐，从原定的红山文化中析出，同时又指出这种易于区别的特殊纹饰也不同于小河沿文化。当时把这件陶器看成是偏堡子类型向西的流布，并推测“沿科尔沁沙地南缘，经奈曼、库伦、彰武、康平一线，是沟通辽西腹地与辽河平原的重要通道”[16]。由于南宝力皋吐墓地发现了偏堡子类型陶器，使这种联系性变得明晰起来，证明新石器时代晚期确实存在这样一条传播路线。

南宝力皋吐墓地还含有其他文化成分。如主要饰于陶器口部的多重横向条形附加堆纹、复线几何纹、八字形戳印纹等，与嫩江下游小拉哈一期遗存和昂昂溪文化陶器十分相似[17]。另外，在报道中被称为“釜”的那种圜底筒形陶器[18]，显然不属于东北平底筒形罐系统。从更广泛区域的文化视野上看，这类圜底陶器与贝加尔湖沿岸的新石器文化有着相同的造型特点[19]。还有一条值得特别关注的信息，在最近召开的“内蒙古扎鲁特旗南宝力皋吐古遗址学术研讨会”上，邓聪先生指出，这批玉器的原料、工艺和器形较之红山文化玉系统疏远，而与呼伦贝尔的哈克文化甚至更北的俄罗斯远东地区出土的玉器联系密切。

## 四

综上所述，南宝力皋吐墓地的文化面貌，可以归纳为：

（1）墓葬均为长方形土坑竖穴，以单人仰身直肢为主，也有少量的双人或多人合葬墓。其中，一些墓葬人头骨缺失，而另一些墓葬却发现多葬一颗人头骨的特殊现象。墓地成排，头朝向东南，形式统一。

（2）随葬陶器成分复杂，根据共存关系和文化因素分析，既含有小河沿文化、偏堡子类型等与周边文化相对应的成分，又渗透有来自北方某些尚不确定的文化因素。经比对考察还发现一些器形、纹饰具有明显的自身特点，如口沿饰多重横向仿绳索状附加堆纹筒形罐，内填平行线的三角、回形、菱形纹鼓腹罐，复线几何纹双耳壶，人面形壶和动物造型的异形陶器等颇具特色。

（3）墓地出土的生产工具和装饰品十分丰富。石器包括打制、磨制石器和细石器，其中细石器数量最多，约占出土石器的 80%，石镞、坠饰、刮削器均通体压削。打制的石锄、砍砸器个体较大。斧、锛、凿、矛、饼形器和石骨朵（权杖头）多通体磨光。玉器和绿松石制品以装饰类小佩件为主，有璧、环、璜、觿、坠饰等，品类多扁平状，且多钻孔，工艺精美。骨角制品既有常见的锥、匕、镖、鱼钩、骨梗石刃刀，还有十分罕见保存非常完整的骨冠。南宝力皋吐墓地出土的骨器数量多，选料讲究，制作细致。

目前虽然尚不清楚南宝力皋吐这类遗存遗址的情况，但通过对其墓葬的分析，它既不是小河沿文化的地方变体，也不是偏堡子类型向西流布的文化变异，而是多种文化成分融为一体的多元组合。不同文化成分的多元组合是南宝力皋吐墓地文化构成的显著特征，这一特征本身即具有特殊性，就墓地反映的整体文化面貌而言，与已知考古学文化相区别，拟可确认为一种新的文化类型。

作为新识别的一种考古学文化，以南宝力皋吐墓地代表的这类遗存的鉴别和研究刚刚起步，一些问题尚待研究。所以，在搞清楚其基本文化内涵之前，不宜过早讨论其文化命名问题，但为了研究方便，可暂时定名为“南宝力皋吐类型”。

对南宝力皋吐墓地和同类遗存的研究，还涉及以下三个问题。

（1）从葬俗和随葬品来看，南宝力皋吐墓地的时代风格比较统一，大体属同一时期遗存，但已测定的碳十四数据年限跨度较大，墓地有可能通过类型学和间接层位依据，对这类遗存进行分期研究。

（2）南宝力皋吐墓地分三个墓区，应就墓地的分区与布局、墓葬排列方式及随葬品的组合关系，分析多种文化成分在各墓区所占分量，考察它们在墓地布局中有无特殊意义，拟对该考古学文化多元结构作进一步深入探讨。

（3）近年，吉林大学边疆考古研究中心和内蒙古文物考古研究所，在通辽地区开展了多项田野考古调查和发掘工作。经查南宝力皋吐这类遗存在科尔沁沙地北部的扎鲁特旗、科左中旗和开鲁县都有发现，比较集中分布于新开河流域[20]。从地缘文化关系来看，科尔沁沙地是连接辽西、下辽河和嫩江下游几大考古学文化区的交汇地带，在内蒙古东部和相邻东北地区史前考古学文化的区系研究中占有十分重要的地位。根据初步掌握的情况，科尔沁沙地发现的多种史前文化遗存，包括南宝力皋吐遗存在内，或显示出文化交汇地带复杂多样的表征，或具有自身文化特点，但均难以纳入到周邻已确认的考古学文化中去。那么这一地区是否只是各区域间文化传播的边缘地带，还是按文化面貌的地域特征及关联性，划分为一个独立的考古学文化区，这也是探讨南宝力皋吐这类遗存与周邻文化关系需要考虑的问题。

## 注　释

[1] 内蒙古文物考古研究所、科尔沁博物馆、扎鲁特旗文物管理所：《内蒙古扎鲁特旗南宝力皋吐新石器时代墓地》，《考古》2008 年 7 期。

[2] 辽宁省文物考古研究所、赤峰市博物馆：《大南沟——后红山文化墓地发掘报告》，附录一“大南沟墓地 $^{14}$C 年代测定报告”，科学出版社，1998 年。

[3] 赵朝洪：《北方新石器文化中人骨标本的碳十四年代的初步分析》，《考古学研究》（二），北京大学出版社，1994 年。

[4] 中国社会科学院考古研究所、辽宁省文物考古研究所、大连市文物考古研究所：《辽宁长海县小珠山新石器时代遗址发掘简报》，《考古》2009 年 5 期。

[5] 中国社会科学院考古研究所：《中国考古学中碳十四年代数据集 1965～1991》，文物出版社，1991 年；赵宾福：《东北石器时代考古》，吉林大学出版社，2003 年，第二章第三节。

[6] 许玉林：《辽宁岫岩北沟西山遗址发掘简报》，《考古》1992 年 5 期。

[ 7 ] 南宝力皋吐墓地测定的四组碳十四年代数据（括号内为树轮校正值）是：距今 3700 年±35 年（公元前 2140～前 2030 年）；距今 3985 年±40 年（公元前 2570～前 2515 年）；距今 3990 年±35 年（公元前 2570～前 2520 年）；距今 3405 年±35 年（公元前 1750～前 1660 年）。

[ 8 ] 辽宁省文物考古研究所、赤峰市博物馆：《大南沟——后红山文化墓地发掘报告》，科学出版社，1998 年。

[ 9 ] 内蒙古自治区文物考古研究所、扎鲁特旗人民政府：《科尔沁文明——南宝力皋吐墓地》，文物出版社，2010 年。

[10] 东北博物馆文物工作队：《辽宁新民县偏堡沙岗新石器时代遗址调查记》，《考古通讯》1958 年 1 期。

[11] 中国社会科学院考古研究所东北工作队：《沈阳肇工街和郑家洼子遗址的发掘》，《考古》1989 年 10 期。

[12] 沈阳市文物管理办公室：《新民东高台山第二次发掘》，《辽海文物学刊》1986 年 1 期。

[13] 沈阳市文物管理办公室：《新民东高台山第二次发掘》，《辽海文物学刊》1986 年 1 期；朱延平：《辽中区新石器时代文化刍议》，《辽海文物学刊》1990 年 1 期。

[14] 朱永刚：《辽东地区新石器时代含条形附加堆纹陶器遗存研究》，《青果集——吉林大学考古专业成立二十周年考古论文集》，知识出版社，1993 年。

[15] 辽宁省文物考古研究所、吉林大学考古学系、旅顺博物馆：《辽宁省瓦房店市长兴岛三堂村新石器时代遗址》，《考古》1992 年 2 期；中国社会科学院考古研究所、辽宁省文物考古研究所、大连市文物考古研究所：《辽宁长海县小珠山新石器时代遗址发掘简报》，《考古》2009 年 5 期。

[16] 朱永刚、王立新：《大沁他拉陶器再认识》，《内蒙古文物考古文集》（第一辑），中国大百科全书出版社，1994 年。

[17] 黑龙江省文物考古研究所、吉林大学考古学系：《黑龙江肇源县小拉哈遗址发掘报告》，《考古学报》1998 年 1 期。

[18] 内蒙古自治区文物考古研究所、扎鲁特旗人民政府：《科尔沁文明——南宝力皋吐墓地》，文物出版社，2010 年，第 134 页，釜（CM35：5）；第 135 页，釜（BM33：1）。

[19] 冯恩学：《我国东北与贝加尔湖周围地区新石器时代交流的三个问题》，《辽海文物学刊》1997 年 2 期。

[20] 2007～2009 年，吉林大学边疆考古研究中心“科尔沁沙地及其周邻地区汉以前考古学文化的综合研究”课题组和内蒙古文物考古研究所，先后赴内蒙古科右中旗、扎鲁特旗、通辽市、开鲁县、科左中旗、科左后旗、库伦旗、奈曼旗进行学术考察，并有针对性的调查、复查了一批遗址。

（原载《考古》2011 年 11 期，与吉平共同署名）

# 探索内蒙古科尔沁地区史前文明的重大考古新发现

## ——哈民忙哈遗址发掘的主要收获与学术意义

科尔沁地区位于内蒙古东部，北纬 42°40′～45°15′，东经 118°～124°30′，总面积 42300 平方千米。该地区北邻松嫩平原，南接辽西山地，西倚大兴安岭南麓，东通辽河平原。行政区划包括通辽市、赤峰市东部、兴安盟南部，以及吉林省西部的通榆、双辽等。科尔沁地区为半干旱大陆季风气候，春季干旱少雨，夏季温暖湿润，冬季寒冷干燥。区域内分布有大片的沙丘，间有湖泊沼泽散布，植被覆盖率受降水影响变量较大，丰水年份流动沙丘易被植被固定，连续干旱或人为因素破坏则使环境急剧变化，属典型的生态脆弱地带[1]。

科尔沁腹心地带介于辽西、松嫩、吉长三大考古学文化区之间，地理位置十分重要，但考古工作基础却十分薄弱。尽管 20 世纪 60 年代初和 80 年代地方各旗县的有关部门曾开展过两次文物普查工作，但仅限于地面调查和遗物采集，所获资料和信息非常有限，尤其是史前考古的发现与研究几乎还是空白。2007 年和 2009 年，吉林大学边疆考古研究中心“科尔沁沙地汉以前考古”课题组，先后两次赴该地区进行有针对性的考古调查，发现多种新石器时代文化遗存，通过各类遗存的识别及文化性质、年代和分布范围的研究，对科尔沁地区史前考古学文化有了初步认识[2]。

2011 年 5～11 月，内蒙古文物考古研究所和吉林大学边疆考古研究中心组成联合考古工作队，对哈民忙哈遗址进行正式发掘，发掘面积 3000 余平方米，此前 2010 年在该遗址东北部曾抢救性发掘了 1100 平方米，累计揭露面积达 4000 余平方米。哈民忙哈遗址是我国考古工作者在北纬 43°以北地区，首次大规模发掘的史前聚落遗址。初步探明遗址面积约 10 万平方米，很可能是这一时期科尔沁地区的一处中心聚落遗址，这里的多项重大考古发现，已引起学界高度关注和重视。此项发掘成果入选“中国社会科学院考古学论坛——2011 年中国考古新发现”。

## 一、哈民忙哈遗址概况与发掘方法

哈民忙哈（蒙古语意为沙坨子）遗址位于内蒙古科左中旗舍伯吐镇东偏南约 20 千

米，南距通辽市 50 千米，介于西辽河及其支流新开河之间，地处西辽河平原东部，科尔沁沙地的腹地。遗址坐落在一片沙岗地的南坡上，地势相对较高，西北部为一条古河道所环绕，东南部地势平坦，间有沙坨、草甸和湖沼散布。近年由于过度垦殖、放牧和持续干旱，地表水已完全干涸，土质沙漠化严重。

目前已探明遗址东西长约 350 米，南北宽约 270 米，平面呈不规则椭圆形，总面积近 10 万平方米。中心区域的地理坐标为北纬 43°58.909′，东经 122°12.989′，海拔 177.7 米，整个遗址掩埋于 0.7～1.4 米厚的风积沙土层下，除边缘局部遭破坏外，保存情况良好。

哈民忙哈是一处文化内涵较为单纯的史前聚落遗址，根据以往的发掘经验，这类遗址文化堆积较薄，同一文化或不同文化层面少有叠压打破关系，其埋藏和保存优势为聚落形态考古学研究提供了十分有利的条件。本着精细发掘、全面获取考古资料和不遗余力的采集考古信息的原则，联合考古工作队在发掘前即制定了周密的发掘预案和严谨的考古工作流程，主要做法如下：

（1）在对遗址进行全面钻探的基础上，在中心位置设立永久性的坐标基点，测绘遗址地形图，并请专业人员对遗址进行航空摄影。

（2）哈民忙哈遗址的分布范围较大，区域内地势平坦，不存在明显的地形分界。考虑到发掘工作的连续性和遗址有效保护等因素，故采用象限法，将整个遗址都纳入平面图上的布方范围，统一编号，对遗址发掘进行总体规划。

（3）按总体发掘规划要求，合理安排各年度发掘区域，采用 5 米 × 5 米的探方发掘法，掌握水平发掘深度，侧重对文化层面的控制，统一发掘进度。

（4）针对这类史前聚落遗址的特点，制定了以房址发掘为中心的考古工作细则，摸索出一套行之有效的操作方法。第一，在确定房址的平面范围及开口层位后，根据房址面积的大小分别采取二分之一、四分之一或十字隔梁法，逐层清理房内堆积。第二，在发掘中注意半地穴房址周边柱洞的位置、遗物的分布和活动面的观察，对每一座房址实际空间进行现场分析。第三，对某些特殊情况形成的房内堆积，如失火保存下来的纵横相叠的碳灰痕迹，采取了更为细致的网格发掘法。经仔细辨认，逐层剔剥，力求最大程度的清理出坍塌房屋的木（炭灰）构架遗迹。此类方法也用于埋藏有大批非正常死亡人骨遗骸房址的发掘。第四，总结以往经验，对那些残留有明显炭灰痕迹柱洞的处理，改变传统掏空的作法，反其道而行之，适度剔除周围沙土堆积，合理保留碳化柱子的立体遗迹。

（5）采集所有发掘出土遗物（包括自然遗物），统一编号。对发掘现场各种遗迹现象及活动面上遗物的空间位置，进行文字描述、绘图、照相等，强化记录手段。

（6）为防止细小遗物流失，用筛子对房址内填土做全部筛选，系统收集含植物遗存的浮选土样，包括提取重点单位内各种供自然科学方法检测的样本。

（7）请从事体质人类学研究的专业人员第一时间在现场对人骨进行鉴定，并提取供DNA检测和微量元素分析的样本。按单位采集所有发掘出土的兽骨、蚌壳等动物遗存，统一编号，拟作进一步种属鉴定和微痕观察。

（8）对发掘区域已揭露的聚落布局，采用氢气球定位方法进行高空拍照。

（9）田野工作结束后，会同有关方面专家制定文物保护方案，划定遗址保护区范围。

# 二、哈民忙哈遗址发掘的主要收获

2010～2011年的发掘区位于遗址东北部，揭露面积4000余平方米，共清理房址43座、灰坑38个、墓葬6座、环壕1条[3]。从聚落布局来看，所有房址沿东北－西南排列，自西北向东南方向成排分布，在发掘区范围不少于11排，每排3～5座，其中有些房址在排列中的位置略有参差，但布列基本整齐。灰坑散布于房址周围，坑口多为圆形或椭圆形，皆平底，出土遗物较少。房址间发现的6座墓葬均为土坑竖穴，除一座为三人仰身屈肢葬外，其余为单人叠肢葬，墓葬几乎不见随葬器物。现已探明聚落外围，东、西、北三面环绕有圆弧形围沟，其西、北两侧与古河道相临，且保持平行。

哈民忙哈遗址发掘的房址平面呈长方形或方形，多数面阔略大于进深，均为半地穴式建筑。门道设置在居室的东南，呈凸字形，朝向统一，方位集中在130°～145°。按房址半地穴面积（不包括门道），可分为四种规格：小型房址9座，面积小于10平方米，最小的仅有6.8平方米；中小型房址数量最多，面积10～15平方米，共22座；中大型房址6座，面积15～20平方米；大型房址6座，面积超过20平方米，其中最大的一座面积约36平方米。房址的穴壁较直，一般深0.3～0.5米，最深的0.75米，最浅的仅残留0.1米。居住面平整，保存较好的房址居住面和穴壁壁面见有烧烤的痕迹，呈红褐或黑褐色，局部烧烤深度达2～3厘米。灶坑位于居室中部偏向门道一侧，平面为圆形，口径大于底径，壁面较硬，留有青灰色的烧结面。有的坑体外缘叠筑有马蹄形灶圈，个别灶内遗留有陶具（支脚），多数灶底发现草木灰。柱洞有明柱和半壁柱两种，分布较有规律，一般沿穴壁内侧排列，或置于灶坑四角，或对称发现于居住面上。

遗物集中出土在房址居住面上，房内堆积包含遗物不多。值得注意的是，亦有部分房址在半地穴外缘发现有完整的陶器、石器和骨器，甚至成组的生产工具。这种现象在以往辽西地区新石器时代聚落遗址的发掘资料中很少见于报道。还有一些现象也引起我们的注意，其一，同样是半地穴式房址，为什么有些房址的面积非常小？在9座小型房址中有4座房址（F6、F18、F25、F35）面积仅有6～7平方米，但居住面上出土的遗物却很丰富。现场观察这类小型房址，除去灶坑和摆放的器物占据的空间外，供人们活动的场地小得可怜。其二，哈民忙哈遗址房址的门道普遍较长，已发掘的43座房址中，门道长1.5～1.8米的有19座，长度近2米和超过2米的有7座，这里还不包括因局部破坏而无法统计门道长度的房址。这种情况在辽西地区同类型房址中比较少见。其三，大多数房址开口的水平面上，往往发现有似柱洞的黑土圈，分布于半地穴房址的周围，距穴壁外缘0.3～0.5米不等，一般很浅，没有任何加工的痕迹。其四，在发掘中遇到有些房址开口时划定的范围大于清理出的半地穴面积，也就是说不排除该房址废弃时半地穴内的堆积与其划定范围的堆积具有共时性。综合分析，我们认为哈民忙哈遗址半地穴式房址外围应有一圈“二层台”，即每座房址（至少是大部分房址）营建时范围要大于半地穴面积。

在2011年发掘中，有7座房址程度不同的清理出屋顶塌落的木质构架痕迹，有3座房址居住面上发现有人骨。F32是最大的一座，因失火而坍塌，房内堆积保留着大量纵横叠压的炭灰条痕迹。通过仔细辨认，逐层清理出的木质结构形状，基本反映出屋顶的建筑构架。现场观察，横梁位于房址中部，四角由承重柱子支撑，檩子搭建在主梁上，一端接地，一端聚向中间，檩子之间等距离铺设椽子。梁、檩、椽相互结合形成完整构架，初步判断房址的屋顶为四面斜坡式方锥形建筑。哈民忙哈遗址揭露出保存相当完整的史前房屋构架，在东北乃至北方地区尚属首次发现，是发掘取得的重要考古收获之一。

F40位于发掘区东南角，平面形状和结构与其他半地穴式房址没有区别，面积18平方米。该房址房住面上出土98具人骨，除西南角外层层叠压，场景极为震撼。出于对现场的保护，无法对叠压的人骨全部进行鉴定和统计。在可观察的个体中，性别明确者21例，男性7例，女性14例，男女性别比例为1∶2。年龄段明确者58例，平均死亡年龄26.27岁，未成年个体12例，成年个体46例，未成年与成年个体比例为1∶3.8[4]。人骨分布状态有仰身、俯身、侧身，头向面向各异，无明显规律，其中东北壁至少有9个颅骨聚拢叠压在一起，在房址中部偏北和门道附近也有类似现象。在狭小的空间内埋藏着大量的人骨，这些人骨出土于房址里而非埋葬在墓葬内，可以判定为非正常死亡。至于非正常死亡的原因，可能有暴力冲突、祭祀行为、自然灾害（山洪、地震、泥石流、火山喷发）和传染性疾病等。由于体质人类学专家没有发现哈民忙哈人骨残留有砍砸、贯穿和明显被肢解的痕迹，所以当排除杀戮行为。考虑到遗址周围的地理环境和遗址堆积状况，也不能解释为发生大规模自然灾难导致的群体死亡。根据现场分析，我们倾向于哈民忙哈居民的死因与突发性传染疾病有关，当然这方面尚需要更多的考古证据，尤其是古疾病的研究成果。在房址居住面上埋葬如此众多人骨的现象极为罕见，是此次发掘的重要考古收获之二。

哈民忙哈遗址发掘出土遗物近千余件，主要是陶器、石器、玉器和骨、角、蚌制品。陶器以砂质陶为主，含砂均匀，颗粒较细小。器表面多为黄褐色或红褐色，内壁一般经打磨，呈黑灰色。器壁薄厚均匀，皆手制，器口沿有轮修痕迹，烧制火候较高。除一部分为素面外，陶器表面大多施滚压麻点纹和拍印方格纹，还见有少量的压印之字纹、篦齿纹、刻划纹及彩陶片。器类有筒形罐、壶、盆、钵、盘、三足罐、斜口器、带流器，内彩圈足器。在房址居住面上成组出现的斜直壁筒形罐、深腹斜口罐、小口双耳溜肩壶、敞口斜壁平底盆、敞口弧壁浅腹钵，为陶器基本组合。还有一些用途不明的陶制品，如丫形器、水滴形器、圆饼形器、圆锥体和矩形穿孔陶具等。石器种类丰富，材质有砂岩、安山岩、石英岩、硅质灰岩等，加工方法分为打制、琢制、磨制和压制四种，以打制和琢制为主，通体磨制的较少。器形有耜、斧、凿、刀、磨盘、磨棒、杵、盘状器、环形器、镞和镶嵌石刃的复合工具等。玉器出土的数量不多，双联璧、环、钺等选料讲究，制作精美，器形与辽西地区红山文化的同类器十分接近。骨、角制品以生产工具为主，常见有骨匕、骨锥、骨针、骨镞、角锥等。发现数量众多的磨制蚌壳和形制统一的长方形蚌片用途不明，可识别的蚌器只有蚌刀。遗址发掘出土大量的动物骨骼，经初步鉴定有鹿、狍子、牛、马、猪、兔、鸡、鼠等，其中以啮齿类和鸟类最多。

此外，按单位系统收集的土样浮选出 198 份样本，通过包含在这些样本中植物遗存的鉴定，为了解古代植物品种，植被状况、生态环境，复原当时居民的生活场景，探讨他们的经济活动和生存方式提供了十分宝贵的资料。

哈民忙哈遗址出土陶器最显著的特征，是表面施印有麻点纹和方格纹，这类遗存最初就是因为其特殊纹饰被辨识出来的。2007 年和 2009 年，吉林大学边疆考古研究中心“科尔沁沙地汉以前考古”课题组对该地区进行考古调查时，在多个遗址采集到麻点纹和方格纹陶片，当时即认为这是新发现的考古遗存，并在相关报告中指出“为认识一种新的考古学文化提供了线索”[5]。此后，在吉林白城双塔遗址发掘中，又发现随葬麻点纹陶器的墓葬共出有红山文化风格的玉器，据此推断出土麻点纹陶器墓葬的年代相当于红山文化时期[6]。

哈民忙哈遗址发掘，首次发现这类遗存的原生堆积，并揭示出带有环壕的聚落。哈民忙哈遗址房址结构、墓葬形制和丧葬习俗具有明显的地域考古学文化特点。陶器基本组合，尤其是富有鲜明特点的麻点纹、方格纹及施纹方式，区别于辽西地区已发现命名的新石器文化，由石耜、石凿、磨盘、磨棒、盘状器、石杵、骨锥、骨匕、蚌刀等构成的生产工具组合也与周邻已知考古学文化不同。目前这类遗存仅见于西辽河以北科尔沁地区，年代大体与红山文化晚期阶段相当。鉴于哈民忙哈遗址系首次对这类遗存的大规模发掘，且遗址文化内涵单纯，出土遗物及其特征组合具有代表性，我们将这类遗存命名为“哈民文化”。此乃本次发掘的重要考古收获之三。

## 三、哈民忙哈遗址发掘的学术意义

哈民忙哈遗址是迄今在科尔沁地区最大规模发掘的史前聚落遗址。该遗址聚落保存完整，出土遗物丰富，文化内涵具有鲜明的地域特点，多项重大考古发现引起学界的普遍关注，由此开启了探索科尔沁地区史前文明的新领域，就其学术意义提出以下五点认识。

（1）哈民忙哈遗址房址呈西北—东南方向成排分布，门道朝向统一，排列整齐，外围有环壕相绕，说明聚落在营建之初经过统一规划。通过2010～2011年两次发掘，已基本掌握该聚落的整体规模和布局。遗址埋藏条件良好，出土遗物丰富。从清理出有明显过火痕迹坍塌的房址和极为震撼的大批非正常死亡人骨遗骸殉难场所分析，该聚落是在某种特殊情况下突然废弃的，而凝固历史瞬间遗址所保存的原生状态，为聚落形态考古学研究提供了难得的第一手资料。

（2）哈民忙哈遗址发掘房址43座、平面皆呈凸字形半地穴式建筑，按居室半地穴面积可分为小型、中小型、中大型和大型四种规格，据现场观察分析，我们认为该遗址发现的房址半地穴外围应有一圈“二层台”，即这类房址营建时空间范围要大于半地穴居住面的使用面积。以往这种现象没有引起人们的重视或发掘者观察不够细致，所以通常发表的资料仅注意在界定的半地穴范围内对房址平面现象进行观察和报道，这显然不利于聚落形态的进一步探讨。哈民忙哈遗址发掘揭示出房址多样化观察的兴趣点，突破以往常规的做法，扩大对每一座房址周边活动面的观察，使得对它的理解上升到一个更有价值的高度。

（3）本次发掘清理出保存完整的房屋木构架遗迹和房址内埋藏有大批非正常死亡人骨的现象，都是国内极为少见的。新石器时代单体房屋的木构架痕迹，在我国北方还是第一次发现并完整的清理出来，这为史前房屋建筑的复原及营建技术的了解无疑提供了重要依据。房址内出土如此众多人骨遗骸此前还没有先例，这一发现除了对解释聚落废弃的原因等有重要价值，也带给我们更多的遐想和思考空间。

（4）哈民忙哈遗址所揭示遗存的独特文化面貌与周邻地区已发现命名的新石器文化均不相同，根据对其文化内涵的认识，可确立一种新的考古学文化。“哈民文化”的发现，在空间上填补了以往区域考古工作的空白，在时间上充实和完善了新石器时代晚期考古学文化研究和薄弱环节，在聚落考古方面取得了突破性进展。“哈民文化”地处科尔沁腹地，分布范围介于辽西、松嫩、吉长三大考古文化区之间，由于其特殊的地理位置，该文化的发现与研究为相关联地区新石器文化源流的探索、文化体系的构建和区域间考古学文化关系的研究提供了新视角。

（5）在发掘方法和研究手段方面，制定了严密的田野考古工作流程，摸索出一套有益于史前聚落遗址发掘的科学方法，并本着精细发掘的原则，系统提取了各类供实验室检测的样本。目前正在进行石制品岩性鉴定、石器微痕分析、淀粉粒分析、陶器残留物分析、孢粉分析、植硅石分析、碳十四测年、动物骨骼鉴定、人骨线粒体DNA提取等工作，充分利用各种自然科学手段获取相关考古信息，拟进一步开展动物考古、植物考古、环境考古、生业方式、体质人类学等多学科多领域的合作研究。此项研究在方法和理论探讨方面，对科尔沁地区史前考古和聚落形态研究将产生积极影响；在人地关系解释方面，对于全面了解科尔沁地区沙漠化进程及其演变规律具有重要的现实意义。

## 注　释

[1] 裘善文：《科尔沁沙地形成与演变的研究》，《中国东北平原第四纪自然环境形成与演变》，哈尔滨地图出版社，1990年。

[2] 朱永刚、郑钧夫：《科尔沁沙地东北部地区新石器时代遗存初探》，《边疆考古研究》（第11辑），科学出版社，2012年。

[3] 吉平：《内蒙古科尔沁地区史前考古的空前新发现——哈民史前聚落遗址》，《中国文物报》2011年12月9日第5版。

[4] 周亚威、朱永刚、吉平：《哈民忙哈遗址人骨鉴定报告》，《边疆考古研究》（第12辑），科学出版社，2012年。

[5] 朱永刚、郑钧夫：《通榆县三处史前遗址调查与遗存分类》，《边疆考古研究》（第7辑），科学出版社，2008年。

[6] 王立新：《双塔遗址》，《田野考古集萃——吉林省文物考古研究所成立二十五周年纪念》，文物出版社，2008年。

（原载《吉林大学社会科学学报》2012年4期，与吉平共同署名）

# 内蒙古哈民忙哈遗址房址内大批人骨死因蠡测

## ——关于史前灾难事件的探索与思考

## 一、引　言

哈民忙哈（蒙古语意为沙坨子）遗址位于内蒙古科左中旗哈民艾勒村东，西北距舍伯吐镇约20千米，南距通辽市约50千米。2010～2012年内蒙古文物考古研究所及吉林大学边疆考古研究中心等单位，对遗址进行了大规模考古发掘，总计揭露面积6000余平方米，清理房址54座，灰坑57个，墓葬12座，经钻探确认环壕2条[1]。哈民忙哈遗址是迄今在科尔沁沙地已发现的最大规模史前聚落遗址。该遗址保存完整，出土遗物丰富，一些遗迹现象极为罕见，这里的多项重大考古发现引起学界的高度关注，并产生广泛的社会影响。此项成果2012年入选"全国十大考古新发现"和"中国社会科学院考古论坛——2011年考古新发现"。

哈民忙哈遗址经三次发掘，已基本掌握聚落规模和布局特点。从遗址已揭露部分来看，所有房址门道设于东南，朝向统一，成排分布，虽然个别房址在排列中位置略有参差，但基本整齐。灰坑和墓葬散布于房址周围，外围已确认有环壕，显然整个聚落经过周密的规划设计。初步探明遗址面积约10万平方米，其规模很可能是当时的一个中心聚落。

该遗址的层位关系简单，表土层为0.15～0.9米的风积沙土，最厚可达1.25米，第2、3层为文化堆积（因风蚀作用局部缺失第2层）[2]。所见各类遗迹皆开口2层下，除发现个别灰坑打破房址外，房址之间没有确认的叠压打破关系，出土器物组合亦没有明显差别，基本可视为同一时期考古学文化遗存，或以单体聚落考古时间刻度划分的不同活动面形成的遗存。所有房址结构均为长方形或方形半地穴式建筑，有凸字形门道。居室面积一般在15～20平方米左右，最小的仅6.8平方米，最大的一座36平方米。圆形灶坑位于居室中轴线偏向门道一侧，灶坑内残留有陶具或陶片等支撑物，灶底见有草木灰。柱洞有明柱和半壁柱两种，一般沿房址穴壁内侧排列，分布较规律。多数房址居住面摆放有完整陶器及成组的石器[3]。

哈民忙哈遗址一系列重要发现，最引人注目的当属数座房址内揭露出大批人骨遗骸，场景之震撼在我国史前考古中极为罕见。种种迹象表明遗址是遭遇突发事件而废弃的，是什么原因导致这一事件的发生，那些罹难者为何集中于房址内？本文通过凝固历史瞬间保存下来的情境观察和人骨反映的死亡年龄统计，结合自然环境与生业方式分析，在排除地质灾害、人为杀戮等灾难后，提出距今5000多年前科尔沁沙地曾暴发过瘟疫。导致哈民忙哈居民群体死亡的直接原因，应缘于一场肆虐的鼠疫，并由此引发对史前灾难事件的思考。

## 二、情境观察

截至2012年，在已清理的54座房址中有8座房址居住面上发现有人骨，F32、F37和F46，F40和F44，F48和F45，F47分属五排，彼此相邻，除F32位于发掘区中部，其余均偏于遗址东侧，距环壕（G1）13～30米，出土人骨的房址在聚落布局中位置相对集中。人骨鉴定报告对F40、F32和F37进行了详细的性别与死亡年龄统计[4]。

F40室内面积18.5平方米，居住面上最小个体数为98具，除西南角外，堆弃的人骨层层叠压，场景触目惊心。出于对现场的保护，无法对叠压的人骨全部鉴定统计。在可观察的个体中，性别明确者21例，男性7例，女性14例，男女性别比例为1∶2。年龄段明确者58例，未成年个体12例，成年个体46例，未成年个体与成年个体的比例为0.26∶1。人骨姿态除个别能看出侧身、俯身、仰身外，头向面向各异，无明显规律。其中东北壁至少有9个颅骨聚拢在一起，在房址中部偏北也有类似现象，尤其灶坑至门道之间不足4平方米的范围内，骨架上下叠压，多达三层。在有限的空间里，出土人骨的密度如此之高，显然不是正常现象（图一）。

F32室内面积约36平方米，出土人骨13例。性别明确者1例，为男性。年龄段明确者5例，其中24～35岁1例，36～55岁4例，未成年个体与成年个体比例为0.14∶1。房内堆积保留着大量纵横相交的炭灰条，经仔细逐层清理出的木架构痕迹，可基本对屋顶的建筑结构进行复原。现场观察，人骨架紧贴居住面上，位于房址中部偏西的一具为仰身，近于门道的一具为侧身屈肢，灶坑周围聚集的人骨不少于5～6个个体，其余散见的人骨姿态难以辨认。该房址因失火而焚毁，大多数人骨被坍塌的木架构所叠压（图二）。

F37室内面积16平方米，共出土人骨22例。性别明确者，男性3例，女性1例。年龄段明确者14例，其中3～6岁2例，7～14岁2例，15～23岁1例，24～35岁7例，36～55岁2例，未成年个体与成年个体比例为0.42∶1。F37居住面上的人骨大体可分为四组。第一组，4、5、7～14、20号人骨集中在灶坑周围，颅骨聚拢；第二组，

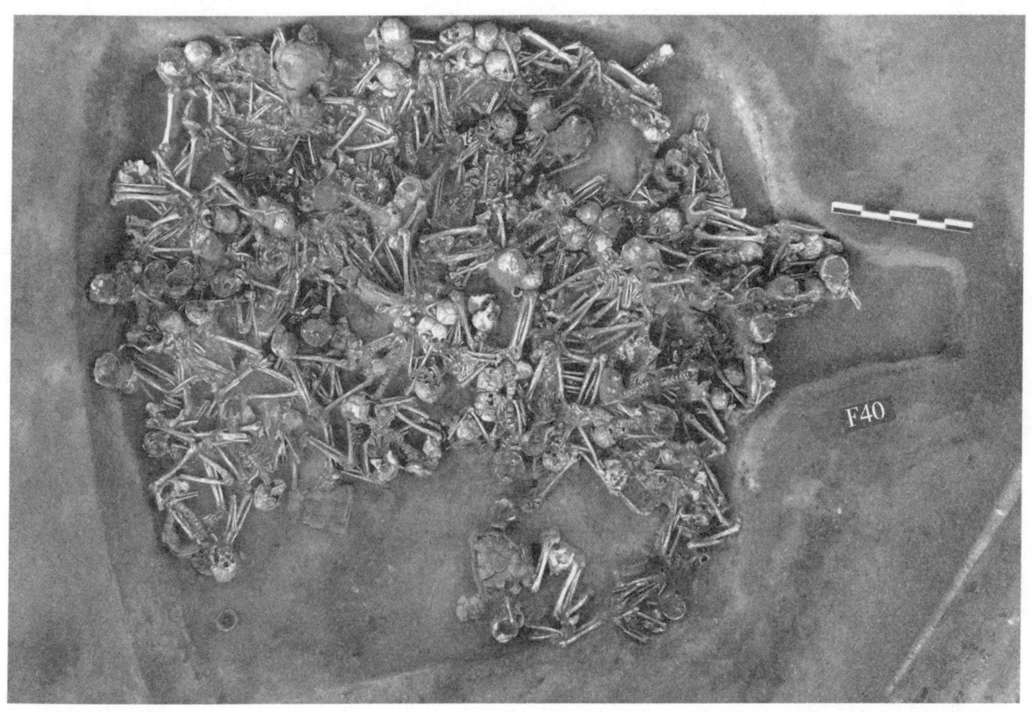


图一　F40 平面图

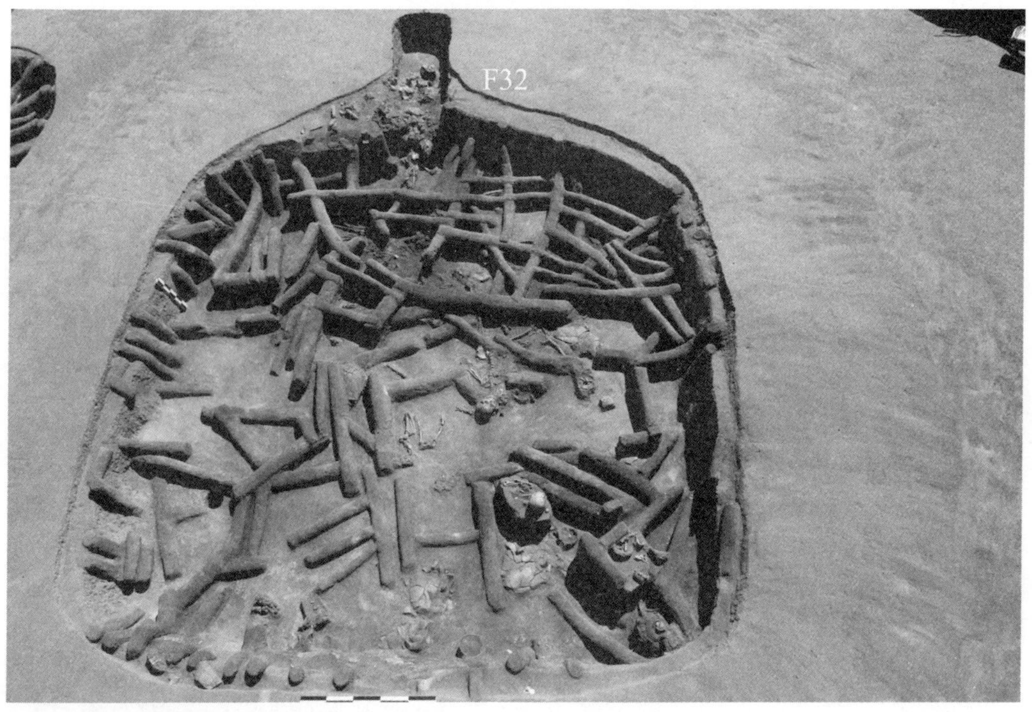


图二　F32 平面图

位于房址后部，16、17 号身体蜷曲，一个仰身一个侧身，15、22 号只保留有下颚骨和肢骨。第三组，在灶坑左侧，6 号为头骨，簇集的肢骨不少于 2 个个体，姿态难辨；第四组在灶坑右侧，可识别的人骨不少于 4 个个体，除 2 号为侧身屈肢外，均不完整（图三）。

其余几座房址的鉴定结果：F44 人骨 14 例，死亡年龄明确者，4～12 岁 4 例，25～30 岁 3 例，35～45 岁 3 例；F46 出土人骨 22 例，可鉴定死亡年龄 6～8 岁 1 例，30～40 岁 5 例；F47 出土人骨 10 例，可鉴定死亡年龄 5 岁左右 1 例，10～11 岁 1 例，35～50 岁 3 例；F45 和 F48 只发现 1～2 例人骨[5]。

通过进一步观察，我们还注意到以下情境。

（1）出土人骨的房址皆由居室、灶坑和门道组成。遗物集中出于居住面上，在人骨周围既有摆设的生活器皿也有成套生产工具和装饰品。房内堆积包含遗物很少，室内未发现举行某种仪式活动的特殊设施，与一般房址比较在建筑结构和形式方面没有明显差别。

图三 F37 平面图

（2）所有人骨遗骸均紧贴于居住面上，聚集在同一房址内的死者是否属于一个家庭或有直系的血缘关系尚无法解释，但大多数人骨方向不一，姿态零乱，甚至上下叠压、堆弃，而非刻意摆放。于此可以判断房址内出土的人骨并不是通常理解的居室葬。

（3）已清理出的几座木质结构坍塌的房址内多有人骨遗骸，如 F32、F37、F44、

F46 等，尤以 F32 保存的最为完整。这些房址都有过火痕迹，房屋似失火或有意焚毁而废弃的。值得注意的是，出土人骨的房址内大多发现玉器，其中 F37 出土 6 件、F44 出土 2 件、F47 出土 8 件，数量最多的 F45 和 F46 各出土 16 件，种类有圆形璧、圆角方形璧、双联璧、钺、勾云形玉佩、玉匕、齿形器、玉璜、玉坠等饰物，数量可观，制作精致[6]。这些玉器具有红山文化的形制与风格，不同的是红山文化玉器一般只见于墓葬和礼仪场所，而哈民忙哈遗址的玉器均发现于房址内，或见于人骨的颈部，或散落腰腹间，应该是随身佩带之物。玉器除作为装饰品外，还有祛灾祈福的功能，也表明所有者的身份与地位。从这几座房址内佩戴玉器的人骨姿态分析，体位并非有意摆放，故判定他们不是自然死亡，死因当与突发事件有关。

哈民忙哈遗址房址内共发现人骨 181 例，在对罹难者死因作出判断之前，有必要对当时的人口数量做粗略的估算。根据 2010～2011 年发掘的 43 座房址居住面积统计，10 平方米以下的房址 9 座；10～15 平方米房址 22 座；15～20 平方米房址 6 座；20 平方米以上的 6 座。其中最大一座 36 平方米，平均面积为 14.4 平方米。参照新石器时代早期贾湖遗址，面积大体相同房址的居住人口为 3～11 人[7]，推算哈民忙哈遗址已发掘的 54 座房址，人口规模在 162～594 人之间。按仰韶文化晚期大河村遗址，每座平均 14.8 平方米的房址住 7 人左右计算[8]，哈民忙哈遗址的人口数量大约为 378 人。如果这样一组数字能基本反映当时的人口规模，那么哈民忙哈房址内出土人骨 181 例（最小个体数），已经超出了理论推算人口数值的下限，或者占到了可计算人口的三分之一，甚至二分之一，如此高比例的死亡率显然不是正常现象。综合前面对房址内人骨数量、位置、姿态、死亡年龄段和出土遗物的分析，充分证明哈民忙哈房址内大批人骨属于群体性非正常死亡，而堆弃人骨的房址应为罹难场所。

## 三、非正常死亡分析

所谓非正常死亡，是指人为或外力作用导致的非自然死亡。依情境观察，哈民忙哈罹难者相继死亡时间不长，而短时间内造成大批死亡的原因，不外乎血腥暴力的聚落间争斗、人殉人牲的祭奠和地震、水灾、火灾以及瘟疫等灾难事件。

哈民忙哈遗址介于西辽河及其支流新开河之间，地处西辽河平原东部科尔沁沙地的腹心地带。遗址坐落在一片沙岗上，西北部被一条古河道所环绕，东南部地势平坦，四周为绵延起伏的沙丘，草甸、泡沼错落其间。由于过度垦殖放牧和持续干旱，现地表水已完全干涸。遗址被较厚的风积沙土层掩埋，所揭露的房址周围活动平面上散布有较多动物骨骼和少许陶片，其下为土质致密很少含遗物的白沙土。在整个发掘过程中，各探方、房址堆积均没有发现淤土、水渍层和被洪水裹携的堆积物。这里距新开河直线距离约15千米，遗址周围既无突兀陡峭山石，也不见泄洪沟壑，更没有发现地震形成的断裂、错落、移动等层面构成现象，所以应该排除该遗址因不可抗拒地质灾害毁灭的可能。

一般古代居民非正常死亡最直接的判断就是观察骨骼是否异常，哈民忙哈人骨组鉴定结果，并没有发现明显的肢解、创伤、钝器砸击等痕迹，找不到杀戮行为造成群体死亡的直接证据。还有一个情况需要说明，遗址部分房址坍塌的木构架可见明显过火痕迹，是意外失火还是有意焚毁不好判断。但从F40高密度堆弃的人骨和F37、F44、F45、F46、F47、F48几座房址内发现有佩戴玉器的罹难者分析，似乎也不支持意外失火原因导致的大批非正常死亡。如果房址为有意焚毁，那么一定是遭遇突发事件的仓促之举，乃至于当事者还随身携带着珍视之物。

哈民忙哈居民大批非正常死亡的原因，排除地质灾害、火灾和人为杀戮行为外，我们认为最有可能是瘟疫导致的灾难事件。就这一立论，从以下几个方面作进一步探讨。

首先，哈民忙哈遗址已发掘的12座同时期墓葬，除2座（M6、M12）合葬墓外，其余均为单人仰身叠肢葬，即下肢叠折于胸前，似有意捆绑后入葬，这种葬俗很特殊，且少有随葬品。这些墓葬位于发掘区的东南部，大多散布于房址周围，目前在遗址外还没有发现专门的墓地。与正常死亡埋葬不同，更多的人骨发现于房址居住面上，姿态各异方向不一，甚至出现F40那样人骨层层叠压不可思议的现象。可以想象当灾难发生时，人们还可以把死者按已有习俗单独埋葬在房址周围，而随着灾情扩大，死亡人数越来越多，在不得已的情况下利用房址抛弃尸骨。后期因暴戾肆虐，整个聚落更是陷入极度恐慌中。房址内尸体堆积的现象是逐次拖入的结果，而且越靠近门道处叠压愈厚，正是这一情境的真实写照。是什么原因导致哈民忙哈居民在较短时间内相继死亡，瘟疫流行是一种合理的解释。

其次，根据哈民忙哈人骨死亡年龄统计，居民平均死亡年龄为26.8岁。其中，15岁以前的未成年期占24%，其他几组不同年龄段死亡率分别为，15～23岁青年期为10.4%，24～35岁壮年期为35.4%，36～55岁中年期为30.2%[9]。死亡年龄段主要集中在未成年期、壮年期和中年期三个年龄段，其中未成年期按正常理解死亡率偏高。考虑到婴幼儿骨骼钙化程度低和易受潮湿、酸性土壤腐蚀等因素，估计这一年龄段的实际死亡率可能会更高。由于未成年个体缺乏免疫力，是传播系统中最容易受病毒感染的群体，当灾难发生时必然导致高死亡率。在目前已发掘的史前灾难性遗址中，内蒙古乌兰察布庙子沟遗址具有代表性。通过对庙子沟遗址房址包括室内窖穴出土人骨（20例）年龄统计，平均死亡年龄22岁，15岁以前未成年期占35%，15～23岁青年期为20%，24～35岁壮年期为30%，36～55岁中年期为15%[10]。与哈民忙哈各年龄段相比较，庙子沟组未成年期死亡率更高，壮年期两者较接近，中年期哈民忙哈组高于庙子沟组。两者的共性特点是，未成年期死亡率较高，表现异常。有学者认为庙子沟遗址的废弃是因瘟疫爆发造成的群体死亡事件[11]。哈民忙哈与庙子沟两地虽相距近千里，但自然环境背景相近，按逻辑推理，与庙子沟组死亡年龄结构相似的哈民忙哈群体，也可能处于同样原因导致的灾难。根据1950～2009年我国各年龄段鼠疫发病死亡统计结果，儿童（0～9岁）和老年人（60岁以上）鼠疫的死亡率明显高于其他各年龄组[12]。这也一定程度反映出某种瘟疫死亡率在不同年龄段上的差异，也就是说可以参照不同年龄段死亡率的相似性来推测死亡原因。

第三，如果判定瘟疫是导致哈民忙哈群体性非正常死亡的原因，还应该重点关注食物来源和生业方式。哈民忙哈遗址动植物遗存丰富，食物来源具有广谱性特征。通过对遗址出土近万件动物骨骼的种属鉴定和分类统计，包括哺乳动物、爬行动物、软体动物、鸟类和鱼类，五大门类共38个种属[13]。哺乳动物占可鉴定标本总数的三分之二，种类有东北鼢鼠、大林姬鼠、黄鼠、鼠、黄鼬、麝鼹、野兔、獾、貉、狐狸、狼、獐、狍、梅花鹿、马鹿、猪、牛、马等18种。按统计数量排序，野兔标本达5003件，最小个体数315个，远超其他哺乳动物；猪骨980件，最小个体数29个；狍骨195件，最小个体数为16个；东北鼢鼠117件，最小个体15个；狐狸39件，最小个体4个；狼38件，最小个体3个。遗址出土的猪骨数量占到哺乳动物的15%。野猪与家猪区分的标准，通常以臼齿的长度值作为比较参数。经比较研究，哈民忙哈遗址猪的M3长度明显大于家猪，与野猪对比组数值接近。从猪群的年龄结构来看，在40件可判定年龄的标本中，1岁以下占15%；1～2岁占42.5%；2～3岁占20%；3岁以上占22.5%，各年龄段分布较均匀，数量差不大，可以进一步确认该遗址出土的猪骨为野猪[14]。哈民忙哈遗址动物遗存研究认为，经鉴定的所有标本均为野生动物，尚未发现饲养动物。研究者还对动物资源的利用方式进行了统计，粗略计算出獐、狍子、梅花鹿、马鹿、野猪、牛、马、野兔、环颈雉等9种动物产肉量为4138.5千克。其他动物如各种鼠类、鸟类、贝壳类、鱼类，虽然个体较小，但采食量较大，对肉食的贡献率也不可忽视。从已掌握的材料分析，哈民忙哈居民经常性捕食动物以中小型哺乳动物和水生动物为主，其中，野兔的数量惊人，按统计数据占到哺乳动物总数的75%，东北鼢鼠和其他啮齿类动物也占有相当高的比例。兔和鼠都是草原动物，繁殖力极强，且易于捕获，是能够提供收益的重要食物来源，然而对这类动物的大量捕食却潜藏着致命危险。

在哈民忙哈遗址发掘过程中，植物考古学者对房址、灶坑、灰坑、环壕的土样以及部分陶器内的包含物进行了全面提取。经浮选鉴定，人工栽培作物有粟、黍、大麻；野生植物包括藜、狗尾草、野稷、马鹿、大籽蒿，另外还发现碳化的蒺核和香蒲等[15]。粟和黍是燕山南北地区旱地农业的主要种植品种，早在距今8000年前的兴隆洼文化兴隆沟遗址因发现人工栽培的粟，被认定已出现了原始农业[16]。哈民忙哈遗址发现的农作物以黍为主，黍与粟相比，更耐旱、更适于瘠薄土壤。然而，从浮选结果来看，黍仅占0.08%的比例，说明农业生产规模十分有限。在野生植物中，大籽蒿的出土数量最多，约占浮选植物总量的99.9%。大籽蒿也称“白蒿”，籽实为瘦果倒卵形，可食用[17]。二十世纪六七十年代经济困难时期，阿鲁科尔沁旗蒙古族就大量采集野生植物作为粮食代用品，在经常食用的13种野生植物中就有大籽蒿[18]。通过对石器工具的研究，有证据显示哈民忙哈居民强调植物根茎与坚果类食物的利用，如蕤核、香蒲，尤其是富含淀粉的蕨根类植物。蕤核系果仁类，味甘、性温、含油；香蒲是一种水生植物，其根茎烧烤后可直接食用；蕨根经浸泡、捶捣、过滤沉淀后，可制成食品。面对科尔沁沙地气候、环境诸多不利因素，在可利用资源的条件下，既是一种无奈的选择，也是生业方式和文化适应的反映。

综上所述，狩猎在哈民忙哈遗址的生业方式中占有主导地位，同时以采集、捕捞为补充。从浮选结果来看，农业是存在的，但在经济结构中的比重有限。总之，哈民忙哈居民对攫取型自然经济的依存度较高，食物来源具有广谱性特征，包括捕食在干旱、草原地带活动的啮齿类动物。就微生物寄生条件而言，各种啮齿类动物所携带的病原体，因大量捕食就有很大机缘转移给人类宿主，一旦被感染的个体迅速传播开来，必然导致大面积的发病和死亡，使整个群体遭受严重的甚至毁灭性的打击，最终酿成可怕的灾难。

# 四、推导与蠡测

疫病学理论认为，人类的许多传染病与动物密切接触有关联，是因卷入动物内部的病原循环体系而发病。美国历史学家威廉·H. 麦克尼尔在其著作《瘟疫与人》中指出：“流行病传染模式的变迁，过去和现在一直都是人类生态的基本地标，值得更多的关注。”[19]鼠疫是由鼠疫杆菌所致的烈性传染病，引起这种疫病的鼠疫杆菌通常只感染啮齿类动物，并通过它们身上的跳蚤传播。在穴居啮齿类动物群体中，这种病原体可以长期延续下去。由于同一洞穴可能交替混居着不同的啮齿动物，所以感染源可成倍放大。鼠疫的传染性极强，病死率极高，其宿主是种类繁多的啮齿类动物。当人类猎捕、剥食甚至不经意接触携带疫菌的动物时就会被感染，历史上鼠疫爆发的惨剧曾多次上演。

人类记载的世界性鼠疫大爆发有三次。第一次在公元6世纪，流行中心在地中海沿岸，所谓“查士丁尼瘟疫”可以确定为腺鼠疫，持续时间达五六十年，“流行极限期每天死亡达五千到一万人”[20]。第二次流行始于14世纪，在欧洲被称为“黑死病”的大爆发，造成了当时欧洲大约四分之一的人口死亡。第三次鼠疫流行于19世纪末，源于中国云南，后经广西、香港传向世界各地，据称其流行的速度、范围都超过了前两次[21]。中国东北是鼠疫的多发地区，1910～1911 年鼠疫大规模流行，最初源于满洲里捕获旱獭被感染的狩猎者，后沿铁路由北向南传播，横扫东北，波及河北、山东共六省83县、旗，因疫死亡人数多达6万余[22]。鼠疫大流行造成的危害触目惊心，仅黑龙江省双城府，“疫病流行后，人民死亡之多，亦如十四世纪之伦敦。疫行最盛之时，小镇中每日死者三四百人，双城府人口六万余，不及一月染疫而亡者六千。”“尚有乡间村落患疫而死者，多至不可收拾，防疫队以火毁全村而已。”[23]

地处西辽河流域的科尔沁沙地属于栗钙土半干旱草原地带[24]，草本植物以禾本科占优，其次为蒿科[25]。鼠疫是自然疫源性疾病，其储存宿主是种类繁多的啮齿类动物，科尔沁沙地生态环境具有典型鼠疫自然源地的特点。长期以来各级政府虽然采取了严格的防控措施，但这一地区仍具备鼠疫自然疫源的条件，只要携带疫源体的各种啮齿类动物世代相传，一旦环境适应就可能形成新的鼠疫流行。根据通辽市下辖6个旗县，98个苏木（乡、镇）疫源地检测报告，近些年时有鼠疫发生，仍潜在大规模流行的危险[26]。

由于鼠疫或其他急性传染病的致命性和短时间特征，很难在骨骼上遗留可观察的痕迹，而目前分子考古学也不具备从年代久远的人骨中提取能够证实鼠疫疫菌的古DNA技术。所以史前鼠疫的研究，往往因缺乏直接证据，还是一个未知领域。但这并不等于无计可施，理性思考决定探索的深度，哈民忙哈遗址群体死亡事件提供了一个很好的案例。基于该遗址房址内大批非正常死亡人骨的观察与情境分析，结合生业方式并以民族志材料佐证，我们认为距今5000多年前的科尔沁沙地（也可能波及更大范围）曾暴发过瘟疫，造成哈民忙哈居民群体死亡的直接原因，应缘于一场肆虐的鼠疫。

## 五、余　论

哈民忙哈是近年在科尔沁沙地经大规模发掘的史前聚落遗址，其陶器组合以筒形罐、斜口罐、小口双耳壶、斜直腹盆和弧壁浅腹钵为主，兼有少量的三足罐、带流盆、圈足盘。尤其是麻点纹、方格纹看似在陶器表面滚压形成的纹饰，具有非常鲜明的地域特点。条形石镐、有节石杵、长方形厚体磨盘、拱背磨棒，以及为数众多的敲砸器、石饼等石器工具也与周邻已知考古学文化不同。鉴于该遗址文化面貌独特，发掘者将其命名为“哈民忙哈文化”[27]。该文化除具有较强的自身特点外，还发现少量的之字纹、彩陶等红山文化陶器和形制风格十分相似的玉器，这表明以筒形罐为代表的文化传统的延续和与辽西地区最发达红山文化的联系。然而，值得注意的是，迄今在科尔沁沙地新石器时代只发现一些零星分布的考古遗存，其中没有任何有关这支文化来源的线索。

哈民忙哈遗址所处的科尔沁沙地，位于辽西、松嫩、吉长几个考古学文化区之间，新石器时代这里是连接内蒙古东部与东北地区不同区系考古学文化的交汇地带。科尔沁沙地气候变化敏感，生态环境脆弱，决定了史前人们活动空间与时间的波动性。一般认为陶器风格和器物组合的变化是文化认同变迁或文化更替的反映，但在特定的自然环境下，往往与生业方式的改变也有密切关系。哈民忙哈遗址代表的群体，几乎以狩猎采集为生，文化面貌与高度认同的农业型红山文化差异显著，从文化生态学的角度分析，他们是插入到科尔沁沙地的一支特殊文化群体。目前，红山文化晚期年代认定为公元前3500～前3000年左右[28]，这与哈民忙哈遗址已测定的一组碳十四数据年代跨度基本一致[29]。共存关系和碳十四数据相互印证，可以判定哈民忙哈遗址年代大体相当于红山文化晚期或处于最晚阶段。

哈民忙哈遗址透视出的史前灾难事件，引发了我们对辽西地区新石器文化变迁的思考。从兴隆洼、赵宝沟、红山到小河沿，辽西地区已构建起完整的文化序列。但学者们注意到红山文化在取得社会进步与文化繁荣之后突然“崩溃”，继之的小河沿文化使这一地区的发展陷入低谷。从考古调查情况来看，小河沿文化遗址分布稀疏，聚落规模变小[30]。就遗址发现数量和面积而言，与红山文化相比形成明显反差。也就是说，这一时期人口数量骤然减少。是何原因改变了辽西新石器文化的发展进程，多年来学界有一种看法，认为全新世（距今5000～4000年）的降温事件，使生态环境恶化，导致文化衰落[31]。那么是否有另外一种可能，由于哈民忙哈遗址年代相当于红山文化晚期，红山文化戛然而止和小河沿文化发展的停滞，与史前波及这一地区的瘟疫有关。本文对哈民忙哈遗址房址内大批非正常死亡原因的蠡测，或许为这一课题研究提供了新思路。

## 注　释


[1] 内蒙古自治区文物考古研究所：《考古揽胜——内蒙古自治区文物考古研究所60年重大考古发现》，文物出版社，2014年，第21～31页。

[2] 内蒙古文物考古研究所、科左中旗文物管理所：《内蒙古科左中旗哈民忙哈新石器时代遗址2010年发掘简报》，《考古》2012年3期；内蒙古文物考古研究所、吉林大学边疆考古研究中心：《内蒙古科左中旗哈民忙哈新石器时代遗址2011年的发掘》，《考古》2012年7期。

[3] 朱永刚、吉平：《探索内蒙古科尔沁地区史前文明的重大考古发现》，《吉林大学社会科学学报》2012年4期。

[4] 周亚威、朱永刚、吉平：《内蒙古哈民忙哈遗址人骨鉴定报告》，《边疆考古研究》（第12辑），科学出版社，2012年，表二～四。

[5] 朱泓、周亚威、张全超、吉平：《哈民忙哈遗址房址内人骨的古人口学研究》，《吉林大学社会科学学报》2014年1期，表2。

[6] 内蒙古自治区文物考古研究所：《考古揽胜——内蒙古自治区文物考古研究所60年重大考古发现》，文物出版社，2014年，第28、29页。

[7] 王建华：《黄河中下游地区史前人口研究》，科学出版社，2011年，第28页。

[8] 王建华：《黄河中下游地区史前人口研究》，科学出版社，2011年，第45页。

［9］朱泓、周亚威、张全超、吉平：《哈民忙哈遗址房址内人骨的古人口学研究》，《吉林大学社会科学学报》2014 年 1 期，表 3。

［10］内蒙古文物考古研究所：《庙子沟与大坝沟——新石器时代聚落遗址发掘报告》（下），中国大百科全书出版社，2003 年，第 545～558 页；刘建业、赵卿：《浅析史前居室埋人现象》，《江汉考古》2012 年 3 期。

［11］内蒙古文物考古研究所：《庙子沟与大坝沟——新石器时代聚落遗址发掘报告》（下），中国大百科全书出版社，2003 年，第 539 页。

［12］刘振才、周晓磊等：《中国各类疫源地鼠疫病死率对比分析》，《中国地方病防治杂志》（第 25 卷）2010 年 6 期，表 3。

［13］陈君：《内蒙古哈民忙哈遗址出土动物遗存及相关问题研究》，吉林大学硕士学位论文，2014 年。

［14］陈君：《内蒙古哈民忙哈遗址出土动物遗存及相关问题研究》，吉林大学硕士学位论文，2014 年，第 61～63 页。

［15］孙永刚、赵志军、吉平：《哈民忙哈史前聚落遗址出土植物遗存研究》，《华夏考古》2015 年 3 期。

［16］赵志军：《从兴隆洼遗址浮选结果谈中国北方旱作农业起源问题》，《东亚古物》（A 卷），文物出版社，2004 年。

［17］中国科学院植物研究所植物园种子组、形态室比较形态组：《杂草种子图说》，科学出版社，1980 年，第 246、247 页。

［18］裴盛基、淮虎银：《民族植物学》，上海科学技术出版社，2007 年，第 72、73 页。

［19］〔美〕威廉·H．麦克尼尔著，余新忠、毕会成译：《瘟疫与人》，中国环境科学出版社，2010 年。

［20］纪树立：《鼠疫》，人民卫生出版社，1988 年，第 2 页。

［21］曹树基：《鼠疫流行与华北社会变迁》（1580～1644 年），《历史研究》1997 年 1 期。

［22］吉林省档案馆：《1910 年吉林省鼠疫流行简述》，转引自田阳：《社会科学战线》2004 年 1 期，全宗 33 卷 2-563。

［23］汪德伟：《追记满洲防疫事》，《东方杂志》（第 10 卷），第 10 号，商务印书馆，1914 年。

［24］西北师范大学等：《中国自然地理图集》，地图出版社，1984 年，第 95 页。

［25］内蒙古草场资源遥感应用考察队：《内蒙古自治区赤峰市自然条件与草原资源地图》，科学出版社，1988 年。

［26］孙巴图、李晓东、罗进才：《通辽市鼠疫疫源地疫情现状分析》，《中国地方病防治杂志》2006 年 4 期。

［27］内蒙古文物考古研究所、科左中旗文物管理所：《内蒙古科左中旗哈民忙哈新石器时代遗址 2010 年发掘简报》，《考古》2012 年 3 期。

［28］赵宾福：《东北石器时代考古》，吉林大学出版社，2003 年，第 234 页。

[29] 采自哈民忙哈遗址房址内5个木炭标本，经北京大学考古文博学院科技考古与文物保护实验室测定，树轮校正后年代在公元前3600～前3100年（半衰期为5568年）。

[30] 滕铭予：《GIS支持下的赤峰地区环境考古研究》，科学出版社，2009年，第116页。

[31] 夏正楷、邓辉、武弘麟：《内蒙古西拉木伦河流域考古文化演变的地貌背景分析》，《地理学报》（第55卷）2000年3期；靳桂云、刘东生：《华北北部中全新世降温气候事件与古文化变迁》，《科学通报》（第46卷）2001年20期。

（原载《考古与文物》2016年5期，与吉平共同署名）

# 从科尔沁沙地东部考古发现看下辽河流域新石器文化的向西传布

## 一

科尔沁沙地位于内蒙古东部，东迄双辽（东、西辽河交汇处），向西延伸至大兴安岭南麓山前地带，南自库伦、奈曼、彰武一线，北抵松辽分水岭。地理位置大致在北纬 42°40′～45°15′、东经 118°～124°，总面积约 4.23 万平方千米。行政区划包括内蒙古通辽市、赤峰市北部、兴安盟南部，以及吉林省西部的通榆县、双辽市和辽宁西北部彰武县。

科尔沁沙地的考古工作最早始于 20 世纪初日本人鸟居龙藏对林西沙窝子等遗址的调查[1]。我国考古工作者对这一地区史前文化的发现与研究从 20 世纪 30 年代开始，先有著名考古学家梁思永先生在林西和阿鲁科尔沁（天山）采集到一批新石器时代遗物[2]，此后又有汪宇平、李逸友、吕遵谔等先生进行过多次考古调查[3]。不过，这些调查主要集中在科尔沁沙地西部地区，田野工作的性质几乎都是地面上的，当时所谓“细石器文化”只是通过简单类比和年代推测得到的表象认识。目前，库伦—阿鲁科尔沁（天山）一线以西，发现有小河西文化、兴隆洼文化、赵宝沟文化、富河文化、红山文化、小河沿文化，已建立起新石器时代考古学文化的编年序列，从文化面貌和谱系关系来看，可以划归辽西文化区[4]。

科尔沁沙地东半部地处辽西、松嫩、吉长和下辽河流域几大文化区之间，地理位置十分重要，但考古工作基础十分薄弱。旨在了解这一地区古文化遗存的分布状况，建立考古学文化编年序列和梳理与周邻考古学文化关系，是要着力解决的重要课题。为此，2007 年和 2009 年，吉林大学边疆考古研究中心“科尔沁沙地汉以前考古”课题组和内蒙古文物考古研究所合作，对通辽市下辖的 6 个旗县和兴安盟科右中旗及吉林省通榆县等，进行有针对性的考古调查，共踏查遗址 50 余处，其中绝大多数为新石器时代遗址。课题组成员还参观了上述旗县的博物馆，文物库房及第三次文物普查资料，掌握了大量第一手资料。另外，近年本区域还有两项重要的考古发掘，一是扎鲁特旗南宝力皋吐墓地，年代相当于小河沿文化时期，文化面貌与小河沿有很大区别，是一支新的文化类型[5]；另一处是科左中旗哈民忙哈聚落遗址，年代约相当于红山文化晚期，因其文化面貌独特，被命名为“哈民文化”[6]。

从已识别的几种新石器文化遗存来看，科尔沁沙地东部地区是多元文化交汇的中间地带。在这一地区的考古发现与认识，除了具有填补空白的学术意义外，还对廓清与周邻文化关系起到了关键作用。本文通过近年发现的阿仁艾勒和南宝力皋吐两批材料的分析，并就掌握同类遗存在科尔沁沙地的分布特点，重点讨论下辽河流域新石器文化向西的传布，而这是一个以往相关研究被忽视的问题（图一）。

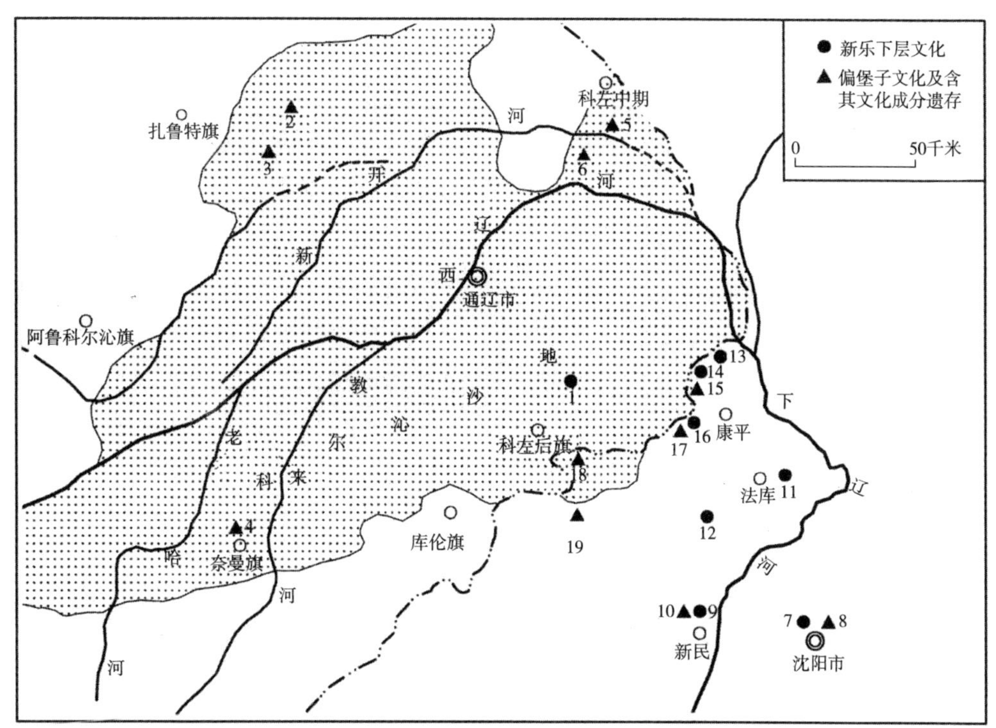


图一　科尔沁沙地东部和下辽河流域新乐下层文化、偏堡子文化及含其文化成分遗存分布示意

1. 阿仁艾勒　2. 南宝力皋吐　3. 昆都岭　4. 大沁他拉　5. 新艾力　6. 西固仁茫哈　7. 新乐　8. 肇工街　9. 偏堡子　10. 高台山　11. 蛇山沟　12. 佘家堡　13. 王全　14. 狐狸沟　15. 赵家店　16. 四家子　17. 张家窝堡　18. 沙金鹿场　19. 黑山下

## 二

材料之一，来自科左后旗阿仁艾勒遗址调查[7]。

阿仁艾勒遗址位于通辽市东南，西南距旗政府所在地甘旗卡镇约40千米。遗址坐落于一沙土岗地上，这里曾辟为耕地，现几乎被流沙所覆盖。调查时在新剥蚀的地面上见有散布遗物，东南角地势较高处形成的剖面显示，耕土层下较厚的黑色腐殖土内含少量陶片和骨头、蚌壳等。该遗址采集的陶片标本，按陶质、陶色、器形和纹饰分析，可分三组，其中一组属新乐下层文化，另外两组分别为赵宝沟文化和相当于红山文化偏晚时期的遗存。

新乐下层文化组陶器，以黄褐陶为主，胎内羼有颗粒均匀的细砂，烧制火候不高。手制，泥片套接（有些陶片内壁可见上下泥片套接茬口痕迹），器壁薄厚均匀，一般厚度 0.5～0.6 厘米，内壁多经打磨，呈黑灰色。大部分标本为筒形罐陶片，侈口，叠唇，口沿经修整。器表施纹为两段式布局，上段饰压划平行斜线纹，席纹或以数道弦纹相分割，在口沿下形成条状纹饰带；下段饰压印之字纹，有竖压横排、横压竖排和斜向压印排列等，以横排为主。作为主体纹饰的之字纹，除个别标本外，均为弧线型，两端有明显的支点窝，纹饰整齐，排列紧凑，风格统一。可辨认器形中还见有少量台底碗，器壁薄，表面饰平行线纹和蓖点纹，台底底缘饰一周戳印花边（图二）。

这组陶器从器形、纹饰和之字纹的施纹风格来看，与新乐下层文化大同小异，属同类性质遗存。值得注意的是，大多数标本，口沿叠唇加厚的制法具有兴隆洼文化晚期同时代特征。新乐下层文化是迄今下辽河流域认定的最早新石器文化，根据发表的碳十四测定数据，结合陶器形态与纹饰演变特点，其年代上限不晚于公元前 5000 年，下限大约在公元前 4500 年左右[8]。

材料之二，扎鲁特旗南宝力皋吐墓地。

南宝力皋吐墓地东南距通辽市约 120 千米，西距扎鲁特旗鲁北镇 40 千米。2006～2008 年，内蒙古文物考古研究所对该墓地进行三次发掘，揭露面积总计达 1 万余平方米，清理墓葬 395 座。南宝力皋吐墓地是近年科尔沁沙地发掘规模最大的新石器时代墓地，不仅出土遗物丰富，而且“在这里首次发现内蒙古东部和东北中部新石器时代晚期两支重要遗存——小河沿文化和偏堡子类型共存的实例”[9]。

南宝力皋吐墓地陆续刊布发掘简报 3 篇[10]，大型彩版图录 1 册[11]。检视已发表陶器标本，按器形，纹饰和共存关系，至少可甄别出三种文化成分，即小河沿文化、偏堡子文化和自身特点鲜明的陶器群。此外，还含有少量的其他文化成分。在发表了线图或图版的 103 件陶器中（不含陶纺轮），具有偏堡子文化形制或纹饰风格的陶器有 36 件，约占三分之一。它们分属于 33 座墓葬，其中随葬 2 件以上陶器的墓葬有 10 座，其余均为 1 件。随葬 2 件陶器以上的墓葬有三种共存关系，AM133 为偏堡子文化陶器组合；AM52、AM177、AM188、AM216 为偏堡子文化与小河沿文化陶器组合；AM58、AM98、AM175、AM203、CM17 为偏堡子文化和地方特色陶器组合。此外，还有一定数量偏堡子式竖向条形堆纹，内填平行划纹的复线、三角形、回字形、弓字形等纹饰，属于小河沿文化或非典型偏堡子文化的陶器。

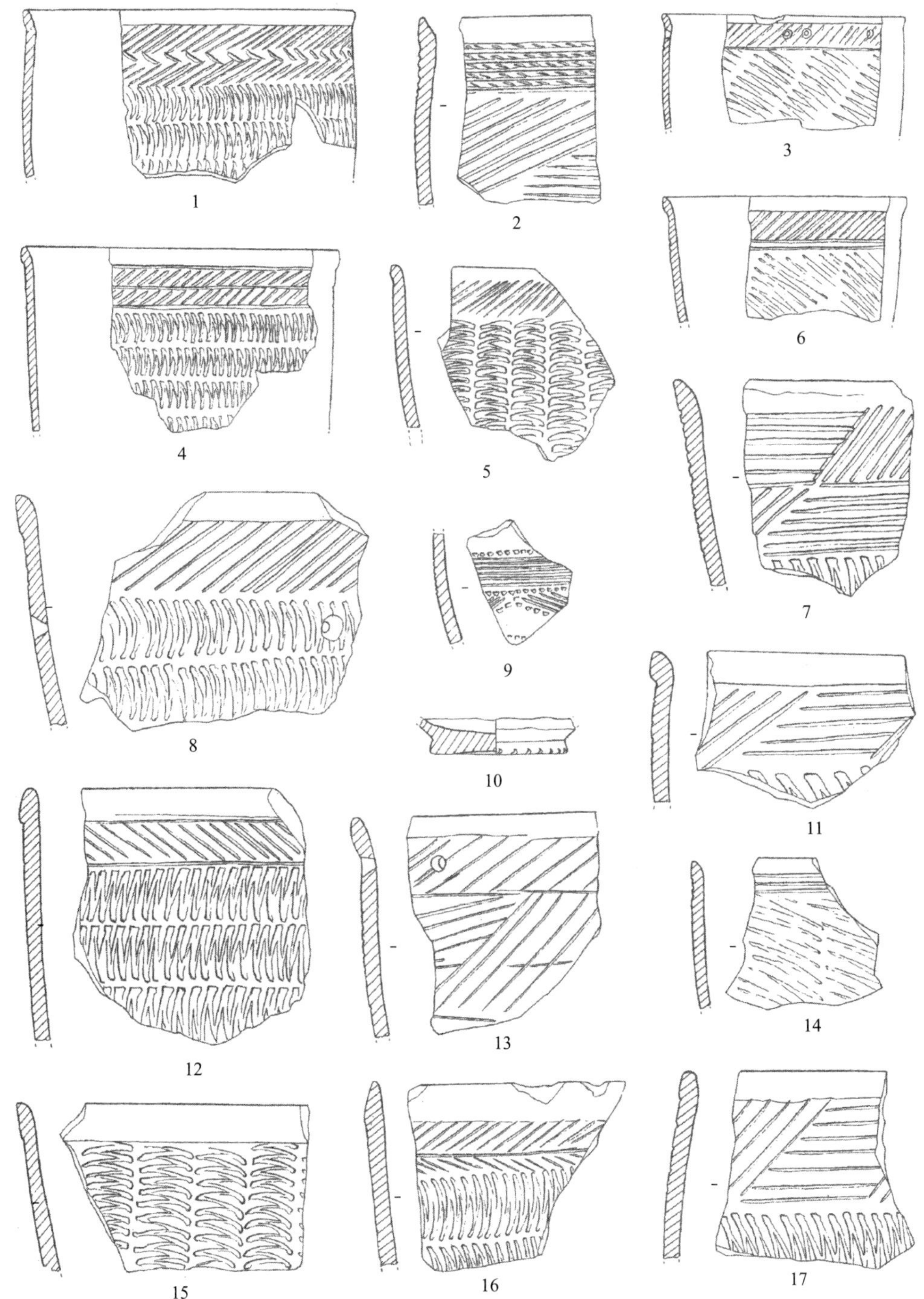


图二 阿仁艾勒遗址新乐下层文化陶器

1、3、4、6. 筒形罐口沿 9、10. 台底碗陶片 2、5、7、8、11～17. 器口沿陶片

南宝力皋吐墓地出土的偏堡子文化陶器，绝大多数为夹细砂陶，少见泥质陶和粗砂陶，器表多呈黄褐色，内壁为黑灰色并作抹光处理。均手制，泥圈套接，器形规整，器壁薄，陶质较硬。可明确认定的器形只有筒形罐、叠唇罐和高领深腹壶，其中叠唇罐多置对称双耳。纹饰大致可分两类，一类是竖向条形堆纹，个别为曲折条纹，这种条形堆纹为贴塑或挤压的细泥条形，呈三角突棱状。另一类是刻划的单线或复线几何纹，纹样有交错三角形、回字形、弓字形等。条形堆纹多饰于筒形罐和叠唇罐，各种刻划几何纹作为主体纹饰主要见于高领深腹壶（图三）。南宝力皋吐墓地发表的材料中有些饰有上述纹饰的陶器，但器形与典型偏堡子文化完全不同，可以看成是不同文化因素集合的类型品，或称非典型偏堡子文化陶器。有研究者将这类陶器归入偏堡子文化[12]，本文认为应区别对待，以避免混淆，防止对其文化内涵界定时的错误判断。

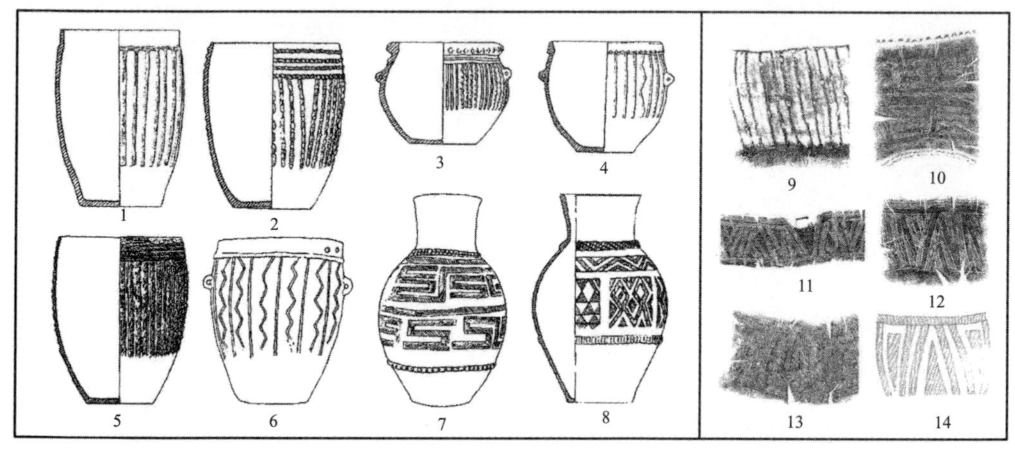

图三　南宝力皋吐墓地偏堡子文化组陶器与纹饰

1～4. 筒形罐（AM216：3、AM174：2、CM17：2、AM175：4）　5、6. 叠唇罐（AM133：3、AM133：4）　7、8. 高领深腹壶（BM52：1、AM177：1）　9. 条形堆纹　10. 复线弓形纹　11、12. 复线三角纹　13. 复线回纹　14. 复线交错三角纹

通过共存关系和器物类型学比较，南宝力皋吐墓地既含有小河沿文化、偏堡子文化等与周边文化相一致的器物，又有来自北方某些尚不确定的因素，还有器形、纹饰带有明显自身特点的器物群（包括不同文化因素交叉集合的类型品）。多元组合构成了南宝力皋吐墓地的显著特征，这一特征本身即具有特殊性，所以就墓地反映的整体文化面貌而言，可确认为一种新的文化类型[13]。

南宝力皋吐墓地已测定的碳十四年代数据有 4 组（括号内为树轮校正值）。分别是距今 3700 年 ± 35 年（公元前 2140～前 2030 年）；距今 3985 年 ± 40 年（公元前 2570～前 2515 年）；距今 3990 年 ± 35 年（公元前 2570～前 2520 年）；距今 3405 年 ± 35 年（公元前 1750～前 1660 年）。这组数据的树轮值除个别年代偏晚外，跨度基本在公元前 2500～前 2000 年。因发掘材料尚在整理中，待详细报道后，墓地将有可能通过类型学和间接层位关系进行分期研究。

# 三

新乐下层文化自20世纪70年代发现命名以来,围绕新乐遗址进行过五次较大规模的发掘和抢救性清理[14]。此外，在新民县东高台山遗址下层[15]，康平县王全遗址[16]，康平县狐狸沟、四家子遗址[17]，法库县佘家堡、蛇山沟遗址[18]，辽中县大黑北岗遗址[19]，也有零星发现与报道。

上述地点除了沈阳新乐遗址外，几乎都分布在下辽河大转弯以西的辽北地区。新乐下层文化陶器上所饰之字纹、弦纹和短刻划纹，皆细密而规整，筒形罐口沿下一般有凹槽，上下饰短斜线划纹，形成纹饰带。这种纹饰带早期较窄，晚期渐宽。阿仁艾勒新乐组陶器，筒形罐侈口、叠唇和口沿下较宽纹饰带的做法具有新乐下层文化晚期的时代特点,尤其与康平王全遗址采集的那件标本十分相似[20]。科左后旗阿仁艾勒遗址新乐组陶器的发现，是目前所见新乐下层文化最西的一个地点，这就意味着该文化（至少在晚期）分布范围已超出下辽河流域，向西已进入科尔沁沙地。这一重要考古发现，为继续寻找同类遗存提供了线索。

早年由王增新报道的新民县偏堡子遗址，是因为在采集的陶器上饰有刻划纹和竖向排列的细泥条堆纹，“陶器的式样和花纹都很少见”，“显然是易于区别而有特殊性的”[21]。此后，沈阳肇工街遗址的发掘，首先发现含条形堆纹陶器的原生堆积，并丰富了对其文化内涵的认识[22],继而又在新民东高台山遗址找到了这类遗存相对年代关系的地层依据,认定它是下辽河流域新石器晚期阶段的一种考古学文化[23]。最初命名的偏堡子文化仅限于沈阳及周围地区，但随着田野考古工作的进展，又相继在太子河流域的本溪[24],鸭绿江右岸的丹东[25]、辽东半岛南端的瓦房店[26]和旅大地区[27],发现含条形堆纹陶器的遗存,在朝鲜半岛西北部也有这类文化因素露头[28]。这样偏堡子文化或含有其文化成分的遗存，南可达辽东半岛的渤海和黄海沿岸，北至辽北地区的康平、法库[29]，已形成很大的分布面，所以被人们普遍关注。

偏堡子文化陶器有三个显著特点：其一，夹砂陶中羼滑石粉和云母的陶器占有一定比例，不见泥质陶；其二，以筒形罐和高领深腹壶为基本组合，筒形罐又可分为直口筒形罐和叠唇弧腹罐两种，钵的数量极少。高领壶和叠唇罐是下辽河流域新出现的器类，最具特色；其三，纹饰特征鲜明。刻划纹以复线组成的三角纹、回形纹、弓字纹为主，内填细密平行斜线。条形堆纹为竖向排列，纹样多见直条，也有曲折条和波浪条。这种条形堆纹是先在施纹部位刻划成凹槽，然后贴附细泥条，或直接在陶器表面挤压捏塑成形。偏堡子文化流行的两种纹饰除了表明自身特色外，还反映与辽东新石器文化的密切联系。

以往研究者对偏堡子文化分布范围、相关遗存文化性质及渊源流向的讨论，几乎都指向环辽东半岛沿黄渤海沿岸地区，很少有人注意其向西的发展。南宝力皋吐墓地出土的偏堡子陶器，除不羼滑石粉和云母外（可能受当地制陶条件所限），无论器形还是纹饰都具有偏堡子文化标识性特点。其陶器不仅与其他不同文化的类型品出现在同一墓地，甚至共存于同一墓葬，且占有较大份额。这种现象并非一般文化因素的个别流布，应视为来自下辽河流域一支偏堡子文化向西的插入。

20 世纪 70 年代在奈曼旗大沁他拉采集的一批陶器中，有 1 件腹部饰有竖向直条间有波浪条形附加堆纹矮领罐，既不属于红山文化，也不同于小河沿文化，其易于识别的纹饰与偏堡子文化完全相同[30]。有研究者指出，作为偏堡子文化向西传布的一个节点，曾推测“沿科尔沁沙地南缘，经奈曼、库伦、彰武、康平一线，是沟通辽西腹地与下辽河平原的重要通道”[31]。事实上在以往调查的科左中旗新艾力[32]、近年新发现的科左中旗西固仁茫哈[33]、扎鲁特旗昆都岭[34]，也见有含条形堆纹的陶器。另外，按第三次文物普查提供的线索，科左中旗珠日河牧场五分厂、努日木镇金山堡子、舍伯吐镇西毛都嘎查和开鲁县街集镇前河村，也有此类遗存露头[35]。这些呈散落分布的独立表现，大抵反映了偏堡子文化由东向西运动的跳跃式传播。

## 四

下辽河流域西部是辽西山地，东侧为千山山脉，水顺山势，两侧主要河流也以由高向低走向为主，这种地理形势和水系构造直接影响到古人类对栖息地的选择和迁徙移动的方向。按文化传播的一般规律，东西两侧的史前文化容易向中间平原地区流动，反之则比较困难。有研究者认为，新乐下层文化和偏堡子文化的主体成分，分别源于辽西和辽东两个文化系统，是不同时段向下辽河流域移动而形成的[36]。但科尔沁沙地东部所揭示的材料说明，无论是新乐下层文化渐进式扩展，还是偏堡子文化跳跃式传播，它们向西的传布却是不争的事实。尤其是偏堡子文化，从该文化分布中心的沈阳到扎鲁特旗南宝力皋吐的直线距离达 350 千米，中间又有科尔沁沙地阻隔，这看似突兀现象的背后传递了怎样的信息。本文认为下辽河流域新石器文化西传的前提条件，有两个重要因素。

其一，是环境背景。科尔沁沙地的气候、地貌、土壤和植被十分接近，是一个相对独立的地理单元。区域内略有差异，大致库伦—阿鲁科尔沁（天山）一线以东，地质构造属西辽河沉降带，这里汇聚有教来河、新开河、海哈尔河、勒高琴格讷乌河，虽然水系发育，但蒸发旺盛，水资源稳定性差。在风向的作用下，区域内固定或半固定沙丘多呈垄状弧形排列，其间分布有东西走向的古河床、湖沼和草甸，形成独特景观[37]。一般来说，温度（主要指年平均气温—℃）和降雨量（年降雨量—毫米）是决定环境的两个基本要素。科尔沁沙地现年平均气温 8℃左右，年降雨量 250～400 毫米，植被覆盖率受降水程度的影响较大，丰水年份沙丘容易被植被固定，而连续干旱和气候异常时环境就会急剧恶化，属典型生态环境脆弱地区。受全球气候波动影响，全新世科尔沁沙地有过多次的扩大和缩小，每次大规模进退都对科尔沁沙地及周边地区的史前文化产生巨大影响。研究古环境的学者指出，距今 8000～5000 年，正值大暖期气候最适宜期，此期间科尔沁沙地发育形成了较厚的古土壤，植物生长茂盛，沙丘固定，沙地面积缩小[38]。沙退人进，那些水热条件较好的区域，成为史前人类活动，尤其是以狩猎采集生业为主的居民优先的选择。

其二，是文化背景。科尔沁沙地东部位于辽西考古学文化区的边缘地带，过去对该区域新石器文化面貌的了解甚少，基本属于空白地带。近年考古工作取得了突破性进展，从已识别的几种文化来看，均含有多种文化成分，与周邻考古学文化比较具有很强的自身特点，文化性质均难以纳入到辽西地区已确认的考古学文化中去。从各文化的独立观察，由于相互连接的中间环节尚不清楚，所以缺乏文化发展脉络的连续性。科尔沁沙地东部区发现的几种新石器文化，一方面与辽西序列考古学文化有不寻常的联系，另一方面又表现出对于辽西考古学文化的分异现象。总的趋势是游离于该核心区域，呈现渐行渐远的“离心运动”，这种情况到新石器时代晚期表现得更为明显。新石器时代晚期，红山文化由盛转衰，其分布范围开始收缩。新出现的小河沿文化与红山文化谱系较为疏远，可能造成二者对立甚至互有争夺的局面[39]。据最新考古调查所掌握的材料，也正是在这一时期，科尔沁沙地东部地区开始形成具有地域特色的考古学文化，融入多种文化成分的哈民文化和南宝力皋吐类型先后占据主导地位，而周邻单纯的考古学文化遗存在本区内已很少发现[40]。

综上所述，通过对两批材料的分析，下辽河流域新石器文化向西的传布，与科尔沁沙地环境变迁有密切关系，可以看作是人地关系联动效应的反映，但涉及范围和表现形式有所不同。新乐下层文化是随气候的升温向适合自己生存的地域有限移动，整体文化面貌没有发生改变。偏堡子文化则以跳跃式的传播渗透到更大的区域，并彰显非单体的多种文化成分组合的地域特色。为什么会有这样的差别，除环境因素外，新石器时代晚期，辽西区文化格局的变化及各种势力此消彼长，为周邻文化进入科尔沁沙地提供了有效空间，这或许是偏堡子文化较之新乐下层文化更加深入，表现形式截然不同的深层次原因。

## 注　释

[1] 1906～1908 年鸟居龙藏携其妻在内蒙古东南部做人类学和考古学调查，发现了赤峰红山后、林西沙窝子等细石器遗址。1911 年出版的《蒙古旅行》详细描述了当时的调查情况，1914 年用法文发表了他们的考察报告。引自陈星灿：《中国史前考古学史研究》，三联书店，1997 年。

[2] 梁思永：《梁思永考古论文集》，科学出版社，1959 年。

[3] 汪宇平：《西拉木伦河流域的新石器时代遗址》，《考古通讯》1955 年 5 期；内蒙古自治区文化局文物工作组：《内蒙古自治区发现的细石器文化遗址》，《考古学报》1957 年 1 期；内蒙古自治区文化局文物工作组：《昭乌达盟巴林右旗细石器文化遗址》，《考古学报》1959 年 2 期；吕遵谔：《内蒙古林西考古调查》，《考古学报》1960 年 1 期。

［4］朱延平：《辽西区新石器时代考古学文化纵横》，《内蒙古东部区考古学文化研究文集》，海洋出版社，1991年；郭治中：《内蒙古东部区新石器——青铜时代的考古发现与研究》，《内蒙古文物考古文集》（第二辑），中国大百科全书出版社，1997年。

［5］塔拉、吉平：《内蒙古扎鲁特旗南宝力皋吐新石器时代墓地》，《考古》2008年7期。

［6］吉平、郑钧夫、胡春佰：《内蒙古科左中旗哈民忙哈新石器时代遗址 2010 年发掘简报》，《考古》2012年3期。

［7］吉平、郑钧夫、朱永刚：《科尔沁左翼后旗阿仁艾勒遗址调查与遗存试析》，《草原文物》2011年1期。

［8］赵宾福：《东北石器时代考古》，吉林大学出版社，2003年。

［9］塔拉、吉平：《内蒙古扎鲁特旗南宝力皋吐新石器时代墓地》，《考古》2008年7期。

［10］王宗存、扎任泰、朱秀娟等：《2006 年扎鲁特旗南宝力皋吐墓地的发掘》，《内蒙古文物考古》2007年1期；塔拉、吉平：《内蒙古扎鲁特旗南宝力皋吐新石器时代墓地》，《考古》2008年7期；郑钧夫、陈思如、吉平：《内蒙古扎鲁特旗南宝力皋吐新石器时代墓地C地点发掘简报》，《考古》2011年11期。

［11］内蒙古自治区文物考古研究所、扎鲁特旗人民政府：《科尔沁文明——南宝力皋吐墓地》，文物出版社，2010年。

［12］华玉冰：《与“偏堡子类型”相关遗存的比较研究》，《庆祝宿白先生九十华诞文集》，科学出版社，2012年，图八，M125：1；图一二，M208：1、M203：1、M168：1；张星德：《下辽河流域新石器文化的年代及谱系问题初探》，《边疆考古研究》（第8辑），科学出版社，2009年，图八，1、3、4。

［13］朱永刚、吉平：《关于南宝力皋吐墓地文化性质的几点思考》，《考古》2011年11期。

［14］沈阳市文物管理办公室：《沈阳新乐遗址试掘报告》，《考古学报》1978年4期；沈阳市文物管理办公室：《沈阳新乐遗址第二次发掘报告》，《考古学报》1985年2期；沈阳新乐遗址博物馆、沈阳市文物管理办公室：《辽宁沈阳新乐遗址抢救清理发掘简报》，《考古》1990年11期；李晓钟：《沈阳新乐遗址1982～1988年发掘报告》，《辽海文物学刊》1990年1期。

［15］曲瑞琦、于崇源：《沈阳新民县高台山遗址》，《考古》1982年2期；沈阳市文物管理办公室：《新民东高台山第二次发掘》，《辽海文物学刊》1986年1期。

［16］张少青：《康平县新石器时代遗址调查》，《辽海文物学刊》1988年2期。

［17］许志国：《辽北区新石器时代文化初探》，《北方文物》1998年2期。

［18］许志国：《法库县几处新石器时代遗址调查》，《辽海文物学刊》1996年1期。

［19］李倩：《辽中地区古文化遗存浅析》，《辽海文物学刊》1996年1期。

［20］张少青：《康平县新石器时代遗址调查》，《辽海文物学刊》1988年2期，图二，1。

［21］东北博物馆文物工作队：《辽宁新民县偏堡沙岗新石器时代遗址调查记》，《考古通讯》1958年1期。

［22］中国社会科学院考古研究所东北工作队：《沈阳肇工街和郑家洼子遗址的发掘》，《考古》1989年10期。

[23] 沈阳市文物管理办公室：《新民东高台山第二次发掘》，《辽海文物学刊》1986年1期。
[24] 辽宁省文物考古研究所等：《马城子——太子河上游洞穴遗存》，文物出版社，1994年，图一〇、图二四。
[25] 许玉林：《辽宁东沟县石佛山新石器时代晚期遗址发掘简报》，《考古》1990年8期；许玉林、杨永芳：《辽宁岫岩北沟西山遗址发掘简报》，《考古》1992年5期。
[26] 辽宁省文物考古研究所等：《辽宁省瓦房店市长兴岛三堂村新石器时代遗址》，《考古》1992年2期。
[27] 旅大地区零星发现含条形堆纹陶片的遗址有，大连市金州区望海埚、郭家村、甘井子区文家屯、旅顺石灰窑、大潘家村、蛎碴台等。详见张翠敏：《论辽南地区偏堡类型因素》，《东北史地》2004年4期。
[28] 朝鲜民主主义人民共和国社会科学院考古研究所，李云铎（译）：《朝鲜考古学概要》，黑龙江省文物出版编辑室，1983年，图三十一，1～4。
[29] 许志国：《辽北地区新石器文化初探》，《北方文物》1998年2期。
[30] 朱凤瀚：《吉林奈曼旗大沁他拉新石器时代遗址调查》，《考古》1979年3期，图九，5。
[31] 朱永刚、王立新：《大沁他拉陶器再认识》，《内蒙古文物考古文集》（第一辑），中国大百科全书出版社，1994年。
[32] 齐永贺：《内蒙古哲盟科左中旗新艾力的新石器时代遗址》，《考古》1965年5期。
[33] 朱永刚、王立新：《敖恩套布和西固仁茫哈遗址复查与遗存辨析》，《边疆考古研究》（第9辑），科学出版社，2010年。
[34] 塔拉、张亚强：《内蒙古昆都岭遗址发掘取得重要收获》，中国文物报，2008年11月26日第2版。
[35] 朱永刚、郑钧夫：《科尔沁沙地东北部地区新石器时代遗存初探》，《边疆考古研究》（第11辑），科学出版社，2012年，附表中第六类遗存。
[36] 朱延平：《辽中区新石器时代文化刍议》，《辽海文物学刊》1990年1期；张星德：《下辽河流域新石器文化陶器分群及相关问题》，《中国考古学会第十一次年会论文集》，文物出版社，2010年。
[37] 裘善文等：《中国东北西部沙地与沙漠化》，科学出版社，2008年。
[38] 夏正楷、邓辉、武弘麟：《内蒙古西拉木伦河流域考古文化演变的地貌背景分析》，《地理学报》2000年3期。
[39] 朱延平：《辽西区新石器时代考古学文化纵横》，《内蒙古东部区考古学文化研究文集》，海洋出版社，1991年。
[40] 朱永刚、郑钧夫：《科尔沁沙地东北部地区新石器时代遗存初探》，《边疆考古研究》（第11辑），科学出版社，2012年。

[原载《边疆考古研究》（第15辑），科学出版社，2014年，与霍东峰共同署名]

# 文化变迁与边缘效应

## ——西辽河流域北系区几种新石器文化的发现与研究

所谓“西辽河流域北系区”，是指西辽河及上游西拉木伦河以北，由查干木伦河、乌尔吉木伦河、海哈尔河、新开河等主要支流构成的水系区。北系区西倚大兴安岭、东至双辽（东、西辽河交汇处）、北抵霍林河，范围包括现行政区划的内蒙古赤峰北部、通辽北部三个旗县及兴安盟和吉林白城之一部分。地理位置大致于东经 117°～124°、北纬 43°～45°，为东西狭长地带，总面积约 12 万平方千米。

自二十世纪五十年代红山文化命名开始，到六十年代从泛称为细石器文化中识别出富河文化，二十世纪七八十年代又相继发现并命名了小河沿文化、兴隆洼文化和赵宝沟文化，辽西考古学文化区的新石器文化上自距今 8000 年以上，下至距今 4000 年前后，确立了较为完整的序列与编年体系。由于上述考古学文化的内涵在相互关系上具有同一谱系的延续性，所以该编年体系成为辽西乃至周邻地区考古实践的重要参照系。但在很长时间内，西辽河北系区的田野工作多为地面调查，资料零散，报道不系统，所以大多数情况下难以辨识不同文化遗存的面貌，更缺乏对这一地区新石器文化的整体认识。二十世纪八十年代末至九十年代初，为配合平双公路（平泉—双辽）、集通铁路（集宁—通辽）等工程建设进行的大规模考古发掘，一定程度填补了这一地区考古工作的空白，推进了新石器文化分期与编年研究[1]。

按考古学文化分区方法，西辽河以北包括科尔沁沙地东北部属辽西文化区。然而近年来，西辽河北系区发现的几种新石器文化遗存却改变了以往的传统认识，一个重要现象是，从这几种遗存文化面貌来看，均难以纳入到辽西区已确认的文化中去，也就是说辽西地区作为一个整体，除存在自身的文化序列外，还有一些复杂情况并未被人们所完全了解。那么西辽河北系区发现的几种新石器文化遗存与以往确认的辽西诸考古文化有怎样的关系，它们在辽西考古学文化区中处于什么样的地位，为什么会产生这种文化差异，原因何在？笔者自 2000 年以来，在西辽河北系区多次考古调查并对几处重要遗址进行发掘[2]。基于第一手掌握的资料和对这一地区史前文化的长期关注，本文通过西辽河北系区几种新石器文化及相关资料的梳理、分析，以文化变迁与边缘效应的视角，对上述问题进行探讨。

# 一、四种文化类型

就目前掌握的资料，西辽河北系区新识别的几种新石器文化遗存，加上早年发现的富河文化，共四种文化类型（图一）。

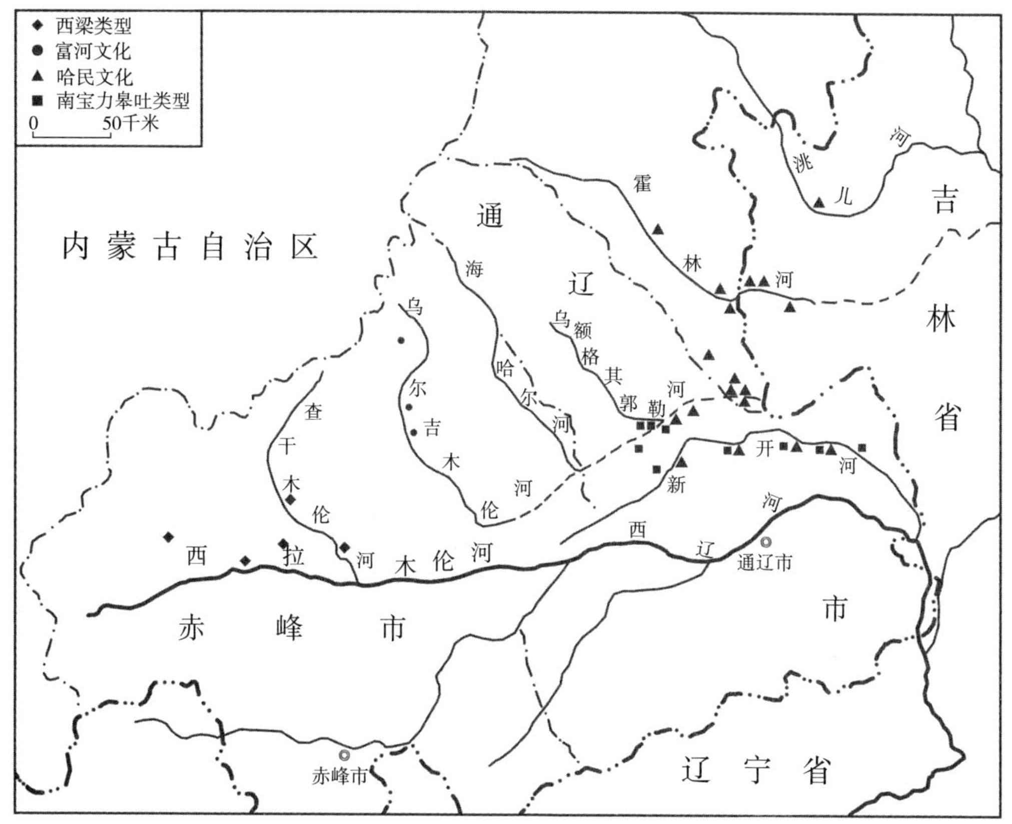


图一 西辽河流域北系区西梁类型、富河文化、哈民文化、南宝力皋吐类型分布示意图

**1. 西梁类型**

林西县井沟子西梁遗址是吉林大学边疆考古研究中心“西拉木伦河流域先秦考古”课题组，2002年在该地区调查时发现的，2003年进行发掘，共清理房址11座、灰坑2个。发掘者首次对其文化性质进行了认定，提出命名为“西梁类型”[3]。此前，1991年内蒙古文物考古研究所对巴林右旗塔布敖包遗址进行了抢救性发掘，共清理新石器时代房址4座、灰坑6个、墓葬1座[4]。2009年中山大学人类学系，再次对塔布敖包

遗址发掘，据报道清理房址 4 座、灰坑 2 个[5]。另外，根据以往调查资料，在巴林右旗的锅撑子山[6]、克什克腾旗经棚镇附近瓦盆窑[7]、林西县西樱桃沟门[8]等遗址也有类似发现。目前这类遗存散见于查干木伦河左岸及以西的西辽河上游地区，西辽河以南尚不见报道。

以西梁遗址为代表的这类遗存，陶器以夹砂为主，器壁普遍较厚，陶质疏松，陶色不匀，烧成温度不高。器类品种单一，绝大多数为筒形罐，其他器形仅见有盂、杯。大型器采用泥圈套接成形，小型器为泥条叠筑或捏制，个别陶片有泥片贴筑痕迹。该陶器群纹饰特征突出，主要由条形堆纹和线形压划纹两类纹饰构成，条形堆纹是以细泥条直接贴附于器表面形成的纹饰，包括平行、斜行、三角、连弧、多重半圆、波折等多种纹样；压划纹有平行斜线、交错平行斜线、折线、网格纹、人字纹等。另外，还见有少量的戳印纹和窝点纹。大部分陶器由条形堆纹和压划线纹组合成复合纹饰，分段布局，上段多施平行条形堆纹以及相连接的各种几何形堆纹；下段为压划的线形主体纹饰，其施纹方式和纹饰风格与辽西地区已发现命名的诸新石器文化均不相同。石器普遍采用打制技术，器体厚重，制作古朴粗糙。所见器形有锄形器、斧、耜、刀、砍伐器、饼形器、磨盘、磨棒等。其中锄形器出土数量最多，多采用灰质板岩，呈梯形或不规则三角形，在束缚木柄处琢磨出对称凹缺，其他石器少有定型产品。骨、角、蚌器大多残损，保存较差，但制作较精致，采用了劈裂、切割、刮削、研磨、钻孔等多项技术。包括骨刀、石刃骨刀梗、铲形器、骨锥、骨凿、骨筒、角器、蚌环等多种器形（图二）。

西梁遗址的房址倚山坡而建，已清理的 11 座房址分两排，沿等高线东西排列，无打破关系（另一处经正式发掘的塔布敖包遗址由于揭露房址少，排列规律无法掌握）。房址均为半地穴式，平面有进深大于面阔的长方形和前窄后宽的梯形两种，保存完整的房址有凸字形门道，个别房址发现有壁龛。大型房址面积约 40 平方米，居住面平整坚硬，圆形灶坑镶嵌石板，居室四壁有排列整齐的柱洞；小型房址面积约 20 平方米，居住面不平整，局部留有炊爨痕迹，柱洞少见。

在房址的居住面和堆积中发现大量动物烧骨，经鉴定种类有马鹿、梅花鹿、猪、牛、熊、东北狍、獐、麝、貉、兔、雉和各种蚌类。其中哺乳类动物以马鹿数量最多，占 73.3%，且骨制工具也多用马鹿骨制作[9]。从动物遗存的种类、数量统计结果和生产、加工工具分析，该文化类型生产水平较低下，以狩猎、采集等自然攫取型经济为主，出土遗物反映的农业迹象不明显。

**2. 富河文化**

20 世纪 60 年代初，中国科学院考古研究所在巴林左旗考古调查中，发现乌尔吉木伦河沿岸含细石器各地点遗存的文化面貌有差别。为了进一步了解“细石器文化”的内涵和性质，1962 年发掘了富河沟门、南杨家营子和金龟山遗址[10]。在西辽河以北进行的这次考古发掘具有两个重要学术意义：一是根据富河沟门遗址出土遗物的特质性，提出富河文化命名[11]，进而从笼统的北方草原“细石器文化”中，区分出不同文化类型；二是通过南杨家营子遗址发掘，确认富河文化晚于红山文化的层位关系，同时还在金龟山遗址发现早于富河文化的遗存（尽管当时没有将这类遗存独立出来），为再认识富河文化的相对年代提供了线索。遗憾的是这项工作没能继续开展，虽然发表资料有限，文化面貌尚不完全了解，但仍然可以认定是一个独具特征的器物群。

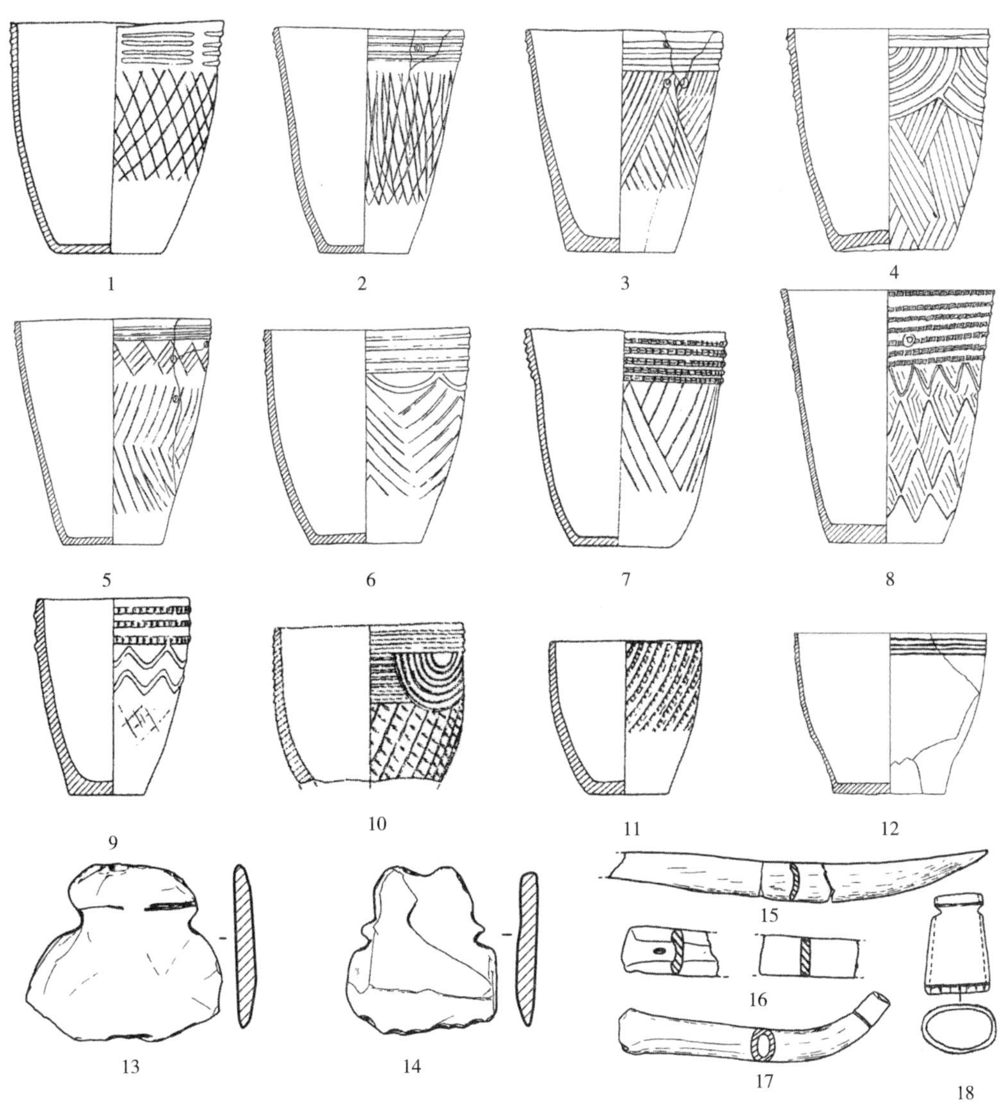


图二　西梁类型器物

1～11. 筒形罐（F1②：35、F7②：4、F7②：3、ⅡF1：30、F3②：1、F6②：8、F1②：33、ⅡF2：7、F7②：2、F1②：34、F6②：3）　12. 盂（ⅡF1：32）　13、14. 锄形石器（F8②：4、F9②：1）　15.骨刀（H1：3）　16. 骨刀梗（F2①：10）　17. 刻纹角器（F3①：10）　18. 刻纹骨筒（F7②：11）

（4、8、12为巴林右旗塔布敖包遗址出土，其余为林西井沟子西梁遗址出土）

富河文化的陶器均为夹砂陶，质地疏松，器壁较薄，火候不高。器形以筒形罐为主，有少量的圈足钵、碗、杯和斜口罐。筒形罐直口、深腹，口径与底径比差较小，腹壁略有弧度。流行横压纵向排列的篦点和线形之字纹，口沿施附加堆纹，特点鲜明。石器分大型石器和细石器两类。大型石器绝大部分为打制，种类有锄形器、砍砸器、斧、锛、凿、尖状器、刮削器和磨盘、磨棒等。其中有肩亚腰锄形器、条形石锛等石器，边缘打击整齐，制作规范，为定型产品。细石器数量多，种类丰富，各种镞、锥、钻、圆头刮削器、尖状器，加工细致。长条形石叶宽度均匀，长约 10 厘米，显示了娴熟的打片技术。骨制工具发达，遗址中出土的鱼钩、鱼镖、镞、骨刀柄和大量野生动物骨骼，表明该文化渔猎生活气息浓厚（图三）。

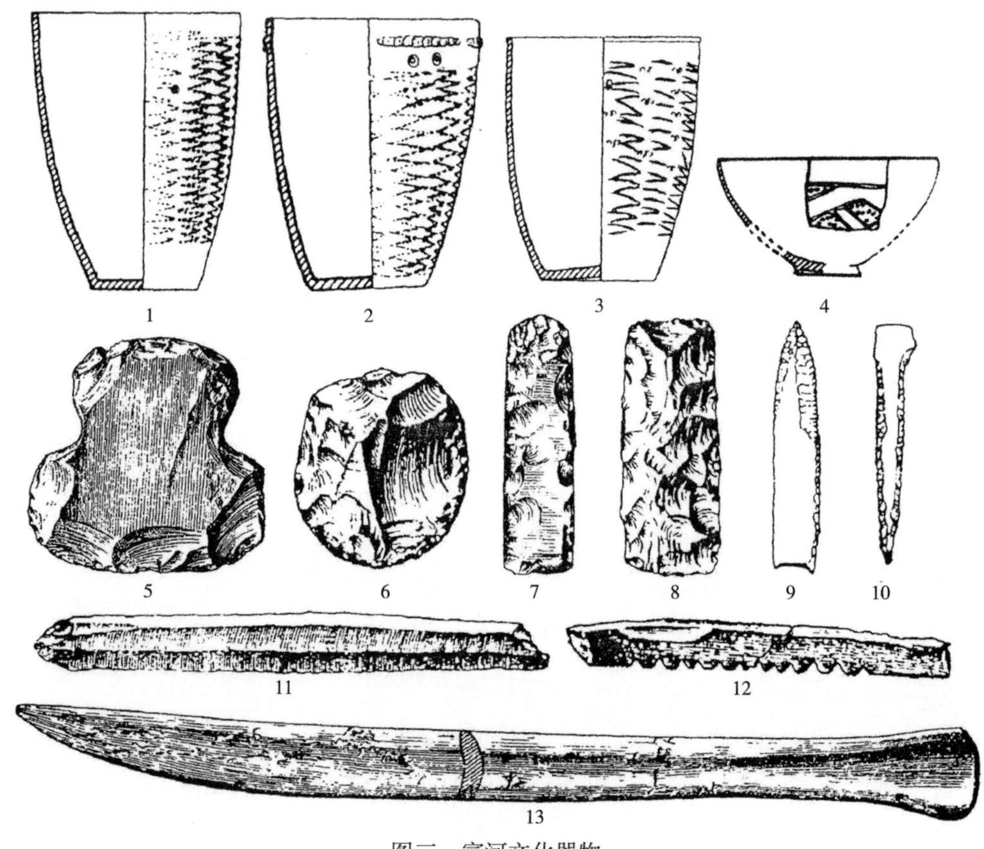


图三　富河文化器物

1～3. 筒形罐（H16：22、H15：2、H20：7）　4. 圈足碗（H18）　5. 锄形石器　（H27：37）
6. 砍砸石器（H15：20）　7、8. 石锛（H40：7、H16：7）　9. 石镞（H1：10）　10. 石锥（H3：54）
11. 石刮削器（H15：12）　12. 有齿骨器（H10：8）　13. 骨刀柄（H2：11）
（均为富河沟门遗址出土）

富河文化遗址多分布在乌尔吉木伦河沿岸的岗坡或台地上，一般坐北朝南，远处能看到成排的灰土圈，经发掘证明这些灰土圈是房址。大型村落如富河沟门遗址有 150

多座房址，规模较小的金龟山遗址调查所见的房址有40余座。由于部分房址在同一地点重叠修建过多次，所以成排分布的房址并非同时期建筑。房址均为半地穴式，方形为主（据报道还发现有少量圆形房址），灶坑居中，四壁砌筑石板，有的房址内发现窖穴。根据残存柱洞推测，房屋可能为一面坡式建筑，北高南低的结构使南部遗迹不易保存，是否有门道无法认定。

迄今，富河文化只发掘过不多的几个地点，研究者对其分布范围有不同认识，但都指出在西辽河以南未发现同类遗存。据我们所掌握的情况，西辽河上游即查干木伦河以西极少发现富河文化遗存[12]，开鲁以东西辽河下游和新开河也甚为罕见[13]，富河文化分布范围大致不超出乌尔吉木伦河流域。据内蒙古自治区第二次文物普查资料，在这一区域共发现富河文化遗址40余处[14]。由于传统考古调查的局限性，这些遗址是否确属富河文化，需审慎对待，在今后开展的田野工作中应予以进一步认定。

**3. 哈民文化**

哈民文化是近年新确认的一种考古学文化，这类遗存在20世纪80年代就有零星发现，但因缺乏可对比资料，只是将其笼统地归入新石器文化[15]。2003年，考古工作者在科右中旗嘎查营子遗址调查时，曾采集到麻点纹陶片[16]，继而又在哈尔沁遗址发掘中清理出一座含有这种陶器的房址，发现者认为属红山文化，推测年代相当于红山文化晚期[17]。2007年，吉林大学边疆考古研究中心“科尔沁沙地汉以前考古”课题组，对科尔沁沙地和周邻地区考古调查中，在多个地点采集到麻点纹陶片，由于纹饰风格独特，故将其单独区分出来，并指出可能“为认识一种新的考古学文化提供了线索”[18]。随后在吉林白城双塔遗址发掘的一组墓葬中，发现麻点纹陶器和红山文化兽面纹玉佩、玉环共存关系[19]。2010～2011年，吉林大学边疆考古研究中心和内蒙古文物考古研究所，在科左中旗哈民忙哈遗址累计发掘面积达4000余平方米，共清理房址43座，灰坑38个，墓葬6座[20]。哈民忙哈遗址已探明面积超过10万平方米，是迄今在西辽河以北地区发现最重要的史前聚落遗址，经大规模发掘，为初步认识这类遗存的文化性质与年代提供了重要资料。

哈民忙哈遗址出土遗物十分丰富，包括陶器、石器、玉器和骨、角、蚌制品等近千件。陶器以黄褐色砂质陶为主，烧制火候较高，皆手制，器壁薄厚均匀，口沿有轮修痕迹。陶器表面除部分素面外，大多施麻点纹、方格纹或菱格纹，还见有少量的压印之字纹、刻划纹及彩陶片。陶器基本组合为瘦高体斜直壁筒形罐、小口鼓肩双耳壶、斜直口盆和弧壁浅腹钵，其他器形有斜口罐、侈口弧腹罐、三足罐、带流盆、圈足器（图四）。还有一些极为少见的陶制品，如丫形器、水滴形器、圆锥体和矩形穿孔陶具等，颇具特色。石器种类丰富，打制、磨制、细石器共存。器类有镐、斧、锛、凿、刀、杵、饼形器、环形器、磨盘、磨棒等，其中器身修长的石镐、长方形穿孔石刀、有节石杵、厚体长方形磨盘、拱背磨棒，是相当定型的产品。细石器中三角形双翼石镞和骨柄刀石刃，通体压削，加工精细。玉器制作精美，均出于房址，璧、双联璧、钺、兽面纹佩饰等，具有明显的红山文化风格（图五）。遗址出土大量的动物骨骼，经鉴定的38个种属有鹿、马鹿、狍子、野猪、牛、马、兔、狐狸、狼、鼠等，以啮齿类和鸟类最多。

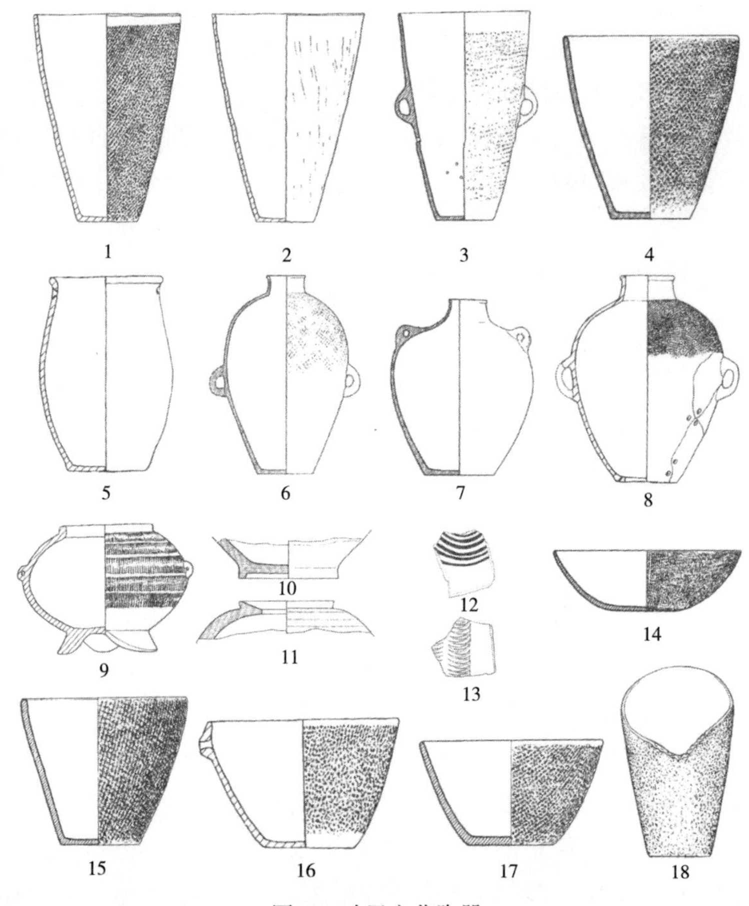


图四　哈民文化陶器

1～4. 筒形罐（F35：6、F36：19、F13：1、F2：18）　5. 侈口罐（F34①：3）　6～8. 双耳壶（F8：4、F2：19、F22：8）　9. 三足罐（F37：10）　10. 圈足器（H19：2）　11. 罐口沿（ⅠT006066②：1）　12、13. 纹饰陶片（F11：6、F37①：6）　14. 钵（ⅠC：18）　15、17. 盆（ⅠT007066②：3、ⅠT008066②：1）　16. 带流盆（F36：8）　18. 斜口罐（F20：28）

（均为哈民忙哈遗址出土）

房址平面呈长方形或方形，均为半地穴式建筑。居住面平整，保存较好的居住面和穴壁留存有深度烧烤的痕迹。圆形灶坑位于居室中部偏向门道一侧，有的灶坑外缘筑石马蹄形灶圈，个别灶内遗留有陶支脚。柱洞有明柱和半壁柱两种，多沿穴壁内侧排列。门道呈凸字形，东南向。按半地穴面积计算，分四种规格。小型面积不足10、中小型10～15、中大型15～20平方米和面积超过20平方米的大型房址，其中小型和中小型占 70%。房址的门道普遍较长，部分房址半地穴外缘发现有完整的陶器和成组摆放的石器、骨器，另外在大多数房址开口外侧的水平面上分布有类似柱洞的黑土圈。种种迹象表明，半地穴式房址外围应有一圈“二层台”，初步判断原房址地面构架要大于半地穴面积。

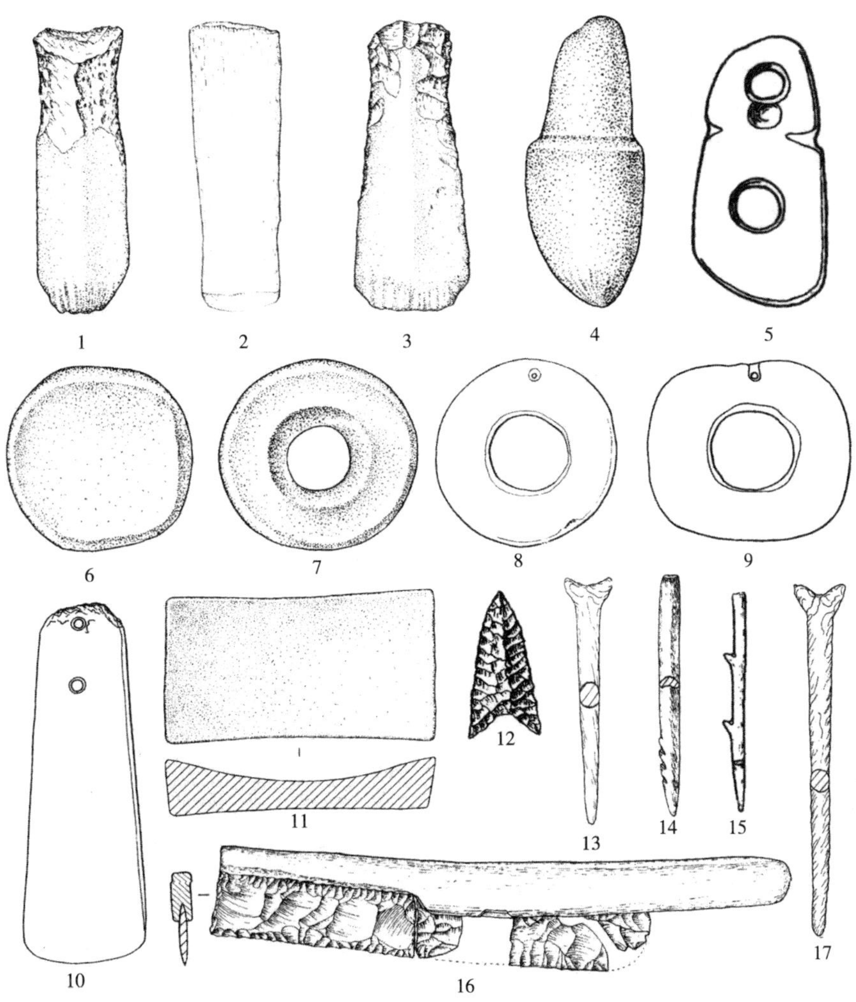

图五 哈民文化器物

1、3. 石镐（F24：27、F35：13） 2. 骨匕（F39：4） 4. 石杵（F37：32） 5. 双联玉璧（F37：2） 6. 石饼（F30：12） 7. 环形石器（F32：49） 8、9. 玉璧（F37：1、F37②：2） 10. 玉钺（F26：17） 11. 石磨盘（F19：20） 12. 石镞（F23①：4） 13、17. 陶丫形器（F17：25、F17：24） 14、15. 骨鱼镖（F21①：13、F21①：38） 16. 骨柄石刃刀（F36：14）

（均为哈民忙哈遗址出土）

从哈民忙哈聚落布局看，房址门道统一朝东南向成排分布，虽然个别房址在排列中的位置略有参差，但排列基本整齐。灰坑和墓葬散布于房址周围，很少出遗物。墓葬为土坑竖穴，除一座三人仰身屈肢葬外，其余为单人叠肢葬。聚落外围发现有环壕，已探明呈半圆弧形围绕遗址东北部。

哈民忙哈遗址是西辽河以北揭露的最大规模环壕聚落，这类遗存的房址结构、丧葬习俗、陶器基本组合和别具一格的纹饰与施纹方式，区别于辽西地区已发现命名的新石器文化。条形石镐、有节石杵、长方形厚体磨盘、石饼等生产工具也与周邻已知考古学文化不同。鉴于该遗址文化内涵比较单纯，出土遗物及其特征组合具有鲜明的地域文化特点，发掘者将其命名为哈民文化[21]。

哈民文化正式发掘的遗址除科左中旗哈民忙哈外，还有扎鲁特旗南宝力皋吐 D 地点[22]、道老杜粮库[23]、吉林白城双塔遗址[24]。经调查并报道的地点有科右中旗嘎查营子[25]、哈尔沁[26]，科左中旗白菜营子[27]、西固仁茫哈[28]，科左后旗阿仁艾勒[29]，另外在吉林省通榆、洮南、白城所辖区县也有发现[30]。从上述遗址空间位置来看，哈民文化主要分布在科尔沁沙地东北部，向南没有越过西辽河，北至洮儿河，以新开河和乌额格其郭勒河分布较密集（见图一）。

**4. 南宝力皋吐类型**

南宝力皋吐西北距扎鲁特旗约 40 千米，整个墓地坐落在一条西北—东南向的沙土岗地上，由三片墓地组成。2006～2008 年，内蒙古文物考古研究所对该墓地发掘三次，揭露面积约 1 万平方米，共清理墓葬 395 座，出土陶、石、玉、骨、角、蚌器等各类遗物 1500 余件。相关报道指出，“在这里首次发现内蒙古东部和东北中部新石器时代晚期两支重要遗存——小河沿文化和偏堡子文化共存的实例，为研究两种文化的关系提供了至为关键的材料。”[31]鉴于南宝力皋吐墓地的自身特点和多种文化成分组合的特殊现象，发掘者称之为“南宝力皋吐类型”[32]。作为新识别的一种考古学文化，目前尚不了解这类遗存遗址的情况，仅就墓葬反映的文化面貌作些归纳。

（1）墓葬呈区域分布，成行排列，头向统一东南向，彼此间极少叠压、打破。墓葬皆土坑竖穴，个别见有二层台、头龛、脚龛。葬式以仰身直肢葬为主，亦见有俯身、侧身、二次、无头等葬式。除个别空穴墓葬外，随葬品基本置于头部，但随葬品的多寡、丰俭有明显差别。

（2）随葬陶器以筒形罐和壶为主，其他器形有尊、钵、叠唇罐、鼓腹罐、圜底筒形罐、双口壶、龟形器等。纹饰大致分两类，一类是条形附加堆纹，呈凸棱状或绳索状，口部多横向、腹部多竖向施纹；另一类为刻划纹或压印复线几何纹，纹样有回字形、已字形、三角形、菱形纹。此外，还见有少量的绳纹、戳印纹和彩陶，部分器底饰编织纹或叶脉纹。南宝力皋吐墓葬出土的陶器成分复杂，既有小河沿文化、偏堡子文化的典型器物，有来自北方某些尚不确定的文化因素，同时具有自身特点的器形、纹饰和器物组合也很明显（图六）。

（3）墓地出土的生产工具和装饰品十分丰富。石斧、锛、凿、矛、权杖头、饼形器等多磨光；打制石器有亚腰石斧、锄形器、砍砸器，器形较大，器体敦厚；细石器约占出土石器的 80%，镞、钻、刮削器、石叶，往往通体压削成形。玉器和绿松石制品以装饰类小佩件为主，有璧、环、璜、鳙等，器形多扁平、钻孔，表面光滑。骨、角制品发达，骨柄石刃刀、骨柄石刃剑、骨镖、骨匕等工具加工细致，保存完整的骨冠，是极为难得的精品。

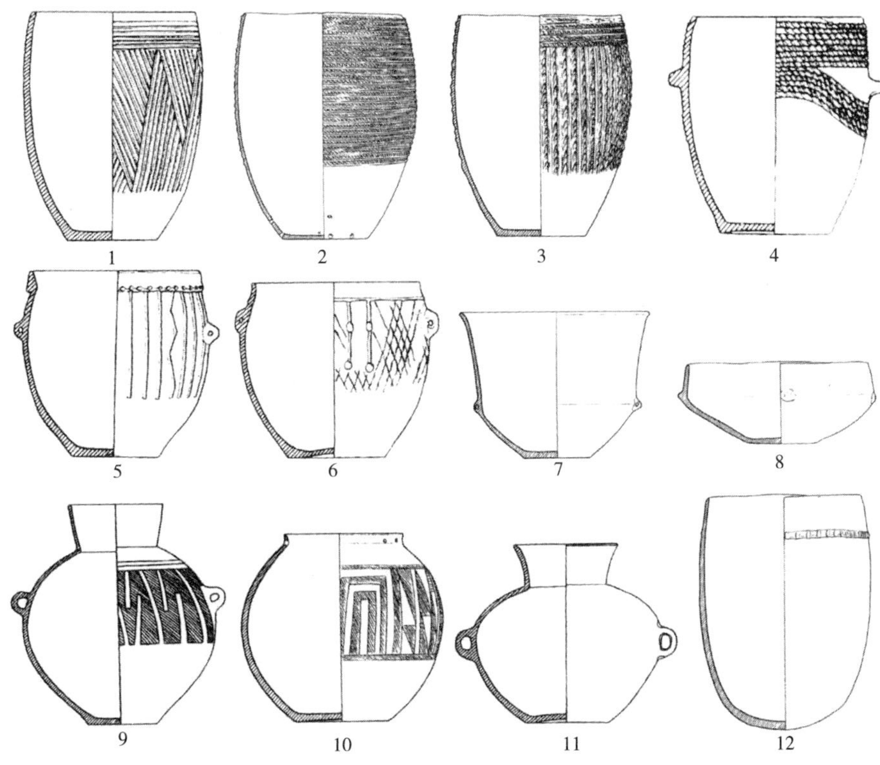


图六 南宝力皋吐类型陶器

1～4. 筒形罐（M174∶2、CM15∶5、CM17∶2、M169∶2） 5. 叠唇罐（M133∶4） 6. 侈口罐（M177∶2） 7. 尊（CM33∶1） 8. 钵（CM2∶1） 9、11. 高领壶（BM57∶1、M121∶1） 10. 鼓腹罐（CM23∶1） 12. 圜底筒形罐（CM35∶5）

（均为南宝力皋吐墓地出土）

已发掘的墓地除南宝力皋吐外，还有扎鲁特旗的昆都岭[33]，经调查确认的地点有科左中旗的白菜营子[34]、西固仁茫哈等[35]。根据吉林大学边疆考古研究中心“科尔沁沙地汉以前考古”课题组，在通辽地区进行的专项考古调查，南宝力皋吐类型主要沿新开河和乌额格其郭勒河分布，尤以扎鲁特旗北部较为密集[36]（见图一）。

## 二、文化内涵的比较分析

以上四种文化遗存除富河文化外，为近年新发现的文化类型，由于它们在文化面貌上均呈现出与以往辽西区新石器文化分异的现象，因此有必要通过年代判定、成分分析并与之相关的考古学文化比较，以探究考古学文化性质、文化变迁等深层次问题。

西梁类型经正式发掘的地点，有林西县井沟子西梁和巴林右旗塔布敖包。西梁遗址清理的房址和灰坑均开口于表土层下，房址之间无叠压打破关系，但个别房址废弃堆积中发现有红山文化陶片和烟叶形石耜。塔布敖包遗址发掘证实，西梁类型陶器与典型兴隆洼文化筒形罐在同一房址内共存。西梁遗址测定的 2 个碳十四年代数据（均采自房址居住面），分别为距今 7060 年±60 年、6885 年±50 年（未作树轮年代校正）。从层位关系看西梁类型当早于红山文化，依据共存关系和碳十四测年数据，可判定其年代相当于兴隆洼文化晚期。

西梁类型的房址结构和排列方式，陶器的质地、制法、烧成温度，石器种类、形制与制作工艺与兴隆洼文化相同，均反映出该地区新石器文化早期特征。部分斜筒形罐器形和口沿平行的条形堆纹风格，与兴隆洼文化非常相似，而塔布敖包发现两类陶器共存的实例，也说明它们之间的年代关系。西梁类型房址面积较小、沿穴壁有整齐排列的柱洞，有凸字形门道、储物壁龛和方形石板灶坑，与兴隆洼文化比较，在建筑形式方面有区别。由于西梁和塔布敖包遗址发掘面积有限，没有发现像兴隆洼文化那样的环壕和居室葬。

从陶器看，西梁类型的筒形罐器体普遍较矮，方唇、直口、腹壁略有弧度。盂的造型介于筒形罐与碗之间，薄胎厚底，此类器形不多见。纹饰独具特色，一般在器口沿饰平行附加堆纹，并连接三角、波折、连弧、重环等多种堆纹纹样。以压划线纹构成的主体纹饰不分段，施纹草率，完全不见之字纹。兴隆洼文化筒形罐普遍体形瘦高，在口沿下多饰数周弦纹，呈凹凸瓦棱状。早期主体纹饰为分段压印交叉、网格、平行斜线纹；中期以后以之字纹为主，口沿外叠唇并流行三段式纹饰布局[37]。无论器形还是纹饰风格，两者有明显区别。

目前，西梁类型仅发现于西辽河以北，查干木伦河沿岸及以西地区，分布范围与兴隆洼文化白音长汗类型大体重合。从谱系关系来看，西梁类型的来源有两种可能。一是源于西辽河北系区发现的以素面筒形陶器为代表的遗存[38]。这类遗存文化面貌有一定的原始性，很可能是本地区最早的新石器文化，但已发现的线索似乎还找不到两者之间有何联系；二是兴隆洼文化衍生的地方变体。虽然按兴隆洼文化循序发展的一般规律，似乎难以形成像西梁那样以条形堆纹陶器为主要特征的遗存，但兴隆洼文化分布区域十分广泛，存在着明显的地域差别。种种迹象表明，兴隆洼文化晚期在不同地区孕育着新的文化因素，对其后发展起来的赵宝沟文化、富河文化和红山早期文化产生了重要影响。西梁类型颇具特色的条形堆纹及组合纹饰代表了一种文化符号，这种文化的特质性或产生于特殊的地理环境，或来自周邻文化因素的传播，无论哪种情况，都可能造成与兴隆洼文化相分异的现象。所以从文化面貌的总体特征看，不能排除西梁类型仍属于兴隆洼文化的一个分支。

富河文化是西辽河北系区最早确认的新石器文化，但年代问题一直缺乏论证。20世纪60年代，由于在南杨家营子遗址发现红山文化房址被富河文化堆积叠压的层位关系，一般认为富河文化晚于红山文化。在材料不多的情况下，朱延平曾对富河文化陶器上的施纹痕迹做过细致观察，并通过富河沟门遗址出土的圈足钵陶片与赵宝沟文化类比分析，提出“富河文化陶器中与赵宝沟文化相通的因素，当主要来自后者的传播，特别是圈足钵”[39]，他认为圈足钵不仅是赵宝沟文化代表性器物，而且具有时代特征。在赵宝沟文化兴盛之时，与其毗邻的上宅文化和新乐文化也都出现了一定数量的同类器。而赵宝沟文化一经结束，这种富有特色的陶器也随之消失。所以含有圈足钵的富河文化年代大致与赵宝沟文化基本同时，这一观点已为学界所普遍接受。

关于富河文化的性质问题，从一开始就取得了比较一致的看法，认为富河文化与红山文化是两个文化系统。郭大顺先生认为，富河文化与红山文化“是当地新石器文化发展过程中的两个分支。北部富河一支，可能较长时间保持着北方草原地区文化面貌”，以林西沙窝子遗址为代表的细石器遗存，是探索其文化前身的重要材料[40]。随着考古新发现和可比较资料的不断丰富，一般认为富河文化源自兴隆洼文化（尤其是西拉木伦河以北的兴隆洼文化）[41]，还有观点认为同时也继承了西梁类型的部分因素[42]。然而富河文化所具有的某些特质在当地却找不到相关联的线索。早年，刘观民先生曾提出，到另一区系中去寻找富河文化的来源，这一看法仍然值得重视[43]。

首先，富河文化精湛的细石器制作技术、发达的骨制工具，尤其是长大石叶与大型打制石器共存的遗存在我国北方地区并不多见。富河沟门遗址经鉴定的野生动物有野猪、鹿、黄羊、狐、松鼠、狗獾以及洞角类、犬科、鸟类等。鹿的数量最多，约占一半，野猪、狗獾次之，分别为17%、9%，洞角类仅占2%左右[44]，说明富河文化是以渔猎、采集为主的自然资源依存型经济。而西辽河以南系列新石器文化，由于地缘关系，受黄河流域文化影响，不仅文化面貌不断接近，而且逐渐形成以农业为主要内容的生产型经济，富河文化与之比较在经济形态上有明显差别。

其次，富河文化陶器普遍饰有横压竖排的篦点之字纹，这种采用齿状工具压印的纹饰，在西辽河以南除赵宝沟文化、红山文化有少量发现外，早期的兴隆洼文化，下辽河流域的新乐下层文化，以及辽东半岛的小珠山下层文化、后洼下层文化都是非篦点的线形之字纹为主。从更广大的区域来看，篦点之字纹主要分布在西辽河以北到外贝加尔的东南部。据碳十四测定数据，外贝加尔东部含篦点之字纹的新石器文化年代较早，延续时间较长。有研究者指出，这种纹饰有由北向南推进的趋势[45]。

第三，富河沟门遗址发掘的37座房址中有4座是圆形的。迄今在辽河东西两翼地区包括辽东半岛，揭露的新石器文化房址均为方形。富河文化发现的少量圆形房址是一个突兀现象，在当地找不到来源，而外贝加尔卡林加河口文化的房址均为圆形[46]。也就是说在圈定的篦点之字纹分布范围内，富河文化所见圆形房址和篦点之字纹都可能来自北方。

目前，虽然对富河这类含丰富细石器遗存的文化内涵了解不多，但仅从当地的新石器早期文化中寻找其文化来源，似乎还没有哪一支先行的考古学文化或类型可以直接发展为富河文化。在以上列举的诸要素中，渔猎、采集经济的特质性在富河文化中有充分反映，说明这类遗存有来自遥远北方渔猎文化的渗透。富河文化与辽西中心区考古文化形成的地域差别，不应简单理解为辽西新石器文化自行的演变，而是不同区系考古学文化渗透、融汇的结果。

经大规模发掘的哈民忙哈史前聚落，保存完整，出土遗物丰富。通过房址结构、墓葬习俗、陶器组合和石器形制的了解，使我们对这种新确立的考古学文化有了初步认识。

哈民忙哈遗址成排分布的房址和少量灰坑与墓葬，缺乏叠压打破关系。从发掘现场清理出带有明显火烧痕迹房屋构架和极为震撼的大批非正常死亡人骨遗骸殉难场所分析，该遗址是因突发事件而废弃的。由于出土遗物器形和组合无明显变化，遗址已发掘部分大体属同一时期。由于地层出土的遗物含有少量之字纹陶片，房址内发现泥质彩陶片、三足罐、圈足器、玉器等红山文化晚期特征的类型品，为判断该遗址相对年代提供了重要依据。此前，吉林白城双塔墓葬也提供了这类遗存陶器与红山文化玉器共存的例证[47]。目前，学界对红山文化晚期年代的看法比较统一，认为其绝对年代在公元前3500～前3000年[48]，这与哈民忙哈遗址最新测定的一组碳十四年代数据基本一致[49]。所以从共存关系和碳十四数据两方面，可推定哈民文化年代大体处于红山文化晚期。经正式发掘的南宝力皋吐 D 地点[50]，与哈民忙哈遗址陶器比较，陶器素面化倾向，筒形罐口沿外折并多置有横鋬耳和简约化的纹饰风格，反映前者的年代晚于后者。循这一线索，对哈民文化进行分期研究，其年代下限略晚于公元前3000年，或已接近红山文化最晚阶段。

哈民文化具有较强的自身特点。一是作为该文化陶器显著特征之一的麻点纹、方格纹在以往辽西地区的各新石器文化中都极为少见。仔细观察陶器表面纹样，麻点纹除个别模糊（施纹后经修抹），大多呈斜行或交错分布，纹理较深，类似编织物痕迹；方格纹、菱格纹较浅，纹样均匀，局部有交错叠压，似圆轴状模具在陶器表面滚压所致，这两种纹饰及施纹方法与红山文化截然不同。二是筒形罐和斜口罐体形瘦高，按筒形罐发展演变规律，其造型不可能来自本地区的新石器文化。三是长条形石镐、有节石杵、长方形厚体磨盘、拱背磨棒，以及陶制品中的丫形器、水滴形器、穿孔陶具等生产生活用品，与以往的考古发现大异其趣。四是哈民遗址发现的长方形土坑竖穴墓，均为单人仰身叠肢葬，这种葬式还见于兴隆洼文化时期的白音长汗二期乙类遗存[51]，说明这是一种年代久远的特殊葬俗，但在西辽河以南的考古资料中却从未见报道。

哈民文化与同时期红山文化关系似较为紧密，通过陶器的甄别，所见的矮领鼓肩双耳壶、双腹盆、大平底盘、三足罐和之字纹、双勾连涡纹彩陶片等具有红山文化的特点。但除双耳壶外少有完整器，陶片亦不多见。据最新报道，哈民遗址出土玉器约40件[52]，大多制作精美，其中圆形璧、双联璧、兽面纹玉佩等无论形制还是风格均属红山系玉器。玉器被认为是通天理地、祛灾祈福的载体，以往主要发现于红山文化晚期的祭祀遗址和墓葬中[53]，被赋予原始宗教的含义。哈民遗址的玉器均出土于房址内，说明是实用器，理念上的差别或许意味着这些玉器是异地传入的。另外，从筒形罐和斜口罐瘦高的体形来看，更接近于第二松花江流域区的左家山三期文化[54]，似反映两者之间存在着某种文化联系。哈民文化在与周邻文化的交往中，红山文化晚期遗存对其有重要影响，且保持着发展的同步性，随着红山文化的消亡，在科尔沁沙地西辽河以北地区哈民文化被南宝力皋吐类型所取代[55]。虽然哈民文化与同时期红山文化遗存有一定的相似性，但两者的区别依然是明显的。由于哈民文化的主体成分独具特色，以目前对辽西新石器文化的认识还无法判断其源于哪一种文化。同样，在本地区之后出现的南宝力皋吐类型也不是哈民文化的直接继承者。所以相关问题的厘清将有待新的考古发现与研究的深入。

在四种文化类型中，南宝力皋吐类型的年代最晚。已测定的一组碳十四年代数据，经高精度树轮校正，分别为公元前2140～前2030年、前2570～前2515年、前2570～前2520年、前1750～前1660年[56]。剔除个别年代偏晚的数据，跨度基本在公元前2500～前2000年。这组数据与小河沿文化已发表的三个测年数据中的两个相一致[57]，南宝力皋吐类型的年代大体处于小河沿文化晚期。

南宝力皋吐类型因同名墓地发掘而得名[58]，但也有研究者将它归入小河沿文化[59]。南宝力皋吐类型除自身文化特点外，主要含有小河沿文化成分和易于识别的偏堡子文化陶器。那么到底是小河沿文化、偏堡子文化？还是强调那些具有自身特点陶器的差异性而确立一种新文化，需要通过其文化内涵与相关考古学文化的比较进行分析。

一般认为小河沿文化是继承红山文化发展演变而来的，陶器基本组合为筒形罐、高领壶、彩陶钵、豆、尊。这一时期，陶器纹饰的变化是，交叉绳纹取代了此前辽西地区一直流行的压印之字纹。此外，还有随葬陶器的明器化、竖穴半洞室墓的出现和葬俗的改变。凡此种种，说明小河沿文化进入到一个社会更替、文化变迁的新阶段。

南宝力皋吐墓葬出土的交叉绳纹筒形罐、侈口高领壶、双口壶、尊、钵等，不仅器形和纹饰与小河沿文化大南沟墓地的同类器基本一致[60]，而且出现率较高，其他如磨制石斧、石锛、细石器、骨柄石刃刀等也很相似。区别主要表现在两方面。

其一，南宝力皋吐墓葬具有自身特点的一些器形，如口沿饰平行多行附加堆纹筒形罐、内填平行线几何纹鼓腹罐、复线几何纹双耳壶、人面壶及彩陶龟和异形陶器等为小河沿文化所不见，而且其纹饰和施纹风格与后者完全不同。从陶器共存关系来看，南宝力皋吐墓葬随葬陶器以筒形罐和壶为基本组合，个别有尊和钵。据大南沟墓地陶器统计，筒形罐和豆占随葬陶器的49%；尊和钵占28%；壶仅占7%。如果按10%以上的出现率界定，大南沟墓地陶器基本组合为筒形罐、豆、尊和钵，而壶的出现率较低。说明两者陶器的基本组合、纹饰风格和个性陶器方面有很大不同。

其二，南宝力皋吐墓地为长方形土坑竖穴墓，各墓区墓葬头向 110°～160°，方向较统一。多为单人仰身直肢葬，少数双人和多人男女合葬墓，未见屈肢葬。大南沟墓地三个墓区的方向不一致，墓葬形制除长方形土坑竖穴墓外，还发现有竖穴半洞室墓，后者占全部发掘墓葬的 21%。葬式均为屈肢葬，部分下肢屈度较甚者，可能采用“跪姿”或“坐姿”葬式。已发掘的三座双人合葬墓，男女两腿相交或叠压，头向相反。从发表资料看，大南沟墓地有 32 座墓随葬有石璧或石环，石璧多见于男性墓，置于颈部或胸部；石环多出于女性墓，佩戴于手臂，反映出明显的性别倾向。

总之，南宝力皋吐墓地与小河沿文化大南沟墓地在墓葬形制、葬俗和随葬品方面的区别是主要的，陶器纹饰、形制和组合也存在差异，所以现有材料不支持将南宝力皋吐这类遗存归入小河沿文化。

南宝力皋吐墓地另一类文化特征鲜明的陶器出现率也很高，如器表饰竖向或曲尺形附加堆纹的叠唇筒形罐、刻划复线三角或回形纹矮领深腹壶等，这类陶器无论器形还是纹样都具有偏堡子文化特点。以往人们对偏堡子文化分布范围、相关遗存文化性质及渊源流向的讨论，基本限于辽东半岛黄渤海沿岸地区，很少有人注意到其向西的流布。南宝力皋吐墓地出现相当数量的偏堡子陶器，看似突兀，但早有迹象。20 世纪 70 年代在奈曼旗大沁他拉采集的一批陶器中，有一件腹部饰纵向直条间有波浪形堆纹的矮领罐[61]，既不属于红山文化，也不同于小河沿文化，其易于区别的特殊纹饰与偏堡子陶器完全相同。有研究者指出，作为偏堡子文化陶器向西传布的一个节点，推测“沿科尔沁沙地南缘，经奈曼、库伦、彰武、康平一线，是沟通辽西腹地与辽河平原的重要通道”[62]。事实上以往调查的科左中旗新艾力[63]，近来新发现的科左中旗西固仁茫哈[64]、珠日河牧场五分厂、努日木镇金山堡子、舍伯吐镇西毛都，开鲁县街集镇前河村[65]，扎鲁特旗昆都岭[66]，均含有此类遗存。它们大抵反映偏堡子文化由东向西传布的途径，同时也为南宝力皋吐墓地文化内涵的解读提供了有力证据。

还有一些情况值得注意，新石器时代的东北是以平底筒形罐为特征的文化区，而与之毗邻的外贝加尔湖及周围地区尖圜底和圜底陶器有着完整的演进序列[67]。南宝力皋吐墓地报道中被称为“釜”的那种圜底陶器[68]，显然不属于东北平底筒形罐系统，推测其很可能受到来自贝加尔湖周围新石器时代晚期文化因素的影响。另外，通过玉器研究发现，南宝力皋吐这批玉器的原料、工艺和器形较之红山文化玉器疏远，而近于呼伦贝尔的哈克文化，甚至与更北的俄罗斯远东地区出土的玉器存在某种联系。

一般认为陶器具有划分考古学文化的时空属性，而对器物形制和组合的把握是分析文化内涵与外延、界定文化性质的主要手段。南宝力皋吐墓地文化内涵复杂，占有相当分量的小河沿和偏堡子两种主要成分，并非文化交流的个别现象，而是来自不同文化的类型品在同一墓地甚至同一墓葬内共存。以上通过陶器成分判别，结合墓葬形制、葬俗和量化统计所作出的评价，显然不宜将其并入小河沿文化，也不能单独解释为偏堡子类型向西传布的文化更替。这类遗存既有自身特点，又具备集结不同文化成分融为一体的多元特色，是新石器时代晚期辽西地区边缘地带文化变迁的产物。

## 三、西辽河北系区与文化边缘效应

西辽河发源于内蒙古高原东部边地，周边为大兴安岭南段、七老图山、努鲁尔虎山环绕，地势由西北向东南倾斜，构成向东敞开的“C”字形[69]。处于这个环状地质结构的西辽河流域，“依地貌单元和形态可分为两个大区，即南部的黄土丘陵台地区和北部的风沙坨甸区。”[70]在大气环流的作用下，南北区景观和生态系统有明显差异。大兴安岭山地和赤峰西部山地迎风面降水增多，形成森林草原景观；七老图山、努鲁尔虎山南北两侧雨量较适宜，形成落叶阔叶林、灌木丛景观，总体上西辽河南部区水热条件较为充沛。相比较北部区气候干旱、少雨，以沙地、疏林、灌丛、草甸景观为主，生态环境脆弱。尤其是科尔沁沙地西辽河以北地区，土壤、植被和水资源的稳定性差，当气候异常和强化土地利用方式耦合作用时，就会破坏整个系统的平衡性，导致灾变发生。环境学者研究认为，地貌和气候带的作用，是造成西辽河流域南北有别的重要原因[71]。历史上西辽河是本区环境与生态系统的一条自然分界线。

在这一地区开展田野考古工作之初，梁思永先生就提出西辽河及上游西拉木伦河北部和广义辽河流域两个文化分布面的认识[72]。此后，为了从“细石器文化”范畴中划分出不同考古学文化的探索，初步将西辽河流域的“细石器文化”分为两种类型。第一种类型以林西锅撑子山为代表，包括富河沟门等；第二种类型以赤峰红山下层即红山文化为代表[73]。严文明先生根据文化特征和经济类型差别，把它们分别划在“旱地农业”和“狩猎采集”两个不同的经济文化区[74]。随着以赤峰为中心的辽西区考古学文化时空框架的构建和区系考古学文化研究的逐步深入，有学者注意到西辽河以北的新石器文化，“绝非富河沟门一处遗址表现的内容所能涵盖”[75]，也“常有另异奇趣的红山文化遗存被发现”[76]。还有某些遗存“它们既非富河文化，也不是红山文化或已命名的其他文化所能概括的”[77]。种种现象表明，这里发现的文化遗存与人们对辽西考古文化区的传统认识有很大出入。

在辽西新石器文化框架内，按编年可归纳为两个序列：一是兴隆洼文化—赵宝沟文化—红山文化—小河沿文化，其过程可以表述为后一种文化对前一种文化在时间节点上有并存，它们相互之间具有紧密的联系性并一脉相承，拟称之为“主体文化序列”；二是西梁类型—富河文化—哈民文化—南宝力皋吐类型序列。目前，这一文化序列的四种文化类型仅见于西辽河北系区，文化内涵多元且缺乏纵向联系，在各自时段内它们均难以嵌入到主体文化序列中去，或称之为“非主体文化序列”。

从辽西区新石器文化编年序列来看，几种非主体文化与主体文化之间的年代关系基本上是相对应的。具体表现为文化内涵的一些共性特征，如西梁类型的大型打制锄形石器，陶器的质地、制法、烧成温度，部分斜直腹壁筒形罐的造型等都与兴隆洼文化基本一致；富河文化陶器上的某些施纹技法、纹饰种类和具有时代特征圈足钵等与赵宝沟文化相同；还有哈民文化所见的之字纹、彩陶纹、三足罐、双腹盆、矮领双耳壶以及红山文化玉器；南宝力皋吐类型的陶器，则无论器形还是纹饰风格都可明确分辨出的小河沿文化器物群。此外，在房址结构、排列方式和村落布局等方面亦没有明显不同。不难看出在这个框架体系内每当占主导地位的文化出现分化或重组时，处于边缘地带的非主体文化也做出相应反应，产生联动效应，其同步性说明两个文化序列之间存在某种内在联系。

就已掌握的各文化类型在西辽河北系区分布情况，新石器时代早期，兴隆洼、赵宝沟文化基本分布于西辽河上游（西拉木伦河），乌尔吉木伦河以东则渐为稀少。西梁类型散见于查干木伦河沿岸及以西地区，且与兴隆洼文化有共存现象。富河文化集中在乌尔吉木伦河沿岸，据称在阿鲁科尔沁旗和扎鲁特旗境内也有少量发现[78]。已知红山文化的分布范围最为广泛，西自克什克腾旗的永明、天宝同、河套[79]，东至科左中旗的西固仁茫哈和新艾力[80]，向北跨越松辽分水岭到达霍林河流域，尤以西辽河上游及其支流最为密集。新石器时代晚期，红山文化仍占主导地位，但其分布范围已明显收缩。据近年科尔沁沙地调查材料分析，红山文化早期遗存在科尔沁沙地西辽河以北地区有散落分布，而进入红山文化晚期则被哈民文化所取代[81]。小河沿文化在扎鲁特旗—开鲁—科左后旗一线以东难觅踪迹，这一时期新开河、乌额格其郭勒河沿岸发现的主要是南宝力皋吐类型。诸考古学文化在西辽河北系区分布错综复杂，总体态势是，兴隆洼、赵宝沟、红山和小河沿四种主体文化集中分布在西辽河上游区，除红山文化外，重心位置偏西。四种非主体文化，早期的西梁类型与兴隆洼文化局部重合，晚期的哈民文化和南宝力皋吐类型主要分布在西辽河下游的科尔沁沙地，富河文化位置居中。从分布格局来看，主体文化与非主体文化既相互交织又有所侧重，而非主体文化由西向东按时序排列的空间坐落现象耐人寻味（图七）。

西辽河流域区既是一个地理单元，也是一个历史文化单元。本文认为，在考古学文化区系理论的框架内，辽西区作为一个整体，新石器时代的表现形式可以总结为内核和边缘双重构造模式。基于对辽西区并存两个文化序列的阐释，如果把主体文化看作是内核，那么仅见于西辽河北系区的几种非主体文化就处于这一结构的边缘。文化边缘有两层含义：一是文化分布区的边缘；二是不同文化群体的结合部。就辽西区新石器文化框架而言，前者指的是空间范畴；后者强调的是非主体文化与主体文化之间的差异和涵化体现。所谓“涵化”是指不同文化群体通过直接或间接进行交往和文化传播的过程，这一过程可能是单向的，也可能是双向的，其结果是一方接受另一方的特质，或有选择的接受某些特质，而抗拒另一些特质。而变化往往发生在文化边缘和不同文化群体的结合部。

西辽河北系区，处于以赤峰为中心的辽西文化区北侧边缘，过去该区域新石器时代的考古发现与研究是个薄弱环节，近年田野考古工作取得了突破性进展。通过上述资料的梳理，针对种种文化变迁现象，把它归结为文化边缘效应，拟提出三点认识。

（1）西辽河北系区介于嫩江下游、第二松花江和下辽河多个考古学文化区之间，是连接内蒙古东部和相邻东北地区史前文化的交汇地带。检视区域内发现的西梁、富河、哈民和南宝力皋吐几种文化类型，均难以纳入到辽西区已确认的考古学文化中去，与周邻考古学文化比较，具有很强的自身特点。

（2）在辽西新石器文化框架内，由于文化底蕴或生态环境的不同，占据中心位置的主体文化以其内聚力和谱系的连贯性居主导地位。处于边缘地带的非主体文化，囿于自身特点和年代的不整合，因缺乏文化的延续性而居从属地位。从已识别的几种非主体文化来看，它们既保持着与主体文化不寻常的联系，又表现出与中心区域考古文化相分异的现象。

（3）从文化关系的动态角度分析，西辽河北系区发生的一系列文化变迁，总体趋向是游离于该文化系统中心区域，呈现渐行渐远的“离心运动”，这种情况到新石器时代晚期表现尤为明显。

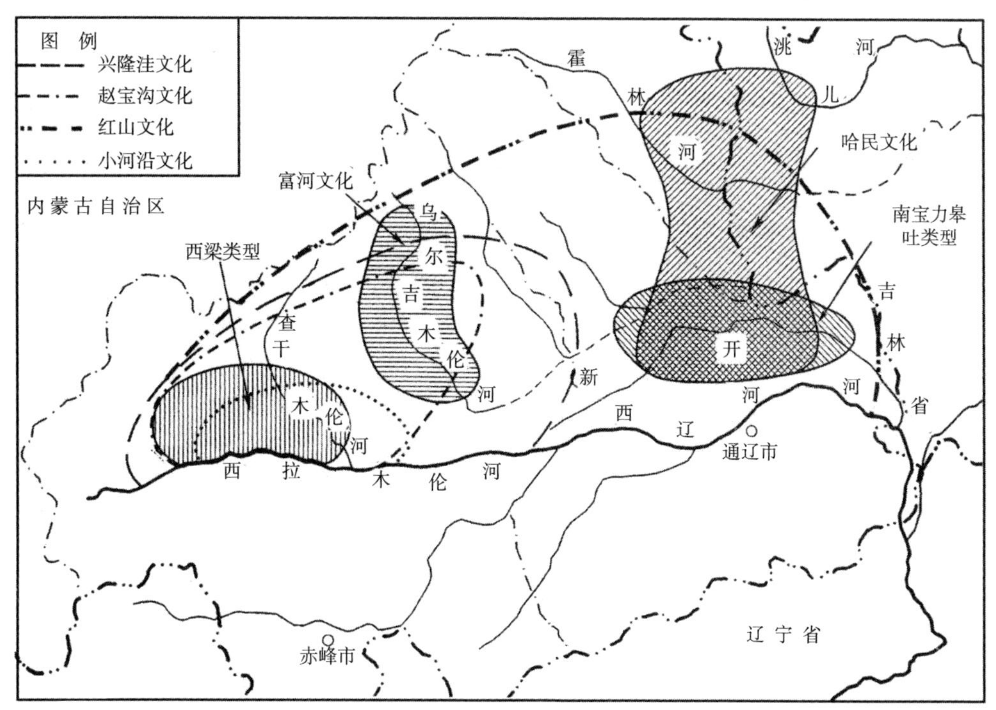


图七　西辽河流域北系区新石器时代文化平面分布示意图

# 四、余　论

以上讨论的西辽河北系区几种新石器文化虽然与辽西区主体文化之间均存在不同程度的联系，但尚无可靠证据说明它们的直接来源及发生文化变迁的原因。也就是说按目前对辽西新石器文化发展序列和演变规律的认识，在不同时段节点上都难以形成像西梁、富河、哈民、南宝力皋吐那样的遗存，所以一定有其他文化因素在起作用。

东北新石器时代的陶器以平底筒形罐为典型器，但筒形罐形态差别不大，变化难以把握。相比陶器纹饰丰富多样，通过纹饰异同的类比及纹饰流变的梳理，在探讨区系划分和文化传播方面具有优势。西辽河北系区几种具有特性的文化类型，无论是西梁类型的条形堆纹、富河文化发达的篦点之字纹，还是哈民文化特征的麻点纹、方格纹、菱格纹，以及南宝力皋吐类型形式多样的附加堆纹、复线几何纹，在西辽河以南地区不仅少见，且施纹方法迥然有别。以陶器纹饰区系观察，上述纹饰线索大多指向西辽河流域以北甚至北方以远地区。

北方相邻的嫩江中下游地区，以往含条形堆纹遗存都被纳入昂昂溪文化[82]。由于该地区新石器考古所获材料以调查采集为主，这给运用器物形态变化和器物组合概念的考古文化类型学研究带来很大困难。有研究者曾尝试从纹饰分类入手，重点分析条形堆纹之流变，结合器物形态变化，将这一地区含此类纹饰的遗存分为四个阶段，并指出所谓昂昂溪文化，可能包含了不同性质、不同发展阶段的考古遗存[83]。近年发掘的吉林白城双塔遗址一期、二期遗存[84]、大安后套木嘎遗址第一至三期遗存[85]，丰富了新石器时代的考古资料，结合早年的考古发现，大体可排列出嫩江中下游地区考古文化的序列与编年。其中，双塔一期遗存发表的六个样品测年数据，将本地区含条形堆纹遗存出现的年代追溯至距今万年前后，这是迄今东北地区发现年代最早的新石器文化遗存[86]。由此向北，黑龙江中游俄罗斯境内的哈巴罗夫斯克至结雅河流经地区，已发现的新彼得罗夫卡、格罗马图哈和奥西诺湖等新石器文化，陶器流行条形堆纹，其纹饰组合还包括栉齿纹和少许菱格纹等[87]。从嫩江下游到黑龙江中游广大地区，含条形堆纹陶器遗存，出现年代早，延续时间长，按其装饰风格可区划为贴塑纹陶器文化系统。

20世纪70年代初，经正式发掘而命名的新开流文化[88]，是三江平原及兴凯湖地区最早认知的新石器文化，同时也确立了周邻相关文化遗存的参照系。新开流陶器常见纹饰有菱格纹、鱼鳞纹和栉齿纹。菱格纹也称黑龙江编织纹，其施纹方式“极有可能是以一种刻有纹饰的圆轴状物在陶器表面循同一方向连续滚压所致”[89]，但也有一些纹饰是由独头工具垂直戳压形成的。三江平原及兴凯湖地区位于张广才岭和小兴安岭弧形山脉结合部的外围地带，东侧与俄罗斯滨海州接壤，南面隔图们江与朝鲜东北部为邻。审视周边地区的新石器文化，俄罗斯境内的鲁德纳亚、马雷舍沃、孔东等文化[90]，朝鲜半岛东北端的罗津、西浦项二期遗存[91]，都见有新开流文化类似的菱格纹和栉齿纹。根据鲁德纳亚遗址下层和鬼门洞穴遗址发表的多组碳十四数据[92]，新开流文化的年代可界定在距今7500～6500年，也就是说含这类纹饰组合的相关遗存约距今7000年前就出现了。有学者甚至认为采用圆轴物在陶器表面连续滚压的传统施纹方法，可追溯到距今8000年[93]。上述中、俄、朝毗邻地区新石器时代早期发现的菱格纹和栉齿纹，持续时间较长，流行区域广泛，聚类分析可区划为滚压纹陶器文化系统。

此外，前面已讨论过的篦点之字纹，曾流行于外贝加尔的东南部，且出现的年代较早。相比较，辽西地区兴隆洼文化只有线形之字纹，到赵宝沟和红山文化，见有少量的篦点之字纹，唯有分布于西辽河以北地区的富河文化以篦点之字纹为主。据此推测篦点之字纹主要分布在西辽河以北至外贝加尔的东南部，这种纹饰有由北向南推进的趋势[94]。尽管篦点之字纹与线形之字纹样式基本相同，但新石器时代外贝加尔及周围是尖圜底陶器文化的分布区，辽西地区是以平底筒形罐为特征的文化区，它们的发展是相对独立的，所以属于不同区系的两个文化系统。

新石器时代晚期，哈民文化陶器上大量出现的麻点纹是一种很特殊的纹饰，较辽西地区传统施纹方法不同，与以上列举其他地区的母体纹饰缺乏类比性。已知含这种纹饰的遗存，在松辽分水岭以北霍林河和洮儿河流域均有分布[95]，然而没有证据显示其来源。至于这一时期科尔沁沙地产生文化突变的原因，目前尚无法做出合理解释。

综上所述，西辽河流域以北乃至北方以远地区，按陶器纹饰和施纹方法的不同，至少可划分为外贝加尔东南部的篦点之字纹系统；嫩江下游至黑龙江中游以条形堆纹代表的贴塑纹系统；三江平原与毗连俄、朝邻近地区以菱格代表的滚压纹系统。它们有别于辽河流域的线形之字纹系统，在新石器文化的分布格局中，分属不同文化区系。以陶器纹饰区系划分的观点，相同或相近的陶器纹饰和施纹方法应该有关联性。纵观西辽河北系区几种新石器文化与中心区考古文化相分异的现象有一个显著特点，即表现为陶器纹饰的多元化，这就意味着该地区的文化变迁与周邻文化的渗透，尤其是来自北方不同系统文化的侵入有关。当然这一过程可能是波动、渐进式的，并非一蹴而就。

本文关注的西辽河北系区，处于半湿润与半干旱、黄土台塬与沙漠草甸地带，历史上是游牧与农耕两种文明的结合部，也是不同经济形态相杂糅的地区。考古发现与研究证明，西辽河以南的种植业出现的早，是首先步入主营农业的地区，西辽河以北则以采集、渔猎的攫取型经济为显著特征。一般认为，纬度越高的区域采集、渔猎业越发达，反之农业经济的指向性越明显。就机制而言，高纬度地区易于向低纬度地区流动，逆向流动则十分困难。所以新石器时代这里发生的文化变迁并形成边缘效应，除文化背景外，生态环境和经济形态的差异是另一个不容忽视的原因。在某种意义上，渔猎、采集者的抉择，曾深刻影响到本地区文化的发展进程。

本文以西辽河北系区发现的几种文化类型为切入点，整合周边相关资料，深入探讨了文化变迁与边缘效应问题。在区系考古学研究取向方面，提出将辽西地区新石器文化解构成两个序列和双重构造模式，为重建该地区新石器文化体系进行了初步探索。

## 注　释

[1] 内蒙古自治区文物考古研究所：《白音长汗——新石器时代遗址发掘报告》，科学出版社，2004 年。

[2] 2002～2003 年，吉林大学边疆考古研究中心“西拉木伦河流域先秦考古”课题组对克什克腾旗、林西县、巴林右旗进行较大范围的考古调查，并对林西县井沟子西梁遗址发掘。2007 年和 2009 年，吉林大学边疆考古研究中心“科尔沁沙地汉以前考古”课题组对吉林省通榆县、洮南县、白城市洮北区，内蒙古科右中旗、扎鲁特旗、开鲁县、科左中旗等进行有针对性的考古调查。此后又参加了内蒙古文物考古研究所科左中旗哈民忙哈遗址的大面积发掘工作。

[3] 吉林大学边疆考古研究中心、内蒙古文物考古研究所：《内蒙古林西县井沟子西梁新石器时代遗址》，《考古》2006 年 2 期。

[4] 齐晓光：《巴林右旗塔布敖包新石器时代及夏家店上层文化遗址》，《中国考古学年鉴（1992 年）》，文物出版社，1994 年。

[5] 中山大学人类学系、内蒙古文物考古研究所:《内蒙古巴林右旗塔布敖包新石器时代遗址 2009 年发掘简报》，《考古》2011 年 5 期。

[6] 朱永刚：《查干木伦河流域古遗址文化类型及相关问题》，《考古与文物》2004 年 3 期。

[7] 汪宇平：《西喇木伦河流域的新石器时代遗址》，《考古通讯》1955 年 5 期；内蒙古自治区文化局文物工作组：《内蒙古自治区发现的细石器文化遗址》，《考古学报》1957 年 1 期；郭治中：《克什克腾旗盆瓦窑新石器时代遗址》，《中国考古学年鉴（1992）》，文物出版社，1994 年。

[8] 朱永刚、王立新、塔拉：《西拉木伦河流域先秦时期遗址调查与试掘》，科学出版社，2010 年，图二五。

[9] 陈全家：《内蒙古林西县井沟子西梁遗址出土动物遗存鉴定报告》，《西拉木伦河流域先秦时期遗址调查与试掘》，科学出版社，2010 年。

[10] 中国社会科学院考古研究所：《新中国的考古发现和研究》，文物出版社，1984 年，第 176 页。

[11] 中国科学院考古研究所内蒙古工作队：《内蒙古巴林左旗富河沟门遗址发掘简报》，《考古》1964 年 1 期。

[12] 朱永刚、王立新、塔拉：《西拉木伦河流域先秦时期遗址调查与试掘》，科学出版社，2010 年。

[13] 朱永刚、郑钧夫：《科尔沁沙地东北部地区新石器时代遗存初探》，《边疆考古研究》（第

11 辑），科学出版社，2012 年。

[14] 国家文物局：《中国文物地图集·内蒙古自治区分册》，西安地图出版社，2003 年。

[15] 吉林省地方志编纂委员会：《吉林省志》卷四十三，文物志，吉林人民出版社，1991 年，第 14 页。

[16] 连吉林、朴春月：《内蒙古科右中旗嘎查营子遗址调查》，《北方文物》2005 年 1 期。

[17] 内蒙古文物考古研究所：《科右中旗哈尔沁新石器时代遗址》，《草原文物》2011 年 1 期。

[18] 朱永刚、郑钧夫：《通榆县三处史前遗址调查与遗存分析》，《边疆考古研究》（第 7 辑），科学出版社，2008 年。

[19] 吉林大学边疆考古研究中心、吉林省文物考古研究所：《吉林白城双塔遗址新石器时代遗存》，《考古学报》2013 年 4 期。

[20] 朱永刚、吉平：《探索内蒙古科尔沁地区史前文明的重大考古新发现——哈民忙哈遗址发掘的主要收获与学术意义》，《吉林大学社会科学学报》2012 年 4 期。

[21] 内蒙古文物考古研究所、科左中旗文物管理所：《内蒙古科左中旗哈民忙哈新石器时代遗址 2010 年发掘简报》，《考古》2012 年 3 期。

[22] 塔拉、吉平：《内蒙古南宝力皋吐墓地及遗址又获重要发现》，《中国文物报》2008 年 12 月 19 日第 5 版；吉平：《通辽市扎鲁特旗南宝力皋吐遗址 D 地点的发掘》，《内蒙古文物考古年报》2010 年总第 7 期。

[23] 内蒙古自治区文物考古研究所：《通辽市扎鲁特旗道老杜粮库遗址发掘简报》，《内蒙古文物考古文集》（第四辑），科学出版社，2013 年。

[24] 吉林大学边疆考古研究中心、吉林省文物考古研究所：《吉林白城双塔遗址新石器时代遗存》，《考古学报》2013 年 4 期。

[25] 连吉林、朴春月：《内蒙古科右中旗嘎查营子遗址调查》，《北方文物》2005 年 1 期；郑钧夫、朱永刚：《内蒙古科右中旗嘎查营子史前遗址复查与初步研究》，《边疆考古研究》（第 10 辑），科学出版社，2011 年。

[26] 内蒙古自治区文物考古研究所：《科右中旗哈尔沁新石器时代遗址》，《草原文物》2011 年 1 期。

[27] 朱永刚、张哈斯、温景山：《科左中旗白菜营子遗址复查与遗存试析》，《内蒙古文物考古》2010 年 2 期。

[28] 朱永刚、王立新：《敖恩套布和西固仁茫哈遗址复查与遗存辨析》，《边疆考古研究》（第 9 辑），科学出版社，2010 年。

[29] 内蒙古自治区文物考古研究所、吉林大学边疆考古研究中心：《科尔沁左翼后旗阿仁艾勒遗址调查与遗存试析》，《草原文物》2011 年 1 期。

[30] 朱永刚、郑钧夫：《科尔沁沙地东北部地区新石器时代遗存初探》，《边疆考古研究》（第 11 辑），科学出版社，2012 年。

[31] 内蒙古文物考古研究所、科尔沁博物馆、扎鲁特旗文物管理所：《内蒙古扎鲁特旗南宝力皋

吐新石器时代墓地》，《考古》2008 年 7 期；内蒙古自治区文物考古研究所、扎鲁特旗人民政府：《科尔沁文明——南宝力皋吐墓地》，文物出版社，2010 年。

［32］ 内蒙古文物考古研究所、扎鲁特旗文物管理所：《内蒙古扎鲁特旗南宝力皋吐新石器时代墓地 C 地点发掘简报》，《考古》2011 年 11 期。

［33］ 塔拉、张亚强：《内蒙古昆都岭遗址发掘取得重要收获》，《中国文物报》2008 年 11 月 26 日第 2 版。

［34］ 朱永刚、张哈斯、温景山：《科左中旗白菜营子遗址复查与遗存试析》，《内蒙古文物考古》2010 年 2 期。

［35］ 朱永刚、王立新：《敖恩套布和西固仁茫哈遗址复查与遗存辨析》，《边疆考古研究》（第 9 辑），科学出版社，2010 年。

［36］ 朱永刚、郑钧夫：《科尔沁沙地东北部地区新石器时代遗存初探》，《边疆考古研究》（第 11 辑），科学出版社，2012 年。

［37］ 郭治中最早提出的“三段式”纹饰布局，是指在筒形罐上三分之一处饰一周泥条带，泥条带以上至口部饰凹弦纹，泥条带以下至底部为交叉压印纹和之字纹，这三种纹饰的基本配置方式为兴隆洼文化所独有。参见郭治中：《内蒙古东部新石器——青铜时代的考古发现与研究》，《内蒙古文物考古文集》（第二辑），中国大百科全书出版社，1997 年。

［38］ 在林西锅撑子山，巴林左旗福山地，巴林右旗查干浑迪和林西白音长汗第一期遗存等地点发现这类遗存的陶器。主要特征，烧制火候低，器壁厚，素面，器类仅见筒形罐。其年代可能早于兴隆洼文化，但不排除某一时段并行的可能。从以往发现的线索来看，这类遗存在西辽河以北的分布范围还有扩大的趋势。相关资料参见：内蒙古自治区文化局文物工作组：《内蒙古自治区发现的细石器文化遗址》，《考古学报》1957 年 1 期；内蒙古自治区文化局文物工作组：《昭乌达盟巴林左旗细石器文化遗址》，《考古学报》1959 年 2 期；朱永刚：《查干木伦河流域古遗址文化类型及相关问题》，《考古与文物》2004 年 3 期；内蒙古自治区文物考古研究所：《白音长汗——新石器时代遗址发掘报告》（上），科学出版社，2004 年。

［39］ 朱延平：《富河文化的若干问题》，《内蒙古文物考古文集》（第一辑），中国大百科全书出版社，1994 年。

［40］ 郭大顺、马沙：《以辽河流域为中心的新石器文化》，《考古学报》1985 年 4 期。

［41］ 朱延平：《富河文化的若干问题》，《内蒙古文物考古文集》（第一辑），中国大百科全书出版社，1994 年。

［42］ 索秀芬、李少兵：《中国北方地区新石器时代考古学文化与周边的关系》，《内蒙古社会科学》2014 年 2 期。

［43］ 刘观民：《西拉木伦河流域不同系统的考古学文化分布区域的变迁》，《考古学文化论集》（一），文物出版社，1987 年。

［44］ 徐光冀：《富河文化的发现与研究》，《新中国的考古发现和研究》，文物出版社，1984 年。

［45］ 冯恩学：《我国东北与贝加尔湖周围地区新石器时代文化交流的三个问题》，《辽海文物学

刊》1997 年 2 期。

[46] 冯恩学：《俄国东西伯利亚与远东考古》，吉林大学出版社，2002 年，第 181～183 页。

[47] 吉林大学边疆考古研究中心、吉林省文物考古研究所：《吉林白城双塔遗址新石器时代遗存》，《考古学报》2013 年 4 期。

[48] 赵宾福：《东北石器时代考古》，吉林大学出版社，2003 年，第 234 页。

[49] 采自哈民忙哈遗址房址内的五个木炭标本，经北京大学考古文博学院科技考古与文物保护实验室测定，碳十四数据树轮校正年代在公元前 3600～前 3100 之间（半衰期为 5730 年）。

[50] 塔拉、吉平：《内蒙古南宝力皋吐墓地及遗址又获重要发现》，《中国文物报》2008 年 12 月 19 日第 5 版；吉平：《通辽市扎鲁特旗南宝力皋吐遗址 D 地点的发掘》，《内蒙古文物考古年报》，2010 年总第 7 期。

[51] 内蒙古自治区文物考古研究所：《白音长汗——新石器时代遗址发掘报告》，科学出版社，2004 年。

[52] 内蒙古文物考古研究所：《内蒙古科左中旗哈民忙哈新石器时代遗址 2012 年的发掘》，《考古》2015 年 10 期。

[53] 辽宁省文物考古研究所：《牛河梁红山文化遗址发掘报告（1983～2003 年）》，文物出版社，2012 年；郭大顺、张克举：《辽宁省喀左县东山嘴红山文化建筑群址发掘简报》，《文物》1989 年 11 期；方殿春、刘葆华：《辽宁阜新县胡头沟红山文化玉器墓的发现》，《文物》1984 年 6 期。

[54] 吉林大学考古教研室：《农安左家山新石器时代遗址》，《考古学报》1989 年 2 期。

[55] 郑钧夫、朱永刚：《试论哈民忙哈文化》，《边疆考古研究》（第 15 辑），科学出版社，2014 年。

[56] 朱永刚、吉平：《关于南宝力皋吐墓地文化性质的几点思考》，《考古》2011 年 11 期。

[57] 辽宁省文物考古研究所、赤峰市博物馆：《大南沟——后红山文化墓地发掘报告》，《大南沟墓地碳十四年代测定报告》，科学出版社，1998 年。

[58] 内蒙古文物考古研究所、扎鲁特旗文物管理所：《内蒙古扎鲁特旗南宝力皋吐新石器时代墓地 C 地点发掘简报》，《考古》2011 年 11 期。

[59] 塔拉、张亚强：《内蒙古昆都岭遗址发掘取得重要收获》，《中国文物报》2008 年 11 月 26 日第 2 版；张星德、马海玉：《小河沿文化的时空框架》，《北方文物》2010 年 3 期。

[60] 辽宁省文物考古研究所、赤峰市博物馆：《大南沟——后红山文化墓地发掘报告》，科学出版社，1998 年。

[61] 朱凤瀚：《吉林奈曼旗大沁他拉新石器时代遗址调查》，《考古》1979 年 3 期。

[62] 朱永刚、王立新：《大沁他拉陶器再认识》，《内蒙古文物考古文集》（第一辑），中国大百科全书出版社，1994 年。

[63] 齐永贺：《内蒙古哲盟科左中旗新艾力的新石器时代遗址》，《考古》1965 年 5 期。

[64] 朱永刚、王立新：《敖恩套布和西固仁茫哈遗址复查与遗存辨析》，《边疆考古研究》（第

9 辑），科学出版社，2010 年。

［65］ 朱永刚、郑钧夫：《科尔沁沙地东北部地区新石器时代遗存初探》，《边疆考古研究》（第 11 辑），科学出版社，2012 年。

［66］ 塔拉、张亚强：《内蒙古昆都岭遗址发掘取得重要收获》，《中国文物报》2008 年 11 月 26 日第 2 版。

［67］ 冯恩学：《俄国东西伯利亚与远东考古》，吉林大学出版社，2002 年，第 165～189 页。

［68］ 内蒙古自治区文物考古研究所、扎鲁特旗人民政府：《科尔沁文明——南宝力皋吐墓地》，文物出版社，2010 年，第 134、135 页。

［69］ 崔海亭、雍世鹏：《西辽河流域的景观结构与“三北防护林”建设》，《景观生态学——理论、方法及应用》，中国林业出版社，1991 年。

［70］ 宋豫秦等：《中国文明起源的人地关系简论》，科学出版社，2002 年，第 31～35 页。

［71］ 宋豫秦等：《中国文明起源的人地关系简论》，科学出版社，2002 年，第 31～35 页。

［72］ 梁思永：《热河查不干庙、林西、双井、赤峰等处所采集的新石器时代石器与陶片》，《田野考古报告》（第一册），1936 年。

［73］ 中国科学院考古研究所：《新中国的考古收获》，文物出版社，1962 年，第 36～40 页。

［74］ 严文明：《长城以北的新石器文化》，《史前考古论集》，科学出版社，1998 年；严文明：《中国史前文化的统一性与多样性》，《文物》1987 年 3 期。

［75］ 郭治中：《内蒙古东部区新石器——青铜时代的考古发现与研究》，《内蒙古文物考古文集》（第二辑），中国大百科全书出版社，1997 年。

［76］ 郭治中：《红山文化研究历程的回顾与展望》，《内蒙古文物考古》2003 年 1 期。

［77］ 朱延平：《富河文化的若干问题》，《内蒙古文物考古文集》（第一辑），中国大百科全书出版社，1994 年。

［78］ 李少兵、索秀芬：《内蒙古自治区东南部新石器时代遗址分布》，《内蒙古文物考古》2010 年 1 期。

［79］ 朱永刚、王立新、塔拉：《西拉木伦河流域先秦时期遗址调查与试掘》，科学出版社，2010 年。

［80］ 朱永刚、王立新：《敖恩套布和西固仁茫哈遗址复查与遗存辨析》，《边疆考古研究》（第 9 辑），科学出版社，2010 年；齐永贺：《内蒙古哲盟科左中旗新艾力的新石器时代遗址》，《考古》1965 年 5 期。

［81］ 郑钧夫、朱永刚：《试论哈民忙哈文化》，《边疆考古研究》（第 15 辑），科学出版社，2014 年。

［82］ 梁思永：《昂昂溪史前遗址》，《梁思永考古论文集》，科学出版社，1959 年；黑龙江省博物馆：《昂昂溪新石器时代遗址的调查》，《考古》1974 年 2 期；杨虎、谭英杰、张泰湘：《黑龙江古代文化初论》，《中国考古学会第一次年会论文集》，文物出版社，1980 年，第 82、83 页；吉林省文物考古研究所：《吉林镇赉县黄家围子遗址发掘简报》，《考古》1988

年 2 期。

[83] 朱永刚：《论西梁遗存及其相关问题》，《考古》2006 年 2 期。

[84] 吉林大学边疆考古研究中心、吉林省文物考古研究所：《吉林白城双塔遗址新石器时代遗存》，《考古学报》2013 年 4 期。

[85] 王立新、霍东峰、赵俊杰、刘晓溪：《吉林大安后套木嘎新石器时代遗址》，《2012 中国重要考古发现》，文物出版社，2013 年。

[86] 双塔一期遗存 1 例人骨样品碳十四测年数据为公元前 9150～前 8760 年；5 例陶片样品的热释光测年数据，最早为距今 10400 年±600 年，最晚为距今 9445 年±710 年。参见王立新、段天璟：《中国东北地区发现万年前后陶器——吉林白城双塔遗址一期遗存的发现与初步认识》，《吉林大学社会科学学报》2013 年 2 期。

[87] 冯恩学：《俄国东西伯利亚与远东考古》，吉林大学出版社，2002 年，第 223～236 页。

[88] 黑龙江省文物考古工作队：《密山县新开流遗址》，《考古学报》1979 年 4 期。

[89] 朱延平：《新开流文化陶器的纹饰及其年代》，《青果集——吉林大学考古系建系十周年纪念论文》，知识出版社，1998 年。

[90] 冯恩学：《俄国东西伯利亚与远东考古》，吉林大学出版社，2002 年，第 199～214、236～243 页；大贯静夫：《东北亚洲中的中国东北地区原始文化》，《庆祝苏秉琦考古五十五年论文集》，文物出版社，1989 年。

[91] 大贯静夫：《以豆满江流域为中心的日本海沿岸极东平底陶器》，《先史考古学论集》（第 2 集），1992 年；金用玕、徐国泰：《西浦项原始遗迹发掘报告》，《考古民俗论文集》（第 4 集），社会科学出版社，1972 年。

[92] 鲁德纳亚遗址（新开流文化层）3 例碳十四测年数据，分别为距今（下同）7550 年±60 年、7690 年±80 年、7390 年±100 年。鬼门洞穴遗址 5 个碳十四测年数据，各为距今（下同）6380 年±70 年、6575 年±75 年、6825 年±45 年、6710 年±105 年、5890 年±45 年。参见 B. Й. 吉亚科夫著，宋玉彬译：《鲁德纳亚码头多层遗址及滨海地区新石器时代文化的分期》，《东北亚考古资料译文集——俄罗斯专号》，北方文物杂志社，1996 年。

[93] 朱延平：《新开流文化陶器的纹饰及其年代》，《青果集——吉林大学考古系建系十周年纪念论文》，知识出版社，1998 年。

[94] 冯恩学：《我国东北与贝加尔湖周围地区新石器时代文化交流的三个问题》，《辽海文物学刊》1997 年 2 期。

[95] 朱永刚、郑钧夫：《科尔沁沙地东北部地区新石器时代遗存初探》，《边疆考古研究》（第 11 辑），科学出版社，2012 年。

（原载《考古学报》2016 年 1 期）

# 青铜时代

# 夏家店上层文化的初步研究

夏家店上层文化是分布在我国北方地区青铜时代的一种考古文化，在构成以燕山南北长城地带为重心的我国北方地区考古文化中处于十分重要的位置。对这一文化的研究，是探索我国北方地区青铜时代考古的一个重要课题。

夏家店上层文化的发现是20世纪30年代的事。1935年，滨田耕作等在赤峰红山后进行的发掘，是夏家店上层文化遗存最早的一次发掘工作，当时把赤峰红山后石棺墓和第Ⅰ住地遗存称为“赤峰第二期文化”[1]。20世纪50年代，我国考古工作者对此曾提出疑义：“过去所谓‘赤峰第二期文化’实际上还包含了几个性质面貌不同的阶段。”[2]

1960年，中国科学院考古研究所内蒙古队，在试掘了赤峰药王庙、夏家店遗址后，第一次明确指出：“所谓‘赤峰第二期文化’实际上包括两种文化因素。”[3]为了避免混乱，根据遗址的层位关系分别命名为“夏家店下层文化”和“夏家店上层文化”，从而使这一地区青铜时代考古文化的研究进入了新阶段。

夏家店上层文化的陶器群和富有特征的青铜制品被确认后，在相当广大的区域内皆有相同或相似的文化遗存发现，普遍引起了国内学者们的瞩目，围绕这个问题展开的研究讨论，已有了相当认识。近年来陆续发表了一些有价值的新材料，为进一步探讨这一课题提供了较为有利条件。

在迄今该课题已取得研究成果的基础上，本文拟通过典型器物群的分析比较，拟进行初步分期研究，以揭示部分器物发展演变规律；通过基本文化特征的归纳、总结，以确定夏家店上层文化分布区域和年代；通过相关诸文化遗存的考察，以探索夏家店上层文化渊源，及其形成发展过程中与周邻文化的关系，并结合文献进行族属方面的讨论。

## 一、分　　期

夏家店上层文化已经发表的主要材料有以下几批：夏家店[4]、蜘蛛山[5]、宁城南山根[6]、林西大井铜矿[7]等遗址的有关遗存，赤峰红山后[8]、南山根[9]、敖汉周家地[10]、翁牛特大泡子等墓葬[11]。

上述部分遗存存在一些叠压打破关系，不同层位出土的同类型器物具有一定的区别，器物组合也有所变化，表明夏家店上层文化本身存在着年代先后的不同发展阶段。

在讨论该文化分期前，首先对一些重要遗址的相关遗存年代进行划分。夏家店遗址试掘简报指出，第Ⅱ、Ⅲ地点“上层文化的堆积都较厚，又都可以分为早晚（第三、第二）两层”。因这两个地点在原报告中所划分的层位相同，同层位出土遗物特征相似，又因发表的每一地点早晚层位可供比较的陶器较少，所以暂时把两个地点同一层位的遗存统一起来，即：第Ⅱ、Ⅲ地点第三层为早期层位；第Ⅱ、Ⅲ地点第二层为晚期层位。

这组地层关系为夏家店上层文化分期提供了重要依据。

Ⅱ、Ⅲ地点的墓葬都开口在第 3 层下，均属于早期层位遗存。第Ⅰ地点墓葬开口在耕土层下，墓圹直接挖在生土上，虽然无法在层位上指示其早晚关系，但与上两个地点墓葬中的随葬陶器进行比较，形式完全相同，可视为同一时期的遗存。

报告还指出：“其中以鬲的复原器和残片最多，在早、晚地层中出现不同型式，可作为寻求分期的线索。”T3⑤：11 鬲（相当于第 3 层），直壁筒腹，口沿叠唇，腹饰方形鋬耳，裆较高，袋足呈半圆球形，下接较直立的三个实锥足。这是一件复原的完整陶器，可以作为早期层位同类型鬲典型标本（图一，26）。

属于早期层位的代表单位有 T3⑤、M14 等。

F4：2 鬲（第Ⅰ地点），虽然口沿已残，但仍能看出与 T3⑤：11 属于同类型鬲。不同的是从剖面上来看，其裆部较低，袋足底面趋于平直，形成矮联裆，由于内裆的变化，外裆线也相应发生变化，显示出与同类型直壁筒腹鬲 T3⑤：11 的明显差别。相比之下却与晚期单位 T1②：7 带领鬲的裆部具有相同特点，当属晚期单位，F4：2 可作为晚期层位筒腹鬲典型标本（图一，1）。

属于晚期层位的代表单位还有 T7②、T7①、T4④、T3④、H5 等。上述部分单位中都发现一种空足肥大、下无实足根、足尖呈乳突状的残鬲足（标本 T7②：3）（图一，4 下），这种乳足鬲的完整形式曾见于赤峰红山后 A 墓地 M7 中（图一，4 上）。赤峰红山后 A 墓地共发掘了 26 座石棺墓，D 墓地发掘了 4 座石棺墓。这批墓葬的内涵基本相同，年代应大体相当。随葬品系多以罐为主，其中一种主要形式的罐——中腹罐，矮斜领侈口、鼓腹、最大腹径在中部（标本 A 墓地 M3：1）（图一，5）。这种中腹罐，腹部曲线和领口形式与 A 墓地 M7：1 乳足鬲非常相似，虽然鬲和罐种类不同，但却反映了同时期陶器制作的共同特点，而区别于夏家店遗址早期层位墓葬中出土的同类型罐（标本 M14：1）（图一，29）。据此，赤峰红山后石棺墓应与夏家店晚期层位遗存年代相当。

自 1958 年以来，南山根遗址附近先后发掘清理了数座石椁墓[12]，出土了一批富有特征的青铜制品。通过分析比较，以 M101 为代表的这批石椁墓，随葬的青铜制品风格统一，墓葬排列整齐，没有发现叠压打破的现象，估计墓地延续时间不会很长，M101 墓的年代一般都认为在西周末到春秋初。

属于夏家店晚期层位阶段的赤峰红山后 D 墓地 M2 中出现有 4 件典型的西周到春秋早期的铜镞，其形式和张家坡西周居住遗址 T156：4：19、H172[13]，上村岭虢国墓地 M1747：24：4、M1767：5：1 铜镞[14]相似（图二）。其中一件三锋二刃，后锋长至关部，后锋与柱脊间出“喉”，形成“胡”，此种形式的箭头最晚不过春秋中期。由此可知，红山后墓地的年代与南山根 M101 为代表的石椁墓年代大体相当。

据南山根遗址发掘报告："墓葬填土中有夏家店上层文化的陶片。"从层位关系上看，一般来说，遗址有可能早于墓葬。

南山根遗址第Ⅰ地点发现的十个灰坑分布较密集、但互不叠压打破。因受到破坏、在耕土或扰土以下即见坑口。其中有六个灰坑发现了陶器（H1、H3、H8、H14、H16、H25）。第Ⅱ地点：第二层为上层文化性质的堆积，此层下开口的有两个灰坑（H10、H21）。上述灰坑出土的陶器，均具有夏家店早期层位阶段陶器的特征。例如 H10：8 筒腹鬲，直壁外叠唇，腹壁有鋬耳，与夏家店 T3⑤：11 鬲形式相同。再如 H14：11 叠唇敞口盆、H3：13 浅盘豆、H14：10 直领罐等，也都可以在夏家店早期层位阶段的遗存中找到同类相似的器形。另外在第Ⅰ地点的耕土层和第Ⅱ地点的第二层等较晚堆积中，也发现有乳足鬲的残片（标本 T2①：9），形式与夏家店 T7②：3 标本相同，从而在层位关系上进一步证实了上述遗存应该归入早期阶段。

发掘简报报道，敖放周家地墓地"各墓有早晚之别"。其中随葬器物较丰富的 M45 出土有典型西周晚期到春秋早期的铜镞，共出的齿柄刀也明显属于较晚的一种形式（M2 也出土同样形式齿柄刀）。该墓填土中发表的 M45：01 陶器标本，原报告作鬲，但袋足极浅，裆趋平，实际已不具有鬲的功能，应该为鼎。此陶鼎形式与南山根 M101 仿陶铜鼎非常相似，当为同一时期的遗存。

蜘蛛山 H1：1 鼓腹鬲，圆腹矮联裆，口腹间饰有环状耳，三锥足直立，与夏家店遗址晚期层位 T7①：2 鼓腹鬲相比较,形式有所不同。同样 H21：5 带领鬲和夏家店 T1②：7 带领鬲在形式上也表现出明显的区别。而 H16：9 矮领直口鼓腹罐、H25：6 细柄豆、H1：20 叠唇筒腹鬲口沿、H1：2 叠唇盆等均与南山根、夏家店早期层位的同类陶器比较相近。因此蜘蛛山遗址 H1、H16、H25、H21 单位属于夏家店早期层位阶段。需要说明的是，蜘蛛山 H1：21 乳状鬲残片，在夏家店和南山根遗址中只见于晚期层位，根据以上比较，蜘蛛山 H1 出土的大部分陶器均为早期形式，所以此鬲足残片有可能是晚期层位混入的，应该剔出。

另外，林西大井铜矿 F2 出土的筒腹鬲与夏家店 T3⑤：11 形式完全一样，也应纳入早期阶段。至此，首先，依据夏家店遗址Ⅱ、Ⅲ地点的层位关系，通过类型比较，将上述遗址和墓地相关单位划为二段。

其次，《文物》1984 年 2 期发表了翁牛特旗大泡子出土的一组器物。8 件陶器按陶系可以分为两组：夹砂红陶系组（5 件），有鬲、罐、豆、钵；泥质褐陶系组（3 件），有罐、壶。这两类陶系的器形和纹饰风格差别很大。前者为夏家店上层文化常见的典型器物，与陶器共出的銎柄短剑，齿柄刀子，联珠饰均与南山根址墓葬中出土的极为相似；后者的质地、纹饰和黑龙江肇源白金宝遗址及其有关单位出土的陶器相同，形态也很接近[15]（图三）。关于大泡子青铜短剑墓的文化性质，显然出土器物来自不同文化，但无论从器物数量，还是出土地点来看，应属于夏家店上层文化的范畴。至于相似于白金宝遗存的一组陶器，在目前只是个案的情况下，还无法清楚地解释产生这种现象的原因，似乎暗示松嫩平原的青铜文化向南已渗入到夏家店上层文化并表明某种交往关系。

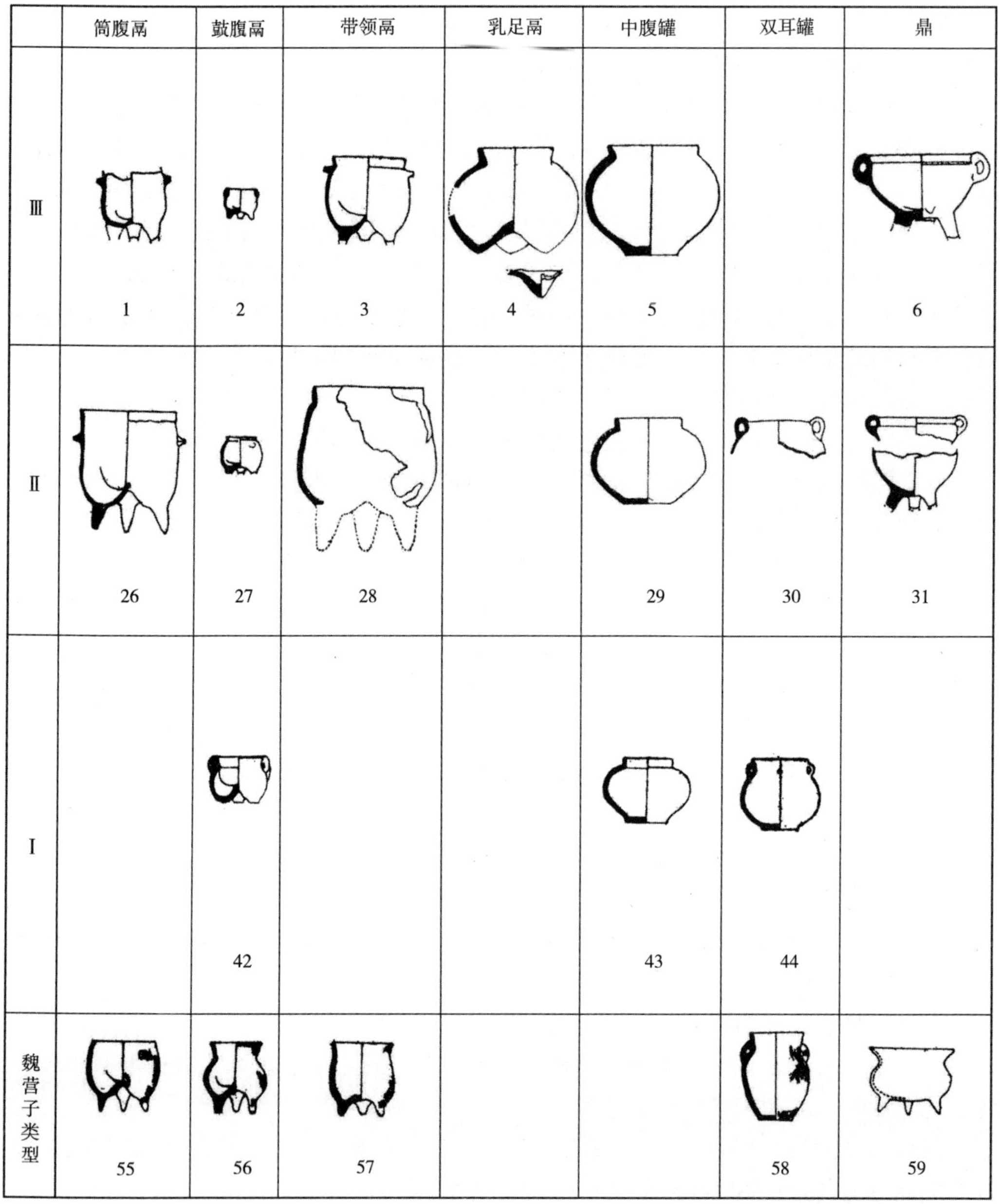

| | 筒腹鬲 | 鼓腹鬲 | 带领鬲 | 乳足鬲 | 中腹罐 | 双耳罐 | 鼎 |
|---|---|---|---|---|---|---|---|
| Ⅲ | 1 | 2 | 3 | 4 | 5 | | 6 |
| Ⅱ | 26 | 27 | 28 | | 29 | 30 | 31 |
| Ⅰ | | 42 | | | 43 | 44 | |
| 魏营子类型 | 55 | 56 | 57 | | | 58 | 59 |

图一　夏家店上层文化分期图和魏营子类型

1～3. 夏家店（F4：2、T7①：2、T1②：7）　4上. 赤峰红山后（M7）　4下. 夏家店T7②：3　5. 赤峰红山后（M3）M101：4、M101：7）　14. 敖汉旗周家地（M45：53）　15～17. 南山根（M3：7、M101：3、M101：39）　18. 赤峰根（M4：36、M4：28、M101：46）　26. 夏家店（T3⑤：11）　27、28. 蜘蛛山（H1：1、H21：5）　29. 夏家店（M14：4）　35. 建平水泉城子（M7081）　36. 夏家店（M17：6）　37.建平水泉城子（M7081）　38. 夏家店（上M12：4、50. 翁牛特旗大泡子　51～54. 建平水泉城子（M7701）　55～58、61. 喀左后坟　59、62. 喀左和尚沟　60. 朝阳魏营子

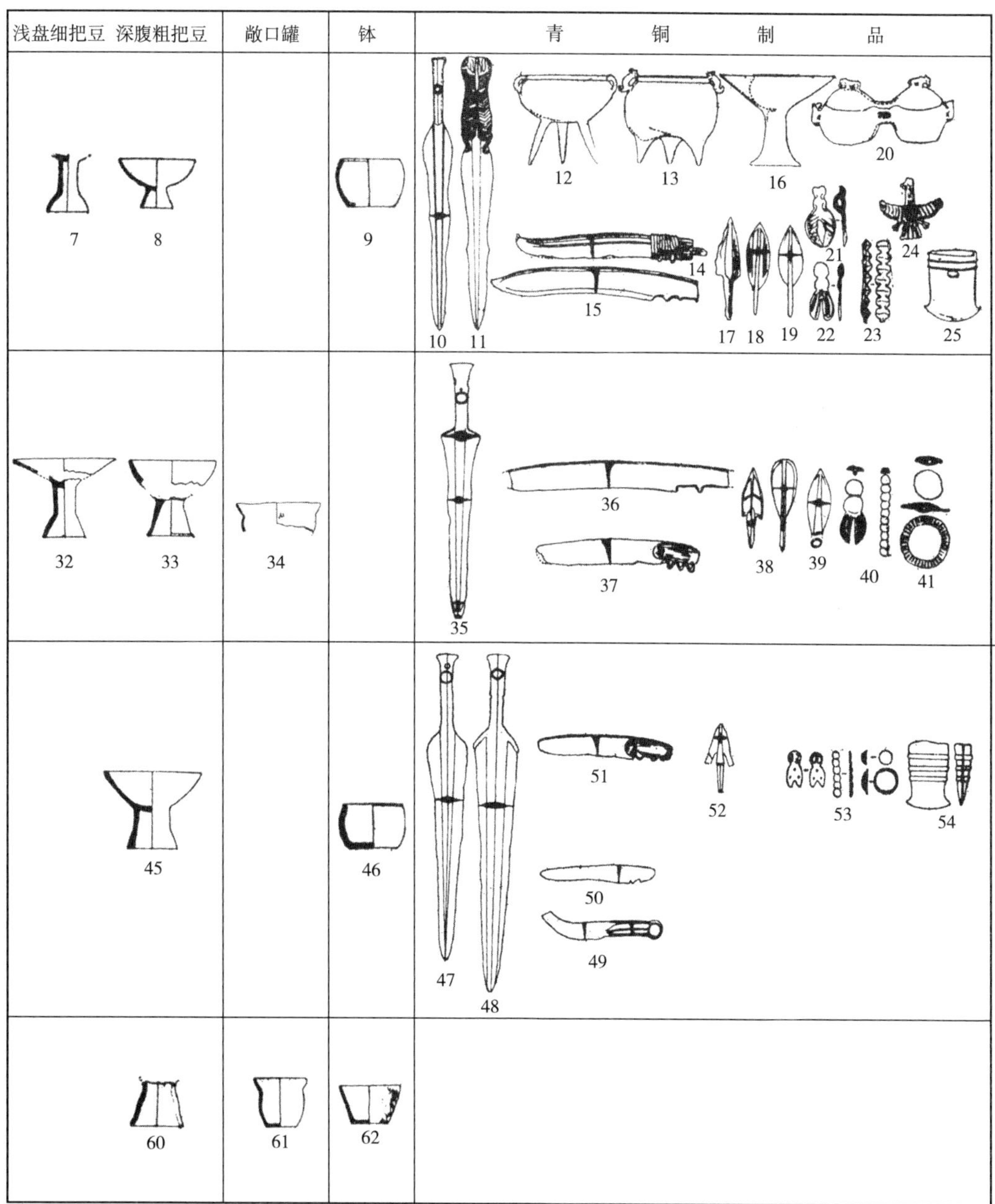


与夏家店上层文化比较图

6. 敖汉旗周家地（M45：01） 7、8. 夏家店（T3④：37、F4：1） 9～13. 南山根（M3：18、M101：20、M101：36、
红山后（M22） 19. 小黑沟（M3：12） 20、21. 南山根（M101：1、M3：8） 22. 周家地（M2） 23～25. 南山
1） 30. 南山根（H1：20） 31. 蜘蛛山（H1：22、H16：4） 32、33. 蜘蛛山（H25：6、H16：11） 34. 南山根（H25：
下 M12：6） 39. 大井古铜矿址 40. 夏家店（左 M11：1、右 M11：12） 41. 夏家店（上 M17：12、下 M17：2） 42～

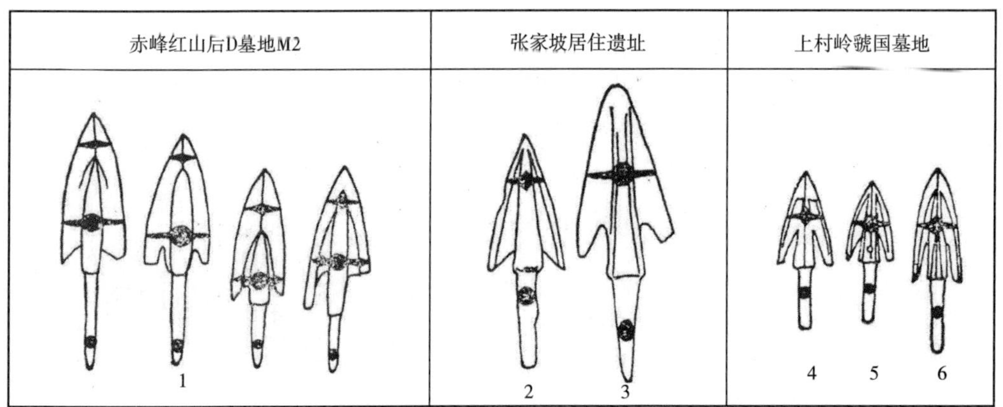


图二　铜镞比较图

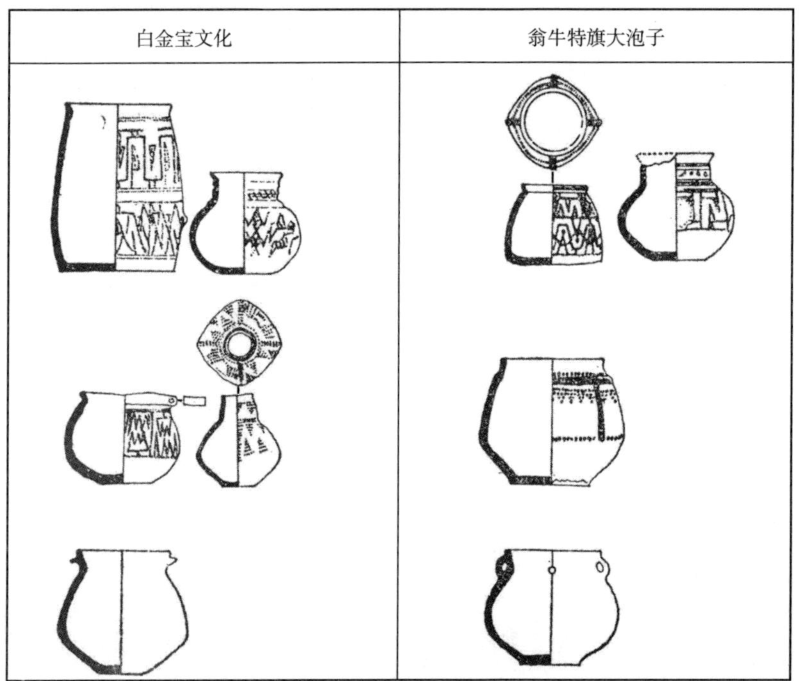


图三　陶器比较图

通过比较，我们认为这组材料在一定程度上反映了夏家店上层文化早期阶段的一般特征，应该早于夏家店遗址早期层位阶段，是目前已发表的同类材料中最早的一组。

综合上述分析，初步可以把夏家店上层文化分为三段（参见图一）。

第Ⅰ段：以翁牛特大泡子青铜短剑墓为代表，可归于此段的还有建平水泉城子M7701[16]。

该段陶器为夹砂红陶，均素面磨光。器形有鼓腹形态的陶鬲，口沿戳印一周篦点纹，口腹间对饰环状耳，高联裆，袋足呈半圆球形，下接实足根。腹部有一处似人耳状的痕迹，推测可能为联体鬲。深腹粗把豆，喇叭形座，由于豆座下部胎较厚显得稍束腰。罐分为两种，一种矮直领，扁体鼓腹，最大腹径在中部；一种小口矮领，口沿饰有一对环状耳，这两种形式的罐均为台底。钵为敛口弧腹，口沿抹斜形成尖唇。

铜器有銎柄式短剑；Ⅰ式短剑为直刃式，Ⅱ式短剑剑叶稍有波浪曲线。两把剑的尾部都较纯厚，柱脊无锉磨痕迹，剑叶无开刃线，剑身素面无纹饰。按这种短剑的发展规律属于早期形式，和南山根 M101：20 銎柄式短剑比较，显得简单、原始。本段富有地方特征的齿柄刀子与晚期同类器比较，明显的不同之处在于早期弧背无凸棱脊，刀首圆钝而简朴。大泡子出土的另一件刀子为环首，弧背，曲刃，翘尖，柄部铸有三条凸棱。同样形式的环首刀在中原地区商周遗存中常能见到，尤其与 1950 年安阳殷墟发掘时洹南出土的一把非常相似[17]，另外在浚县辛村、抚顺、兴城扬河[18]也都发现有类似的环首刀子。看来这种形式的刀子出现年代较早（图四）。

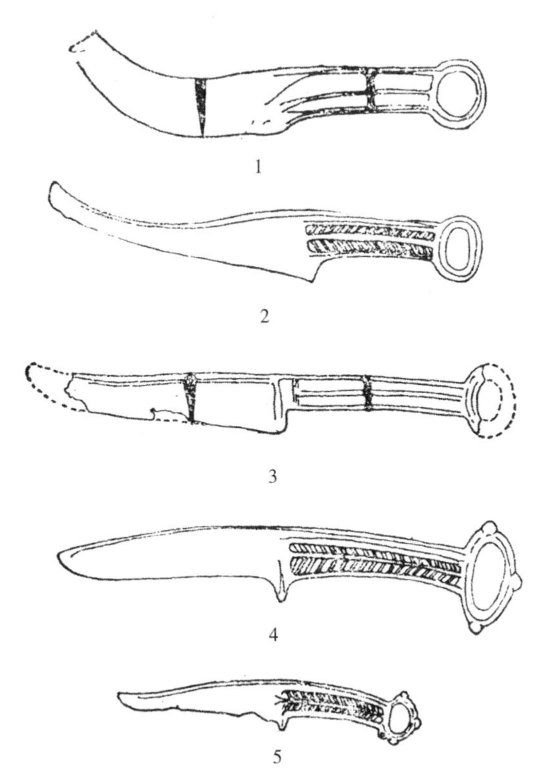


图四　环首刀举例

1. 翁牛特旗大泡子　2. 殷墟　3. 浚县辛村　4. 兴城杨河　5. 抚顺

关于该段的年代，建平水泉子 M7701 号墓出土的銎柄式短剑与大泡子Ⅱ式短剑形制完全相同，该墓出土的一件双翼柱脊有铤铜镞，具有典型西周铜镞的特点。有关文章对其年代做出的判断，同于以上我们对大泡子齿柄刀子和环首刀子的分析。由于大泡子出土的一组陶器具有明显白金宝文化风格，参考白金宝 H1 提供经树轮校正的碳十四测定年代数据为距今 2900 年±100 年（公元前 950 年），故可大体推定第Ⅰ段的年代约相当于西周早期或西周早期偏晚。

第Ⅱ段：以夏家店墓葬和遗址 T3⑤等早期遗存为代表。可归入此段的有南山根遗址的部分灰坑，林西大井铜矿 F2，蜘蛛山遗址的 H1、H16、H25、H21 等有关单位。建平水泉城子 M7801[19]和宁城小里石沟 M8061[20]出土的銎柄式短剑，通过比较，形态上介于翁牛特大泡子Ⅱ式短剑和南山根 M101：20 短剑之间，所以也暂归入此段。

本段的主要陶器有筒腹鬲，叠唇直壁方形鋬耳，连裆较高，三个半球状态足下接直立锥状实足根。鼓腹鬲，最大腹径在中部，口腹间有环状耳，矮联裆，三实足根直立。还有一种带领鬲，这种鬲最显著的特点是腹部以上有一段直领，领腹间稍有肩，上腹部往往饰方鋬耳，形态介于筒腹鬲和鼓腹鬲之间。豆的形式有细把浅盘豆和粗把深腹豆两种，其中粗把豆与第Ⅰ段同类器比较，喇叭形豆座的下缘较薄并稍卷。中腹罐与第Ⅰ段的同类罐比较，台底已消失。其他器类，还有双耳深腹圜底鼎、敞口叠唇盆、甗、钵等。

这一时期的銎柄式短剑，剑身较长，叶尾钝厚，銎筒呈圆形，柱脊无锉磨痕迹，剑叶无开刃线。比之翁牛特大泡子Ⅱ短剑，剑叶两侧的波浪曲线较明显，剑尾较宽剑首血糟尖下移，形成剑锋。齿柄刀子，弧背凹刃，背上有凸棱脊。见于本段的青铜制品还有联珠形饰、双尾形饰、同泡等小铜饰件。其中，新出现的柳叶形、三翼形、筒口形三种铜镞在中原文化中很少见到，可能为地方产品。

根据林西大井铜矿遗址已测定的六个碳十四年代数据，在公元前 10 世纪中叶～前 9 世纪中叶[21]，所以第Ⅱ段的年代定在西周中期偏晚较为合适。

第Ⅲ段：以夏家店遗址 T7②、T7①、T4④、H5、F4 等晚期层位遗存为代表，宁城南山根石椁墓、赤峰红山后 A、D 墓地棺墓，敖汉周家第 M45 可归于此段。

本段的筒腹鬲矮联裆，袋足底部较平，矮联裆，与上阶段筒腹鬲比较外裆线有明显变化。这一时期鼓腹鬲的裆部亦有由高向矮的同步变化。出土在较晚层位中的乳足鬲，可能是该阶段才出现的新型鬲。这种鬲的突出特点是矮领侈口，空足无实足根。带领鬲除了裆部有晚期阶段陶鬲的一般特征外，和上一段比较，器形变化最为明显。最大腹径由下部移到中部，口沿由小直领变为斜直领侈口。这种领口的变化还表现在中腹罐上，相比之下与第Ⅰ段同类陶器的直领风格呈鲜明对照。本段的双耳陶鼎也由上阶段的深腹变为浅腹。其他器形还有细把浅盘豆、粗把深腹豆、甗、钵等。

青铜制品以南山根 M101 随葬的一组有地方特点的青铜器为代表。M101：20 銎柄式短剑，叶尾较薄，柱脊表面经锉磨，脊侧棱线，銎筒呈菱形，质地优良。齿柄刀子较为常见，有的弧背出现双凸棱脊柱。联珠形饰，背面有穿，无论从形式和缀饰的位置都与上两段有别。双尾形、柳叶形、三翼形镞形状也与前段不同。本段青铜制品极为丰富，包括各种工具、兵器、马具以及鸟形饰品、金臂钏、耳环、动物牌饰等。

由于南山根 M101 随葬了一组年代明确的中原式青铜容器，所以第Ⅲ段的年代大约在西周晚期到春秋早期。考虑到本段部分墓葬中出土的铜镞形式，在中原春秋中期墓葬中仍有发现，所以估计也可能延续到春秋中期。

本文分期因材料有限，不能完全就类型学方面展示其发展演变的全过程。但以上对诸段陶器与铜器类比分析，可以看出部分同类器形演变的连续性，以及不同时期器物组合的阶段性变化。所以依据地层关系，通过典型器物形态的考察，参照碳十四测定的年代数据，初步将夏家店上层文化分为三期。

# 二、特征、分布与年代

就目前已发表的夏家店上层文化材料而言，进行系统的类型学研究和科学的型式划分显然条件还不够成熟。但在初步分期的基础上，对其文化特征进行归纳性总结则具有一定意义。

这一文化的陶器均为夹砂陶，羼有大量的石英砂粒，质地粗糙，火候较低。夹砂红褐陶，陶色不均，有鬲、甗、鼎，多为炊器。夹砂红陶，表面色泽鲜明，有的表面施有红陶衣，有罐、豆、盆、钵、碗，多为食器和盛贮器。陶器修饰风格以素面磨光为主，其中鬲、盆、钵的口沿常附加泥条形成叠唇，部分器形领口或腹部有耳和环状耳。制法皆为手制，大型陶器分段制作，然后套接成器。用榫卯法结合足、耳、豆柄用泥片卷合而成。小型器则用手捏制，一般制作较粗糙。

鬲是夏家店上层文化的主要炊器，其中鼓腹鬲和筒腹鬲为两种基本形式的陶鬲，形态上介于两者之间的带领鬲，可能属于基本型式鬲的一种衍生器，另一种肥袋足、无实足根的乳足鬲出现时间较晚。

鼎，短领敛口，圜底，锥形实足根外撇，口腹间有环状耳，早期深腹，晚期变为浅腹。

甗，发现的多为残片，器形不明，甗腰都要一匝附加堆纹。

罐的种类很多，但发掘到的多为残片，结合采集的完整器形，按器物形态可以分为六种形式：

中腹罐，矮领，圆腹，最大腹径在中部，个别器口下有环状耳。早期台底，直领，晚期台消失，斜领侈口。

扁体鼓腹罐，指最大腹径与器身高度之比大于 1，矮领侈口，最大腹径多偏于上部，个别腹部有附加堆纹。

垂腹罐，高领，溜肩，最大腹径偏于下部。

敛口罐，敛口，无领，圆腹，部分罐腹部附有桥状耳和鋬耳。

敞口罐，高领，大口外敞，腹较浅。

圜底罐，矮领侈口，扁体鼓底圜底。

壶，颈部较长，圆腹，稍有假圈足。这种器形较少。

豆有三种形式，浅盘细把豆和深腹粗把豆为两种常见的形式，另一种束亚腰豆仅见于采集品。

盆可分二型，叠唇深腹盆和浅腹盆，后者无复原器。

另外，常见到的器形还有钵、碗、瓮（图五）。

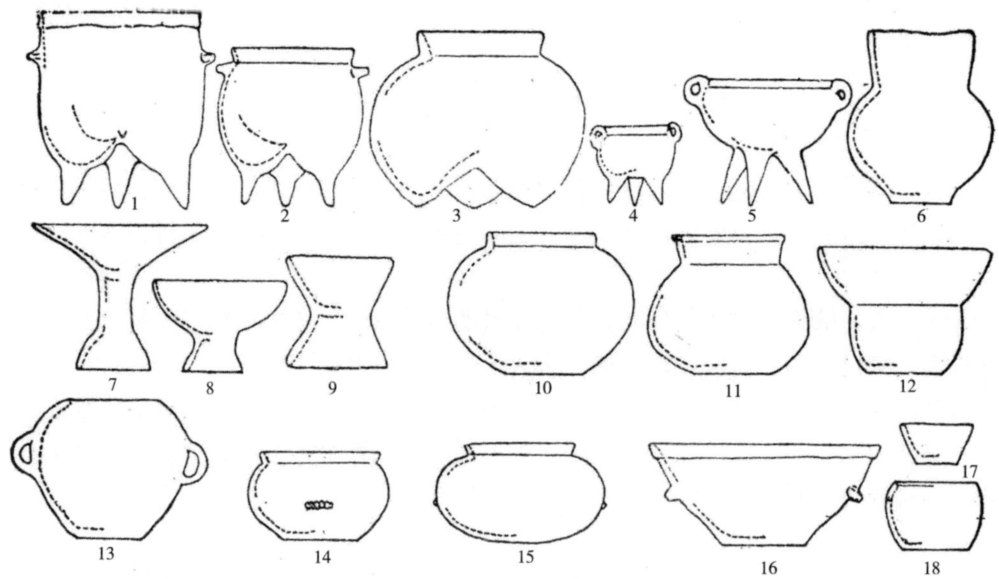

图五　夏家店上层文化陶器

1. 筒腹鬲　2. 带领鬲　3. 乳足鬲　4. 鼓腹鬲　5. 鼎　6. 壶　7. 浅盘细把豆　8. 深腹粗把豆　9. 束腰豆　10. 中腹罐　11. 垂腹罐　12. 敞口罐　13. 敛口罐　14. 扁体鼓腹罐　15. 圜底罐　16. 叠唇深腹盆　17. 碗　18. 钵

根据夏家店和南山根遗址提供的统计数字列表如下（表一）：

**表一　各类陶器所占比例**　　（单位：%）

| 器类 / 遗址 | 鬲 | 罐 | 豆 | 钵 | 盆 | 甗 | 鼎 |
|---|---|---|---|---|---|---|---|
| 夏家店 | 48.6 | 18.1 | 20.1 | 11.4 | — | 1.8 | — |
| 南山根 | 21.2 | 18 | 32 | 6.1 | 18.5 | 1.6 | 1 |

注：南山根遗址可辨器型还有甑、盘、杯、碗、勺等合计约占 1.6%。

由此可看出鬲、罐、豆、盆出现的比率最高，应为夏家店上层文化基本陶器组合。

青铜器以南山根M101 随葬品为代表。这组青铜器内涵复杂且种类繁多，既有典型中原文化的成套青铜礼器、兵器，又有常见于周邻地区的各种形式短剑、生产工具、动物牌饰等，还有吸收、融合中原文化或周邻文化产生的变体形式。其中富有地方特色的一组青铜器是研究夏家店上层文化特征的主要内容之一。

銎柄式短剑，过去一些文章称其为矛，近年来这种短剑发现的越来越多[22]，逐渐引起人们的重视。这种短剑的剑身较长，一般为曲刃，柱脊延伸到銎柄，筒口很细，剑身与剑柄连铸一体，从形态来看并不适于装上柲作长兵器使用。实际在建平发现的一把此形式的短剑，剑身留有清晰的木质痕迹，证明是装入剑鞘的[23]。在征集品中也有剑柄端筒口是封死的，或制成铃首形状的[24]。由此可知，这是一种作为短兵器使用的剑。

这种短剑主要发现于含有夏家店上层文化陶器的范围内（图六），其他地区均不见或少见，出现的时间可以早到西周初，比周邻其他形式的曲刃短剑早得多。所以我们认为銎柄式短剑是夏家店上层文化的原生因素。关于这种短剑型式的划分及有关问题，将另文讨论。

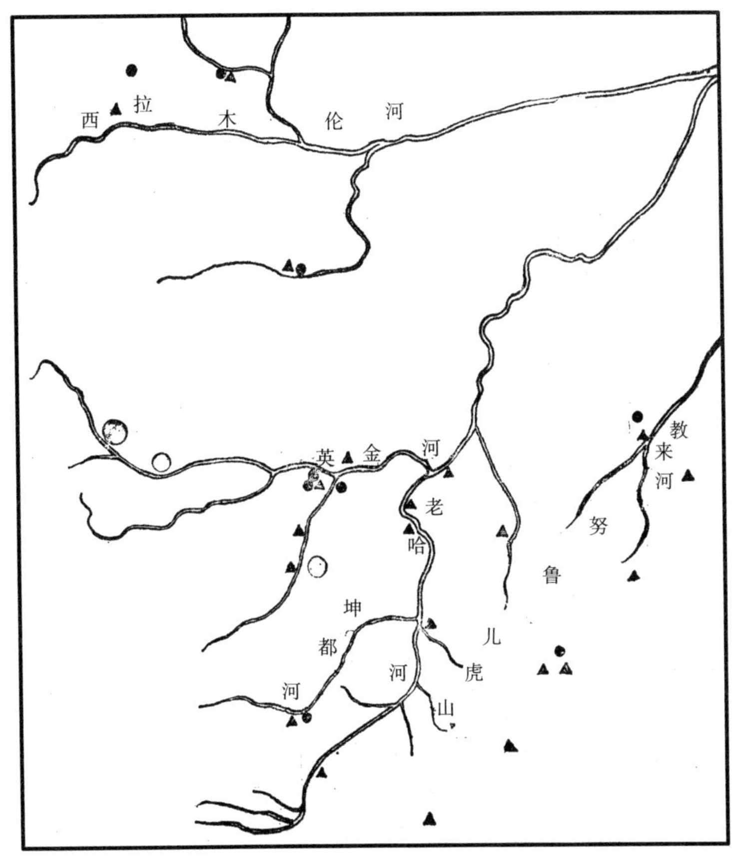


图六　銎柄式曲刃短剑分布地点示意图

▲銎柄式短剑出土地点　　●夏家店上层文化分布点

实柄曲刃短剑，出现在晚期阶段（Ⅲ段）。就形式而论，很可能是曲刃剑系统和北方连铸柄直刃剑系统的混合产物，这种短剑在承德附近多有发现[25]。

齿柄刀多与銎柄式短剑共存，主要特点是弧背凹刃，刀尖稍上翘，柄部较短有齿。在敖汉周家地出土的一把，还保留有木柄和绳索的痕迹，由此可知这种刀子需缚上木柄才能使用。齿柄刀子的分布范围较广，但形式不尽相同，一般铸造较粗陋，在毗邻地区出现的年代偏晚。在夏家店上层文化分布区内，这种刀子出现的频率最高，而且时间也较早，据此我们认为是上层文化的重要工具之一。

青铜容器有双环耳圜底鼎，犬纹双耳鼓腹鬲、豆形器、马纹纽双联罐、勺，其中部分容器形式与陶器相似或完全一致，这组青铜容器应该是仿陶器的。

具有地方特点的青铜制品还有工具和兵器，包括弧刃、二端上卷出钩的扇形斧，方銎凿，柳叶形柱脊有铤镞，剑鞘和头盔。还有两端有齿马衔、鹿首镳和弓形器等马具。装饰品（包括金器）有联珠形、双尾形、鸟形铜饰，蛙纹、蛇纹铜牌饰，还有螺旋式铜耳环和金臂钏（图七）。

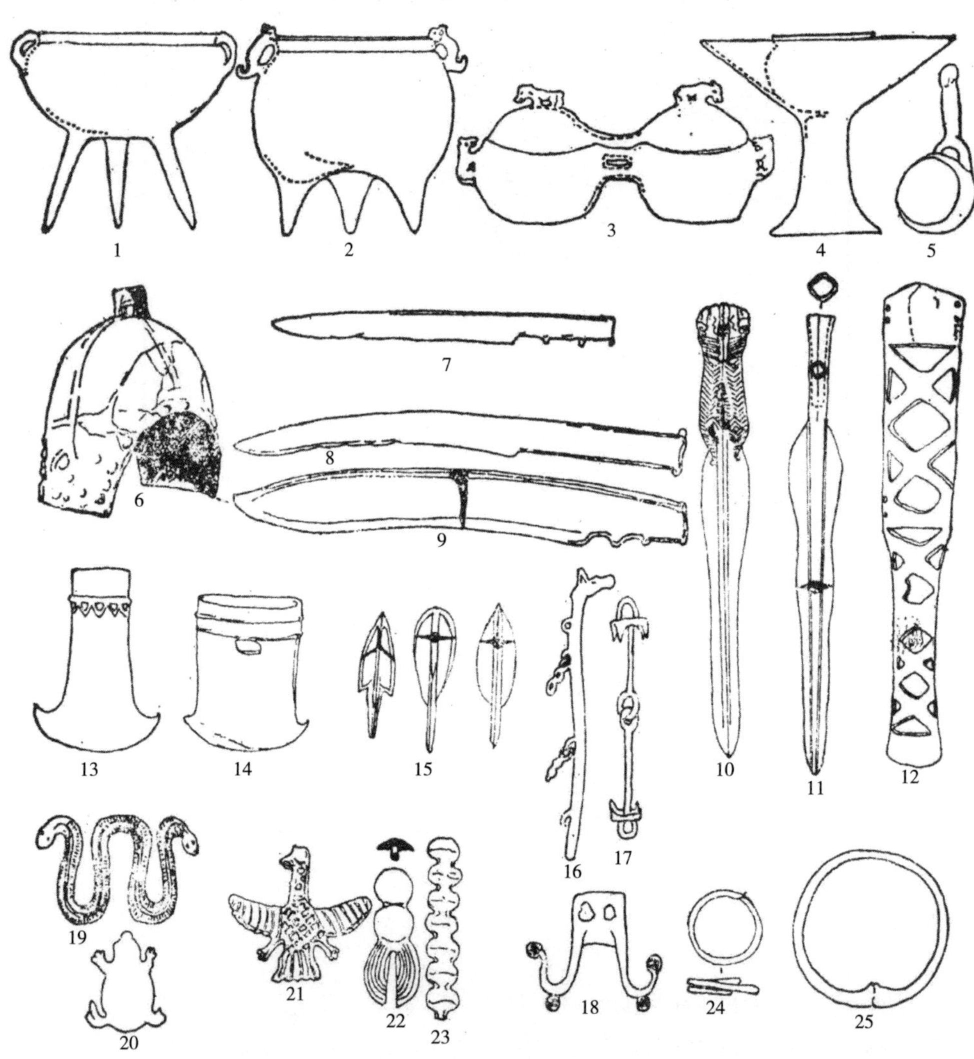

图七　夏家店上层文化铜器

1.鼎　2. 鬲　3. 双联罐　4. 豆形器　5. 勺　6. 头盔　7～9. 刀　10. 实柄曲刃短剑　11. 銎柄式短剑　12. 剑鞘　13、14. 斧　15. 镞　16. 鹿首镳　17. 马衔　18. 弓形器　19. 蛇形饰　20. 蛙形饰　21. 鸟形饰　22. 双尾饰　23. 联珠饰　24. 耳环　25. 金钏

（1～8、10～12、14、17、25. 南山根 M101；9、13、21、23. 南山根；15、22. 夏家店；16、18. 宁城小黑沟；19. 宁城梁营子；20、24. 赤峰红山后）

林西大井大规模采矿冶炼遗址的发现[26]和发掘、采集的大量铸范说明，这些青铜器是夏家店上层文化居民铸造的。由于这一文化已具有独立、定型的青铜器群，并能

铸造成套的青铜容器，证明其手工业与青铜铸造业已达到了相当高的水平。

石器和骨器中双孔弧背半月形石刀、穿孔锤斧、长铤骨镞、骨匕等，具有自身特点。卜骨也有发现，一般系用肩胛骨为原料，未经修治，仅有灼烤痕迹，显得较原始。

已发现的夏家店上层文化墓葬有近百座，墓葬成排分布，排列整齐有序，东—西向或东南—西北向，很少有叠压打破现象。有土圹、石圹两种，以石块（石板）垒砌的长方形石圹墓最具特色，头向多朝东，仰身直肢为主，侧身葬很少，有少量的合葬墓，流行殉狗的习俗。

根据随葬品多少和葬具形式，可分为大型石椁木棺墓、小型石椁木椁墓、石椁墓、土圹木椁墓四种。另外还发现在废弃的灰坑和房址内葬人的现象。从夏家店，敖汉周家地，赤峰红山后的随葬品能看出有明显的性别差异，女性多随葬骨针、陶纺轮、装饰品等；男性则主要随葬箭头、头盔、兵器、铜牌饰等。墓葬的规模不同，其随葬品的数量相差悬殊。例如南山根 M101 大型石椁墓随葬的各种青铜容器、兵器、马具、工具等多达 500 余件，相比之下；同时期的小型石椁（棺）墓仅有 1～2 件陶器和几件简单的铜制品，至于那些因某种原因非正式埋葬甚至丢弃的人骨，则没有任何随葬品。这些现象都从一个侧面反映了当时社会等级化的发展状态。

这一文化的房址按建筑形式，分为地穴式、半地穴式和地面建筑三种。半地穴式房址又有长方形和圆形两种建筑形式。墙体一般用石块垒砌，居住面经过夯打，有室内有石头砌的炉灶，地面正中都有柱子洞，部分房址四周也留有柱子洞。各种不同形式的房址室内结构大同小异，目前的材料还不足以说明三种不同形式的房址是否存在着年代的差别。

简而言之，夏家店上层文化的基本特征，可归纳为四点：

（1）以筒腹鬲、鼓腹鬲两种基本形式的陶鬲为代表，以夹砂素面磨光红褐陶为特征的陶器组合；

（2）銎柄式短剑、齿柄刀子、扇形铜斧、仿陶器铜容器，以及各种具有地方特色的青铜制品；

（3）石器有半月形弧背双孔石刀、穿孔锤斧；

（4）墓葬为长方形土圹和石圹为特色，流行头向朝东，仰身直肢的丧葬习俗。

位于热河山地东缘的建平和宁城等地，除了分布銎柄短剑之外，还经常见到一种剑身与剑柄分铸，柄端装有加重器的短茎式曲刃短剑。这种短剑在下辽河流域、辽南、吉林和朝鲜等广大东部地区都有发现，具有多种形式，其中以大小凌河流域分布最为集中。銎柄式和短茎式两种短剑剑身形式比较相似，并且有共存关系。所以有关的文章认为，分布在大小凌河流域以短茎式曲刃短剑为代表的有关遗存，属于夏家店上层文化或上层文化的一个类型[27]。在搞清上层文化的分布范围之前，需要对这种文化遗存进行考察。

如果把两种短剑的剑身仔细进行比较，不难发现他们有很大区别。绝大部分銎柄式短剑叶刃呈波浪形较平缓，没有短茎式短剑的节尖，柱脊上也没有脊突，前锋很短，几乎无血槽尖，一般剑尾都有剑格。相比之下没发现过带有剑格的短茎式短剑。

两种短剑的铸造形制有本质的不同，短茎式曲刃短剑为分铸体式，剑柄端装有加重器，其功能在于平衡作用。銎柄式短剑为连铸体式，还没有发现过柄端另装有加重器之类的附件范例。需要指出的是，部分这种形式的短剑两侧刃部并不对称，往往一侧内凹（翁牛特大泡子Ⅰ剑），看来并非因铸造所致，应该是使用留下的痕迹。推测两者在铸造形制上的区别，可能与传统的使用习惯相关。另外，它们各自的分布范围也是十分清楚的，銎柄式短剑在老哈河流域分布较为集中，在大小凌河流域几乎完全见不到，而短茎短剑的分布情况则恰好相反。

因此，我们认为短茎式和銎柄式短剑分别属于不同的短剑系统。以两种短剑为代表的各自青铜器群也大相径庭。

（1）前者有多纽铜镜，双螭纠结、丫形、十字形铜饰。后者以联珠形、双尾形、鸟形铜饰为特征。齿柄刀子和扇形铜斧虽然为两者共有，但大小凌河流域发现的齿柄刀子数量很少，并非原生因素。扇形铜斧的形式也和老哈河流域见到的有别。

（2）马具形制也完全不同，前者有三穿不在一个平面上的马镳、盖式銮铃。后者有两端倒刺的马衔，弓形器、鹿首镳的二穿在同一平面上。

（3）前者流行曲尺纹、相对三角纹、三角勾连雷纹、回纹。后者主要流行各种写实动物纹，常见的几何纹饰有三角纹和锯齿纹（图八）。

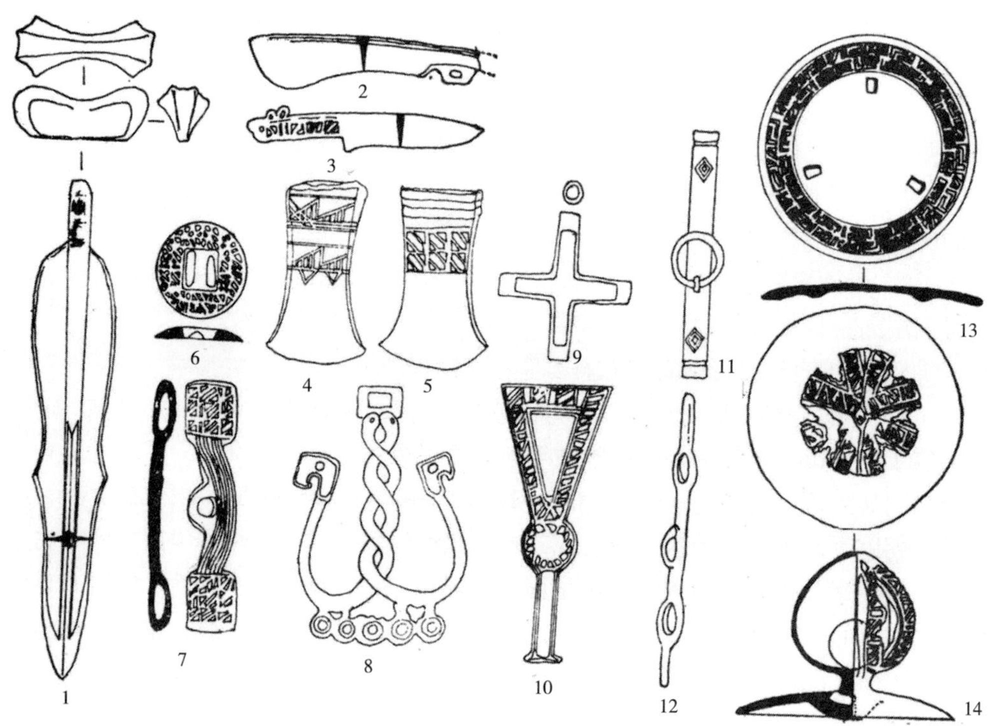


图八　大小凌河流域青铜器

1～3、10、12、13. 朝阳十二台营子M1　4、6、7、14. 锦西乌金塘　5、8、9、11. 朝阳十二台营子M2

陶器是划分考古文化的主要依据，遗憾的是，认为含短茎式短剑遗存属于夏家店上层文化的有关文章，并没有提供出有利的证据。仅仅根据陶质、陶色、制法等陶器的一般要素，来辨别某种考古文化显然是不充分的。应该承认这一地区陶器发表的很少，通过零星材料的分析，可以得出以下认识：

（1）据朝阳地区文物普查[28]，这一地区三足器不发达，少见矮领鼓腹罐，尚未见双耳圜底锥足鼎和筒腹鬲等夏家店文化典型的陶器。

（2）短茎式曲刃短剑伴出的陶器多为罐和钵，一种形式的罐为宽折沿敞口，另一种罐为外叠唇筒腹，都是上层文化中少见或不见的。在年代稍晚的这种形式短剑墓中出土的陶器有肩部饰疣状耳的深腹罐和长颈壶，其形式与下辽河流域短茎式短剑共存的陶罐和陶壶比较相近。另外在共出的青铜制品方面也有许多相似之处，例如多纽铜镜、扇形铜斧、青铜器上的几何纹饰等，意味着它们之间存在较为密切联系。

基于上述认识，大小凌河流域含短茎式曲刃短剑遗存与夏家店上层文化有明显区别，所以很难把这一区域纳入上层文化的分布范围。含这种短剑的遗存应为另外系统的青铜文化。

夏家店上层文化的分布范围北面越过西拉木伦河，东界在努鲁儿虎山东麓，包括建平、大凌河上游一线，南境可达冀北滦河上游流域，西边的范围尚不清楚，但至少在宣化地区的同时期或稍晚的考古文化遗存，与夏家店上层文化有区别[29]。这样可大体圈出该文化的分布范围约在热河山地，中心区在老哈河流域一带。

在夏家店上层文化中心分布区以南，越过七老图山脉的滦河流域区，除了基本文化特征和中心区保持一致外，也表现出了某些差异。例如四足陶钵、带耳侈口盆不见于老哈河流域[30]。承德附近的滦平、隆化、青龙都出有銎柄式短剑[31]，但形式上与夏家店上层文化典型的銎柄式短剑有区别。在墓葬形式和葬俗上也有所不同，这一区域的石棺墓，在地面上有封土或封石[32]，基葬中有大量殉狗和殉牲的现象。上述差别也许因地域或年代原因所致。由于滦河上游没有进行过科学发掘，是否可以划分为不同的文化类型，将有待于今后的田野工作（图九）。夏家店上层文化的年代，一般认为上限可以早到西周初[33]。但其下限到什么时候历来看法不甚一致，归纳起来无外乎有两种意见：一种认为“其下限不可能晚于春秋”，主要是依据材料本身推断的；另一种意见认为，可以晚到战国，“燕秦为代表的战国文化达到这一地区之前”。根据赤峰蜘蛛山发现的战国遗址叠压在夏家店上层文化堆积之上，同样的层位关系在宁城南山根、建平水泉、建平喀喇沁河东等遗址也均有发现[34]。那么燕文化是何时来到本此地的呢？这是解决夏家店上层文化年代下限的关键。

大量的地下实物和史料证明，战国晚期燕文化已分布到热河山地以至更北的下辽流域[35]。《史记·匈奴列传》记载：“燕有贤将秦开，为质于胡，胡甚信之。归而袭破走东胡，东胡却千余里。……燕亦筑长城，自造阳至襄平。”这段文字告诉我们，战国时期燕国北部修过一条长城，以防东胡侵扰。经多年来的调查，在围场、赤峰、敖汉，到奈曼塰东一线发现古城址，沿线多采集到战国的铁农具、明刀钱、一化圆钱等燕文化遗物[36]，与文献相印证，一般公认为燕北城。那么这条长城是何时开始修建的呢？《史记》虽并无明确记载，但却说："与荆轲刺秦王秦舞阳者，开之孙也。"可知，秦开是秦舞阳的祖父，荆轲刺秦王的年代是公元前227年，如果向前推三代（60～80年），秦开应是燕昭王时期的人。是时燕国强盛，与秦开却胡千里，筑长城史实相符合，所以燕北长城始筑年代当在公元前4世纪末～前3世纪初。如果这条史料记载无误的话，至少在战国中期燕文化已分布到这一地区了。

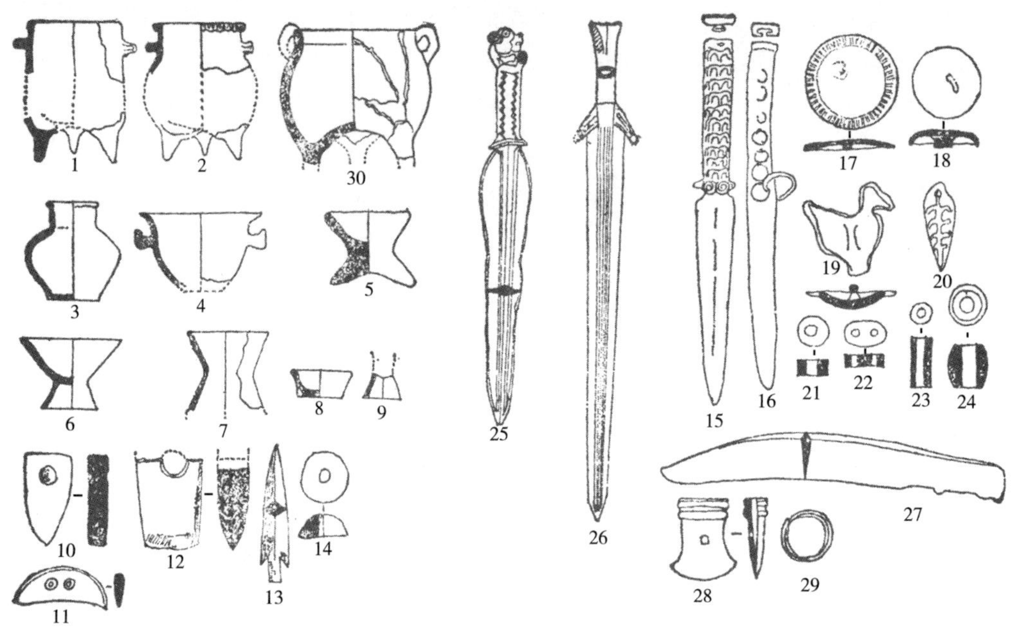

图九　滦河流域器物群

1～3、13. 丰宁城根营　4、6、9、11. 滦平营房　5、7、8、12. 丰宁胡岔沟　10. 平泉排杖子前山　14. 承德市采集　15～24. 平泉东南沟墓葬　25. 隆化下甸子墓　26. 三道营骆驼梁M5：1　27. 三道营骆驼梁M8：1　28、29. 滦平苘子沟

从考古材料看，赤峰蜘蛛山遗址出土的山形纹和兽形纹半瓦当见于文化层，而饕餮纹形式的则只出于被文化层所叠压的窖穴中，后一种半瓦当在凌源安杖子也有出土，其形式和纹饰都与燕下都发现的完全一样[37]。从遗址出土的陶器判断，个别器形的年代或许要早些，如第一种陶豆，大口瓮，他们分别与洛阳中州路东周墓IA陶豆和怀柔战国墓Ⅱ式釜相似[38]。赤峰市附近英金河南岸发现一座战国墓葬[39]，随葬陶器中，罐的形式与燕下都战国早期墓出土的陶尊很相似[40]，豆的形式大体相像于洛阳中州路东周墓的Ⅲ式陶豆。据此，这座墓的年代大概不会晚到战国晚期。承德滦河镇发现的一座战国墓，年代可定在中早期[41]。这些材料虽比较零散，但却有一定的代表意义，战国中期燕国势力达到赤峰以南是完全可能的。也就是说，夏家店上层文化年代下限

不会晚于战国早期。

迄今为止发现最晚的夏家店上层文化遗存约在春秋中期左右，能否延续到战国时期，尚无材料证明。应该指出的是，早年在赤峰红山后采集的两件陶器值得注意（《赤峰红山后》第二十二图，5、7）。一件罐型豆（报告称圈足壶），上部像一个短领鼓腹罐，下部有较高的圈足，造型别致，形式大体与唐山贾各庄战国早期墓出土的Ⅱ式陶豆非常相似。另外，相同形式的豆在河北怀柔、邯郸石家村战国墓中也有发现[42]，所不同的是红山后罐形豆是夹砂红褐陶的。另一件双耳罐，鼓腹，在肩部饰有双环耳，短领，领部附有泥条，与贾各庄战国墓非燕文化的双耳罐十分相像（图一〇）。在热河山地以西春秋晚期到战国早期的墓葬中（宣化白庙墓地未发表资料），这种形式的双耳罐多和环首直刃短剑共存。这两件春秋晚期到战国早期出现的陶器，不大可能是由外地传入的，应该是在本地烧造的。那么这种陶器通过以上的器形比较，均相似于贾各庄燕墓随葬的同类陶器，但是又都与典型的燕文化陶器有区别，所以不排除是夏家店上层文化延续产生的变体，或许还有一种可能，就是取代上层文化的另外一种考古文化遗存。虽然目前我们还无法明确判定其文化性质，但却为探求上层文化年代下限提供了线索。

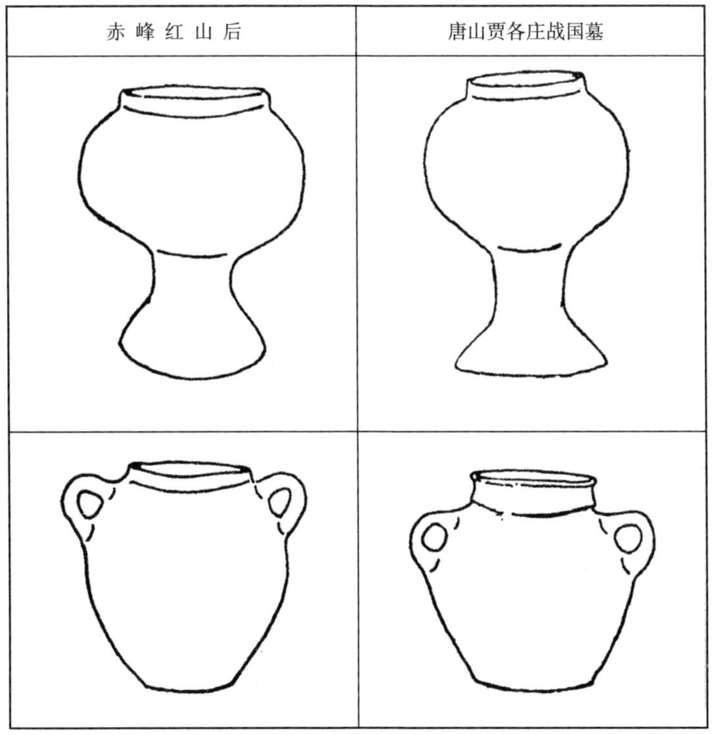


图一〇 罐型豆、双耳罐类比举例

## 三、渊源及与周围青铜文化的关系

夏家店上层文化分布的热河山地，位于长城沿线东端，地处中原，东北，西北三者之中枢，在于周邻文化交往中，其文化面貌表现出较复杂的多层次结构。这里，我们通过有关文化遗存的考察，着重讨论夏家店的上层文化的渊源，及其形成发展过程中与周围青铜文化的关系。

**1. 与夏家店下层文化的关系**

这个问题，早在20世纪60年代初两种文化命名时就已提出。由于以往发现的夏家店下层文化多直接被上层文化所叠压，又因为它们的分布区域也大体相同，所以曾引起人们的注意，并就这一问题提出了不同的看法。

（1）认为“夏家店上层文化不是从夏家店下层文化演变而来”[43]。两种文化“可能属于不同的文化系统”[44]。

（2）认为两种文化存在某些共同因素，“说明它们之间有一定的早晚承袭关系”[45]，“夏家店上层文化同下层文化有密切关系，或者竟是由后者分化出来的”[46]。

近年来的一些考古发现，改变了以往对夏家店下层文化年代的认识。主要材料是河北平谷刘家河殷墟早期墓打破了下层文化的遗址[47]，河北蔚县发现下层文化堆积，被含有二里岗上层文化陶片地层所叠压的层位关系[48]，参考已公布的下层文化碳十四年代数据，均没有超出夏纪年范围。据此，有理由推断夏家店下层文化年代下限不晚于二里岗上层阶段，就是说夏家店上、下层文化之间还有很大的年代空白，至少隔着二里岗上层和殷墟两个阶段。

以陶器来分析，下层文化以灰陶为主，绳纹和绳纹加划纹为两种常见的纹饰，还有篮纹，附加堆纹等，并流行在磨光黑陶上绘制各种卷云纹、雷纹彩绘图案。筒式鬲是最有代表性的器物，甗作为主要炊器在遗址中大量存在，还有鼓腹盆、折腹盆（尊）、罐等为基本器物组合。制法以泥条盘筑为主，兼有模制，部分陶器使用轮制。陶器烧制火候高，造型整齐，胎质坚硬，表现出较高的制陶工艺水平。相比之下，上层文化在陶系、器形、基本组合和制法上则完全不同。类比其他，下层文化以磨制石器为主，其中以梭形石刀和扁平有肩石铲最有特色，打制的亚腰石锄也较为常见；上层文化中敲砸器较多，楔形锤斧，环状石器及弧背半月穿孔石刀具有自身特点。下层文化的青铜铸造技术还较原始，只发现小件青铜器；上层文化无论是青铜器的种类、数量均反映较高的铸造水平。此外，如喇叭形铜耳环和螺旋式铜耳环，显示了不同文化系统在装饰品方面所表现出的差异；墓葬形制和丧葬俗方面也有明显区别。

如果说两者还有相似之处的话，就是在夏家店下层文化晚期个别遗址中出现了一些“新因素”。例如，夹砂红褐陶增多，外表打磨光滑的素面红陶器等。有观点认为在下层文化自身发展过程中已出现演变成上层文化的端倪，但是并没有解释两者间为什么在文化面貌有如此巨大的差异。关于“新因素”问题我们将在后面谈到。事实上通过年代分析和文化特征的比较，很难说夏家店上层文化是继承下层文化发展而来的。

**2. 与“魏营子类型”及有关文化遗存的关系**

在朝阳魏营子遗址和喀左南沟门第二层堆积中出土的陶片[49]，揭示了存在于夏家店下层文化和以短茎式曲刃短剑为代表的青铜文化之间的一种文化遗存。视其文化面貌，它不同于夏家店下层文化，而具有某些上层文化的因素，但其自身文化特征又比较明显。近年在辽宁西部地区主要是大小凌河两岸已在多个地点发现类似的遗存。喀左后坟村中出土的一组完整陶器[50]，进一步扩大了人们对于此类遗存的认识。有关文章把分布在大小凌河流域的这种文化遗存称为“魏营子类型”，这一类型的典型材料是以后坟村陶器组为代表的。

“魏营子类型”的年代，根据魏营子西周早期墓葬填土中出有该类型的陶片，可以确定其年代下限不会晚于西周早期。以喀左后坟陶器，与周邻文化进行比较，年代约可推定在殷墟时期。

（1）“魏营子类型”的鼓腹鬲除口沿饰有附加堆纹外，高领肥袋足，有圆锥形实足根，体高大于腹宽，从整体上看，具有二里岗-殷墟早期商文化陶鬲的一般特点。

（2）和“魏营子类型”相邻，并保持某种文化联系的河北蓟县张家园遗址（三层）[51]，出土安阳小屯殷墟时期的三角划纹簋口沿陶片和刻有人字纹的陶压模。

（3）蓟县围坊遗址（二层）[52]出土的陶器，除了具有某些商文化晚期特征外，还共存有“魏营子类型”最有特点的口沿饰堆纹的陶鬲。

据此判断这种文化遗存的年代应相当于商晚期，年代上限可能更早一些。因材料所限，目前尚无法进行分期的研究。

“魏营子类型”的陶器，以夹砂红褐陶为主，也有灰褐陶，据后坟村陶器组统计，绳纹占 67%，一般较细密而浅，纹理不清，有在陶器口沿上拍印绳纹的作风。其他纹饰还有压印三角纹、附加堆纹，尤其以在器口部饰附加堆纹最具特点。素面陶器也占相当比重。制法较粗糙，质地疏松，烧成火候低。主要器形有鼓腹鬲、筒腹鬲、宽折沿圜底鼎、矮圈足粗把豆、敞口罐、小口双耳罐、外叠唇盆、壶、钵。

“魏营子类型”的炊器主要是鬲，据后坟村陶器组的统计约占 33%，可以分为三种类型。其中口沿饰附加堆纹的鼓腹鬲占 22%，显然为一种主要形式的炊器。这种鬲领较高，侈口，高分裆，袋足圆鼓，下附圆锥形实足根，通体饰绳纹后又经抹光。第二种筒腹鬲，平沿稍敛口，腹壁微曲近筒形，分裆较高，袋足下接实足根。第三种形式的鬲，大口腹壁近弧，领腹间稍有分界，裆较宽平，从形态上分析兼有筒腹鬲和鼓腹鬲的特点。

综上所述，“魏营子类型”与夏家店上层文化之间不仅年代上基本衔接，在文化特征上也有许多共同因素。两者均以夹砂红褐陶为主，以素面磨光陶和烧成火候低为特点。其他如口沿外叠唇、鋬耳和双环耳等也为共有的风格。从器形来看，“魏营子类型”的折沿圜底鼎，叠唇盆、敞口罐、粗把深腹豆都可以在上层文化中找到相似的器形。特别是三种鬲的形态与上层文化的筒腹鬲、鼓腹鬲、带领鬲非常相似（参见图一）。如果把两组陶器进行比较，不难看出主要器物之间存在着演变的逻辑关系。例如鼓腹鬲，由领部较高，口沿外撇演变为短领直口，由最初的口沿饰附加堆纹花边装饰，到逐渐衰退简化，象征性地在口沿戳印一周锥刺纹，最后口沿上装饰则完全消失。筒腹鬲，由平沿腹壁稍弧发展成为叠唇直腹，外附有鋬耳。这两种基本形态陶鬲的裆部都是由高分裆向矮联裆发展，除内裆变化外，外裆线也随之作相应的变化。

带领鬲，可能是上述两种基本形态鬲的衍生器，如果说在“魏营子类型”阶段，领腹间稍有分界，整体上给人的感觉比较近似于筒腹鬲的话，到了晚期阶段，这种形式的陶鬲领腹分明，形态上明显接近鼓腹鬲。

通过比较，我们认为“魏营子类型”与夏家店上层文化之间存在着密切关系，并且不怀疑后者吸收了前者的某些文化因素。但两者也有一些不同之处，似乎还缺少某些中间环节。从地域上来说，“魏营子类型”主要分布在大小凌河流域，与上层文化的分布范围相异，其所表现出来的自身文化特征也比较明显。所以目前的材料还不足以证明夏家店上层文化是直接承袭“魏营子类型”发展演变来的。

早年在内蒙古哲里木盟（现通辽市）小库伦曾收集到两件陶鬲[53]，皆红褐陶，外表经打磨，隐约可见绳纹，高领侈口，袋足圆鼓，下附锥形实足根，内裆较高并包有泥片，主要特征是口沿上附有泥条堆纹的花边装饰，明显具有“魏营子类型”鼓腹鬲的特点（图一一）。

类似遗存在西拉木伦河以北的克什克腾旗天宝同[54]、林西砂窝子[55]、老哈河中游赤峰周围的敖汉旗[56]、宁城（西门外）[57]老哈河上游的建平水泉[58]以及滦河上游承德附近[59]、丰宁城根营[60]等，夏家店上层文化分布范围内都有零散发现。

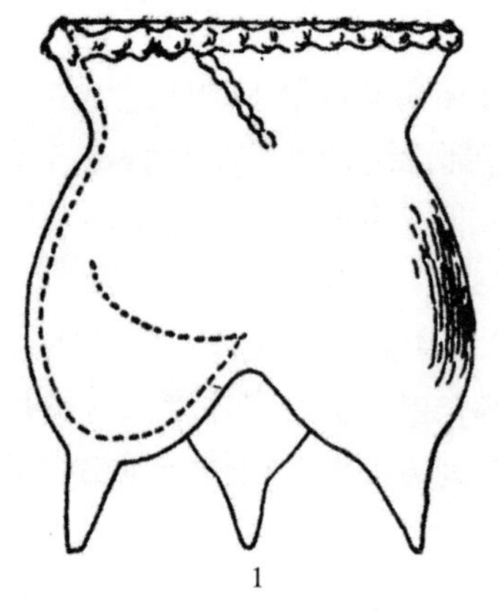


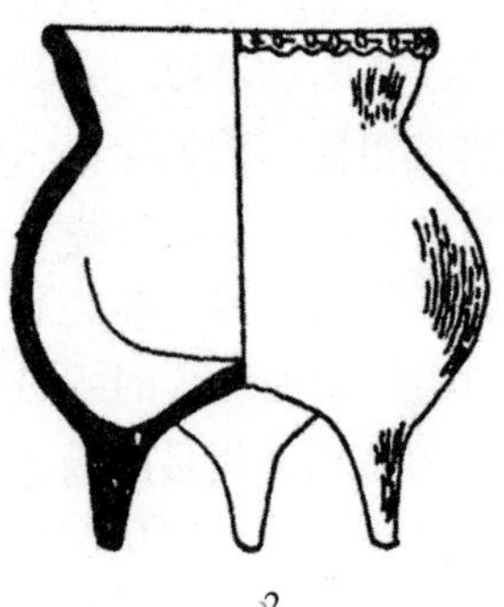


图一一　花边口沿陶鬲类比举例

1. 小库伦出土的陶鬲　2. 喀左后坟村出土的陶鬲

以小库伦陶鬲为代表的有关遗存与上层文化之间的关系，虽然因材料所限还很难讲清楚，可是其与“魏营子类型”在文化面貌上反映出来的共同特征是可以确定的，两者的年代应大体相当。尽管目前我们还无法辨别这两种遗存是否属于同一文化或同一文化的不同类型，但就分布区域来说，至少可以确认，以小库伦陶鬲为代表的遗存比“魏营子类型”存在与上层文化更为直接的关系。

近年在热河山地东缘，建平水泉遗址中层发现的陶器[61]，往往与夏家店上层文化不易分开，同时又具有某些“魏营子类型”的特征。这批材料或许是连接以小库伦陶鬲为代表文化遗存和上层文化之间的中间环节。随着这方面考古材料不断丰富，将有可能向人们更清楚地展示这一发展演变的全过程。

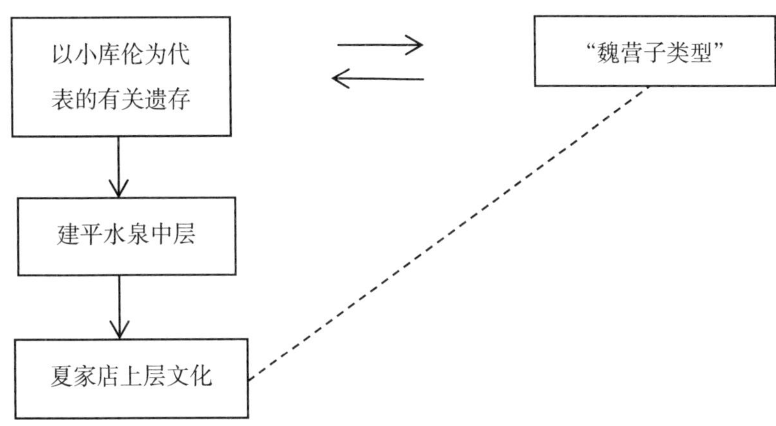


值得注意的是，在“魏营子类型”及有关文化遗存分布范围内，发现了大量种类齐全的窖藏商周青铜器，尤其比较集中在喀左县境内。有关文章认为，这“表明商朝的政治势力早已越过长城地区”，或认为是商周王朝的一个方国的所在地[62]。然而从考古学文化的角度看，这个地区一直没有发现商文化的陶器群。“魏营子类型”及有关遗存是目前已知这一阶段唯一指认的陶器群，但看不出有何商文化的因素。显然仅根据脱离陶器群而孤立存在的商周青铜器，论证商文化的分布范围是难以令人信服的。那么，这些铜器是否是“魏营子类型”及有关遗存本身所拥有的呢？现在还无法断然下结论。总之，今后无论对这批窖藏青铜器的来源做出何种解释，上述事实都是一个不容忽视的前提。

**3. 与下辽河流域青铜文化的关系**

夏家店上层文化基本形式的陶鬲-筒腹鬲，在热河山地以南迤西的广大地区极少发现，可以肯定那里不属于筒腹鬲炊器系统的分布范围。位于下辽河流域的沈阳及周邻地区，近年来的考古发掘和资料刊布工作已有相当进展。引人注目的是，几组青铜时代遗存都出土有筒腹形陶鬲，经比较可大体排列出它们年代的早晚序列。

新乐上层文化[63]，陶器以夹砂红褐陶为主，素面陶外表多不打磨，除附加堆坟外，缺少纹饰。制法主要为手制、泥片套接，外叠唇和器耳较发达。筒腹鬲，大口直腹宽裆，柱状实足，腹部有四个横桥状耳。其余的典型陶器还有鼎、甗、豆、壶、碗。石器以直背弧刃穿孔石刀最有特点，青铜器有小型铜斧、铜刀。根据与此文化面貌相近的抚顺望花遗址[64]出土商时期翘尖环首刀和热释光测定年代（距今 3090 年±100 年），推断新乐上层文化年代在商周之际，大体与“魏营子类型”年代相当。

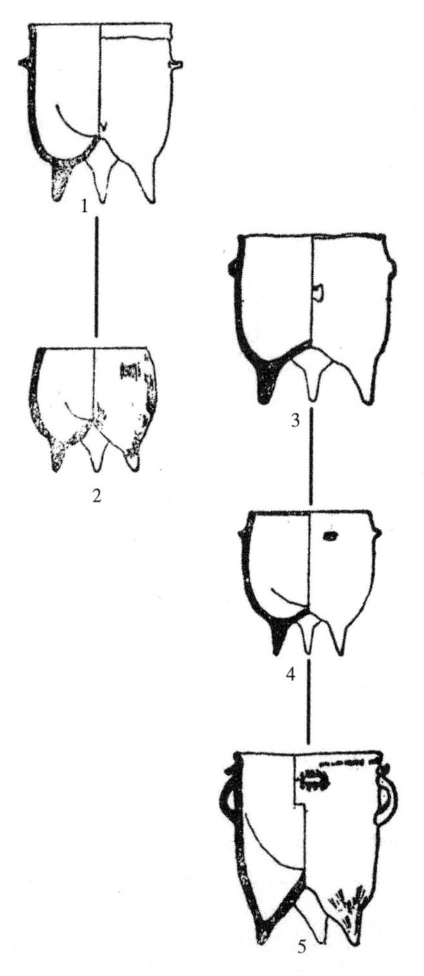

图一二　筒腹形陶鬲排序

1. 夏家店（T3⑤：11）　2. 魏营子类型　3. 新乐上层（SV73：5）　4. 东高台山（T1H1：2）　5. 彰武平安堡（采集）

高台山文化[65]，在沈阳市与新乐上层文化有共同分布区域，文化面貌亦有相似成分。在东高台山遗址出土两件筒腹鬲，均为夹砂红褐陶直口筒腹，腹壁稍弧，裆较深，圆锥形实足根，腹部有四个竖桥状耳。该遗址碳十四测定年代距今 3370 年±90 年，早于新乐上层文化，大约和夏家店下层文化晚期年代相当。

彰武县平安堡遗址[66]，属于高台山文化。该遗址出土的筒腹鬲，夹砂红褐陶，均素面、表面粗糙。器形为筒腹、腹壁较直，有很短的斜折沿，深裆，内裆较锐，袋足下附实足根不明显，上腹部饰对称竖桥耳。根据类型比较，要早于东高台山遗址出土的两件同类型鬲（图一二）。

下辽河流域青铜文化中富有特征的筒腹形陶鬲，从形式上看与夏家店上层文化的同类型鬲非常相似。也就是说，上层文化特征之一的筒腹鬲，在下辽河流域是一种传统的使用炊器，出现的年代可以早到夏纪年范围内，并且存在着自身发展的演变序列，联系到筒形陶鬲在下辽河流域以北的地区也有广泛的使用，在那里却极少见到鼓腹形式的陶鬲。所以，推测筒腹鬲的原生地可能在下辽河流域，夏家店上层文化的筒腹鬲很可能是受东部文化因素影响而产生的。

事实上，下辽河流域和热河山地区的文化关系，在夏家店下层文化中已有反映。例如丰下遗址T9③：4 素面磨光陶甗[67]，与传统的下层文化的绳纹甗不同，其形式与东高台山遗址T1H1：5甗相似。敖汉大甸子墓葬和建平水泉下层发现少量素面磨光红陶壶和圈足钵[68]，明显具有高台山文化的特点，这种红陶壶和圈足钵在高台山文化墓葬中是作为基本器物组合而大量随葬的（图一三）。上述情况说明至少在下层文化的晚期，以热河山地为中心的广大地区，已相当程度地接受了来自东部素面红陶系统文化的影响。前面我们曾提到过，在夏家店下层文化晚期出现的那些“新因素”恐怕与此不无关系。

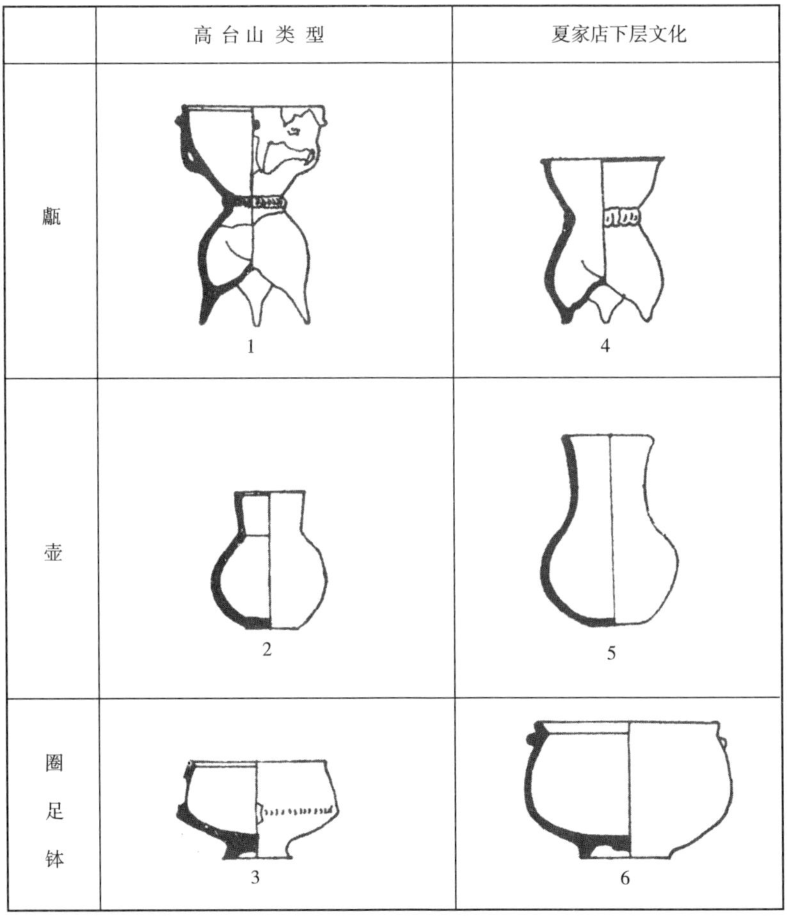

| | 高台山类型 | 夏家店下层文化 |
|---|---|---|
| 甗 | 1 | 4 |
| 壶 | 2 | 5 |
| 圈足钵 | 3 | 6 |

图一三　陶器比较图

1. 东高台山 T1H1：5　2. 高台山 76M7：2　3. 东台山 T4H1：25　4. 丰下 T9③：4
5. 建平水泉④层　6. 敖汉大甸子（乙组陶器）

**4. 与长城地带北方青铜文化的关系**

銎式柄短剑是夏家店上层文化最具有代表性的青铜器之一，追溯其来源将有助于探讨夏家店上层文化的性质。

关于这种短剑与其分布区以东短茎式曲刃短剑的关系，在前面已讨论过了。由于这两种短剑的形态、功能、使用方法的不同，所以很难把它们划为同一短剑系统。中原文化短剑出现的时间较晚，大约在西周早期才出现一种柳叶形短剑，就形制而论，显然与銎柄式短剑无任何关系可寻。

夏家店上层文化以西的长城地带及广大北方草原地区，处于欧亚大陆的东缘，介于黄河流域发达的商周文明和南西伯利亚青铜文化之间，所以这一地区很早就出现了极为发育的青铜文化。从20世纪30年代收集到大量的所谓“绥远式青铜器”和近几十年长城沿线发现的一批富有北方草原文化特色的青铜制品来看，不难发现青铜短剑是这一地区最为流行的短兵器之一。按形制分类，属于北方式连铸柄直刃短剑系统。

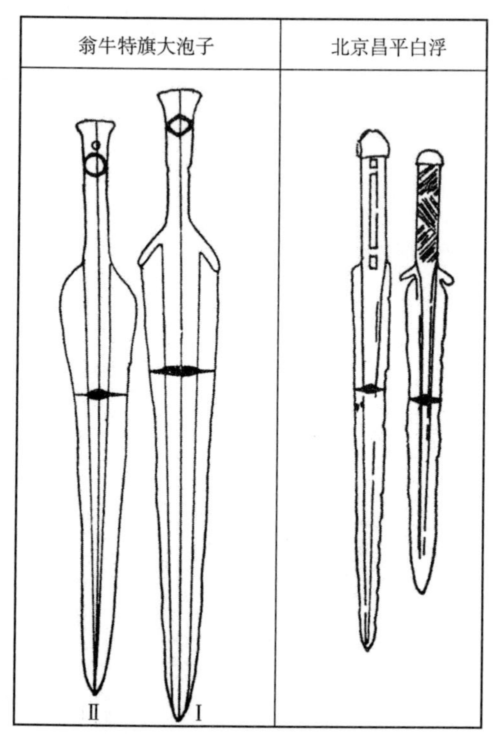


图一四　銎柄短剑类比举例

类比短剑形制，夏家店上层文化早期阶段翁牛特大泡子青铜短剑墓的共存关系给予了我们某种启示[69]。墓中出土的Ⅱ式曲刃短剑属于较早的一种形式，与其共出的Ⅰ式短剑，除了具有銎柄式短剑的基本特征外，还有一些不同之处。例如Ⅰ式短剑的剑身不是通常所见的曲刃形式，而是直刃的，柱脊扁宽，剑尾有剑格，这是目前极少见到的一种形式。北京昌平白浮西周早期墓中出土的北方式青铜短剑[70]，在铸造形制上和这种短剑非常相似。它们共同的特点都是以銎筒为剑柄，剑身较长，直刃，柱脊扁宽，剑尾出格，剑身与剑柄连铸（图一四）。通过比较可看出，大泡子Ⅰ式剑明显具有北方式柱脊直刃短剑的一般特征。联系到銎柄式短剑分布区以西长城地带广大地区曾广为流行的连铸柄直刃短剑，到商晚期已颇为发达，我们推定銎柄式短剑的早期形式可能是在吸收借鉴北方式连铸柄直刃剑基础上发展起来的，以后又受到来自东部曲刃短剑的影响，剑身逐渐演变成曲刃。但其基本形制，应该归属于长城地带北方连铸柄短剑系统。

如果对夏家店上层文化青铜器组合关系进行分析，南山根M101石椁墓随葬器物丰富，种类繁多，最有代表意义。报告认为该墓出土的青铜器群可以分为三组，其中以“具有显著的地区特色”的第一组为主要文化成分。在这一组中除了上层文化地域特色的器物群外，还包含有相当数量长城地带及北方草原青铜文化因素，如兽首刀、管銎斧、镐，还有剑柄上对卧双虎浮雕纹，野山羊动物牌饰等。另外在夏家店遗址发现的骑马猎兔铜扣环，建平石砬山出土的牛首刀，敖汉周家地出土的兔形刀柄等，也颇具有北方草原风格。M101 墓中出土的八把不同形式的短剑，至少有四把具有北方特点，可见北方青铜文化因素在夏家店上层文化的青铜制品中占有十分重要的地位（图一五）。

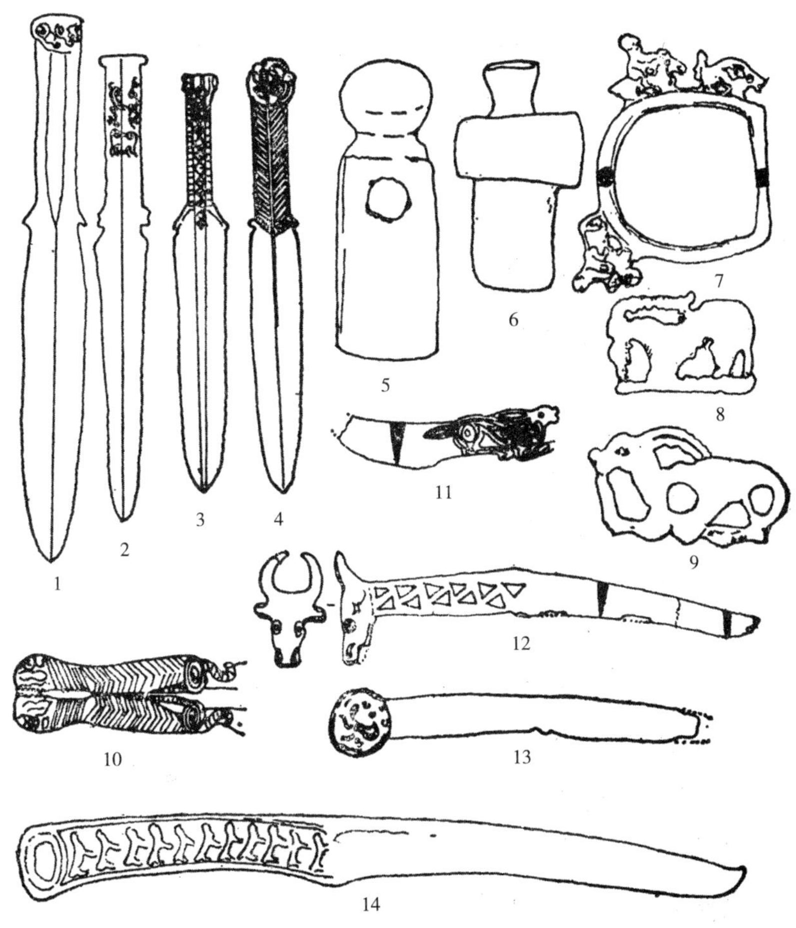


图一五　夏家店上层文化青铜器群中的北方因素举例

1～6、8～10、13. 宁城南山根 M101　7、14. 宁城南山根 M3、M4　11. 敖汉周家地　12. 建平石砬山

甘肃、青海、陕西等地相当于中原商周时代的诸文化中，多有双环耳的陶器。尤以双环耳分裆鬲最具有特点，其基本形式与夏家店上层文化早期阶段的鼓腹鬲极为相似。

与夏家店上层文化有密切关系的“魏营子类型”及有关遗存，都是以口沿饰附加堆纹的鼓腹陶鬲为特征的。这种形式的陶鬲，在燕山南麓的蓟县围坊[71]、卢龙双望乡[72]、玉田[73]、三河唐山古冶等地都有发现。从更大的范围来看，甘肃辛店文化[74]、寺洼文化[75]早于西周的有关遗存[76]，山西吕梁山区、内蒙古中南部河套地区[77]以及河北北部燕山南麓等沿长城地带的广大地区，到商晚时期都出现了以口沿饰附加堆纹为特征的花边口沿陶鬲（图一六）。这种泛文化现象，显然与这一范围内所发现的大量商周时期北方式青铜器有关。

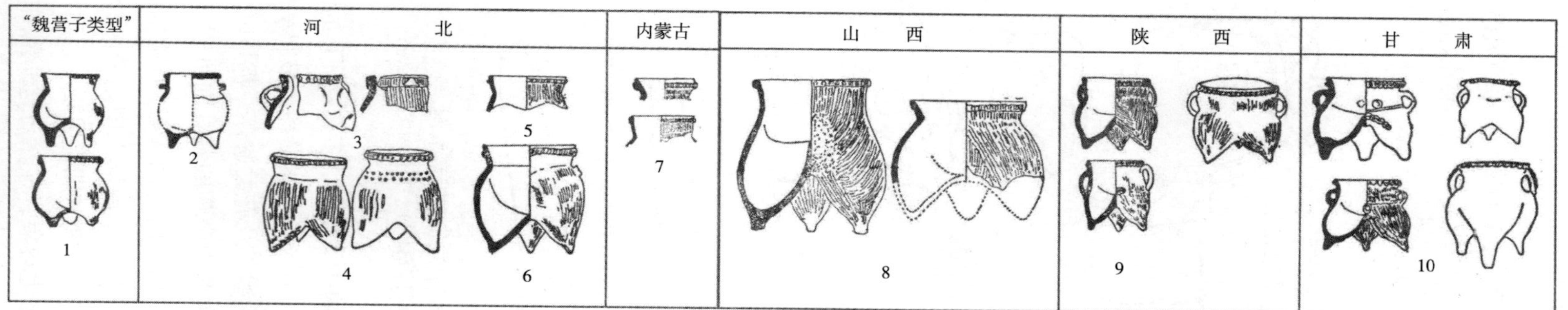


图一六　长城地带花边口沿陶鬲举例

1. 喀左后坟　2. 丰宁城根营　3. 玉田东蒙各庄　4. 卢龙双望乡　5. 蓟县围坊三期　6. 三河古冶　7. 内蒙古张家塔　8. 山西高红 H1　9. 陕西宝鸡扶风　10. 甘肃寺洼姬家川

文献记载，商代盘庚迁殷后，曾连年对北方少数民族进行征伐。殷墟时期商朝的势力范围比二里岗时期有较大收缩，考古材料证实，此时正是北方青铜文化的一个发展时期。在长城地带分布的花边口沿陶鬲，虽然形式上不尽相同，但在年代和文化特征上表现出来的一致性，使人们有理由相信，这一广大地区青铜时代诸多的考古文化存在着相互间的交流、融合甚至一定规模的文化迁徙。

考察结果证明，夏家店上层文化具有浓厚的北方青铜文化特征，与长城地带的北方青铜文化保持着密切的交往关系，从广义上说，夏家店上层文化应该属于欧亚大陆东端草原地区青铜文化的一个组成部分。它是在长城地带北方青铜文化基础上自行发展起来的一种青铜文化，在形成过程中，曾受到来自东部文化因素的影响，又吸收融合了包括中原文化在内的多种文化因素。

# 四、族　　属

在长城广大地带，西周至春秋时活动着经济类型和文化习俗相近的诸北方少数民族集团，历史文献通常笼统地称之为戎秋。《史记·匈奴列传》记载："自陇川西有绵诸，绲戎、翟豲之戎、岐、梁山、泾、漆之北有义渠、大荔、乌氏、朐衍之戎。而晋北有林胡、楼烦之戎，燕北有东胡、山戎。"这条史料告诉我们当时北方诸戎大体地理方位。

近年来，在北京房山琉璃河[78]大面积揭露的西周墓地和车马坑，从随葬一批带有"匽侯"铭文的青铜器可知，西周初，燕文化确实已分布在燕山南麓的广大地区，从而证实了《史记·周本记》所记"封召公奭于燕"的历史是可信的。

按《史记·匈奴列传》所言，在燕的北方有东胡和山戎，从相对地理位置来看与夏家店上层文化大致相当。以往研究成果中，多认为夏家店上层文化为东胡族[79]。我们认为所谓"东胡"一词，并非专指某一部族。《史记·匈奴列传》正义引服虔云："东胡乌丸之先，后为鲜卑。在匈奴东，故曰东胡。"显然东胡之称有方位的意思，即泛指匈奴以东广大部族的统称（不包括东夷诸民族）。

从分布区域看，《史记·货殖列传》记"夫燕……南通齐赵，东北边胡"，指示出战国时东胡与燕的相对地理位置。

从时间上考证，史书上关于东胡的记载是自春秋中期开始的，此时的东胡"各分散居谿谷，自有君长，往往而聚者百有余戎，然莫能一"。历史上的东胡，很可能是由最初一个原始部落为核心，在与周邻血缘、语言、文化习俗相近的部落长期交往逐渐形成具有认同感的族群。一般认为东胡族强大起来是在战国以后，事实上夏家店上层文化出现的时间是在西周早至春秋中，还没有确切材料证明能晚到战国。

总之，无论是东胡名称本身的含意，还是其出现的时间及地理位置的考察，把夏家店上层文化与东胡族联系起来显然是不合适的，故这种文化不是东胡族的遗存。

另外一种提法，说夏家店上层文化与东胡及其先人山戎有关[80]，认为东胡山戎本同族，因时代不同而异称。然而此说并不能找出有力的证据说明两者为同族，实际上见于文献的多有东胡山戎并提。

《逸周书·王会篇》说："孤竹距虚，不令支玄貘，不屠何青熊，东胡黄罴，山戎戎菽。"所言北方各部族进贡方物，证明山戎、东胡并非同族。因此，这种提法也是不可取的。

文献中有关山戎的记载，按成书年代，以《春秋》为最早。

《春秋》庄公三十年"齐人伐山戎"，同条下《左传》称："冬遇于鲁济，谋山戎也，以其病燕故也。"《穀梁传》记："桓（公）内无因国，外无从诸侯，而越千里之险，北伐山戎，危之也……燕、周之分子也，贡职不至，山戎为以伐矣。"

《国语·齐语》记载的更为详细一些，桓公曰："吾欲北伐，遂北伐山戎，刜令支孤竹而南归……"

《管子·封禅篇》，齐桓公"北伐山戎过孤竹"。

《管子·大匡篇》："桓公乃北伐令支，孤竹，遇山戎。"

《史记·匈奴列传》："山戎越燕而伐齐，齐釐公（公元前706年）与战于齐郊，其后四十四年，而山戎伐燕燕告急于齐，齐桓公北伐山戎，山戎走。"

另外，《史记》、《齐世家》、《燕世家》、《十二诸侯年表》也都有关于山戎的记载。

山戎一名由来久远，《史记·匈奴列传》："唐虞以上有山戎，猃狁，荤粥居于北蛮，随畜牧而转移。"

《史记·五帝记》："北山戎、发，息慎。"

以上史料证明，春秋早中期活动在燕国北部的山戎相当强盛，时有"病燕""越燕伐齐"的事情发生，故其形成和发展的历史可追溯到春秋以前。

上述记载还说明，伐山戎要"过孤竹""制令支"。孤竹和令支的地理位置是比较清楚的，古籍中有较详细的记载，据历史地理学家们的考证，一般认为在今河北卢龙、迁安至辽宁喀左一带。

与山戎有关的还有无终，《国语·晋语》韦昭注："无终山戎之别。"据考证，无终在今河北蓟县、玉田附近。

山戎活动范围应该在上述地区附近，如果把喀左、卢龙、迁安、蓟县、玉田几个点连接起来，正好环绕热河山地的东面和南面，也就是说，山戎的活动范围界定在热河山地。山戎作为诸戎之一，名称的由来可能和地理环境有密切的关系，山戎的本意有山地之戎的意思。

以上分析不难看出，文献史料记载山戎活动的年代、地域和周邻文化，与夏家店上层文化颇为相合。因此，本文认为夏家店上层文化应是山戎活动之遗存。

附注：本文是在导师张忠培先生指导下完成的硕士研究生学位论文，并承刘观民、严文明、林沄诸位先生提出意见。

## 注　释

[1] 滨田耕作、水野清一：《赤峰红山后》，《东方考古学丛刊》（甲种第六册），东亚考古学会，1938年。

[2] 吕遵谔：《内蒙赤峰红山考古调查报告》，《考古学报》1958年3期。

[3] 中国社会科学院考古研究所内蒙古发掘队：《内蒙古赤峰药王庙、夏家店遗址试掘简报》，《考古》1961年2期。

[4] 中国社会科学院考古研究所内蒙古工作队：《赤峰药王庙、夏家店遗址试掘报告》，《考古学报》1974年1期。

[5] 中国社会科学院考古研究所内蒙古工作队：《赤峰蜘蛛山遗址的发掘》，《考古学报》1979年2期。

[6] 中国社会科学院考古研究所内蒙古工作队：《宁城南山根遗址发掘报告》，《考古学报》1975年1期。

[7] 辽宁省博物馆文物工作队：《辽宁林西县大井古铜矿1976年试掘简报》，《文物资料丛刊》（7），文物出版社，1983年。

[8] 滨田耕作、水野清一：《赤峰红山后》，《东方考古学丛刊》（甲种第六册），东亚考古学会，1938年。

[9] 辽宁省昭乌达盟文物工作站、中国科学院考古研究所东北工作队：《宁城县南山根的石椁墓》，《考古学报》1973年2期。

[10] 中国社会科学院考古所内蒙队：《内蒙古敖汉旗周家地墓地发掘简报》，《考古》1984年5期。

[11] 贾鸿恩：《翁牛特旗大泡子青铜短剑墓》，《文物》1984年2期。

[12] 1958年在遗址东部发现71件青铜器（后又在《考古学报》1975年1期上补充了4件），事后调查得知该批铜器是出在两个墓中的。1961年发掘了9座墓葬，除1座在遗址东部外，其他均在遗址西部。1963年，在1958年发现青铜器地点西80米处，发掘清理了一座大型石椁墓，编号M101。同年在M101西120米处又发现一座小型石椁墓，编号M102。

[13] 中国科学院考古研究所：《澧西发掘报告》，文物出版社，1963年。

[14] 中国科学院考古研究所：《上村岭虢国墓地》，科学出版社，1959年。

[15] 黑龙江省文物考古工作队：《黑龙江肇源白金宝遗址第一次发掘》，《考古》1980年4期。

[16] 建平县文化馆、朝阳地区博物馆：《辽宁建平县的青铜时代墓葬及相关遗物》，《考古》1983年8期。

[17] 郭宝钧：《一九五〇年殷墟发掘报告》，《中国考古学报》1951年5册，图版三十八，2。

[18] 锦州市博物馆:《辽宁兴城县杨河发现青铜器》,《考古》1978 年 6 期;抚顺市博物馆:《辽宁抚顺市发现的殷代青铜环首刀》,《考古》1981 年 2 期;郭宝钧:《浚县辛村》,科学出版社,1964 年,图十一。

[19] 建平县文化馆、朝阳地区博物馆:《辽宁建平县的青铜时代墓葬及相关遗物》,《考古》1983 年 8 期。

[20] 靳枫毅:《论中国东北地区含曲刃青铜短剑的文化遗存(上)》,《考古学报》1982 年 4 期,图一〇,A 型Ⅱ式短剑。

[21] 林西大井铜矿,夏家店上层文化冶铸遗址的六个碳十四测定年代数据是 2685 年±145 年(前 735 年)、2885 年±130 年(前 935 年),见《考古》1979 年 1 期;2810 年±135 年(前 860 年)、3120 年±140 年(前 1170 年),见《文物》1978 年 5 期;2805 年±135 年(前 855 年),2785 年±140 年(前 835 年)。

[22] 靳枫毅:《论中国东北地区含曲刃青铜短剑的文化遗存(上)》,《考古学报》1982 年 4 期,参看附图说明"A 型曲刃銎柄式青铜短剑出土地点",另外增补翁牛特大泡子墓出土二把,通辽县木里图出土一把,大兴安岭大子扬山二把。

[23] 建平县文化馆、朝阳地区博物馆:《辽宁建平县的青铜时代墓葬及相关遗物》,《考古》1983 年 8 期,图三,MT701:1。

[24] 岛田贞彦:《满洲国新出の古银铜面及二三の青铜遗物について》,日本《考古学杂志》28 卷 2 号,第 117 页,图八。

[25] 郑绍宗:《中国北方青铜短剑的分期及形制研究》,《文物》1984 年 2 期,图一,10～14。

[26] 发现的夏家店上层文化的石范、陶范:赤峰夏家店上层发现二块用滑石制作石范,一块斧范,一块联珠饰范,见《考古学报》1974 年 1 期;新中国成立前在赤峰红山后发现过斧范,见《赤峰红山后》;林西大井铜矿发现陶范七块、外范五块、内范二块,见《文物资料丛刊》(7)文物出版社,1983 年。

[27] 靳枫毅:《论中国东北地区含曲刃青铜短剑文化遗存(下)》,《考古学报》1983 年 1 期;王成生:《辽河流域及邻近地区短铤曲刃剑研究》,《辽宁省考古博物馆学会成立大会会刊》,1981 年。

[28] 省文物普查训练班:《1979 年朝阳地区文物普查发掘的主要收获》,《辽宁文物》1980 年 1 期。

[29] 刘观民、徐光冀:《内蒙古东部地区青铜时代的两种文化》,《内蒙古文物考古》创刊号,1981 年。

[30] 郑绍宗:《有关河北长城区域原始文化类型的讨论》,《考古》1962 年 12 期,图一一。

[31] 郑绍宗:《中国北方青铜短剑的分期及形制研究》,《文物》1984 年 2 期,图一,10～14。

[32] 河北省博物馆文物管理处:《河北平泉东南沟夏家店上层文化墓葬》,《考古》1977 年 1 期。

[33] 中国社会科学院考古所东北工作队,《内蒙古宁城县南山根 102 号石椁墓》,《考古》1981 年 4 期。

[34] 辽宁省博物馆文物工作队：《辽宁建平县喀喇沁河东遗址试掘简报》，《考古》1983年11期。

[35] 辽宁省博物馆文物工作队：《概述辽宁省考古新收获》，《文物考古工作三十年》，文物出版社，1981年。

[36] 李殿福：《吉林省西南部的燕秦汉文化》，《社会科学战线》1978年3期。

[37] 杨宗荣：《燕下都半瓦当》，《考古通讯》1957年6期。

[38] 中国科学院考古研究所：《洛阳中州路》，科学出版社，1959年；北京市文物工作队：《北京怀柔城北东周两汉墓葬》，《考古》1962年5期。

[39] 王兆军：《内蒙古昭盟赤峰市发现战国墓》，《考古》1964年1期。

[40] 河北省文化局文物工作队：《1964～1965年燕下都墓葬发掘报告》，《考古》1965年11期，图三，1。

[41] 承德离宫博物馆：《承德市滦河镇的一座战国墓》，《考古》1961年5期。

[42] 安志敏：《河北省唐山市贾各庄发掘报告》，《考古学报》第六册，1953年，图7（23:12）；图版伍，3年；北京市文物工作队；《北京怀柔城北东周两汉墓葬》，《考古》1962年5期；河北省文化局文物工作队：《河北邯郸石家村战国墓》，《考古》1962年12期。

[43] 省文物普查训练班：《1979年朝阳地区文物普查发掘的主要收获》，《辽宁文物》1980年1期。

[44] 中国社会科学院考古研究所内蒙发掘队：《内蒙赤峰药王庙、夏家店遗址试掘简报》，《考古》1961年2期。

[45] 辽宁省文物干部培训班：《辽宁北票县丰下遗址1972年春发掘简报》，《考古》1976年3期。

[46] 邹衡：《关于夏商时期北方地区诸邻境文化的初步探讨》，《夏商周考古学论文集》，文物出版社，1982年。

[47] 辽宁省博物馆文物工作队：《概述辽宁省考古新收获》，《文物考古工作三十年》，文物出版社，1980年；北京市文物管理处：《北京市平谷县发现商代墓葬》，《文物》1977年11期；辽宁省博物馆：《辽宁喀左北洞村出土殷周青铜器》，《考古》1974年6期。

[48] 张家口考古队：《蔚县考古纪略》，《考古与文物》1982年4期。

[49] 省文物普查训练班：《1979年朝阳地区文物普查发掘的主要收获》，《辽宁文物》1980年1期；辽宁省博物馆文物工作队：《辽宁朝阳县魏营子西周墓和古遗址》，《考古》1977年5期；郭大顺：《魏营子类型的发现及其意义（提要）》，《辽宁省考古、博物馆学会成立大会会刊》，1981年。

[50] 喀左县文化馆：《记辽宁喀左县后坟村发现的一组陶器》，《考古》1982年1期。

[51] 天津市文物管理处：《天津蓟县张家园遗址试掘简报》，《文物资料丛刊》（1），文物出版社，1977年，图九，7。

[52] 天津市文物管理处考古队：《天津蓟县围坊遗址发掘报告》，《考古》1983年10期，图一〇，5。

[53] 滨田耕作：《貔子窝》，《东方考古学丛刊》甲种第一册，1929年，图二二，1、8。

[54] 克什克腾旗文化馆：《辽宁省克什克腾旗天宝同发现商代铜甗》，《考古》1977 年 5 期。

[55] 吕遵谔：《内蒙古林西考古调查》，《考古学报》1960 年 1 期，56，03，5 地点。

[56] 敖汉旗文化馆：《1981年至1983年春文物普查汇报》（内部资料），1983 年。

[57] 辽宁省博物馆文物工作队：《概述辽宁省考古新收获》，《文物考古工作三十年》，文物出版社，1980 年。

[58] 辽宁省博物馆文物工作队：《概述辽宁省考古新收获》，《文物考古工作三十年》，文物出版社，1980 年。

[59] 河北省文化局文物工作队：《河北承德地区的古文化遗址调查》，《考古》1962 年 12 期，图八，2。

[60] 郑绍宗：《有关河北长城区域原始文化类型的讨论》，《考古》1962 年 12 期。

[61] 李恭笃、高美璇：《夏家店下层文化分期探索》，《辽宁省考古博物馆学会成立大会会刊》，1981 年。

[62] 唐兰：《从河南郑州出土的商代前期青铜器谈起》，《文物》1973 年 3 期；张长寿：《殷商时代的青铜容器》，《考古学报》1979 年 3 期。

[63] 沈阳市文物组：《沈阳新乐遗址试掘报告》，《考古学报》1978年4期。

[64] 抚顺市博物馆：《辽宁抚顺市发现殷代青铜环首刀》，《考古》1981 年 2 期；抚顺市博物馆考古队：《抚顺地区早晚两类青铜文化遗存》，《文物》1983 年 9 期。

[65] 沈阳市文物管理办公室：《新民高台山新石器时代遗址 1976 年发掘简报》，《文物资料丛刊》（7），文物出版社，1983 年。

[66] 孙杰：《辽宁彰武县平安堡遗址调查记》，《辽宁文物》（总第 6 期），1984 年，图三，1。

[67] 辽宁省文物干部培训班：《辽宁北票县丰下遗址 1972 年春发掘简报》，《考古》1976 年 3 期，图一〇，5。

[68] 李恭笃、高美璇：《夏家店下层文化分期探索》，《辽宁省考古博物馆学会成立大会会刊》，1981 年，图二，6。

[69] 贾鸿恩：《翁牛特旗大泡子青铜短剑墓》，《文物》1984 年 2 期，图二、1、2。

[70] 北京市文物管理处：《北京地区的又一重要考古收获——昌平白浮西周木椁墓的新启示》，《考古》1976 年 4 期，图九。

[71] 天津市文物管理处考古队：《天津蓟县围坊遗址发掘报告》，《考古》1983 年 10 期，图一〇，5。

[72] 李捷民、孟昭林：《河北卢龙县双望乡发现细石器与陶器》，《考古通讯》1958年6期。

[73] 马洪路：《河北玉田县发现新石器和青铜器时代遗址》，《考古》1983 年 5 期，图一。

[74] 黄河水库考古队甘肃分队：《甘肃临夏姬家川遗址发掘简报》，《考古》1962 年 2 期；《甘肃省文物考古三十年》，《文物考古工作三十年》，文物出版社，1980 年。

[75] 胡谦盈：《试论寺洼文化》，《文物集刊》（二），文物出版社，1980 年；夏鼐：《临洮寺洼山发掘记》，《夏鼐考古学论文集》，科学出版社，1961 年。

[76] 甘肃省博物馆：《甘肃文物考古工作三十年》，《文物考古工作三十年》，文物出版社，1980年，注32、34。
[77] 崔璇：《内蒙古中南部石佛塔等遗址调查》，《内蒙古文物考古》创刊号，1981年，图六。
[78] 中国社会科学院考古研究所、北京市文物工作队：《北京附近发现的西周奴隶殉葬墓》，《考古》1974年5期；《1981～1983年琉璃河西周燕国墓地发掘简报》，《考古》1984年5期。
[79] 靳枫毅：《论中国东北地区含曲刃青铜短剑文化遗存（下）》，《考古学报》1983年1期。
[80] 刘观民、徐光冀：《内蒙古东部地区青铜时代的两种文化》，《内蒙古文物考古》创刊号，1981年；迟雷：《关于曲刃青铜短剑的若干问题》，《考古》1982年1期。

[原载《考古学文化论集》（一），文物出版社，1987年]

# 夏家店上层文化向南的分布态势与地域文化变迁

## 一、空间分布与地域文化特征

20 世纪 60 年代初，基于老哈河流域发现提出的夏家店上层文化，从一开始就把包括大小凌河流域在内的辽西地区视为一个整体，将其分布范围圈定的较大。在夏家店上层文化研究初期，已有研究者注意到上述广大区域内文化面貌不尽相同。首先是靳枫毅先生根据曲刃青铜短剑及伴存器物群的一系列差别，提出把这一文化分为南山根和十二台营子两个地方类型[1]。对此，林沄先生发表了不同意见，他认为夏家店上层文化主要分布的热河山地（努鲁儿虎山以西地区），并非是这种短剑的主要分布区，而集中发现于大小凌河流域含这种铜剑的遗存是否算作夏家店上层文化的一个类型，非常值得怀疑[2]。本文作者通过对比陶器的研究进一步指出，大小凌河流域三足器不发达，少见矮领鼓腹罐，尚未见双耳圜底鼎和直腹鬲等夏家店上层文化典型器物。仅根据陶质、陶色、制法上的共同性，把不同遗存划归为一个考古学文化显然是不充分的。由于大小凌河流域含曲刃短剑遗存与夏家店上层文化有明显区别，所以很难把这一区域纳入夏家店上层文化分布范围内[3]。

目前确认的夏家店上层文化分布范围，北面越过西拉木伦河，东边应以努鲁儿虎山包括大凌河上游一线为界，西抵浑善达克沙地东缘，南界比较模糊，一般多笼统的指向燕山山地。夏家店上层文化分布区域内以山地丘陵为主，海拔在 500～1500 米，年平均气温 5～7℃，降水量 300～400 毫米，属中温带大陆性季风气候。由于区域内自然地理形势比较复杂，依水系可划分为三个纬度带，如图一所示。

北部的西拉木伦河流域，位于北纬 43°～44°，西自大兴安岭南段东麓，东至科尔沁沙地北缘。这里主河道及支流沿岸地势较为开阔，河漫滩有固定或半固定沙丘与甸子地相间分布。稍远的山地丘陵沟壑纵横，在黄土状沉积上形成的暗栗钙土腐殖质较薄，有机质含量低，极易受风力和降水的侵蚀。这里年平均气温，西端克什克腾旗为 2.4℃，东部的阿鲁科尔沁旗为 5.5℃，多旱少雨，生态环境十分脆弱。现在的生业状况表现为农业与畜牧业兼营的土地利用方式。中部的老哈河流域，位于北纬 41.5°～42.5°。区域内主要河流受山系控制多呈西南—东北流向，其山间谷地形成与冀北相连接的天然通道。地貌特征为丘陵和黄土台塬，低地往往有厚达十余米的洪积堆积。这里年平均气温高于西拉木伦河以北 2℃左右（宁城为 7.3℃），水热条件适于农业生产，考古发现早在距今 6000 年前就出现了原始农业。位于北纬 41°～42°略有超出的滦河上游，东北以七老图山为界，西南有燕山相隔，平均海拔高度在 1000 米以上，是坝上高原向环渤海沿岸过渡的中间地带。这里周围地势较高，中间坐落的承德盆地有滦河、潮河流经，水热条件与老哈河流域相近，可耕、可牧亦提供了渔猎的广泛空间。考虑到地理形势对这一地区古文化的影响，来自东北和西南部的文化传播与人群迁徙容易向中部盆地汇聚，反之则较为困难，即它对周围文化的接受程度要大于其反向的流动，所以滦河上游是一个相对独立的地理单元。

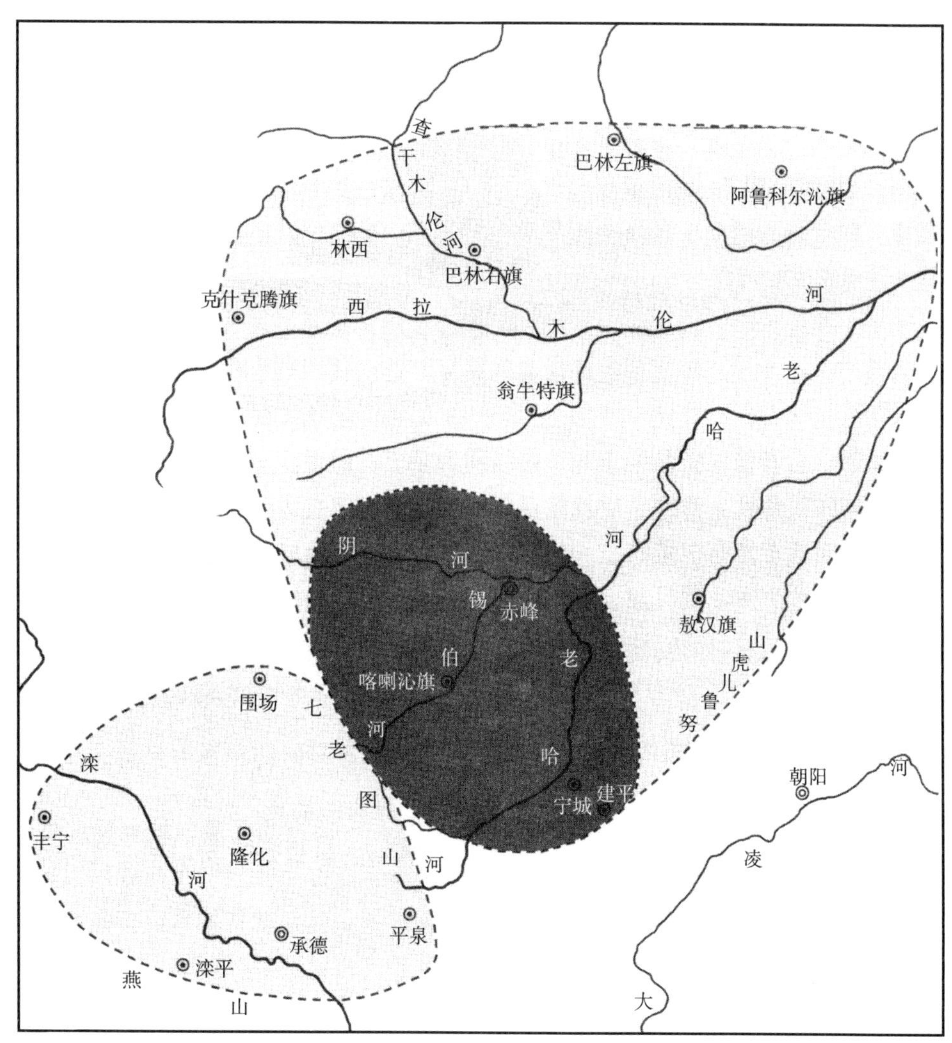


图一 夏家店上层文化分布示意图

在上述三个纬度带中，以老哈河流域的夏家店上层文化分布最为密集，以此作为研究基干，容易把握处在不同纬度带的地域文化特征。首先从西拉木伦河与老哈河陶器的甄别开始。两地的陶器皆以夹砂红褐陶为主，但前者大多呈红灰（黑）相间，烧制火候不高，色泽发暗；后者则以颜色纯正光洁的红陶为多见。前者施于鬲、鼎、罐等器物上的附加堆纹、戳印三角纹、窝纹，以及篦点几何纹、动物纹在老哈河流域极为罕见，突显其地域特征；而后者也有少量的彩陶纹饰表明存在着某种地域差异。从器形和组合来看，均以鬲、罐、钵为主，鼎、盆、甗、豆为次，且都流行外叠唇、方鋬耳和环形桥耳等制作风格。但前者同一器类往往有多种形式，尤其是拥有诸如仿桦树皮筒形器、仿皮囊方体器，假圈足器和持柄器等一些后者不见或极为少见的器形。总之西拉木伦河流域出土的陶器种类繁杂，形式多样，相比较老哈河流域的陶器群则显得形制比较统一，组合规范。

在青铜器方面，由于宁城附近连续发现了南山根 M101 那样的大墓，故老哈河流域的青铜器内涵十分丰富，既有典型的中原式礼器、兵器，也有吸收周邻文化或加以改制表现不同风格的类型品，还有富于地方特色的仿陶铜容器。然而就其基本组合而言，诸如銎柄式短剑、齿柄刀子、直銎空首斧、柳叶形镞及各式常见的装饰品等，与西拉木伦河流域的考古发现并无大的区别。这说明夏家店上层文化具有独立定型的青铜器群，而老哈河流域大型仿陶铜容器的出现，则反映其青铜铸造技术已达到了相当高的水平。相比较西拉木伦河流域出土的青铜器种类和数量要少得多，这可能与迄今尚没有发现随葬青铜器的大型墓葬有关，同时还应该考虑两地夏家店上层文化遗存的年代早晚问题。尽管如此，仍可以从本流域区出土的素面铜镜、鹿形牌饰等，看出不同于老哈河流域的地方差别。另外，在林西大井发现的集采矿、冶炼、铸造于一体的大型铜矿址[4]，据专家估算，其矿石开采总量达 16 万吨。经实地考察开采规模大于冶炼能力[5]，这说明该矿采出的矿石还可能输往其他地点冶炼。事实上在克什克腾旗的喜鹊沟和巴林右旗的塔布敖包也找到了冶炼遗址，从出土的陶片及陶鼓风管，炼渣来看与大井基本相同[6]，可以相信在西拉木伦河以北还将有重要的考古发现。

据 2002 年对西拉木伦河流域的考古调查，夏家店上层文化遗址多分布在倚山伴河的岗阜或台地上，遗址面积不大，堆积较薄，文化内涵单一，一般在地表依稀可辨黑灰土遗迹[7]。在关东车遗址发掘的房址为地穴式，深 2.7、底径 3.2 米，居住面平坦硬实似经烧烤，穴壁设有壁龛[8]。龙头山遗址也发现了这类房址。这与老哈河流域常见的用自然石块或土坯垒筑的半地穴和地面式房址有明显区别。

夏家店上层文化的墓葬形制以石块或石板砌筑的石棺为主，除非正式墓地的特殊葬式外，多单人仰身直肢葬，有殉犬习俗。老哈河流域的墓葬，根据规格、葬具形制及随葬品的多少，可分为大型石椁木棺墓，小型石椁木棺墓、石棺墓和木棺墓四种，另外还发现利用废弃房址和灰坑埋葬的现象。西拉木伦河流域除了没有发现大型石椁墓外，其他几种形制的墓葬基本相同。但龙头山遗址发掘中被确认的梯形土坑墓和袋状坑套梯形土坑墓，与老哈河流域常见的长方形土坑墓不同，尤其在袋形坑底部再挖出梯形墓穴的做法（也见关东车遗址），后者从未见报道。在随葬品方面，两地中小型墓多随葬兵器、工具、装饰品，也有少量陶器。但那种头部置铜盔、腰间配铜剑和剑鞘，并出有铜戈、铜矛、马具的军事首领墓，以往西拉木伦河流域还没有发现过。

通过以上材料的对比，可以认为，老哈河与西拉木伦河两地在基本文化面貌大体一致的情况下，存在地域文化特征的差别。需要指出的是，上述差别既有年代上的参差，亦不排除对比资料不充分造成的某种假象，然而由于受周邻文化影响强度的不同和文化演进中的自身变异，事实也是存在的。那么哪些是年代上的差别，哪些是地域差别，还有待进一步的考古发现并准确把握同一时间平面上各自区域的特征来证明。

位于老哈河流域以南，越过七老图山至燕山山地之间的滦河上游地区，长期以来田野工作较为薄弱。虽然有研究者把这一地区划定在夏家店上层文化范围内，但对相关遗存文化面貌的概括及性质的界定始终不够明确。

这一地区以石构葬具为特点的墓葬以平泉东南沟为代表，在黄窝子山、北大面山以及相去不远的柳树沟共发现 100 多座[9]。墓葬结构有板岩砌筑的石棺墓，有用不规则石块垒筑的石椁墓，还有在土坑墓穴上棚石板的石盖墓。这类墓葬地表多有封土或积石，一个墓地少则几座，多则三四十座，一般由相邻的几个墓地构成一个墓群。考古调查发现，同类石构墓葬群，还见于滦河红旗伊逊河东，隆化少府石佛口、二道梁，丰宁皮匠沟北大面山、大半截梁、小半截梁、老爷庙梁、二道梁东坡[10]、丰宁土城子镇[11]、围场东宁营子[12]，以及承德市周边地区[13]。在调查中还发现，墓地附近的遗址往往发现有夹砂红褐陶系的鬲、罐、盆等残片。

张忠培先生就如何判定某些遗存是同一考古学文化的类型，抑或是其他考古学文化曾指出，“既不能以其源为标准，又不能以其流为标准，只能视其当时的状况，即看它们自身陶器的基本组合的变异程度。变异程度未超过一考古学文化陶器基本组合的范畴，则是这一文化的一种类型；超出了，当另划分一考古学文化。”[14]实际在判断滦河上游是否纳入夏家店上层文化的分布范围时，首先遵循以陶器鉴别为主的原则是至关重要的。

据报道，在丰宁千佛寺、城根营、胡岔沟、皮匠二道梁、滦平营坊、围场张家湾，平泉排仗子[15]和承德市郊的若干地点[16]，都曾零散发现过陶器。已知器形有双鋬高尖足筒腹鬲、双鋬直领鼓腹鬲，叠唇直领罐、双鋬盆、圈足豆，以及钵、杯等。其中鬲的残片最多，并伴出有锥状实足根和扁平方形鋬耳。虽然这类遗存的陶器多数还仅是凭残片辨识出来的，但就器形和组合而言，完全具有夏家店上层文化陶器群的基本特点，而与相邻的所谓军都类型遗存和大小凌河流域含曲刃短剑遗存都有着明显区别。另外在这些遗址还采集到有孔锤斧、厚体石斧、双孔半月石刀、骨镞、骨管等一般夏家店上层文化遗址常见的器物。本地区陶器的制作水平不高，夹砂陶中有一定数量的灰陶，像老哈河流域那样颜色纯正光洁的红陶非常少见。有些器形如双鋬侈口盆、四足钵以及部分鬲口沿施附加堆纹的做法，又与老哈河流域有一定区别，但这方面的差距，滦河上游区甚至较西拉木伦河流域要小。

以平泉东南沟为代表的石棺墓遗存，从墓葬形制和出土遗物分析，具有夏家店上层文化特点。可作对比的器物，如三穿式铜戈、平首剑、刀子见于宁城南山根石椁墓[17]、小黑沟 M8501[18]、瓦房中 M791 和天百泉 M7301[19]；铜圆牌饰、铜泡和骨珠见于赤峰夏家店上层墓葬[20]。最近发表的丰宁土城镇东沟道下石棺墓出土的一批铸铜石范和铜器[21]，如直銎空首斧、齿柄刀、桥形纽凹面镜、联珠饰等均为典型的夏家店上层文化器物，其铸造工艺特点更为突出。所以东南沟一类遗存应属夏家店上层文化。

在滦河上游还有另外一种遗存值得关注。代表单位有隆化骆驼梁 M1、M5、M8，滦平苘子沟 M16、M18 和滦平窑上及梨树沟的部分遗存[22]，在以往的研究中也被归于夏家店上层文化。这类遗存拥有的銎柄柱脊直刃剑、兽首曲刃剑和双连圆饼首曲刃剑，是体现与夏家店上层文化联系的几种器物。它们的喇叭状半中空銎柄和波浪形剑身，被认为极有可能是受夏家店上层文化銎柄式短剑向南扩展影响的结果[23]。但它们蝶形或翼形剑格、双连圆饼状剑首以及剑柄上的对称锯齿纹，主要是吸收了来自军都山东周匕首式短剑的成分。其他如蹲距虎形饰牌、双首刀子等，也是这一时期燕山以南军都山类型所流行的。至于这类遗存普遍出现的土坑墓和殉牲习俗更是与夏家店上层文化有很大区别，故应区分为不同的考古学文化。

从以上分析可以看出，夏家店上层文化存在着地域文化特征的差别。造成这种差异的原因是多方面的，地理分布格局的多样性可能是重要原因之一，但并不是问题的全部。因为已熟练掌握青铜铸造技术，发展稳定，且有着很强扩张力的夏家店上层文化已具备了克服某种地理条件对文化束缚的能力，所以还应该从其自身发展进程中去探寻深层的原因。

## 二、西拉木伦河流域的夏家店上层文化及成因

长期以来西拉木伦河流域的田野工作较为薄弱，20 世纪 80 年代中期以后明显加强。有学者根据该地区夏家店上层文化遗存表现的若干特点，提出将原归于“南山根类型”的这部分遗存划分出来，单独设定一个新类型[24]。这一见解无疑是正确的，但由于资料不充分，讨论不免空泛，对其文化内涵的认识也有不确之处。克什克腾旗龙头山遗址的发掘报道之后，受到学界的普遍关注。结合相关资料，将这一地区夏家店上层文化遗存的主要特征归纳如下。

龙头山遗址出土的大量陶器经鉴别的器类有十余种[25]。有些器类包括了多种形式，据统计鬲和钵有 4 种，罐有 8 种，盆、鼎、豆各 2 种。但依出土层位排比，主要器类器形的发展演变并不明显。其中一些器形，如方体罐、筒形罐、假圈足钵、假圈足豆、凹口持柄器等为老哈河流域所罕见。另外部分鬲的口沿置对称环耳，三款足外

撇，从整体造型来看，鬲和鼎的腹腔普遍较浅。上述情况排除年代因素外，还表现出地域制陶的特点。

青铜器主要出于墓葬，在翁牛特旗大泡子[26]、巴林右旗大板南山[27]，克什克腾旗龙头山[28]、关东车[29]，通辽希伯营子[30]，均发现有随葬青铜器的墓葬。除龙头山遗址较大型墓葬为石椁木棺外，一般多为小型石棺墓或土坑墓，其中袋形坑套梯形竖穴墓的形制颇具特色，这种形制的墓仅见于该地区。墓中出土的青铜器种类与形制与宁城南山根、赤峰夏家店等地中小型墓相似，基本组合都是兵器、工具和装饰品，但没有发现中原式的兵器及马具，而素面铜镜和鹿形牌饰也不见于老哈河流域。

生产工具以石器为主，一般在遗址地表多散见有穿孔锤斧、环状器、盘状器、石斧、双孔石刀及磨棒、石球等。这里的石器器形较大，体厚重，制作粗简，打制石器占较大比重。骨制品中，骨镞的数量最多，形式多样。

最初对夏家店上层文化发展序列及主要器物阶段性变化做出的分期研究，就将林西大井铜矿址和翁牛特大泡子青铜短剑墓等列入早期阶段，并指出其年代约为西周中期前后[31]。龙头山遗址发掘后，根据碳十四数据和典型器物比较，又将其年代上限推定到不晚于商周之际[32]。一些研究者已经注意到西拉木伦河流域的夏家店上层文化遗址内涵单一，目前已报道的该文化早期遗存都发现在这一地区，所以西拉木伦河流域应该是夏家店上层文化最早分布的地区。

关于夏家店上层文化的来源，作者曾通过典型器物直腹腔陶鬲谱系的研究，提出来自东部下辽河流域高台山文化的观点[33]。但龙头山遗址早期遗存和大泡子墓均发现的花边口沿鬲，“这究竟是吸收大小凌河流域魏营子文化（类型）因素还是承自当地晚商遗存”[34]，一时尚未得其解。

考古发现表明，继夏家店下层文化之后主要出现的魏营子类型主要见于大小凌河流域，而努鲁儿虎山以西夏家店上层文化分布区这类遗存则十分稀少。由于龙头山遗址的发掘将夏家店上层文化年代提前到商周之际，事实上已经排除了这一文化对魏营子类型的继承关系。

夏家店上层文化是在夏家店下层文化结束后兴起的。纵观两种文化在西拉木伦河以南有共同的分布，且下层文化多有直接被上层文化所叠压。由于两种文化内涵上的显著区别，大多数学者支持，“夏家店上层文化不是从夏家店下层文化演变而来”的观点[35]。以往认定的夏家店下层文化北界不超过羊肠子河[36]，但最近在西拉木伦河以北查干木伦河的考古调查中有了新发现，找到了有原生堆积的这种文化遗址[37]。据悉，现陈列于巴林右旗博物馆的一件灰陶绳纹鼓腹罐和一件棱形石刀等夏家店下层文化遗物，也是在这里采集的[38]。与夏家店下层文化在西拉木伦以南持续稳定的分布相比，目前在这一区域发现的夏家店下层文化遗存的地点仅为 3 处，看来其在西拉木伦以北只有小规模的渗透。检视辽西新石器时代多种考古学文化分布的格局，西拉木伦河以北的古文化一直存在着自身发展线索，可以设想在夏家店下层文化分布北界，作为当地筒形罐谱系的延续，还应并存有另一种考古遗存。

2002年作者带领一个课题小组，在对西拉木伦河流域的考古调查中，于巴林右旗的呼特勒、查日斯台、和布特哈达等地点采集到一些夹砂红褐陶系的陶片[39]。这些陶片突出的特点是口沿和领部施戳印纹和泥条堆纹，有的还在领部饰珍珠纹（即使用钝头工具由器壁内向外顶压在器表形成的乳突状纹饰）或置鸡冠鋬。从口沿残片观察，器形有弧领和直领两种，可能为鬲、罐类陶器。20世纪50年代林西锅撑子山采集的一件陶罐，高领、弧腹，口沿与颈腹间施附加堆纹并排列有密集的珍珠纹[40]。另外，在科尔沁沙地北缘的小白音胡硕[41]，巴林右旗的古日古勒台等地点[42]，也曾采集到相同器形和纹饰的陶片。这类遗存具有共同的时代特征，据王立新对珍珠纹陶器的研究，以上列举的带领鬲、罐大体是晚商或更早时期在西拉木伦河流域出现的[43]。联系早年在克什克腾旗天宝同[44]、翁牛特旗头牌子[45]发现的殷商青铜容器，看来在高台山文化居民来到之前本地并非如想象的那样完全是空白的。目前这类遗存的文化性质还很难说清楚，但是其文化类型品（主要是花边口沿鬲）所具有的时空分布现象，在相邻的大小凌河流域和松嫩平原的不同文化系统中也几乎同时发生，并均表现出明显的时段特征，这在上述地区青铜时代的发展进程中是很值得关注的。所以西拉木伦河晚商遗存与随之兴起的夏家店上层文化应该存在某种必然的联系。

自翁牛特旗大泡子出土的一组陶器发表之后，人们已注意到夏家店上层文化与松嫩平原青铜文化的联系。龙头山遗址发掘揭示，第2层堆积及开口于此层下的部分单位，突然出现了不少施印直线几何纹样的篦点纹陶片，类似的篦纹陶片还见于林西大井和克什克腾旗关东车遗址。这种采用平行缠绕细绳的片状工具，以刃端在陶器表面施印的纹饰，施纹技法和纹样特点与松嫩平原的白金宝文化基本相同。有所区别的是白金宝文化的纹理较深，纹样繁缛，纹饰覆盖面大。而以龙头山遗址为代表的多数篦纹陶片，纹理较浅，纹样简约，一般仅施纹于陶器的口沿部。关于松嫩平原早期青铜文化的探索，近些年取得了重要进展。据白金宝遗址第三次发掘资料，在该遗址早于白金宝文化的遗存中就已出现篦纹陶器[46]。可见这种施纹技法突出的代表了该地区的一种文化传统。那么篦纹陶在西拉木伦河流域的出现，尤其像翁牛特旗大泡子那种纹样和施纹技法更接近于白金宝文化的陶器（龙头山遗址也见有这样的陶片），就不应仅视为一种文化因素的传递，当暗示有人群的迁徙。

文化因素分析表明，夏家店上层文化早期遗存中含有北方草原青铜文化的成分，例如仿皮囊式陶器、施印于陶器上的鹿形或马形纹样、分叉装梃式柳叶铜镞、素面铜镜和大型青铜鹿牌饰等。人种学研究认为，夏家店上层文化居民是含有北亚人种性状特征的东亚人种[47]，而地理位置偏北的龙头山组混有更为显著的北亚人种因素[48]。林沄先生曾指出，龙头山所见柳叶铜镞独特的装梃方式，其原始形式和铸范均发现于西伯利亚的叶尼塞河和额尔齐斯河[49]。而背面有单纽的素面铜镜和形式多样的动物形青铜牌饰，也是在北方草原地带先流行起来然后向东传输的。至于夏家店上层文化典型的銎柄式短剑，其銎柄和早期的直刃剑身形式，既是对北方系短剑加以改造，又在以后演进中充分吸收了东北系铜剑曲刃剑身而铸就的形制特殊的铜剑。这种铜剑的祖型或许与米努辛斯克盆地流行的卡拉苏克式短剑有谱系关系[50]。由此可以推定，夏家店上层文化之初，西拉木伦河流域受到了周邻地区甚至更为遥远的北方大草原地带青铜文化的影响，它们以某种形式的介入是构成夏家店上层文化的另一重要来源。

总之，从文化结构的多样性来看，夏家店上层文化的形成机制，应该是在本地晚商遗存与来自下辽河流域高台山文化结合的基础上，并吸收多种文化因素融汇整合的结果。

## 三、老哈河流域文化重心形成的重构

以往对夏家店上层文化的分期与编年研究，多把南山根 M101 出土的一组中原式青铜器作为断代依据，将老哈河流域的夏家店上层文化定在西周晚至春秋早期。近来有报道这一地区也发现有年代偏早的该文化遗存[51]，但尚需要进一步证实。而曾经被认定年代较晚的敖汉周家地墓葬[52]，也因葬俗有明显区别，是否可以归入夏家店上层文化还有待探讨。事实上老哈河流域夏家店上层文化的重心正是在这一时期形成的。所谓文化重心，是指人口集中、财富汇聚和多层次社会组织的构建等核心要素组成的区域考古学文化表现形式。

据李水城的统计，夏家店上层文化遗址为 293 处，其中绝大部分分布在老哈河流域[53]。按中美赤峰联合考古队的报道，仅赤峰地区调查到含有这一文化陶片的遗址就有 348 处[54]。尽管因工作方法的不同，两种调查结果有很大出入，仍然可以说明夏家店上层文化遗址数量和人口规模保持了较高的水平。尤其是在阴河、锡伯河和老哈河上游沿岸区域，遗址分布密度并不低于此前的夏家店下层文化。从这一区域遗址分布的格局来看，可划分为南北两群。位于北部偏西的群落，是由汇聚于赤峰的阴河和锡伯河组成，遗址主要沿河流成串分布。根据中美联合考古队提供的资料，按单个遗址面积至少可分为三个等级。在阴河南岸“自西南向东北一线分布着 4 处超大型的遗址，面积都在 10 万平方米以上，最大的一处约有 20 万平方米”为最高级；1 万平方米左右的大多数遗址为次级；面积不足 0.5 万平方米的小型遗址级别最低。如果把赤峰周围的群落看成是一个统一的整体，那么遗址的等级差别，就意味着其组成结构的多层次。理论上讲高级别对低级别具有控制力，即一个超大型遗址对分布于周邻的若干中、小型遗址存在领属关系，而若干个超大型遗址之间又以最大的一处为核心。这样按等级的领属关系逐层内聚，就形成了一种金字塔式的组成结构。考古调查与发掘证明，位于南部老哈河上游是另一个遗址密集分布的群落，虽然尚不掌握这些遗址的规模及分布的详细数据，但历来在宁城附近屡有大型墓葬发现，作为权力与财富集中体现的高等级大墓仅见于宁城的现象，说明这里在夏家店上层文化整体布局中具有重要地位。

目前尚无从解释两遗址群落之间的关系，也许它们内部存在着功能上的区别。从空间来看赤峰、宁城外围地带的遗址分布较为稀疏，但也不排除并列有若干规模较小的遗址群。这些遗址群同样也有所属的中心，并受制于高等级的群落，由此结成一个有序的控制网络。以上分析表明，这一时期夏家店上层文化形成了多层次的社会组织结构。作为区域考古文化的表现形式，已构成该文化的分布重心（如图一所示）。

从老哈河流域遗址分布密度、规模及文化层堆积厚度来看，反映当时的人口数量和定居化程度都要远高于西拉木伦河流域，这说明夏家店上层文化生产经济有了进一步的发展。有关当时的生产经济情况，可以从以下现象中得到一些了解。首先，夏家店上层文化整体农业生产水平不高，一般遗址仅见有石斧、石刀、磨盘、磨棒等粗放型的农业生产和加工工具。虽然没有发现像夏家店下层文化那样的扁薄石铲，但根据窖穴上遗留的齿状痕迹推测，木制的耒耜也应是一种翻耕工具。粗放型的农业，往往与一定规模的集体劳作相联系。在建平水泉遗址发现了贮藏粮食的窖穴，三个直径约2米的窖穴相距不远，内残存有半米以上的碳化谷物[55]。另外在喀喇沁旗大山前和建平水泉遗址出土的一些大型陶瓮，也与贮藏粮食有关[56]。将收获的谷物集中存放，然后再以某种相应的形式分配给各个家庭，说明当时的农业生产是集体经营。其次，据大山前遗址发现的162例动物骨骼统计，猪占59.9%、牛11.73%、羊12.96%、狗12.96%，马和鹿各2例[57]；作为对比材料，克什克腾旗关东车遗址经鉴定的31个动物个体中，猪占25%、羊32.2%、牛19.2%、狗16.2%，马和狼各1例[58]。前者以作为家畜饲养的猪为主；后者以适于放养的牛、羊所占比例较高。若参考林西大井遗址发现的鹿、麅、野马、野牛、狼、狐狸、熊等大量野生动物[59]，反映西拉木伦河流域的狩猎经济亦占有较大比重。通过分析比照可以认定，伴随夏家店上层文化的南移，由最初的农、牧、渔猎兼营的多种生产经济方式，逐渐过渡到对土地依赖程度的不断提高，而由于农业生产规模的扩大，则突显出在地域经济形态上发生了重要转变。

迄今在老哈河流域发现的大量制作工艺精美的青铜器，是夏家店上层文化进入繁荣阶段的重要标志，同时也见证了与周邻文化的频繁交往。宁城附近高级大墓随葬的青铜种类繁多，内涵复杂。除去地域特点十分明显一类青铜器外，其余主要受到来自两个方面的影响。其一是源自内蒙古长城带所谓北方草原风格的器物，如管銎战斧、兽首刀子、连铸柄兽首短剑、挂缰钩、透雕动物牌饰和一些形制特殊的马衔、马镳等。其中在器物柄部或顶端装饰的立兽造型和以固定手法表现的动物雕像制品，或许来自更为遥远的北方大草原地带。其二是各式曲刃短剑，显然受到大小凌河流域东北系铜剑的影响。这些异域风格的青铜器，有的是直接或间接的输入品，也不排除一些模仿的产品，而比仿制更为重要的是在吸收借鉴基础上加以改造的一类制品。例如銎柄式曲刃短剑，就应该是在接触到东北系铜剑之后，对其原有直刃剑身的一种改造。而兽首曲刃剑，则是改进东北系铜剑装柄方式，将之与北方系连筑柄短剑融为一体的另一个例证。凡此种种，说明此时的夏家店上层文化，在与周邻文化频繁交往中所具有的包容性和采取的兼收并蓄机制，对促进其青铜铸造业的迅速提升起到了重要作用。

宁城南山根和小黑石沟大墓出土的不少典型中原式青铜礼器、兵器曾引起学者们的普遍关注，不过论者多把夏家店上层文化考虑成被施加中原文化影响的授受方，而极少注意这些青铜器是以何种方式或途径获得的。令人迷惑不解的是，这些青铜礼器并非成套出土而是散乱搭配的，并且出自同一墓葬的青铜器年代相去甚远，年代早的可定在商末周初，晚的年代可断在两周之际到春秋早期[60]。所以它们绝不是贵族接受中原礼制的馈赠，而是作为财富被瓜分的战利品。

从时空范畴与周邻文化的关系来看，夏家店上层文化属山戎族。文献史料记载，春秋早期前后活动在燕山北部的山戎族，时有“病燕”“越燕伐齐”的事件发生，说明此时的山戎族十分强盛。从大多数墓葬以兵器为随葬品的事实，可以看出崇尚武备的社会风气。值得注意的是，当时人们已知马的重要性，对骑马和驾驭马车技术的掌握更加大了空间活动范围。从某种意义上说，这一时期夏家店上层文化与周邻文化的交往，是以军事活动为媒介，以劫掠财富为目的的。

伴随夏家店上层文化向南的扩展，老哈河流域已形成人口密集，财富汇聚的文化重心区。此间，农业生产规模不断扩大，青铜铸造业迅速提升，社会复杂化的进程加快，在与周邻文化的接触中军事活动频繁，正是诸多因素的交织作用促进了夏家店上层文化的发展，使其步入繁荣。

# 四、夏家店上层文化向滦河上游的游移

本文第一部分已经对夏家店上层文化在滦河上游地区的分布进行了确认，那么需要进一步讨论的是该文化是何时进入这一地区的。以平泉东南沟 M6 出土的一件中原式铜戈断代，其形制为长援平直等宽，援尖作三角锋，援与胡相交呈较小钝角，中胡三穿，属春秋早期。另外同出的铜剑、刀子、铜泡，也可以在老哈河流域相关年代的墓葬中找到铸造形制和纹饰特征十分相近的类比器物。更为重要的是在此类石构墓葬群附近，往往发现有特征明确的夏家店上层文化陶片。从以上分析判断，夏家店上层文化进入滦河上游的时间不会晚于春秋早期。至于此前在延庆西拨子出土的一些与夏家店上层文化相近的类型品[61]，如刀子、直銎斧、匙形饰、泡饰、猎钩等，究竟是受到了北方长城地带不断东渐文化的影响，还是本地区的固有文化成分，由于材料太少一时还难以说清楚。不过杨建华指出，西拨子特有的执耳铜釜和三足圜底铜鼎，却是与夏家店上层文化所使用的陶鬲属于完全不同的炊器系统[62]。由于西拨子窖藏出有饰重环纹的中原式铜鼎残片，可将年代断在西周中、晚期。而目前在该地区尚没有发现明确的相当于这一时期的夏家店上层文化遗存。由此可见，夏家店上层文化向南的游移，应该是在老哈河文化重心确立以后的一个渐进过程，所以这一文化在滦河上游出现的时间可能更晚一些。

从滦河上游考古调查与发掘的情况来看，这一地区的夏家店上层文化遗址规模普遍较小。已发现的墓地少的只有几座，多也不过三四十座，且墓葬出土遗物较少。据郑绍宗先生报道，平泉东南沟两处墓地 11 座墓葬，有 7 座无遗物，3 座遗物很少，仅 1 座略为丰富；柳树沟发现的 5 座石棺墓，有 4 座遗物甚少或无遗物[63]。最近发表的丰宁土城镇石棺墓资料，也证实了这一点[64]。迄今这里发现的均为中小型墓，尚不见宁城南山根和小黑石沟那样高级大墓。就墓葬形制而言，虽然大多数为石棺墓，但在同一墓地中也发现有土坑墓和土坑石盖墓。特别是墓葬结构比较普遍地采用了封土或积石的做法，这与老哈河流域有明显区别。

正如有学者估计的那样，齐桓公北伐山戎的军事行动，使夏家店上层文化在春秋早期以后明显衰退了。这在遏制其继续向南扩展势头的同时，也使游移至滦河上游的夏家店上层文化处于弱势。然而与老哈河流域原夏家店上层文化分布区有所不同的是，此时在军都山类型的遗存中，仍可以分析出吸收夏家店上层文化并加以改造的銎柄直刃剑、兽首或双圆饼首曲刃剑[65]。此外夏家店上层文化很有特点的齿柄刀除在当地被继续使用，甚至传输到整个冀北地区。如果把上述情况看成是夏家店上层文化的孑遗，说明其在滦河上游仍具有一定的影响力。

## 五、余　论

总结全篇，夏家店上层文化分布区按自然地理形势以水系划分为三个纬度带，其间存在着地域性文化特征差异，这种差异反映的是该文化由北向南分布态势的一个历时过程。北部的西拉木伦河流域为夏家店上层文化早期遗存集中出现的地区，也很可能是发源地。目前有线索可以推测，夏家店上层文化应该是高台山文化之一部分，并吸收本地晚商遗存文化成分而形成的。同时，从松嫩平原甚至更为遥远的北方大草原地带传播的信息包括迁徙的居民，也对这一地区产生了影响。两周之际，已扩展到老哈河流域的夏家店上层文化，农业生产有了进一步发展，随着人口的增加，多层次社会组织体系和等级制度的构建，少数显贵成为财富与权力的拥有者，而获取青铜器成为显示权力、炫耀财富的重要手段。在尚武精神的感召下，以掠夺财富为目的的军事活动频繁，尤其是对处于燕势力范围但又不被其所实际控制地区的“入侵”不断升级。夏家店上层文化在老哈河流域文化重心确立以后继续南下的势头，并没有对滦河上游形成强有力的文化冲击，似乎也没有实现排他性的殖民占领。

夏家店上层文化结束后，其原分布地努鲁儿虎山以西地区遗址非常稀少。据文献记载，在战国燕人到来之前这里是东胡族活动的领地，这就使得把夏家店上层文化认定为东胡遗存的种种说法与考古学的实际发现有很大差距。那么这种活动性很强的人群是否真正占据过这一地区，还是一个谜。不过最近发掘的林西井沟子墓地，为探索东胡遗存提供了重要线索[66]。该墓地位于西拉木伦河北岸，从已清理的58座墓葬来看，随葬的青铜器，如扁茎直刃剑、銎体三翼镞、镂孔铃、变体鸟形饰以及骨镳、弓弭、骨扣饰等，均为北方草原地带青铜文化所多见。值得关注的是，这批墓葬流行殉牲习俗，以个体数所占有百分比统计马、牛、羊的出现率非常高。初步认定，井沟子墓地反映的是一种发达的畜牧业文化。据出土遗物的类型学比较并参考碳十四测定数据，这类遗存的年代为春秋晚至战国早期。另外其墓制、葬俗及部分随葬的陶器、青铜器，还与同期的敖汉铁匠沟A区墓葬[67]，以及被认定属夏家店上层文化的敖汉周家地墓葬表现出多方面的一致性[68]。所以其时间、地域及突显的畜牧业文化特征，均与文献记载的东胡族相吻合。经人种鉴定，井沟子居民具有的低颅、阔面和面部特别扁平的性状特征，与东胡族系的鲜卑和契丹体质特征非常接近。初步检测成果还认为，井沟子居民与蒙古中部石板墓文化人群均属西伯利亚人种，他们之间的细小差别仅限于个别测量数据。若从人种学角度考虑，可以设想井沟子居民来自石板墓文化那样的人群。目前虽然尚不能肯定夏家店上层文化的消亡，与这支远距离迁徙而至的畜牧业人群是否有直接联系，但是它却在这一地区不同青铜文化的交替中扮演着重要角色。

## 注　释

[1] 靳枫毅：《论中国东北地区含曲刃青铜短剑的文化遗存》，《考古学报》1982年4期、1983年1期。

[2] 林沄：《中国东北系铜剑初论》，《考古学报》1980年2期。

[3] 朱永刚：《夏家店上层文化初步研究》，《考古学文化论集》（一），文物出版社，1987年。

[4] 辽宁省博物馆文物工作队：《辽宁林西县大井古铜矿1976年试掘简报》，《文物资料丛刊》（7），文物出版社，1983年。

[5] 李延祥、韩汝玢：《林西大井古铜矿冶炼技术及产品特征初探》，《边疆考古研究》（第1辑），科学出版社，2002年。

[6] 2002年由吉林大学边疆考古研究中心和内蒙古文物考古研究所联合对西拉木伦河上游调查资料。

[7] 吉林大学边疆考古研究中心、内蒙古文物考古研究所：《西拉木伦河上游考古调查与试掘》，《内蒙古文物考古》2002年2期。

[8] 吉林大学边疆考古研究中心、内蒙古文物考古研究所：《克什克腾旗关东车遗址考古调查与试掘》，《边疆考古研究》（第2辑），科学出版社，2003年。

[ 9 ] 河北省博物馆、河北省文物管理处：《河北平泉东南沟夏家店上层文化墓葬》，《考古》1977年1期。

[10] 郑绍宗：《中国长城地带石棺墓之研究》，《文物春秋》1993年2期。

[11] 河北省考古研究所：《河北丰宁土城镇石棺墓调查》，《河北省考古文集》，东方出版社，1998年。

[12] 1924年法国人桑志华和德日进在围场东家营子发掘5座石棺墓。资料见于岛田贞彦：《考古学すり见左る热河》《考古学论丛》（二），1928年，图30。

[13] 河北省考古研究所：《河北丰宁土城镇石棺墓调查》，《河北省考古文集》（一），东方出版社，1998年。

[14] 张忠培：《研究考古学文化需要探索的几个问题》，《文物与考古论集》，文物出版社，1987年。

[15] 郑绍宗：《有关河北长城区域原始文化类型的讨论》，《考古》1962年12期；河北省文物局文物工作队：《河北承德地区的古文化遗址调查》，《考古》1962年12期。

[16] 八幡一郎：《热河省北部：先史时代遗迹及遗物》，《第一次满蒙学术调查团研究报告》第六部，第三编，1940年；河北省文物研究所：《河北承德县考古调查》，《文物春秋》1996年1期；

[17] 中国社会科学院考古研究所东北队：《宁城南山根的石椁墓》，《考古学报》1973年2期。

[18] 项春松、李义：《宁城小黑石沟石椁墓调查报告》《文物》1995年5期。

[19] 靳枫毅：《宁城县新发现的夏家店上层文化墓葬及其相关遗物的研究》，《文物资料丛刊》（9），1985年。

[20] 中国社会科学院考古研究所内蒙工作队：《赤峰药王庙、夏家店遗址试掘报告》，《考古学报》1974年1期。

[21] 河北省考古研究所：《河北丰宁土城镇石棺墓调查》，《河北省考古文集》，东方出版社，1998年。

[22] 郑绍宗：《中国北方式青铜短剑的分期及形制研究》，《文物》1984年2期；承德地区文物保护管理所等：《河北省滦平县梨树沟门墓群清理简报》，《文物春秋》1994年2期。

[23] 朱永刚：《试论我国北方地区銎柄式柱脊短剑》，《文物》1992年12期。

[24] 靳枫毅：《夏家店上层文化及其族属问题》，《考古学报》1987年2期。

[25] 内蒙古自治区文物考古研究所：《克什克腾旗龙头山第一、二次发掘简报》，《考古》1991年8期；齐晓光：《内蒙古克什克腾旗龙头山遗址发掘的主要收获》，《内蒙古东部区考古学文化研究文集》，海洋出版社，1991年。

[26] 贾鸿恩：《翁牛特旗大泡子青铜短剑墓》，《文物》1984年2期。

[27] 董文义：《巴林右旗发现青铜短剑墓》《内蒙古文物考古》创刊号，1981年。

[28] 内蒙古自治区文物考古研究所：《克什克腾旗龙头山第一、二次发掘简报》，《考古》1991年8期；齐晓光：《内蒙古克什克腾旗龙头山遗址发掘的主要收获》，《内蒙古东部区考古

学文化研究文集》，海洋出版社，1991 年。

[29] 吉林大学边疆考古研究中心、内蒙古文物考古研究所：《克什克腾旗关东车遗址考古调查与试掘》，《边疆考古研究》（第 2 辑），科学出版社，2003 年。

[30] 侯莉敏：《通辽市发现一座青铜剑墓》，《哲里木盟文物通讯》创刊号，1982 年。

[31] 朱永刚：《夏家店上层文化初步研究》，《考古学文化论集》（一），文物出版社，1987 年。

[32] 内蒙古自治区文物考古研究所：《克什克腾旗龙头山第一、二次发掘简报》，《考古》1991 年 8 期；齐晓光：《内蒙古克什克腾旗龙头山遗址发掘的主要收获》，《内蒙古东部区考古学文化研究文集》，海洋出版社，1991 年。

[33] 朱永刚：《论高台山文化及其与辽西青铜文化的关系》，《中国考古学会第八次年会论文集》，文物出版社，1991 年。

[34] 王立新：《辽西夏至战国时期文化格局与经济形态的演进》，《考古学报》2004 年 3 期。

[35] 刘观民、徐光冀：《内蒙古东部地区青铜时代两种文化》，《内蒙古文物考古》创刊号，1981 年。

[36] 朱延平：《夏家店下层文化的社会发展阶段》，《中国北方古代文化国际学术研讨会论文集》，中国文史出版社，1995 年。

[37] 朱永刚：《查干木伦河流域古遗址文化类型及相关问题》，《考古与文物》2004 年 1 期。

[38] 笔者观察到的这 2 件遗物分别出自巴林右旗的和布特哈达和呼特勒。

[39] 朱永刚：《查干木伦河流域古遗址文化类型及相关问题》，《考古与文物》2004 年 1 期。

[40] 内蒙古自治区文化局文物工作组：《内蒙古自治区发现的细石器文化遗址》，《考古学报》1957 年 1 期。

[41] 李甸甫、朱声显：《科尔沁右翼中旗呼林河沿岸原始文化遗存》，《文物资料丛刊》（7），文物出版社，1983 年。

[42] 巴林右旗博物馆：《巴林右旗古日古勒台新石器时代遗址调查简报》，《内蒙古文物考古》1992 年 1、2 期合刊。

[43] 王立新：《中国东北地区所见的珍珠纹陶器》，《边疆考古研究》（第 2 辑），科学出版社，2003 年。

[44] 克什克腾旗文化馆：《辽宁克什克腾旗天宝同发现商代铜甗》，《考古》1977 年 5 期。

[45] 苏赫：《从昭盟发现的大型青铜器试论北方的早期青铜文明》，《内蒙古文物考古》1982 年 2 期。

[46] 黑龙江省文物考古研究所、吉林大学历史系考古专业：《黑龙江肇源白金宝遗址 1986 年发掘简报》，《北方文物》1997 年 4 期。

[47] 朱泓：《夏家店上层文化居民的种族类型及其相关问题》，《辽海文物学刊》1989 年 1 期。

[48] 陈山：《克什克腾旗龙头山青铜时代居民的人类学研究》，《人类学学报》19 卷，2000 年 1 期。

[49] 林沄：《东胡与山戎的考古学探索》，《环渤海考古国际学术讨论会论文集》，知识出版社，1996 年。

［50］ 朱永刚：《试论我国北方地区銎柄式柱脊短剑》，《文物》1992 年 12 期。
［51］ 王立新、齐晓光：《龙头山遗址的几个问题》，《北方文物》2002 年 1 期。
［52］ 中国社会科学院考古所内蒙队：《内蒙古敖汉旗周家地墓地发掘简报》，《考古》1984 年 5 期。
［53］ 李水城：《西拉木伦河流域古文化变迁及人地关系》，《边疆考古研究》（第 1 辑），科学出版社，2002 年。
［54］ 中美赤峰联合考古队：《内蒙古赤峰地区区域性考古调查阶段性报告（1999～2001）》，《边疆考古研究》（第 1 辑），科学出版社，2002 年。
［55］ 辽宁省博物馆、朝阳市博物馆：《建平水泉遗址发掘简报》，《辽海文物学刊》1986 年 2 期。
［56］ 内蒙古喀喇沁旗大山前遗址 1998 年发掘资料。
［57］ 王立新：《辽西夏至战国时期文化格局与经济形态的演进》，《考古学报》2004 年 3 期。
［58］ 吉林大学边疆考古研究中心、内蒙古文物考古研究所：《克什克腾旗关东车遗址考古调查与试掘》，《边疆考古研究》（第 2 辑），科学出版社，2003 年。
［59］ 辽宁省博物馆文物工作队：《辽宁林西县大井古铜矿 1976 年试掘简报》，《文物资料丛刊》（7），文物出版社，1983 年。
［60］ 项春松、李义：《宁城小黑石沟石椁墓调查报告》《文物》1995 年 5 期。
［61］ 北京市文管处：《北京市延庆县西拨子村窖藏铜器》，《考古》1979 年 3 期。
［62］ 杨建华：《冀北周代青铜文化初探》，《中原文物》2000 年 5 期。
［63］ 郑绍宗：《中国长城地带石棺墓之研究》，《文物春秋》1993 年 2 期。
［64］ 河北省考古研究所：《河北丰宁土城镇石棺墓调查》，《河北省考古文集》，东方出版社，1998 年。
［65］ 郑绍宗：《中国北方式青铜短剑的分期及形制研究》，《文物》1984 年 2 期。
［66］ 吉林大学边疆考古研究中心、内蒙古文物考古研究所：《2002 年内蒙古林西县井沟子遗址西区墓葬发掘纪要》，《考古与文物》2004 年 1 期。
［67］ 邵国田：《敖汉旗铁匠沟战国墓地调查简报》，《内蒙古文物考古》1992 年 1、2 期合刊。
［68］ 中国社会科学院考古所内蒙队：《内蒙古敖汉旗周家地墓地发掘简报》，《考古》1984 年 5 期。

（原载《庆祝张忠培先生七十岁论文集》，科学出版社，2004 年）

# 西团山文化来源探索

20 世纪 50 年代初提出命名的西团山文化[1]，是最先在东北地区被确认的战国以前存在的青铜文化。然而，多年来因材料本身局限和研究方法的约束，分期问题一直没能很好解决。近年来陆续发表的一些材料已相当程度地丰富起来，通过墓葬分期[2]及晚期遗存划出[3]所进行的西团山文化分期的研究，已比较客观的疏理出主要遗存发展序列。在此基础上探索西团山文化的来源，自然是十分有意义的研究课题，无疑也是人们普遍关心和感兴趣的课题。

本文首先，从西团山文化纵向发展序列中划分出早期文化遗存，通过墓葬和遗址典型陶器分析，揭示其文化形态，确定其年代，作为比较研究的基础材料；其次，通过相关文化遗存考察及文化结构分析，论证其与西团山文化间的关系，在更广阔的时空范围内探索西团山文化的来源。

## 一

目前，关于西团山文化主要遗址和墓地相对年代排序主要有以下几种认识。

西团山石棺墓期—骚达沟山顶大棺期—土城子石棺墓期[4]；

西团山—星星哨—骚达沟—长蛇山、猴石山—土城子[5]；

西团山—星星哨—猴石山—长蛇山—土城子—杨屯大海猛[6]。

鉴于西团山文化墓葬和遗址出土陶器有较大区别，下面将分别进行讨论。

在已有的排序认识中，均不否认西团山和星星哨墓地属西团山文化早期遗存。由于星星哨出土了西团山墓地所不见的青铜制品，作为判别相对早晚的一条重要依据，又都认为西团山早于星星哨墓地。从青铜制品的种类、数量和铸造工艺分析，西团山文化尚属于不发达的青铜文化。特别是迄今为止极少发现可确认为该文化的铸范，当不能排除相当数量的青铜制品由周邻地区发达青铜文化流入的可能性。所以仅依赖于是否出土青铜制品，或凭借其种类和数量的多少来判定相对早晚显然是不可靠的。

在已发表的墓葬材料中，壶作为一种主要随葬陶器，出现频率最高。据统计星星哨基地的壶占陶容器的 43%；西团山墓地壶占陶容器的 38%，并且有较好的连续性和富于变化的形态。通过类型学的排比结果，我们认为星星哨墓地总体上要早于西团山墓地[7]。根据器耳的差别可将星星哨墓地的陶壶区分为三种类型：横桥耳壶、竖桥耳壶和无耳壶。各型陶壶的递进演变形态同步发展，可划分为三段。早段壶的基本特点是短折颈，颈腹间的夹角较小，垂腹；中段和晚段的陶壶颈腹间夹角增大，逐渐由折颈演变为弧颈，颈部相对变长，腹形也由垂腹变为圆鼓腹（图一）。常见的组合关系是横耳壶多与横耳罐、竖耳壶多与斜直壁敞口碗、无耳壶多与敛口钵共存。星星哨墓地陶器多种组合形式暗示着西团山文化复杂的多元文化结构。在通过陶壶的形式排比，对西团山文化墓葬所做的分期研究之后，可以看出横桥耳壶的序列最为完整，贯穿于各主要阶段[8]，而其他两种形式的壶则只存在于年代较早的星星哨墓地中，因此横桥耳壶应为西团山文化的典型陶壶。

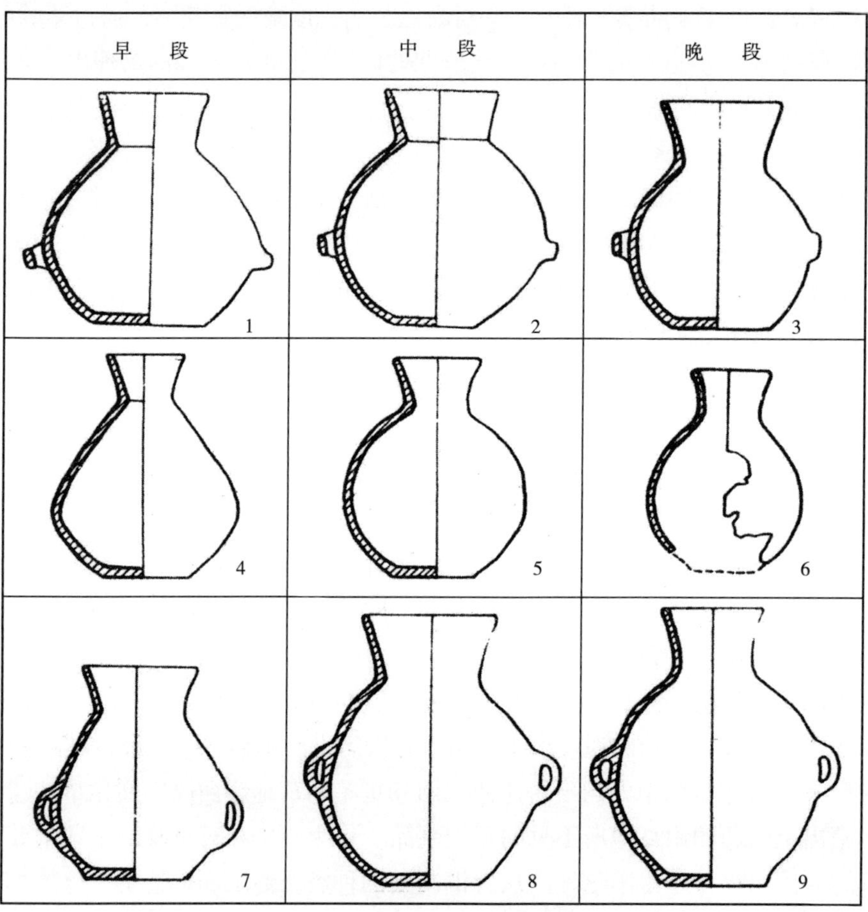


图一　星星哨墓地陶壶分段图

1. CM21∶1　2. CM6∶1　3. DM16∶4　4. DM12∶1　5. BM2∶2　6. AM11∶?
7. CM∶1　8. DM11∶4　9. CM18∶1

星星哨晚段AM19随葬的曲刃青铜短剑具有断代意义[9]。根据这种短剑排序、断代的研究成果，“其出现于西周的可能性比出现于春秋的可能性要大”[10]。同时期墓葬出土的曲刃矛和短剑形式相似，显示了同一时代风格，故短剑的年代亦代表了这一阶段墓葬的年代。星星哨早段CM21人骨碳十四测定数据距今3055年±100年（公元前1105年±100年）。考虑到人骨与木炭的同位素在热运动中表现不同，因此该绝对年代数据可能有一定误差。从星星哨早、晚段陶壶形态的比较来看，并无大幅度变化，参考星星哨以AM19代表晚段曲刃青铜短剑的断代，早段的年代似推定在西周中期前后为合适。

西团山文化墓葬一个显要特点是以石质材料为葬具，其在不同年代段的形制和结构表现出一定的差异。星星哨墓葬的主要特点是长方形板石立砌墓，一般筑在风化岩石上，无底铺石。这种墓葬在星星哨墓地中占85%[11]，是早期墓葬的主要形制。

在从遗址方面看，以往西团山文化主要遗存的多种排序中，猴石山与长蛇山的年代偏晚，对此我们有不同看法，有必要作具体分析。猴石山遗址曾先后发掘三次，共清理房址15座，墓葬160座[12]。已发表的五个碳十四年代数据如下[13]。

（1）ⅡT1②M2：人骨（ZK799-0）公元前320年。

（2）ⅡM34人骨（ZK781-0）公元前260年。

（3）ⅡT2③木炭（ZK780）公元前955年。

（4）ⅡT1F5木炭（BK79060）公元前750年。

（5）ⅡT2③F6木炭（BK79061）公元前990年。

这些数据可分为两组，一组是由人骨测定墓地的年代，大约相当于战国中期，与其在上述排序的位置相符；另一组由木炭测得遗址的年代，其中两个数据接近，相当于西周中期偏早，另一数据年代落在西周晚期，显然早于其在排序中的位置。由此说明猴石山遗址的年代早于墓地，至少有部分遗址的年代在西周纪年范围内。

据《吉林长蛇山遗址的发掘》报道[14]，出土鼎和鬲的数量较多，且同型器物有多种式别。T19⑦、⑧两个单位出土的Ⅰ式平底鼎（T19⑧：48）、Ⅰ式宽裆鬲（T19⑦：47）与猴石山遗址同类器形基本相同，年代应相当。

近年清理发掘的舒兰珠山遗址[15]，发表材料完整，层位清楚。其基本文化内涵与吉林市郊分布的诸西团山文化遗存相似，属于同一文化范畴。检查遗址的叠压打破关系，以F3和F5两个单位最早，比较F3一组陶器与猴石山遗址的同类器最为接近，Ⅰ式鼎、短圈足豆和猴石山63F3：1鼎、63F2：1豆形态几乎完全相同，它们的年代应该相近。另外，报告发表的和F5同层位单位碳样测年数据为距今2720年±70年（树轮校正年代距今2815年±125年），与猴石山遗址的绝对年代值相若可做参考。

上述遗址及部分单位出土的陶器反映了西团山早期遗存的文化面貌。其典型器物组合应是鼎、鬲、豆、壶、钵，另外一些器类还有罐、甑、盆等（图二）。鼎是主要炊器，出土数量最多，延续使用时间长，且型式多样，富于变化。早期常见的型式为直口浅腹平底和敞口深腹圈底，一般饰横桥耳，也流行鋬耳，部分器底有附加堆纹十字形标记。鬲为直腹，宽裆，锥状实足，横置桥耳。相比之下鬲的数量较鼎少，型式单一，在晚期遗存中趋于退化。鼎和鬲具有同样的使用功能，然而在西团山文化中的地位却有所不同，特别表现在葬俗方面，部分墓葬发现有用鼎随葬的现象，但却从没见鬲作随葬品。不难看出人们对于鼎的重视超过鬲，这从一个侧面反映了它们可能源自不同文化的炊器系统。

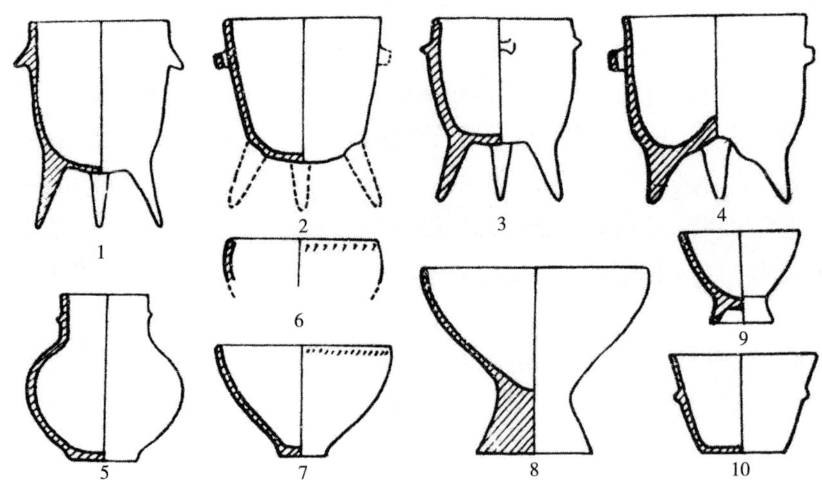


图二　西团山文化早期遗存典型陶器图

1～3. 鼎（F3：1、F3：2、63T19⑧：48）　4. 鬲（63T19⑦：47）　5. 壶（F3：15）　6. 钵（无编号）　7、10. 碗（F3：10、F1：19）　8、9. 豆（F5：9、F3：8）

（1、7、10猴石山出土；3、4、6长蛇山出土；其余珠山出土）

从遗址和墓葬两方面讨论所划出的西团山文化早期遗存，由于材料本身的差异，尚难具体作对应关系的比较，但是两者基本处于同一年代阶段。据此，可以推定西团山文化起始年代大抵在西周中期前后，不会晚于西周。通过对早期遗存文化内涵的分析，为西团山文化来源的讨论确定了一个基点。

# 二

在西团山文化分布的第二松花江中上游地区，早于西团山文化的是一种以压印之字纹平底筒形罐为代表的新石器文化遗存[16]，两者之间年代相去甚远，似难以联系起来考虑。1984 年吉林大学历史系考古专业在对农安附近的考古调查中曾采集到一些标本[17]，与周邻考古文化相比较，年代约略早于西团山早期文化遗存。然而从陶器群的文化面貌来看，没有线索反映与西团山文化早期遗存有前后的衔接关系。多年来在这一地区进行过最大的考古调查和发掘工作，仅在吉林市郊发现的西团山文化遗址（墓地）就不下上百处[18]，但始终没有发现与本文讨论有关的材料，也就是说西团山文化在本地区的出现是一个突兀现象。对此我们认为西团山文化可能源于周邻地区。

西团山文化分布区以北的嫩江中下游地区，已识别的白金宝、汉书两种考古学文化一脉相承，以渔猎经济为主，自成文化体系，其起始年代与西团山文化大体相当。在当地编年序列上中，早于白金宝文化的遗存，是以夹砂灰陶的绳纹束颈肥袋足鬲作为炊器的，显然有别于西团山文化的炊器系统。

牡丹江、绥芬河流域的考古工作比较薄弱，材料零散，考古学文化序列尚没有建立起来[19]。要探讨与西团山文化早期遗存的关系比较困难，但可以指出的是，这里与苏联滨海地区同时期文化遗存保持着密切的关系。

商周时期，在西团山文化西南分布着以下辽河为界自成体系的东西两大青铜文化系统。辽西地区青铜时代较晚阶段的夏家店上文化，是在长城地带北方青铜文化基础上自行发展起来的一种考古学文化。在其形成过程中曾受到来自东部文化因素的影响[20]，以至于显示出一些与西团山文化相近的文化特征。然而其更多具备北方青铜文化的特征。本地区青铜时代早期的夏家店下层文化广泛使用的炊器是灰陶绳纹甗和素面磨光尊式鬲。上溯其源，夏家店下层文化植根于本地区新石器时代的原始文化；下觅其流，有总体向南流动的趋向。所以我们认为这里不存在孕育西团山文化的空间。

位于辽东半岛北部下辽河平原及其东侧的山前地带，商周时期存在着以壶为主要随葬陶器的石棺墓和以素面夹砂红褐陶三足器为代表的诸类文化遗存。就最集中反映考古学文化传统的葬俗和陶器中的炊器系统来看，表现出与西团山文化早期遗存颇为相似的文化特征。从文化谱系的角度观察，存在着密切的亲缘关系。我们的考察即由此入手。

## 三

近些年来在辽阳、本溪、沈阳、开原、清原、西丰等下辽河以东低山丘陵地带（简称辽东山地），陆续发现一批随葬陶壶和短茎式曲刃短剑的石棺墓。上述地点出土的陶壶存在着连续发展的线索，就其形态分析，并参考与之共存的曲刃短剑断代研究成果，有以下几种递进演变的形态。

以抚顺小青岛 M5：2、八宝沟 M6：7 为代表的陶壶[21]，口颈向内弯曲呈钵状，颈腹间交角较小，深椭圆形腹，横桥耳上翘，假圈足底。相同形式的陶壶在新金双房 M6 石棺墓中，与迄今发现唯一一把形式最原始的短茎式曲刃剑共存[22]。又据这种陶壶和于家坨头积石墓同类陶壶的渊源关系[23]，可推定此形式陶壶出现的年代在西周早期，或偏晚些。

接下来辽阳二道河子出土的壶，弧折颈，球状腹，台底，平接横桥耳[24]；抚顺大甲邦出土的同类壶，喇叭口，斜折颈，垂腹，浅台底，平置饰横桥耳[25]。后两者的年代应略晚于新金双房 M6 的年代，估计可延伸到西周中、晚期。这一发展序列大抵与西团山文化早期星星哨墓地年代相对应。

就陶壶本身的形态和纹饰特点而言，可以区分为素面壶和弦纹壶两种类型。两类陶壶往往出于同一墓地，且有共存关系。仔细观察同一类型壶的形态存在显示年代差别现象，而不同类型壶则不存在互为发展的承袭关系，暗示素面壶和弦纹壶各自存在着特定的发展轨迹（图三）。具体分析如下：

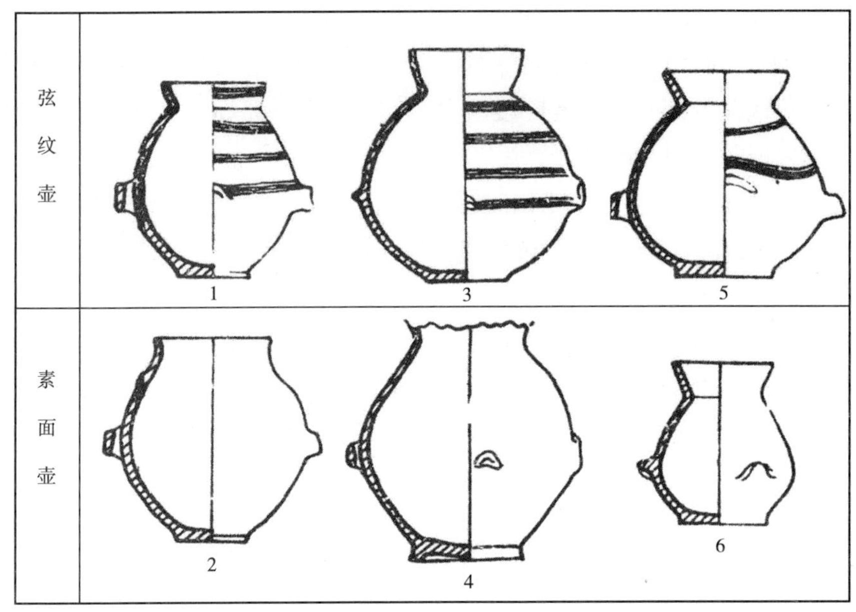


图三　辽东山地石棺墓弦纹壶与素面壶演进关系比较图

1、2. 抚顺大伙房水库出土　3、4. 辽阳二道河子出土　5、6. 抚顺大甲邦石棺墓出土

（1）弦纹壶，口颈沿面多向内弯曲呈钵状，有明显的颈隔，器身饰平行弦纹带（也有少数饰刻划波浪纹饰带），腹部饰马鞍状附耳。素面壶，斜折颈，无颈隔，器身素面无纹饰，极少见马鞍状附耳。

（2）弦纹壶多与豆（圈足碗）、短茎式曲刃短剑和窄身弦纹铜斧共存。素面壶多与横桥耳罐或钵组合，很少见随葬的青铜制品。从共存关系来看，两种陶壶各自以其特有的组合形式单独存在，但亦有部分石棺墓两类壶共存。

（3）两种陶壶在靠近辽东半岛的辽东山地南部地区分布的最为密集，在远离半岛的北部地区渐稀少。弦纹壶在辽东半岛有单纯的分布区，而在辽东山地北部出现的素面壶则相对多于弦纹壶。

（4）在辽东半岛，通过于家砣头积石墓可以追溯到弦纹壶的早期形态[26]，其发展演变的线索十分清楚。见于西北朝鲜所谓的“美松里”型陶壶具备了弦纹壶的基本形态和特征，在那里它经历了新岩里—美松里Ⅰ—美松里Ⅱ—墨房里等几个连续发展阶段[27]，“美松里”型壶是弦纹壶的直接发展型式，也就是说，它们是一脉相承的延袭关系。弦纹壶自南向北发展趋势表明了其独立的谱系线索。无疑作为文化联系起着重要作用的另一方，素面壶也应有自身文化来源与发展去向。

因此可以认为，见于辽东山地的石棺墓分别来自以弦纹壶和素面壶为代表的两种文化成分。它们既相对独立，又保持密切联系，构成这一地区石棺墓文化结构的一个重要特点。

本文研究表明，辽东山地石棺墓文化内涵至少在三个方面与西团山文化早期同类遗存表现出相同或相似的特征。

其一，葬具的结构和形制相同，均为板石立砌无底铺石的长方形石棺墓。从目前发表的材料来看，这类石棺墓主要沿长白山脉西麓分布，多发现于海拔200～400米的低山、丘陵地带，其自然地理环境极为相近。

其二，均以壶作为主要随葬陶器，而极少以炊器随葬。具体比较不难发现，辽东山地素面壶的形态特点更接近于西团山文化星星哨墓地的同类陶壶，例如，两者均为侈口矮折颈，横桥耳，素面无纹饰，风格相近。而素面壶与横桥耳罐、钵共存关系，恰恰亦是西团山文化墓葬典型陶壶基本组合形式。

其三，辽东山地出土形式较早的短茎式曲刃短剑和窄身弦纹铜斧，主要见于弦纹壶系统的石棺墓中。在已有的考古发现中，出土于西团山文化墓葬的这类短剑仅有两把，宽体、网纹、扇形铜斧的形式也与前者有别。我们认为，短茎式曲刃短剑并非西团山文化固有的文化因素，很可能是流布的结果，过去把它作为西团山文化代表器物是不妥当的。虽然西团山文化发现的曲刃短剑较少，但富有地方特点的曲刃铜矛却屡有出土。从形态上分析，这种铜矛的源起当和曲刃短剑有着密切的关系，或许是受曲刃短剑影响而产生的一种衍生青铜器。因此，唯曲刃青铜矛才是西团山文化固有的文化因素。值得注意的是素面壶系统的石棺墓也极少有短剑随葬，而已发现的曲刃青铜矛却只见于这类石馆墓中。

确切地说，辽东山地石棺中的素面壶系统当与西团山文化存在着亲缘关系，然而这种亲缘关系并非是直接承袭关系，而是同源文化自某一阶段发生分野以后的平行发展关系。根据石棺墓文化结构分析可以导出，源自辽东半岛南端的弦纹壶来到辽东山地之前，这里应该独立存在着与素面壶系统有关的文化遗存。据报道，近年在本溪及周邻地区一些洞穴遗址中清理发掘的一批墓葬[28]，完全不见青铜短剑，随葬陶器为素面壶、横桥耳罐和钵。器物组合与形制与西团山早期星星哨墓地非常相似，特别是陶壶矮折颈、侈口、溜肩、垂腹的特点，更接近星星哨墓地早段壶的形式，不难发现主要器物之间显示出演变的逻辑关系（图四）。据此，进一步推测这类遗存当与西团山文化存在某种程度的渊源关系。尽管这批材料尚不完整，其文化内涵还有待进一步了解，这批材料但却为西团山文化源的探讨找到了一个重要端绪。

抚顺大伙房水库石棺墓普遍打破含夹砂红褐陶三足器遗存的层位关系表明[29]，

辽东山地石棺墓文化之前还存在着更早一类青铜文化，类似的文化遗存在下辽河平原也有发现。这类遗存陶器群包含了西团山文化传统的使用炊器，引起了我们的注意。

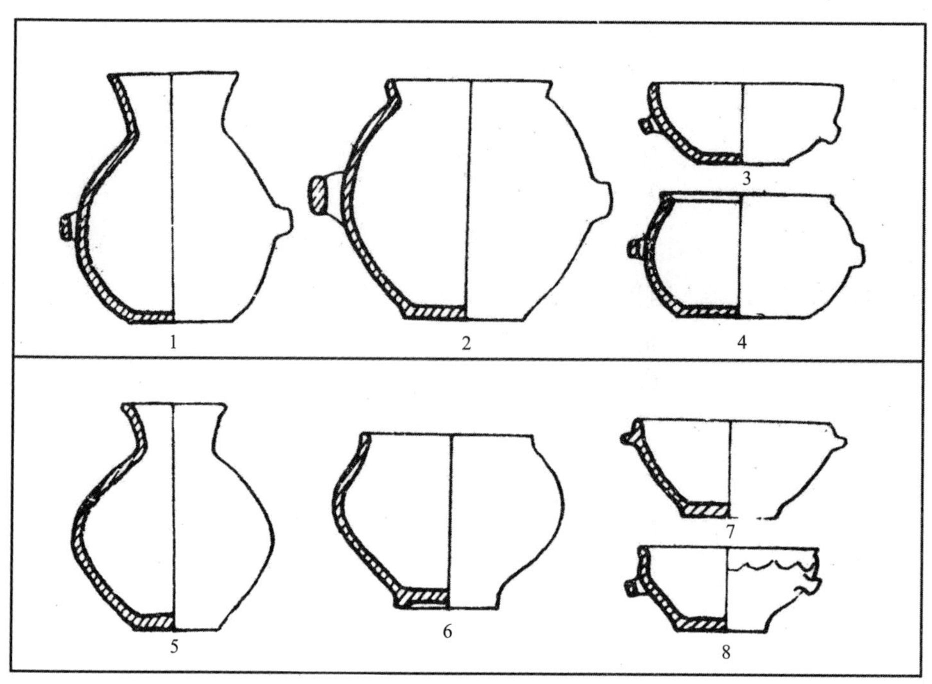

图四　星星哨墓葬与本溪老砬背洞穴墓葬陶器组合比较图

星星哨 DM16 陶器组合：1. 壶　2. 罐　3、4. 钵

本溪老砬背洞穴墓陶器组合：5. 壶　6. 罐　7、8. 钵

在辽东山地区，抚顺市郊及周邻地区以望花遗址为代表的早期青铜文化[30]，陶系多素面无纹饰的夹砂红褐陶，三足器类以鼎为主，鬲和甗少见。鼎的一般形式为侈口，偏圆腹，平圜底，扁方或圆锥状足稍外撇，流行横桥耳、鋬耳。该遗址出土的青铜环首刀为典型商代制品，陶片测定的热释光年代距今 3090 年 ± 100 年，亦在商纪年范围内。

沈阳市北郊的新乐上层遗址[31]，陶系以夹砂红褐陶为主，素面器表未经打磨。器形有鼎、鬲、甗、豆、壶、碗，以鼎为主，其形式与望花遗址同类器相同。该遗址的年代被推定在商周之际。

在下辽河以西平原区，经过正式发掘的有彰武平安堡、新民高台山和康平顺山屯三个地点。彰武平安堡与新民高台山遗址[32]，文化面貌趋于一致。以鬲为主，形式特点为抹斜口，直腹腔、宽裆、柱状实足根，腹部对饰竖桥耳和鋬耳。鼎的器形小，数量少，不发达。其他器类还有甗、壶、豆、盆、钵、碗等。高台山遗址碳十四测定年代距今 3370 年 ± 90 年，略早于新乐和望花遗址的有关遗存。

康平顺山屯遗址[33]，素面的夹砂红褐陶系，器耳发达，除竖桥耳、鋬耳外也有横桥耳。鬲的形式多样，以筒腹敛口鋬耳鬲为主，鼎少见。遗址的碳十四年代分别为3320年±90年、2960年±90年，大抵在商周之际。

位于下辽河北端的法库湾柳遗址[34]，三足器十分发达，形式多样，如鼎可以分为四式，鬲分为二式。其他代表器类还有甑、壶、钵、罐、豆等，种类繁多，形制也较复杂。器耳有鋬耳、桥耳，也有装饰性的疣状耳，安置的方法有竖装，也有横装。湾柳鼎的形态与望花、新乐上层鼎相似，而直腹腔筒形鬲则与平安堡、高台山遗址出土的鬲相若，其他器类及器耳的装饰风格也有各自特点。根据陶器形制的分析和遗址发现青铜器的比较，参考碳十四测定年代（距今3150年±80年，树轮校正年代距今3340年±150年），该遗址年代比新乐上层和高台山可能略晚。发掘报告认为，大约相当中原商殷时期，是可信的。

通过以上的初步分析，辽东山地及下辽河平原商周之际诸青铜文化遗存，时间上与西团山文化早期阶段相衔接，从整体文化面貌观察亦呈现出相当的一致性。例如，陶系均以素面无纹饰夹砂红褐陶为主，器类都有鼎、鬲等三足器和壶、豆、罐、钵、碗等。流行对称安置的横桥耳、鋬耳、泥疣装饰，另外还在部分鼎的底部发现有十字形的附加泥条堆纹标记（吉林长蛇山遗址和法库湾柳遗址出土的鼎均有这种标记）。而作为主要炊器的圜底撇足鼎和筒腹宽裆鬲亦是西团山文化典型炊器形式，尤其与吉林长蛇山、猴石山的同类器，形式更为接近。

关于西团山文化鼎和鬲的关系，在前面已作了客观的评述，指出它似可能源自不同的炊器系统。苏秉琦先生依据我国历史地理和民族文化诸特征，将史前考古文化归划为面向海洋和面向亚洲大陆腹地两大文化区块[35]，它们以各自不同的炊器系统构成传统文化。这一高度概括抽象出来的规律给人们以启迪。商周之际大体以辽河为界东西分布着鼎为炊器和鬲为炊器的两类青铜文化遗存，而位于下辽河北端的同时期遗存则具有两种青铜文化的标志物，这里是不同来源考古文化交织、碰撞的地区。从文化谱系的角度观察，西团山文化炊器系统应该分别源自辽河以东鼎为主要炊器的遗存和辽河以西鬲为主要炊器的遗存，而前者为源头的主流。

考察结果表明，西团山文化与辽东山地及下辽河平原商周时期诸类文化遗存有文化谱系的承袭关系。这里可能包括了西团山文化前身或最初的原始形态，是孕育产生西团山文化的“母体”。那么它又是通过什么途径，怎样的嬗变过程，如何辗转向北迁徙的呢？要做出令人信服的解释，还有待今后的工作，自然也包括对现有材料的重新认识。

## 注 释


[1] 东北考古发掘团：《吉林西团山石棺墓发掘报告》，《考古学报》1964年1期。

[2] 朱永刚：《西团山文化墓葬分期研究》，《北方文物》1991年3期。

[3] 刘振华：《试论西团山文化晚期遗存》，《东北考古与历史》（1），文物出版社，1982年。

[4] 东北考古发掘团：《吉林西团山石棺墓发掘报告》，《考古学报》1964年1期。

[5] 吉林省文物工作队：《吉林长蛇山遗址的发掘》，《考古》1980 年 2 期。

[6] 董学增：《试论吉林地区西团山文化》，《考古学报》1983 年 4 期。

[7] 朱永刚：《西团山文化墓葬分期研究》，《北方文物》1991 年 3 期。

[8] 朱永刚：《西团山文化墓葬分期的研究》，《北方文物》1991 年 3 期，图三。

[9] 吉林市博物馆、永吉县文化馆：《吉林永吉星星哨石棺墓第三次发掘》，《考古学集刊》(3)，中国社会科学出版社，1983 年，图三，1。

[10] 林沄：《中国东北系铜剑初论》，《考古学报》1980 年 2 期。

[11] 刘景文：《西团山文化墓葬类型及发展序列》，《博物馆研究》1983 年总 2 期。

[12] 吉林省文物志编委会：《吉林市郊区文物志》吉林省出版局内部资料，1983 年。吉林地区考古短训班：《吉林猴石山遗址发掘简报》，《考古》1980 年 2 期。

[13] 中国社会科学院考古研究所：《中国考古学中碳十四年代数据集》，文物出版社，1983 年。

[14] 吉林省文物工作队：《吉林长蛇山遗址的发掘》，《考古》1980 年 2 期。

[15] 吉林省文物工作队：《吉林舒兰黄鱼圈珠山遗址清理简报》，《考古》1985 年 4 期。

[16] 吉林大学考古教研室：《农安左家山新石器时代遗址》，《考古学报》1989 年 2 期。

[17] 吉林大学考古学系文物陈列室资料。

[18] 董学增：《试论吉林地区西团山文化》，《考古学报》1983 年 4 期。

[19] 吉林省考古研究室、吉林省文物工作队：《统一的多民族国家的历史见证》，《文物考古工作三十年》，文物出版社，1979 年。

[20] 朱水刚：《夏家店上层文化的初步研究》，《考古学文化论集》(一)，文物出版社，1987 年。

[21] 佟达、张正岩：《辽宁抚顺大伙房水库石棺墓》，《考古》1989 年 2 期，图二，5。

[22] 许明姗、许玉林:《辽宁新金县双房石盖石棺墓》，《考古》1983 年 4 期。

[23] 徐光辉：《旅大地区新石器时代晚期至青铜时代遗存分期》，《考古学文化论集》(四)，文物出版社，1997 年。

[24] 辽阳市文物管理所：《辽阳二道河子石棺墓》，《考古》1977 年 5 期。

[25] 抚顺市博物馆：《辽宁抚顺市甲邦发现石棺墓》，《文物》1983 年 5 期。

[26] 旅顺博物馆、辽宁省博物馆：《大连于家村砣头积石墓地》，《文物》1983 年 9 期。

[27] 西谷正：《美松里洞窟出土の无文土器——西部朝鲜无文土器のたあに(二)》，九州大学文学部，《史渊》第一百十五期；朝鲜民主主义人民共和国社会科学院考古研究所：黑龙江省文物出版编辑室，李云铎：《朝鲜考古学概要》，黑龙江省文化局印刷厂，1983 年，图版壹拾玖：3、5、6。

[28] 辽宁省博物馆、本溪市博物馆：《辽宁本溪县庙后山洞穴墓地发掘简报》，《考古》1985 年 6 期；齐俊：《本溪地区太子河流域新石器至青铜时期遗址》，《北方文物》1987 年 3 期。

[29] 佟达、张正岩：《辽宁抚顺大伙房水库石棺墓》，《考古》1989 年 2 期。

[30] 抚顺市博物馆考古队：《抚顺地区早晚两类青铜文化遗存》，《文物》1983 年 9 期。

[31] 沈阳市文物组：《沈阳新乐遗址试掘报告》，《考古学报》1978 年 4 期。

[32] 辽宁省文物考古研究所、古林大学考古系：《辽宁彰武平安堡遗址发掘简报》，《辽海文物学刊》1989年2期；沈阳市文物管理办公室：《新民高台山新石器时代遗址1976年发掘简报》，《文物资料丛刊》（七），文物出版社，1983年。

[33] 辛占山：《康平顺山屯青铜时代遗址试掘报告》，《辽海文物学刊》1988年1期。

[34] 辽宁大学历史系考古教研室等：《辽宁法库县湾柳遗址发掘》，《考古》1989年12期。

[35] 苏乘琦：《略谈我国东南沿海地区的新石器时代考古》，《文物》1978年3期。

（原载《辽海文物学刊》1994年1期）

# 论高台山文化及其与辽西青铜文化的关系

在考古工作中，我们往往注意遗物之间以及遗物与遗迹之间的共存关系。一般说来，几种典型器物经常在遗址或墓葬中共出，或表现为特殊的组合形式，相同现象反复出现在一定的时空范围内，就可以把这样一群具有特征组合关系的遗存称为一种“文化”或“类型”。

## 一

高台山文化是辽北地区青铜时代的一种考古学文化，因首先发现于新民县高台山遗址而得名。这个遗址曾经多次发掘。1973 年沈阳市文物管理办公室在高台山南坡台地上清理墓葬 7 座。次年于同一地点又发掘墓葬 5 座，并在东高台山发现了以素面陶三足器为代表的遗存[1]。经前两次工作，1976 年在该遗址再次清理墓葬 13 座，同时对东高台山遗址进行了有目的的发掘，获得了一组以素面陶三足器为代表的完整陶器[2]。从上述田野工作了解到，这种遗存的墓葬是长方形的土圹墓，多屈肢葬。随葬陶器为一壶一高足钵。钵覆扣于壶上，套合置于脚下或胫骨旁。发掘者指出，这种磨光红陶壶和高足钵所构成的特殊葬俗形式，显示了与该地区已发现的几种文化类型不同的特点，“可能又构成一套新的类型”。可见，对高台山文化最初的了解，主要是通过墓葬的考察得到的，而对遗址出土的素面陶三足器遗存文化性质及其与墓葬关系的认识还相当模糊。当时提出的“高台山上层类型”[3]，还有一定的局限性。

1980 年，辽宁省博物馆等单位对彰武县平安堡遗址进行调查[4]。从文化面貌上看，“平安堡遗址与新民高台山遗址属同一文化类型”，“或以高台山遗址和墓葬为代表，称为高台山类型”。这次工作报道首肯了高台山遗址与墓葬的关系，只是限于材料，尚未能进行系统总结。

1988 年，辽宁省考古研究所和吉林大学考古系在平安堡遗址进行了较大规模的发掘，总面积达 1200 平方米。该遗址有居址有墓地，文化内涵丰富，在发掘简报中对这类遗存整体文化面貌的认识较以前更为明确，进而提出了高台山文化的命名[5]。

目前有关这类遗存的发掘报告和研究文章，对高台山文化的概念的理解并不相同。有人在承认这类遗存存在，并赞同以新的文化类型相区别的同时，又笼统地把它归入新乐上层文化，或认为“它仍然属于新乐上层文化的一个早期类型”[6]。还有人主张高台山文化除了已认识的这类遗存外，还包括近年来在这一地区新发现的顺山屯类型[7]。我们认为，前者缺乏对高台山遗存整体文化因素把握，只着眼于某些共性的特征，而将其简单地纳入一种已识别的考古文化之中；后者在没有明确高台山遗存的特征组合之前，合并了其他遗存，这样使其文化区限不断扩大化。这两种倾向都不可取。我们认为促成上述认识的原因有三个方面。

（1）由于辽北地区考古工作开展较晚，尤其是青铜时代的考古研究比较薄弱，对于材料认识要有一个深入的过程。

（2）辽北青铜时代为多种文化频繁接触地带，相互间的渗透、吸收、融合使各类遗存互为对应的文化因素增加，在文化面貌上表现为某种趋同性。

（3）缺少对各文化特征组合的系统归纳和严格界定区限。这样在涉及具体材料的时候，往往因每个人对材料掌握的程度以及划分考古学的认识各有参差，所以必然导致对文化概念的不同理解。

鉴于此，高台山文化亟待解决的问题，首先是通过区域范围内基础材料的分析比较，搞清楚它的特征组合，严格界定区限，只有在确定可靠的基点以后，对于该文化的深入研究才可能展开。

## 二

辽北地区高台山文化分布范围内，并存着两种已知青铜时代遗存。一种是见于下辽河以东的新乐上层文化，一种是发现于下辽河以西，靠近科尔沁沙地南缘的顺山屯类型。因此，高台山文化的特征组合和界定应从对上述遗存的分析比较入手。此外，法库湾柳遗址出土的器物，与沈阳新乐上层和新民高台山、彰武平安堡所出器物多有相似，同时又有自身的文化特点，也应列入考察范围。

新乐上层文化是辽北地区最早通过发掘认识的以素面陶三足器为代表的遗存[8]（图一，左）。相关遗存还见于抚顺市郊的望花、施家东山、石油二厂、小青岛等[9]（图一，右）。这个陶器群以鼎为主要炊器，一般形式为侈口、浅腹、平圜底，鼎足有圆锥、棱柱等多种式样。甗也是一种主要炊器，已发现的两种形态均为敞口细腰深腹。所不同的是一种腰部附加泥片一周，袋足外撇；另一种腰部饰指窝堆纹一匝，另置对称桥耳，款足直立。其他典型器物还有饰瘤状耳斜腹盆、粗柄豆、台底折腹钵、大口瓮。应该指出的是，鬲并不是该陶器群的典型器物。新乐遗址复原的一件陶鬲，袋足极浅，三款足下接柱状实足根，具有鼎的一般特征，或许可叫作鼎式鬲；抚顺小青岛遗址出土的另一件直腹腔陶鬲，也可能来自以鬲为主要炊器的毗邻地区。根据抚顺望花遗址发现的一柄商代环首铜刀，并参考该遗址测定的距今 3090 年±100 年绝对年代值数据，可判定这类遗存的年代下限不晚于西周初，大体约在商纪年范围内。

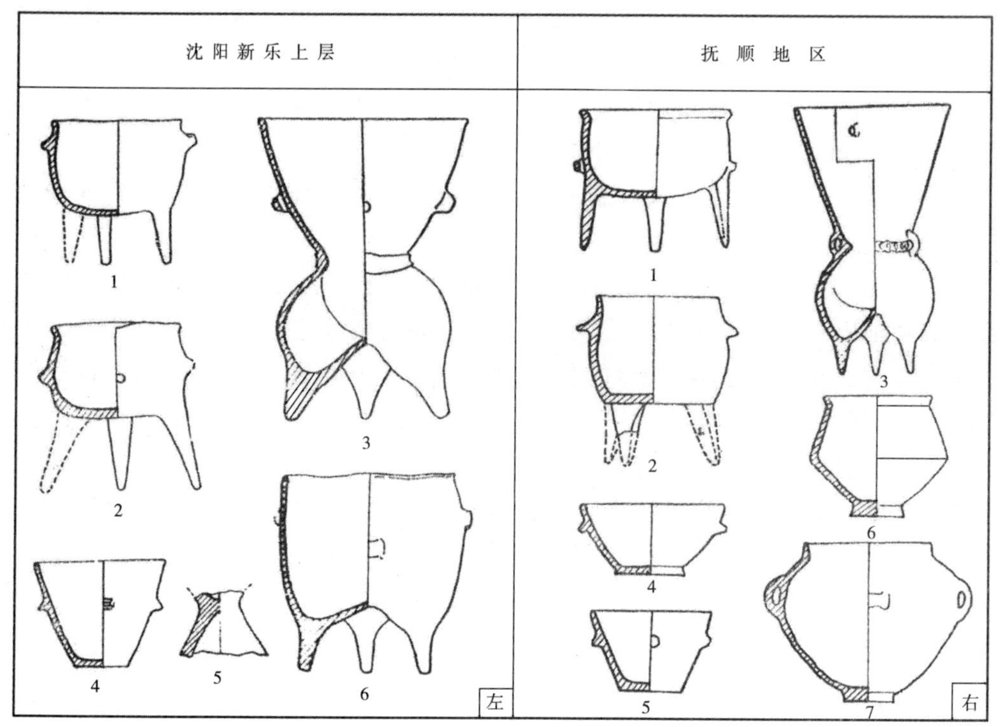


图一　沈阳新乐上层文化与抚顺地区陶器对比图
左：1、2. 鼎（T12：2、SV74：49）　3. 甗（T12：1）　4. 盆（SV74：47）
5. 豆（A72：30）　6. 鬲（SV73：5）
右：1、2. 鼎（望花、施家东山）　3. 甗（孤家子）　4、5. 碗
（石油二厂、施家东山）　6. 折腹罐（石油二厂）　7. 瓮（石油二厂）

把高台山遗存归入新乐上层文化的看法，最初来自东高台山遗址的发掘。当时在辽北地区已识别的遗存中，这是唯一可作比较的两组材料。因为它们在陶系，装饰风格以及某些器形方面具有相似之处，所以被判定为同一考古学文化。而实际上从已有的考古发现来看，诸如夹砂红褐陶系、手制素面陶、发达的器耳等因素，不但是辽北青铜文化的共同特征，也是毗邻地区某些青铜文化的一般特征。把这样不加具体分析普遍存在的文化特点作为划分考古学文化的标准，显然是不妥当的。

1976年在东高台山遗址发现的一组完整陶器[10]，三足器有尖圜底袋足实足根鬲、实足根细腰甗和直口平底鼎。其中鬲、甗为主要炊器，鼎的数量少、不发达。其他器类有敛口钵、双耳罐、大平底碗、直领瓮。器口沿内侧多修整呈抹斜状，器壁流行贴附竖桥耳和鋬耳（图二，左）。与新乐上层文化陶器比较，除器形的差异外，两者的主要区别表现在炊器方面，前者以鬲为主，后者以鼎为主。尽管东高台山遗址的碳十四测定年代较新乐上层文化推定的年代略早，但同类陶器并不存在形态发展演变的必然联系，所以应为不同的器物组合。

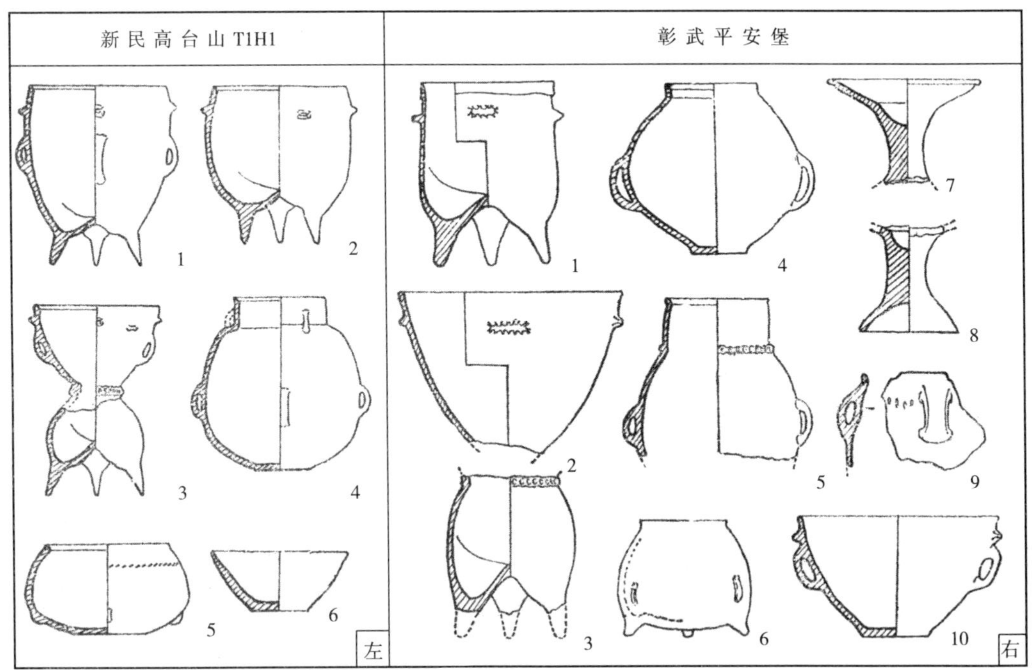


图二 新民高台山与彰武平安堡陶器对比图

左：1、2. 鬲（76东T1H1∶2、3） 3. 甗（76东T1H1∶5） 4. 瓮（76T1H1∶1） 5. 钵（76东T1H1∶3） 6. 碗（76东T1H1∶11）

右：1. 鬲（H1012∶1） 2、3. 甗（H3094∶3、H3021∶2） 4. 罐（H1002∶1） 5. 瓮（H3037∶2） 6. 三足罐（H3051∶8） 7、8. 豆（H1007∶1、T336⑤∶2） 9. 双耳罐（H3086∶8） 10. 盆（H3086∶6）

在墓葬方面，高台山遗址发现的均为土坑墓，壶、钵套合随葬。新乐上层文化目前还没有可明确认定的墓葬材料，但近年在下辽河以东低山丘陵地带发现的墓葬可作对比。例如，抚顺近郊及毗邻地区陆续清理的板石立砌石棺墓，随葬陶器以素面横桥耳矮领壶和罐、钵组合，并伴随有少量青铜器[11]。还有本溪庙后山发掘的洞穴墓，以火葬为主。随葬品除了陶器和种类多样的石质生产工具外，随葬猪骨、鹿骨的现象比较普遍[12]。虽然这类墓葬与新乐上层文化之间的关系尚待研究，但我们认为仅就时空方面它们与新乐上层文化相重合，可以作为参照对象。在这个前提下，考虑到集中分布于下辽河以西的高台山遗存以鬲为传统使用炊器，发现于下辽河以东的新乐上层文化及相关遗存以鼎为主要使用炊器，与此对应的是以下辽河为界东西区墓葬亦表现出明显不同的丧葬习俗。据此可判定高台山与新乐上层分别代表了两种不同的考古文化。

1977年发掘的康平顺山屯遗址，是辽北地区发现的一种重要遗存，虽然揭露面积较小，但遗迹间叠压打破关系复杂，内涵比较丰富[13]。该遗址年代经树轮校正的碳十四测定，分别为距今3350年±90年和3310年，与东高台山遗址年代大体相当。试图通过和高台山遗存比较来确定顺山屯遗址文化性质的一些研究者，提出了两种意见。

一种主张应另立为新的文化类型，可称“顺山屯类型”[14]。另一种则主张将两者归于同一考古学文化，合称“高台山文化”[15]。对此，我们认为首先还是要对顺山屯遗址的文化内涵作具体分析，然后对两个遗存提取的特定遗物及相关的考古现象进行比较，分析它们的异同，以求得到近于实际的结论。

顺山屯陶器群中鬲有两种主要形态：一种是短沿侈口的圆腹鬲（F1：1、T3②：1、F2：1）；一种是稍敛口的弧腹鬲（F1：2、H1：2），均属鼓腹鬲系统。从发表的材料看，这两种陶鬲出土的数量多，且以内在的联系存在于遗址的早晚层位之中，所以是这类遗存的主要使用炊器。高台山一类遗存也以鬲为主要炊器，其中东高台山和平安堡遗址出土的陶鬲，一种是直腹鋬耳鬲，一种是弧腹桥耳鬲，均属直腹鬲系统。尽管顺山屯和高台山两种陶鬲系统个别标本具有某些相似特点，但从陶鬲谱系角度考虑是应该严格区分开的。甗是高台山遗存普遍使用的另一种炊器，均为连体形式。顺山屯遗址只发现有甑，不见甗。即使设想部分鬲和甑组合使用构成分体式甗，但炊器功能和形式方面的差别是显而易见的。至于高台山遗存十分流行的浅盘细柄豆、高领鼓腹瓮、弧腹盆等均不见于顺山屯遗址。而顺山屯出土的小口扁圆腹罐和单把折沿罐、圈足簋、鼓腹单孔甑也是高台山陶器群所没有的（图三）。当然有些器物是相似的，例如桥耳深腹罐、敛口钵、大平底碗、杯等。值得注意的是，在顺山屯遗址，这类器物只见于个别单位（H1、M4）。另外报告也指出：“在出土遗物中几件带陶衣的陶器，无论器形还是制作技术上都与其他陶器明显不同。”[16]这说明该陶器群文化成分比较复杂，内涵不单纯，但限于发表材料，尚难以区分。

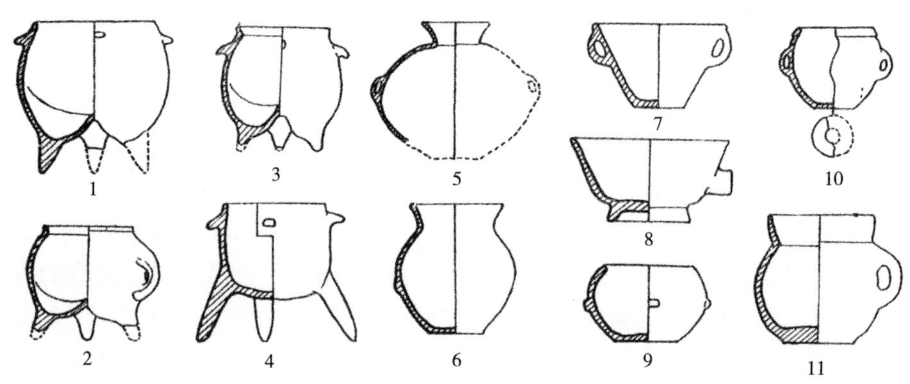


图三　康平顺山屯陶器

1～3. 鬲（F1：2、F2：1、F1：1）　4. 鼎（M9：3）　5、6、11. 罐（F1：3、M9：2、M12：1）　7. 盆（M14：2）　8. 簋（M11：2）　9. 钵（H1：8）　10. 甑（H1：3）

在顺山屯遗址没有发现明确的墓区。已清理的墓葬均混于遗址中。墓坑多为圆形或椭圆形，个别有火烧痕迹。盛行屈肢葬，除单人葬外还有多人合葬。随葬器物有陶器、石器、装饰品和卜骨，特别是发现有用鼎、鬲等三足陶器随葬的现象。

总之，顺山屯与高台山两种遗存在主体文化成分方面的差别是主要的。在现阶段还没有搞清楚顺山屯这类遗存的文化性质之前，从考古遗存分类学的角度，还是应暂时加以区分，不应简单地将其归入高台山文化。这样容易搞清楚各类遗存自身的文化特点，也有益于今后的深入研究。

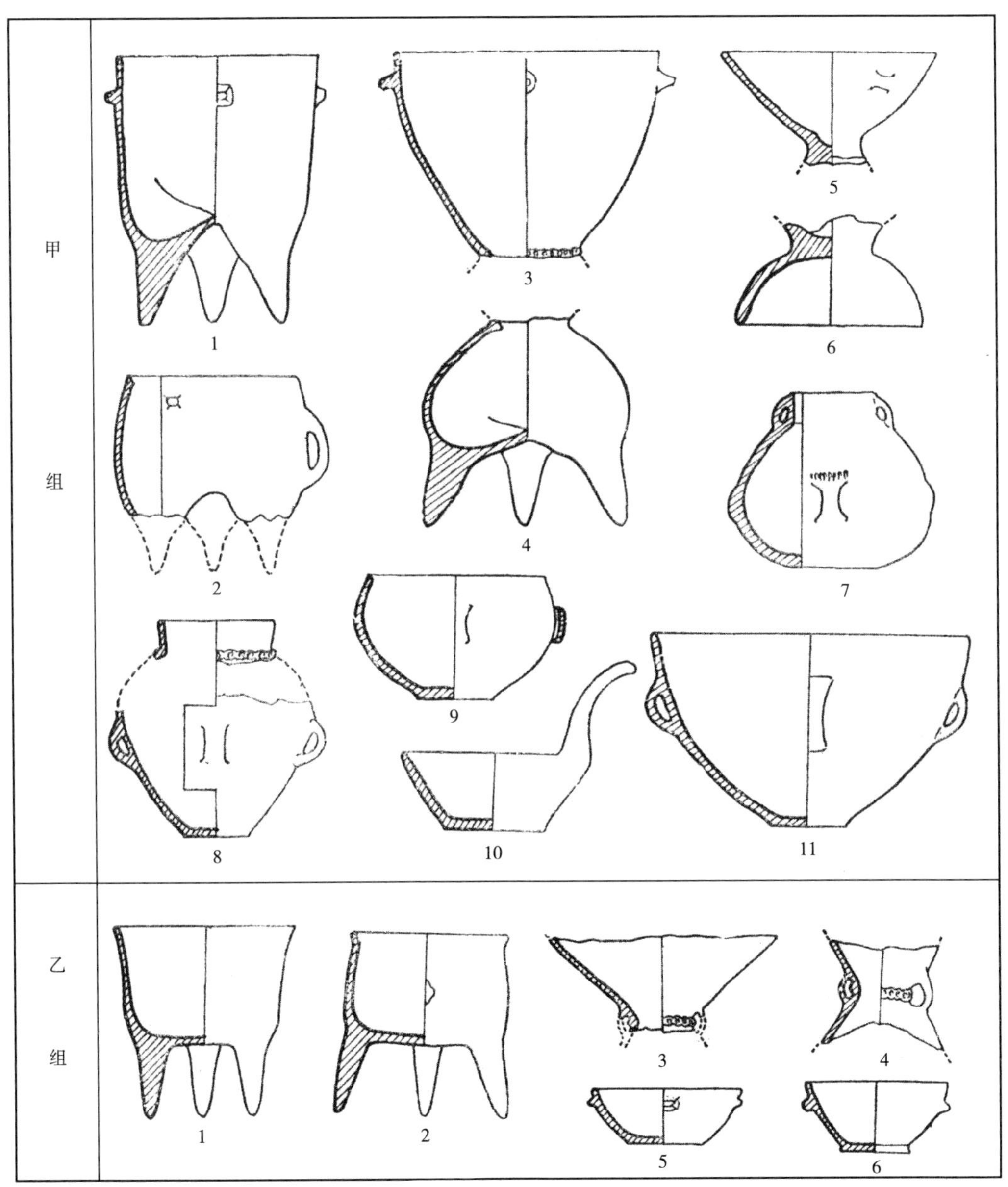


图四　法库湾柳遗址陶器

甲组：1、2. 鬲（H2：2、采集）　3、4. 甗（H2：1、T21②：3）　5、6. 豆（H3：2、T26②：6）　7. 罐（采集）　8. 瓮（TG5②：4）　9. 钵（T31②：2）　10. 勺（H4：2）　11. 盆（H5：2）

乙组：1、2. 鼎（T21②：5、T11③：2）　3、4. 甗（TG5③：10、TG5②：13）　5、6. 碗（TG5③：7、采集）

法库湾柳遗址位于下辽河西区，但所处位置与下辽河东区山地相接。自 1979 年发现以来曾作过多次调查和征集工作。1986 年进行了小面积试掘[17]。1988 年正式发掘[18]。该遗址文化内涵较为复杂，着眼于辽北青铜时代考古的整体文化环境，呈现出既此亦彼的特点。通过文化因素分析，可以划分为反映不同文化渊源关系的两组器物（图四）。

甲组主要有鬲、甗、盆、豆、罐、瓮、钵、勺等。以下辽河西区炊器标志物鬲为代表。在该遗址出土的完整和可复原陶器中，鬲的数量最多，有两种基本形态：一种是直腹腔，口沿下附鋬耳或瘤状耳；另一种是弧腹腔，单桥耳，口沿下附鋬耳。甗，上部敞口饰对称鋬耳，腰部附加指窝堆纹，下部深袋足实足根外撇。盆，敞口，弧腹，小平底，腹部有四个竖桥耳。其他典型器还有粗柄豆和高领鼓腹瓮。这组器物尽管有些自身的特点，但与新民高台山和彰武平安堡的同类器物基本相同（参见图二）。

乙组器物种类不多，有鼎、甗、钵，以下辽河东区炊器标志物鼎为代表。鼎的基本形态是扁腹平圜底，敞口直立足或敛口撇足，鼎足有圆锥、扁柱多种形式。甗，敞口细腰，腰部除饰指压堆纹外，还置对称竖桥耳。钵，台底，口沿下饰鋬耳。这组器物的种类、形态明显具有新乐上层及抚顺市郊发现的同类器物的特点（参见图一）。

就炊器标志和器物形态而言，湾柳遗址出土器物包含下辽河东西区共有因素。但从甲乙两组器物在该遗址中所占比重来看，无论是数量还是器物种类，甲组都居主导地位，乙组则是受下辽河东区同期文化影响而出现的。为此该遗址文化性质应以甲组为代表，而其自身的文化特点则主要反映了高台山一类遗存地域和年代方面的差异。

## 三

经较大规模发掘的高台山和平安堡遗址，是认识高台山文化内涵的基础材料。

从 1973 年对高台山墓葬的清理开始，以后数次工作大都以墓葬发掘为主，而对居址揭露较少。虽然通过墓葬对这种文化有了最初的了解，但对居址文化性质的认识还相当模糊，所以居址与墓葬的关系尚不明确。要全面了解高台山文化内涵，必须首先证明两者之间的关系。1988 年发掘的平安堡遗址北部是居住区，南部是墓葬区[19]。居住址出土的以素面陶鬲、甗为代表的陶器群和墓葬出土饰红陶衣的壶、钵、碗，若直接比较很难说明它们的文化属性关系。但在发掘中我们注意到居址和墓葬的层位关系，即包括同一遗址单位中遗存的共存关系，和不同层位遗迹单位的叠压打破关系。有两种情况：一是，居址区的部分遗迹单位里，素面陶三足器和饰红衣的陶片及可复原器物共存；二是，在和居址相接的墓区边缘，发现饰红陶衣的钵（碗）、壶套合随葬的墓，在不同层位与出素面陶片的灰坑相互叠压打破。类似情况也见于高台山和新民公主屯后山遗址[20]。另外，在上述墓地周围发现的以素面陶三足器为代表的陶器群，无论器物种类或形式特征均较为一致。凡此种种，反映了墓葬和居址间的必然联系，它们的同属关系是毋庸置疑的。

有了以上认识，可以对高台山文化的基本内涵进行总结。高台山文化墓葬往往集中分布于居址附近，一般为南北向东西排列，布局紧密而很少有打破现象。已发掘清理的一百多座墓几乎均为单人土坑竖穴墓，个别墓有二层台和木质葬具。从人骨保存较好的墓葬判定，流行侧身屈肢葬式。随葬陶器在墓中陈放的位置比较固定，多置于下肢骨或胫骨附近。据高台山遗址1980年发掘的报道统计，壶和钵是两种主要的随葬器物，分别占出土陶器的一半和三分之一[21]。墓葬所见壶、钵器表多饰陶红衣，居址却很少发现饰红衣的陶片，而居址中大量出土的素面陶三足器亦绝不见于墓葬。因此推定这种饰红陶衣的壶、钵类器物不是实用器皿，大概是专门用于随葬的明器。那么把钵覆扣于壶之上套合而葬，则具体表现出高台山文化居民对死者的祭奠行为。这种由随葬品特殊放置形式所反映的丧葬习俗，是高台山文化的主要特征之一。

作为文化属性标志物的陶器，高台山文化陶系单一，几乎全部是夹砂陶，多呈黄褐或灰褐色。器表略经抹光，以素面陶为主，也有部分器表饰刻划纹饰。流行器口沿内侧抹斜和外叠唇作法，器耳发达，尤以竖桥耳和鋬耳最为多见。在该陶器群中，鬲和甗是主要器类，不但出土的数量多，而且延续使用的时间长。处于不同层位的这两类标本往往呈现出阶段性变化的特点。鬲有两种基本形式，一种为直腹鋬耳鬲，一种为弧腹竖桥耳鬲。其他种类陶鬲多为其衍生器或变异形态。甗为连体，腰部饰附加堆纹。较早遗迹单位出土的标本，袋足瘦长无明显实足根。较晚遗迹单位出土的标本袋足变浅有明显实足根。其他特征性的器物有凹窝浅盘细柄豆、矮领圆腹罐（瓮）、鼓腹盆、敛口钵、大平底碗和各式壶。值得注意的是，在已发表的材料中，鼎出现频率最低，高台山遗址仅出土了两件，且器形较小。在平安堡遗址较大规模的发掘中没有发现鼎，就是在可辨识的三足器残片中也很难找到这类器物，可见鼎不是高台山文化的主要器物。通过对下辽河流域东西区炊器的分析，高台山文化出现的少量鼎很可能来自以鼎为主要炊器东部文化区。所以，以往把鼎作为该文化代表性器物的看法应予以订正。

该文化出土的石质生产工具多残断，完整器不多，其中以扁平长身石斧、穿孔半月形石刀和拱背石镰最具有特点。平安堡遗址发掘出了大量的骨器和各种形式的陶纺轮。骨器的选料加工精细，尤其用动物下颌骨和肩胛骨制作的骨铲、骨耒为周邻文化所少见。青铜器已发现有小刀、喇叭形耳环、铜片。与此相关的是，还发现了小型石范，表明该文化已能够铸造小件青铜器。

这种文化的房址，从清理出的遗留部分来看，均为圆形地面建筑。部分保存较好的居住面周缘环绕有沟槽，并清理出长方形土坯，可能与房居址墙基有关，对其结构特点的全面了解，还有待于今后的考古发掘工作。

简而言之，高台山文化特征组合可概括如下：

（1）由钵（碗）、壶套合随葬的长方形单人土坑墓和独立于居址以外按一定形式规划的墓区。

（2）以直腹鋬耳鬲、弧腹竖桥耳鬲和连体甗为代表，以流行抹斜口沿和发达器耳为特征的陶器群。

（3）有较发达的农作生产工具和颇具特点的器形与种类，以及反映初级金属铸造技术的小件青铜制品。

（4）使用土坯为建筑材料的圆形地面房址。

凡具有以上文化特征组合的遗存可视为高台山文化。据已发表和掌握的材料，这种文化主要见于新民、彰武、法库、康平、阜新等地，集中出现在下辽河以西柳河沿岸也波及沈阳、库伦、奈曼、敖汉等毗邻地区。

高台山文化的年代，可以从有关遗址的地层关系和已测定的碳十四年代数据两方面推定。

以下三组地层关系可大体反映高台山文化的年代跨度。第一组，东高台山遗址发现高台山文化、偏堡子类型、新乐下层文化三种遗存的堆积依次叠压。第二组，平安堡遗址发现高台山文化晚于该遗址二期遗存[22]。平安堡第二期遗存以平底筒形罐为代表器物，与新乐下层和偏堡子的同类器比较有两个主要区别。一是器壁外附竖桥耳；二是器表经打磨，在近口沿处饰有内填平行线的三角纹饰带。其器形与发表的大沁他拉部分地点出土的器物相似[23]，而相同纹饰见于高台山文化早期遗迹单位出土的陶器。已测得的碳十四数据为距今 4355 年±245 年（经树轮校正）。由此可知，它是迄今在辽北地区发现最晚一种以平底筒形罐为代表的遗存，又是早于高台山文化并表现出某种联系的遗存。所以可作为度测高台山文化年代上限的主要依据。第三组地层关系，在阜新平顶山遗址发现高台山文化墓葬被含魏营子类型陶片的文化层所叠压[24]。尽管目前对这个地区出现的魏营子遗存还有待于进一步认识，但是对高台山文化年代下限的推定却有着十分重要的意义。这里存在两种可能，一种是高台山文化早于魏营子类型；另一种是只反映两种文化的相对早晚关系。具体说来在介于不同文化的交错分布地带，往往因彼此消长而出现分布范围的扩展或内缩，由此而形成的地层叠压并不绝对代表交错地带以外两种文化的年代关系。因为魏营子类型的陶器群可分析出一组相似于高台山文化的器物，而且两者的分布区域不同，所以近于实际的认识是，魏营子类型年代相当于商末周初，高台山文化的年代下限大体不晚于这个界限。

目前，已测定的几组碳十四数据亦可作为进一步了解该文化年代序列的参考，经树轮校正后的数据依次为：

平安堡⑤层下，H1033（木炭）距今 3700 年±135 年；

平安堡⑤层下，F1003（木炭）距今 3670 年±125 年；

高台山 T1H1（木炭）距今 3620 年±135 年；

湾柳 T8H3（木炭）距今 3340 年±150 年；

平安堡③层下，M3011（人骨）距今 3135 年±130 年；

平安堡②层下，M3010（人骨）距今 2875 年±130 年。

# 四

20 世纪 60 年代初在赤峰附近发掘的以一个多层遗址命名的夏家店下层文化和夏家店上层文化，使辽西青铜时代考古实现了重大突破[25]。近年因大小凌河流域魏营子类型的发现而提出的关于辽西青铜文化发展阶段和文化变迁的认识，又使该地区青铜文化研究取得了新进展[26]。但在涉及与辽北青铜文化关系方面，已有研究强调辽西对辽北青铜文化的授予关系，反之却有所偏颇。辽北地区的高台山文化分布范围大，延续时间长，文化特征鲜明，它的兴起和发展曾经对辽西诸青铜文化产生过重要影响。本文以高台山文化界定为基点，拟对辽西青铜文化逐一剖析，从另一角度就其间的关系再作探讨。

（1）辽西地区已揭露的地层关系表明，夏家店下层文化晚于相当于中原仰韶晚期的小河沿类型，被相当于商末周初的魏营子类型所叠压。已有的材料证实，夏家店下层文化早期遗存中具有多种龙山时期的文化因素。例如素面磨光黑陶、篮纹、方格纹、轮制陶器和大平底盆、盂、鼎、甗、小口瓮等龙山时期较为常见的典型器[27]。而小河沿晚期遗存出现的泥质黑陶、彩绘陶和方格纹、雷纹，器形中出现的折腹盆、盂和细柄豆，则显示了向夏家店下层文化过渡的特点[28]。据此，有学者认为两种文化之间已无大的空白，可直接衔接[29]。但考虑到小河沿类型一直未见夏家店下层文化大量使用的袋足三足器，两组器物群在整体文化面貌上的差异也还十分明显。尽管某些器型表现出一定的承袭特点，但若直接论证两者之间的衔接关系，尚感其间存在着待发现新材料的填充。所以夏家店下层文化年代上限大体不应早于龙山晚期，年代下限不晚于商代晚期，这样夏家店下层文化大体经历了龙山晚期、夏代、商代前期几个年代段。通过前面对高台山文化年代的分析，不难发现两种文化迄止年代虽有参差，但在主要发展序列的年代关系上基本是平行的。

夏家店下层文化陶器群以灰陶为主。绳纹和绳纹加划纹为两种常见的纹饰。炊器主要有鬲、甗，盛贮器有鼓腹盆、盂、罐、瓮以及豆、钵等器类。墓葬多随葬施红、黄、白三色的彩绘陶器，基本组合以鬲、罐为代表。陶器群的整体造型规整，胎质坚硬、烧制火候较高，出现轮制技术。夏家店下层文化陶器群与高台山文化比较，文化面貌殊异，各自特征十分突出。但到了夏家店下层文化晚期，夹砂红褐陶明显增多，绳纹衰退，部分素面红陶器口沿内侧抹斜，附加器耳。具体分析，例如丰下遗址 T9③：4 素面磨光甗[30]，形式接近于高台山遗址 T1H1：5 甗；建平水泉下层发现的少量红陶壶和高台山墓葬出土的同类器相似[31]；还有被认为是夏家店下层文化三种基本陶鬲之一的C型鬲[32]，发现的标本多附桥耳或鋬耳，同该文化其他两种陶鬲比较，更多的具有高台山文化直腹鬲的特点，很可能是后者的一种衍生形态。凡此种种，夏家店下层文化晚期陶器群发生变异现象，并非是该文化自身发展过程中的衰退，而是相当程度地受到自下辽河流域素面红陶系统高台山文化影响的结果。

这种情况在随葬陶器和丧葬习俗方面也有表现。已有的证据是敖汉旗大甸子墓地分析出的乙群陶器均为素面磨光红陶，口沿内侧多经修饰呈抹斜状，器表附加器耳或瘤状纽，器形有钵口壶、圈足钵、罐、碗[33]。从器物形态和制作风格来看，与典型夏家店下层文化随葬陶器截然不同，而明显具有高台山文化的特点。另外在个别墓中还发现高足钵覆扣于壶之上，直接反映高台山文化丧葬习俗的现象。大甸子墓地乙群陶器虽然数量不多，且在随葬器物中多不作为组合的主要器物，但在埋葬礼遇上并没有发现对乙群陶器的排斥现象。同类情况还见于敖汉旗范仗子墓地[34]。该墓地分为三个墓区，A区墓葬形制同B、C区的明显区别是极少发现足龛。在随葬陶器的组合形式和器物形态方面亦有所不同。B、C区随葬陶器为典型夏家店下层文化特征。A区随葬陶器中有相当数量的红陶和红衣陶，其中M8出土的壶、罐、碗，具有高台山墓葬同类器的风格特点。以上情况应解释为，夏家店下层文化氏族组织已渗入有高台山文化居民。

（2）见于大小凌河流域的魏营子类型近来在阜新地区也有发现[35]，实际上早年在小库伦就曾收集到属于这种遗存的两件陶鬲[36]。由此可证其分布范围的北境已抵下辽河流域，部分与高台山文化相重叠。

魏营子类型的年代，根据喀左南沟门遗址地层叠压关系[37]和对朝阳魏营子西周铜器墓填土陶片的确认[38]，可断定在商晚期到西周早期。这一时间跨度与本文对高台山文化年代下限的推定亦有重合。

通过对魏营子类型陶器群的考察及文化因素分析，可划分为各具特点且反映不同文化来源的两种器物组合。甲组：陶器的表面多拍印绳纹，纹理细密而浅。典型器物有花边口沿鬲、侈口鼓腹罐、沿面饰绳纹的斜直腹钵。其中尤以口沿饰附加堆纹的花边口沿鼓腹鬲最具特色。据统计喀左后坟出土的各类陶器器物中花边口沿鬲数量最多，是这类遗存的代表器物。与周邻已识别的考古文化相比较，甲组器物具有浓厚的地域性特点，可视为该类型的主体成分。乙组：陶器表面多素面磨光，由压印三角组成的纹饰带见于个别器物。典型器物有弧腹鬲、双耳罐、外叠唇盆和圈足钵，乙组器物显示出高台山文化某些相似的文化特征（图五）。

甲组陶器中的花边口沿鬲不仅存在于这一时期的大小凌河流域，还见于辽河以西的赤峰、朝阳，燕山南麓包括北京、天津以及河北北部的唐山、廊坊、承德、保定、张家口等地。从更大的范围来看，在内蒙古中南部和山西北部也有发现。上述广大地区到了商晚期普遍出现的这种口沿饰附加堆纹的陶鬲，虽然形式不尽相同，但其特有的装饰风格和共同时代特征，使人们有理由相信它们应源自某种文化传统。有趣的是上述地区也是我国北方系青铜器出现的地区，两者的分布范围基本相重合。这一重要的考古现象表明，在商文化北面存在着一个有着内在关联的文化传播带。有关文章认为位于河套地区的鄂尔多斯高原是这一文化传播带的中心[39]。经考证“商文化的分布区，到了殷墟时期，不仅西面受到先周文化的压迫而东退，北界也发生了南移”[40]，历史上这一变动的格局，是促使含有北方系青铜器的文化广泛传播的重要原因。在这条文化传播最东端的大小凌河流域，北部与下辽河青铜文化相接，两种不同系统的文化在这里交汇、融合，形成了新的地域性文化。据此推定魏营子类型甲、乙两组器物的文化渊源不同，它们在结成“文化对子”之前是相对独立的。

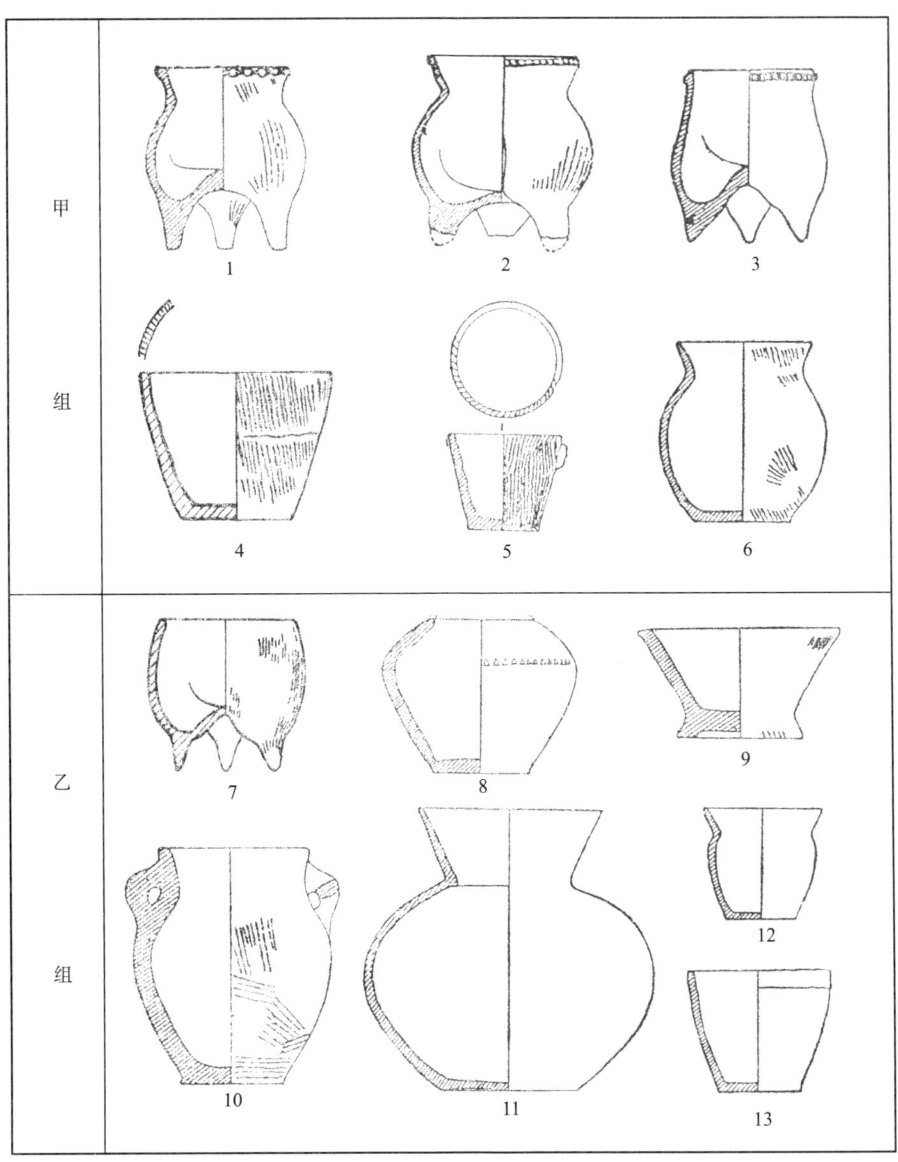


图五　魏营子类型陶器

1～3. 花边口沿鼓腹鬲　4. 平沿钵　5. 带把平沿钵　6. 鼓腹罐　7. 弧腹鬲　8. 敛口罐　9. 圈足碗　10. 双耳鼓腹罐　11. 壶　12. 大口罐　13. 叠唇钵

（除4为大城子镇和尚沟M1出土外，其他均出自喀左后坟）

进一步分析还可以发现，不同地点且反映一定早晚线索的魏营子类型遗存，甲乙两组文化因素的比率亦有所不同。大小凌河区的甲组表现魏营子类型地域特点较突出，乙组虽具有高台山文化的形态特征，但只是部分吸收了高台山文化的因素。例如，弧腹鬲和双耳罐只是在外形上模仿高台山的同类器，而器表仍饰绳纹；斜直腹圈足钵也只是吸收了高台山高足钵的圈足部位，甲乙两组比较，前者居主导地位。阜新地区发现的同类遗存[41]，陶器多素面磨光，绳纹少见，大型器物表面饰有压印三角纹。从器物形态观察，除花边口沿鬲和个别器物外，大多数器形，如鋬耳直腹鬲、附加堆纹甗、盘底有凹窝的细柄豆、外叠唇盆等，均高台山陶器群基本相同（图六）。阜新地区受高台山文化影响强烈，这里乙组因素明显加强，甲组则退居为次。

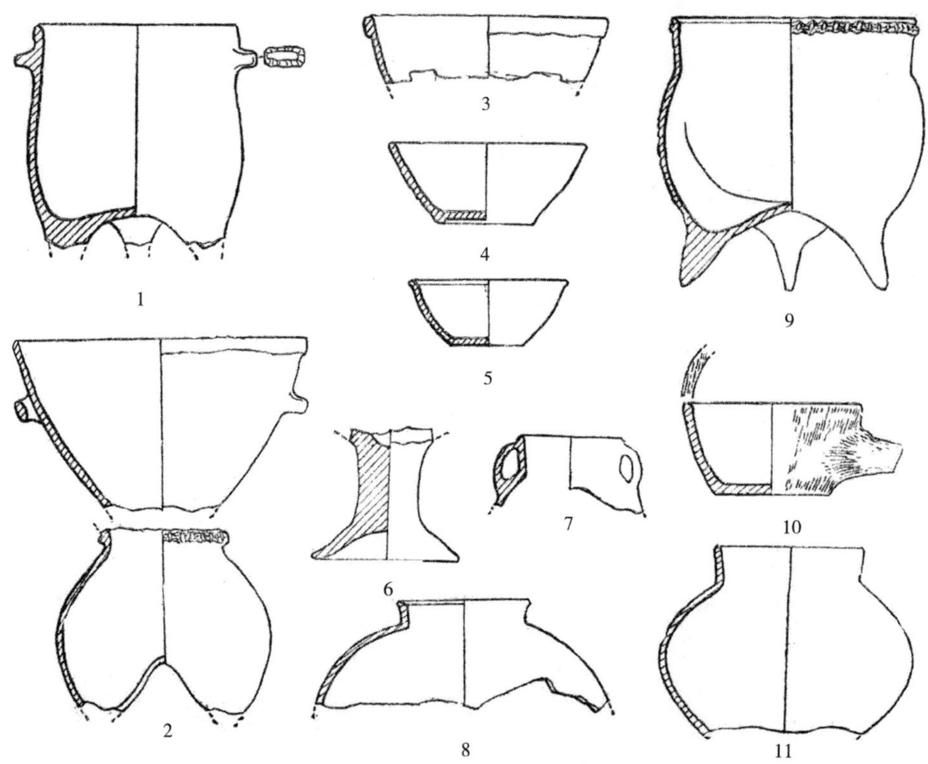


图六　阜新地区魏营子同类遗存陶器举例

1. 直腹鬲　2. 甗　3. 叠唇盆　4. 圈足碗　5. 碗　6. 豆　7. 双耳罐　8、11. 罐
9. 花边口沿鼓腹鬲　10. 平沿带把钵
（均出自阜新平顶山遗址）

总之，商末周初时期，来自下辽河流域素面红陶系统的高台山文化，曾渗入到大小凌河流域及其接壤地带。它在与以花边口沿鬲谱系线索为代表的另一青铜文化系统接触过程中，互为吸引，结成“文化对子”。构成了统一的考古学文化。

（3）夏家店上层文化是继夏家店下层文化之后在辽西出现的另一种青铜文化。尽管夏家店上、下层文化分布范围大体相当，以往发现的下层文化多直接被上层文化所叠压，然而两种文化的区别却如此显著，以致难以从陶器群和其他特征组合方面找出其间的联系。在该文化命名之初就指出，它们“可能属于不同的文化系统”[42]。已有研究成果认为，“夏家店上层文化不是从夏家店下层文化演变而来的”，魏营子类型与夏家店上层文化有密切关系[43]。而近年阜新地区魏营子同类遗存的发现，则进一步证明，这类遗存与夏家店上层文化的相似因素主要表现为乙组陶器，即越是接近高台山文化一般特征的魏营子遗存，与夏家店上层文化互为对应的文化成分表现得就越充分。通过夏家店上层文化与高台山文化比较，可得出三点认识：

其一，两者的陶器群均为夹砂红褐陶，质地疏松，火候不高，制作工艺粗糙，在泥圈套接处易断裂。以素面陶为主，器表多刮抹或打磨，器口沿外叠唇和器壁附鋬耳、桥形耳是它们共有的风格特点。夏家店上层文化出现的直腹鋬耳鬲、腰饰附加堆纹甗、浅盘细柄豆、双环耳罐以及盆、钵等，都可以在高台山文化中找到相似器物（图七）。

其二，夏家店上层文化的青铜制品，无论从种类、数量或工艺水平方面都远远超过了高台山文化。但见于该文化早期遗存的青铜器种类较少，造型简单，其中齿柄刀的柄身无明显分段，形制与高台山文化铜刀十分相近。

其三，居址和丧葬习俗方面，夏家店上层文化房址有一种为地面建筑，平面为圆形，直径3～5米。在居址附近往往有独立的墓地，墓葬排列整齐，很少叠压打破。墓葬中出现的陶器种类较单一，多为罐、钵、壶、碗类，而极少用三足器随葬。这些现象同高台山文化多有相似。

上述特征组合的一致性，当反映两种文化之间存在着密切关系。

依据夏家店上层文化部分遗址的叠压打破关系，通过典型器物分类排比所进行的分期尝试，旨在对该文化发展的连续性和阶段性变化做出解释。这方面已有的研究认为，翁牛特大泡子青铜短剑墓和林西大井铜矿址，均属较早阶段的遗存，年代约相当于西周中期前后[44]。近来在克什克腾旗龙头山遗址的发掘，又将该文化年代上溯到西周早期[45]，这个年代已接近高台山文化的年代下限。

同南部老哈河流域比较，北部西喇木伦河流域的夏家店上层文化堆积较薄，极少有与夏家店下层文化或战国燕文化互为叠压打破的现象。遗址的文化内涵单纯，较多地保存了该文化自身的特点。目前已发现的林西大井、克什克腾旗龙头山等早期遗存均见于北部地区，分析这类遗存，的确有不少因素可以从高台山文化找到渊源。其中特别引人注意的是它们的炊器系统。两种文化的典型炊器直腹形陶鬲，均为口沿外叠唇、器壁附方形鋬耳、直腹腔、袋足下接较直立的实足根。不同的是，高台山器口沿内侧经抹斜修饰，袋足呈尖圜底，高裆深腹腔；夏家店上层的则直口圆唇，袋足呈半球状，裆较低，浅腹腔。两者在形态上的递进演变关系表现得很清楚。本文研究认为，直腹形陶鬲是辽北地区一种传统使用炊器，尤以高台山文化的演变序列最为完整，起始年代可早到夏纪年范围内。需要指出的是，夏家店下层文化中存在的直腹鬲（C型鬲）[46]，在以往西喇木伦河和赤峰附近的调查和发掘中几乎不见，而多见于靠近下辽河与高台山文化相邻地区[47]，这表明直腹形陶鬲是由东向西传播的（图八）。由于夏家店上层和高台山属于同一陶鬲谱系，当进一步推定两种文化的承袭关系。当然，从文化内涵的多样性来分析，夏家店上层文化的形成过程是复杂的，来源是多重的，高台山文化只是其中一个重要源头。

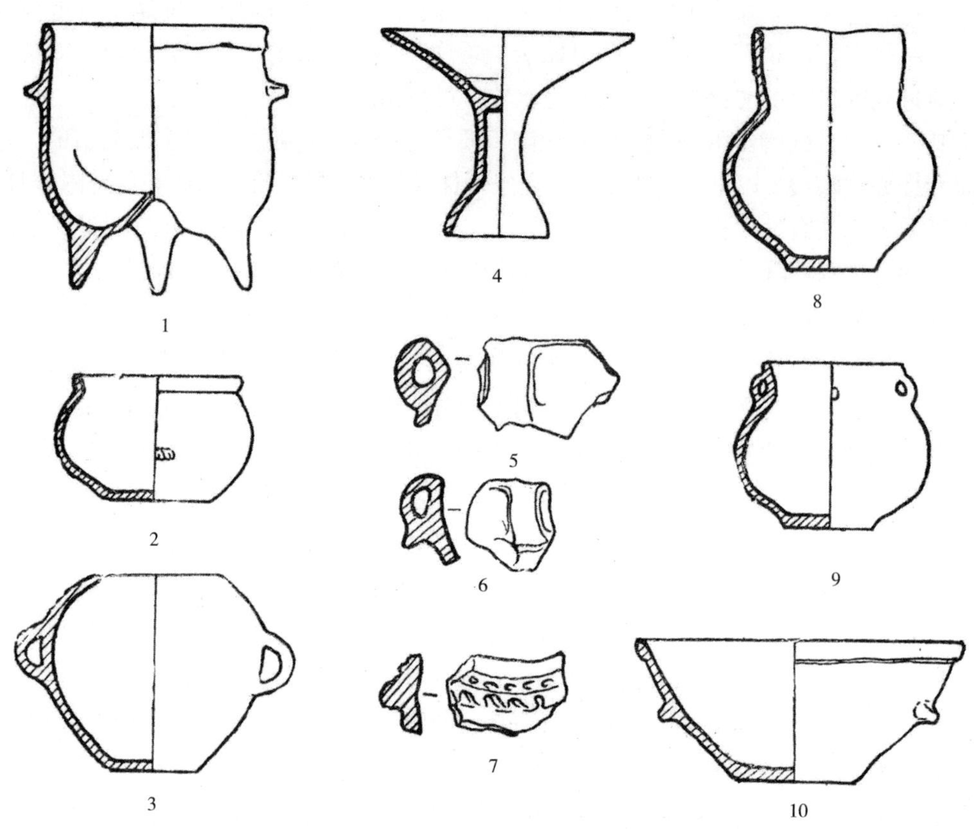

图七　夏家店上层文化陶器举例

1. 直腹鬲　2. 钵　3. 双耳敛口罐　4. 浅盘细柄豆　5、6. 桥状器耳　7. 甗腰　8. 壶　9. 双耳罐　10. 叠唇盆
（1、5～7. 林西大井铜矿址；2、3. 赤峰红山后；4. 赤峰蜘蛛山；8. 敖汉周家地；9. 翁牛特旗大泡子；10. 宁城南山根）

本文以高台山文化的界定为基点，比较研究了同辽西地区已识别三种青铜文化的关系，借以推定辽西青铜时代不同系统考古学文化的变迁，与高台山文化向西的扩展有密切关系。大约在夏家店下层文化晚期，高台山文化居民自柳河上游，沿科尔沁沙地南缘，经库仑、奈曼、敖汉等较为平坦开阔地带由东向西迁徙。种种迹象表明，所及地区的夏家店下层文化已相当程度地接受了这种素面红陶文化系统的影响。商末周初，伴随含北方系青铜器文化的侵入，夏家店下层文化像潮水一样退至燕山以南。高台山文化的部分因素，在大小凌河流域被以花边口沿鬲谱系线索为代表的文化所吸收，与之融合为具有地域特点的魏营子类型。与此同时，已抵西喇木伦河流域的“高台山文化”，在发展中除保持自身文化传统外，又汲取了包括含北方系青铜器文化在内的

多种文化因素，并最终形成夏家店上层文化。这一推论还得到人种学方面的证明，夏家店上层文化居民的体质特征与高台山文化最为接近[48]，属于“以东亚类型成分占主导地位的东亚、北亚蒙古人种的混血类型”[49]。鉴于高台山文化的重要地位，加强对该文化的深入研究以及其内涵上所表现出的与进一步探索与辽西诸青铜文化之间的关系，具有十分重要的意义。

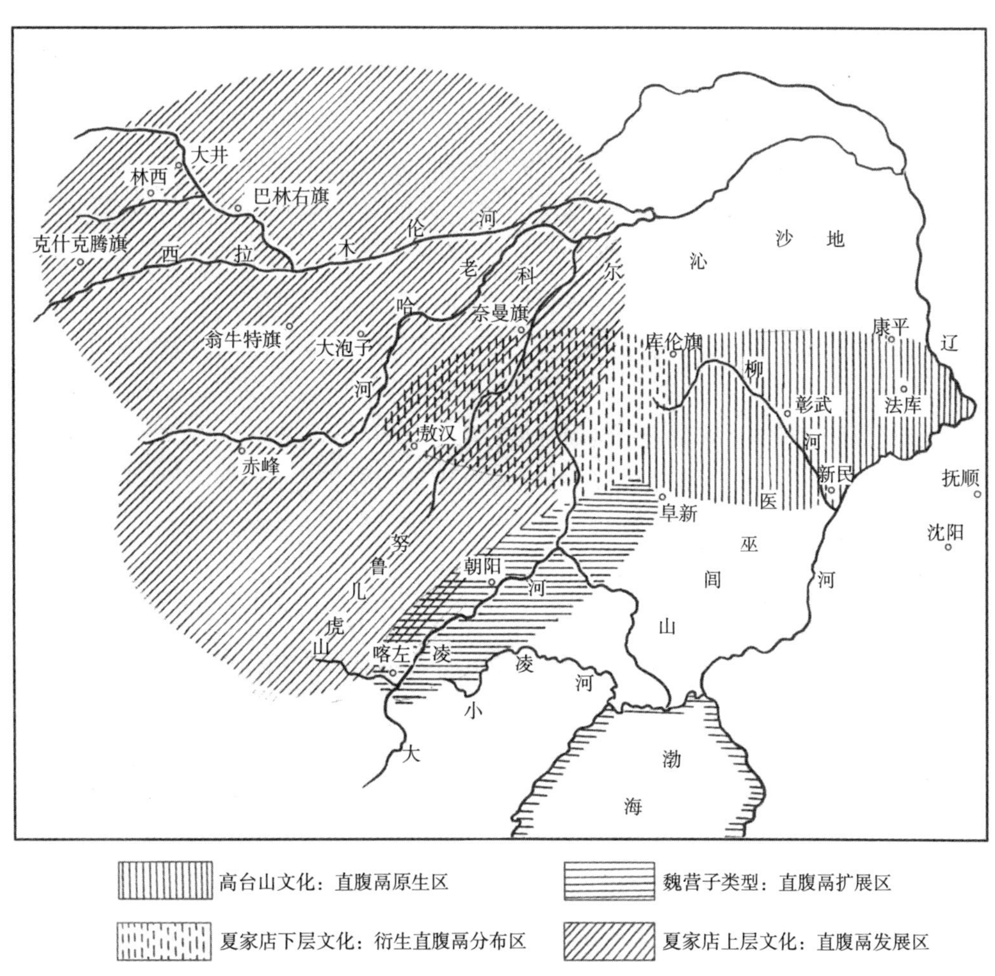


图八　辽河流域直腹陶鬲分布态势图

## 注　释

［1］沈阳市文物管理办公室：《沈阳新民县高台山遗址》，《考古》1982年2期。

［2］新民县文化馆、沈阳市文物管理办公室：《新民高台山新石器时代遗址1976年发掘简报》，《文物资料丛刊》（7），文物出版社，1983年。

［3］曲瑞琦：《沈阳地区新石器时代的考古学文化》，《辽宁省考古、博物馆学会成立大会会刊》，

1981年。
[4] 孙杰：《辽宁彰武平安堡遗址调查记》，《辽宁文物》（总第6期），1984年。
[5] 辽宁省文物考古研究所、吉林大学考古学系：《辽宁彰武平安堡遗址发掘简报》，《辽海文物学刊》1989年2期。
[6] 沈阳市文物管理办公室：《沈阳新民县高台山遗址》，《考古》1982年2期；曲瑞琦：《沈阳地区新石器时代的考古学文化》，《辽宁省考古、博物馆学会成立大会会刊》，1981年。
[7] 田耘：《顺山屯类型及其相关问题的讨论》，《辽海文物学刊》1988年2期。
[8] 沈阳市文物管理办公室：《沈阳新乐遗址试掘报告》，《考古学报》1978年4期。
[9] 抚顺市博物馆考古队：《抚顺地区早晚两类青铜文化遗存》，《文物》1983年9期。
[10] 新民县文化馆、沈阳市文物管理办公室：《新民高台山新石器时代遗址1976年发掘简报》，《文物资料丛刊》（7），文物出版社，1983年。
[11] 佟达、张正岩：《辽宁抚顺大伙房水库石棺墓》，《考古》1989年2期。
[12] 辽宁省博物馆、本溪市博物馆、本溪县文化馆：《辽宁本溪县庙后山洞穴墓地发掘简报》，《考古》1985年6期。
[13] 辛占山：《康平顺山屯青铜时代遗址试掘报告》，《辽海文物学刊》1988年1期。
[14] 辛占山：《康平顺山屯青铜时代遗址试掘报告》，《辽海文物学刊》1988年1期。
[15] 田耘：《顺山屯类型及其相关问题的讨论》，《辽海文物学刊》1988年2期。
[16] 辛占山：《康平顺山屯青铜时代遗址试掘报告》，《辽海文物学刊》1988年1期。
[17] 铁岭市博物馆：《法库县湾柳街遗址试掘报告》，《辽海文物学刊》1990年1期。
[18] 辽宁大学历史系考古教研室、铁岭市博物馆：《辽宁法库县湾柳遗址发掘》，《考古》1989年12期。
[19] 辽宁省文物考古研究所、吉林大学考古学系：《辽宁彰武平安堡遗址发掘简报》，《辽海文物学刊》1989年2期。
[20] 沈阳文物管理委员会办公室：《新民县公主屯后山遗址试掘简报》，《辽海文物学刊》1987年2期。
[21] 沈阳文物管理办公室：《新民东高台山第二次发掘》，《辽海文物学刊》1986年1期。
[22] 辽宁省文物考古研究所、吉林大学考古学系：《辽宁彰武平安堡遗址》，《考古学报》1992年4期。
[23] 朱风瀚：《吉林奈曼旗大沁他拉新石器时代遗址调查》，《考古》1979年3期，图九，1、3、4。
[24] 辽宁省文物考古研究所、吉林大学考古学系：《辽宁阜新平顶山石城址发掘报告》，《考古》1992年7期。
[25] 中国社会科学院考古研究所内蒙古发掘队：《内蒙赤峰药王庙、夏家店遗址试掘简报》，《考古》1961年2期。
[26] 郭大顺：《西辽河流域青铜文化研究的新进展》，《中国考古学会第四次年会论文集》，文物出版社，1985年。

[27] 辽宁省博物馆：《辽宁敖汉旗小河沿三种原始文化的发现》，《文物》1979 年 12 期，白斯朗营子塔山遗址 F 1、F 2；辽宁省博物馆：《内蒙赤峰县四分地东山嘴遗址试掘简报》，《考古》1983 年 5 期。
[28] 郭大顺：《大南沟的一种后红山文化类型》，《考古学文化论集》（二），文物出版社，1989 年。
[29] 郭大顺：《西辽河流域青铜文化研究的新进展》，《中国考古学会第四次年会论文集》，文物出版社，1985 年。
[30] 辽宁省文物干部培训班：《辽宁北漂县丰下遗址 1972 年春发掘简报》，《考古》1976 年 3 期，图一〇，5。
[31] 李恭笃、高美璇：《夏家店下层文化分期探索》，《辽宁省考古、博物馆学会成立大会会刊》，1981 年。
[32] 刘观民：《试析夏家店下层文化的陶鬲》，《中国考古学研究——夏鼐先生考古五十年纪念论文集》，文物出版社，1986 年，图一，C 型。
[33] 刘晋祥：《大甸子墓地乙群陶器分析》，《中国考古学研究——夏鼐先生考古五十年纪念论文集》，文物出版社，1986 年，图一。
[34] 内蒙古自治区文物工作队：《敖汉旗范仗子古墓群发掘简报》，《内蒙古文物考古》，1984 年 3 期。
[35] 辽宁省文物考古研究所、吉林大学考古学系：《辽宁阜新平顶山石城址发掘报告》，《考古》1992 年 7 期。
[36] 滨田耕作：《貔子窝》，《东方考古学丛刊》（甲种第一册），1929 年，图二二，1、8。
[37] 郭大顺：《试论魏营子类型》，《考古学文化论集》（一），文物出版社，1987 年。
[38] 辽宁省博物馆文物工作队：《辽宁朝阳县魏营子西周墓和古遗址》，《考古》1977 年 5 期。
[39] 田广金、郭素新：《鄂尔多斯式青铜器的渊源》，《考古学报》1988 年 3 期。
[40] 林沄：《商文化青铜器与北方地区青铜器关系之再研究》，《考古学文化论集》（一），文物出版社，1987 年。
[41] 辽宁省文物考古研究所、吉林大学考古学系：《辽宁阜新平顶山石城址发掘报告》，《考古》1992 年 7 期。
[42] 中国社会科学院考古研究所内蒙古发掘队：《内蒙赤峰药王庙、夏家店遗址试掘简报》，《考古》1961 年 2 期。
[43] 朱永刚：《夏家店上层文化的初步研究》，《考古学文化论集》（一），文物出版社，1987 年。
[44] 朱永刚：《夏家店上层文化的初步研究》，《考古学文化论集》（一），文物出版社，1987 年。
[45] 内蒙古自治区文物考古研究所等：《内蒙古克什克腾旗龙头山遗址第一、二次发掘简报》，《考古》1991 年 8 期。
[46] 刘观民：《试析夏家店下层文化的陶鬲》，《中国考古学研究——夏鼐先生考古五十年纪念论文集》，文物出版社，1986 年，图一，C 型。
[47] 李殿福：《库伦、奈曼两旗夏家店下层文化遗址分布与内涵》，《文物资料丛刊》（7），

文物出版社，1983 年，图四，13、15～17；辽宁省文物考古研究所、吉林大学考古系：《辽宁彰武考古复查纪略》，《考古》1991 年 8 期，图八，1、2、4、5。

[48] 辽宁省文物考古研究所、吉林大学考古系：《辽宁彰武平安堡遗址》附录一，《平安堡遗址人骨鉴定报告》，《考古学报》1992 年 4 期。

[49] 朱泓：《夏家店上层文化居民的种族类型及相关问题》，《辽海文物学刊》1989 年 1 期。

（原载《中国考古学会第八次年会论文集》，文物出版社，1996 年）

# 大、小凌河流域含曲刃短剑遗存的考古学文化及相关问题

以柱脊曲刃剑身、丁字形剑柄和分体组装为特点的青铜短剑，是先秦两周时期东北地区最重要的考古遗存。这种短剑形制独特、分布广泛，延续时间较长，自20世纪60年代以来发现的数量越来越多，所以在东北青铜时代考古遗存中的纵横联系作用以及所具有的断代编年意义日渐凸显出来，尤为诸多考古研究者关注。

至20世纪80年代，对这种短剑的研究至少已在两个方面取得了重要进展：一是根据类型学方法，就短剑本身的型式排比建立起的发展序列和比较可靠的年代界标；二是通过对该短剑相关遗存的考察，提出与短剑共存遗物的特征组合存在区域性的文化差异。此外，还就短剑的渊源、流向及族属等问题展开了热烈的讨论。不过在以往的研究中，大多为分析这种短剑的形式变化、年代和共存遗物的文化面貌提出看法，而对含这类短剑遗存文化性质的探讨较为欠缺，且论者多有歧义。从含曲刃短剑遗存的考古学考察，若以单一的青铜短剑划分，它是一个分布广泛、延续时间较长，具有一定地域亲缘关系和相近民族文化传统广义的青铜文化；但若以短剑伴出的陶器或其特征组合划分，则可以认定是包容了多源多支考古学文化的综合体。任何考古学文化都是多种遗存形式动态文化因素的特色组合。仅依赖于曲刃短剑这种特殊类型品，对分布如此广泛相关遗存和由此引发的相关问题做出解释，显然在方法上存在一定的局限性。所以加强区分与曲刃短剑共同伴出器物群为依据的考古学文化的研究，尤其是充分利用陶器的类型学比较和文化因素分析方法，乃是推进这项研究继续深入的基础工作。

本文选择大、小凌河流域的含曲刃短剑遗存为研究对象，首先建立该类遗存的分段与编年序列；进而从陶器入手对其文化结构进行分析，按不同器类组合在各时段上所显现的结构差异提出分期方案；最后就各期遗存的文化属性、谱系关系及有争议的相关问题进行探讨。

## 一

迄今，在大、小凌河流域经正式发掘的曲刃短剑几乎全部出自墓葬。其中，锦西乌金塘[1]、寺儿堡[2]、喀左和尚沟[3]、南洞沟[4]、老爷庙[5]、朝阳十二台营子[6]、

袁台子[7]、凌源三官甸子[8]等墓葬出土的短剑，形式富于变化，发展脉络清晰，伴存的青铜器种类丰富。其中指示不同形式短剑可资断代的中原式铜器，为曲刃短剑的排序、分段及编年提供了重要参考。以上墓葬还普遍出有陶器，考虑到陶器在划分大小凌河流域含曲刃短剑遗存中的重要作用，部分只发表了陶器的墓葬如凌源河汤沟[9]、喀左园林处[10]、黄家店土城子[11]等，也一并加入讨论。

上述墓葬的曲刃短剑，经类型排比依据其不同形态可分五式：

Ⅰ式：为喀左和尚沟 M6：1 和锦西乌金塘 M3 出土的二件。

Ⅱ式：为朝阳袁台子 M1：4 和十二台营子 M1、M2 出土的短剑。

Ⅲ式：以喀左南洞沟短剑代表。

Ⅳ式：为凌源三官甸子和锦西寺儿堡短剑。

Ⅴ式：以喀左老爷庙短剑代表。

从Ⅰ至Ⅴ式总的演变线索是：剑叶由较宽肥向瘦长发展；从节尖位置偏前脊突隆起分段显著到尖节脊突逐渐消失；从血槽尖紧抵锋端到明显下移，剑锋部变长；柱脊研磨由剑叶前段到剑叶后段，逐渐贯通；叶尾由圆弧内收到近直角折收。以上列举不同式别的短剑均可提供伴存的中原式青铜器为断代依据，所以Ⅰ至Ⅴ式演变序列反映的是这种短剑时态早晚的年代关系。检验以短剑排序为标志的特征组合变化，可以将这类墓葬遗存划分为五个阶段（图一）。

第 1 段，以喀左和尚沟曲刃短剑墓和锦西乌金塘墓为代表。和尚沟 B、C、D 三地点共发掘墓葬 18 座。出土的 3 件曲刃短剑均为木柄式，与乌金塘短剑形式完全一致，另外出土的 1 件四脊五槽式剑柄加重器也同于乌金塘。以类型学比较，和尚沟墓不晚于乌金塘。有关报道认为它有可能是这一地区发现的最早曲刃短剑墓[12]。和尚沟墓葬均土坑竖穴，有木棺，个别的木棺外砌有石椁。在 18 座墓中，出完整牛头的墓有两座，一置于壁龛内，另一出于填土中，随葬品以陶器为主，几乎全部为素面夹砂红褐陶，手制，陶质疏松，器形仅为钵碗类。其中的深腹钵和敛口钵，口沿经抹斜处理，一侧置有横鋬耳。其他随葬品有青铜刀、铜项环、铜泡、扁铤骨镞、石斧等。这类墓葬的年代，据乌金塘与Ⅰ式剑共存的直援铜戈标准器断代，可推定在西周晚期前后，年代下限不晚于春秋早期。

第 2 段，以朝阳袁台子 M1 和十二台营子 M1、M2 为代表。另外，朝阳木头沟 M1[13]、东岭岗[14]、敖汉山湾子[15]等墓葬或遗存，可归入此段。

这一时期的墓葬包括石椁墓和土坑墓两类，以石椁墓为主。葬式多单人仰身直肢，头向朝东，但十二台营子的两座墓较特殊，头向朝西，为男女合葬。墓葬出土的陶器有叠唇深腹罐、叠唇罐、圈足钵、敛口钵、短颈壶、长颈壶。陶器皆夹砂红褐或灰褐陶系，质地疏松，火候较低，手制，素面磨光。此期，Ⅱ式短剑除安装木质剑柄外，还出现铜木复合剑柄，共存的青铜器群种类繁多，可分为工具、马具和几何纹铜饰件三大类。上述墓葬几乎都出土有两翼较长、翼缘弧曲的有铤式铜镞，按该形式铜镞类

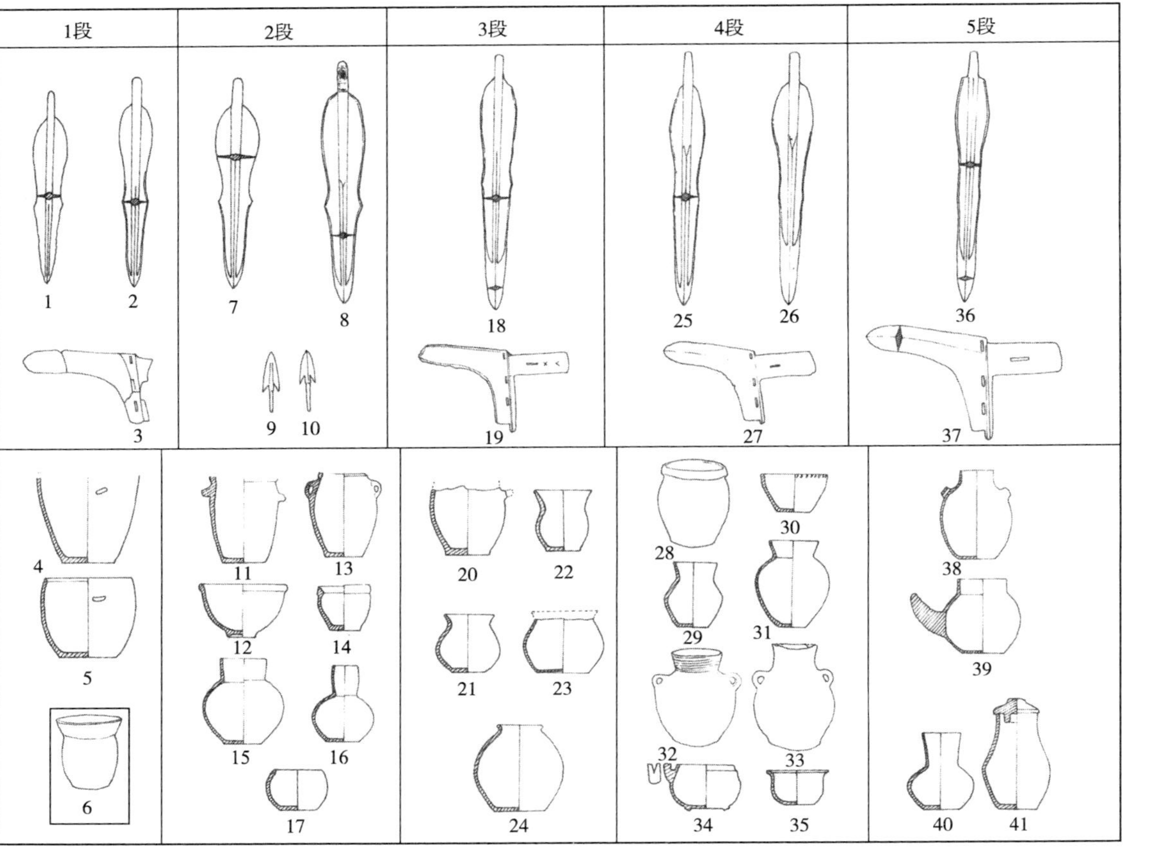


图一　大小凌河流域曲刃短剑排序及墓葬遗存分段

1段：1、2. Ⅰ式剑　3. 铜戈　4、5. 敛口钵　6. 大口罐（1、3. 锦西乌金塘；2、4、5. 喀左和尚沟M6：1、M11：2、M20：2；6. 和尚沟A地点112：1做参考）

2段：7、8. Ⅱ式剑　9、10. 铜镞　11、13. 叠唇深腹罐　12. 圈足罐　14. 叠唇罐　15. 短颈壶　16. 长颈壶　17. 敛口钵（7、11、12. 朝阳袁台子M1；8～10. 朝阳十二台营子；13～16. 敖汉山湾子；17. 朝阳东岭岗M1）

3段：18. Ⅲ式剑　19. 铜戈　20. 叠唇深腹罐　22. 大口罐　21、23、24. 侈口溜肩罐（18、19、23. 喀左南洞沟；20、21. 凌源河汤沟；22. 喀左南沟门；24. 敖汉东井）

4段：25、26. Ⅳ式剑　27. 铜戈　28. 叠唇深腹罐　29. 短颈壶　30. 钵　31. 侈口溜肩罐　32、33. 肩双耳壶　34. 鼎　35. 盆　（25. 锦西寺儿堡；26、27、29. 凌源三官甸子；28、32～35. 喀左园林处；30、31. 敖汉铁匠沟）

5段：36. Ⅴ式剑　37. 铜戈　38. 肩双耳罐　39. 牛角柄罐　40. 长颈壶　41. 仿铜陶盖壶（36～39. 喀左老爷庙；40、41. 喀左黄家店土城子）

型比较的断代分析，大体定在春秋中期为宜。

第 3 段，以喀左南洞沟石椁墓和凌源河汤沟 M7401 代表。北票何家沟石椁墓[16]、敖汉东井墓[17]属此段遗存。

从曲刃短剑形式看，Ⅲ式剑血槽尖明显下移，剑锋变长，节尖角增大，脊突隆起减弱，叶尾作弧折收。此段普遍出现了与剑身分铸的丁字形铜剑柄，侧视柄盘两端平直，柄筒有明显突节，纹饰繁缛。随葬陶器均为夹砂褐陶系，素面，手制，器表经打磨或刮削。器形以罐为主，不见钵碗类。东井墓出土小侈口溜肩罐两件。河汤沟发表的两件罐，一件口沿残缺，肩部带疣状耳，依腹形比附与袁台子 M1 深腹罐相似，估计其口部也应有叠唇；另一件，侈口、溜肩、鼓腹，形态同于南洞沟出土的一件陶罐。共存的青铜器有蟠螭纹簋、带钩、方纽矛、方銎斧、齿柄刀，环首削和车马具。依据南洞沟墓出土的中原式蟠螭纹铜簋和援梢上昂长胡三穿铜戈断代，可确定本段的年代为春秋晚期。

第 4 段，以凌源三官甸子和锦西寺儿堡墓为代表。喀左园林处石椁墓、敖汉铁匠沟墓[18]，可归入此段。

本段多数墓为土圹，少数墓有石椁，个别身份显贵的墓葬有殉马现象。与上段比较，Ⅳ式短剑，节尖趋于消失，剑叶前段瘦长，后段圆弧外突，叶尾斜折收。剑柄的变化是柄盘两端下垂，柄筒突节不显，纹饰简化。三官甸子墓葬，有马匹陪葬，除出土短剑、斧、凿、刀、镞、马具等青铜器外，还随葬有中原式铜鼎，及具有草原风格的各种造型精美的动物铜饰件和金制品，其葬制和葬俗与一般曲刃短剑葬墓有所不同。从共存陶器来看，铁匠沟以壶、鉢为主，均夹砂灰黑陶系，其中的一件矮颈壶与三官甸子壶造型相似。喀左园林处发表的 6 件陶器，按陶系分为夹砂和泥质两类，夹砂叠唇深腹罐是由上两段同类器演变而来；泥质灰陶鼎和盆属燕式陶器；另两件为泥质双耳壶。据三官甸子墓的铜鼎和铜戈标准器断代，第 4 段年代可推定在春秋战国之交或战国早期。

第 5 段，以喀左老爷庙为代表。相关遗存有喀左黄家店土城子墓、北票杨树沟以及朝阳娘娘庙采集标本[19]。

本段墓制的显著变化是，皆为土圹墓，不见石椁墓。以老爷庙和娘娘庙曲刃短剑为例，是大小凌河流域最晚形式的短剑。这一时期的剑柄底盘，两端下垂，盘体变浅，呈“台”状，器身纹饰草率。出土陶器有两种组合：一种是老爷庙的横贯耳壶、牛角柄罐与曲刃短剑共存；另一种是黄家店土城子的泥质灰陶仿铜盖壶和长颈壶。前者为土著陶器，本地固有文化；后者属燕式陶器，为战国燕墓。老爷庙出土的三穿铜戈，援上昂、起脊、截面菱形，是战国早中期流行式样，故可将第 5 段年代断在战国早期至战国中期前后。

另据报道，朝阳袁台子发掘的 50 多座手制罐墓与战国燕墓共处同一墓地。袁台子手制罐墓随葬的青铜器有铜泡、十字形节约、环、凿及曲刃短剑和附件[20]。据已发表的 M1 出土的Ⅱ式曲刃短剑推定，这类墓葬的年代上限约自春秋中期，下限至战国燕墓的出现。另一处为喀左南沟门石椁墓，出土有曲刃短剑、銎柄式短剑、铜矛、铜镞、节约及灰褐陶素面大口罐和绳纹盆[21]。年代与袁台子出手制罐的墓大体相当。目前这两个地点的曲刃短剑墓材料尚未发表，依报道线索可暂归入本文划定的第2、3段。

纵观大小凌河流域含曲刃短剑遗存，主要表现出三方面的特性。首先，该地区发达的曲刃短剑，以稳定的特质性和富于变化的形式存在于这类遗存的始终，没有中断。其次，不同式别短剑演进的连续性，使各段遗存在文化内涵上具有一定的前后承接关系。第三，与曲刃短剑共存的器物，尤其是陶器，既表现出文化结构的杂糅性，又反映出发展过程中的阶段性变异特点。

## 二

大、小凌河流域含曲刃短剑的遗存文化内涵复杂，这种复杂性主要表现为遗存内多种文化因素的构成和不同时段各种文化因素的此消彼长。所以有必要通过陶器的分类与组合划分，对其文化结构作进一步的分析。

前面所述墓葬出土的主要陶器大致有十类（其中燕式陶器合并为一类），它们在各地点及各段位的分布情况如表一所示：

表一

| 墓葬地点 | 段位 \ 器类 | 敛口钵 | 圈足钵 | 叠唇深腹罐 | 大口罐 | 侈口溜肩罐 | 短颈壶 | 长颈壶 | 肩双耳壶 | 牛角柄罐 | 燕式陶器 |
| --- | --- | --- | --- | --- | --- | --- | --- | --- | --- | --- | --- |
| 喀左和尚沟 | 1 | △ | | | | | | | | | |
| 朝阳东岭岗 | 2 | △ | | | | | | | | | |
| 朝阳袁台子 M1 | 2 | | △ | △ | | | | | | | |
| 敖汉山湾子 | 2 | | △ | △ | | △ | △ | △ | | | |
| 敖汉东井 | 3 | | | | | △ | | | | | |
| 凌源河汤沟 M7401 | 3 | | | △ | | △ | | | | | |
| 喀左南沟门 | 2、3 | | | | △ | | | | | | |
| 喀左南洞沟 | 3 | | | | | △ | | | | | |

续表

| 墓葬地点 \ 器类 \ 段位 | | 敛口钵 | 圈足钵 | 叠唇深腹罐 | 大口罐 | 侈口溜肩罐 | 短颈壶 | 长颈壶 | 肩双耳壶 | 牛角柄罐 | 燕式陶器 |
|---|---|---|---|---|---|---|---|---|---|---|---|
| 朝阳袁台子手制罐墓 | 2、3 | | | | △ | | | | | | |
| 敖汉水泉 | 3 | | | △ | △ | | | | △ | △ | |
| 敖汉铁匠沟 | 4 | | | | | △ | △ | | | | |
| 凌源三官甸子 | 4 | | | | | | △ | | | | |
| 喀左园林处 | 4 | | | △ | | | | | △ | | △ |
| 喀左老爷庙 | 5 | | | | | | | | △ | △ | |
| 喀左黄家店土城子 | 5 | | | | | | | △ | | | △ |

注：1. 喀左南沟门和朝阳袁台子手制罐墓材料尚未发表，仅列举大口罐为代表。

2. 敖汉水泉曲刃短剑墓，系吉林大学内蒙古大专班考古实习发掘材料，出土陶器较为丰富，仅列举叠唇深腹罐、大口 罐、肩双耳壶和牛角柄罐为代表。

3. 朝阳袁台子出土的燕式陶器，墓形制及器物组合均有浓厚地方特征，但具体情况不明，故没有编入此表。

表中各类陶器，根据对其不同特征和不同来源的认识，可划分为六种器类组合。

A 组　敛口钵及少量大口罐，出土于喀左和尚沟、朝阳东岭岗（图一，4～6、17）。

B 组　叠唇深腹罐、圈足钵、大口罐。见于朝阳袁台子 M1 及手制罐墓、敖汉山湾子、凌源河汤沟 M7401、敖汉水泉、喀左南沟门、园林处等地点（图一，11～14、20、22、28、30）。

C 组　侈口溜肩罐、矮颈壶。见于敖汉山湾子、东井、凌源河汤沟 M7401、喀左南洞沟、敖汉铁匠沟、凌源三官甸子等地点（图一，15、21、23、24、29、31）。

D 组　长颈壶。见于敖汉山湾子和喀左黄家店土城子（图一，16、40）。

E 组　肩双耳壶、牛角柄罐。见于敖汉水泉、喀左园林处，老爷庙（图一，32、33、38、39）。

F 组　燕式陶器，有泥质灰陶鼎、盆、仿铜陶盖壶等。见于喀左园林处，黄家店土城子（图一，34、35、40、41）。

按各器类组在表一中的落点情况制成表二。

表二

| 段别 | 1 | 2 | 3 | 4 | 5 |
|---|---|---|---|---|---|
| 各组所居段位 | A | A | | | |
| | | B | B | B | |
| | | C | C | C | |
| | | D | | | D |
| | | | E | E | E |
| | | | | F | F |

通过上表，对各器类组所居段位及消长态势分析如下。

A 组是较单纯的器类组，主要存在于 1 段，惯性延续至 2 段（仅见朝阳东岭岗一例），最终由 B 组完全取代。B、C 两组，以相当的数量、质量及良好的延展性，落点分布于 2～4 段间。自 3 段出现的 E 组，是一种全新面貌的器类组。据共存关系考察它与 B、C 组的汇聚，在共存时段内构成较为稳定的核心。F 组在第 4 段出现伊始，与 B、C、E 核心器类组对比还处于劣势。但从 4 段到 5 段间文化结构发生了变化，一方面 B、C 两组在逐步衰落中消失；另一方面一直较为活跃的 E 组从原有的文化结构中突现出来，与这一时期势力迅速膨胀的 F 组结成新的文化组合。相比较，D 组的长颈壶跳跃性的存在于第 2 段和第 5 段，器型有变化，但其间缺少联系，呈游离状态，现有材料无法证明其在对应段位的文化结构中产生重要影响。

从以上分析中不难发现，2～4 段的联系较为紧密，B、C、E 器类组构成的稳定核心起主导作用。而 1～5 段的序列中，1、2 段之间和 4、5 段之间，在器类组结构上均发生较大变化。根据各器类组在不同段位上表现的文化结构差异，按时间早晚排序划分为三个时期的器类组群：第一期，1 段，含 A 组；第二期，2、3、4 段，以 B、C、E 组群为核心；第三期，5 段，以 E、F 组群为主导。由此形成的分期方案，为探讨大小凌河流域不同文化结构的含曲刃短剑遗存的考古学文化提供了先决条件。

## 三

第一期遗存陶器仅包含 A 组，文化结构单一，材料主要来源于喀左和尚沟墓地。据报道，该墓地共发掘四个地点。A 地点属魏营子类型，另外三个地点属曲刃短剑墓遗存[22]。但四个地点的墓葬形制基本一致，均为土坑竖穴木椁墓，葬式为单人仰身直肢葬，头向朝东，规模也大体相近。随葬陶器以夹砂红褐陶钵为主，见有殉牲习俗。

和尚沟墓地的分布情况是，A 地点居中靠上，其他三个地点分列于 A 地点东西两侧，四个地点共同占据同一块台地，各墓葬相距较近，既无相互打破，也无交叉叠压。这种对整个墓地的有序分割，说明于不同时间下葬的墓位是经过事先考虑和统一规划的。从墓地的统一布局和丧葬习俗的一致性来看，通常是为同一考古文化共同体所拥有的现象。那么报道者之所以将其划分为两类不同性质的墓葬遗存，显然是出于对不同地点墓葬中青铜器断代的考虑。有学者以 A 地点 M1 随葬的铜卣和铜壶系商周之际中原式铜器的流行式样，作为 A 地点墓地的主要断代依据，同时根据 A 地点其他墓所出陶器与喀左后坟同类陶器的相似性，认定 A 地点墓葬属魏营子类型。B、C、D 三地点出土的曲刃短剑及青铜刀等，大体可断在西周晚或春秋早期。以目前对大、小凌河流域含曲刃短剑遗存的认识，属于“十二台营子类型”或“凌河类型”。于此，和尚沟墓地被划分为两个不同时期的文化类型[23]。

然而值得注意的是，原报告 A 地点 M4 出土的一件被指认为鼎的陶器，其造型风格很容易看出是属于西周式平裆鬲的仿制品，与琉璃河 M1124：1 和下潘汪 T37②：12 口沿和裆部的形制一样[24]。这种陶鬲的年代在燕地西周鬲的综合研究中不早于西周中期，或晚到西周晚期[25]。这样，由 A 地点 M1 共存的标准青铜容器断代而判定为商周之际的 A 地点墓群，却有属于西周中晚期的墓葬。实际上在以往的考古发现中，晚期墓葬随葬早期青铜器，尤其是青铜容器，在中原周边地区的考古遗存中是普遍现象。最近发表的宁城小黑石沟夏家店上层文化大型青铜器墓，即随葬有可断在商末周初至春秋早期各时代的青铜容器就是一例[26]。由此看来，和尚沟墓地亦不排除这种可能。如果这一判断无误，那么将和尚沟墓地 A 地点和另外三地点划分为两个时段的墓群，并提出它们分属两类不同性质考古文化的认识，自然也就无法成立。

以往考古发现与研究成果认为，大、小凌河流域先于曲刃短剑遗存的是以喀左后坟陶器组为代表的魏营子类型。魏营子类型的年代，依据喀左南沟门遗址的地层叠压关系，被界定为“晚于夏家店下层文化而早于夏家店上层文化凌河类型”，“时代跨越商晚期到西周早期这一阶段”[27]。而更为直接的年代线索是，朝阳魏营子西周早期铜器墓填土中出有被辨识为魏营子类型的陶片。这样看来，魏营子类型与曲刃短剑遗存在该地区青铜文化编年序列中并不衔接。但以往在大、小凌河流域并没有发现属于西周中晚期，文化面貌既不同于魏营子类型、又有别于以曲刃短剑为主要特征的文化遗存，也就是说两者之间不可能有新的有待发现的另一类考古遗存的存在。

近来有学者指出，当年作为魏营子铜器墓断代重要依据的昌平白浮西周墓年代判断有误，其实际“年代应改定在西周中期或更晚”[28]。考古材料证实，以魏营子类型为主体的阜新平顶山三期遗存，因能够明确分辨出夏家店上层文化因素，而动摇了一直以来对魏营子类型年代的认识。报道者在分析这一发现所展示的魏营子类型阶段性变化的同时，就曾提出其年代下限可能延续至西周晚期的说法[29]。另一个间接证据是，分布于燕山以南、与魏营子类型有密切关系的张家园上层类型，也是在西周中晚期随燕文化的不断向外扩展而逐步消亡的[30]。所以，我们认为魏营子类型的年代下限可晚至西周晚期。

重新提出魏营子类型年代下限的认识，对于确立和尚沟墓地的文化性质至关重要。以上分析可以看出和尚沟墓地基本处于经重新界定的魏营子类型年代范畴之内。相比较，和尚沟 M2 所出之斜口宽折沿大口罐与后坟的大口罐完全相同，其腹部形制与和尚沟 M20：2 钵体相似；和尚沟 M31：1、M16：2 素面深腹钵、M1：5 敞口绳纹钵，可以在后坟陶器组找到同类相似的器形；另外和尚沟墓、魏营子铜器墓和道虎沟墓出土的金钏、铜耳环等装饰品也反映出它们的丧葬习俗是一致的。和尚沟墓地的曲刃短剑是最值得注意的随葬品，过去正是把曲刃短剑作为一种特殊的类型品，并将以其作为主要特征的考古遗存，在大、小凌河流域青铜文化发展序列中，与以陶器划分的魏营子类型划分开来。但是，当初对魏营子类型年代下限的估计如果不是终止于西周早期，而是断在西周晚期或西周春秋之交，并持统一的分类标准的话，相信也就不会贸然将和尚沟曲刃短剑墓排除在魏营子类型之外了。

总之，具有众多相同文化特征的和尚沟墓地（包括 A、B、C、D 四个地点），为同一考古学文化。大、小凌河含曲刃短剑的第一期遗存文化性质属魏营子类型。至于不同年代段的魏营子类型遗存是否要有所区别，以及和尚沟为代表的遗存处于魏营子类型的哪一个阶段，因篇幅所限，容另文讨论。

## 四

第二期和第三期遗存比第一期遗存文化内涵要复杂得多，以陶器的文化结构可以分为含不同文化因素的 B、C、D、E、F 五个器类组。

B 组的叠唇深腹罐、大口罐和圈足钵，按曲刃短剑的排序分别见于 2～4 段的朝阳袁台子 M1、敖汉的山湾子、水泉，凌源河汤沟，喀左南沟门、园林处等墓葬。叠唇深腹罐，早期腹腔深且腹壁较直，呈筒形；晚期腹腔变浅，腹壁弧曲，底与腹身相接处略呈台状，具有完整的发展演变序列。大口罐，依目前的材料还难以抓住其演变规律，但在上述地点大多与叠唇深腹罐共存。所以这种器物在 B 组中也具代表性。从形制看，魏营子类型后坟、和尚沟的大口罐与 B 组的大口罐几乎完全相同；建平水泉 T26③：59 直腹腔深腹罐，与 B 组早期袁台子 Ml：2 的形态和风格十分接近，而在这一地区使用叠唇深腹罐的传统甚至可以追溯到夏家店下层文化阶段，建平水泉 J25：1 标本，当视为这种器形的祖型[31]。B 组的圈足钵在后坟陶器组也见有相似的器形。然而在周边早于魏营子类型阶段的诸考古文化中，则没有发现与它们具有明显传承关系的同类器物组合。因此可以确定，B 组属于当地固有文化陶器组合。

C 组的侈口溜肩罐、短颈壶，在大小凌河以外见于赤峰夏家店、红山后，敖汉周家地，宁城南山根、坤头营子等墓葬或遗址中[32]；D 组的长颈壶为沈阳郑家洼子、长海上马石等地青铜短剑墓伴存的主要器类[33]。它们是分别属于努鲁儿虎山以西的夏家店上层文化和分布于下辽河平原及辽东半岛青铜短剑墓遗存的典型陶器，系由东西方向进入大小凌河流域的两种不同青铜文化成分。

E 组的肩双耳壶、牛角柄罐很有特色，在以往与曲刃短剑共存的陶器组合中极为少见。这一时期在下辽河平原和辽东地区与曲刃短剑伴出的陶器多为无耳壶、叠唇罐或高柄豆；在西北朝鲜清川江以北地区和吉林东部长白山地及其延伸地带，主要为横桥耳长颈壶，与其共存的罐、钵也多附对称的横桥耳。所以，E 组陶器不可能源于大、小凌河以东、以北的地区。

从大、小凌河上源以西到阴山东段大青山迤南的长城地带，春秋晚期到战国初的北方民族遗存中普遍发现肩双耳陶器，如凉城毛庆沟墓地[34]，延庆的葫芦沟、西梁垙、玉皇庙墓地[35]，张家口白庙墓地[36]，滦平梨树沟墓群[37]，围场东台子墓地[38]，怀来洪沟梁遗址等[39]，都出土有耳与口平齐或略高于口的双耳素面罐，以及由这种双耳陶器衍生的罐形鼎。而凉城崞县窑子出土的与喀左园林处很相似的肩双耳壶占其全部陶器的一半[40]。这种陶壶还见于唐山贾各庄燕墓[41]、甘肃永昌沙井文化遗址[42]。此外，凉城毛庆沟遗址、滦平梨树沟墓群发现的口沿外饰多道弦纹陶器，纹饰风格也与喀左园林处的肩双耳壶颇为一致。种种迹象表明，上述广大地区春秋晚期至战国初考古遗存中较为普遍出现的肩双耳陶器，很可能来源于某种尚未被认识的考古学文化。它在向东传播过程中，经桑干河谷到军都山一带，直抵渤海西北沿岸。所以 E 组陶器来自于长城地带由西向东流布的文化因素。

F 组陶器，无论陶系、制法还是造型、风格，都具有一般燕文化或中原文化的特点，但部分器物形制和器物组合又具有地方特色。从袁台子墓地的燕式陶器墓与含曲刃短剑的手制罐墓的有序分布可以看出，两类墓葬存在某种文化联系。毫无疑问 F 组属燕文化器类组，但确切地说应该是融入土著文化因素的燕文化器类组。

在以上五组文化成分中，当地固有文化、夏家店上层文化和来自西部的以双耳和牛角柄陶器为代表的文化，构成了第二期含曲刃短剑遗存的主体，同时还有部分来自辽东方面文化因素的影响。由此形成的多元文化成分相杂糅的特征，区别于其分布区以外的考古学文化或考古遗存，在文化结构上也明显不同于上一阶段的魏营子类型。考虑到目前对这类遗存址的认识有限，还难以用典型遗址来对它进行考古学文化的命名，所以暂时将第二期遗存称为“凌河类型”。

4 段以后，大、小凌河流域的含曲刃短剑遗存开始削弱，一方面受到来自内蒙古长城地带文化流的强烈冲击；另一方面被不断北上扩展并最终占据这一地区的燕文化所持续排斥。虽然这一时期的土著居民并没有因为接受外来文化的影响而完全改变其传统的习俗，但在文化结构上发生了较大的改变。这种变化是否意味着文化性质的改变，是凌河类型的延续，还是应另立一种新的考古文化，以目前的资料还难以作出判断。为以示区别，拟将第三期遗存称作“后凌河类型”。

# 五

当前关于大、小凌河流域含曲刃短剑遗存文化性质的探讨，主要有以下几种观点。

（1）以十二台营子石椁墓为代表，称为“十二台营子类型”。认为十二台营子类型属于夏家店上层文化早期阶段的一种文化类型[43]，或有着连续发展过程的夏家店上层文化的一种地域类型[44]。

（2）提出大小凌河流域的相关遗存与老哈河流域的夏家店上层文化不尽相同，可暂以地域命名为“凌河类型”[45]。凌河类型的年代跨越从春秋早期到战国早中期，以出丁字形剑柄的曲刃短剑墓为主要文化内容。但不认同将其视为独立的考古学文化，而以划分为夏家店上层文化的一个地域类型为宜[46]。

（3）将夏家店上层文化和含曲刃短剑的遗存分列为两个文化系统[47]。夏家店上层文化仅限于努鲁儿虎山以西老哈河流域为中心区的考古发现，大小凌河流域的含曲刃短剑遗存是有别于夏家店上层文化的另一集团人们的遗存，应另立为一种新的考古文化[48]。

（4）认为以往划定的“凌河类型”与夏家店上层文化属于不同文化系统。所谓“凌河类型”遗存的文化面貌并不一致，又可区分为两种文化类型：一是由魏营子类型演变而来的以和尚沟青铜短剑墓代表的“和尚沟”类型；另一是与辽东曲刃短剑墓有文化渊源关系的考古遗存，被划定为“十二台营子类型”[49]。

总结已有的研究成果，不难看出，前两种观点基本一致，不同点仅限于对这类遗存的文化命名。就文化性质而言前两种观点与后两种观点有明显区别，根本分歧在于，大、小凌河流域含曲刃短剑遗存是否与已确认的夏家店上层文化属于同一考古学文化。其中第四种观点，在对“凌河类型”或十二台营子类型基本文化内涵的理解上，又与第一、二种观点存在着较大差距。前者认为它是包容了不同区域文化成分的独立运行体系；后者则把它看作同时期辽西青铜文化一体化进程中的一个组成部分。

针对以上看法，本文认为，要弄清楚这个问题，首先应纠正以往对辽西青铜文化发展阶段与谱系关系认识上的某些偏差。

20 世纪 60 年代初因夏家店下层与上层两种青铜文化的识别以及其后魏营子类型的发现，使辽西青铜时代考古取得了重要进展，按年代序列将辽西青铜时代划分为三个发展阶段已成为考古学界的基本共识。对诸青铜文化的变迁，尤其是夏家店上层文化与魏营子类型关系的探讨，意见也已趋向一致。然而应该指出的是，最初确认的夏家店上层文化主要限于老哈河流域的发现。但从一开始就先入为主将辽西地区的青铜文化视为一个发展的整体，将缺乏相关遗存材料梳理和基本内涵把握的大小凌河流域纳入其中，把该文化的分布区域划定的过大，导致了日后在该地区青铜文化的阶段划分、发展序列和谱系研究方面的简单化。

事实上，继夏家店下层文化之后出现的魏营子类型主要见于大、小凌河沿岸，在努鲁儿虎山以西则一直未能确认，也就是说与夏家店上层文化的实际分布范围并不重合。从年代上来看，由于近年新的考古发现使夏家店上层文化年代上限提前，和本文经断代分析提出的魏营子类型年代下限的认识，说明两种文化是并存关系，而非承袭关系。从大、小凌河流域含曲刃短剑遗址的谱系关系讲，第一期遗存为魏营子类型，在以后的发展过程中，当地固有文化的陶器组合就是以该类遗存为主导成分的。所以辽西地区的青铜文化，自商末周初起，以努鲁儿虎山为界，并存着东西两个发展系统。

努鲁儿虎山以西分布的夏家店上层文化，依其地域和文化内涵的差别可区分龙头山和南山根两个类型。龙头山类型的文化内涵较单纯，目前确认的夏家店上层文化早期遗存均见于该类型分布的西拉木伦河流域。在这一地区的考古发现已有可能将其年代提前到西周早期甚至更早[50]。通过类型学的比较还可以进一步指出，夏家店上层文化早期遗存与同时期由下辽河向西迁徙的高台山文化存在直接的谱系关系[51]。南山根类型以老哈河流域为中心，代表是宁城附近集中发现的大型青铜器墓。这一时期随葬的青铜器种类繁多，成分复杂，既有地域特征鲜明的仿陶铜容器、銎柄式柱脊短剑，又有成套的中原式青铜礼器，还有草原风格的武器及各类动物牌饰。种种迹象表明，西周晚期到春秋早期是夏家店上层文化的繁荣时期，有学者十分精当的指出，至少在“宁城附近已出现了显著的权力和财富的集中现象”[52]。

夏家店上层文化约至春秋中期前后完全消失，这与文献记载的燕筑长城之前活动于此地的东胡族在时间上有很大差距。人种学从另一个角度研究认为，体质特征基本属东亚类型的夏家店上层文化定居人群不可能是东胡族的直接祖先[53]。现在的问题是，夏家店上层文化之后到战国燕文化到来之前，该地区的古文化尚未被认识，也就是说还没有发现确指为东胡族的考古遗存。考虑到这支流动性的非东亚人种族群，对这一地区的占领可能只是大规模驱走定居文化居民，把它变成一片宜于放牧的游猎之地，所以其考古学的实际发现将是一件非常困难的事。不过饶有兴趣的是，已发表的凌源五道河子战国墓，墓穴前宽后窄，平面呈梯形，有的设二层台。发掘的11座墓均出土数量不等的成堆或成排摆放的马牙，墓底都铺有一层桦树皮[54]。其墓制和葬俗与完工、扎赉诺尔等被认定为东胡族系的鲜卑墓葬有相当的一致性[55]。另外五道河子墓出土的野猪、马、鱼等金、铜牌饰、辖首、带钩上的蹲鹿造型；铁匠沟墓发现的野猪、虎铜牌饰；三官甸子墓各种动物题材的铜饰件、金制品及殉马现象等，皆为北方草原游牧民族的青铜文化所多见。通过上述线索，或许可以找到尚待发现的与东胡活动有关的考古遗存。

依本文对大、小凌河流域含曲短剑遗存的分析，努鲁儿虎山以东的青铜文化可划分为魏营子类型—凌河类型—后凌河类型三种代表不同时段的考古遗存。

以和尚沟墓地为代表的曲刃短剑遗存属魏营子类型，魏营子类型的年代下限可断在西周晚或西周至春秋之交。接下来的凌河类型包括了三种主要文化成分，具有多重结构性质。它是在承袭了魏营子类型当地固有文化成分的基础上，融入了夏家店上层文化的部分因素，同时受到来自以桑干河、军都山为中介的西部某文化的强烈影响而逐渐形成的。这类遗存的年代大体相当于春秋中期至战国早期，在此基础上提出的凌河类型不仅限于对其时空范畴的界定，更重要的是从文化结构和谱系关系的角度提出了对其文化内涵的新认识。显然，本文提出的凌河类型与以往相同文化命名所赋予的内容并不等同。

后凌河类型时期出现的曲刃短剑墓葬，往往与战国城址相邻或与战国燕墓共处同一墓地。后凌河类型遗存燕文化成分有了显著增长，并呈现出某些融合的迹象，虽然尚达不到完全改变其文化性质的程度，但从作为文化标识的器类组合来看，似乎也不应与凌河类型混为一谈。

综上所述，所谓大、小凌河流域的含曲刃短剑遗存，并非是由大量曲刃短剑的发现而构成的类型学上的综合体，而是有着独立发展序列的若干考古学文化结构的演化过程和多元文化成分相互作用与激发的结果。其与夏家店上层文化是辽西地区青铜时代并存的两个文化系统，这一框架建立和谱系梳理，为最终揭示该地区古代民族的历史进程奠定了基础。

附记：在本文写作期间，曾就有关问题求教于林沄先生，颇受启发，谨致诚挚谢意。

## 注　释

[1] 锦州市博物馆：《辽宁锦西县乌金塘东周墓调查记》，《考古》1960年5期。
[2] 孙守道、徐秉琨：《辽宁寺儿堡等地青铜短剑与大伙房石棺墓》，《考古》1964年6期。
[3] 辽宁省文物考古研究所、喀左县博物馆：《喀左和尚沟墓地》，《辽海文物学刊》1989年2期。
[4] 辽宁省博物馆、朝阳地区博物馆：《辽宁喀左南洞沟石椁墓》，《考古》1977年6期。
[5] 刘大志、柴贵民：《喀左老爷庙乡青铜短剑墓》，《辽海文物学刊》1993年3期。
[6] 朱贵：《辽宁朝阳十二台营子青铜短剑墓》，《考古学报》1960年1期。
[7] 王成生：《概述近年辽宁新见青铜短剑》，《辽海文物学刊》1991年1期。
[8] 辽宁省博物馆：《辽宁凌源县三官甸青铜短剑墓》，《考古》1985年2期。
[9] 靳枫毅：《朝阳地区发现的剑柄端加重器及其相关遗物》，《考古》1983年2期。
[10] 傅宗德、陈莉：《辽宁喀左县出土战国器物》，《考古》1988年7期。

［11］ 辽宁省文物普查训练班：《1979 年朝阳地区文物普查发掘的主要收获》，《辽宁文物》1980 年 1 期；靳枫毅：《论中国东北地区含曲刃青铜短剑的文化遗存（上）》，《考古学报》1982 年 4 期，图五，33、34。
［12］ 辽宁省文物考古研究所、喀左县博物馆：《喀左和尚沟墓地》，《辽海文物学刊》1989 年 2 期，115 页。
［13］ 靳枫毅：《朝阳地区发现的剑柄端加重器及其相关遗物》，《考古》1983 年 2 期，136、137 页。
［14］ 靳枫毅：《论中国东北地区含曲刃青铜短剑的文化遗存（上）》，《考古学报》1982 年 4 期，图四，1、27。
［15］ 邵国田：《内蒙古敖汉旗发现的青铜器及有关遗物》，《北方文物》1993 年 1 期。
［16］ 靳枫毅：《朝阳地区发现的剑柄端加重器及其相关遗物》，《考古》1983 年 2 期，136、137 页。
［17］ 邵国田：《内蒙古敖汉旗发现的青铜器及有关遗物》，《北方文物》1993 年 1 期，22 页。
［18］ 邵国田：《敖汉旗铁匠沟战国墓地调查简报》，《内蒙古文物考古》1992 年 1、2 期。
［19］ 靳枫毅：《论中国东北地区含曲刃青铜短剑的文化遗存（上）》，《考古学报》1982 年 4 期，图五，27、28。
［20］ 辽宁省文物考古研究所：《辽宁近十年来文物考古新发现》，《文物考古工作十年》，文物出版社，1990 年。
［21］ 辽宁省文物普查训练班：《1979 年朝阳地区文物普查发掘的主要收获》，《辽宁文物》1980 年 1 期；郭大顺：《试论魏营子类型》，《考古学文化论集》（一），文物出版社，1987 年。
［22］ 辽宁省文物考古研究所、喀左县博物馆：《喀左和尚沟墓地》，《辽海文物学刊》1989 年 2 期。
［23］ 郭大顺：《试论魏营子类型》，《考古学文化论集》（一），文物出版社，1987 年。
［24］ 河北省文物管理处：《磁县下潘汪遗址发掘报告》，《考古学报》1975 年 1 期；琉璃河考古队：《1981～1983 年琉璃河西周燕国墓地发掘简报》，《考古》1984 年 5 期。
［25］ 柴晓明：《华北西周陶器初论》，《青果集——吉林大学考古专业成立二十周年考古论文集》，知识出版社，1993 年。
［26］ 项春松、李义：《宁城小黑石沟石椁墓调查清理报告》，《文物》1995 年 5 期。
［27］ 郭大顺：《试论魏营子类型》，《考古学文化论集》（一），文物出版社，1987 年，83、88 页。
［28］ 林沄：《早期北方系青铜器的几个年代问题》，《内蒙古文物考古文集》（第一辑），中国大百科全书出版社，1994 年。
［29］ 辽宁省文物考古研究所、吉林大学考古学系：《辽宁阜新平顶山石城址发掘报告》，《考古》1992 年 5 期。
［30］ 李伯谦：《张家园上层类型若干问题研究》，《考古学研究》（二），北京大学出版社，

1994年。

[31] 辽宁省博物馆、朝阳市博物馆：《建平水泉遗址发掘简报》，《辽海文物学刊》1986年2期。

[32] 中国社会科学院考古研究所内蒙古工作队：《赤峰药王庙夏家店遗址试掘报告》，《考古学报》1974年1期；《内蒙古敖汉旗周家地墓地发掘简报》，《考古》1984年5期；《宁城南山根遗址发掘报告》，《考古学报》1975年1期；滨田耕作：《赤峰红山后》，《东方考古学丛刊》，甲种第六册，1938年；靳枫毅：《宁城县新发现的夏家店上层文化墓葬及其相关遗物的研究》，《文物资料丛刊》（9），文物出版社，1985年。

[33] 沈阳故宫博物院、沈阳市文物管理办公室：《沈阳郑家洼子的两座青铜时代墓葬》，《考古学报》1975年1期；中国社会科学院考古研究所东北工作队：《沈阳肇工街和郑家洼子遗址的发掘》，《考古》1989年10期；辽宁省博物馆：《辽宁长海县上马石青铜时代墓葬》，《考古学报》1975年1期。

[34] 内蒙古文物工作队：《毛庆沟基地》，《鄂尔多斯式青铜器》，文物出版社，1986年。

[35] 北京市文物研究所山戎文化考古队：《北京延庆军都山东周山戎部落墓地发掘纪略》，《文物》1989年8期。

[36] 张家口市文物事业管理所：《张家口市白庙遗址清理简报》，《文物》1985年10期。

[37] 承德地区文物保护管理所、滦平县文物保护管理所：《河北滦平县梨树沟门墓群清理发掘简报》，《文物春秋》1994年2期；滦平县博物馆：《河北省滦平县梨树沟门山戎墓地清理简报》，《考古与文物》1995年5期。

[38] 围场县文物管理委员会：《河北围场东台子战国晚期至秦代墓地出土文物》，《文物资料丛刊》（10），文物出版社，1987年。

[39] 张家口考古队：《河北怀来官厅水库沿岸考古调查简报》，《考古》1988年8期。

[40] 内蒙古文物考古研究所：《凉城崞县窑子墓地》，《考古学报》1989年1期。

[41] 安志敏：《河北省唐山市贾各庄发掘报告》，《考古学报》（第六册），1953年。

[42] 甘肃省博物馆文物工作队：《甘肃永昌三角城沙井文化遗址调查》，《考古》1984年7期。

[43] 靳枫毅：《论中国东北地区含曲刃青铜短剑的文化遗存（上）》，《考古学报》1982年4期，395页。

[44] 靳枫毅：《夏家店上层文化及其族属问题》，《考古学报》1987年2期。

[45] 王成生：《辽河流域及邻近地区短铤曲刃剑研究》，《辽宁省考古、博物馆学会成立大会会刊》，1981年。

[46] 郭大顺：《西辽河流域青铜文化研究的新进展》，《中国考古学会第四次年会论文集》，文物出版社，1985年。

[47] 中国社会科学院考古研究所：《殷周时代边远地区诸文化》，《新中国的考古发现与研究》，文物出版社1984年。

[48] 翟德芳：《试论夏家店上层文化的青铜器》，《内蒙古文物考古文集》（第一辑），中国大百科全书出版社，1994年。

[49] 韩嘉谷：《从军都山东周墓谈山戎、胡、东胡的考古学文化归属》，《内蒙古文物考古文集》（第一辑），中国大百科全书出版社，1994年。
[50] 内蒙古自治区文物考古研究所、克什克腾旗博物馆：《内蒙古克什克旗龙头山遗址第一、二次发掘简报》，《考古》1991年8期。
[51] 朱永刚：《论高台山文化及其与辽西青铜文化的关系》，《中国考古学会第八次年会论文集》，文物出版社，1996年。
[52] 林沄：《东胡与山戎的考古探索》，《环渤海考古国际学术讨论会论文集》，知识出版社，1996年。
[53] 朱泓：《夏家店上层文化居民的种族类型及其相关问题》，《辽海文物学刊》1989年1期。
[54] 辽宁省文物考古研究所：《辽宁凌源县五道河子战国墓发掘简报》，《文物》1989年2期。
[55] 中国社会科学院考古研究所：《鲜卑遗迹的发现与研究》，《新中国的考古发现与研究》，文物出版社，1984年。

[原载《内蒙古文物考古文集》（第二辑），中国大百科全书出版社，1997年]

# 辽东地区双房式陶壶研究

东北地区的青铜时代，若以典型陶器分布反映的地域文化特征来看，大体以现今京哈铁路为临界，西部为有鬲区，东部为无鬲区。这一时期，陶壶在东部有着广泛的使用和流传，所以被作为与鬲相对应的典型陶器。这两种陶器，从青铜时代之初就在各自的分布区域内形成了自成体系、传承有序的考古学文化系统，比照先秦文献记载的东北诸古代民族地望，其分布格局已具有了民族文化区的雏形。正因为这类典型陶器所具有的特质性，历来被研究者所重视。不过较之陶鬲，陶壶的形态特点更不易把握，于是通过陶壶本身形态的研究，建立考古学文化编年序列并解析考古遗存结构的纵横关系，便成为近些年来学界热烈讨论的课题。

## 一

辽东泛指辽河以东，是陶壶出土地点比较集中的一个地区。1980 年在新金双房石盖墓中出土了一组完整的陶壶，其中弦纹钵口壶和曲刃青铜短剑的共存关系曾引起人们的普遍关注[1]。此后陆续又有发现这类遗存的报道，地点几乎遍布辽东地区。由于以这种形制别致陶壶为代表的遗存，在其分布范围内文化面貌呈现出较大的一致性，所以被称为“双房类型”或“双房文化”。不过也有学者指出，“鉴于目前所见属于该文化遗存主要是墓葬资料，遗址发现较少”，“尚未全面地掌握其文化内涵”，建议称之为“双房遗存”[2]。

新金双房发现的陶壶为钵形口，腹部饰有弦纹和贴耳，横置桥耳，器底为圈足。此前研究者多取其某部分突出特征，称为“弦纹壶”、“盘口壶”、“横耳弦纹壶”、“圈足壶”等。事实上这种陶壶，既有曲颈钵口也有斜直颈折口的；有腹部饰弦纹也有素面的；器底有圈足也有台底的，如果以形制特征命名，很难涵盖其存在的个性差别。考虑到这种陶壶首先是通过双房发现认识的，在目前尚没有对其文化内涵的定性取得一致意见之前，暂时表述为“双房式陶壶”。

从发表的资料中收集到双房式陶壶有 30 余件，绝大部分系发掘所得，主要出土地点有新金双房、凤城西山[3]、岫岩真武庙西山[4]、辽阳二道河子[5]、本溪龙头山、通江峪[6]、平坨子[7]、抚顺甲邦[8]、章党[9]、抚顺祝家沟、小青岛、八宝沟、清源斗虎屯[10]、门脸[11]、夏家卜子、土口子[12]、开原李家台[13]、建材村[14]、西丰消防队、诚信村[15]、法库黄花山、长条山[16]。此外，还在岫岩太老坟、庄河大荒地[17]、长海上马石上层[18]、高丽寨下层[19]、抚顺大伙房东[20]、西丰忠厚屯[21]等地也发现过形制及纹饰特征相似的陶片。

需要指出的是，在朝鲜平安北道的北仓郡大平里[22]、龙川郡新岩里（第三种遗存）[23]、义顺郡美松里上层[24]、宁边郡细竹里[25]、平安南道价川郡墨房里[26]等地点发现的曲颈弦纹壶，就类型学而言，与双房式陶壶有密切的传承关系，对探讨这种陶壶的流布与演变十分有意义，故也纳入讨论范围。

以上列举地点可以看出，双房式陶壶分布地区大体西抵辽河，东至大同江以北，南达辽东半岛，北面似乎没有超出辽宁法库、西丰一线。主要集中在千山北侧的太子河、浑河和辽河中段大转弯沿岸。其余见于碧流河、鸭绿江下游和朝鲜西北部的清川江（图一）。

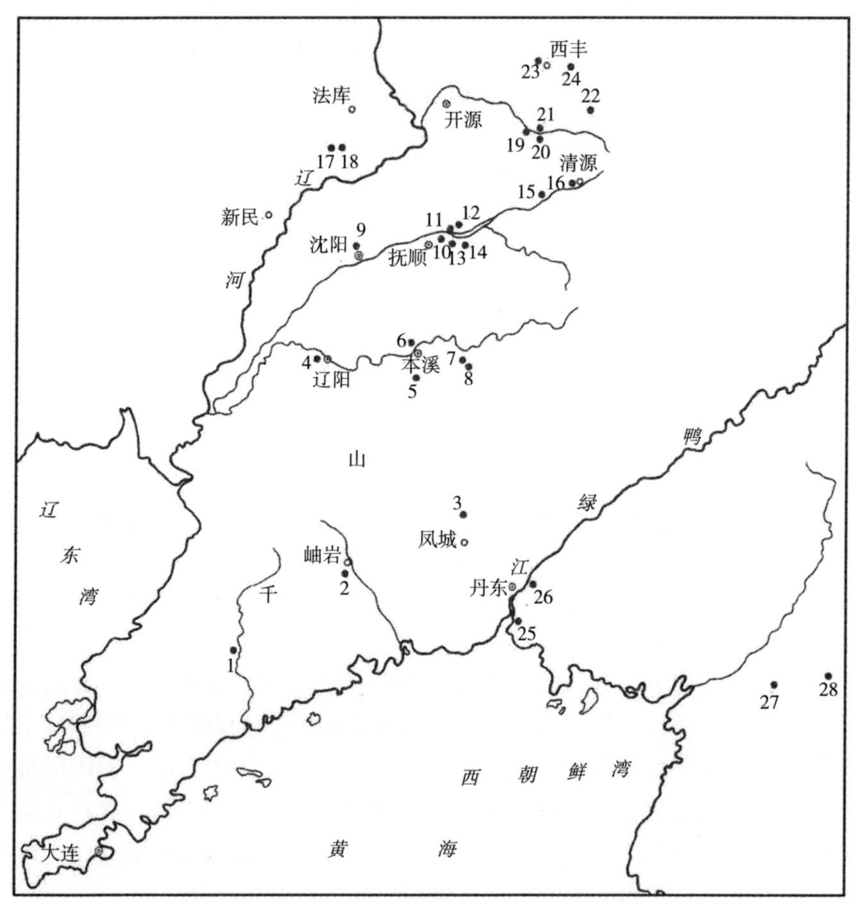


图一　双房式陶壶及相关陶壶出土地点示意图

1. 新金双房　2. 岫岩真武庙西山　3. 凤城东山、西山　4. 辽阳二道河子　5～8. 本溪平坨子、龙头山、山城子、通江峪　9. 沈阳老虎冲　10～14. 抚顺甲邦、小青岛、章党、祝家沟、八宝沟　15、16、20、22. 清源斗虎屯、门脸、夏家卜子、土口子　17、18. 法库长条山、黄花山　19、21. 开原李家台、建材村　23、24. 西丰消防队、诚信村　25. 龙川郡新岩里　26. 义顺郡美松里　27. 介川郡墨房里　28. 北仓郡大平里

# 二

整体观之，双房式陶壶形态的差别，表现在口颈的变化、最大腹径位置的移动和器底高矮程度等方面。通过新金双房、西丰诚信村、辽阳二道河子、抚顺甲邦等伴有青铜器墓葬的考察，曲颈钵形口，最大腹径偏下，圈足者年代较早；斜直颈折口，最大腹径居中或偏上、台底者年代较晚。

以往对双房式陶壶的类型学研究，集中于弦纹壶方面，而忽视了具备弦纹壶基本形制特征的素面壶的存在[27]。在本溪通江峪、抚顺甲邦、辽阳二道河子、抚顺祝家沟等地点，均发现弦纹壶与素面壶同出一墓地且共存的现象。检视上述地点出土的陶壶，同一地点或单位两类陶壶的形态基本一致，不同地点和单位则反映出年代先后次序上的同步演变关系。所以认定弦纹壶与素面壶为两个发展序列，据此可将双房式陶壶分为 A、B 二型。又依据新金双房和西丰诚信村等单纯出 A 型壶的共存关系，将卵形腹与球形腹之 A 型壶划分为 Aa 和 Ab 二亚型。

Aa 型　弦纹，卵形腹。

Ⅰ式：新金双房 M6（标本 1）、凤城西山 M1：1。钵形口，领口较窄，有颈隔，溜肩，垂腹，圈足外倾，横耳位置偏下（图二，1、2）。

Ⅱ式：西丰消防队出土者、西丰诚信村（标本 1）、本溪通江峪（标本 2）。钵形口，领口渐宽，颈肩结合部呈锐角，最大腹径基本居中，台底。器表饰平行弦纹，间有齿形划纹（图二，3～5）。

Ⅲ式：抚顺章党、法库黄花山 M1：1。斜直颈，折口，颈肩结合部夹角增大，鼓腹，台底。横耳置于最大腹径处，器表饰弦纹比较规整（图二，6、8）。以往辽阳二道河子 M1 出土的一件，虽然系复原示意图，局部形制可能有误差，但按口部形制，可划归Ⅲ式。此外辽阳市博物馆的一件藏品，斜颈，折口，无横耳，小台底，腹部有半月形贴耳，最大腹径以上和颈部饰弦纹[28]（图二，7），亦属这一式别。

Ⅳ式：抚顺八宝沟 M6：2、小青岛 M5：2、清原斗虎镇和开原李家台 M1 出土者。短颈，折口，领口较宽，椭圆形腹，台底。横耳位置随最大腹径有所上移。其中李家台 M1 标本，短折颈，腹腔容积明显增大，腹部所饰弦纹草率，按此型陶壶排序应为最晚的一件（图二，9～12）。

Ab 型　弦纹，球形腹。

Ⅰ式：新金双房 M6（标本 2）。钵形口，有颈隔，圈足外倾，其横耳上翘的安装方式与共存的 AaⅠ式壶（M6 标本 1）完全一致（图二，13）。

Ⅱ式：西丰诚信村（标本 2）、法库长条山 M9：1。口颈与 AaⅡ式相同，扁圆腹或圆腹，台底，横耳偏下（图二，14、15）。

Ⅲ式：辽阳二道河子（标本 1）、抚顺甲邦（标本 1）。斜直颈，折口，圆鼓腹或垂腹，台底。横耳置最大腹径处（图二，16、17）。清源门脸出土的一件口部残缺者，按腹形可归此式。

Ⅳ式：开原建材村、抚顺祝家沟 M3：3。建材村的一件，短折颈，圆鼓腹，台底。横耳位置随最大腹径有所上移，弦纹略草率。另一件，祝家沟 M3：3，口残，但据共存 M3：2 素面壶口部形制特征，可将其划入该型陶壶最晚的式别（图二，18、19）。

B 型　素面。

Ⅰ式：本溪龙头山出土者、本溪通江峪（标本 1）。钵形口，口沿外侈或内侧抹斜，有颈隔，扁腹或圆腹，圈足外倾（图二，20、21）。

Ⅱ式：辽阳二道河子（标本 2）、抚顺甲邦（标本 2）和清源土口子、夏家卜子出土的两件标本。斜直颈，折口，颈肩结合部呈钝角，垂腹、厚台底。横耳多置于最大腹径处（图二，22～25）。

Ⅲ式：抚顺祝家沟 M3：2、M2：3、M4：4。短折颈，无明显颈隔，椭圆形腹，小台底，器表较粗糙（图二，26～28）。

按上述型式划分，产生的双房式陶壶排序，从器物形态观察，表现出依次的逻辑演变关系。参比口颈、腹形、器底及横耳位置各部位，口颈的变化最为敏感。如依口颈的变化作为第一指示要素，并把握其他形态特点和共存关系，可将这类陶壶发展过程分为三期。

早期：包括 AaⅠ、AaⅡ、AbⅠ、AbⅡ、BⅠ式壶，其中 AaⅠ、AbⅠ式壶共存，AaⅡ和 BⅠ式壶共存。这一时期主要表现为曲颈钵形口，颈肩结合部有较明显的颈隔，弦纹规整，贴耳较大等特点。Aa、Ab 型壶不同式别虽然局部形态上有区别，如Ⅰ式有抹斜口沿和圈足，Ⅱ式抹斜口沿消失和圈足变为台底，但就统一的钵形口形制风格来看，应归为同一期。BⅠ式壶亦然，但与 BⅡ式壶之间尚有缺环。

中期：包括 AaⅢ、AbⅢ、BⅡ式壶，其中 AbⅢ和 BⅡ式壶有共存。这一时期特点表现为，斜直颈，折口，腹形以垂腹为主，器底基本为台底。另外，与早期同型壶相比，颈口渐宽，横耳位置有所提升。

晚期：包括 AaⅣ、AbⅣ、BⅢ式壶。本期除开原李家台和建材村两件标本外，其余均出自抚顺祝家沟同一墓地，其中 AbⅣ和 BⅢ式壶共存。它们相同的形制特点表现为，短折颈，颈口较宽，圆形或椭圆形腹，横耳置于最大腹径偏上。弦纹壶纹饰有所草率，素面壶表面比较粗糙，贴耳则普遍变小或消失。

目前，仅就双房式陶壶自身形态特点考量年代的条件尚不具备。本文依据伴出青铜器，尤其是青铜短剑的断代，印证与之组合陶壶形态异同的时段变化，借此推断它们各自的年代。

在以上列举的材料中，新金双房 M6、抚顺甲帮、清源门脸、辽阳二道河子 M1、西丰诚信村，均出有青铜短剑并与双房式陶壶有明确的共存关系。这些短剑的长度都不超过 30 厘米，即所谓“短型”剑。关于这种短剑的年代，靳枫毅先生认为“年代上

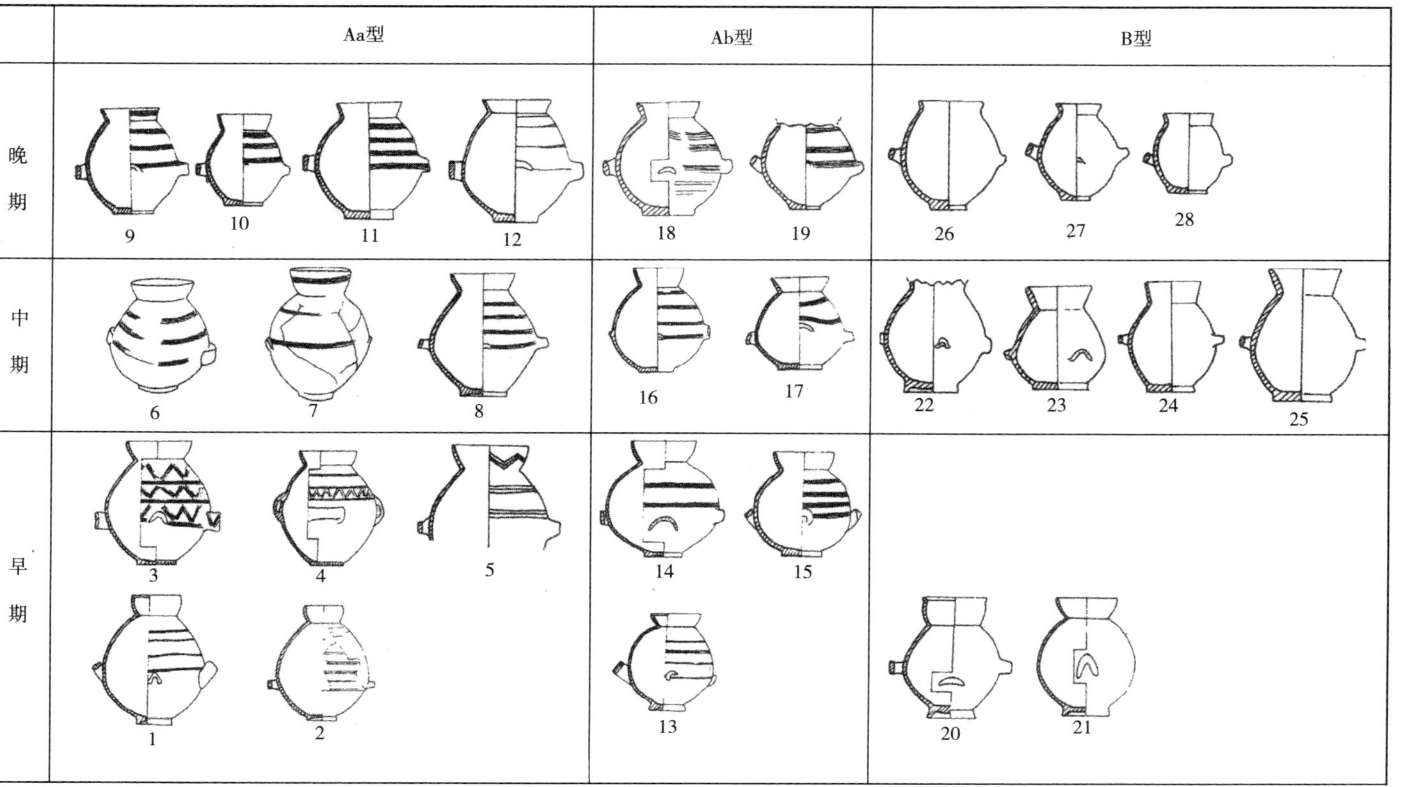


图二　双房式陶壶的分期

1、2. Aa Ⅰ新金双房 M6（标本 1）、风城西山 M1：1　3～5. AaⅡ西丰消防队、西丰诚信村（标本 1）、本溪通江峪（标本 2）　6～8. AaⅢ抚顺章党、辽阳博物馆、法库黄花山 M1：1　9～12. AaⅣ抚顺八宝沟 M6：2、小青岛 M5：2、清源斗虎镇、开原李家台 M1　13. AbⅠ新金双房 M6（标本 2）　14、15. AbⅡ西丰诚信村（标本 2）、法库长条山 M9：1　16、17. AbⅢ阳二道河子（标本 1）、抚顺甲邦（标本 1）　18、19. AbⅣ开原建材村、抚顺祝家沟 M3：3　20、21. BⅠ本溪龙头山、本溪通江峪（标本 1）　22～25. BⅡ辽阳二道河子（标本 2）、抚顺甲邦（标本 2）、清源土口子、清源夏家卜子　26～28. BⅢ抚顺祝家沟 M3：2、M2：3、M4：4

限不会早于春秋早中期”[29]，而林沄先生则推定年代可以早于西周晚期[30]。前者立论是建立在辽西是东北系铜剑的发源地，辽东地区“短型”剑是辽西铜剑影响下的地方性变体，并以此构想为基础的；后者主要是通过量化分析的类型学方法，从器形发展逻辑关系的推演，结合共存器物及相关碳十四数据综合分析得出的。事实上前者也不否认东北系铜剑剑身由短宽向细长发展的演变趋势，如此看来集中出现在辽东地区的“短型”剑，无论从器形抑或铸造工艺方面均显示东北系铜剑早期的特点，所以后者对这种短剑断代的可信度更有影响。

按林沄先生对剑身各部位比值量化分析的方法，新金双房 M6 剑，虽然长宽比（叶刃长度：叶刃最大宽度）较大，但仍保持节尖靠前，后前比（节尖后段叶刃长度：节尖前端叶刃长度）特别大的原始造型。而共出的瘦长弦纹斧范铸型，亦表现为早期的形态特点。西丰诚信村剑，剑身长度仅 20 厘米，柱脊直贯锋顶，尖节近前部，后前比接近双房 M6 剑。伴出的曲刃铜矛与清源李家台 2 号铜矛相似[31]，但其尖节和曲刃更为突显，按形式排比应早于李家台 2 号铜矛。该墓出土的镞范铸型，两翼瘦长，柱脊直至锋部，脊与铤之间无喉。有学者指出“这种铜镞与中原商代至春秋时代的铜镞均不相同，应属于不同系统产品”[32]。相比较这种铜镞扁菱体剖面的风格，更接近于当地自新石器时代就已出现的石镞。另外，在本溪张家堡 A 洞、山城子 C 洞[33]、沈阳老虎冲[34]等晚商遗存所见钵口陶壶，从其口颈特点来看，应视为此期流行钵形口陶壶的祖型。寻这一线索，结合以上青铜器的分析，推定双房式陶壶的早期年代可以早到西周中期。

抚顺甲邦和清源门脸 2 件铜剑，比年代下限定在春秋早期的乌金塘剑年代应略早[35]。二道河子 M1 剑，两侧叶刃呈尖锋，节尖下移，剑叶较宽，与乌金塘剑形式基本相同。同墓弦纹铜斧及斧范铸型较之新金双房 M6 出土的斧，明显斧身变短刃面变宽。据此，将中期流行的斜直颈折口双房式陶壶的年代定为西周晚至春秋早期。

以抚顺祝家沟为代表的晚期陶壶，缺乏伴出可实际判定年代的器物。如果仍把青铜短剑与陶壶的组合作为断代依据，通过长海上马 M3[36]和沈阳郑家洼子 M6512[37]两组共存关系，可知刃部比较狭长的瘦长型剑与素面长颈陶壶构成新的器物组合，这种组合出现的年代大约相当于春秋战国之际。这意味此前在辽东地区流行的双房式陶壶与“短型”剑组合的结束，所以将双房式陶壶晚期年代推定在春秋中期或偏晚或许是合适的。

## 三

关于双房式陶壶的来源有多种说法：一说，其初形可追溯到大连于家砣头积石墓出土的弦纹罐，是继承了辽东半岛南部的双砣子三期文化发展而来的[38]；另一说，是源于千山山地的庙后山文化[39]；还有一种观点认为，双房式陶壶是吸取了包括庙后山文化和以于家砣头积石墓为代表的双坨子三期文化等诸多因素，形成的一种具有独特风格的器类[40]。

从发表的材料看，双房式陶壶在太子河和浑河分布较为集中，且有很好的连续性，所以理应作为探寻其来源的重点。本溪庙后山和沈阳老虎冲是本地区先于双房遗存之前的两种考古遗存，据老虎冲和马城子报告（晚期墓葬）碳十四测定数据，年代为距今3300～3000年[41]，大体相当于商末周初时期。

首先，本溪张家堡A洞M34∶12、M31∶7、山城子C洞M2∶2、田师傅镇全堡采集的一件标本和沈阳老虎冲78K9∶1几件壶，都有曲颈和明显的颈隔（图三，4～7），已具备了双房式陶壶早期形态的特点，特别是器口沿内侧抹斜的做法亦与AaⅠ、AbⅠ、BⅠ式双房式壶一致。由于庙后山文化洞穴墓随葬陶器以壶、钵、罐为基本组合，从器物造型分析，这种器物可能是由钵与壶或罐结合产生的。有趣的是，高台山文化晚期墓葬也发现有曲颈陶壶[42]（图三，1、2），而在敖汉大甸子墓地出土的一件具有高台山文化特征的陶壶，则进一步证明这种器形是由钵壶嫁接演变来的[43]（图三，3）。在双房式陶壶之前，本地的庙后山文化及相关遗存中已出现了曲颈造型的陶壶，无疑它们之间存在着内在联系，或可认为以上举例就是双房式陶壶的祖型。

其次，庙后山文化的器耳非常发达，晚期主要流行横耳，广泛见于壶、罐、钵等器形上。本文统计，本溪张家堡A洞墓葬出土壶156件，其中横耳壶31件；罐92件，横耳罐56件；钵36件，横耳钵不少于15件（因有些标本没附图无法统计），三项合计横耳陶器约占37%。马城子C洞墓葬出土罐37件，其中横耳罐19件，占同类器形的51%。关于双房式陶壶表面所饰弦纹的由来，有学者通过与张家堡A洞M45∶6横耳罐上弦纹带的比较，指出与庙后山文化有内在联系[44]。这种纤细流畅的施纹，在凤城东山发现的两件横耳壶上表现得更为成熟[45]（图三，8、9）。事实上在庙后山文化及影响的区域范围内，已具备了产生双房式陶壶若干要素特征的机制。

第三，庙后山文化以洞穴墓为主，与多出于石棺墓的双房式壶墓葬形制有区别。但据马城子报告报道，在庙后山文化部分洞穴晚期层面上出现了用石块叠砌墓圹的做法。如果把这一现象与随后辽东地区洞穴墓消失和石棺墓兴起联系起来考虑，“双房文化的墓葬形态主要来源于庙后山文化”的认识有其合理性[46]。

所以，无论从器物形态或文化背景来看，有理由认定双房式陶壶及遗存是在太子河和浑河流域孕育产生的，是主要继承了庙后山文化发展而来的。

至于双房式陶壶源自于家砣头积石墓弦纹罐的说法，可以提出以下反证：其一，就目前掌握的资料，双房式陶壶遗存主要分布于太子河和浑河区域间的千山北侧，最南达碧流河沿岸，这与中心区位于辽东半岛南端的双坨子三期文化分布地域并不重叠，即在空间上排除了它们有直系的发展关系。其二，尽管以于家砣头积石墓为代表的双坨子三期晚段遗存中出现了饰有刻划弦纹、贴耳的圈足罐[47]（图三，10～12），但这种罐是由当地的圈足钵演进而来的，器物的造型仍与双房式陶壶有差别，而差别的根源是因为文化谱系的不同。这也直接表现为原本不使用横耳陶器的双坨子三期文化，以自身文化传统不可能发展成普遍置有横耳的双房式陶壶。其三，商周之际辽东半岛南部盛行的积石墓，与大体同时期在千山北侧出现的石棺墓属不同墓制，两者之间无内在联系。所以至少从墓葬形制方面，也不存在双房式陶壶及遗存源于双坨子三期文化的可能。

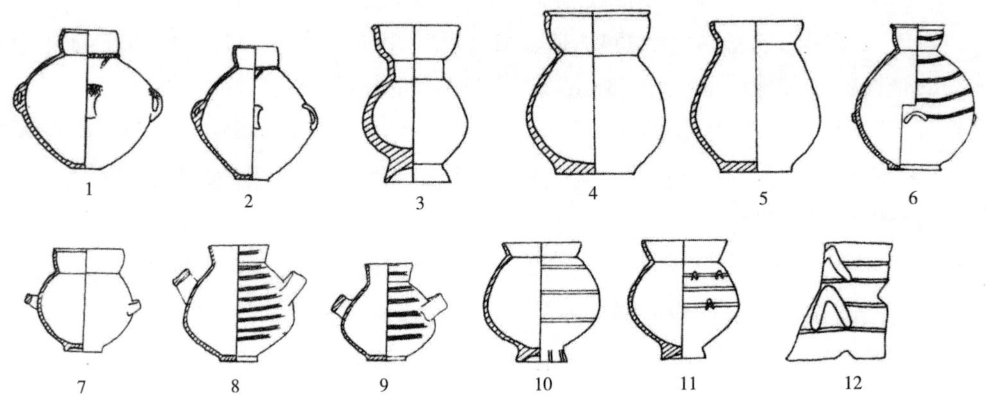


图三　与双房式陶壶相关的陶器举例

1、2. 新民公主屯后山 T3M1：1、T3M2：1　3. 敖汉大甸子 M459：5　4、6. 本溪张家堡 A 洞 M34：12、山城子 C 洞 M2：2　5. 本溪田师傅镇全堡　7. 沈阳老虎冲　8、9. 凤城东山 M9：1、M7：1　10、11. 大连于家砣头 M36：1、M40：1　12. 大连于家村上层

大约在春秋晚期，辽东地区的双房式陶壶被素面长颈陶壶所取代，同时流行剑身较为瘦长的青铜短剑，局部地区还出现土坑墓，这种文化风格的转变，暗示着上一个文化发展过程的结束和新阶段的开始。虽然辽东地区的双房式陶壶消失了，但在西北朝鲜地区却仍然可见这种壶的踪迹。所谓“美松里”式陶器，具备了双房式陶壶的一些基本特点，如曲颈、弦纹、横耳。相比较新岩里（第三种遗存）陶壶，钵形口，台底，横耳略向上翘，与双房 AaⅠ、Ⅱ式壶相似（图四，1、2）。接下来的大平里和美松里Ⅰ组陶壶，颈部变长，腹形由垂腹变为圆鼓腹，形式接近于西团山文化陶壶排序的第三期，年代大体相当于春秋早中期[48]（图四，3～5）。最后阶段的美松里Ⅱ组和墨房里陶壶，颈长达到器体通高的近二分之一，腹形由圆鼓腹变为椭圆形腹，腹腔容积被进一步压缩。类似的超长颈壶，在西团山文化陶壶发展序列中为最晚的一种形式，年代应进入战国（图四，6、7）。上述地点出土的美松里式陶壶自身演变的脉络十分清楚，就形态和纹饰分析，这种陶壶的谱系线索显然源自辽东地区的双房式陶壶，确切地说是双房式陶壶自西周中晚期发生分野后，流向西北朝鲜地区存续发展的一支。随之包括曲刃短剑、弦纹斧及其铸造工艺也有可能是这一时期传入朝鲜半岛的。

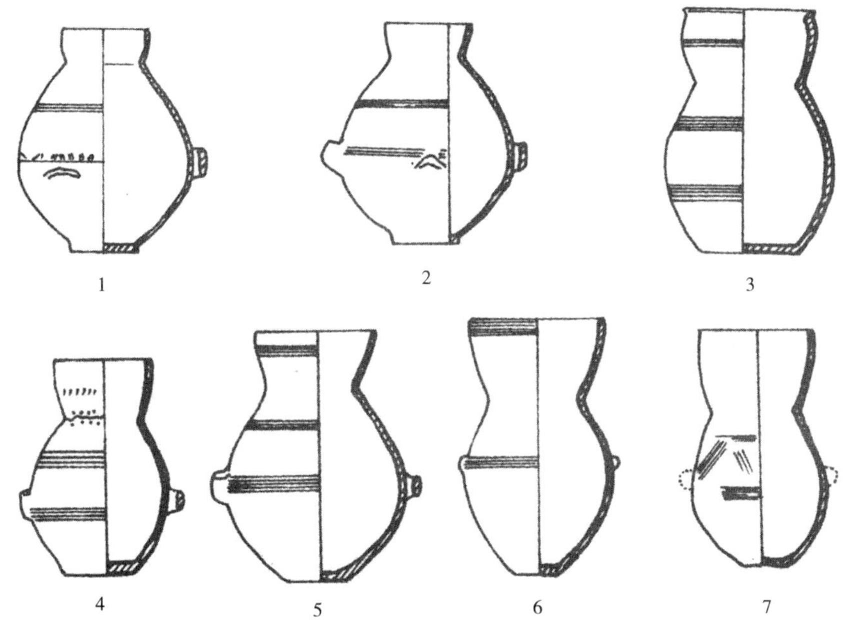


图四 西北朝鲜地区出土“美松里”式陶器举例
1、2. 龙川郡新岩里 3. 平仓郡大平里 4、5. 义顺郡美松里上层Ⅰ组
6. 义顺郡美松里上层Ⅱ组 7. 介川郡墨房里

双房式陶壶还对西团山文化产生了较大影响，如星星哨墓地的垂腹横耳壶[49]，西团山墓地的曲颈横耳壶[50]，以及在部分陶壶器表贴塑三角形或瘤状突饰物的做法，均不难看出其吸收了双房式壶的某些特点。而吉长地区发现的曲刃短剑、曲刃矛和扇形斧，这些与双房式陶壶共存的典型青铜器，最初由辽东地区流入的可能性很大。甚至有的学者认为，西团山文化是双房一类遗存的变体[51]。此外，据笔者了解，在大、小凌河流域也发现有这种陶壶的流布，并与当地文化融为一体[52]。

# 四

双房式陶壶的早期形态（祖型）可追溯到庙后山文化，此后逐渐形成以太子河和浑河为中心，分布范围几乎遍及辽东地区以这种特质陶器为代表的考古遗存，延续时间从西周中期至春秋中晚期，文化面貌亦表现出较大的一致性，从辽东青铜时代发展进程看，这是一个重要的阶段。

笔者曾撰文将双房式陶壶分为弦纹和素面两系，认为它们各自存在着特定的发展轨迹[53]。以区系的观点，本文认为 A 型壶（弦纹壶）与西北朝鲜发现的美松里式壶是一脉相承的，A 型壶的东传表明了其独立的发展线索。B 型壶（素面壶）与西团山文化陶壶系统，从石棺墓形制和随葬陶器组合的共性分析，两者之间存在着一定的亲缘关系。西团山文化接受 B 型壶北传的影响及对 A 型壶的排斥，则进一步证明了 A、B 型双房式陶壶是同源陶壶谱系的两个发展序列。还有一个现象值得注意，以目前发表的材料，伴出有青铜短剑的多为 A 型壶，但却不见 B 型壶单独与青铜短剑共存的情况。这一时期流行的主要是“短型”剑，刃部曲度大，有明显的节尖和脊突，质地轻薄且多数没有经过研磨。短剑作为一种杀伤兵器应具有突刺功能，然而这种短剑无论是从其剑身形态或是剑柄构造，包括装柄方式，均不便于使用，与其说它是一种兵器，还不如说是它原本就不具有实用功能，至少早期不具备兵器的功能。目前关于这种短剑来源问题的讨论仍在继续，但无论哪种说法都难以提供有力的论据支持，其关键在于无法解释这种短剑的突然出现，及其分布区域内与诸早期青铜文化的联系。这种文化现象的突兀，是否与当时兴起的祭祀活动有关？事实上，为了强调宗教仪式的神秘感和恐怖气氛，制作特殊造型的器物并赋予其寓意，在现代民族学上是普遍存在的。如果早期的曲刃短剑是专用于祭祀时使用的一种“道具”，那么 A 型壶是否也具有相类似的功能，而 B 型壶则有所区别，这是需要进一步研究的。

双房式陶壶作为辽东地区青铜时代的一种特质性陶器，被居住在这一地区的人们共同使用。它代表了一种文化符号，反映了特定时空范围内保持着某种传统习俗的共同理念，它的影响既广泛又持久。

## 注　释

［1］许明纲、许玉林：《辽宁新金双房石盖石棺墓》，《考古》1983 年 4 期。

［2］王巍：《双房遗存研究》，《庆祝张忠培先生七十岁论文集》，科学出版社，2004 年。

［3］崔玉宽：《凤城东山、西山大石盖墓 1992 年发掘简报》，《辽海文物学刊》1997 年 2 期。

［4］岫岩满族自治县博物馆：《辽宁岫岩真武庙西山青铜时代遗址试掘简报》，《北方文物》2000 年 3 期。

［5］辽阳市文物管理所：《辽阳二道河子石棺墓》，《考古》1997 年 5 期。

［6］梁志龙：《辽宁本溪多年发现的石棺墓及其遗物》，《北方文物》2003 年 1 期。

［7］据李恭笃等报道，在本溪桥头镇平坨子发掘的一座石棺墓中，出土 1 件陶壶，夹砂黑陶，无横耳，有一双半月形贴耳，腹部饰有弦纹。引自《辽东地区石筑墓与弦纹壶有关问题研究》，《辽海文物学刊》1995 年 1 期。

［8］徐家国：《辽宁抚顺市甲邦发现石棺墓》，《文物》1983 年 5 期。

［9］秋山进午：《辽宁东部地区青铜器再论》，《东北亚考古学研究——中日合作研究报告》，文物出版社，1997 年，图 5、6。

［10］佟达、张正岩：《辽宁抚顺大伙房水库石棺墓》，《考古》1989 年 2 期。

［11］清源县文化局：《辽宁清源县门脸石棺墓》，《考古》1981 年 2 期。

［12］清源县文化局等：《辽宁清源县近年发现一批石棺墓》，《考古》1982 年 2 期。

[13] 辽宁铁岭地区文物组：《辽北地区原始文化遗址调查》，《考古》1981年2期。

[14] 许志国：《辽宁开原市建材村石棺墓群》，《博物馆研究》2000年3期。

[15] 辽宁省西丰县文物管理所：《辽宁西丰县新发现的几座石棺墓》，《考古》1995年2期。

[16] 许志国等：《法库石砬子遗址及石棺墓调查》，《辽海文物学刊》1993年1期。

[17] 据悉庄河大荒地、岫岩太老坟支石墓发现了弦纹壶陶片，引自〔韩〕河文植：《支石墓出土的弦纹壶研究》，《北方文物》2003年2期。

[18] 辽宁省博物馆等：《长海县广鹿岛大长山岛贝丘遗址》，《考古学报》1981年1期。

[19] 滨田耕作：《貔子窝》，《东方考古学丛刊》，甲种第一册（日文），1929年。

[20] 孙守道等：《辽宁寺儿堡等地青铜短剑与大伙房石棺墓》，《考古》1964年6期。

[21] 裴跃军：《西丰和隆的两座石棺墓》，《辽海文物学刊》，1986年创刊号。

[22] 石光睿：《北仓大平里遗址发掘报告》，《考古学资料集》（朝文）（第4辑），1974年。

[23] 李顺镇：《新岩里遗址发掘中间报告》，《考古民俗》（朝文），1965年3号；金用玕、李顺镇：《1965年度新岩里遗址发掘报告》，《考古民俗》（朝文），1966年3号。

[24] 金用玕：《美松里洞窟遗址发掘报告》，《考古学资料集》（朝文）（第3辑），1963年。

[25] 金基雄：《平安南道价川郡墨房里支石墓发掘中间报告》，《文化遗产》（朝文），1961年2号。

[26] 金政文、金永祐：《细竹里遗址发掘中间报告》（2），《考古民俗》（朝文），1964年4号。

[27] 李恭笃、高美璇：《辽东地区石筑墓与弦纹壶有关问题研究》，《辽海文物学刊》1995年第1期；吴世恩：《关于双房文化的两个问题》，《北方文物》2004年2期。

[28] 辽阳市博物馆藏品，引自西谷正：《美松里型陶器和文化》，《史渊》（日文）（第127辑），1990年，图七，右。

[29] 靳枫毅：《论中国东北地区含曲刃青铜短剑的文化遗存》，《考古学报》1982年4期、1983年1期。

[30] 林沄：《中国东北系铜剑再论》，《考古学文化论集》（四），文物出版社，1997年。

[31] 清源县文化局等：《辽宁清源县近年发现一批石棺墓》，《考古》1982年2期。

[32] 翟德芳：《中国北方地区青铜短剑分群研究》，《考古学报》1988年3期。

[33] 辽宁省文物考古研究所等：《马城子——太子河上游洞穴遗存》，文物出版社，1994年，图一五三，1、8；图二一二，4。

[34] 曲瑞琦：《沈阳地区新石器时代的考古学文化》，《辽宁省考古、博物馆学会成立大会会刊》，1981年；蔺新建、李晓钟：《辽宁地区商周时期陶壶研究》，《青果集——吉林大学考古学专业成立二十周年考古论文集》，知识出版社，1993年，图四，78K9：1。

[35] 锦州市博物馆：《辽宁锦西乌金塘东周墓调查记》，《考古》1960年5期。

[36] 旅顺博物馆等：《辽宁长海县上马石青铜时代墓葬》，《考古》1982年6期。

[37] 沈阳故宫博物馆等：《沈阳郑家洼子的两座青铜时代墓葬》，《考古学报》1975年1期。

[38] 华玉冰、陈国庆：《大连地区晚期青铜时代考古文化》，《辽海文物学刊》1994年1期；蔺

新建、李晓钟：《辽宁地区商周时期陶壶研究》，《青果集——吉林大学考古专业成立二十周年考古论文集》，知识出版社，1993 年。

[39] 吴世恩：《关于双房文化的两个问题》，《北方文物》2004 年 2 期。

[40] 李恭笃、高美璇：《辽东地区石筑墓与弦纹壶有关问题研究》，《辽海文物学刊》1995 年 1 期。

[41] 老虎冲的绝对年代经碳十四测定为距今 3310 年±150 年；马城子晚期墓的 3 个碳十四测定数据分别为：张家堡 A 洞第二层 M7 距今 2980 年±55 年（树轮校正 3135 年±95 年）；张家堡 A 洞第二层 M4 距今 3065±60 年（树轮校正 3240 年±140 年）；马城子 A 洞 M7 距今 3015 年±70 年（树轮校正 3180 年±145 年）。以上老虎冲数据引自曲瑞琦：《沈阳地区新石器时代的考古学文化》，《辽宁省考古、博物馆学会成立大会会刊》，1981 年；其余引自，辽宁省文物考古研究所、本溪市博物馆：《马城子——太子河上游洞穴遗存》，文物出版社，1994 年，第 282 页。

[42] 沈阳市文物管理委员会办公室：《新民县公主屯后山遗址试掘简报》，《辽海文物学刊》1987 年 2 期。

[43] 中国社会科学院考古所：《大甸子——夏家店下层文化遗址与墓地发掘报告》，科学出版社，1996 年，图五三，3。

[44] 王巍：《双房遗存研究》，《庆祝张忠培先生七十岁论文集》，科学出版社，2004 年。

[45] 许玉林、崔玉宽：《凤城东山大石盖墓发掘简报》，《辽海文物学刊》1990 年 2 期。

[46] 吴世恩：《关于双房文化的两个问题》，《北方文物》2004 年 2 期。

[47] 旅顺博物馆等：《大连于家砣头积石墓》，《文物》1983 年 9 期。

[48] 朱永刚：《西团山文化墓葬分期研究》，《北方文物》，1991 年 3 期。

[49] 吉林市博物馆等：《吉林永吉星星哨石棺墓第三次发掘》，《考古学集刊》（3），中国社会科学出版社，1983 年，图三；6；图四，6；图五，2；图八 1。

[50] 东北考古发掘团：《吉林西团山石棺墓发掘报告》，《考古学报》1964 年 1 期，图版柒，2。

[51] 孙华：《中国青铜文化体系的几个问题》，《考古学研究》（五）下册，科学出版社，2003 年。

[52] 喀左南沟门遗址可划分为四个时期的文化堆积，第三期为石构墓葬群，出土有曲刃短剑、銎柄式短剑，铜矛、铜镞、节约及灰褐陶素面大口罐和绳纹盆等，年代可定为春秋时期墓地。笔者在观摩这批随葬器物时注意到，个别墓葬出有弦纹壶和叠唇双耳圈足罐，这类陶器应是融入当地文化中的辽东文化因素。

[53] 朱永刚：《西团山文化源探索》，《辽海文物学刊》1994 年 1 期。

（原载《华夏考古》2008 年 2 期）

# 松嫩平原先白金宝文化遗存的发现与研究

位于大兴安岭东麓松辽分水岭以北的松嫩平原，是一个古代文化遗存分布较为密集的地区。早在20世纪30年代初，梁思永先生就在齐齐哈尔昂昂溪附近进行了科学的考察，并把该地点发掘的墓葬遗存命名为昂昂溪文化[1]。20世纪50～60年代，黑龙江和吉林两省的文物考古工作者曾在嫩江中、下游及东流松花江上游沿岸地区多次调查和小规模发掘，发现了一批青铜时代（含部分早期铁器时代）的遗址和墓葬。不过当时的考古工作多限于地面调查和遗物采集，所以任何有关本地区古遗存文化性质与年代早晚的认识，还都只是建立在有限的类型学比较的基础上。20世纪70年代，因肇源白金宝遗址和大安汉书遗址的发掘，首先依“器物群具有鲜明的文化特征”，提出白金宝文化的命名[2]；继之，又从地层和文化内涵上确认了晚于白金宝文化的汉书二期文化[3]。两种考古学文化的识别，使松嫩平原青铜时代考古实现了重大突破。此后，较具规模的田野工作，以完整系统报道材料的平洋墓葬发掘最为重要[4]，另外还发掘过几处与平洋墓葬性质相同或相近的墓地。

长期以来松嫩平原汉代以前的考古学文化研究，主要围绕白金宝与汉书二期两种文化的关系及分期、年代和相关遗存的类型划分等问题进行讨论。然而被忽视的一个环节，是在以往识别的昂昂溪文化与白金宝文化之间存在一段不小的年代空白，或者叫作“空窗期”，也就是说本地区由新石器文化向青铜文化过渡阶段的文化遗存尚不明确。由于人们既不清楚昂昂溪文化的去向，也难以蠡测作为同一文化系统前后发展阶段的白金宝——汉书二期文化的来源，因此使本地区汉代以前考古学文化的深入研究陷入困惑。

近些年松嫩平原的田野考古工作取得了重要进展，其中之一就是通过一些重点遗址的发掘所确认的新的文化遗存，使原来彼此在时空两方面都不衔接的汉代以前古文化的空白被填补。

## 一

有关这类遗存的发现，最初可追溯到1974年肇源白金宝遗址的第一次发掘[5]。那次发掘不仅发现并确认了白金宝文化，而且还揭示了该遗址存在的另一种以陶器为代表的特征组合。如报告中所见盂（H5：5）、双系壶（H5：6）、单耳杯（T1②：2）、直领瓮（T3③：11）、大口深腹罐残片，及相关单位出土的蚌镰、骨锥、骨凿、骨矛、鱼镖等。但就当时对考古文化研究的精细程度，并没能从层位关系和文化特征上将这类遗存从白金宝文化中区分出来。事实上过去被学术界所公认的所谓“白金宝文化”，实际上包含了性质、年代不同的两种文化遗存。尽管后来有人曾尝试依据该遗址地层关系和器物形态的差异，将这部分遗存划分出来，但仍然没有改变其文化性质[6]。不过人们在对比松嫩平原其他地点的资料时，还是觉察到并非能将所发现的遗存都纳入到已知的考古文化中去。如肇源小拉哈遗址调查简报，就把“以砂质灰褐陶为主，以个别饰乳钉纽的大口小底深腹罐、小罐为代表”的这样一类遗存单独划分出来[7]。称其“具有卧龙一期遗存的某些因素”（即卧龙一期遗存中也见有相似的器物）[8]。这样一些线索暗示这类遗存的析出对于该地区考古学文化编年序列的建立具有重要意义。

肇源白金宝和小拉哈两处遗址的大面积发掘为把握这类遗存的文化面貌和基本特征提供了可靠资料，并为最终确认其文化性质起到了关键性的作用。

白金宝是一处由不同时期堆积而形成的古文化遗址，也是迄今在松嫩平原发现的最大规模的居住址。为了进一步了解堆积状况和文化内涵，1986年由黑龙江省文物考古研究所和吉林大学考古专业对遗址进行了第三次发掘[9]。经初步整理，依据层位关系通过对典型单位出土遗物的分析比较，将遗址区分为三个时期的文化遗存。第二、三期遗存分别属于白金宝和汉书二期文化，而位于遗址最下文化堆积层面的一期遗存，则是在这次发掘中被首次确认的一种新考古文化。

这种遗存与白金宝文化比较，文化面貌存在较大差异，主要概括为以下几个方面。其一，白金宝一期遗存以大口深腹罐、双耳罐、盂（敛口台底罐）、窄柄单耳杯、双系壶、钵、瓮和少量的高领鼓腹鬲为基本组合。白金宝文化则以直腹鬲、支脚、筒形罐（口小底大）、折腹钵、宽柄单耳杯为典型器类。从器物造型上看，前者多直口、小平底或台底器；后者则以袋足三足器为主，流行平底器，不见台底器。其二，白金宝一期遗存的陶器普遍为素面，仅有少数陶器施有绳纹、篦纹、锥刺纹和附加堆纹。纹饰中绳纹均见于夹砂陶，纹理有的细密清晰、排列整齐，有的粗浅杂乱若花生皮状；篦纹多施于砂质陶，纹理稀疏，纹样简单，构图呈条带状分布。这一时期陶器还流行在口沿处饰对称乳钉纽的做法，另外部分陶器器底见有图案形的刻划符号也极富有特色。白金宝文化的施纹陶器占大多数，其中又以绳纹为主，绳纹多交错拍印并与附加堆纹配合使用；篦纹居其次，纹理缜密，纹样繁缛，构图复杂，施纹覆盖面明显增大。相比较两者在施纹风格和装饰技法方面，表现出不同的时代特点。其三，从陶系和制法来看，虽然两者均为烧制火候不高、陶色不纯、普遍采用泥圈套接成型技术。但白金宝一期遗存以黑灰陶为主，除砂质陶外还有少量的夹砂和羼陶渣陶系，此外该遗存陶器胎质粗糙，器表往往留有纵横刮抹的痕迹，还多见为缀合裂缝而钻孔的现象，凡此种种均有别于白金宝文化。其四，房址形式、灰坑包括窖穴结构（依坑口与坑体所作分类统计），亦表现出明显的差异性。

根据以上分析，按遗址堆积层位序顺，白金宝一期遗存被确认为一种新的考古学文化。这一认识，在此后肇源小拉哈遗址的发掘中再次得到验证。

小拉哈是一处包含了多种不同时期文化遗存的遗址，1992 年经正式发掘[10]。按遗址堆积和文化内涵，共划分为三个期别四种遗存：上层堆积基本属于汉书二期文化（其中有个别近似于白金宝文化的陶器）；下层堆积的乙组遗存与已识别的昂昂溪文化相同，甲组遗存文化性质待考，但相对年代不会晚于乙组遗存；位于中层的“小拉哈二期遗存”，出土资料最为丰富，以陶器群代表的文化面貌非常接近白金宝一期遗存。主体文化成分显示其与白金宝一期遗存是连结为同一个文化整体之文化特征发展序列的有机组成部分。

目前，在嫩江与松花江交汇处及沿岸地区，已发现有多处含有这类陶器的遗存，其中最南的一个地点已分布到吉林省农安县境内[11]。这样看来，至少在嫩江下游至松辽分水岭以北迤东地区，该文化遗存与白金宝文化有相同的分布区域，而相对年代则早于白金宝文化。因此就时空范畴而言，它是一种先于白金宝文化存在的具有明显地域特征的考古文化。

关于这类遗存的文化定名问题，这里暂时不打算讨论，但作为具有特色遗存群的存在是客观事实。鉴于这类遗存从层位关系和器物群自身特点方面，首先是通过白金宝遗址（第三次）发掘被识别出来的，为了行文方便，本文将其表述为“先白金宝文化遗存”。

## 二

经正式发掘并已发表资料的含先白金宝文化遗存的遗址虽然仅两处，但由于发掘面积大，遗存丰富，可对比性强，时代特征鲜明，尤其是从陶器群方面为准确把握其基本特征提供了可靠依据。

小拉哈和白金宝两遗址，先白金宝遗存考古学文化面貌所呈现出的一致性，主要是由以素面大口深腹罐、盂、双系壶、单耳杯、钵、瓮等构成的陶器组合为标志。现按其器物形态的分类表述如下（遴选的标本凡没注明地点者均为白金宝遗址出土）。

大口深腹罐　先白金宝文化遗存中数量最多且最具典型特征的器类，分台底、平底二型。

A 型　台底，器底较厚，呈饼状。器表普遍施对称乳钉纽。

Ⅰ式：方唇，直口，弧腹，器底径较小，如标本小拉哈 H2005：5、采：057（图一，1、5）。

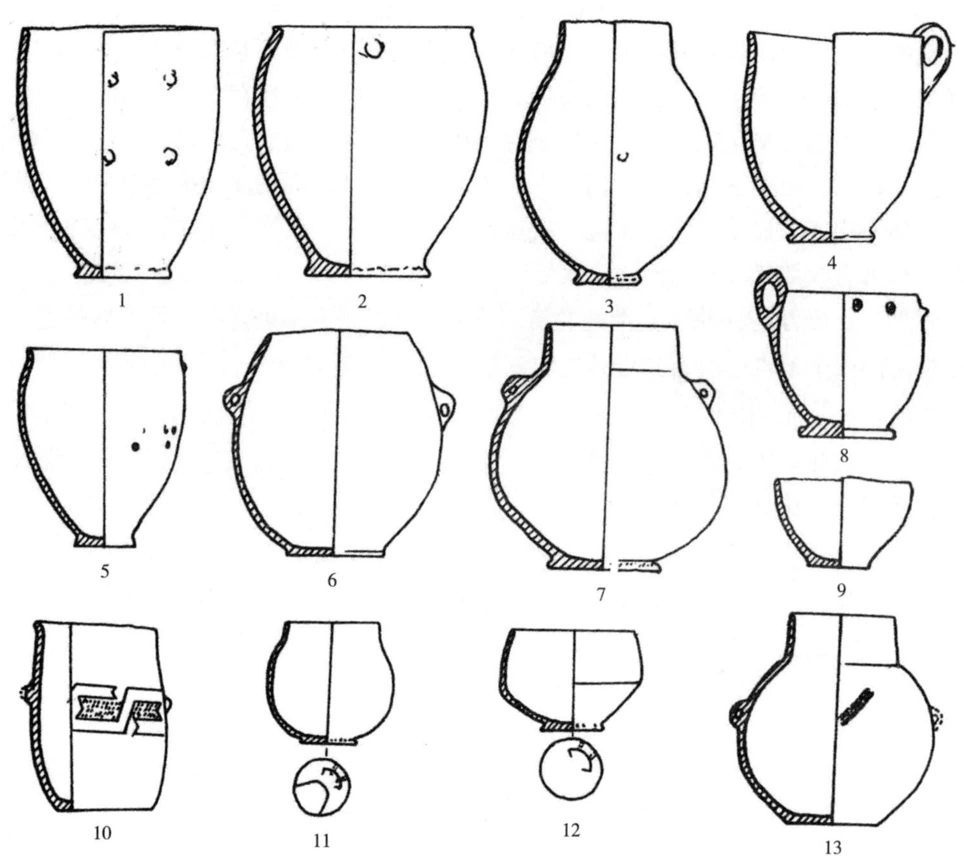

图一　小拉哈遗址先白金宝遗存陶器

1、5. A 型Ⅰ式大口深腹罐（H2005：5 采：057）　2. A 型Ⅱ式大口深腹罐（H3047：2）　3. Ab 型壶（H0001：8）　4. Aa 型Ⅰ式单耳杯（H0001：9）　6. A 型双耳罐（T141③：6）　7. Aa 型壶（F2001：9）　8. Ab 型单耳杯（采：060）　9. B 型钵（H0001：1）　10. 筒腹罐（H2027：1）　11. Ⅰ式盂（H2020：1）　12. Aa 型钵（H2032：2）　13. B 型Ⅰ式壶（H2031：1）

Ⅱ式：尖唇，口略侈，弧鼓腹，器底径增大，如标本小拉哈 H3047：2（图一，2）

B 型　平底，器底较薄。依形态差异，分二亚型。

Ba 型　弧腹瘦长体，体高超过 20 厘米。近口沿处均施对称乳钉纽。按器口沿形式分三式。

Ⅰ式：方唇，直口，无沿，如标本 G3001：8（图二，1）。

Ⅱ式：尖唇，略侈口，平沿，如标本 H3157：1（图二，2）。

Ⅲ式：圆唇，侈口，卷沿，如标本 F3012：18（图二，3）。

Bb 型　鼓腹胖体，最大腹径位于通高一半以上，除个别外体高不超过 20 厘米。近口沿处也多施乳钉纽。依口沿形态分三式。

Ⅰ式：方唇，直口，无沿，如标本 H3078：1（图二，5）。

Ⅱ式：圆唇，侈口，卷沿，如标本 H3067：1（图二，6）。

Ⅲ式：圆唇，侈口，折沿，如标本 H3047：2（图二，7）。

绳纹大口罐 仅见于白金宝，数量较少。标本 H3296：2，敛口，鼓腹，近口部施附加堆纹（图二，4）。

双耳罐 分二型。

A 型 台底，敛口，圆鼓腹，最大腹径偏上置双环耳，如小拉哈 T141③：6（图一，6）。

B 型 平底，直口，弧腹，齐口对置双环耳，如标本 F3015：1（图二，9）。

鼓腹罐 口沿外侈，圆鼓腹。标本 T2442④：1，于颈肩接合处施对称乳钉纽（图二，8）。

筒腹罐 大平底，口径与底径大体相等。标本小拉哈 H2027：1，尖圆唇，侈口，瘦高体。器表饰内填篦点的复线几何纹，并于饰纹部位置对称盲鼻（图一，10）。

鬲 仅见于白金宝，数量少。

标本 F3028：3，素面磨光，侈口，束颈，弧腹，高分档，三款足呈漏斗状，下接实足根（图二，11）。

标本 F3012：20，细绳纹，高直领，口沿与颈腹相接处施附加堆纹两匝（图二，15），其复原器形与古城 H3 同类器相仿。

盂 为该类遗存具有特色的器型，束颈，鼓腹，台底。器壁较薄，器表打磨光滑。依颈部与器底之变化分三式。

Ⅰ式：敛口，颈腹分界不明显，器底径较小，厚台底外缘突出，呈饼状，如标本小拉哈 H2020：1、标本 H5：5（图一，11；图二，10）。

Ⅱ式：敛口，颈腹间夹角略为变小，台底较薄，如标本 H3322：3（图二，14）。

Ⅲ式：直口，颈腹分界明显，基本为平底，但器底面仍留有台底痕迹，如标本 H3244：2（图二，18）。

钵 分台底、平底二型，其中台底钵按腹形又分二亚型。

Aa 型 台底（也有个别为圈足），折腹，尖唇，如标本小拉哈 H2032：2（图一，12）。

Ab 型 台底，弧腹，圆唇，近口沿处施对称乳钉纽，如标本 G3001：17（图二，21）。

B 型 平底，尖唇，敛口，斜弧腹壁，如标本小拉哈 H0001：1（图一，9）。

单耳杯 先白金宝遗存中最常见的特色器类，单环耳截面呈椭圆形，器耳多置于口沿上，分台底、平底二型。

A 型 台底，依器体高矮分二亚型，其中高体深腹者又按腹形分二式。

Aa 型Ⅰ式：侈口，高体深腹腔，下腹壁内收，台底外缘突出，底径较小，如标本小拉哈 H0001：9（图一，4）。

Aa 型Ⅱ式：敛口，高体下垂腹，台底较薄，底径增大，如标本 T1②：2（图二，13）。

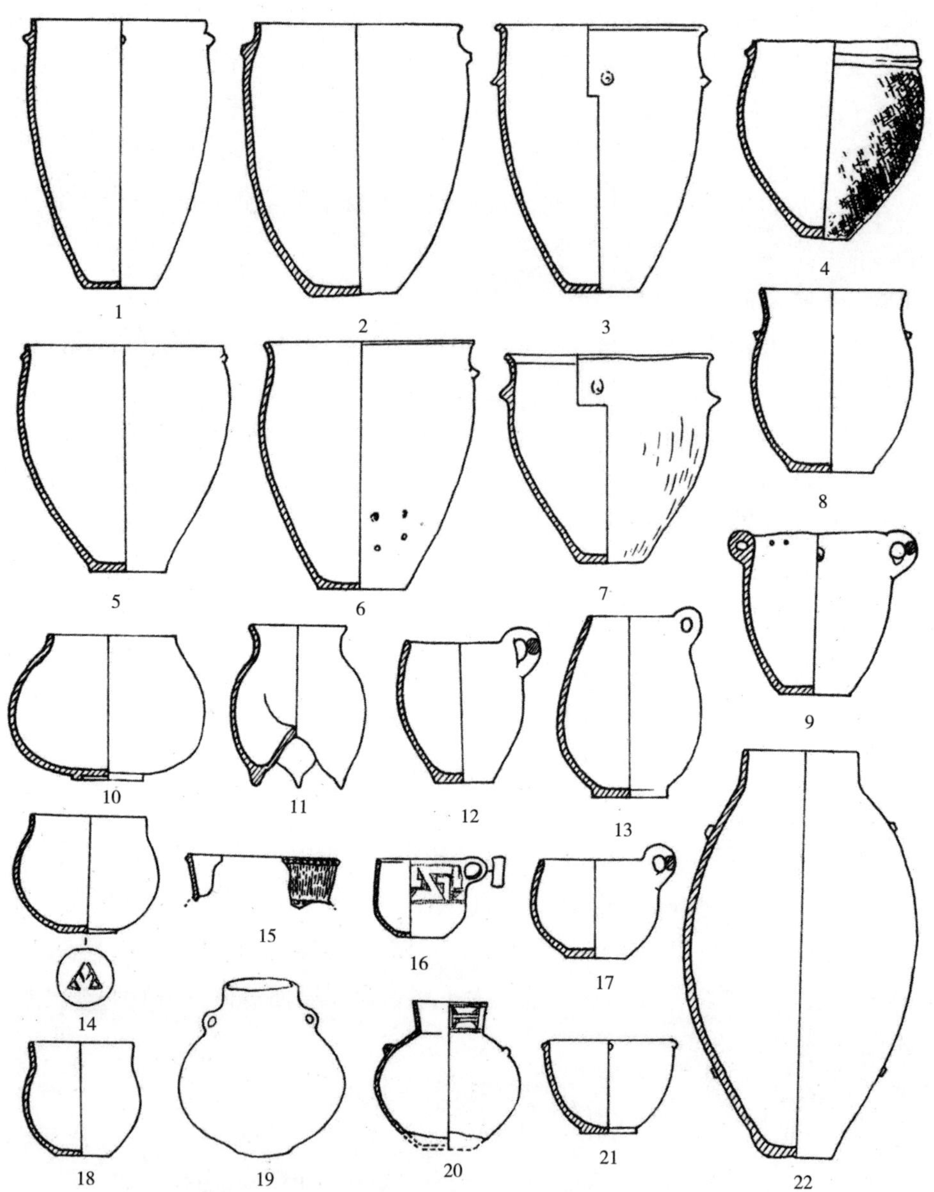

图二　白金宝遗址先白金宝遗存陶器

1～3. Ba 型Ⅰ、Ⅱ、Ⅲ式大口深腹罐（G3001：8、H3157：1、F3012：18）　4. 神纹大口罐（H3296：2）　5～7. Bb 型Ⅰ、Ⅱ、Ⅲ式大口深腹罐（H3078：1、H3067：1、H3047：2）　8. 鼓腹罐（T2442④：1）　9. B 型双耳罐（F3015：1）　10、14、18. Ⅰ、Ⅱ、Ⅲ式盂（H5：5、H3322：3、H3244：2）　11、15. 鬲（F3028：3、F3012：20）　12. Ba 型单耳杯（H3079：3）　13. Aa 型Ⅱ式单耳杯（T1②：2）　17、16. Bb 型Ⅰ、Ⅱ式单耳杯（F3049：1、F3012：19）　19、20. B 型Ⅱ、Ⅲ式壶（H5：6、F3012：17）　21. Ab 型钵（G3001：17）　22. 瓮（F3028：1）

Ab 型　矮体，敛口，弧鼓腹，台底外缘突出呈饼状，如标本小拉哈采：060（图一，8）

B 型　平底，依器体高矮分二亚型，其中矮体者又按腹形分二式。

Ba 型　体形较高，敛口，弧腹，下腹壁内收，如标本 H3079∶3（图二，12）。

Bb 型Ⅰ式：矮体，敛口，鼓腹，如标本 F3049∶1（图二，17）

Bb 型Ⅱ式：矮体，直口，下腹壁陡直内收，窄柄环耳与口沿平齐，器表饰几何篦纹，如标本 F3012∶19（图二，16）。

壶　分台底、平底二型。

A 型　饼状台底，按器体高矮分二亚型。

Aa 型　矮体，通高不超过 20 厘米。直领，鼓腹，肩部对称置双系小环耳，如标本小拉哈 F2001∶9（图一，7）。

Ab 型　高体，通高超过 20 厘米。颈腹无明显分界，溜肩，弧腹，台底底径较小，如标本小拉哈 H0001∶8（图一，3）。

B 型　平底，矮体，通高不超过 20 厘米，依体形分为三式。

Ⅰ式：直领，口微敛，鼓腹，在最大腹径偏上置双系环耳，腹部施斜对称凸条形堆纹，如标本小拉哈 H2031∶1（图一，13）。

Ⅱ式：直领，口微侈，溜肩，圆鼓腹，肩置双系环耳，如标本 H5∶6（图二，19）。

Ⅲ式：斜直领外倾，圆鼓腹，肩置双系环组，领部饰几何篦纹，如标本 F3012∶ 17（图二，20）。

瓮　已复原的完整器为直领，弧腹，小平底，呈腰鼓形，器表饰对称泥饼，如标本 F3028∶1（图二，22）。

在对小拉哈和白金宝两遗址陶器型式划分的基础上，采用按遗址分组列表进行对比的方式，对本文探讨的先白金宝文化遗存作进一步的分析和考察（表一）。

**表一**

| 器类 | 大口深腹罐 | | | 绳纹大口罐 | 双耳罐 | | 鼓腹罐 | 筒腹罐 | 鬲 | 盂 | 钵 | | | 单耳杯 | | | | 壶 | | | 瓮 |
|---|---|---|---|---|---|---|---|---|---|---|---|---|---|---|---|---|---|---|---|---|---|
| 型 | A | B | | | A | B | | | | | A | | B | A | | B | | A | | B | |
| 组别 | | Ba | Bb | | | | | | | | Aa | Ab | | Aa | Ab | Ba | Bb | Aa | Ab | | |
| 小拉哈组 | Ⅰ Ⅱ | | | | √ | √ | | √ | | Ⅰ | √ | | √ | Ⅰ | √ | | | √ | √ | Ⅰ | |
| 白金宝组 | | Ⅰ | Ⅰ | √ | | √ | √ | | √ | Ⅰ | √ | √ | √ | Ⅱ | | Ⅰ | Ⅰ | | | Ⅱ | √ |
| | | Ⅱ | Ⅱ | | | | | | | Ⅱ | | | | | | | | | | | |
| | | Ⅲ | Ⅲ | | | | | | | Ⅲ | | | | | | | Ⅱ | | | Ⅲ | |

按小拉哈和白金宝在陶器型式对比表中的落点情况，可得到以下认识。

（1）依器物形态特征划分的 11 种陶器中，有 6 种为共有。而这 6 种陶器除双耳罐外，其余的大口深腹罐、盂、钵、单耳杯、壶均为该遗存的典型器。所谓典型器，即指在全部出土陶器中所占比率较高，并以基本稳定的器型别贯穿于文化存续的主要发展过程，同时又表现出阶段性的形态变化。那么由典型器物构成的一群类型品，具有反映该遗存文化面貌和自身特点的指征作用。

（2）从两组陶器的型式对比来看，11 种陶器除 6 种共有外，小拉哈组的筒形罐不见于白金宝组；白金宝组的绳纹大口罐、鼓腹罐、瓮，在小拉哈组基本不见或少见。

（3）在共有的 6 种器物中，有 5 种按器底形态特点区分为不同型别。以统一标准划分，A 型为台底型器，B 型为平底型器。小拉哈组的台底器出现率很高，其特点是底径较小，器底外贴附较厚泥饼，泥饼外缘突出，呈台状。反之，白金宝组以平底器为主，虽然也有一定的台底器，但底径增大，已无明显器底加厚的现象，个别标本器底仅存残迹，侧视几乎与平底器无大区别。两相比较各自具的时代特点很明显。

纵观小拉哈和白金宝两对比组陶器排列的展示，同类器物不同型式的差别及形态之内在联系，如果不是暗示存在不同谱系或地方类型的话（两遗址直线距离约 50 千米，其间并无天然屏障阻隔，显然绝无产生同一文化两个地方类型的可能），则只能解释为同一考古学文化于不同发展阶段的时代特征。

小拉哈组陶器除少量夹粗砂外几乎都是砂质陶，这种砂质陶所含砂粒细小，颗粒均匀，与当地土质十分相似，估计当时采用制陶原料没有经特别处理。因烧制火候不高，陶色不纯，多数陶器表面夹杂有黑灰色斑块。制法均手制，陶胎普遍厚重，器壁薄厚不均，口沿修饰不平整。器表往往留有刮抹的痕迹。为缀合裂缝钻孔的现象较为普遍。小拉哈组陶器种类比较单一，主要有罐、壶、杯、盂、钵、碗等。造型简朴以直口器为主，腹部大多呈弧线形，器底部特征突出，台底风格鲜明。部分陶器施有少量的条形堆纹、刻划纹和斜向排列的刺点纹。从器物的造型特点和施纹风格来看与昂昂溪文化具有一定的相似性，某些器形如带流器则与昂昂溪文化的同类器十分接近。另外，其发达的渔猎生产工具如骨鱼镖、骨链、蚌刀、诱鱼器等也显然是沿袭了本地区新石器文化的传统。

白金宝组器物种类增多，器形富于变化，口沿的变化尤为敏感，除直口外还见有侈口、卷沿、折沿等形式。陶鬲的出现是这一时期陶器组合的显要标志，尽管数量不多，它的出现也没有使先白金宝遗存的整体文化结构发生改变，但从汉代以前松嫩平原考古文化的发展进程来看仍具有十分重要的意义。其他一些器类如鼓腹罐、盂、钵、单耳杯、瓮等，均与白金宝文化存在着器物形态上的内在联系。另外，诸如绳纹、指甲纹和几何篦纹（采用一种平行缠绕细线的片状工具施压的纹饰）等常见纹饰的一致性，及纹饰与布局由简至繁的演化趋势，均表明该陶器组某些文化因素具有过渡性质，年代上已非常接近白金宝文化。

以上通过对松嫩平原已知考古文化的比较，不难看出小拉哈陶器组的年代早于白金宝陶器组。据此，可把先白金宝文化遗存初步分成早晚两个时间段，小拉哈组代表早段，白金宝组代表晚段。需要说明的是，依据白金宝遗址第三次发掘的地层叠压打破关系，结合对部分遗迹开口层位及内含遗物的分析，该遗址的先白金宝遗存可作进一步分期研究。同样小拉哈遗址的同类遗存，待资料全部发表后也可以就器物形态方面进行年代学的再探讨。总之，两遗址相关遗存都可以分割成更细致的时间段。

## 三

关于先白金宝文化遗存的年代，白金宝遗址已发表的碳十四数据有三个[12]。

Zk-2160　F3019（木炭），距今 3260 年±70 年。

Zk-2159　F3012（木炭），距今 3090 年±60 年。

Zk-2162　H3089（木炭），距今 3050 年±200 年。

三个数据中的后两个年代接近，但 Zk-2162 的年代正负误差值过大，若舍弃，其余经高精度树轮校正后的年代为公元前 1519～前 1405 年；公元前 1383～前 1137 年，绝对年代值范围大致相当于中原早商二里岗期至商代晚期。从出土遗物分析，白金宝一期遗存所含的两种不同形态的陶鬲（标本 F3082：3、F3012：20）依周邻地区考古分期的年代标尺衡量，也均可断在商代纪年内。小拉哈遗址的考古测年数据只有一个，经陶片热释光检测绝对年代为距今 3038 年±340 年[13]，属夏纪年范围。由此可进一步证明小拉哈的年代早于白金宝相关遗存的年代。若将两者联系起来考虑，松嫩平原先白金宝文化遗存相对年代大约跨越夏商时期。

考古学上的先白金宝遗存，首先是通过白金宝遗址的（第三次）发掘，依层位分期的办法，从年代明确特征显著的白金宝文化中区分出来的。而这样一群特征鲜明的类型品，又通过小拉哈遗址发掘确立了与昂昂溪文化的相对年代关系。于此，在填补了以往松嫩平原汉代以前考古文化的一段空白的同时，已基本可以排列出一个较为完整的发展序列。

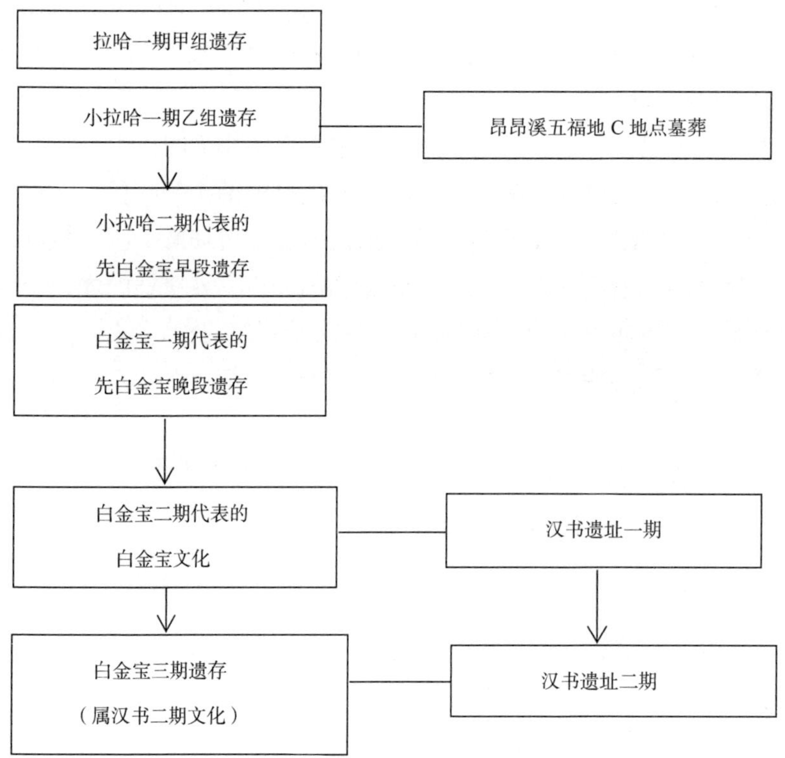


小拉哈一期甲组遗存是目前已发现的松嫩平原年代最早的新石器文化遗存。陶器以夹砂的直口平底筒形罐为主要器类，纹饰有凹弦纹、交错斜线三角纹和戳印刺点纹等。根据纹饰痕迹观察，凹弦纹和斜平行线三角纹存在的平行连接错位和对顶交错叠压现象，系篦齿状工具刻划所致。就施纹工具与纹样特点而言，只有地域毗邻的红山文化与此最为接近。联系到近些年在吉林省西部和黑龙江省东部屡有发现的类红山文化玉器，可以设想，新石器时代大兴安岭南段东侧一线，经嫩江下游接东流松花江可能是一条古文化传播的通道。事实证明，以辽西为中心分布区的红山文化曾越过松辽分水岭沿这条通道向东传布。受红山文化影响处于这一古文化传播路线上的小拉哈一期甲组遗存陶器纹饰，自然反映了同时代的特征。红山文化的年代大约距今 5500～6000 年前后，下限不晚于距今 5000 年，小拉哈一期甲组的年代即应与此相当，为本地区新石器时代编年的早期阶段。

小拉哈一期乙组，陶器以口沿叠唇和器表施条形堆纹为特色，与陶器共存的有细石器、单排倒刺的骨镖和骨投枪头等。从陶器纹饰风格和石、骨器的造型特点来看，与昂昂溪五福地 C 地点墓葬出土的骨制渔猎工具及附近采集品相同[14]，无疑应纳入已识别的昂昂溪文化。该组遗存的陶片经热释光检测，年代为距今 4000 年±360 年[15]，属本地区新石器晚期偏早阶段。

以白金宝遗址二期代表的白金宝文化，获碳十四年代数据五个（按半衰期5730年计算，并经高精度表予以树轮校正）[16]。

Zk-0324 H1（木炭） 距今2790年，公元前918年～前810年

Zk-2156 F3002（木炭） 距今3110年±115年，公元前1420～前1100年

Zk-2157 F3004（木炭） 距今2930年±55年，公元前1097～前928年

Zk-2158 F3010（木炭） 距今2960年±55年，公元前1157～前995年

Zk-2161 H3060（木炭） 距今2800年±55年，公元前919～前820年

以上数据，Zk-2156的正负误差值较大，经树轮校正后上限年代偏高，应予以排除。其余四个年代较接近，经校正后落在公元前1157～前870年，最大年代跨度为287年，应该是可信的。不过这些数据均来自白金宝遗址，只代表白金宝文化偏早的年代。依据对松嫩平原陶鬲排序与断代研究成果[17]，可将其年代推定在西周至春秋时期。

汉书二期文化的碳十四测定结果为距今2380年±100年，经高精度树轮校正为公元前481～前213年[18]。据最新报道采自小拉哈F0001木炭所作测年数据为距今2127年±103年[19]。这两组数据，前者落在战国年代范围内，后者已进入西汉早期。这样看来白金宝文化与汉书二期文化两者间还存在缺环，年代上尚不能直接衔接。

以上列举五种考古学文化的相对年代与早晚排序，是建立在各典型遗址的层位叠压关系及类型学比较基础上的，结合经绝对年代的分析排比，可确立松嫩平原从新石器至汉代以前考古学分期的年代标尺，如表二所示。

**表二**

| 年代（公元前） | 考古学分期 | 考古文化 | 时代特征 |
|---|---|---|---|
| 4000 | 新石器时代早期晚段 | 小拉哈一期甲组遗存 | 直口平底筒形罐，以篦齿状工具刻划的凹弦纹、交错斜线三角纹 |
| 3000 | 新石器时代晚期早段 | 昂昂溪文化 | 叠唇、器表施条形堆纹的直口罐，发达的渔猎工具、细石器、单排倒刺骨镖、骨投枪头 |
| 2000 | 新石器时代末期至铜石并用时代 | 先白金宝文化遗存 | 素面直口或侈口深腹罐，少量条形堆纹、绳纹、简素几何篦纹，始见空三足器和极少量青铜制品 |
| 1000 | 青铜时代 | 白金宝文化 | 叠唇直口直腹鬲、支脚、绳纹、繁缛几何篦纹，小件青铜器，陶质铸范 |
| 0 | 青铜时代末期至早期铁器时代 | 汉书二期文化 | 切口花边敞口曲腹鬲、支脚、细绳纹、红彩，大量的青铜器铸范，见有铁制品 |

在这一文化发展序列中，先白金宝文化遗存是联系本地区新石器与青铜文化之间承上启下的重要环节。一方面，绝对年代已进入夏商时期的先白金宝遗存，指征性陶器仍然以大口深腹罐为代表。从陶器造型特点和器表多施乳钉纽等附加装饰风格来看，仍沿袭了本地区新石器文化的传统。与周邻相应年代段的考古文化比较，松嫩平原平

底筒形罐的延续既突出了其地域特征，也反映出其考古学文化发展相对滞后的时代特征。另一方面，先白金宝遗存晚段出现的陶鬲，又被识别为是进入青铜时代的标志物。以往研究认为，白金宝和汉书二期文化是含有陶鬲的两种同源谱系的考古文化。“通过陶鬲与支脚配合使用的特殊方式，可推知松嫩平原的鬲不是原生的，而是在外来因素影响下出现的。”[20]目前所知流入松嫩平原先于白金宝文化的陶鬲有两种，即白金宝遗址一期遗存包含的束颈弧腹鬲和高领绳纹鬲。前者与辽西地区夏家店下层文化的一种鬲形式酷似[21]，后者与商周之际长城地带广为流布的花边鬲特征相近[22]。这两种陶鬲属不同文化谱系，在数量上也不属于白金宝一期遗存陶器群的主体成分，所以并没有发生结构性文化特征的改变。但空三足器的传入是促使白金宝青铜文化形成的直接动因，也意味着松嫩平原青铜时代将进入一个新的阶段。

从器物发生学的角度观察，松嫩平原大口深腹罐的消失和空三足器陶鬲的兴起有一个过程，这个过程表现为它们各自演变序列在某一时间的并存。本文探讨的先白金宝文化遗存，至少是晚段遗存两种指征性陶器的共存，大体反映了该地区由新石器时代向青铜时代过渡阶段的文化特征。

综上所述，松嫩平原自新石器时代至汉代以前，各古文化遗存间存在着不同程度的递进与演变的关系，尽管在某一时期因受到周邻文化的渗透或影响而发生阶段性变化，但基本上是自成体系且几乎没有被间断的连续发展过程。这其中先白金宝文化遗存的发现与确立，具有重要意义。

## 注　释

[1] 梁思永：《昂昂溪史前遗址》，《梁思永考古论文集》，科学出版社，1959年。

[2] 黑龙江省文物考古工作队：《黑龙江肇源白金宝遗址第一次发掘》，《考古》1980年4期。

[3] 吉林大学历史系考古专业、吉林省博物馆考古队：《大安汉书遗址发掘的主要收获》，《东北考古与历史》（1），1982年。

[4] 黑龙江省文物考古研究所：《平洋墓葬》，文物出版社，1990年。

[5] 黑龙江省文物考古工作队：《黑龙江肇源白金宝遗址第一次发掘》，《考古》1980年4期。

[6] 贾伟明：《关于白金宝类型的分期线索》，《北方文物》1986年1期。

[7] 黑龙江省文物考古研究所：《黑龙江省肇源小拉哈遗址调查简报》，《北方文物》1996年1期。

[8] 黑龙江省文物考古工作队：《肇源县卧龙青铜时代和早期铁器时代遗址》，《中国考古学年鉴（1985）》，文物出版社，1985年。

[9] 黑龙江省文物考古研究所、吉林大学历史系考古专业：《黑龙江肇源白金宝遗址1986年发掘简报》，《北方文物》1997年4期。

[10] 黑龙江省文物考古研究所、吉林大学考古系：《黑龙江省肇源县小拉哈遗址发掘简报》，《北方文物》1997年1期。

[11] 吉林大学考古学系文物陈列室资料。

[12] 中国社会科学院考古研究所：《中国考古学中碳十四年代数据集（1965～1991）》，文物出版社，1991年。

[13] 黑龙江省文物考古研究所、吉林大学考古系：《黑龙江省肇源县小拉哈遗址发掘简报》，《北方文物》1997年1期。

[14] 梁思永：《昂昂溪史前遗址》，《梁思永考古论文集》，科学出版社，1959年。

[15] 黑龙江省文物考古研究所、吉林大学考古系：《黑龙江省肇源县小拉哈遗址发掘简报》，《北方文物》1997年1期。

[16] 中国社会科学院考古研究所：《中国考古学中碳十四年代数据集（1965～1991）》，文物出版社，1991年。

[17] 乔梁：《松嫩平原陶鬲研究》，《北方文物》1993年3期。

[18] 中国社会科学院考古研究所：《中国考古学中碳十四年代数据集（1965～1991）》，文物出版社，1991年。

[19] 黑龙江省文物考古研究所、吉林大学考古系：《黑龙江省肇源县小拉哈遗址发掘简报》，《北方文物》1997年1期。

[20] 乔梁：《松嫩平原陶鬲研究》，《北方文物》1993年3期。

[21] 刘观民：《试析夏家店下层文化的陶鬲》，《中国考古学研究——夏鼐先生考古五十年纪念文集》，文物出版社，1986年。

[22] 韩嘉谷：《花边鬲寻踪》，《内蒙古东部区考古学文化研究文集》，海洋出版社，1991年。

（原载《北方文物》1998年1期）

# 肇源白金宝遗址分期与各期文化层面考察

松嫩平原西、北、东三面，有大兴安岭、小兴安岭和张广才岭环绕，南面以松辽分水岭为界，周围边缘为山麓洪积、冲积裙[1]。中间的嫩江和松花江冲积平原，地势平坦，河曲发育，湖泊星罗，土质肥沃，其生态环境为远古居民的生息繁衍提供了良好的条件。历年来的考古调查和发掘证明，嫩江中、下游地区的古文化遗址分布十分密集。白金宝遗址东距肇源县城约 50 千米，遗址坐落于东流嫩江北岸，呈不规则形，南北长约 450 米，东西宽约 400 米，总面积达 18 万平方米。该遗址是这一区域发现的现存面积最大、延续时间最长、保存完整的青铜时代大型遗址。

白金宝遗址共进行过三次发掘。鉴于 1974 年和 1980 年前两次发掘所显示出的重要学术价值[2]，1986 年由吉林大学考古专业和黑龙江省文物考古研究所联合进行第三次发掘，揭露面积 1053.6 平方米，清理房址 54 座，各式窖穴、灰坑 327 个，灰沟 3 段，隧道 3 条，出土各类遗物千余件。这次发掘，一方面以首次发现确认的两种考古文化遗存填补了嫩江中、下游地区长期以来早期青铜时代考古的空白，进而建立起这一地区完整的夏至战国考古文化编年序列；另一方面经过科学发掘并对遗址各文化层面考察，有助于推进本地区比较薄弱的聚落考古及相关问题研究，两者均具有重要学术意义。

## 一、遗址分期、文化性质与年代

白金宝遗址第三次发掘区分出四个时期的古文化遗存，所获实物资料丰富，其中尤以陶器数量最多。由于陶器在反映考古学文化内涵与特征、观察各期遗存之间的相互联系与区别、文化性质鉴别和年代判断具有其他遗存不可比拟的敏感性，下面将重点对各期遗存陶器进行讨论。

### 1. 第一期遗存文化性质与年代

第一期遗存陶器按质地可分为砂质、泥质和夹砂三类。砂质陶所含砂粒极为细小，分布均匀，绝大部分陶片及复原的完整陶器均属这种陶质。泥质陶和夹砂陶的数量较少，前者陶土经淘洗，但质地并不很细腻，薄胎，器表打磨光滑，主要见于盂类器形；后者质地较粗，个别的还羼有陶渣，这类陶器器壁较厚，仅见于个别的罐类。因烧制技术和火候原因，胎心多为黄褐色，陶器表面则呈现灰褐或灰黑陶色不纯的斑驳现象。

制法均手制，一般采用泥片叠筑套接成型法。口沿很少修饰，器底多不平整，制作较为粗糙。通过大量陶片的观察，本期陶器以素面为主，流行在器物口沿或肩部贴筑对称的乳丁或泥饼。大型器表面可见纵横刮抹痕迹，中、小型器表面多经磨光处理。饰纹陶器较少，其中篦纹、刻划纹和戳印纹陶器不到陶器总量的五分之一，主要见于壶和盂类器物。本期陶器造型主要以大口、弧腹、平底器为主。器类有罐、盂、杯、壶、钵、瓮、盆、碗、盅、带嘴器和鬲 11 种，前 5 种数量最多，又可划分为 2 种以上的型式，其余数量较少，盆和鬲最少，仅各发现 1 件。

陶盂是一期文化遗存的主要器类，胎薄、烧制火候较高，制作精细。大多数陶盂器底一侧刮抹出月牙形凹窝，且自外向内斜穿两孔，推测可能与制法或特殊用途有关。由于在这些陶盂的器底发现有刻划符号，所以引起了发掘者的极大关注，后来在整理过程中加强了对这方面资料的收集。同类符号在 1991 年肇源小拉哈遗址的发掘中也有发现，目前所见有 40 余例[3]。这些符号均为单体，很少雷同，但在作聚类分析后可以发现一些符号繁简变化中的内在联系。另外从符号的刻划风格、构形特点和只出现在盂这种器物的特定部位来看，亦遵循一定的规范。这些符号具有浓郁的地域色彩，应该是在特定文化背景下，人们为传达某种信息而有意识设定的。

该陶器群与以往发现命名的白金宝文化比较，在陶器文化面貌上表现出三点不同：一是第一期遗存以大口深腹罐、双耳罐、盂、柱状柄单耳杯、双系壶和腰鼓形瓮为典型器类。而白金宝文化则以直腹腔鬲、支脚、筒形罐、折腹钵、板状柄单耳杯为基本组合。前者以直口、平底或饼形圈足器为主；后者最具特色的是袋足三足器，其次是平底器，两者在器物形态和组合关系上有明显区别。二是陶器多素面，器表往往留有刮抹的痕迹，篦纹的特点是稀疏无明显压印沟痕，纹样简素，呈条带状布施。流行在器口沿饰对称乳丁或泥饼，尤其是在盂的器底斜穿孔并刻划有图案形符号的做法极富有特色。白金宝文化以绳纹为主，一般交错拍印且与附加堆纹配合使用；篦纹居其次，具有纹理缜密，纹样繁缛，图案结构严谨，施纹覆盖面大等特点。相比较两者在纹饰风格和施纹技法上，各表现出鲜明的时代特征。三是从陶质、陶色、制法来看，虽然两者均具有烧制火候不高，陶色不纯，普遍采用泥片叠筑套接成型技术等特点。但第一期遗存较之白金宝文化黑灰色陶系所占比重较大，有少量的夹砂和羼陶渣陶器，在陶器上多见缀合裂痕钻孔修复的现象。此外，房址的形式、结构及各类型灰坑所占比重（依本次发掘坑口与坑体分类统计），均表现出明显的差别。

根据以上分析，位于遗址最早文化堆积的第一期遗存，是从层位关系和器物群及特征组合方面首次区分出来的一种新的考古文化。这一认识在 1992 年肇源小拉哈遗址的发掘中也得到认证[4]。小拉哈遗址是一处包含了多种不同时期文化遗存的遗址，按遗址堆积情况和文化内涵，共划分为三期四种遗存。其中“小拉哈二期遗存”出土资料最为丰富，以陶器群代表的文化面貌非常接近白金宝一期遗存，显然与白金宝一期遗存属同一考古学文化。为了便于把握这类遗存的内涵与特点，拟将两类遗存整合并命名为“小拉哈文化”。

小拉哈文化在层位关系上早于白金宝文化，也早于本次发掘所析出的第二期文化遗存。以白金宝遗址第一期遗存为代表的小拉哈文化，依主要器型的演变序列及组合关系排比，可划分为三个阶段[5]。其中属于2段的束颈高分裆素面鬲（F3028：3），与夏家店下层文化大甸子墓地B型Ⅱ式（M444：3）鬲[6]和库伦旗B型Ⅲ式鬲形制相近[7]，年代应大体相当。本期采自F3019测定的一个碳十四数据属3段，年代为距今3260年±70年，高精度树轮校正值为3405年±55年（实验室编号Zk-2160）。由于1段与2、3段几类主要陶器之间的联系非常紧密，器形演变顺畅，无明显缺环，故相去不远。参照大甸子墓地及夏家店下层文化相关碳十四测年数据，白金宝遗址第一期遗存的年代大体相当于中原二里头文化四期至早商。同属小拉哈文化的小拉哈遗址二期遗存，陶胎普遍厚重，器壁薄厚不均，器口沿没有经过修整。其陶器种类比较单一，造型以直口器为主，饼形圈足，器底特征突出。部分陶器所饰条形堆纹、刻划纹和斜向排列刺点纹等，具有本地区新石器时代昂昂溪文化纹饰特点。通过陶器的类型学比较，小拉哈二期遗存较白金宝一期遗存表现出更早的年代特征。另外据小拉哈遗址二期陶片的热释光检测结果，年代为距今3830年±340年（TK-354），因此其整体年代应早于白金宝遗址一期遗存，或可作为小拉哈考古学文化年代上限的参考。概之，按现有材料可将小拉哈文化年代跨度判定为夏至早商。

目前发现的小拉哈文化遗址主要分布在肇源县境内，但在早年调查吉林镇赉西岗子遗址采集标本中也发现过这类遗存的陶器口沿[8]。据吉林大学考古专业20世纪80年代初的调查资料，其分布的最南端已伸入到吉林省农安县境内[9]。这样看来，至少从嫩江下游到松辽分水岭以北迤东区域，与白金宝文化的分布范围有相当部分是重合的。通过以上对白金宝遗址第一期遗存及相关资料性质与年代的界定，从时间和空间上确认小拉哈文化是松嫩平原年代最早的青铜文化。作为此次发掘的一项重要成果，它的发现填补了长期以来嫩江中下游夏商时期考古文化的空白，也使本地区青铜时代考古取得了突破性进展。

**2. 第二期遗存文化性质与年代**

第二期遗存陶器多为黄褐色，陶质与前期基本相同，只是不见羼陶渣陶器。器表仍以素面为主，一般留有刮抹或打磨痕迹。纹饰有绳纹、篦纹、附加堆纹、指甲纹和戳印纹等。绳纹是这一时期开始出现的，纹理有细密和粗散之分。附加堆纹与绳纹配合使用，主要施于鬲的口沿和颈部。篦纹多为几何纹样，纹理较浅，构图整齐、规范。指甲纹和戳印只在少数陶器上出现。制法仍为泥片叠筑套接成型，但大多数陶器口沿经慢轮修整，器壁钻孔缀合裂缝做法比较普遍。器类以大口深腹罐为主，口沿多施对称乳钉，其他依次为单耳杯、壶、钵、碗、盆、瓮等。将白金宝二期遗存析出，主要基于三方面考虑。

其一，作为鉴别、考量文化性质的陶器群，此期注入的新因素，使原有文化面貌发生了变化。尽管二期遗存仍以大口深腹罐为主，但增加了高领鬲、单耳钵、高领罐等新器形，其他与一期陶器相同的器类，在具体形态和纹饰特点方面也有较大区别。而口沿施附加堆纹的花边口沿高领鬲和绳纹拍印术的传入，不仅改变了原有文化成分，也使文化风格发生了转变。如本期出现的绳纹大口深腹罐和对高领鬲嫁接改造的高领罐，都应看成是吸收外来文化因素嬗变的结果。

其二，本期遗存共有 10 个单位出土了陶鬲或鬲口沿残片[10]，除一件为高领凹沿鬲残片（看起来很像陕西西部地区先周时期流行的一种陶鬲），其余均为口沿施泥条堆纹的花边口沿鬲。花边口沿陶鬲非本地因素，也与遗址第一期发现的束颈高分裆素面鬲（F302：3）不存在谱系关系。花边口沿鬲和绳纹拍印术的出现是本期遗存的显著特点之一，可以看作是晚商前后我国北方长城地带广为流布的花边鬲文化现象在嫩江中下游地区的反映。这两种因素的传入改变了本地区原有文化成分，也改变了原有炊器系统。从器物发生学的角度观察，嫩江中下游地区大口深腹罐的逐渐消失和后续直腹腔陶鬲的兴起有一个过程，即表现为本地区大口深腹罐和外来花边口沿鬲，两种不同文化系统类型品的并存及对后者的吸收与改造。白金宝遗址第二期遗存正反映由小拉哈文化向白金宝文化发展序列过渡的某些特征。着眼于长城地带含花边鬲的诸考古学文化，如甘肃的辛店、寺洼，陕西西部泾渭流域的刘家和先周两类遗存，陕晋黄河沿岸和内蒙古河套地区的柳林高红、李家崖、朱开沟，乃至津唐海河以北地区的张家园上层，辽西地区的魏营子，辽北地区的顺山屯等[11]，在如此广泛地域出现的花边口沿鬲文化现象，无不以特定的时空范畴凸显其文化的独立性，同时又在各文化发展序列中皆表现为时代特征的一致性。鉴于白金宝二期遗存自身特点，无论是从嫩江中下游青铜时代考古文化序列链接的重要一环考虑，还是从我国北方地区花边鬲泛文化现象所反映的时段特征分析，都有必要将其分离出来。

其三，已揭露的遗址第二期文化层面的房址，均不同程度地受到破坏，朝向和排列方式与第一期和第三期文化层面上的房址布局有别。此期房址的规模扩大，结构也发生了一些变化。一期遗存的房址为方形半地穴式，面积一般在 10 平方米左右，最大不超过 20 平方米。大多数房址没有发现门道，仅见有灶坑和柱洞，结构简单。二期出现了平面呈长方形的房址，最大的一座（F3012）达 30 多平方米，房基下有纯净的黄色垫土，穴壁坚硬，局部残存有烧烤痕迹。从灶坑、柱洞位置和居住面上遗物出土情况判断，室内被划分为不同的功能区，其建筑结构已经初现三期房址的一些特点。被认定为二期遗存的灰坑，比较集中在发掘区东南部，与主要分布于东部的房址之间隔出大片空地。从分布状态来看，既不同于一期文化层面上所见的“灰坑圈”“灰坑串”

和“空穴”现象，也不像三期灰坑那样成群散布在房址周围。二期遗存的灰坑有长方形、圆形、椭圆形，以袋状坑体为主。依据对坑口与坑体所作的统计分析表明，一期以长方形竖穴直壁为主，三期以圆形或椭圆袋状为主，而二期则兼而有之。从灰坑结构和坑内堆积可以看出，用于贮藏食物的窖穴有明显增多的趋势。

此期遗存高领鼓腹鬲造型及口沿和颈部施附加堆纹的风格，与魏营子类型的花边口沿鬲非常相似，年代应大体相当。F3012 碳十四测定数据，为距今 3090 年±60 年（实验室编号 Zk-2159），经高精度树轮校正后年代跨度（3310～3120 年）落在商代晚期，与陶器断代相符。另外，从白金宝遗址分期的考古学文化编年来看，以一期遗存下限和三期遗存上限衡量，二期遗存也基本可以界定在晚商至西周早期年代范围内。

从连接小拉哈与白金宝文化之间承前启后的文化发展关系来看，白金宝二期遗存具有文化的过渡属性。而检视周邻文化考古编年，白金宝二期遗存反映的地域和时段文化特征，即应该划分为一种独立的考古学文化。白金宝遗址经正式发掘，遗址所揭露的各期文化遗存层位明确，器物群文化特征鲜明。无论是遗址承载的丰富内涵，还是由系列文化遗存确立的编年序列，在松嫩平原都具代表性。由于这类遗存以白金宝遗址出土的材料最为丰富，尤其是陶器代表的特征组合，可以作为界定这一时期考古文化的参照系，故建议按遗址形成时序，命名为“白金宝二期文化”。

目前，该文化已发现的地点有 10 余处，它们集中分布在嫩江下游沿江的肇源县、大安县、镇赉县境内，西面分布于洮儿河、霍林河中下游，南面越过松辽分水岭已接近科尔沁沙地东缘。其中经正式发掘或试掘的地点有肇源白金宝、古城[12]、卧龙[13]，大安汉书[14]。经调查采集到相似器形和纹饰陶片的地点有科右中旗的小白音胡硕[15]、科左中旗道兰套布苏木白菜营子[16]、大安大架山[17]、镇赉坦途西岗子[18]、肇源大庙[19]及通榆县敖包山、老富大坨子、四海泡子、麋子荒北坨子等地点[20]。此外，白城市博物馆也见有这类标本。

**3. 第三期遗存文化性质与年代**

遗址第三期遗存为此前已发现命名的白金宝文化[21]，所获陶器资料最为丰富。陶质分砂质、泥质和夹砂三类，其中大多数为砂质陶，次为泥质陶，夹砂陶。相比较泥质类陶系器壁较薄，制作细致；砂质和夹砂类陶系多见于个体较大器物，制作略粗糙。陶色主要呈黄褐色，由于烧制技术原因，大部分陶器表面间有黑灰色斑块，陶色不纯。饰纹陶器所占比重较大，以绳纹和篦纹为主，其他纹饰有指甲纹、戳印文、附加堆纹及各种贴塑纹。绳纹一般排列紧密，纹理较深，主要施于筒腹鬲、鼓腹罐和个别单耳杯，这类器物口沿多饰有附加泥条堆纹。篦纹是本期陶器具有特点的纹饰，主要施于筒形罐、折腹钵和部分壶上。纹样可分两类，一类是几何纹，图案繁缛，结构严谨；另一类是动物纹，形象逼真，富于艺术表现力。本期器形按类别分为鬲、罐、钵、杯、壶、盆、碗、甑、瓮、盏和支座共11类，主要器类又可分为小类、型和亚型，其中筒腹鬲、筒形罐、折腹钵、单耳杯约占出土陶容器总量的60%，其他如鼓腹罐、弧腹钵、壶、盆、支座的出现率也较高。

据目前掌握的资料，白金宝文化的分布范围，以嫩江下游和哈尔滨以西的松花江流域段为中心，北抵富裕、讷河[22]，西至吉林省洮儿河中下游，向南曾一度渗透到西拉木伦河以北与夏家店上层文化相接触[23]。白金宝遗址第三次发掘位于遗址东部在1000余平方米范围内，揭露属于该文化房址19座，大体呈西北—东南向排列，可分辨出数排。结合前两次（1974年、1980年）发掘情况看，若简单以分布密度计算，整个遗址可容纳百余座房址，其规模相当可观。白金宝三期遗存堆积较厚，遗迹叠压打破关系复杂，说明其延续时间较长。另外从该遗址发现的大量窖穴和隧道式地下工程设施来看，也显然不同于一般的居住址。目前对白金宝文化的分布密度、规模及堆积状况尚不完全掌握，但据历年考古调查、发掘情况，至少在嫩江下游该遗址是面积最大的一处，这就意味着其对周邻遗址具有控制力，如果这一推论成立的话，即反映在白金宝文化的群落中已出现领属关系。

白金宝文化制作生产工具的原料以骨、角、蚌为主，石质者少见，其中能确认的农业生产工具不多，而各种磨制精巧的骨镖、骨矛、骨镞、蚌刀和石镞、陶网坠等均为渔猎工具。遗址发现的灰坑往往含有很厚鱼骨、蚌壳堆积，房址及周围堆积中也残存有较多的兽骨，说明狩猎、捕捞是当时人们获取食物的主要经济手段。另一方面，从陶器上压印的各种具象纹饰（鱼篓纹、网纹、水波纹）和动物纹饰也可以得到证明。在我国北方，处于传统农业文化区边缘地带的考古学文化，通常反映的是一种包括农业在内的混合经济类型。而白金宝文化农业迹象不很明显，渔猎化生产方式则表现得尤为突出，这种地域经济的特性，也是构成白金宝文化的重要特征之一。这一时期遗址出土的陶质铸范有10余件，既有合范也有范芯，可辨认器形有斧、刀、锥、环、联珠饰等，均属小型生产工具或装饰品，虽然有一定的规模，但制作水平不高。

以白金宝遗址三期遗存代表的白金宝文化，根据遗迹开口层位、打破关系及典型陶器排比，可划分五段，各段主要器型的发展脉络清楚，衔接基本无大缺环[24]。此分期结果有助于器物组合与器物形态演变规律的认识，为探索该文化的分期研究奠定了基础。白金宝遗址最早发表的一个碳十四测定数据，为距今2900年±100年（公元前950年，半衰期5730年）[25]，此后又经高精度校正，为距今2890～2770年（实验室编号Zk-0324）。本次发掘测定的5个碳十四年代数据（实验室编号Zk-2156、Zk-2157、Zk-2158、Zk-2161、Zk-2162），经高精度校正，分别为距今3370～3050、3010～2880、3080～2920、2880～2785、3375～2885年[26]（参见表一）。所列数据中Zk-2156、Zk-2162正负误差值较大，经校正后上限年代明显偏高，若予以剔除，其余数据均落在西周早期至西周晚期年代范围内。依据乔梁对这一地区陶鬲的类型学研究，白金宝文化年代下限可推定至春秋中期前后[27]，故本遗址白金宝文化的年代跨度并没有涵盖其晚期遗存。从白金宝、汉书[28]、卧龙[29]等遗址发掘的层位关系来看，白金宝文化晚于以白金宝遗址第二期遗存为代表的白金宝二期文化，而早于汉书二期文化。

**4. 第四期遗存文化性质与年代**

第四期遗存复原的完整陶器较少，结合残片可识别的器形有鬲、鼎、罐、壶、盆、钵、碗、杯、舟形器和支脚。此外，出土的一组小型明器，在造型和组合上都与实用器基本相同。本期遗存陶系仍以砂质黄褐陶为主，但灰褐陶减少，红陶增多。在装饰风格和手段上，口沿施切口的花边纹、器表拍印的细绳纹及色彩鲜亮的红衣陶和绘红彩的陶器都与上期遗存迥然有别。第四期陶器虽然就“群”的文化面貌而言，与白金宝文化有某些相近的特点，但主体成分和器物组合已发生了较大的变化，如花边折沿低裆鬲、圜底鼎、花边口沿大口罐、红彩陶壶、舟形器、喇叭形支座等都是上期遗存所不见的新器形，其文化内涵已超出了白金宝文化的范畴，按已有考古学文化的认识，属于汉书二期文化。

因吉林大安汉书遗址发掘而命名的汉书二期文化[30]，分布范围与白金宝文化大体相同。以往发掘的大安汉书遗址和肇源小拉哈遗址相关遗存的碳十四测年数据，相当于战国至西汉时期，年代跨度较大。由于此次发掘的这方面资料较少，所以还难以确定其在汉书二期文化中的时间位置并对其年代做出准确判断。

**表一　白金宝遗址碳十四年代数据一览表**　（单位：年）

| 遗址分期 | 出土单位 | 实验室编号 | 样本 | 碳十四年代（半衰期5730年） | 达曼表校正年代 | 高精度校正曲线年代 |
|---|---|---|---|---|---|---|
| 第一期 | F3019 | Zk-2160 | 木炭 | 3260±70 | 3480±145 | +55<br>3405<br>−55 |
| 第二期 | F3012 | Zk-2159 | 木炭 | 3090±60 | 3270±140 | +85<br>3225<br>−105 |
| 第三期 | F3002（窖穴） | Zk-2156 | 木炭 | 3110±115 | 3295±170 | +135<br>3235<br>−185 |
| 第三期 | F3004 | Zk-2157 | 木炭 | 2930±55 | 3075±100 | +40<br>2970<br>−90 |
| 第三期 | F3010 | Zk-2158 | 木炭 | 2960±55 | 3110±100 | +95<br>2985<br>−65 |

续表

| 遗址分期 | 出土单位 | 实验室编号 | 样本 | 碳十四年代（半衰期 5730 年） | 达曼表校正年代 | 高精度校正曲线年代 |
|---|---|---|---|---|---|---|
| 第三期 | H3060 | Zk-2161 | 木炭 | 2800±55 | 2910±100 | +65<br>2815<br>−30 |
| 第三期 | H3089 | Zk-2162 | 木炭 | 3050±200 | 3220±235 | +200<br>3175<br>−290 |
| 第三期 | H1 | Zk-0324 | 木炭 | *2790±65 | *2910±100 | +85<br>*2805<br>−35 |

注：*号者为 1974 年白金宝遗址第一次发掘测定数据，并经高精度校正曲线校正。

## 二、各期文化层面的考察

从白金宝遗址揭露的文化堆积来看，可以划分为上述四个时期遗存，所谓“期”既表示遗址形成堆积的时序，也有文化性质的区别。那么如何从聚落的角度认识居址布局与内部结构的变化，人们在居址上的营建活动又发生了怎样的改变，作为个案分析，通过白金宝居址各期文化层面考察，对亟待加强的嫩江中下游青铜时代聚落形态研究，是十分必要的。

白金宝一期文化遗存比较丰富，由房址、灰坑、灰沟和几乎覆盖整个发掘区的第 4 层文化堆积层构成。由于第 4 层堆积直接叠压在生土（个别次生土）之上，其下没有发现更早的遗存，所以应该是最早在该遗址定居人群所形成的。第一期房址和各类遗迹间存在着复杂的叠压和打破关系，说明此期人们的营建活动较为频繁。此期揭露 19 座房址，除 F3042 被二期 F3018 完全叠压外，其余或开口于 4 层下，或间接被不晚于 4 层的遗迹打破，即属于“同一时期”遗存。然而聚落形态研究在理论上需要进一步细化到对“共时”遗存的考察，所谓“共时”是指田野考古发掘中能够甄别的同一活动面上的遗存。这对于像白金宝这样延续时间长，叠压打破关系复杂的遗址，在实际操作中是很困难的，即使能够找到局部活动面，要想将相关遗存串联起来，绝非易事。因此对这一期遗存文化层面的分析是基于陶器分期，通过分割更小时间单位的办法，以期达到或接近对不同活动面上“共时”遗存的考察。

第一期清理房址 23 座（含 H3079）。这些房址虽然有时间早晚差别，但仍依稀可辨西北—东南向成排分布，表明其布局是经过规划的。依陶器的分期研究，一期遗存可分为三个时段，考察各段房址在发掘区域内的分布情况：1 段自西北向东南（下同），

F3026、H3079（为房址）、F3022、F3027为第一排；F3045、F3051、F3038为第二排。两排之间相距15～20米，其间坐落的F3033和F3042分别位于2段的不同排列位置上。2段确认的房址有9座，分两排，第一排为F3009、F3041、F3044、F3023、F3037；第二排为F3028、F3035、F3032、F3036。前者基本与1段的F3033处于同一排列位置；后者向西南的延长线与1段的F3042平行，处于第二排列位置。3段清理出的房址有5座，F3053、F3043为第一排；F3047、F3054、F3019为第二排。除F3019外，其余均叠压在2段房址之上，并分别与2段房址的排列位置相重合（图一）。据此推测，最初在发掘区域内的房址至少有4排，以后的改建和重建基本遵循了原有的设计。这一时期房址多为圆角方形半地穴式，居住面比较平整，无烧烤痕迹，但一般均有踩踏形成的硬面。室内结构简单，仅有灶址和柱洞。虽然大多数房址没有发现门道，但灶址东南一侧居住面往往地势略低，系频繁踩踏所致，而这一方向与保存较完整房址的凸字形门道方向相同，所以估计出入方向应该是一致的。从规模来看，1、2段房址较小，一般在10平方米左右，个别的仅有5～6平方米；3段房址达20平方米左右，面积有增大趋势，但室内结构无大变化。

第一期遗存的灰坑，绝大部分开口于4层下，按坑口形状可分为长方形、方形、圆形、椭圆形，以长方形为主。长方形灰坑坑体均为直壁、平底、竖穴式，深浅不一，形制规整。现场观察，部分长方形坑内发现有壁龛、窖穴、圆形或椭圆形浅坑和柱洞，有的坑底垫有一层黄土，有的坑底留有经踩踏形成的硬面，相比较圆形或椭圆形灰坑则没有上述现象。长方形灰坑多为黄褐色或浅黄色填土，质地较硬，堆积一般较纯净，很少有包含物，甚至完全没有包含物。圆形或椭圆形灰坑多为灰褐土，质地较松软，往往夹杂有大量的鱼骨或其他包含物，有的按土质土色还可划分为若干层。看来所谓灰坑的用途是非常复杂的，除了从形制、结构、堆积状况和包含物等方面进行分析外，同时还要考虑同一文化层面上的分布状态及与其他遗迹的相互关系。检视本期灰坑的平面分布（参见图一），有一些现象很值得关注。

其一，“灰坑圈”现象，即由若干灰坑组成近于封闭的圆圈。这样的灰坑圈至少可以分辨出2组。以位于F3028和F3035之间的一组为例，由H3265、H3154、H3146、H3322、H3279、H3152、H3128、H3145、H3150、H3264围绕组成，坑口基本为长方形。这组灰坑除个别无法确认时段外，均属1段。另一组灰坑圈处于F3045和F3051之间，也基本由长方形灰坑构成，年代虽然有参差，但不见3段的灰坑。

其二，“空穴”现象，所谓“空穴”是指遗物很少或完全没有包含物，堆积纯净。这类灰坑均长方形，规格较大，一般较浅，坑口与坑底长宽相等，坑壁垂直平整，填土多为黄褐色，质地较硬。以分布在F3045附近的H3318、H3339、H3340、H3299、H3248为例，坑口宽为1.15～1.25米，长均超过2米，最长的达3.6米，深度在0.3～0.8米。除H3248堆积中含鱼骨和出少量陶片外，其余堆积中均不包含任何遗物。另外它们的排列方式基本一致，依坑口长度均为东南—西北向，恰与房址的出入方向相同。

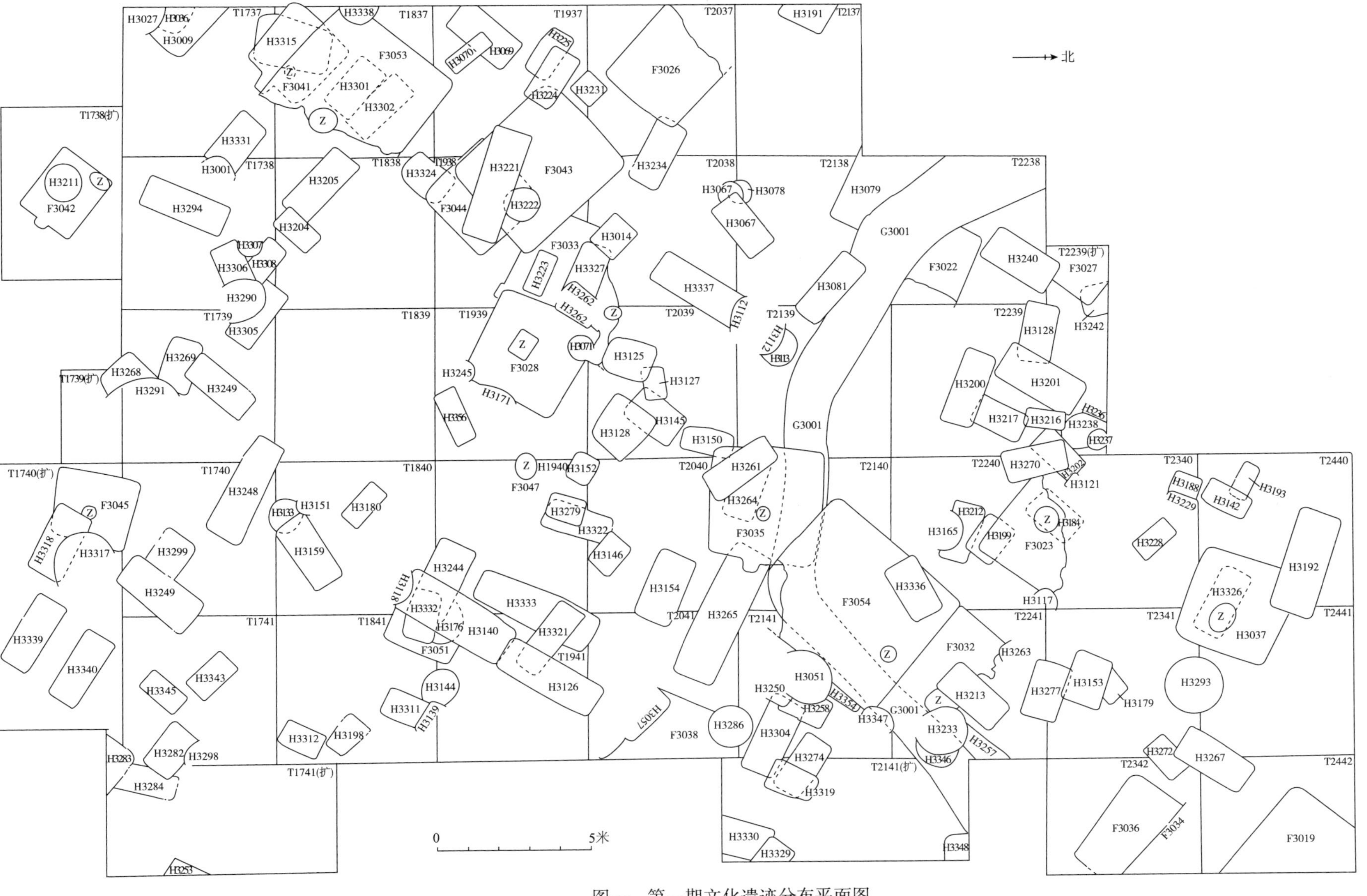


图一 第一期文化遗迹分布平面图

相似情况还见于F3041周围，该房址附近的H3205、H3301、H3302、H3331坑体规整，方向一致，除H3331出土遗物较丰富外，其余灰坑仅夹杂有少量碎陶片，填土质地较硬。

其三，是“灰坑串”现象，指局部区域多灰坑连续打破场景。从表面上看这些灰坑没有明显的分布规律，但坑口以长方形为主。这类灰坑一般出有可复原的陶器和骨器、石器、陶纺轮等生产工具。以位于T1940、T1941与T1840、T1841结合处的一组为例，H3126—H3140—H3332—H3244—H3176和H3126—H3321—H3333形成依次的打破关系。从出土陶器分析，分别属于1—2—3段，说明这是一个连续的有着时序关系的灰坑组。这样的“灰坑串”还发现多处，只不过每串灰坑的数量多少不一，情况略有差异。

以上列举的几种现象说明灰坑应具有不同功能，这里只是作了初步分析，其实际意义和目的，需要聚落考古研究的深入解读。

本期位于发掘区北部的G3001，平面呈半环形，清理部分长约26米，由于没能全部揭露，所以还无法解释。

从揭露的状况来看白金宝二期文化遗存，没有形成连片的地层堆积，属于该文化层面上的房址、灰坑等遗迹也稀疏了许多，说明这一时期居民在居址上的活动有所减弱。这可能有多方面原因，如遗址使用时间较短，人口数量减少，生态环境变化或受外来文化冲击而引发的动荡等。当然也不排除此期发掘区位置偏离中心活动区等不确定因素。但一个不容忽略的事实是，晚商前后，在北方长城地带涌动着一股强势的由西向东的文化流动，而嫩江中下游是已知这一文化流布最北的地区。此期这里正经历着发生文化聚变之前的躁动，一方面白金宝二期文化继承当地的传统文化；另一方面由于受到外来文化的强烈冲击，而使原有文化成分发生了改变。可以设想，考古学文化变迁使松嫩平原陷入一个不稳定时期，而白金宝遗址二期文化的堆积状况，正是对截取的这一历史断面的真实写照。

二期文化的房址有12座（包括残存的地面遗迹），灰坑45座。部分房址、灰坑虽然在层位关系上的具体时间有早晚差别，但依照各典型单位拥有陶器分析，年代接近，应大体处于同一时期。界定为这一文化层面上的房址有以下分布特点：分布在发掘区东部的房址，或不同程度的受到破坏或部分位于发掘区之外。根据保存较完整的F3012、F3052朝向推定，其分布应为东南朝向的西南——东北排列；F3015位于西北角，朝向与上述房址相同；F3018位于西南角，朝向不清，排列方式与其他房址不同。灰坑比较集中出现在发掘区东南部，有的散布在房址周围。灰坑有长方形、圆形、椭圆形等，以袋状坑体为主。袋状坑有的坑底设有放置盛贮器的凹窝，有的坑底发现有保存完整覆盖着蚌壳的堆积，应有相当数量是窖穴。发掘区的中部和西北部遗迹稀疏，暴露出大片空地，在本次发掘范围内尚无法解释空地与周围遗迹的关系（图二）。

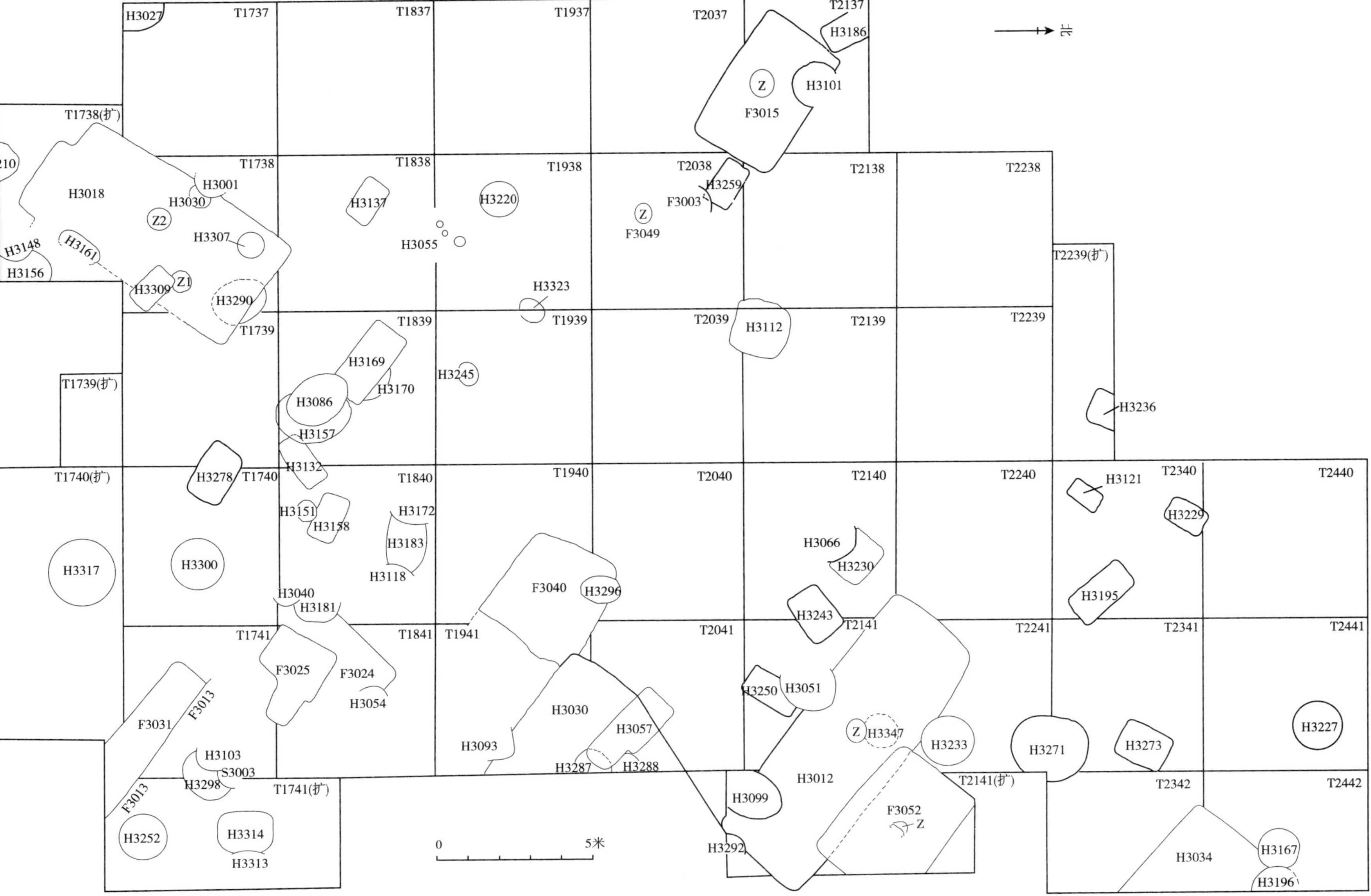

图二　第二期文化遗迹分布平面图

本期房址规模扩大，结构也发生了一些变化。以保存较完整的 F3012 为例，房址平面呈长方形，长约 10 米，宽 3.4～3.7 米，残存壁高 0.15～0.3 米。房址系从地表向下挖成半地穴状，穴壁坚硬，局部留有烧烤痕迹。房内地面比较平整，西北部居住面下有一层 0.1～0.2 米的纯净的黄色垫土，其上呈黑褐色，局部见有烧烤痕迹，厚度约 0.05 米。灶为椭圆形，设于居址中部偏后，灶底焙烧坚硬，灶坑内填满红烧土。在灶坑西北部位于房址中轴线上纵向排列有 2 个粗大的柱洞，深达 0.5 米以上，间距 0.3 米。柱洞外缘及底部填充有黑色胶质黏土，异常坚固，系经特殊加工，应为主要承重立柱。其他柱洞，基本沿房址穴壁内侧设置，洞径 0.12～0.16、深度 0.12～0.2 米，间距不等，这类边柱应为辅助支撑的立柱。门道开在东南壁上，位置偏向西南一侧。房内出土遗物丰富，有陶纺轮、网坠、石凿、砺石、骨匕、角锥和桦树皮制品等。尤其在房址西南侧的一长方形半地槽中，出土的一组陶器，品种齐全，保存完整。房址后半部设有专门储藏物品的地方，房址前半部及灶坑附近，应该是供饮食起居的空间。

F3012 堆积中发现许多圆柱形木炭条和大片的红烧土，房内出土成组器物，所有器物出土时均保持原摆放位置，或因火灾而废弃。该房址四周穴壁内侧分布有紧密排列的柱洞，估计原柱子之间有编织或排扎的木骨，再抹泥构成有一定厚度的墙体。房址后部以两个主柱支撑房顶，结合清理房内堆积发现的沿中轴线两侧等距离排列的炭灰柱条分析，房顶形状可能是两面坡式，或许利用内部的木构架，在屋顶还设置有采光和排烟的“天窗”。按想象复原，其形式与北方农村常见的中间起脊两面坡式民居很相似，只是结构较低矮。

白金宝三期文化遗存包括 3A、3B、3C 层堆积和大部分开口于 3A、3B 层下的遗迹单位，也有少数单位系 2 层下开口直接打破 4 层。这一时期遗存保存状况较好，遗迹众多，内涵丰富。从大范围文化堆积层的延布和局部区域堆积的断续与起伏，以及各种遗迹间叠压打破现象来看，当时人们在遗址上的活动频繁，既有大规模的营建、改造，也有小范围的清理、修缮。在破坏早期文化层面遗存的同时，也使同一文化层面先期设施受到不同程度的扰动。根据陶器的分期，第三期文化遗存可划分为五段，各段相互衔接、联系紧密，其连续性表明遗址继上一个低潮期后，进入到新的稳定发展期。

本期共揭露房址 19 座，根据发掘区域内房址平面坐落情况，基本呈西北—东南向成排分布，其中属于 2 段的有 12 座。从西北向东南依次为，第一排 F3011、F3006、F3001、F3010；第二排 F3002、F3007、F3014、F3029；第三排 F3004、F3046。其余 2 座 F3003 和 F3016 已遭严重破坏，仅存柱洞、灶坑及部分房内堆积，它们的相对位置，前者介于一、二排之间，后者若以 F3046 比齐应归入第三排。属于 1 段的 F3017、F3039 和属于 5 段的 F3008，基本坐落在 2 段第二排的位置上。故可观察到的房址至少分三排，处于同排列的房址一般间隔 1～3 米，所有房址均呈西北—东南方向（图三）。显然第三期房址的布局是有意识安排的，营建是有序进行的。另外，从不同时段房址处于同一排列位置推测，居址即使发生局部重建活动，仍遵循原有布局。但也有一些特殊情况，如被 F3017 部分叠压的 F3020 虽同属 1 段，但后者却难以纳入到以上列举的

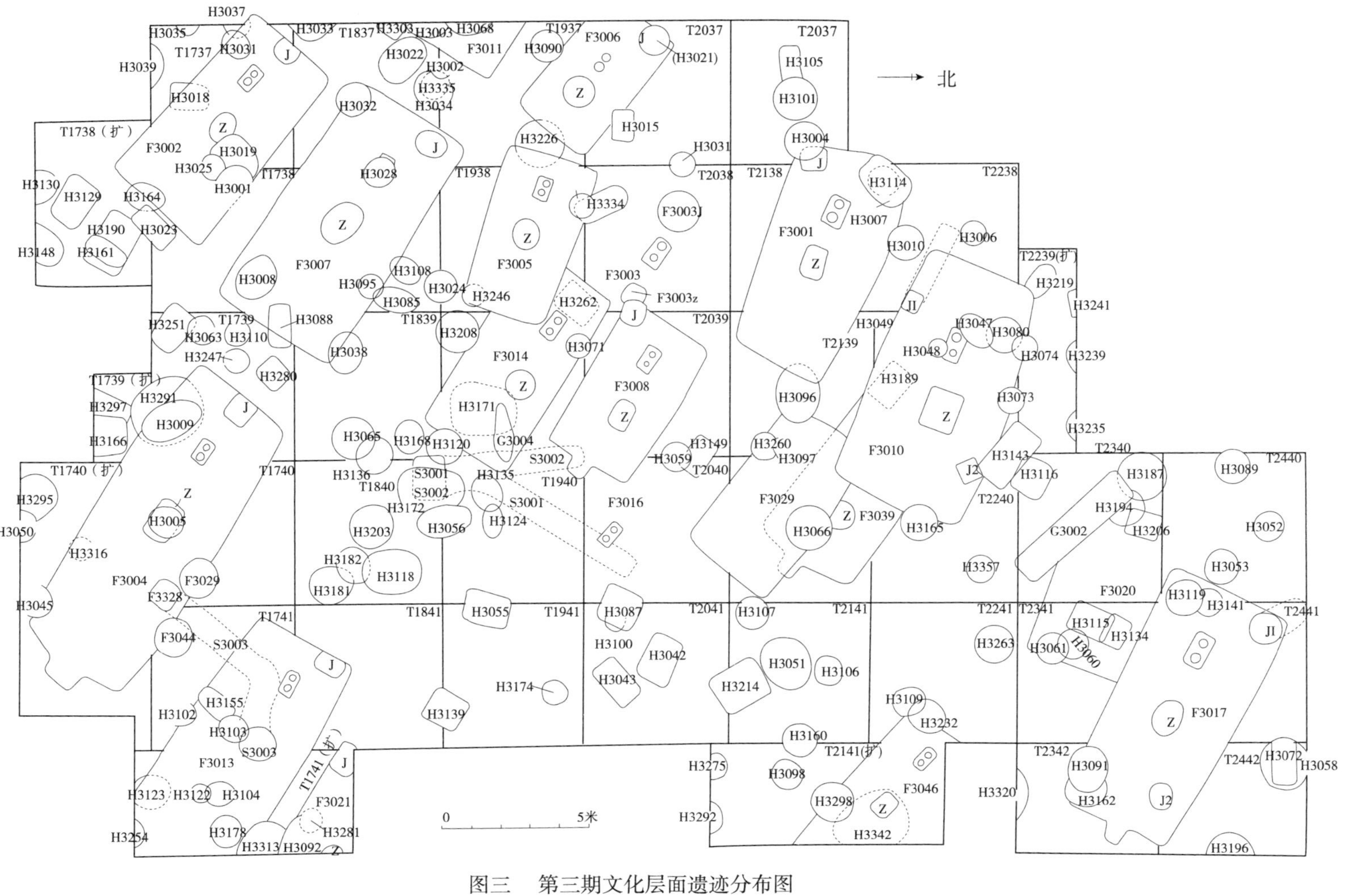


图三　第三期文化层面遗迹分布图

排列中去。同样，F3005 与同属 5 段的 F3008，也出现了错位。这样属于同一时段的房址在排列上的错位现象，有两种解释：其一，以陶器分期划分的时段，并不完全等同于处在该时段内房址从使用到废弃的具体时间，即它们各自从营建到废弃所经历的时间是交错的，而陶器不足以反映这一时间的变化。其二，在某些特殊情况下的选址建房，没有受到排列位置的限制。

本期房址规模明显增大，一般约 30 平方米，均为长方形半地穴式结构。位于房址中部偏后的两个主柱洞，洞径粗大，柱础经特殊加工十分坚固，系支撑屋顶的主承重立柱。沿穴壁内侧四周排列的柱洞，洞径较小，应为构成墙体的壁柱。房内灶坑居中或偏于门道一侧，窖穴的位置比较固定多位于后部，门道或出入口（无明显门道者）均朝向东南。总体看来，形式统一，构筑规范，各房址出土器物没有表现出功能上有明显区别。虽然大多数房址的建筑结构和内部设置基本相同，但并不完全一样。例如 F3010 房内设有 2 个窖穴，一个位于后部偏向西南一侧，为横向洞穴式；另一个位于前部东北角，为袋穴式。该房址在后部还发现有坍塌的木骨隔墙，隔墙与西北壁平行，其间挖有一个略低于居住面的长方形地槽，从残存迹象分析，应为贮藏室。F3017 是一座设有隔墙的双间房。房内设有 2 个窖穴，一个位于房址后部北角，为竖穴式，穴壁一侧挖有壁龛；另一个位于房址前部偏东南角，为袋穴式，坑底平整坚硬。灶的位置居中，其后设有储火种的小坑。房内柱洞排列密集，位于灶坑和主承重柱之间的一排横向排列柱洞，将房址分割成前后两部分，前部地面略低有频繁踩踏的痕迹，后部地面略高光滑平整，局部呈黑褐色。据此判断，两个空间使用功能当有所区别，前室可能供劳作、炊事；后室或为寝卧、储物。

F3004 是因失火而突然终止使用的，基本保留了被烧毁后塌落的痕迹。该房址后部（灶坑以北）有 2 根与房址进深同向排列的横梁，直径粗约 0.3 米，它们一端分别落在西北壁 D20、D22 立柱的支撑点上，另一端伸向灶坑附近。其中位于东北侧的横梁与等距离纵向排列的 5 根柱状炭灰条相交接，这些炭灰条残存长度 0.8～1.8 米不等，直径 0.15～0.2 米，间距约 0.4 米。对应的另一根横梁西南一侧，虽没留有任何痕迹，但按房屋构架对称关系分析，这里应该与东北侧相同。位于房址后半部中心位置的 2 个主承重柱（D1、D2）与横梁的构架方式，尚不得而知。从房址前半部房顶构架塌落的痕迹来看，大体呈放射状，它们的一端聚向中心，另一端则分别伸向房址进深的东西两壁，并落在 D8、D15、D16、D18 和 D33 等柱洞的支撑点上。门道左侧的长方形炭灰痕迹，边框清晰，长 1.8、宽 1.1 米，从位置和形状判断，疑似门板。从发掘现场观察到的这些现象，或许能够对房址复原提供帮助。

被认定为三期文化的灰坑有 141 座，灰坑的形状以圆形为主，次为椭圆形，长方形或不规则形坑只占很少比例。坑体形式多样，部分灰坑发现有壁龛和隧洞。袋状灰坑最多，这类灰坑较深，坑内堆积多为灰褐或黑灰土，质地松软，有的按土色土质可分层。堆积一般夹杂有鱼骨、兽骨、蚌壳、陶片及残损的生产工具等，可以判定绝大多数灰坑属于窖穴性质。

隧道是本期的特殊遗迹，结构为竖井式横巷道，填土可分层，由于土质疏松，没能完全清理。隧道在山东兖州西吴寺周代遗存中有过发现[31]，但在东北地区却是首例，关于其用途还无法说清楚。

白金宝四期文化遗存仅发现少量灰坑，均开口于 2 层下。该文化层面所见灰坑分布稀疏，无打破现象。灰坑大多坑体较浅，出土遗物不丰富。此期遗址存续时间不长，由于没有发现房址难以对当时人们的活动情况进行分析，之后遗址被废弃。第 2 层为近现代扰乱堆积，从堆积中出土的少量辽金篦纹陶片、青花瓷片、铁钉和个别探方发现的犁沟痕迹推测，这里已被辟为耕地或闲置。

# 三、结　　语

依据层位关系及对出土遗物的分析，肇源白金宝遗址可划分四种文化遗存：第一期遗存为小拉哈文化；第二期遗存为年代相当于晚商时期的一种过渡性文化，或暂称之“白金宝二期文化”；第三期遗存属白金宝文化；第四期遗存是晚于白金宝文化的汉书二期文化。其中，位于遗址最早文化堆积层位的第一期遗存，是从陶器群特征组合。首次区分出来的一种新的考古文化。从大口深腹罐典型器造型和器表多施乳丁、泥饼装饰风格来看，显然延续了本地区新石器文化贴塑纹陶器的传统，与周邻同时期文化比较，又突显地域文化特色。继之的第二期遗存表现出两种文化因素相杂糅的特点，一方面，标志性器物仍以大口深腹罐为主，说明与第一期文化遗存联系紧密；另一方面，由河套向东流布的花边口沿鬲和绳纹的传入，改变了原有文化结构。这类遗存的析出，不仅考虑到其自身文化面貌的改变，也比照了这一时期沿内蒙古长城地带普遍出现的花边口沿鬲文化现象[32]。作为承上启下的两个重要环节，白金宝一、二期遗存的发现与认识，填补了此前嫩江中下游青铜时代早期时段文化的空白，由此建立起夏至战国考古学文化的编年序列。从肇源白金宝遗址看本区青铜时代的四种文化遗存，二、三期尚不能直接衔接，三、四期之间还有缺环，但现有材料足以拉近它们之间的距离。我们认为汉代以前松嫩平原是一个稳定的考古文化区，夏至战国各时期考古文化有着不同程度的内在联系，虽然受到外部文化因素影响曾发生过阶段性变异，始终自成体系且几乎没有间断过，在东北青铜时代各区域考古文化系统中，是编年序列与发展脉络最清晰的一个。

白金宝遗址是多种文化遗存累积形成的，遗址堆积厚，存续时间长，文化内涵丰富，年代跨越青铜时代主要时段，所以作为松嫩平原聚落形态发展的参照系，尤其对纵向的比较研究，提供了不可多得的重要资料。本文通过对各期文化层面的考察，提出四点认识：

（1）白金宝一、二、三期房址基本呈西北—东南成排分布，包括在原址上的改建或重建也遵循相同原则，说明当时建筑布局是经过统一规划的。值得注意的是，迄今在辽河流域发现的几种新石器文化，上自 8000 年，下至 5000 年前后均采用成排分布的建筑布局。我们认为聚落形态与社会组织结构和经济活动密切相关，本地区颇具特色的建筑布局形式，既表现出具有较强的社会组织凝聚力，也是渔猎型经济群体对居住模式选择的必然结果。

（2）从白金宝遗址的居住形态来看，最早一期房址仅发现有灶和柱洞，多数不见门道，面积一般仅 10 平方米左右。从第二期开始平面呈长方形，居住面上主承重柱粗大，房内发现有专门的储物空间，但这种变化并不具有普遍意义。第三期房址均为长方形半地穴式建筑，面积在 30 平方米左右，最大超过 40 平方米。位于房址中部的两个主柱洞经特别加工，柱础坚固，沿穴壁四周有密集排列的辅柱洞。在室内空间上，灶坑偏前，窖穴位后，门道朝向东南。检视各期房址演变过程，面积不断增大，结构愈加复杂，房内也被明显分为不同的功能区，然而最主要的变化是居住形态采用了统一定式。

（3）遗址第一期灰坑以长方形、方形为主，考虑到堆积情况和同一文化层面分布状态，灰坑应该有不同用途，就文化层面所见“灰坑圈”、“灰坑串”和“空穴”现象分析，反映了当时居民生产和社会活动的复杂性。第三期灰坑以圆形为主，坑体多为袋状，并伴有壁龛和隧洞。这一时期的灰坑无论数量或密度均超过前两期，且结构复杂，主要用于储藏食物和盛放物品，功能趋于单一。从文化层面上看，灰坑成群分布，每群数量不等，它们基本围绕在房址周围，如果判定大多数灰坑属于窖穴性质，或许可以解释为聚落内部存在着不同房址主人有差别的占有关系。

（4）白金宝遗址第三次发掘面积 1000 余平方米，保存最好的第三期文化揭露房址 19 座，其中以陶器分期属于第 2 段的房址有 12 座，布局呈西北—东南排列，分列三排。如果按现存遗址面积计算，当时的聚落规模十分惊人，即使考虑到房址平均使用年限和在一定时间内更新次数等不确定因素，“同一时间”居住的人口数量也非常可观。本期生产工具以骨、角、蚌器为主，石器少见，各种渔猎工具十分发达并出土大量的陶制网坠。另外，灰坑往往含有很厚的鱼骨、蚌壳堆积，房址周围发现有较多兽骨及压印在陶器上的各种写实或抽象动物纹饰，凡此种种，均反映当时的生产活动以渔猎生业为主。以往学界认为渔猎型生业群体定居程度差，遗址存续时间短，但白金宝遗址却是这一地区迄今发现堆积厚、存续时间长、规模最大的聚落，很可能是高级别的中心聚落。

综合对遗址第三期文化层面的考察，已存在多层次社会组织结构，并出现若干文明化要素特征。张忠培先生指出：“白金宝文化存在着私有制，出现了社会分工与分化，产生了家长制家庭和聚落规模存在差别的现象，从整体上看社会发展水平当高于齐家文化后期，或许被视为是已进入文明时代的文化。”[33]当前我国关于文明起源和文明化进程的探索，研究的都是农业文明。白金宝遗址发掘所揭示大规模定居的渔猎生产方式，提出了一个重要学术命题，即渔猎文化是否也能形成文明?又是以什么方式、怎样的途径步入文明的？这在理论或实践上为我国文明起源的探索，开辟了一个新领域。

## 注　释

[1] 任美锷：《中国自然地理纲要》（修订版），商务印书馆，1985年，第七章，东北区。

[2] 黑龙江省文物考古工作队：《黑龙江肇源白金宝遗址第一次发掘》，《考古》1980年4期；谭英杰等：《黑龙江区域考古学》，中国社会科学出版社，1991年。

[3] 朱永刚：《肇源白金宝、小拉哈遗址陶器刻划符号初识》，《北方文物》2006年3期。

[4] 黑龙江省文物考古研究所、吉林大学考古学系：《黑龙江肇源县小拉哈遗址发掘报告》，《考古学报》1998年1期。

[5] 黑龙江省文物考古研究所、吉林大学考古学系：《肇源白金宝——嫩江下游一处青铜时代遗址的揭示》，科学出版社，2009年，图四九。

[6] 中国社会科学院考古研究所：《大甸子——夏家店下层文化遗址与墓地发掘报告》，科学出版社，1996年，图版二六，1。

[7] 李殿福：《库仑、奈曼两旗夏家店下层文化遗址分布与内涵》，《文物资料丛刊》（7），文物出版社，1983年，图一三。

[8] 吉林省博物馆：《吉林镇赉县细石器文化遗址》，《考古》1961年8期。

[9] 吉林大学考古学系文物陈列室资料。

[10] 黑龙江省文物考古研究所、吉林大学考古学系：《肇源白金宝——嫩江下游一处青铜时代遗址的揭示》，科学出版社，2009年，图七〇。

[11] 韩嘉谷：《花边鬲寻踪——谈我国北方长城文化带的形成》，《内蒙古东部地区考古学文化研究文集》，海洋出版社，1991年。

[12] 乔梁：《松嫩平原陶鬲研究》，《北方文物》1993年2期。

[13] 乔梁：《肇源县卧龙青铜时代和早期铁器时代遗址》，《中国考古学年鉴（1985）》，文物出版社，1985年。

[14] 吉林大学历史系考古专业、吉林省博物馆考古队：《大安汉书遗址发掘的主要收获》，《东北考古与历史》（1），文物出版社，1982年；吉林省文物考古研究所2001年对大安汉书遗址第二次发掘。

[15] 李甸甫、朱显生：《科尔沁右翼中旗呼林河沿岸原始文化研究》，《文物资料丛刊》（7），文物出版社，1983年。

[16] 笔者在科左中旗文物管理站曾观摩察过该遗址采集的部分标本。

[17] 吉林省文物工作队：《吉林大安县洮儿河下游右岸新石器时代遗址调查》，《考古》1984年

8 期。
[18] 吉林省博物馆：《吉林镇赉县细石器文化遗址》，《考古》1961 年 8 期。
[19] 丹化沙、谭英杰：《松花江中游和嫩江下游的原始文化遗址》，《东北考古与历史》（1），文物出版社，1982 年。
[20] 朱永刚、郑钧夫：《通榆县三处史前遗址调查与遗存分类》，《边疆考古研究》（第 6 辑），科学出版社，2008 年。
[21] 黑龙江省文物考古工作队：《黑龙江肇源白金宝遗址第一次发掘》，《考古》1980 年 4 期。
[22] 谭英杰等：《黑龙江区域考古学》，中国社会科学出版社，1991 年，第 36 页。
[23] 贾鸿恩：《翁牛特旗大泡子青铜短剑墓》，《文物》1984 年 2 期；内蒙古自治区文物考古研究所：《克什克腾旗龙头山遗址第一、二次发掘简报》，《考古》1991 年 8 期。
[24] 黑龙江省文物考古研究所、吉林大学考古学系：《肇源白金宝——嫩江下游一处青铜时代遗址的揭示》，科学出版社，2009 年，图一六九。
[25] 黑龙江省文物考古工作队：《黑龙江肇源白金宝遗址第一次发掘》，《考古》1980 年 4 期。
[26] 中国社会科学院考古研究所蔡莲珍研究员根据 1987 年的高精度碳十四校正曲线对所有数据进行了校正。
[27] 乔梁：《松嫩平原陶鬲研究》，《北方文物》1993 年 2 期。
[28] 吉林省文物考古研究所：2001 年大安汉书遗址发掘资料。
[29] 乔梁：《肇源县卧龙青铜时代和早期铁器时代遗址》，《中国考古学年鉴（1985）》，文物出版社，1985 年；杨志军、许永杰等：《二十年来的黑龙江区系考古》，《北方文物》1997 年 4 期。
[30] 吉林大学历史系考古专业、吉林省博物馆考古队：《大安汉书遗址发掘的主要收获》，《东北考古与历史》（1），文物出版社，1982 年。
[31] 国家文物局考古领队培训班：《兖州西吴寺》，文物出版社，1990 年。
[32] 韩嘉谷：《花边鬲寻踪——谈我国北方长城文化带的形成》，《内蒙古东部区考古学文化研究文集》，海洋出版社，1991 年。
[33] 张忠培：《黑龙江考古学的几个问题》，《北方文物》1997 年 1 期。

[本文为《肇源白金宝——嫩江下游一处青铜时代遗址的揭示》（科学出版社，2009 年）结语部分，增改后收入本书]

# 论白金宝二期文化

20 世纪 70 年代，以白金宝文化和汉书二期文化的识别为标志，松嫩平原进入了青铜时代考古的新阶段[1]。此后，围绕两种文化进行的讨论，虽然取得了一些研究成果，却难有实质性突破。究其原因，一方面受发表材料限制，基础研究还较薄弱；另一方面是相对于周邻青铜文化考古编年的早期文化遗存尚不清楚，因此缺乏对该地区青铜文化发展序列的整体把握。所以选择典型遗址进行较具规模的发掘，旨在填补文化序列空白、完善资料的系统性，就显得十分必要。肇源白金宝遗址现存面积达 18 万平方米，堆积厚，文化内涵丰富，是嫩江下游发现的大型遗址。1986 年对该遗址第三次发掘，就达到了这样的预期目的。

白金宝遗址第三次发掘资料被搁置多年，直到 1996 年才进入正式整理程序。参加此项工作的全体人员，克服诸多困难，经初步整理，编写出发掘简报（见《北方文物》1997 年 4 期）。简报将白金宝遗址分为三期，指出“位于遗址最早文化层面的第一期遗存，是从层位关系和器物群的自身特点方面首次区分出来的一种新的文化遗存”。它是松嫩平原关于白金宝文化的一种地域性特征的考古遗存[2]。但考虑到对已发现的一些现象还未及提炼、整合，从材料最初认识到最终结果的不断调整，还需要反复认知的过程，所以在简报中又提到遗址各期遗存尚可作进一步的分期。

在原有工作的基础上，1998 年笔者又对全部发掘资料进行重新整理，包括遗址分期和依据层位关系对典型器物的类型学研究。从结果来看可以分辨出，在层位关系上处于原遗址分期第一期遗存上端和第二期遗存下端的一类遗存，只是在文化归属方面尚把握不准。张忠培先生对白金宝遗址的整理工作始终给予高度重视，曾亲临现场指导，多次约见笔者面谈或电话询问工作进展情况。正是在张先生的指导下，笔者将这类遗存析出，并确立为一种独立的考古学文化。经调整后，白金宝遗址可以分为四种不同时期的文化遗存：第一期遗存为小拉哈文化；第二期遗存为年代相当于晚商时期的一种过渡文化；第三期属白金宝文化；第四期是晚于白金宝文化的汉书二期文化[3]。由于遗址的分期是建立在确切层位关系及出土遗物细致分析基础上的，所以该遗址各期文化遗存的认定及遗址连续性所涵盖的时间跨度，为确立松嫩平原青铜文化序列与考古编年奠定了基础。

白金宝二期遗存是松嫩平原青铜文化发展序列中的重要环节，本文拟就为什么要将这类遗存析出，以及析出后的有关文化特征、年代、性质、命名等问题展开讨论。

# 一、白金宝遗址“白金宝二期文化遗存”的析出

通过对白金宝遗址层位关系和出土遗物的认真比对，经系统梳理，将白金宝二期遗存析出，主要基于以下三方面的考虑。

首先，与界定为小拉哈文化的白金宝一期遗存相比较，二期遗存注入的一些新的文化因素使原有文化成分发生了改变。尽管二期遗存仍以大口深腹罐为主，但新增加的器类有高领鼓腹鬲、高领罐、单耳钵、深弧腹盆，而一期遗存最为流行的器底多饰有刻划符号的陶盂和双系壶、带嘴器则基本消失。绳纹是这一时期开始出现的，附加堆纹与绳纹配合使用，主要施于高领鼓腹鬲的口沿和颈部，俗称花边口沿鬲。这种陶鬲和绳纹作为新文化因素，不仅改变了原有的文化结构，还体现出文化风格的转变。如拍印绳纹的大口深腹罐，对花边口沿鬲领部嫁接后出现的高领罐等，都可以看成是吸收改造发生文化嬗变的结果。另外，作为松嫩平原青铜文化最具特色的篦纹纹饰，此期最显著的变化是，又增加了内填平行线的几何构形图案。这意味着本地区篦纹由单一线形向几何形纹饰的转化，其标识性同样提供了鉴别两种早期青铜文化（第一期与第二期）的参照系。

其次，已揭露的遗址第二期文化层面的房址，均不同程度地受到破坏，朝向和排列方式与成排分布的第一期和第三期文化层面上的房址布局有别。此期房址较一期的规模扩大，结构也发生了一些变化。一期遗存的房址为方形半地穴式，面积一般在10平方米左右，大多数房址没有发现门道，仅见有灶坑和柱洞，结构简单。二期出现了平面呈长方形的房址，最大的一座（F3012）达30多平方米，房基下有纯净的黄色垫土，穴壁坚硬，局部残存有烧烤痕迹。从灶坑、柱洞位置和居住面上遗物出土情况判断，室内被划分为不同的功能区，其建筑结构已经具有三期房址的一些特点。被认定为二期遗存的灰坑，比较集中在发掘区东南部，与主要分布于东部的房址之间隔出大片空地。从分布状态来看，既不同于一期文化层面上所见的“灰坑圈”“灰坑串”现象，也不像三期灰坑那样成群散布在房址周围。依据对坑口与坑体所做的统计分析表明，一期以长方形竖穴直壁为主，三期以圆形或椭圆袋状为主，而二期遗存的灰坑既有长方形、方形，也有圆形，以坑体袋状为主。在坑内结构和堆积方面也能看出一些区别。

第三，第二期遗存出土的陶鬲或鬲口沿残片，除一件为高领凹沿鬲残片外，其余均为口沿施附加堆纹的花边口沿高领鬲。这种陶鬲非本地因素，也与遗址第一期发现的束领高分裆素面鬲（F3028：3）不存在谱系关系[4]。花边高领鬲和绳纹拍印术的出现是本期遗存的显著特点之一，其时代界标是晚商前后我国北方长城地带广为流布的花边口沿鬲文化现象在松嫩平原的反映。正是由于这种陶鬲的传入，使松嫩平原的炊

器系统开始发生改变并产生一系列连锁反应。从我国北方地区花边口沿鬲泛文化现象所表现的时段特征来看，有必要将含这种陶鬲的白金宝二期遗存析出，同时就松嫩平原青铜文化序列与周邻文化横向比较，亦应划分为一个独立的考古学文化阶段。

## 二、文化特征与年代

从白金宝遗址各期文化堆积情况来看，二期遗存没有形成明显的文化堆积层，属于该期文化层面上的房址、灰坑也比较稀疏。部分房址、灰坑虽然在层位关系上有具体时间的早晚差别，但依照各单位出土陶器分析，年代接近，应大体处于同一时期。

已发现房址 12 座，有长方形和方形两种，由于晚期房址和灰坑的破坏，大多数保存较差。以保存较完整的 F3012 为例，平面呈长方形，半地穴式。灶坑位于房址中部呈椭圆形，灶底焙烧坚硬。在灶坑西北部于房址中轴线上纵列 2 个较粗大柱洞，其他柱洞分布在四周，基本沿房址穴壁内侧排列。居住硬面较平整，局部见有烧烤痕迹。门道设在东南部，外高内低呈斜坡状。方形房址亦为半地穴式，有居住硬面，灶坑一般居中。有的发现凸字形门道和室内窖穴。

灰坑按坑口形状有长方形、方形、圆形等，在已清理的 40 余座灰坑中，以袋状坑体为主。有的规模较大，坑壁光滑，坑底平整；有的坑体连接着阶梯状坑道，坑底设有放置盛贮器的凹窝；还有的坑底堆积发现保存完整层层相叠的蚌壳。现场分析，这类灰坑原来的用途应为窖穴。

二期遗存出土的石质工具很少，仅有楔、凿、环状器和砺石，琢磨兼制。在白金宝遗址第三次发掘的一千多平方米区域内，石器少见是一个普遍现象。骨器亦不多，包括凿、镞、矛、锥、管等，均磨制。发现的陶范，铸形可辨认有斧和长方形饰件。其他陶制品还有纺轮、环、装饰物等，但像三期遗存（白金宝文化）大量出现的陶支脚，在本期各遗迹单位中一件也没有发现。

白金宝二期遗存主要文化特征表现在陶器上。陶质分砂质和夹砂两类，以胎土含细砂的砂质陶为主，明显夹砂的仅见于鬲和部分罐类。烧制火候不高，陶色不纯，呈黄褐色，往往间有灰褐至黑灰斑驳色块。均手制，因采用泥圈套接结合部易断裂。大多数陶器口沿经慢轮修整，为缀合裂缝而钻孔修复的现象比较普遍。素面陶器表面多经打磨，但不甚平滑。施纹陶器以绳纹和几何篦纹为主，次为附加堆纹、指压纹和戳印圆窝纹、珍珠纹等。绳纹饰于鬲、罐，有粗细之分；前者纹理粗浅散乱，若榆树皮状；后者纹理细密清晰，拍印整齐。附加堆纹主要施于鬲的口沿与颈部，并多与绳纹、珍珠纹配合使用。指压纹和戳印纹除饰于大口深腹罐和瓮等器表外，还见于附加堆纹上。篦纹是松嫩平原非常有特色的一种纹饰，经反复模拟试验，系以平行缠绕细绳的片状工具，在陶器成型后趁湿压印而成。篦纹由平行直线、折线、曲尺、交错三角、叠加三角等纹样构成几何图案，多饰于壶、钵、单耳杯器体上半部，呈条带状分布（图一）。最具特征的器形是口沿及颈部施附加堆纹的高领鼓腹鬲，饰几何篦纹图案的单耳杯、单耳钵，还有高领罐、深弧腹盆。在数量上大口深腹罐和单耳杯最多，其次为壶、钵、碗、盆、双耳罐、瓮等（图二）。鬲的数量虽然不多（共有10个单位出土鬲和鬲口沿残片，约占二期遗存单位的1/5），但作为一种新型炊器却是本期陶器群中最重要的器形。本期大多数器物的口沿为侈口或折沿，流行贴塑对称乳突或圆形泥饼。

二期遗存高领鼓腹鬲造型及口沿和颈部施附加堆纹的风格，与魏营子类型的花边口沿鬲非常相似，年代应大体相当。F3012碳十四测定数据为距今3225年（实验室编号ZK-2159）[5]，经高精度树轮校正后年代跨度（3310～3120年）落在商代晚期，与陶器断代相符。另外，从白金宝遗址分期的考古学文化编年来看，以一期遗存下限和三期遗存上限衡量，也可以基本框定该遗存进入晚商，未及西周早期这样一个年代范围。

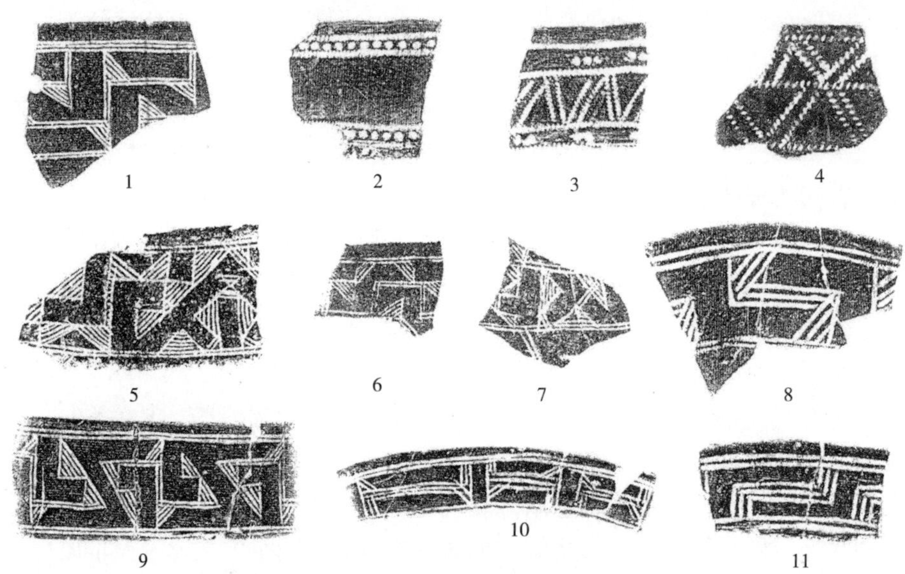


图一　白金宝遗址第二期遗存陶器纹饰拓片

1. T1738④：4　2. F3031：6　3. F3031：7　4. T1840④：4　5. T2②　6、7. 白金宝遗址采集　8. H3132：2　9.F3012：19　10. F3012：17　11. F3030：5

［5选自黑龙江文物考古工作队：《黑龙江肇源白金宝遗址第一次发掘》，《考古》1980年4期，图一三，24；6、7选自丹化沙、谭英杰：《松花江中游和嫩江下游的原始文化遗址》，《东北考古与历史》（第一辑），文物出版社，1982年，图二，12、13；其余为1986年白金宝遗址出土］

## 三、文化性质与命名

在白金宝遗址，白金宝二期遗存直接叠压在小拉哈文化之上，又被白金宝文化叠压或打破的层位关系，为确立松嫩平原青铜文化序列及白金宝二期遗存文化性质的界定，提供了重要依据。

以遗址一期遗存为代表的小拉哈文化，是松嫩平原迄今发现年代最早的青铜文化。白金宝遗址第三次大面积发掘为全面了解其文化面貌，确认其文化性质起到了关键作用。结合小拉哈遗址的报道[6]，从大口深腹罐和器表流行贴塑泥条、乳突等装饰风格来看，显然承袭了本地区新石器文化的传统，同时较之周邻地区的早期青铜文化，也突显了地域文化特征。

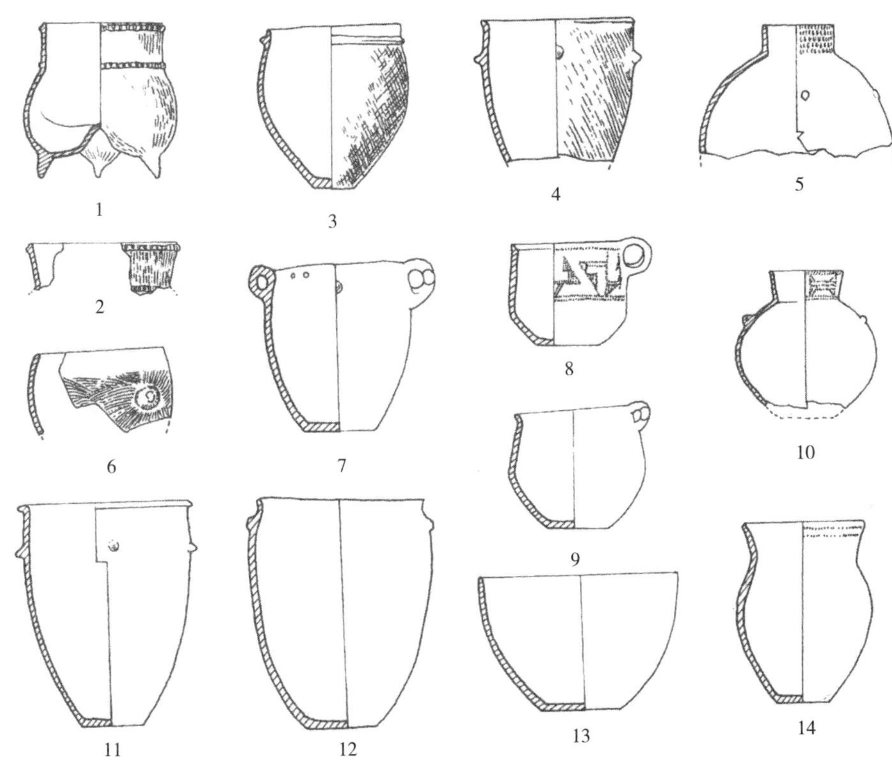


图二　白金宝遗址第二期遗存陶器

1、2. 高领鼓腹鬲（H3086：1、F3012：20）　3、4、11、12. 大口深腹罐（H3296：2、F3015：1、F3012：18、H3157：1）　5. 瓮（T1738④：1）　6. 钵（F3012：31）　7. 双耳罐（F3015：11）　8、9. 单耳杯（F3012：19、采0：4）　10. 壶（F3012：17）　13. 深弧腹盆（F3012：5）　14. 高领罐（H3259：3）

继之的白金宝二期遗存，表现出对小拉哈文化的递进演变关系，有以下几点。其一，小拉哈文化的器壁普遍较厚，火候低，陶色不均匀，除砂质、夹砂陶外，还见有少量的羼陶碴陶器。白金宝二期遗存基本延续了前期陶系的特点，只是不见羼陶碴现象。其二，在器表的处理方式上，两者均以素面为主，流行在口沿处贴塑对称的乳突装饰物。但二期遗存出现了绳纹，篦纹也较之前期趋向于图案化。其三，在出土陶器所占比例较高的器形中，大口深腹罐、单耳杯、壶、钵四种为双方共有，其他如双耳罐、直领弧腹瓮器形也比较接近。形态特征上的主要区别是，小拉哈文化以直口器为主，器底加厚，底外缘突出，呈台状，这类台底器的出现率较高。二期遗存则普遍表现为侈口或折沿的风格，以平底器为主，虽然有少量台底器，但底径增大，已无明显器底加厚的现象。

白金宝二期遗存与遗址三期遗存代表的白金宝文化相比较，在陶器的总体特征上区别比较明显。二期遗存的主要器形有大口深腹罐、单耳杯、壶、钵、高领鼓腹鬲、高领罐、深弧腹盆、直领弧腹瓮，而白金宝文化则以直腹腔鬲、筒形罐、单耳杯、折腹钵和盆、瓮、支脚为基本组合。前者以平底器为主；后者最具特色的是袋足三足器。前者素面陶占有较大比例，篦纹的几何纹样呈条带分布，流行贴塑类的乳突装饰物；后者以绳纹为主，篦纹纹饰繁缛，结构严谨，图案覆盖面大。器口沿贴筑泥条加厚的做法比较普遍，两者在器形、组合及纹饰风格方面，各表现出鲜明的时代特征。虽然如此，但仍能看出它们之间的一些联系。以典型陶器为例，白金宝文化的单耳杯、深折腹钵（折腹钵的一种）、大敞口弧腹盆、直领鼓腹瓮，都可以直观的在白金宝二期遗存中找到相似的同类器，至于形态和局部特征上的差别，当反映年代早晚的变化。同样代表两种文化遗存典型器物的高领鬲和直腹腔鬲，它们均具有高分裆、裆隔纵向呈锐角（直腹腔鬲早期形式）和有实足根、圆圜底袋足的共性特征。其中个别直腹鬲还表现为袋足以上与腹腔接合部略显分段，口沿和腹部分别贴塑有附加堆纹等高领鬲的要素特点。联系起来看，高领鬲演变为直腹腔鬲的可能性很大，可以认定是松嫩平原处于不同发展阶段的同一谱系陶鬲。另外，白金宝文化发达的绳纹，尤其是一些篦纹图案的母题纹样，亦可追溯到白金宝二期遗存。据已发表的资料，两者之间还存在一定的年代缺环，但并不妨碍做出确有文化渊源关系的判断。

陶器是考量文化内涵，鉴别文化成分的重要参照系。在上述比较各文化遗存陶器特征的异同中，有两种器物最值得注意，一是大口深腹罐，另一是直腹腔鬲。前者是小拉哈文化出土数量最多，最具代表性的器类；后者是伴随白金宝文化始终，富于变化的器种。作为衡量各自文化的标识性器物，它们及共存器物群在松嫩平原青铜文化发展序列中的定位很清楚。白金宝二期遗存是这一文化发展序列连接小拉哈与白金宝文化的重要环节。鉴于白金宝二期遗存自身特点，一方面，年代已进入晚商时期的该遗存，仍以大口深腹罐为主。从造型特点和器表多贴塑对称乳突的装饰风格来看，显然继承了小拉哈文化的传统；另一方面，是高领鬲及其口沿施附加堆纹和绳纹拍印术等新因素的出现。正如有的学者指出，“通过（白金宝文化）陶鬲与支脚配合使用的特殊方式，可推知松嫩平原的鬲不是原生的，而是在外来因素影响下出现的。”[7]由于高领鬲及附着因素的传入，改变了原有文化结构的同时也促使松嫩平原文化风格的转变。从器物发生学的角度观察，此期松嫩平原正经历着大口深腹罐衰退和空三足器陶鬲兴起的过程。这个过程表现为本地原生的和外来传入的不同文化类型品并存、吸收、改造所孕育发生文化聚变之前的躁动。而继之的白金宝文化直腹腔鬲等新器形的出现，则表明松嫩平原新旧文化交替时期的结束。就目前对白金宝二期遗存的认识，从连接小拉哈与白金宝文化之间承前启后的文化发展进程来看，明显具备文化的过渡属性。而检视相应考古编年的周邻文化，白金宝二期遗存反映的地域和时段文化特征，即应该划分为一种独立的考古学文化。

关于该考古文化的命名，有学者建议称其为“古城类型”[8]。然而曾作过试掘的肇源古城遗址，除个别陶器被相关研究文章引用外[9]，材料还没有正式发表。所以在该遗址具体的考古学文化内涵尚不清楚的情况下，取其冠名，显然不妥。即便古城遗址确实含有这类遗存，若没有将其单独划分出来，且进行过充分研究，也不宜作为一种考古学文化的概念提出。白金宝遗址经正式发掘，遗址所揭露的各期文化遗存层位明确，器物群文化特征鲜明。无论是遗址承载的丰富文化内涵，还是由系列文化遗存认定的考古学文化编年，均具有代表性。正是由于该遗址白金宝二期遗存的析出，认识到这种过渡性遗存的存在。鉴于这类遗存以白金宝遗址出土的材料最为丰富，尤其以陶器代表的特征组合，可以作为界定这一时期松嫩平原考古文化的重要参照系，故提出按遗址文化形成时序命名为“白金宝二期文化”。

目前，该文化已发现的地点有十余处，它们集中分布在嫩江下游沿江的肇源、大安、镇赉县境内，包括洮儿河、霍林河中下游河谷阶地及附近丘陵岗地也散见分布，南面越过松辽分水岭已接近科尔沁沙地东缘。其中经正式发掘或试掘的地点有肇源白金宝、古城、卧龙[10]、大安汉书[11]。经调查采集到相似器形和纹饰陶片的地点有科右中旗的小白音胡硕[12]、科左中旗道兰套布苏木白菜营子[13]、大安大架山[14]、镇赉坦途西岗子[15]、肇源大庙[16]及通榆县敖包山、老富大坨子、四海泡子、麇子荒北坨子等地点[17]。此外，白城市博物馆也见有这类标本（图三，8）[18]。

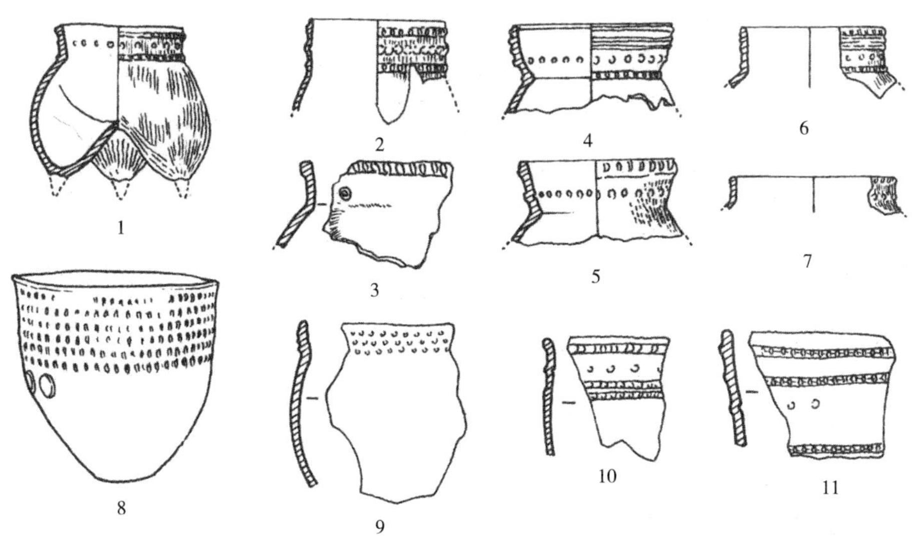


图三　其他地点发现的白金宝二期文化陶器举例

1. 肇源古城 H3 出土　2. 大安大架山采集　3. 肇源大庙采集　4～7. 科右中旗小白音胡硕采集
8. 白城市博物馆藏　9～11. 镇赉坦途西岗子采集

# 四、结　　语

白金宝二期遗存析出及相关问题的讨论，主要认识可归纳为以下几点：

（1）通过对肇源白金宝遗址第三次发掘资料的系统整理，依据层位关系和出土遗物的分析比较，将遗址第二期遗存析出，并划分为一个独立的考古学文化阶段。

（2）遗存在房址、灰坑、出土遗物的类型品方面，均表现出自身的特点。尤其是高领鼓腹鬲、绳纹拍印术等新因素出现，使其器物组合及文化面貌既区别于前者小拉哈文化，又不同于后者白金宝文化，是一个独立的文化实体。鉴于对其分布空间的了解和时间上、下限的把握，有理由确立为一种新的考古学文化。经慎重考虑，本文提出“白金宝二期文化”的命名。

（3）通过对松嫩平原大口深腹罐和直腹腔鬲的分析，白金宝二期文化具有过渡性文化的属性。白金宝二期文化源于小拉哈文化，两者联系紧密，而与白金宝文化之间，还缺少直接衔接的环节。据目前对考古材料的认识，松嫩平原青铜文化序列，尽管在某一时期因周邻文化的渗透或影响发生由量变到质变的考古学文化更替，但各文化之间存在着不同程度的递进演变关系，从文化谱系的连续性来看，基本自成体系且几乎没有被间断过。这其中白金宝二期文化的识别与认定，无疑具有十分重要的意义。

（4）白金宝二期文化的形成与接受来自内蒙古长城地带花边口沿鬲文化影响有密切关系。考古材料证实，这种陶鬲最先出现在黄河河套地区，以夏代晚期至早商的朱开沟遗址第四、五段遗存为代表[19]。晚商前后流布于长城地带，向东已渗透到燕山南北地区[20]。其高领鼓腹有实足根的常见形态，与白金宝二期文化所拥有的陶鬲相同。在如此广泛地域出现的花边口沿鬲文化现象，一方面无不以特定的时空范畴，凸显其文化的独立性，另一方面又在各自文化发展序列中俱表现出明确的时代界标的特点。这意味着晚商前后，在我国北方长城地带涌动着一股强势的由西向东的文化流动，而松嫩平原是已知这一文化流布所及最北的地区。

关于白金宝二期文化的研究，还要指出两点：一是该文化的分期问题，虽然就单件器物的类型学排比已有了一些线索，但限于材料难以展开；二是迄今没有发现该文化的墓葬，而这部分内容的缺失，使得对其文化面貌的了解还不完整。所以本文对白金宝二期文化的讨论，只是提出了问题，深入研究将有待于已发掘资料的刊布和进一步开展田野工作。

## 注　　释

［1］黑龙江省文物考古工作队：《黑龙江肇源白金宝遗址第一次发掘》，《考古》1980年4期；吉林大学历史系考古专业、吉林省博物馆考古队：《大安汉书遗址发掘的主要收获》，《东

北考古与历史》（1），文物出版社，1982 年。

[2] 黑龙江省文物考古研究所、吉林大学历史系考古专业：《黑龙江肇源白金宝遗址 1986 年发掘简报》，《北方文物》1997 年 4 期。

[3] 黑龙江省文物考古研究所、吉林大学考古学系：《肇源白金宝—嫩江下游一处青铜时代遗址的揭示》，科学出版社，2009 年。

[4] 黑龙江省文物考古研究所、吉林大学历史系考古专业：《黑龙江肇源白金宝遗址 1986 年发掘简报》，《北方文物》1997 年 4 期，图六，5。

[5] 中国社会科学院考古研究所：《中国考古学中碳十四年代数据集（1965～1991 年）》，文物出版社，1991 年。

[6] 黑龙江省文物考古研究所、吉林大学考古系：《黑龙江肇源县小拉哈遗址发掘报告》，《考古学报》1998 年 1 期。

[7] 乔梁：《松嫩平原陶鬲研究》，《北方文物》1993 年 2 期。

[8] 赵宾福、关强：《白金宝遗址四期说与白金宝文化遗存三段论》，《庆祝张忠培先生七十岁论文集》，科学出版社，2004 年。

[9] 乔梁：《松嫩平原陶鬲研究》，《北方文物》1993 年 2 期，松嫩平原陶鬲谱系图，10。

[10] 乔梁：《肇源卧龙青铜时代和早期铁器时代遗址》，《中国考古学年鉴（1985）》，文物出版社，1985 年。

[11] 吉林省文物考古研究所 2001 年大安汉书遗址第二次发掘材料。

[12] 李甸甫、朱声显：《科尔沁右翼中旗呼林河沿岸原始文化遗存》，《文物资料丛刊》（7），文物出版社，1983 年。

[13] 笔者在科左中旗文物管理站曾观察过该遗址采集的部分标本。

[14] 吉林省文物工作队：《吉林大安县洮儿河下游右岸新石器时代遗址调查》，《考古》1984 年 8 期。

[15] 吉林省博物馆：《吉林镇赉县细石器文化遗址》，《考古》1961 年 8 期。

[16] 丹化沙、谭英杰：《松花江中游和嫩江下游的原始文化遗址》，《东北考古与历史》（1），文物出版社，1982 年。

[17] 朱永刚、郑钧夫：《通榆县三处史前遗址调查与遗存分析》，《边疆考古研究》（第 7 辑），科学出版社，2008 年。

[18] 白城市博物馆展品，出土地点不详。承蒙宋德辉馆长惠允刊用，谨此致谢。

[19] 内蒙古自治区文物考古研究所、鄂尔多斯博物馆：《朱开沟——青铜时代早期遗址发掘报告》，文物出版社，2000 年。

[20] 韩嘉谷：《花边鬲寻踪》，《内蒙古东部区考古学文化研究文集》，海洋出版社，1991 年。

（原载《北方文物》2009 年 1 期）

# 东北青铜文化的发展阶段与文化区系

我国东北地区青铜时代的考古文化研究开始于20世纪50年代。首先是能够把一些广泛使用石器生产工具并已出现青铜冶铸技术的考古遗存，从过去认识的“石器时代考古文化”中分离出来[1]。这一时期在相继发现的战国以前墓葬中出土的不同于中原式的青铜器[2]，以及野外调查采集标本呈现出的复杂文化内涵，也是提示人们这里可能存在着年代更为久远的金属文明。20世纪60年代初，在赤峰附近发掘的一个以多层文化层叠压的遗址命名的夏家店下层文化和夏家店上层文化，使内蒙古东部和辽宁西部青铜时代考古实现了重大突破[3]。同时在田野考古工作中，还将这两种青铜文化面貌与阶段的认识推广到东北其他地区。20世纪70年代以后，随着大规模田野考古调查和发掘工作的展开，东北青铜时代考古文化在时间和空间上的许多空白被填补，不断涌现的新材料也较大程度地丰富了纵横联系的中间环节。一些考古工作者在对区域内考古学文化深入研究的同时，还注意到不同区域之间考古文化的相互联系与各自发展轨迹的考察，一个历史的轮廓已越来越清楚地呈现出在人们面前。在此基础上，建立东北青铜文化的年代框架与谱系结构，不仅是对考古文化本身研究的纵向深入，也是探索东北古代民族历史发展进程的必然途径，所以已成为当前东北青铜文化研究的重要一环。

东北的青铜文化约发生在公元前21世纪，结束的时限大体是随燕文化的到来及秦汉势力的扩展而逐步衰落。在这一时间段内，由于历史背景、文化传统及地理环境的差异，各地逐渐形成的独具特征、自成序列的青铜文化，发生的时间有先有后，延续的年代有长有短，分布格局因不同时期而表现为不均衡的多层次变化。根据上述特点，通过对青铜器铸造工艺、技术水平和生产规模的衡量及对考古文化发展规律的认识，可将东北青铜文化划分为夏至早商、商末周初和西周中至战国依次发展的三个阶段，最后一个阶段又以春秋战国为时限分为前后两期。本文将依据这一顺序，从把握东北青铜文化的发展脉络入手，就区域考古学文化的消长变异、时段特点、结构体系及族属问题进行探讨（图一）。

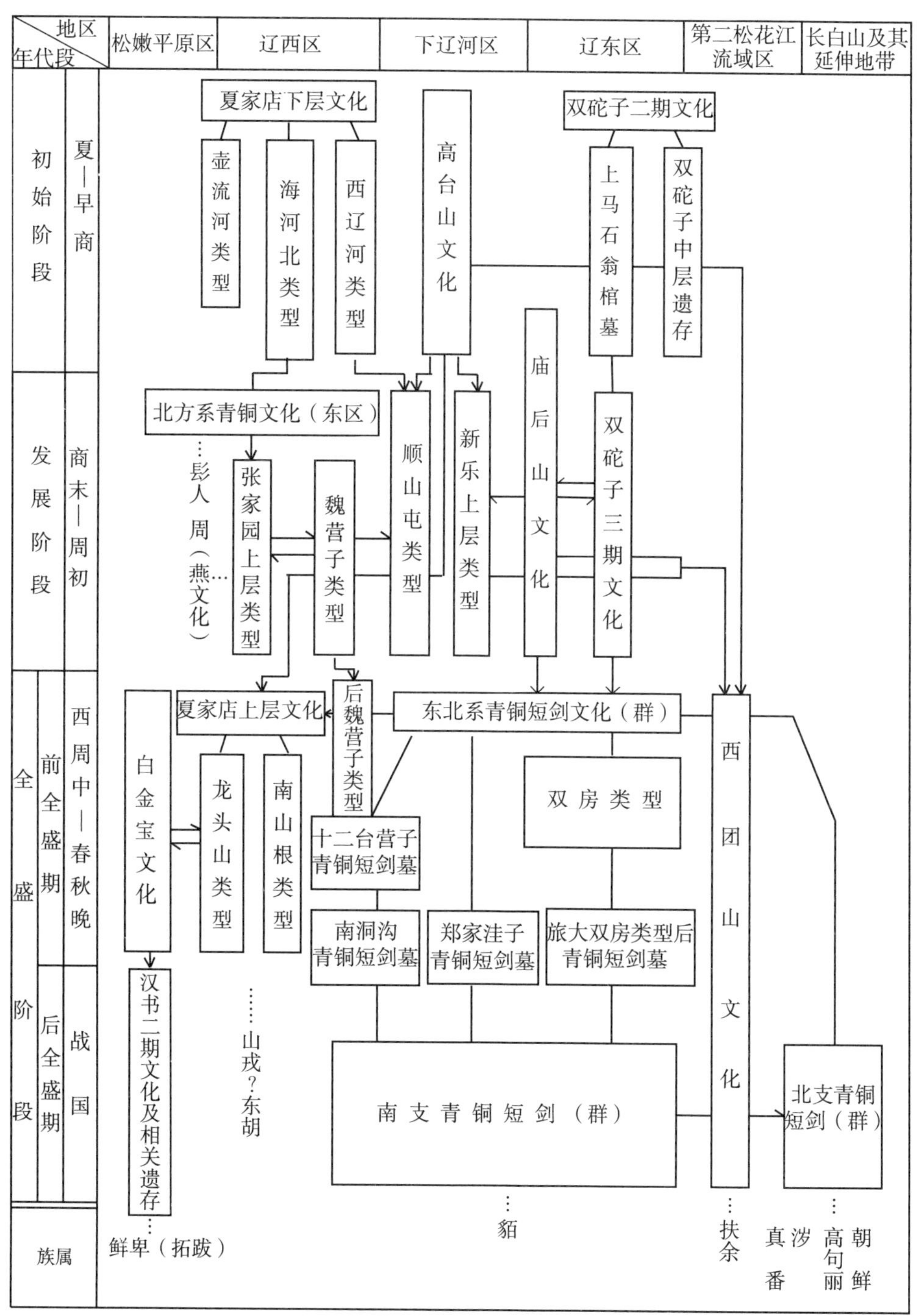


图一 东北青铜文化发展阶段与文化区系一览表

# 一、青铜文化初级阶段的夏至早商期

东北最早的青铜文化发生于北纬38°30′～43°30′的辽河以西、下辽河北部及辽东半岛南端，已确认的三支青铜文化分布在这三个地区内（图二）。

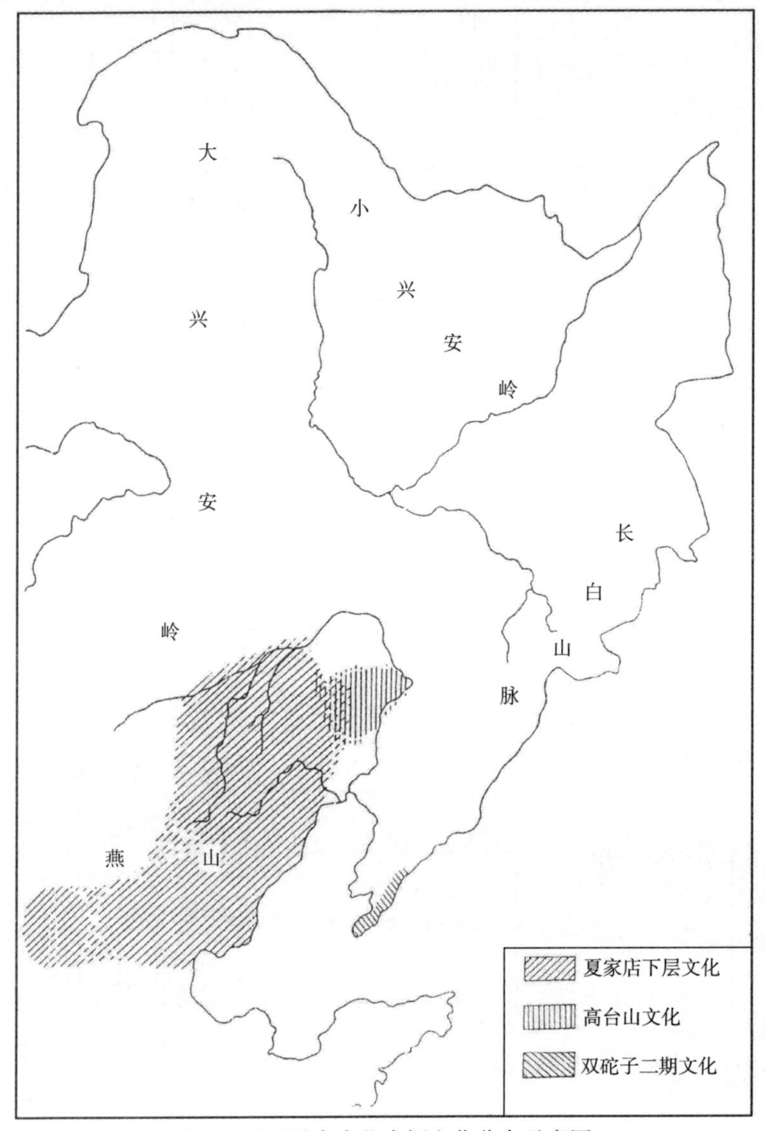


图二　夏至早商东北青铜文化分布示意图

夏家店下层文化分布于辽西区。辽西区是指下辽河以西，包括北到内蒙古东部的西拉木伦河，南达河北北部的拒马河，西至张家口、宣化一代，东抵医巫闾山。在这样广大地区形成的夏家店下层文化，是多种文化因素交织、融合、孕育的结果，它既具有与周邻其他考古学文化相区别的统一的典型性特征组合，又具同一文化遗存之间所形成的地区差异。目前，按其分布地域所显现的文化内涵差异，可划分为三个层次：燕山以北的西辽河水系遗存是承红山——小河沿文化，并吸收了二里头文化、岳石文化的因素，接受先商文化影响发展起来的。在其存续时段内，文化发展稳定，其间没有明显间断，该文化最具特点的典型性器物均有发现，所以这里是夏家店下层文化的中心分布区。燕山南海河以北水系区，根系于雪山二期文化并渗透部分龙山文化因素，作为相邻的不同渊源的考古学文化，在以后的发展进程中，纳入到夏家店下层文化范畴。但受文化传统和地域因素制约，表现出某种文化上的变异。这里是与中心区保持密切交往的夏家店下层文化亲缘分布区。位于西部的壶流河流域区，可见到夏家店下层文化部分典型性器物，但与上述两区比较，文化内涵含有多元文化成分，因而是夏家店下层文化辐射的地缘文化区。于此，按谱系线索和地理分布情势，可将夏家店下层文化区分为西辽河、海河北和壶流河三种文化类型。

迄今测定的夏家店下层文化碳十四年代数据已有 20 余个[4]，其中偏早的数据均出自西辽河类型，大体接近龙山晚期文化的年代。其他两种类型从地层关系看，均晚于当地龙山期遗存，而被二里冈上层文化或相当于晚商时期遗存所叠压[5]。由此表明，夏家店下层文化是从北向南发展的，其主要年代跨度相当于中原夏至早商阶段。

分布于下辽河区的高台山文化首先因墓葬的发掘而被识别。目前在新民高台山[6]、彰武平安堡[7]、阜新平顶山[8]等地，发掘的墓葬有 200 余座。墓葬中随葬的壶和钵（碗）施红陶衣，出土时钵（碗）多覆扣于壶上，这种特殊丧葬习俗是高台山文化的主要特征之一。遗址出土的陶器以素面红褐陶为主，典型器以直腹式陶鬲为代表及抹斜口沿、外叠唇和发达的器耳等为特点，构成了与夏家店下层文化明显不同的陶器组合。高台山文化以柳河为中心分布，其文化影响还波及沈阳、库伦、奈曼、敖汉等毗邻地区。

根据高台山、平安堡、平顶山遗址的地层叠压关系，高台山文化年代上限不早于当地新石器时代晚期的偏堡子类型，下限年代则不晚于与魏营子类型相当的“平顶山三期遗存”。

考察高台山文化来源，偏堡子类型是下辽河区目前发现的年代最晚的新石器文化。虽然两种文化面貌明显不同，但偏堡子类型的某些陶器，如平底筒形罐、高体竖桥耳壶在造型特点上可能为后来的高台山文化所继承，只是年代尚不能衔接，尚无法表明其具体演化过程。近年新发现的“平安堡二期遗存”弥补了当地新石器晚期遗存向青铜文化过渡的中间环节[9]。就“群”的面貌而言（“群”，即文化特征组合），“平安堡二期遗存”即拥有平底筒形罐又出现袋足三足器，这两种具有时代特征类型品的并存现象，为探索高台山文化的来源提供了重要线索。

高台山文化与夏家店下层文化相邻，它们的迄止年代虽有参差，但在主要年代序列上基本重合。已有研究成果认为两种文化存在着密切的交往关系[10]。前期，夏家店下层文化对下辽河区的影响起了决定性作用，主要表现在高台山文化演化过程中对袋足三足器的借鉴与吸收；后期，以高台山文化向西的扩展为主。这一时期的夏家店下层文化红褐陶系增多，绳纹衰退，尤其在墓葬随葬陶器和丧葬习俗方面反映高台山文化渗透现象非常明显[11]。而从科尔沁沙地南缘到医巫闾山以北在两种文化接触地带，则更为直接地表现出彼此文化消长中的交错分布和相互影响[12]。

双砣子二期文化分布于辽东半岛南端，实际上这种早期青铜文化包含了两种文化遗存：一种以双砣子中层为代表[13]，其器物造型和制陶风格与山东岳石文化十分相似，年代亦相当。另一种以上马石瓮棺墓为代表[14]，其陶器的子母口、假圈足和轮制特点与双砣子遗址中层遗存相同，但在陶器中没见豆、杯、三足器，墓葬的形制也明显不同。前者分布于半岛南端的旅大地区，属岳石文化系统；后者主要分布在金县以北至碧流河之间的黄海沿岸及周邻诸岛屿上，其“群”的整体面貌突出了对当地传统文化的继承。

这一时期的冶铜考古资料以夏家店下层文化较为丰富，见于报道的出土地点有：宁城小榆树林子、赤峰夏家店、大厂大坨头、蓟县张家园、昌平雪山、房山琉璃河、唐山小官庄等[15]，铜器皆为喇叭形耳环、指环、小刀和镞等小件器物。与夏家店下层文化关系密切的高台山文化也发现有小刀、喇叭形耳环和铜饰件。经对小官庄的两件标本鉴定，含锡量约 10%，为锡青铜器。这种青铜器铸造后的硬度是 88B，如一般武器、工具等锋刃器，再经锤锻还可提高硬度。

由锻造到铸造是铜器制作的一大进步，由单范到合范则是工艺技术的发展。在赤峰四分地和彰武平安堡遗址出土的带子母榫的铸范[16]，均可被鉴定是合范。而敖汉旗大甸子墓葬随葬的铜套件[17]，则反映这一时期人们对合范和内范铸造技术的一般掌握。近年锦县（现凌海市）水手营子出土的一件铜柄戈[18]，通长 80.2 厘米，重量超过 1 公斤，柄身两面饰满复杂的花纹，是迄今发现的代表夏家店下层文化最高铸造水平的青铜制品。此外，大甸子墓出土的成组陶爵、陶鬶和彩绘陶器纹样和纹饰布局，也很容易使人联想起与铜容器的关系[19]。

以上引证的材料虽比较零散，但可以确认当时已脱离了金属铜制作的最原始阶段。就已具备的各要素特征来看，铜器制作达到了一定水平，甚至有可能铸造小型铜容器。所以夏家店下层文化和高台山文化是进入青铜时代的考古文化。

辽东半岛的青铜文化开始于何时是个有争议的问题，有人以大连大嘴子遗址曾出土的一件青铜戈为依据，认为该地区相当于龙山期的双砣子一期文化已进入青铜时代[20]。从北方地区的大文化背景来看，中原二里头文化始进入青铜时代。在此之前，整个黄河流域包括山东龙山文化在内，铜器的出土地点和种类虽有不少，青铜器也占有一定比例，但尚没有达到铸造青铜戈那样的工艺水平，而东北同时期遗存更无确切实例可证。大嘴子青铜戈还有待进一步考实，所以本地区先于双砣子二期进入青铜时代的认识应慎重考虑。

岳石文化是继山东龙山文化之后发展起来的一种青铜文化。目前经正式发掘的遗址虽不多，但普遍出土有青铜制品，除一般工具外，还发现了容器残片[21]，可见其青铜铸造业已有了较大发展。双砣子二期文化的相关遗存与岳石文化有着十分相似之处，相信只有大量岳石文化居民漂洋过海实现了对旧有文化的占领，并形成新的居民点之后，才会出现这种现象。从现有资料分析，辽东地区首先发生在半岛南端的早期青铜文化，应是受岳石文化的强烈影响所致。我们相信，以往在新金县单砣子出土的冶铜考古资料[22]，会随田野考古工作的开展有新的发现。

概之，东北早期青铜文化具有三个特点。

一是时段性。夏家店下层文化、高台山文化、双砣子二期文化及相关遗存可确认是青铜时代的考古文化。它们在各自区域考古学文化编年序列中，均呈现较前期文化面貌明显的阶段性变化。其中辽西地区的夏家店下层文化，出现大量绘于陶器上与中原青铜礼器极为相似的彩绘纹饰；广为流行的占卜巫术；象征父权制军事组织的权杖；还有反映社会等级化的墓葬形制；以及稠密的人口和大型中心聚落所显现的酋邦制社会结构。凡此种种，均揭示文明赖以存在的社会基础已经形成。青铜器作为进入新时代的重要标志，具有鲜明的时段特征。

二是不平衡性。上述几种青铜文化，以辽西地区的夏家店下层文化发现的铜器最多，文化发展水平最高。相比较，其他地区出土青铜器不仅数量少，冶铸技术落后于夏家店下层文化，而且作为衡量文明的诸要素特征也远不如辽西地区发育。这种区域间文化发展的不平衡现象，是东北早期青铜文化乃至影响其后发展进程的重要特征。

三是多元性。从区域考古文化各自发展线索来看，东北早期青铜文化的形成是错综复杂的。据报道，辽西冶铜遗存的出现最早，向上可追溯到距今五千年前的红山文化[23]，所以该地区青铜文化应是在新石器文化基础上延续发展而来，是自有渊源的。辽东地区传统文化的沉积却终未能引导由新石器向金属文明的过渡，这一地区最初冶铜术的出现是由岳石文化传入的。另一个值得注意的现象是，以往被确认为夏家店下层文化典型器物的喇叭形铜耳环，也见于下辽河流域的非夏家店下层文化遗存[24]。而更为奇怪的是，这种喇叭形耳环与分布于西伯利亚平原的安德罗诺沃文化的铜耳环极为相似。有学者推断“相距如此遥远的定居族团之间会发生这种交流”“期间必有流动性强的人群作媒介”[25]。显然，活跃于欧亚草原以畜牧为主的非东亚人种人群，从那一时期就达到过渤海西北沿岸地区，并与那里定居族群发生接触。作为文化载体，喇叭形铜耳环的出现，说明这种传播曾对东北早期青铜文化产生过毋庸低估的影响。

# 二、青铜文化发展阶段的商末初期

商末周初时期，来自河套及鄂尔多斯高原的牧业及半农半牧部落或族群，对分布于渤海湾西北沿岸的农业文化造成了很大破坏。辽西地区曾一度发达的夏家店下层文化被中断，兴起于下辽河流域的高台山文化也在迁徙中发生了分化。辽东地区因较少受到这股东渐势力的冲击，在半岛南端继续按自身文化轨迹发展，同时半岛北部亦出现了新的青铜文化。此间，东北青铜文化发展的时代特征是，西面冲突中的文化变异和东部平稳过渡中的协调发展并存，并由此形成错综复杂、谱系多元的考古学文化分布格局（图三）。

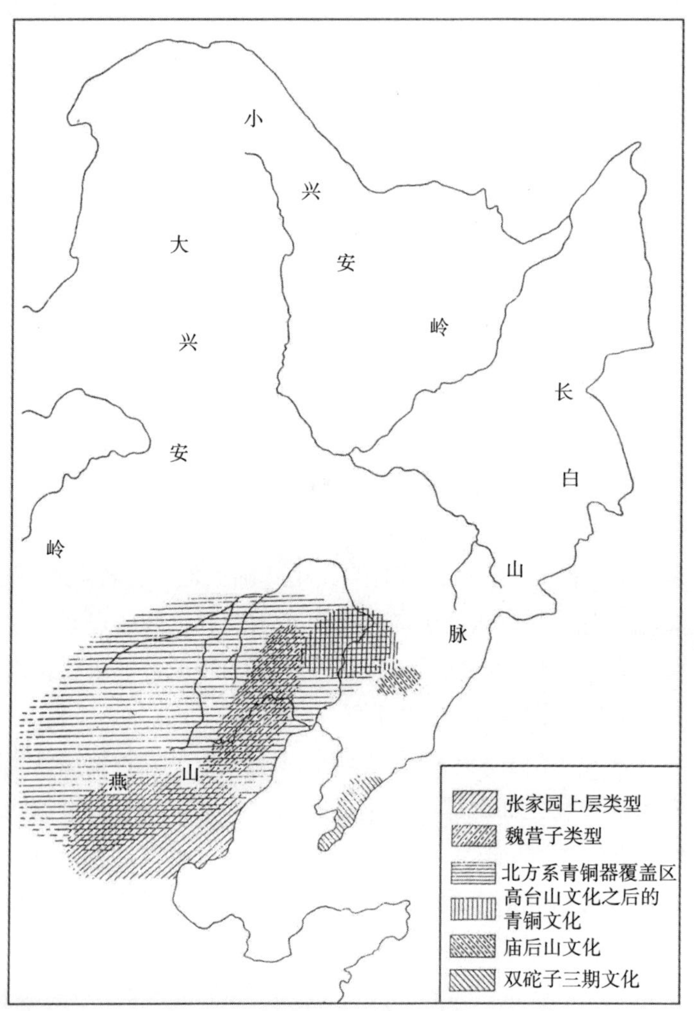


图三　商末周初东北青铜文化分布示意图

近些年来的考古发现与研究成果证明，夏家店下层文化结束后其原有分布范围，在辽西中心区出现的是魏营子类型；在燕山以南海河北系区继承的是张家园上层类型[26]；在壶流河水系区，因可辨析的材料较少，文化性质尚难认定。

魏营子类型分布于努鲁儿虎山至医巫闾山之间的狭长地带，北境已抵下辽河流域。该文化年代，根据喀左南沟门遗址的地层叠压关系，以及对朝阳魏营子西周铜器墓填土陶片的确认，初步断定在商代晚期到西周早期[27]。而其最后时限可能有一个由南至北渐远的过程，即南面大小凌河流域结束得早，北面靠近下辽河流域消失得晚。

通过文化因素分析，魏营子类型陶器群可划分为反映不同文化来源的两种器物组合：一组，陶器表面多拍印绳纹，纹理细密而浅。典型器物有花边口沿鼓腹鬲、双耳罐、沿面饰绳纹的斜直腹钵。以花边口沿鬲谱系为线索，它是最迟至商代晚期由鄂尔多斯高原沿内蒙古长城地带向东延伸文化的一部分[28]；另一组，陶器表面多磨光，部分器物肩部饰有压印或刻划的三角纹饰带。典型器物有直腹鬲、矮领壶、外叠唇盆和圈足钵，其器物形态明显与高台山文化相似，它有可能是高台山文化南进的一支。这两组器物文化渊源虽不同，但在其分布范围内均不见游离对方而单独存在的另一方，表明两者已紧密地结合为一种考古学文化。进一步分析还可以发现，不同地域且反映一定早晚关系的魏营子遗存，所含两组文化因素的比率亦有不同。大小凌河流域的魏营子类型遗存以花边口沿鬲代表的特征组较为突出，居主导地位。而在靠近下辽河流域区的同类遗存[29]，与高台山文化互为对应的文化成分则表现得更为充分。随着今后工作的逐渐深入，或许将会区分出不同的地方类型。

努鲁儿虎山以西的原夏家店下层文化中心分布区，商末周初时期的陶器遗存甚少。零散所见，如克什克腾旗天宝同、宁城西门外、建平水泉遗址中层等[30]，虽具有魏营子类型的某些特点，但多采集品，缺少共存关系，因整体文化面貌还不清楚，所以一直未能得到确认。

燕山南麓的张家园上层类型，分布范围与原夏家店下层文化的海河北类型基本重合。该类型陶器群除了具有当地夏家店下层文化发展进程的诸要素特点外，还含有其他非本地文化成分。“最突出的是直领花边鬲和高领凹沿的陶鬲”[31]，前者与魏营子类型同类器大概有共同的来源；后者属先周文化代表性器物。我们认为，张家园上层类型是在继承和发展了夏家店下层海河北类型的基础上，又吸收融合了包括先周文化在内的多种文化所形成的一体文化。

西周早期召公封于燕，随着周人代表的中原文化的到来，张家园上层类型逐步解体并最后消亡。从分布地域和与周人的密切关系推测，张家园上层类型应是周初封燕后所涵盖燕文化之一部分。

下辽河区，继高台山文化之后，考古学文化面貌发生了较大变化。由统一特征的一种考古文化分化成若干种年代相近、面貌各异的文化遗存。

下辽河以西，以康平顺山屯命名的顺山屯类型[32]，与高台山文化比较，部分陶器的形制与风格相似。但在这类遗存中，出土数量较多且形式富于变化的鼓腹鬲与高台山直腹鬲属于不同的陶鬲谱系。其基本造型，尤其是个别口沿饰附加堆纹的标本，与魏营子类型的花边口沿鬲相近，属于同谱系之衍生器。

下辽河以东的沈阳新乐上层遗存是该地区最早认识的以素面三足器为代表的青铜文化[33]。抚顺望花遗址及相关遗存可并入新乐上层文化[34]。该文化以鼎为主要炊器，鬲极少见。

下辽河区各遗存文化特征有一定共性，但以下辽河为界，东西分布的以鼎为主要炊器和普遍使用鬲的遗存，则具有相当的独立性。法库湾柳、沈阳老虎冲等遗存[35]，因文化面貌既此既彼的特点，尚难以作文化性质判定。这一时期多种遗存交错分布，共存并立，反映了该区域内考古学文化谱的多元性。

在下辽河以西燕山南北的广大地区还存在着另一种北方式青铜器文化遗存。据初步统计，迄今为止，辽宁境内出土青铜器遗址 11 处（共 78 件）；内蒙古赤峰地区先后采集的有 13 件；河北北部有明确出土地点的有三批，加上采集品在内约不少于 30 件，总数已超过百件[36]。上述地区发现的北方式青铜器以拱背翘尖环首刀最多，管銎式斧、銎啄戈、戚出现的频率也较高，另外环纽器盖、人首形匕、连钩叉、鹿首锥等也极富特色。目前有关研究已将太行山以东、下辽河以西燕山南北的北方式青铜器划分为一个地域群[37]。

从以上青铜器的具体出土地点来看，除个别见于遗址和墓葬，多数为窖藏，但几乎都不同陶器有确定的共存关系。可以设想，在上述以陶器划分的考古学文化分布区内，还分布着很少使用陶器甚至不使用陶器、以游动生活方式为主的非定居人群，他们拥有的北方式青铜器，正是游牧文化的佐证。由于从黑海沿岸到蒙古高原都发现有北方式青铜器，所以这一时期各个不同群体的游牧文化是整个欧亚大草原的主导性文化。鄂尔多斯高原和陕晋接壤的黄河两岸地区，恰好处于中原传统农业文化与草原游牧文化的中介地带。大约于公元前二千纪末至前一千纪初形成的由农耕畜牧型经济向单一畜牧业转化的游牧部落[38]，开始经由内蒙古中南部、山西和河北北部向东迁徙，直抵渤海西北沿岸地区，由此形成一条特定时空范畴的文化传播带，并在这条传播带的东端聚集起新的游牧文化群体。有学者指出，他们可能是西周青铜器铭文中所提到的“髟”人[39]。若将大小凌河流域屡有发现的商周式窖藏青铜器联系起来考虑，并依唐兰先生所释之“孤竹”，则与商末周初“髟”人活动范围有一部分重合。或许历史上有名的孤竹国乃是“髟”人或与其有密切关系的人群所建立的方国。

辽东地区这一时期出现的两支青铜文化：北部形成的是庙后山文化；南端继之的是双砣子三期文化。以本溪庙后山洞穴墓命名的庙后山文化[40]，丧葬习俗独特，主要分布于太子河上游的千山腹地。庙后山文化跨越的时间较长，年代上限约可追溯到商代之前，下限至商周之际。庙后山文化可划分为早晚两期：早期，文化内涵单纯，陶器群自身特点突出，尤其是遗址中不见三足器，与下辽河及以西地区同期青铜文化在炊器使用上有很大区别；晚期，以千山山地为活动中心的庙后山文化分布范围扩大，向南已推进到丹东地区。同时与下辽河流域和辽东半岛南部的考古文化也发生了不同程度的交流，通过类型学分析，不难发现此间各自陶器群中互为对应的共有文化成分。

双砣子三期文化是岳石文化在辽东半岛的影响消退以后，在原土著文化基础上形成发展起来的一支具有地方特色的青铜文化，也称“于家村上层文化”或“羊头洼类型”[41]。于家砣头积石墓，是以石块堆砌墓圹并彼此相连构成像蜂房状的积石墓地。墓葬中出土的镞、鱼钩、环、泡等小件青铜制品，是该区域发现的有明确出土地点且文化属性清楚的青铜器[42]。双砣子三期文化的陶器群已基本摆脱岳石文化的制陶风格，陶器表面多饰有纵向排列的藕节状泥条堆纹、凹弦纹、划纹和点线纹。典型器类中的罐和壶出现频率最高，形式富于变化，它们除部分保留着传统的造型特点外，还出现了一些新器型。于家砣头积石墓晚期墓葬出土的弦纹罐和口唇状附耳钵口壶，在类型学上已可以与下一阶段普遍出现的石棺和大石盖墓随葬的同类陶器相联系。双砣子三期文化既有对本地区原有土著文化的继承发展，又有逐渐形成并最终推广到整个辽东地区新文化因素的增长。

## 三、青铜文化全盛阶段的西周中至战国期

自上一阶在“北方系青铜文化”的强烈冲击和作用下，最迟从商代晚期起又直接或间接地接受商周制铜工艺的影响，进而迅速地推进了本地青铜铸造业的发展。这一时期，就青铜铸造技术、生产规模和时空所涵盖的内容而言，是东北青铜文化发展的全盛阶段。根据各区域相对应考古文化存续变化的特点，本文以春秋战国之交为限，分为前全盛期和后全盛期两时段。

（1）西周中至春秋时期。至少存在四支已确认的考古学文化。辽河流域西部地区，在北方式青铜器代表的文化流悄然退去以后，重新出现了以农耕为主，兼有相当畜牧业成分的夏家店上层文化。下辽河以东至辽东半岛南部，文化融合的一体性突出地表现为东北系青铜短剑遗存的覆盖。此间，形成于第二松花江流域的西团山文化和分布于松嫩平原的白金宝文化是两支不同系统的青铜文化，它们不但在地理上东西分布，表现出区域性文化特征的不同，而且在族群成分上也自成一体。较先前阶段，东北青铜文化的分布格局已发生了重大改变（图四）。

夏家店上层文化主要分布于努鲁儿虎山以西的老哈河流域和西拉木伦河流域。依其地域和文化内涵差异，可分为龙头山和南山根两个类型。北部的龙头山类型[43]，遗址极少发现有与夏家店下层文化和战国燕文化叠压打破的情况，文化内涵较为单纯。目前已确认的夏家店上层文化早期遗存，均见于该类型分布的西拉木伦河流域。南部的南山根类型，以宁城附近发现的大型铜器墓为代表[44]。随葬的青铜器种类繁多，成

分复杂，既有地域特征鲜明的仿陶铜容器，又有成套的中原式青铜礼器，还有草原风格的武器、工具和各种动物牌饰。从已发表的材料判定，夏家店上层文化晚期重心南移，在宁城附近“出现了显著的权力和财富的集中现象”[45]。种种迹象表明，在与中原文化的交往中，一个凌驾于部落制的高级社会组织和相应的权力机构业已产生。

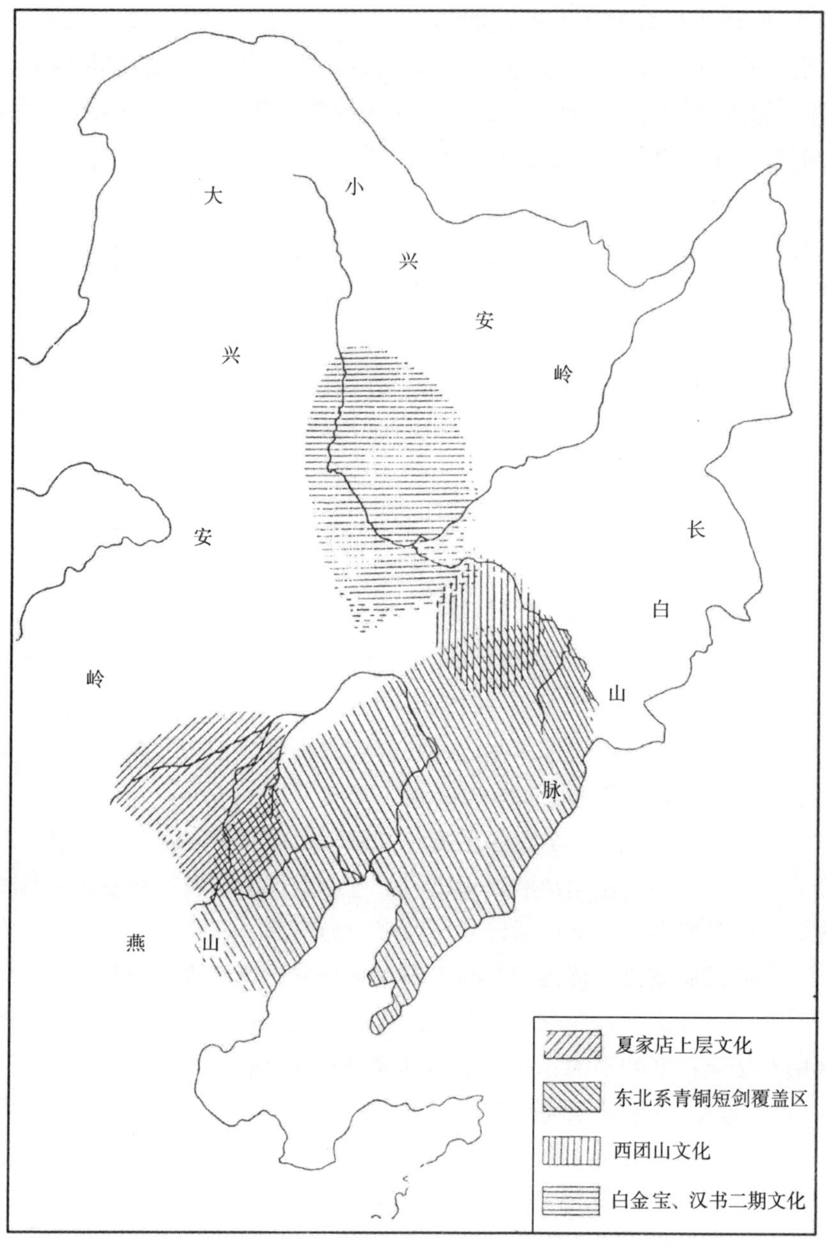


图四　西周中至春秋战国东北青铜文化分布示意图

夏家店上层文化与夏家店下层文化的关系，在两种文化命名的同时就曾指出，它们“可能属于不同的文化系统”[46]，“夏家店上层文化不是从夏家店下层文化演变而来的”[47]。我们认为夏家店上层文化与魏营子类型有密切关系[48]，而通过彰武平安堡和阜新平顶山遗址的最新材料对比，进一步明确了其主体来自下辽河流域素面红陶系统的高台山文化[49]。

人种学研究认为，夏家店上层文化居民是含有北亚人种性状特征的东亚人种[50]。经初步观察，地理位置偏北的龙头山组混有更为显著的北亚人种因素[51]。这说明该文化形成过程掺入有北亚人群。而龙头山遗址出土的分叉装铤式柳叶铜镞、大型青铜鹿牌饰、仿皮囊式陶器以及镌刻于陶器上的鹿和马形几何纹饰等反映草原游牧生活的遗物也证实了这一点。可以推测，此间西拉木伦河周邻地区仍活跃着游牧部族，它们在与定居的农业居民接触中，或许以某种形式的介入构成了夏家店上层文化的另一重要来源。

努鲁儿虎山以东，原魏营子类型分布范围内，目前以陶器划分考古学文化的材料尚不充分。但该地区确有时间上与魏营子类型基本衔接，文化内涵上也表现出相当承袭关系的遗存线索[52]。至于这类遗存的文化性质以及与本地区这一时期大量出现的东北系青铜短剑的关系，将是学术界所密切关注的研究课题。在情况尚不明朗之前，暂且称其为“后魏营子类型”。

以柱脊曲刃剑身、丁字形剑柄分体组装为特点的东北系青铜短剑，是该阶段东北地区最重要的考古遗存。据报道，发现这类短剑及附属物的地点已逾 200 处，分布于辽宁、内蒙古东南、河北北部、吉林中南及朝鲜半岛部分地区[53]。若以单一的短剑来划分，它是一个分布地域广泛，延续时间较长，具有一定地域亲缘关系和相近民族文化成分的广义青铜文化；若以陶器和其他特征组合划分考古学文化，则可以肯定是包容了多种文化的综合体。据对这种短剑演变形制的划分及相应器物反映的地域差异研究，可大体将这一时期的东北系短剑遗存划分为辽东与大小凌河两个类型。

辽东区的双房类型[54]，这类短剑长度一般不超过 30 厘米，节尖位置偏前，短锋，宽叶刃，剑尾肥硕弧收。墓葬流行石棺、石棚，随葬陶器以饰口唇状附耳的钵口垂腹壶为代表，伴存的青铜器多见窄身弦纹斧和凿的组合。大小凌河区的十二台营子类型及沈阳郑家洼子 M6512 为代表的青铜短剑墓[55]，剑身细长，节尖位于中部偏后，前锋较长，叶刃较窄，剑尾折收。伴出的青铜器有中原式的礼器、兵器和具有草原风格的各种装饰品与马具。随葬陶器以罐、钵和长颈壶为主，流行石椁墓与土坑墓。散见于墓地附近的鼎、鬲残片等表明，这里原来是传统的三足炊器文化分布区。

类型学研究表明，剑身短小、质地轻薄的“短型剑”年代较早。据抚顺甲邦、清源门脸、辽阳二道河子、新金双房等墓葬[56]与“短型剑”共存的垂腹形钵口壶考订，在辽东地区这种陶壶流行于西周晚或春秋早期前后。从基本造型和纹饰特点来看，其早期形态可以追溯到双砣子三期于家砣头积石墓出土的同类随葬品。所以与垂腹钵口壶共存的“短型剑”的年代，实有早到西周中期的可能。而大小凌河流域锦西乌金塘发现的这种短剑，年代最早可定在西周晚到春秋早[57]。由此推定，东北系青铜短剑起源于辽东地区，并由东向西传布，最迟至西周晚期在大小凌河流域形成新的铸剑业中心。进入大小凌河流域的这支青铜短剑文化，除与当地文化发生融合外，还直接或间接地受到了来自中原和北方草原地带两方面的文化影响，使该地区在构成与辽东青铜文化一体性的同时，与占据努鲁儿虎山以西的夏家店上层文化相邻，由此形成东西两大青铜文化集团相对峙的格局。

20 世纪 50 年代初提出命名的西团山文化，是东北地区最早被确认的战国以前存在的青铜文化。西团山文化分布于第二松花江流域，东至威虎岭，西抵伊通河，南达东辽河，北到拉林河。在其分布范围内，按文化特征组合界定，至少可划分为两个亚区。东部的吉林地区，遗址和墓葬分布得十分密集，发现的地点已超过 100 余处[58]。该区的西团山文化作为一种稳定因素长期存在，是西团山文化中心分布区。西部的长春地区，田野考古工作薄弱，发表的资料较少。从已发现的部分遗存内涵来看，除保持了与中心区相同的一般特征外，还摄入有其他文化成分，文化结构亦有所改变，所以是西团山文化的边缘区。

据对西团山文化墓葬分期和特征组合演变规律的认识[59]，春秋以前的西团山文化墓葬多排列在较高的山坡上，以石块或石板砌筑的石棺为葬具，有的还设置放随葬器物的副棺。与墓地相对应的居址多选择在沿江的高地上，依山势开凿成半地穴式建筑。该文化遗址和墓葬的陶器组合与形制有别：墓葬以壶、罐、钵、碗为基本组合，其中横桥耳壶在随葬陶器中出现频率最高，且具有较好的连续性和阶段性的形制变化，是墓葬的主要随葬器物；遗址以鼎、鬲、壶、罐为主，其中直腹圜底鼎出土的数量最多，为代表性器物。值得注意的是，除个别墓葬发现经毁器处理的鼎外，极少以炊器随葬。这种生活实用器与随葬品相分离的现象，也是西团山文化的一个重要特征。

出自西团山文化墓葬的青铜器有 100 多件，种类有短剑、矛、刀、斧、镞、泡、镜[60]，其中曲刃矛、网纹扇面斧、穿孔连柄刀是具有本地特色的青铜器。而其他如分体式曲刃短剑、齿柄刀、联珠饰，有可能是来自周邻地区的舶来品。西团山文化的青铜器小件装饰品较多，有自身特点的武器工具类较少，当地发现的铸范更少，与辽河流域东西两翼地区同期青铜文化比较，西团山文化的青铜制作水平明显滞后。

西团山文化早期遗存的年代可界定在西周中期前后。通过文化因素分析，西团山文化的来源有两条线索[61]，一条是商周时期分布于下辽河以东及辽东半岛北部地区，以壶为主要随葬陶器的庙后山文化和使用鼎为主要炊器的新乐上层文化及相关遗存；另一条是形成于下辽河以西，以鬲为代表的高台山文化及后续诸类遗存。前者大体经抚顺、清源、磐石、永吉至吉林，沿东线传播；后者基本从铁岭、昌图、四平到长春，顺西线延伸。两者在第二松花江流域有机地结合，构成了西团山文化确立的基础。

以嫩江下游为中心，包括哈尔滨、巴彦、宾县等沿松花江分布的白金宝文化，北限抵讷河，南界达吉林农安，向西曾一度渗入西拉木伦河流域与夏家店上层文化相接[62]。该文化年代，按陶鬲的排序与分期断代，可知存续时间大体相当于中原地区的西周到春秋时期[63]。

位于嫩江下游左岸高出江面20余米的白金宝遗址，是迄今在松嫩平原发现规模最大的青铜文化村落遗址，面积约10万平方米以上，先后进行过三次发掘。白金宝文化房址为长方形单间半地穴式建筑，主柱洞居中，灶坑偏前，窖穴位后，门向东南，设置已成定式，1986年在遗址东部1200平方米发掘范围内，揭露出属于该文化房址30余座，呈东北、西南向排列，可分辨出若干排[64]。若以分布密度计算，整个遗址当不会少于250座房址，即使这些房址是属于不同时间平面上的，这一规模也相当可观。所以这种经统一布局的大型村落，有可能是白金宝文化的中心村落。

在白金宝文化堆积中有大量的鱼、蚌及兽骨残骸，各种渔猎生产工具也占较大比重，而通过陶器上压印的各种几何形动物纹饰也反映出，狩猎、捕捞、畜养是当时经济生活中的重要门类。这种包括农耕在内的混合经济类型，通常是农业文化区边缘地带的重要特征。白金宝文化出土的青铜器有小刀、镞、泡、扣、耳环、连珠饰等，还发现有陶范和石范。其总体发展水平较东北同时期青铜文化落后。

松嫩平原自新石器时代起就是一个独立的考古文化区，除早年发现的昂昂溪文化外，近年又辨识出另一种以深腹筒形罐和压印蓖点纹为代表的文化遗存[65]。据肇源白金宝、卧龙、小拉哈等遗址的层位关系证实，这种遗存的相对年代晚于昂昂溪文化，早于白金宝文化。从文化特征分析，白金宝文化主要是继承这类遗存发展而来的。当然在白金宝文化成分中，陶鬲是另有来源的。一种是先于白金宝文化流入松嫩平原的绳纹鼓腹鬲[66]，形制与商周之际长城地带广为流布的花边口沿鬲十分相似，属同一普系。另一种直腹陶鬲，基本造型可能来自下辽河流域的素面红陶炊器系统。陶鬲的传入极大地改变了松嫩平原的原有文化结构，是白金宝文化形成的重要来源。

（2）战国时期，上限一般不会早于春秋晚期。东北青铜文化的分布格局大体与文献记载的战国、秦汉时期古代民族方位相联系，即西部的东胡和东部的涉貊两大族系文化区。

这一时期的重大历史事件是燕昭王遣秦开“袭破走东胡”，设郡制官，筑城屯兵，始确立中原政权对东北的管辖。燕人的到来加速了东北边地与中原之间的经济文化联系，铁器的传入促进了社会生产力水平的提高。然而在人口和居住区域上仍占有较大比重的东北土著居民，在接受先进生产方式的同时，还相当程度地保持着原有的文化传统。这一时期除辽河流域及东西两翼地区外，东北具有地域特点的青铜文化仍得以继续发展，一些边远地区也开始出现使用青铜器或掌握冶铸技术的人群。

文献记载，辽河流域原夏家店上层文化分布范围，在燕人到来前是东胡族活动的领地。提出夏家上层文化是东胡族的说法由来已久，流传广泛[67]。但事实上，迄今发现的夏家店上层文化至春秋中期以后已完全消失，与文献记载的燕筑长城之前活动于此的东胡族在时间上并不是“相合不悖”。人种学的材料也证明，体质特征基本属东亚类型的夏家店上层文化定居人群，不可能是东胡族的直接祖先[68]。看来这种在一段时间里颇为流行的观点，与考古学的实际发现还有很大差距。近年提出的夏家店上层文化是山戎族遗存的说法[69]，从年代、地域和周邻文化关系等方面进行的考证较之前者有说服力，是越来越为学界所接受的一种观点。现在的问题是，夏家店上层文化之后到战国燕文化来到此地之前，该地区的古文化尚未被认识，也就是说还没有发现明确为东胡族的考古遗存。那么这支流动性的非东亚人种人群是否真正占据过这一地区，或者只是大规模驱走定居文化居民把它变成一片宜于放牧的游猎之地。这期间究竟发生了什么事情，还是一个有待揭开的谜。

自上一时期于辽东及大小凌河流域广为出现的东北系青铜短剑，进入战国以后按出土地点和剑身形式分类，可划定为南北两支（北部的称北支，南部的称南支）。出现于朝阳、沈阳、抚顺、丹东一线以南和散见于河北北部的南支短剑，剑身节尖不明显，刃部曲度平缓呈束腰，晚期标本两侧刃部完全平直。从其剑身刃部弧曲度逐渐减少到消失的演化过程来看，可推定是由曲刃短剑延续发展而来。按共存的中原式青铜礼器和兵器断代，南支短剑的年代可界定在战国中期或更早，下限至西汉初。北支短剑主要见于辽东半岛北部和吉林东部的长白山地及其延伸地带。这类短剑剑身的节尖完全消失，刃部前段平直，后段凸出，剑尾多折收。北支短剑虽然仍遗留有曲刃短剑的形制特征，但与南支短剑有明显区别，且年代略晚，分布区域偏于东北方面，它应是东北系短剑发展过程中的派生类型。于北支短剑同一分布区内发现的所谓“触角式”连体剑，是东北系短剑固有的一种型式，它极有可能是糅合了北方式连体剑所产生的地方变体。

按汉魏文献对东北主要部族方位记载，东北系青铜短剑覆盖范围属东夷族聚居区。东夷，原本指黄河下游和淮河流域先秦古代民族。然而在当时中原人们的心目中，也把在方位上处于东胡以东的民族称作“东夷”。从这个意义上来说，东北的东夷是泛指生产与生活习俗、渊源与文化传统相近，分布地域相邻的东北东部诸多部族的统称。若按汉魏时期民族分布形势进一步划分，与中原文化有过较频繁接触的南支短剑属涉貊族的活动区域；北支短剑的范围，则可能包括了涉貊、真番、高句丽、朝鲜等多个历史民族或其祖先生息的领地。

主要见于吉林市郊及周邻地区的西团山文化晚期遗存，虽然没有失去固有的文化特征，但在居址、墓葬和随葬陶器形式等方面发生了一系列变化：居址为浅地穴式建筑，穴壁和居住面往往经加工焙烤，部分居室内还设有儿童瓮棺葬；上一阶段流行的石棺墓开始退化，出现了土石混筑墓和土坑墓，墓底通常铺垫黄土或修抹成长方形的黄泥框，个别墓葬见有木质葬具；居址和墓地的选择也由高地逐渐移向平原；以墓葬为单位出土的随葬陶器，壶的比率仍然很高，但颈部变得更长。这种长颈壶在西团山文化墓葬分期的陶壶排序中为最晚的一种形式[70]。种种迹象表明，受中原文化影响西团山文化的传统习俗正在发生改变。

在西团山文化晚期遗存中伴出有一定数量的铁制生产工具，以往被认定是汉代的。近年在吉林省梨树县二龙湖发现战国时期的古城址[71]，城内出土的铁鑁、铁锛、铁镰等工具，某些形制与西团山文化的同类品颇为相似。那么，把西团山文化晚期遗存中出土的铁器看成是燕人在其势力范围之外的流布品，并借此将吉林地区铁器出现的年代提前到战国中晚期之交是完全有可能的。

西团山文化之后，在该文化原分布范围内出现了多种年代相近、面貌各异的古文化遗存[72]。据文化因素分析，唯吉林市郊泡子沿前山遗址上层代表的“泡子沿类型”与西团山文化有直接的因袭关系。有学者认为泡子沿类型属汉魏文献记载的扶余部族遗存，这一说法还得到了扶余王城就在吉林市郊的考古学佐证[73]。如果确信历史上扶余部族的活动中心就在吉林市郊一带，而对泡子沿类型的史地考证无误的话，就文化渊源和文献史料的双重对应关系而言，即可明确西团文化应是扶余建国前的先行文化。

松嫩平原晚于白金宝文化的汉书二期文化是另一种以陶鬲为主要炊器的文化遗存。通过对松嫩平原陶鬲的分类排比及其特有使用方式的考察[74]。可以认定汉书二期文化主要是继承白金宝文化发展而来的，同时有迹象表明，它还受到来自大兴安岭西侧文化传播的影响。

松嫩平原晚期青铜文化（部分年代下限已进入“早期铁器时代”）的情况比较复杂，尤其对一些墓葬遗存文化性质及文化归属的探讨存在分歧。

1984～1985 年发掘的平洋墓地包括砖厂和战斗两地点共 118 座墓葬，出土器物 2400 余件，是松嫩平原已揭露的规模最大的墓地[75]。平洋墓葬的年代上限约自春秋晚期，下限至战国中、晚期，与年代跨度大体相当的汉书二期文化比较，共性较多。例如，直颈壶、曲颈壶、矮裆鬲、支座及红衣陶、几何形内彩纹饰、口缘压印的锯齿纹等。但两者在文化面貌上，即“群”的特征方面，差别仍较明显。其他如肇东市东八里、讷河市二克浅、齐齐哈尔市三家子等墓葬[76]，在随葬器物组合和器类方面也与汉书二期文化存在着联系和差别。上述情况除了说明松嫩平原晚期青铜文化复杂多样的特点外，也反映了区域内互为对应共有文化成分的亲缘关系。

这一时期发现的青铜器无论种类数量都较白金宝文化时期有明显增加，仅汉书遗址出土的陶范就有 50 多块，可辨认器形 10 余种[77]。平洋墓葬出土的较为丰富的青铜器，除各种虎、鹿纹动物牌饰、镂孔铜铃、节约、泡、管、带扣、耳环外，还包括锛、刀、锥、矛等工具和一定数量的铜镞。但这些青铜器制品仍以小型装饰品为主，工具所占比重较小，尚未发现制作工艺复杂的铜容器。另据检测，平洋墓葬出土的青铜器合金含量极不稳定[78]，这除了说明当时人们缺乏配制青铜合金的经验外，也暗示部分青铜器可能是通过交换或其他方式由异地传入的。

发现的铁制生产工具，种类和器形都是中原式的或其仿制品。考虑到地理位置和传播途径的差异，估计松嫩平原的铁器大约是战国晚期或之后输入的，出现的时间要晚于吉林地区。

据人种学研究，平洋墓葬古代居民与年代不晚于公元前 3 世纪的完工组居民种性特征最为接近，也与扎赉诺尔组等存在程度不同的相似性[79]。一种颇具代表性的意见认为，完工和扎赉诺尔是鲜卑拓跋氏的考古遗存[80]。如是说，在古代居民体质特征、丧葬习俗和随葬器物上表现出与草原游牧文化有较密切联系的平洋墓葬及相关遗存，即可推定为拓跋鲜卑的先世文化，或者说其后裔是构成汉代鲜卑民族的一部分。

# 四、结　　语

考古资料证明，东北冶铜术的发明可追溯到距今 5000 年前的红山文化晚期，从那时起就开始了向青铜文化演进的漫长历史过程。约距今 4000 年前，辽西和燕山以南的农业聚居区发育形成了东北最早的青铜文化。稍后，在下辽河与辽东半岛南端的考古文化中也出现了金属铜和冶铜遗存，这些铜器均为青铜制品，出土地点 10 余处，已形成一定的分布面。事实证明，东北是我国最早出现青铜文化的地区之一。这一时期，居民对青铜制作技术的掌握已较成熟，但尚没有发现青铜容器，文化发展水平显然落后于中原同期的二里头文化，所以仍属于不发达的青铜文化。

商末周初时期，集中发现于大小凌河的窖藏青铜器和广布于辽西的北方式青铜武器、工具和装饰品，除属于商周和北方游牧部族传入或携带的外来品外，其中也不乏一定数量具有地方特征的青铜制品。这一时期在外域文化的强烈冲击和作用下，一方面原有的定居农业文化遭到了很大破坏；另一方面又为本地青铜铸造业注入了新的活力，推动了青铜制作工艺水平的普遍提高和对铜容器铸造技术的掌握。正是由于这种文化间的辐射与汇聚、冲突与交融，使东北青铜文化由初始阶段进入到发展阶段。

西周中期以后，东北地区开始发展起具有本地特色的青铜铸造业，出现了集开采、冶炼、铸造于一体的大型铜矿场，并使用不同形制的炼炉和鼓风设备。此间青铜器的种类和数量显著增加，特征鲜明的青铜器已成为各区域考古文化的重要组成部分。另外随冶铜术和青铜器向北的传播，第二松花江流域和松嫩平原及部分边远地区新出现的青铜文化，更极大地改变了先前阶段青铜文化的分布格局。纵观全貌，春秋战国时期是东北青铜文化发展的全盛阶段。

然而，东北先民对铜器制作技术的推进和金属冶炼经验的积累，并未能引导出铁器的发明。东北铁器的出现和铁器时代的到来，是与战国中晚期燕人对其北部疆域的开拓及其势力在东北的扩展直接联系的。虽然从第一件铁质生产工具的传入，并能够移植仿造，到推广使用，还需要经历不短的时间，但却预示着青铜器作为物质文化发展进程的一个时代的结束。

东北青铜器文化的发展是不平衡的，区域间考古文化的扩张收缩、消长变异及文化谱系是错综复杂的。

考古发现与研究表明，辽西地区在东北青铜文化的形成和发展过程中始终居于主导地位。该地区几支代表性文化至少可分为两个谱系。夏家店下层文化是在本地区新石器文化基础上形成，并吸收了包括二里头、先商、岳石等多种文化因素而发展起来的一支青铜文化。由于其对传统文化的继承，又不断把周围较为发达文化的精华汇聚于一体，这一文化是当时东北发展水平最高并首先进入青铜文明的文化。夏家店上层文化的主体成分来自下辽河区的高台山文化，在形成的过程中又明显融入了北方草原游牧文化因素，并呈现出沿大兴安岭一侧与松嫩平原青铜文化的密切交往关系。魏营子类型及后继遗存与夏家店上层文化存在并行时期，两种文化互为对应的共有成分表明了其间的文化联系。以素面红褐陶器群和花边口沿鬲类型品为谱系线索，可归入高台山—夏家店上层文化系统。总之，夏家店下层文化与上层文化是代表辽西青铜文化发展的两个谱系类型。

辽东地区的早期青铜文化首先发生在半岛南端。早在新石器时代，这里就因与文化发展水平较高的山东半岛保持着密切的文化联系而成为辽东地区最为活跃的地带。双砣子系统文化早期是受岳石文化影响强烈，既而发展成为一支土著文化占优的青铜文化。有迹象表明，伴随双砣子系统文化沿黄渤海沿岸向辽东腹地的传播及其与庙后山文化的汇聚，推动了辽东青铜文化发展“一体化”的进程。东北系青铜短剑正是在这一文化背景和谱系关系的基础上产生的。考古发现与相关研究认为，东北系青铜短剑最初兴起于辽东半岛北部，其全面发展期，向西占据大小凌河流域，甚至越过努鲁儿虎山渗透到辽西腹地；向北、向东分别进入到吉林东部长白山地及延伸地带、鸭绿江上游及相毗邻的朝鲜西北部地区。从这种短剑的分布与发展趋势可以看出，至战国中期以后，向东北方面的扩展要大于向西的流布。

以沈阳、新民为重心的下辽河及大小凌河流域，是辽西与辽东两大文化区块的接触地带，在考古学文化面貌上往往表现出某些“中介”的特点。然而就主要发展阶段的区系特征来看，魏营子类型以前（商末—周初），属于辽西文化区块的有机组成部分；魏营子类型之后，由于以东北系青铜剑为代表的文化的西渐，被逐渐纳入到辽东文化区块的范畴。事实上，这一地带还受到中原商周文化的影响和北方青铜文化流布的反复撞击，多种文化的更替、杂糅使得考古学文化面貌表现得错综复杂。

分布于第二松花江流域的西团山文化和松嫩平原西部的白金宝-汉书文化，是东北地区较晚的两支青铜文化，其年代下限都可能已进入早期铁器时代。它们在各自显示区域性文化特征的同时，还表现出文化渊源和谱系关系的差异。具体来说，前者与辽东青铜文化存在着相承袭的文化传统；后者与辽西青铜文化保持着某些共性的文化特征，由此构成东西两大文化区系。

东北青铜文化在长期发展过程中形成的独具特征的结构体系，从内容和形式上揭示了东北古代民族的历史进程，也奠定了战国秦汉时期东北古代民族的基本分布格局。

## 注　释


［1］贾兰坡：《吉林西团山古墓之发掘》，《科学通报》1950 年 1 卷 8 期；东北考古发掘团：《吉林西团山石棺墓发掘报告》，《考古学报》1964 年 1 期。

［2］李逸友：《内蒙昭乌达盟出土的铜器调查》，《考古》1959 年 6 期；朱贵：《辽宁朝阳十二台营子青铜短剑墓》，《考古学报》1960 年 1 期；锦州市博物馆：《辽宁锦西县乌金塘东周墓调查记》，《考古》1960 年 5 期。

［3］中国科学院考古研究所内蒙古发掘队：《内蒙古赤峰药王庙、夏家店遗址试掘简报》，1961 年 2 期。

［4］《中国考古学中碳十四年代数据集（1965～1991）》，文物出版社，1991 年，第 25～28、55、56、66～68 页。

［5］张家口考古队：《蔚县夏商时期考古的主要收获》，《考古与文物》1984 年 1 期。

［6］沈阳市文物管理办公室：《沈阳新民县高台山遗址》，《考古》1982 年 2 期；《新民高台山新石器时代遗址 1976 年发掘简报》，《文物资料丛刊》（7），文物出版社，1983 年。

［7］辽宁省文物考古研究所、吉林大学考古学系：《辽宁彰武平安堡遗址》，《考古学报》1992 年 4 期。

［8］辽宁省文物考古研究所、吉林大学考古学系:《辽宁阜新平顶山石城址发掘报告》,《考古》1992 年 7 期。

［9］辽宁省文物考古研究所、吉林大学考古学系：《辽宁彰武平安堡遗址》，《考古学报》1992 年 4 期。

［10］朱永刚：《论高台山文化及其与辽西青铜文化的关系》，《中国考古学会第八次年会论文集》，文物出版社，1996 年。

［11］刘晋祥：《大甸子墓地乙群陶器分析》，《中国考古学研究——夏鼐先生考古五十年纪念论文集》，文物出版社，1986 年；内蒙古自治区文物工作队：《敖汉旗范杖子古墓群发掘简报》，《内蒙古文物考古》（总第 3 期），1984 年。

［12］朱永刚、赵宾福：《1988～1989 年辽宁阜新、彰武青铜时代考古的主要收获》，《吉林大学社会科学学报》1991 年 6 期。

［13］中朝联合考古队朝方（编著），日本东北亚考古学研究会（译）：《岗山・楼上》，六興出版，1986 年。

［14］旅顺博物馆、辽宁省博物馆：《辽宁长海县上马石青铜时代墓葬》，《考古》1982 年 6 期。

［15］内蒙古自治区文物工作队：《内蒙宁城县小榆树林子遗址试掘简报》，《考古》1965 年 12 期；中国科学院考古研究所内蒙古工作队：《赤峰药王庙、夏家店遗址试掘报告》，《考古学报》1974 年 1 期；天津市文化局考古发掘队：《河北大厂回族自治县大坨头遗址试掘简报》，《考古》1966 年 1 期；天津市文物管理处：《天津蓟县张家园遗址试掘简报》，《文物资料

丛刊》（1），文物出版社，1977 年；昌平雪山发现的小刀和镞的材料来自华泉：《中国早期铜器的发现与研究》，《史学集刊》1985 年 3 期；琉璃河考古工作队：《北京琉璃河夏家店下层文化墓葬》，《考古》1976 年 1 期；安志敏：《唐山石棺墓及其有关遗物》，《考古学报》第 7 册，1954 年。

[16] 辽宁省博物馆、昭乌达盟文物工作站等：《内蒙古赤峰县四分地东山嘴遗址试掘简报》，《考古》1983 年 5 期；彰武平安堡出土的子母榫石铸范材料，见辽宁省文物考古研究所、吉林大学考古学系：《辽宁彰武平安堡遗址》，《考古学报》1992 年 4 期。

[17] 中国社会科学院考古研究所：《大甸子——夏家店下层文化遗址与墓地发掘报告》，科学出版社，1996 年，图八六，1～5。

[18] 齐亚珍、刘素华：《锦县水手营子早期青铜时代墓葬及铜柄戈》，《辽海文物学刊》1991 年 1 期。

[19] 刘观民：《内蒙古赤峰县大甸子墓地述要》，《考古》1992 年 4 期；刘观民、徐光冀：《夏家店下层文化彩绘纹饰》，《庆祝苏秉琦考古五十五年论文集》，文物出版社，1989 年。

[20] 陈国庆、华玉冰：《大连地区早期青铜时代考古文化》，《青果集——吉林大学考古专业成立二十周年考古论文集》，知识出版社，1993 年。

[21] 岳石文化遗址发现的青铜器有：牟平照格庄铜锥 1 件；泗水尹家城锥、刀、环及铜片等共 14 件；益都郝家庄铜锥 1 件。铜容器残片材料，引自《华夏文明》（第三期），北京大学出版社，1991 年，第 315 页。

[22] 滨田耕作：《貔子窝》，《东方考古学丛刊》，甲种第一册，1929 年。

[23] 郭大顺：《赤峰地区早期冶铜考古随想》，《内蒙古文物考古文集》（第一辑），中国大百科全书出版社，1994 年。

[24] 辽宁省文物考古研究所、吉林大学考古学系：《辽宁彰武平安堡遗址》，《考古学报》1992 年 4 期；辽宁省文物考古研究所、吉林大学考古学系：《辽宁阜新平顶山石城址发掘报告》，《考古》1992 年 7 期。

[25] 林沄：《东胡与山戎的考古探索》，《环渤海考古国际学术讨论会论文》，知识出版社，1992 年。

[26] 李伯谦：《张家园上层类型若干问题研究》，《考古学研究》（二），北京大学出版社，1994 年。

[27] 郭大顺：《试论魏营子类型》，《考古学文化论集》（一），文物出版社，1987 年；辽宁省博物馆文物工作队：《辽宁朝阳县魏营子西周墓和古遗址》，《考古》1977 年 5 期。

[28] 韩嘉谷：《花边鬲寻踪——谈我国北方长城文化带的形成》，《内蒙古东部区考古学文化研究文集》，海洋出版社，1991 年。

[29] 辽宁省文物考古研究所、吉林大学考古学系：《辽宁阜新平顶山石城址发掘报告》，《考古》1992 年 7 期。

[30] 克什克腾旗文化馆：《辽宁克什克腾旗天宝同发现商代铜甗》，《考古》1977 年 5 期；辽宁

省博物馆文物工作队：《概述辽宁省考古新收获》，《文物考古工作三十年》，文物出版社，1979 年；辽宁省博物馆、朝阳市博物馆：《建平水泉遗址发掘简报》，《辽海文物学刊》1986 年 2 期。

［31］ 韩嘉谷、纪烈敏：《蓟县张家园遗址青铜文化遗存概述》，《考古》1993 年 4 期。

［32］ 辛占山：《康平顺山屯青铜时代遗址试掘报告》，《辽海文物学刊》1988 年 1 期。

［33］ 沈阳市文物管理办公室：《沈阳新乐遗址试掘报告》，《考古学报》1978 年 4 期。

［34］ 抚顺市博物馆考古队：《抚顺地区早晚两类青铜文化遗存》，《文物》1983 年 9 期。

［35］ 辽宁大学历史系考古教研室、铁岭市博物馆：《辽宁法库县湾柳遗址发掘》，《考古》1989 年 12 期；曲瑞琦：《沈阳地区新石器时代的考古文化》，《辽宁省考古、博物馆学会成立大会会刊》，1981 年。

［36］ 郭大顺：《辽河流域“北方式青铜器”的发现与研究》，《内蒙古文物考古》1993 年 1、2 合刊；河北省文化局文物工作队：《河北青龙县抄道沟发现一批青铜器》，《考古》1962 年 12 期；北京市文管处：《北京地区的又一重要考古收获》，《考古》1976 年 4 期；王峰：《河北兴隆县发现商周青铜器窖藏》，《文物》1990 年 11 期；北京市文管处：《北京市新征集的商周青铜器》，《文物资料丛刊》（2），文物出版社，1978 年。另参见林沄：《商文化青铜器与北方地区青铜器关系之再研究》，《考古学文化论集》（一），文物出版社，1987 年。

［37］ 林沄：《商文化青铜器与北方地区青铜器关系之再研究》，《考古学文化论集》（一），文物出版社，1987 年。

［38］ 乔晓勤：《关于北方游牧文化起源的探讨》，《内蒙古文物考古》1992 年 1、2 合期。

［39］ 林沄：《释史墙盘铭中的“逖、虘、髟”》，《陕西历史博物馆馆刊》（第 1 期），三秦出版社，1994 年。

［40］ 辽宁省博物馆、本溪市博物馆：《辽宁本溪县庙后山洞穴墓地发掘简报》，《考古》1985 年 6 期。

［41］ 许玉林、许明纲、高美璇：《旅大地区新石器时代文化和青铜时代文化概述》，《东北考古与历史》（1），文物出版社，1982 年；陈光：《羊头洼类型研究》，《考古学文化论集》（二），文物出版社，1989 年。

［42］ 旅顺博物馆、辽宁省博物馆：《大连于家砣头积石墓地》，《文物》1983 年 9 期。

［43］ 齐晓光：《内蒙古克什克腾旗龙头山遗址发掘的主要收获》，《内蒙古东部区考古学文化研究文集》，海洋出版社，1991 年。

［44］ 辽宁省昭乌达盟文物工作站、中国科学院考古研究所东北工作队：《宁城县南山根的石椁墓》，《考古学报》1973 年第 2 期；内蒙古文物考古研究所：《内蒙古文物考古工作的新进展》，《文物考古工作十年》，文物出版社，1990 年。

［45］ 林沄：《东胡与山戎的考古探索》，《环渤海考古国际学术讨论会论文》，知识出版社，1992 年。

[46] 中国科学院考古研究所内蒙古发掘队：《内蒙古赤峰药王庙、夏家店遗址试掘简报》，1961年2期。

[47] 刘观民、徐光冀：《内蒙古东部地区青铜时代的两种文化》，《内蒙古文物考古》创刊号，1981年。

[48] 朱永刚：《夏家店上层文化的初步研究》，《考古学文化论集》（一），文物出版社，1987年。

[49] 朱永刚：《论高台山文化及其与辽西青铜文化的关系》，《中国考古学会第八次年会论文集》，文物出版社，1996年。

[50] 朱泓：《夏家店上层文化居民的种族类型及其相关问题》，《辽海文物学刊》1989年1期。

[51] 陈山：《克什克腾旗龙头山青铜时代居民的人类学研究》，《人类学学报》19卷，2000年1期。

[52] 吉林大学考古学系、辽宁省文物考古研究所：《锦西邰集屯古城址试掘简报》，《考古学集刊》（11），中国大百科全书出版社，1997年；董新林：《魏营子文化初步研究》，《考古学报》2000年1期。

[53] 靳枫毅：《论中国东北地区含曲刃青铜短剑的文化遗存（上）》，《考古学报》1982年4期，参见附图及附图说明。

[54] 双房类型遗存，以新金县双房石棺墓和碧流河大石盖墓为代表。陶器以壶罐为主。壶多钵形口、垂腹、低圈足，腹部饰平行刻划构成的弦纹带，最大腹径处有一对对称横桥耳及口唇状附耳。陶罐筒形，腹微鼓，外叠唇。双房6号石棺墓曲刃青铜短剑剑身上半部短小，节尖位置靠近前锋。在辽阳，抚顺、清源等地，也都发现了与双房石棺墓及随葬的陶壶、曲刃短剑形制相近的遗物。它们属于辽东区同一时代段遗存。

[55] 十二台营子类型分为早晚两期，早期以朝阳十二台营子石椁墓代表，年代约在西周晚到春秋早期前后；晚期以喀左南洞沟石椁墓代表，年代可推定在春秋中到战国早期。沈阳郑家洼子以M6512为代表的土坑墓，与十二台营子类型晚期年代相当。

[56] 抚顺市博物馆：《辽宁抚顺市甲邦发现石棺墓》，《文物》1983年5期；清原县文化局：《辽宁清原县门脸石棺墓》，《考古》1981年2期；辽阳市文物管理所：《辽阳二道河子石棺墓》，《考古》1977年5期；许明纲、许玉林：《辽宁新金双房石盖石棺墓》，《考古》1983年4期。

[57] 锦州市博物馆：《辽宁锦西乌金塘东周墓调查记》，《考古》1960年5期。

[58] 董学增：《试论吉林地区西团山文化》，《考古学报》1983年4期。

[59] 朱永刚：《西团山文化墓葬分期研究》，《北方文物》1991年3期。

[60] 刘景文：《试论西团山文化中的青铜器》，《文物》1984年4期。

[61] 朱永刚：《西团山文化来源的探索》，《辽海文物学刊》1994年1期。

[62] 目前在翁牛特旗大泡子、克什克腾旗龙头山、林西大井等，西拉木伦河沿岸及以北地点，均发现压印篦点几何纹、动物纹及仿皮囊式的方体壶、罐、钵等陶器，与白金宝文化的类型品和纹饰相似。

［63］乔梁：《松嫩平原陶鬲研究》，《北方文物》1993 年 2 期。

［64］朱永刚：《肇源县白金宝青铜和早期铁器时代遗址》，《中国考古学年鉴》（1986 年），文物出版社，1987 年。

［65］朱永刚：《松嫩平原先白金宝文化遗存的发现与研究》，《北方文物》1998 年 1 期。

［66］乔梁：《松嫩平原陶鬲研究》，《北方文物》1993 年 2 期；肇源古城 H3 出土。

［67］滨田耕作、水野清一：《赤峰红山后》，《东方考古学丛刊》，甲种第六册，1938 年；内蒙古文物工作队：《内蒙古文物考古工作三十年》，《文物考古工作三十年》，文物出版社，1979 年；靳枫毅：《论中国东北地区含曲刃青铜短剑的文化遗存（下）》，《考古学报》1983 年 1 期；靳枫毅：《夏家店上层文化及其族属问题》，《考古学报》1987 年 2 期。

［68］朱泓：《夏家店上层文化居民的种族类型及其相关问题》，《辽海文物学刊》1989 年 1 期。

［69］朱永刚：《夏家店上层文化的初步研究》，《考古学文化论集》（一），文物出版社，1987 年。

［70］朱永刚：《西团山文化墓葬分期研究》，《北方文物》1991 年 3 期。

［71］四平地区博物馆、吉林大学历史系考古专业：《吉林省梨树县二龙湖古城址调查简报》，《考古》1988 年 6 期。

［72］乔梁：《吉长地区西团山文化之后的几种古代遗存》，《辽海文物学刊》1993 年 2 期。

［73］李健才：《夫余的疆域与王城》，《社会科学战线》1982 年 4 期。

［74］乔梁：《松嫩平原陶鬲研究》，《北方文物》1993 年 2 期；思晋：《松嫩平原古代的陶支脚》，《北方文物》1986 年 1 期。

［75］黑龙江省文物考古研究所：《平洋墓葬》，文物出版社，1990 年。

［76］黑龙江省文物考古工作队：《肇东县青铜时代墓葬》，《中国考古学年鉴（1984 年）》，文物出版社，1985 年；安路、贾伟明：《黑龙江讷河二克浅墓地及其问题探讨》，《北方文物》1986 年 2 期；黑龙江省博物馆等：《齐齐哈尔市大道三家子墓葬清理》，《考古》1988 年 2 期。

［77］吉林大学历史系考古专业、吉林省博物馆考古队：《大安汉书遗址发掘的主要收获》，《东北考古与历史》（1），文物出版社，1982 年。

［78］黑龙江省文物考古研究所：《平洋墓葬》，文物出版社，1990 年，第 172 页。

［79］潘其风：《平洋墓葬人骨的研究》，《平洋墓葬》，文物出版社，1990 年。

［80］宿白：《东北、内蒙古地区的鲜卑遗迹》，《文物》1977 年 5 期。


［原载《考古学报》1998 年 2 期，并刊于韩国韩·中考古学研究所：《韩·中考古学研究》（3），1996 年；檀国大学校中央博物馆：《博物馆纪要》（12），1997 年］

# 东北青铜时代区系考古学文化论纲

东北地区大约从公元前2000年开始进入青铜时代，至战国中期前后随着燕人对其北方疆域的开拓和冶铁术的传入而逐渐衰落。在长达近2000年的时间跨度内，由于文化背景不同和地理环境的差异，各地形成独具特色、自成序列的考古学文化。它们发生的时间有先后，存续的年代有长短，文化消长有参差，受域外文化影响的程度有强弱，分布格局亦表现为动态的时空变化。然而通过梳理纷繁的考古资料，理清彼此相互链接的环节并加以整合，一个历史的轮廓已隐约可见。本文拟从宏观角度对东北青铜文化的分区、序列、发展阶段、编年体系和区域文化关系进行阐述，提出对东北青铜文化结构体系认识的一个框架，也可以看作是作者在区系类型理论指导下多年研习的一个总结。

## 一、六个考古文化区

东北青铜时代已确认的考古学文化包括个别文化性质待定的遗存有20余种，按自然地理形势和各个地区所揭露的文化遗存面貌，基本可分为六个考古学文化区，有的区又划分为若干小区（图一）。

**1. 辽西区**

通常指下辽河以西的西辽河水系区，范围西起昭乌达高原，东至医巫闾山，南抵燕山，北达西拉木伦河北侧的乌尔吉木伦河与查干木伦河。区内以山地丘陵为主，地势西高东低。按海拔高度、年降水量的等雨量线和温差，又可以东北—西南走向的努鲁儿虎山为界，划分为大小凌河流域与西拉木伦河、老哈河流域东西两个地理单元。目前该地区已确认的考古学文化有夏家店下层文化、魏营子类型、夏家店上层文化，其他还有近年新识别的井沟子类型、水泉文化和文化概念比较模糊的大小凌河青铜短剑墓遗存。

夏家店下层文化覆盖整个辽西地区，文化面貌高度统一。陶器以灰陶系为主，流行绳纹，由尊式鬲、甗、罐形鼎、尊、盆、瓮和高柄豆构成的陶器基本组合，与周邻其他考古学文化相区别。此外，墓葬出土陶器上的彩绘卷云纹、兽目纹图案和鬶、爵等陶器造型，反映了与中原夏、商文化的密切关系。据目前已公布的20余个碳十四数据，年代在公元前2000～前1400年间，相当于中原地区的夏至早商时期[1]。

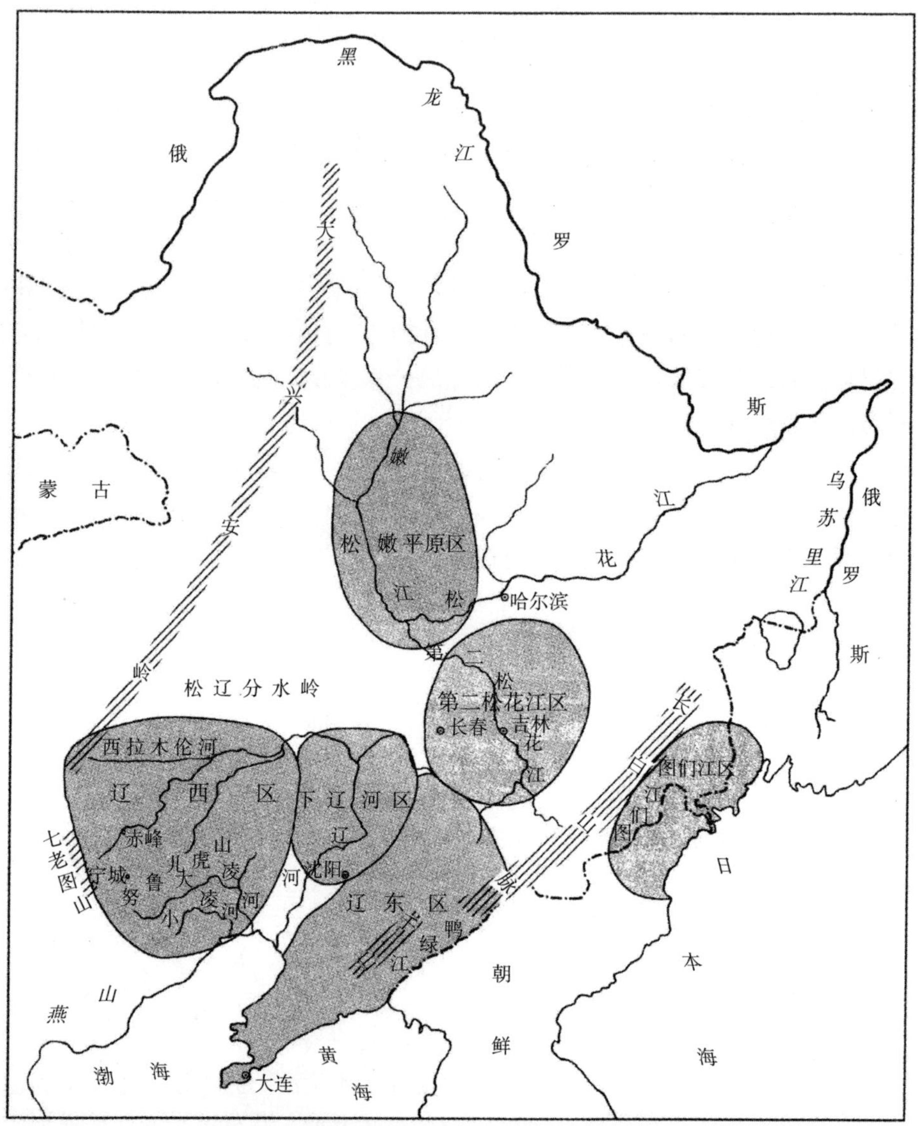


图一　东北青铜时代考古学文化区位示意图

魏营子类型主要见于大小凌河流域，地层叠压关系晚于夏家店下层文化，早于年代大体相当于夏家店上层文化的凌河青铜短剑墓遗存。大多数学者认为其纪年在晚商前后，估计下限不晚于西周早期。该文化陶器群鬲的数量较多，尤以口沿饰附加堆纹的所谓花边口沿鬲最具特色。而西拉木伦河及老哈河流域，则极少发现晚商时期的遗存，显然这一时期遗址急剧减少的原因，不能归咎于田野工作力度不够，事实上夏家店下层文化之后，辽西区努鲁儿虎山东西两侧的考古学文化发生了分异。

努鲁儿虎山西侧在经历了一个短暂的间歇期后，为夏家店上层文化所占据。其陶器为红褐陶系，素面极少有纹饰，主要器形如筒腹鬲、鼓腹鬲、双环耳鼎、叠唇盆、高柄豆、矮领罐，有着完整的演变序列，并构成该文化基本特征组合。夏家店上层文化分四期[2]，第一、二期遗存多见于西拉木伦河以北，年代可上溯至西周早期；第三、四期遗存重心南移，在老哈河流域遗址分布密集，尤其是宁城附近发现的大型墓葬随葬品十分丰富，据青铜器断代，可确定为西周晚期至春秋早期，下限年代估计延续到春秋中期前后。

努鲁儿虎山东侧，在原魏营子类型分布范围，与夏家店上层文化及后续文化类型同时的是以短茎式曲刃短剑墓为代表的遗存。这类遗存遗址发现较少，出土陶器不多。以往基于对短茎式曲刃剑形式演变和伴出器物差异提出命名的“凌河文化”或“凌河类型”，不是通常按陶器划分的考古学文化概念。迄今所揭示的材料尚不具备考古学文化定名的条件，故本文暂称为“凌河遗存”。这类遗存依中原式铜戈标准器断代，分为三期。第一期可确定为西周晚至春秋早期；第二期约在春秋中期，下限不晚于春秋；第三期大体相当于战国早中期前后[3]。

近年新发现的林西井沟子墓地[4]和敖汉水泉墓地[5]为代表的两种文化类型，一个位于西拉木伦河北岸，另一个分布在大凌河上游，年代均可推定在春秋晚期至战国早期。两者在墓制、葬俗、殉牲和随葬品方面区别显著。井沟子墓地随葬的陶器以大型无耳罐为主，尤以直腹腔筒形鬲颇具特色；水泉墓地（北区）随葬陶器以小型单耳罐、双耳罐和叠唇鼓腹罐为基本组合。从井沟子墓地出土的北方式扁茎直刃剑和大量的青铜饰件，与水泉墓地出土的“T”字形剑柄短茎式曲刃剑及其他青铜器来看，风格明显不同，属于不同性质的文化类型。前者表明在夏家店上层文化消退后，努鲁儿虎山西侧的人群结构发生了变化，后者则与努鲁儿虎山东侧分布的“凌河遗存”联系紧密。

**2. 下辽河区**

一般将西辽河大转弯南流段称为辽河，也叫下辽河。下辽河区地理范围西起医巫闾山至科尔沁沙地南缘，东至千山山地向下辽河平原过渡的山前地带，东西辽河交汇处以南，沈阳、新民、阜新一线以北。迄今发现的青铜时代遗存，多沿下辽河东西两侧的低山丘陵呈马蹄状分布。

已识别的青铜时代早期遗存有三种，高台山文化的资料较丰富，其特征组合经过系统归纳，遗址常见的陶器，有錾耳筒腹鬲、无腰隔甗和壶、盆、钵、豆等。墓葬为土坑竖穴，单人屈肢葬，随葬陶器以壶和圈足钵为主，一般钵覆扣于壶上，两器组合一体，显示了与周邻文化不同的丧葬习俗。另外两种文化类型，一个是主要分布下辽河以东的新乐上层文化；另一个是发现于下辽河以西，靠近科尔沁沙地南缘的顺山屯类型。前者以横桥耳圜底鼎为标识，后者以錾耳或竖桥耳鼓腹鬲为特色。上述三种文化类型，均为夹砂红褐陶系，素面磨光，少有纹饰，流行桥耳、錾耳和瘤状饰物。虽然它们在文化面貌上存在着一些共性特征，但依陶器群文化因素分析，下辽河西侧以鬲为主要炊器，而东侧则以普遍使用鼎相区别[6]。下辽河早期青铜时代诸文化遗存，基本可界定在夏商年代范围内。高台山文化编年约相当于夏至早商时期，顺山屯类型与新乐上层文化晚于高台山文化，年代下限约可晚至商周之际。

青铜时代晚期遗存文化面貌不甚清楚，有学者提出的“凉泉文化”并没有经过发掘[7]。根据采集遗物分析，所谓“凉泉文化”与东辽河上游识别的宝山文化相似[8]。陶器见有长颈壶、叠唇筒形罐和大量的高柄豆把、器耳、扁方鼎足等，少见袋足三足器。值得注意的是，在散布有这种陶片的遗址附近还经常发现有石棺墓，墓内出土短茎式曲刃剑、扇形铜斧等，并采集到多件石质和陶质的枕状加重器，遗物特征与沈阳郑家洼子青铜短剑墓相似[9]。将上述遗存归于同一考古文化，暂称之为“郑家洼子遗存”。目前所知其分布范围大体在大清河沿岸以北，东辽河之南，西不过双辽，东至东丰。年代大约相当于春秋、战国。

**3. 辽东区**

本文界定的辽东区，是指包括辽东半岛在内的下辽河左岸山前地带以东地区。青铜时代遗存以墓葬为主，由于少有叠压打破关系，典型器物的演变及组合关系不易把握。以往通过短茎式曲刃剑形态学研究，虽然达到了一些共识，但由于青铜器在判定考古学文化与年代方面的局限性，各种意见仍有较大分歧。就目前考古资料，以陶器为主并参考伴存的青铜器，拟划分为三个时段。

第一时段：按自然地理形势和考古学文化面貌差别，又可分为南北两个亚区。北部千山山地直至鸭绿江口的黄海沿岸分布的早期青铜文化遗存，以太子河上游集中发现的马城子文化为代表。马城子文化是一种洞穴墓遗存，其特点是不封土、不积石、无葬具，有火葬习俗。值得注意的是，部分洞穴墓晚期开始出现石块砌筑墓圹或墓底铺石板的做法。随葬陶器多见壶、罐、钵，器耳发达，流行平底和圈足器，不见三足器。遗址少有发掘，据报道有鼎、甗、盆、豆等。这里与下辽河区相邻，应与新乐上层文化联系密切。该文化延续时间较长，早期碳十四测定数据为公元前 1600～前 1300 年，推测年代上限可早到夏代，大体与高台山文化平行。中、晚期年代还不十分清楚，从马城子文化之后本地区被双房文化所覆盖而不见其他遗存分析，估计不晚于西周早期。

这一时段分布于辽东半岛南部，濒海平原与丘陵地区的青铜文化有两种。一个是双砣子二期文化，陶器主要特征与山东岳石文化基本一致，年代亦大体相当（公元前 1900～前 1500 年前后）。该文化出现的甗，显然也来自岳石文化，并非原生因素。另一个是双砣子三期文化，也称“于家村上层类型”或“羊头洼类型”[10]。墓葬为家族式的集体合葬，墓穴彼此相连，积石结构。随葬陶器以壶、罐、钵（碗）为基本组合，还见有少量的甗和豆，流行圈足器及在器表饰竖泥条堆纹是显著特点。石器丰富，制作精致，并发现小型青铜制品。此期来自山东地区的文化影响已基本消失。除对双砣子二期文化个别因素的继承外，该文化陶器无论形制或纹饰风格，自主特征突出，属辽东半岛的土著文化。年代在公元前1400～前1000年，约相当于商代晚期。

第二时段：文化遗存的特征组合是钵口弦纹壶、侈口素面壶、叠唇筒形罐及剑体较短的短茎式铜剑和瘦长斧身的弦纹斧范等，以新金双房石盖墓出土的一组共存器物为典型代表[11]。这类遗存除见于辽东半岛南部外，在北部千山山地和下辽河平原东侧山前地带也陆续有发现，在其分布范围内各地点文化面貌呈现出较大的一致性，所以称为“双房类型”[12]。不过目前这些具有时代特征的类型品均来自墓葬（石盖墓、石棺墓），对居住址了解甚少，尚未完全掌握其文化内涵。依据双房式陶壶的类型学研究，结合短茎式铜剑的断代分析，可将这类遗存分为三期。早期可早到西周中期，晚期推定在春秋早中期前后，年代跨度约公元前10～前7世纪间[13]。

第三时段：以短茎式铜剑墓的发现为主，此前辽东地区流行的双房式陶壶和“短型”铜剑的特定组合，被素面长颈壶与狭长剑身铜剑构成的组合所取代。早期为公元前7～前5世纪末，约相当于春秋中至战国初，以岗上、楼上积石墓为代表[14]。其长颈壶、鼓腹罐、碗形豆和长剑身短茎式铜剑，表现出与上一时段明显不同的类型品组合关系。晚期为公元前4～前2世纪前半，约相当于战国中、晚期，以尹家村二期文化为代表[15]。此时的青铜剑，剑身更加细长，刃部节尖完全消失，剑尾折收。陶器中除壶、罐、高圈足豆等夹砂褐陶器外，还出土有中原系的泥质灰陶细把豆，联系到后元台发现的“启封”戈、矛、铁钁等遗物[16]，说明燕秦文化对辽东地区占领后，当地文化成分发生了变化。

**4. 第二松花江区**

位于吉林省东部，是指第二松花江包括饮马河、伊通河等支流水系区。这一区域海拔多在500～1000米，以山地丘陵为主，从地质构造上将东北腹地横向阻断为辽河与松嫩两大平原，由此形成一个相对独立的地理单元。本区除文化面貌高度统一的西团山文化外，尚没有发现其他青铜文化的线索。西团山文化分布范围，东迄威虎岭，西至伊通河，北以拉林河为界，南达东辽河一线[17]。西团山文化陶器为夹砂红褐陶系，素面，流行各种横桥耳和瘤状耳。遗址与墓葬出土的陶器种类和形制有较大区别，遗址多见深腹圜底鼎、高领壶和罐、碗、豆，有少量直腹筒形鬲；墓葬以横桥壶、横桥耳罐和鋬状把手钵为基本组合。墓葬出土的陶器很少见有遗址的实用器，反之亦然。这种随葬品与实用器分离的现象是西团山文化的特征之一。其他类型品，如曲刃铜矛、网格纹铜斧、长体半月形穿孔石刀、有铤柳叶石镞，颇具地方特色，也为其他文化区所少见。

西团山文化的墓葬以石棺为主，按石材及构筑方法的不同，可分四种类型：A型，石板石棺；B型，石板、石块混筑石棺；C型，石块砌筑石棺；D型，土石混筑石棺。

上述石棺墓分类的年代学研究认为，A型最早，B、C型几乎并存，出现的年代不早于A型石棺，D型最晚，应是西团山文化传统墓葬的一种退化形式[18]。关于西团山文化的分期与年代问题，以往多有讨论，但已发掘的遗址往往堆积较薄，很少提供叠压打破关系，给分期带来一定的困难。陶壶是墓葬出现频率较高的随葬品，且以富于变化的形式贯穿于该文化的始终。在诸多分期方案中，通过陶壶形态的分析，将西团山文化分为四期，年代界定在西周早期至战国中期的认识，仍是具有代表性的一项研究成果[19]。

**5. 松嫩平原区**

位于黑龙江省的西南和吉林省西部。作为东北重要的水系区，南流的嫩江在这里与逆向流经的第二松花江并流后形成东北流向的松花江。该区域地势平坦，河网密布，间有岗地和波状沙丘，局部地形较复杂。历年来的考古调查发现，古文化遗址尤其是汉代以前的古文化遗址多沿嫩江中下游（讷河市以南）分布。松嫩平原自新石器时代就是一个独立的考古学文化区，青铜至早期铁器时代，依据肇源白金宝等典型遗址的分期[20]，已确立了完整的考古学文化序列，四种不同时段的文化遗存，编年如下。

第一时段：小拉哈文化，年代约为夏至早商时期。陶器组合为筒形罐、盂、单耳杯、钵、双系壶、橄榄形瓮。以素面为主，少有篦纹，器口沿通常贴塑有乳钉、泥饼、盲耳，部分陶盂器底刻划符号。此类遗存以筒形罐为标识，流行平底或台底器，需要指出的是，根据共存关系可以确认还有陶鬲。这种束颈高分裆素面陶鬲（白金宝遗址F3028：3）来自于夏家店下层文化，另外相同式样的陶鬲在通榆团结乡西坨子也有发现[21]。因此，松嫩平原最早出现的陶鬲是沿大兴安岭东麓由南向北传播的，这使小拉哈文化成分发生了潜在的变化。

第二时段：晚商时期文化，以白金宝遗址第二期遗存为代表[22]。其主要陶器如筒形罐、单耳杯、壶、钵、瓮等，基本沿袭了小拉哈文化的形制特征。但花边口沿鬲，绳纹等新因素的出现和篦纹的图案化，则反映考古学文化面貌发生较大变化。从器物形态学角度观察，这一时期松嫩平原正经历着筒形罐的衰退和袋足三足器兴起的过渡阶段。

第三时段：白金宝文化，陶器为夹砂黄褐或灰褐陶系。标识器物是筒腹鬲和配套使用的支脚，包括斜直腹罐、单耳杯、折腹钵、壶、盆、瓮等构成基本陶器组合。纹饰以绳纹和篦纹为主，其中篦纹最具特色，分动物纹与几何纹两类，图案繁缛，纹样富于变化。部分器形与纹饰呈现出与上期文化的承继关系。依据碳十四年代数据，并结合陶器的类型学研究，一般将白金宝文化的年代界定在西周早期至春秋中期前后，年代跨度大体与辽西区夏家店上层文化相当。

第四时段：汉书二期文化，陶器仍以鬲和支脚组合为标识，其他如大口叠唇罐、高领壶、舟形器、圜底鼎是新出现的器形。汉书二期文化黄褐陶增多，灰褐陶减少，器口沿饰切口，器表拍印细绳纹或施红陶衣，反映这一时期文化风格发生了转变。汉书二期文化的年代大约相当于战国时期，也有认为可晚至西汉初。白金宝文化与汉书二期文化之间尚有缺环，但“两种文化可能是同一文化系统的先后发展阶段”的观点，已基本得到认同[23]。

松嫩平原是一个稳定的考古学文化区，夏至战国各个不同时期的考古学文化存在着程度不同的传承关系，虽然受到外部因素影响而发生阶段性的文化变异，但基本自成体系且几乎没有被间断过。与东北其他文化区相比较，该区青铜时代文化序列和发展脉络最为清晰[24]。

**6. 图们江区**

图们江位于长白山东侧，流经中、朝、俄三国边境。上游山高谷深，地势险阻，自中游以下豁然开阔，沿岸平坦，宜于人居。由于地质构造所形成的自然环境较封闭，汉代以前的考古学文化表现出显著的地域文化特征。本区田野工作相对薄弱，考古学文化序列尚不完整。据已有考古发现可将青铜时代遗存划分为早、晚两个阶段。

早段：兴城文化，经过大规模发掘材料较为丰富的和龙兴城遗址（第三、四、五期）。陶器中的大口深腹瓮、鼓腹瓮、筒形罐、鼓腹罐等主要器类，口沿均外折，流行在口沿下按压齿状花边纹。除陶器外，其发达的黑曜石器也是重要特征之一。兴城遗址青铜时代遗存分夏、早商和晚商三期，各期联系密切，表明它们是一个连续的发展过程[25]。此类遗存还见于延边新龙[26]、延吉小营子[27]以及朝鲜会宁五洞（F4）[28]、西浦项[29]、雄基松坪洞[30]等遗址。兴城遗址相关遗存文化性质的认定及分期与年代，可作为图们江流域青铜时代早期遗存的参照系。

晚段：柳庭洞文化，这类遗存最初是从团结文化中分离出来的[31]。此后，又有学者依据相当于柳庭洞文化的朝鲜会宁五洞 F5 打破 F4 的层位关系，确定其相对年代晚于兴城文化[32]。柳庭洞文化陶器口沿均不外翻，分早、晚两期。早期陶器以直口素面深腹瓮、筒形罐为主，见有少量的圈足器；晚期陶器仍以素面瓮、罐为基本组合，流行乳钉纹的装饰风格，并出现高柄浅盘豆等新器形。柳庭洞文化上限年代可追溯到商代，下限年代已进入战国，因跨度很大，其间的联系尚有待新的考古发现来填充。

大约从公元前 6 世纪的春战之交到西汉时期，图们江左岸牡丹江上游及绥芬河流域，与朝鲜东北部和俄罗斯大彼德湾沿岸的文化联系密切，随时间推移各地域性文化特征不断弱化，显现出文化面貌趋同的特点。这一发展趋势，为上述地区进入早期铁器时代后形成新的考古学文化奠定了基础。

## 二、四个发展阶段

综上所述，东北青铜时代的考古遗存，按自然地理形势和考古学文化面貌分为六个文化区，又依自然地理单元所反映的文化差异，对部分文化区作了更为细致的小区划分。检视各区考古学文化序列，除第二松花江流域区外，其他均在两种以上，考古学文化之间基本没有大的年代上的缺环。虽然各区自成序列的考古学文化，发生的时间有先后，存续的年代有参差，但若将它们置于东北青铜时代整体框架内，则不难发现彼此编年显示出文化发展阶段的同步性。具体可划分为夏至早商、晚商前后、西周早至春秋中期、春秋晚至战国中期前后四个阶段。经整合将各区考古学文化序列、编年及对应关系，简要概括如下（参见表一）。

**表一**

<table>
<tr><th>阶段</th><th>编年</th><th>年代（公元前/年）</th><th>松嫩平原区</th><th colspan="2">辽西区</th><th>下辽河区</th><th>第二松花江区</th><th colspan="2">辽东区</th><th>图们江区</th></tr>
<tr><td>早期</td><td>夏至早商</td><td>2000～1400</td><td>小拉哈文化</td><td colspan="2">夏家店下层文化</td><td>高台山文化</td><td rowspan="2"></td><td rowspan="2">马城子文化</td><td>双砣子二期文化</td><td rowspan="2">兴城文化</td></tr>
<tr><td>转折期</td><td>晚商前后</td><td>1400～1000</td><td>白金宝二期文化</td><td colspan="2">魏营子类型</td><td>新乐上层文化<br>顺山屯类型</td><td>双砣子三期文化</td></tr>
<tr><td>繁荣期</td><td>西周早至春秋中</td><td>1000～600</td><td>白金宝文化</td><td>夏家店上层文化</td><td rowspan="2">凌河遗存<br>水泉文化</td><td rowspan="2">郑家洼子遗存（宝山文化）</td><td rowspan="2">西团山文化</td><td colspan="2">双房类型<br>岗上、楼上积石墓</td><td rowspan="2">柳庭洞文化</td></tr>
<tr><td>晚期</td><td>春秋晚至战国中</td><td>600～300</td><td>汉书二期文化</td><td>井沟子类型</td><td colspan="2">尹家村二期文化</td></tr>
</table>

夏至早商（公元前 2000～前 1400 年），辽西地区在传统文化上千年的沉淀并接受中原文化的强烈影响，促进了整体生产力水平的提高和社会结构的变化，率先实现

以青铜器为重要标志的跨时代发展。稍后，在下辽河和辽东半岛南端沿海区域，也出现了使用铜器和初步掌握冶铜技术的考古学文化。

这一时期，下辽河以西地区见于报道的青铜器出土地点 10 余处，不完全统计有 60 余件[33]，其中绝大多数出自夏家店下层文化大甸子墓地。种类有喇叭形耳环、指环、小刀、镞，以及斧柄冒、镦、杖首等，主要是一些小件器物。在赤峰四分地和彰武平安堡发现带子母榫的铸范[34]，以及大甸子墓地出土的需要采用合范铸造技术的铜杖首[35]，说明当时青铜铸造技术已脱离原始阶段。辽东地区可以信从的青铜器出现在双砣子二期文化，推测是受到山东岳石文化的影响。小拉哈文化发现青铜器 3 件，除 1 件双联泡饰外，另 2 件为采集品[36]，此时松嫩平原"青铜文化"的概念，在很大程度上还只是一个年代范畴，其文化属性需得到进一步实证。

总之，东北南部地区进入青铜时代从时间上看并不比中原晚，但发现的早期青铜遗存，无论种类数量或工艺水平都明显落后于中原二里头文化，尤其是长期使用较落后的石范铸造术，既难以完成形制复杂的器物，也抑制了冶铜业的规模。所以，尚处于青铜时代的早期阶段。

晚商前后（公元前 1400～前 1000 年），是东北青铜时代发展进程中的一个重要转折期。由于河套及鄂尔多斯高原半农半牧部族，沿北方长城文化传播带的强力插入，使辽西地区曾盛极一时的夏家店下层文化被中断，努鲁儿虎山以西出现了文化空缺现象，与此同时下辽河区的高台山文化也在迁徙中发生了分化。辽东地区则几乎没有受到这股东渐文化的冲击，按自身文化轨迹得以平稳发展，但辽东半岛南端由于岳石文化的终止，地域文化突显主流特征。此时，松嫩平原区在外域文化的作用下，亦发生了文化风格的转变，正经历着筒形罐的衰退和空三足器陶鬲兴起的过程。

在喀左县境内集中出土的商周式青铜器和广为分布的北方式青铜器，是这一时期最重要的考古发现。由于喀左窖藏青铜器，涉及多种见于北方的方国、族徽、族名，引起学术界的普遍关注。有学者认为这些铜器是商人或商人后裔所遗，也有提出是周初燕人势力向北所及范围的物证。然而值得注意的是，在这批窖藏铜器中，还有非中原式的且带有明显地方特征的青铜制品。迄今辽河流域发现的北方式青铜器已近百件[37]，尤以环首刀、啄戈数量最多，仅绥中冯家村出土的这两种器物就达 31 件[38]，出现率远高于其他分布有北方式青铜器的地区。另外一些器形奇特、工艺复杂的器物，如人首匕、鹿首觽、三叉形器、钵形器盖等更为其他地区所少见。辽河流域北方式青铜器独特的文化内涵，及同时集中出现的商周窖藏青铜器，看来与魏营子类型有关，或就是魏营子类型文化的组成部分。

晚商前后来自内蒙古长城地带东渐文化，一方面对原有定居的农业文化造成了很大冲击；另一方面又为本地青铜铸造业注入了新的活力，促进了青铜制造业水平的普遍提高。诸如一些武器、工具和较复杂器形铸造技术的掌握及生产规模的扩大化，为日后的发展奠定了基础。正是这种文化间的碰撞与交融，使东北青铜时代进入到一个新的发展阶段。

西周早至春秋中期（公元前 1000～前 600 年），除大小凌河和下辽河区以陶器划分的文化遗存性质尚有待认识外，其他各区的编年序列均有已确认的考古学文化。夏家店上层文化占据了辽河流域努鲁儿虎山以西地区，辽东地区以双房为代表短茎式铜剑遗存的覆盖，消除了原有南北地域文化的差异，表现出文化融合的一体性。此间，在大小凌河流域出现的这种铜剑及相关遗存，也被看成是辽东向西传布的结果。第二松花江区兴起的西团山文化和分布于松嫩平原的白金宝文化，各自反映出不同的地域文化特征。从区域考古学文化的关系看，前者与辽东及下辽河青铜文化存在着内在的联系，后者在整体文化面貌上与辽西同时期青铜文化有着较多的相似成分。而图们江区在较封闭的地理环境内，从兴城文化到柳庭洞文化一直延续筒形罐的传统，能够把握的两种文化典型器和组合关系的阶段性特征，不如其他地区文化更替表现得那么明显。

大约在公元前 1000 年前后，东北青铜时代进入繁荣期。这一时期青铜铸造业的发展主要表现为以下几个方面：其一，出现了大型铜矿场。在林西县大井发现的铜矿遗址，集开采、冶炼、铸造于一体，其开采能力不仅满足于本地区需求，而且还输往更远的地方[39]。其二，技术的进步。由于使用了鼓风设备和陶范，已能够铸造工艺更为复杂的铜容器。由于青铜器种类和数量的增加，使青铜器成为各区域考古学文化的重要组成部分。其三，涵盖区域扩大。随着青铜器和冶铜术不断向北传播，第二松花江区、松嫩平原区及更为偏远地区孕育形成了新的青铜文化，较之先前阶段青铜文化的分布格局发生了改变，区域间的文化交流显得更为活跃。这一时期，东北地区发展起来的具有地方特色的青铜铸造业，从制作技术到生产规模以及丰富的文化内涵，都达到了前所未有的高度，也超出了年代相当或略晚的（除中原外）北方地区诸文化。从更大区域范围看，东北对周邻文化的影响也显现出来，以短茎式铜剑为代表的遗存，对朝鲜半岛的影响尤为强烈，并波及日本和俄罗斯远东地区，从而确立了其在东北亚地区青铜文化中的重要地位。

春秋晚至战国中期（公元前 600～前 300 年），辽西地区发现的晚期青铜文化有井沟子类型和水泉文化，这两种文化虽有一定的联系，但文化内涵和特征有很大区别。从丧葬习俗看，前者畜牧业发达，是具有游牧文化特征的遗存；后者与大小凌河的短茎式曲刃短剑遗存关系密切，是对农业依附程度较高的另一种文化遗存。这一时期，以短茎式曲刃短剑为代表的文化除继续占据辽东及大小凌河流域，其势力范围还扩展到吉林东南部的长白山山地和朝鲜半岛的广大地区。在东北北部，西团山文化得以延续，但简化石棺墓（土石混筑）、土坑墓的出现和随葬陶器形制的演变，反映出西团山文化分期的阶段性变化。松嫩平原区出现的汉书二期文化，是继承白金宝文化发展而来的，两种文化是同一文化系统的先后发展阶段。图们江区柳庭洞文化分期线索不够明朗，显示其文化特征的陶器形态变化和组合关系不易把握。

青铜时代晚期各考古学文化发现的青铜制品，以武器、工具、装饰品为主，不见铜容器。除松嫩平原发现的小型青铜器种类、数量有所增加，其他文化区制铜业的生产均有不同程度的萎缩，尤其是工艺制作水平，与上一阶段繁荣期相比，已呈现衰退之势。

战国中晚期，随燕国对其北方疆域的扩张，开始对东北南部地区实行政治管辖。但燕占领的辽西、辽东地区，土著居民仍占有很大比例，他们在接受先进的生产方式的同时并没有完全放弃原有的文化传统。还有一些土著居民由南向北辗转迁徙，辽东北部和吉林东南部山区突然出现的大量石棚、石盖墓，以及剑身细长的短茎式曲刃铜剑，反映的就是当时的情境。燕人的到来加速了东北与中原之间的文化交流，铁器的输入不仅促进了燕境内生产力水平的提高，边远地区也很快得到推广使用，同时这一物质文化的传播，也意味着东北青铜时代的结束。

## 三、两大区系与中间地带

20世纪70年代，张忠培先生引入考古学文化区系类型理论，最先对东北地区的新石器文化和青铜文化进行区系划分，提出了以哈尔滨至沈阳铁路沿线将东北区分为面向亚洲腹地和海洋两大区域的指导意见[40]。按照这一构想，基于对东北青铜时代各区域考古学文化序列与编年的认识，下面拟从陶器和青铜器两个方面，就区系问题展开讨论。

一般认为陶器具有划分考古学文化的时空属性，而典型陶器在把握文化内涵与外延，梳理文化传承关系中起到不可替代的作用。鬲是一种很特殊的器物，不仅在于其造型复杂，变化速率快，而且具有明显的区域特征和文化上的关联性。故以鬲为标识，首先将东北地区划分为鬲文化分布区和非鬲文化分布区两大区系。

鬲文化分布区：包括辽西、下辽河、松嫩平原，并波及第二松花江考古学文化区。鬲有不同传承关系的造型，依形态可分为尊形鬲、筒腹鬲、鼓腹鬲三大类。第一类尊形鬲，素面黑灰陶，通体磨光，为夏家店下层文化的典型器。在东北地区最早出现的这种陶鬲，是外来因素与本土器形相结合的新品种，存续于夏至早商，随夏家店下层文化的结束而消失。尊形鬲及其衍生器，除辽西区外，向南越过燕山影响到海河以北和张家口地区的壶流河流域，向北分布到白城地区霍林河流域，目前发现最北的地点已达嫩江下游[41]。第二类筒腹鬲，素面红褐陶，流行錾耳，是高台山文化的典型器。这种陶器为东北地区独创，造型不仅为夏家店上层文化所承继，还远传至松嫩平原的白金宝文化，并对西团山文化也产生了很大影响，直到吉林通榆发现的汉代古墓中仍能见到其踪迹[42]，从时空范围来看，显示出强大的生命力。第三类鼓腹鬲，多绳纹褐陶，口部饰指压附加堆纹，以花边口沿鬲著称。这种陶鬲最先出现在河套地区，晚商前后分布于北方长城地带和燕山南北地区[43]。其高领鼓腹有实足根的常见形态，除融入魏营子类型和顺山屯类型外，在嫩江下游的大安汉书[44]、肇源白金宝[45]、古城[46]、卧龙[47]等经正式发掘遗址均有发现。另外，从科尔沁沙地以北至松辽分水岭一线，即辽西和松嫩平原两个考古学文化区的中间地带，历次调查也采集到相似的器形或纹饰陶片[48]。上述含这种陶鬲的文化遗存虽然都有一些各自的特点，但均表现出鲜明的时代特征。晚商以后，这种陶鬲被夏家店上层文化吸收，或仍保持其鼓腹的造型，或与筒腹鬲相结合产生衍生品种。

通过以上分析，可知尊形鬲最早，属独立的一支，主要分布于辽西地区。鼓腹鬲为外来品种，流行于晚商时期，但在辽西以外地区没有得到充分发展，松嫩平原所见这一时期遗存，鼓腹鬲尚不是主流器形。筒腹鬲造型传承了本地区新石器文化筒形罐传统，是东北地区本土化的一种陶鬲，且存续时间长，覆盖范围大，标识性突出。审视鬲文化分布区，辽西和下辽河是最早形成并得到充分发展的地区，而松嫩平原包括与辽西地区相连的地带直到西周早期以后才得到普及。由此大体可以看出，东北陶鬲分布的时空状态呈序时性由南向北传播，最终使大兴安岭东侧各区域考古学文化连成以鬲为表征的互动一体。由于鬲这种特殊器物的文化传承、交流和相互渗透，承载了深刻的人文历史内涵，所以称之为鬲文化系统。

非鬲文化分布区：是指与鬲文化分布区相对应的不含鬲的考古学文化区。辽东是不含陶鬲的重要文化区，从相当于夏商时期的双砣子二期文化、三期文化、马城子文化，到约相当于西周至春秋时期的双房类型，再到春战之交至战国时期的岗上、楼上积石墓遗存及以尹家村二期文化为代表的晚期墓葬，壶一直是主流陶器。辽东地区各考古学文化的陶壶，按形态可分为无耳壶、竖桥耳壶和横桥耳壶三类。夏商时期诸文化，以素面无耳壶和竖桥耳壶为主。西周春秋时期的双房类型，以横耳钵口弦纹壶为主要特征。双房类型之后的战国时期墓葬，则以无耳长颈壶为代表。其中无耳壶的渊源可追溯到新石器晚期的小珠山上层文化，此后不同类别的陶壶长期共存，延续发展。从器物发生学角度来看，辽东地区青铜时代各考古学文化的传承以壶为标识。图们江是另一个不含鬲的考古学文化区，由于地理位置封闭，较少受到外来文化因素影响。这里不见陶壶，素面筒形罐是兴城文化和柳庭洞文化共有的典型器物。这一地区的文化传承以筒形罐为标识，区别于辽东地区。

中间地带：是指下辽河区和公元前1000年后的辽西区大小凌河流域及第二松花江地区。应该指出的是在鬲文化分布区，下辽河区的高台山文化和第二松花江区的西团山文化也是普遍使用壶的文化，陶壶作为主要随葬品贯穿于这两种文化的始终。高台山文化的无耳壶和竖桥耳壶与马城子文化同类器大致相似，其他类型品如圈足折腹钵、素面无实足根甗等器物，也与辽东地区存在着息息相关的文化联系。西团山文化是第二松花江区唯一的青铜文化，此前该地区夏商时期遗存为空白，因此西团山文化的来源是个谜。有一种观点认为西团山文化源自辽东北部和下辽河区的早期青铜文化，诸如墓葬均以随葬陶壶为主，流行竖桥耳、横桥耳和鋬耳等。西团山文化鼎、鬲两套炊器系统，应分别来自下辽河东西两侧以鼎为主要炊器的新乐上层文化和以鬲为主要炊器的高台山文化[49]。另外，双房类型也对西团山文化产生了很大影响，如西团山文化部分曲颈横耳壶，以及器表贴塑三角形、瘤状突饰物的做法，均具有双房类型陶壶的形制特点。而西团山文化发现的短茎式曲刃剑、曲刃矛和扇形斧，这些与双房类型陶壶共存的青铜器，最初由辽东地区流入的可能性也很大。甚至有学者提出，西团山文化是双房类型遗存的变体[50]。

公元前1000年后，大小凌河流域青铜短剑墓遗存的出现，使辽西地区的文化格局发生了重大改变。短茎式曲刃短剑为代表的这类遗存，以演进的连续性保持着文化内涵上的承继关系，并与努鲁儿虎山西侧的夏家店上层文化形成显著区别。这一时期，努鲁儿虎山东西两侧的文化除少量的对方文化因素外，西侧以筒腹鬲为标识，东侧在魏营子类型之后，所谓“凌河遗存”三足陶器基本消失，其青铜短剑墓出土的陶器如长颈壶、叠唇筒形罐、鼓腹罐、角把罐、圈足钵等反映多元文化杂糅的特点[51]。而在多种外来文化因素中，源自辽东地区的文化因素表现得尤为强烈。

上述地区，既是鬲文化分布区，又与壶文化分布区保持密切联系，呈现出多种文化交织的现象，故称之为中间地带。

检视东北青铜时代各区域考古学文化内涵、特征，若以典型陶器为标识，不难发现西部大兴安岭至七老图山纵向延长线东侧为鬲文化分布区，东部以长白山至千山为轴线的两侧山前地带是不含鬲或少有鬲的文化分布区。东部除图们江考古学文化区外，壶有着广泛的使用和流传，可以看作是与鬲文化系统相对应的另一文化系统，或可暂称壶文化系统。下辽河两侧向北一直延伸至第二松花江流域，地理位置介于东、西两大区系之间，是鬲文化区与壶文化区相重叠的中间地带。依据不同时段各区域形成的连续或交替文化传承关系，以鬲和壶为标识的东西文化分界，前期（夏至晚商前后），拟可划在下辽河平原东侧的千山山前地带；后期（西周至春秋、战国），应以努鲁儿虎山为分界。从东、西两大区系临界线位置的变更来看，呈现出明显向西滚动的态势（图二）。

## 四、三系青铜器与考古学文化的区系关系

这一分布格局，还表现为不同区域系统在青铜器和其他要素特征方面的差别。

公元前2000～前1400年的辽西及下辽河区，见于报道的冶铜考古资料已较为丰富，除喇叭形耳环、指环、小刀、镞等小件器物外，还能够铸造像锦县（现凌海市）水手营子那样铸有复杂花纹的大型连柄戈[52]。而敖汉旗大甸子墓地出土的金属套件，则反映人们对合范和内范铸造技术的一般掌握。就考古学文化分析，夏家店下层文化

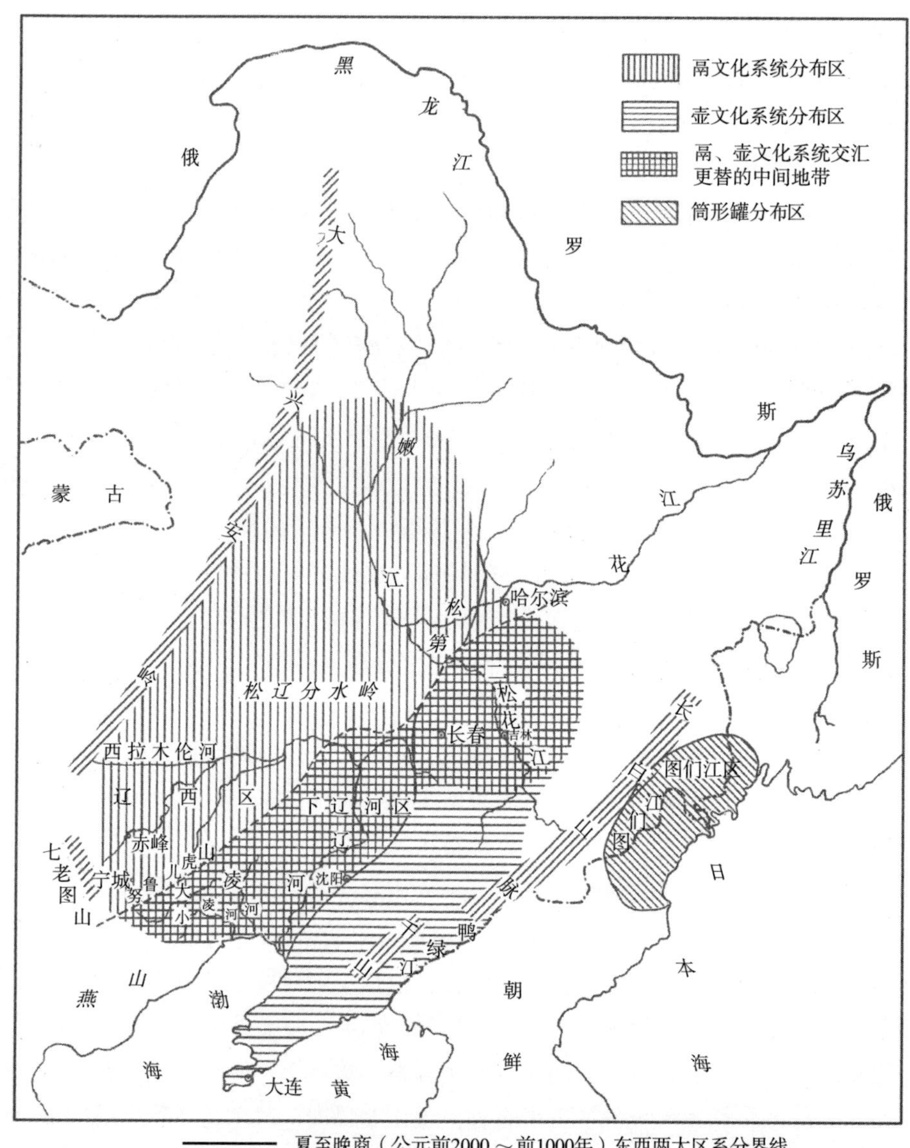


夏至晚商（公元前2000～前1000年）东西两大区系分界线
西周至春秋战国（公元前1000～前300年）东西两大区系分界线

图二　东北青铜时代考古学文化两大区系示意图

和高台山文化，在它们各自地区考古学文化序列中，均呈现出较前期文化面貌明显的阶段性变化。其中，夏家店下层文化出现大量绘于陶器上与中原青铜礼器极为相似的彩绘纹饰，广为流行的占卜巫术，象征为争夺资源武装化人群的权杖，反映社会分层的墓葬等级制度，以及稠密的定居农业人口和普遍出现的大型石城址等，说明夏家店下层文化正经历着一场深刻的社会变革。这一时期出现在辽西地区以青铜器为标志的文明诸要素特征，对下辽河区也产生了重要影响。相比较，辽东地区的冶铜术最初是由岳石文化传入的，出土的铜器数量少，铸造技术落后于夏家店下层文化，而作为衡量文明的诸要素特征，也远不如辽西地区发育。从丧葬习俗来看，洞穴墓和积石墓是辽东地区的主要墓葬形式，与辽西和下辽河区流行的土坑墓有明显区别。

公元前1000年前后至公元前3世纪，东北地区发现的青铜器，可以按器物造型、纹饰风格和组群分为三系。

北方系青铜器　集中分布于下辽河以西地区，首先屡见于商末周初时期[53]。在诸多北方系青铜器中，环首刀、铃首剑、管銎斧，也是同期鄂尔多斯高原、陕晋黄河沿岸和河北燕山山地广泛分布的北方系青铜器的重要品种。辽西地区的北方系青铜器与北亚草原的文化联系可以追溯到青铜时代早期，如夏家店下层文化和高台山文化的喇叭形耳环，建平大荒地出土的护手与剑身处有凹缺的短剑等[54]。公元前11～前7世纪，这种文化交流表现得更加频繁。夏家店上层文化所见分叉装铤式柳叶铜镞、素面镜、卷曲动物纹和大型鹿纹牌饰、伫立状动物柄首直刃剑、马蹄形双环套、马衔等，分别与叶尼塞河上游的米努辛斯克、图瓦和相邻的阿尔泰地区早期游牧人文化同类青铜器颇多相似之处[55]。值得注意的是，蒙古东部和外贝加尔广泛分布的石棺墓文化[56]，其早期青铜器中，柄端为羊头和柄部列行鸟兽纹刀、三角纹方銎斧、联珠饰、镜形饰、双环马衔、挂缰钩、三棱镞、头盔以及卧马形、卷曲动物形、四鸟纹牌饰，与夏家店上层文化同类器物无论形制或风格都更为相近。总之，辽西地区的北方系青铜器，不仅反映与内蒙古长城地带密切的文化联系，而且于不同时段还受到来自欧亚草原及邻近地区直接或间接的影响，其分布范围基本以下辽河区为界。但西周早期以后，北方系青铜器则很少见于努鲁儿虎山以东地区，这一分布态势与该地区鬲文化的消长大体吻合。

中原系青铜器　主要有礼器、车马器和以戈为代表的兵器。朝阳地区采集的锥状空足深腹弦纹鼎、平底爵，是最早传入辽西地区的商代青铜器，年代可早到二里岗上层偏晚[57]。翁牛特旗头牌子出土的一甗二鼎和克什克腾旗天宝同出土的甗，约为商晚期偏早[58]。迄今，喀左境内陆续发现商末周初时期窖藏青铜器共计69件，加上义县花儿楼的一批，使大凌河流域成为中原系青铜器出土地点最集中的地区[59]。这些青铜器涉及多种商周时期见于北方的氏族徽号和方国，因此引起学术界的高度关注。夏家店上层文化高等级墓葬主要见于宁城附近，随葬的中原系青铜礼器包括了从西周到春秋早期各时代器物，其中不乏重器。其他发现的青铜礼器，还有扎鲁特旗霍林矿出土地点最北的一件西周早期的簋、喀左南洞沟战国早期的簋和凌源三官甸子战国晚期的鼎等[60]。中原系车马器发现数量不多，年代最早的一组出土于朝阳魏营子西周墓[61]，西周晚至春秋早期的夏家店上层文化墓葬见有马衔，建昌东大杖子和喀左南洞沟的车马器可晚至战国初[62]。从马衔、马镳的形制来看，战国以前地方特色浓郁并吸收北方文化因素，战国中晚期总体特征与中原同类器基本一致。以上典型中原系青铜礼器、车马器基本见于下辽河以西地区，多出土于高等级墓葬，其来源可能是馈赠或作为财富劫掠的战利品。

中原系戈集中发现于以宁城为中心的老哈河上游和大凌河上游的喀左、凌源、建昌等地，据统计达30余件[63]。按形制分类、断代，除个别早到西周晚期外，绝大多数为春秋、战国时期燕齐诸侯国的流行式样。辽东地区报道的戈、矛等兵器，按形制和铭文断代，多为战国中晚期，个别到秦代，应该是不同时期流入的中原产品。如旅大地区发现的春平侯剑、宽甸出土的石邑戈、燕王职戈[64]，后元台墓出土的秦篆刻铭"启封"铜戈、铜矛[65]。辽东地区墓葬所见燕、秦文化兵器，在吉林长白和朝鲜平壤附近也有发现。就这类兵器整体分布状态来看，辽东较辽西出现的时间偏晚[66]。这一时期辽东地区遗址和墓葬中普遍出现的细把豆和泥质灰陶系壶、罐等非土著文化陶器及各地发现的大批战国货币和铁农具[67]，亦证明战国晚期至秦汉之际，中原势力已经深入辽东地区并产生重大影响。

东北系青铜器　形制风格与中原系和北方系青铜器有很大区别。努鲁儿虎山以西分布的夏家店上层文化，以銎柄式曲刃短剑为代表，包括曲刃匕首短剑、齿柄刀、方銎斧、剑鞘、头盔、马衔、马镳和各种动物造型饰品，其中一些器物吸收融合了北方系青铜器的风格。而宁城南山根M101、小黑石沟M8501墓出土的双环耳圜底鼎、犬形双耳鼓腹鬲、马形纽双联罐、豆罐联体器、祖柄勺等系列仿陶铜容器[68]，既代表了当时青铜铸造工艺的最高水平，也突显了其青铜器群的地域特征。努鲁儿虎山东侧大小凌河流域，经发掘的喀左和尚沟、锦西乌金塘、寺儿堡、朝阳十二台营子、喀左南洞沟、老爷庙、凌源三官甸子等各时段墓葬，出土的短茎式曲刃短剑形式富于变化，发展脉络清晰，构成年代不晚于西周晚期至战国时期"凌河遗存"较完整的编年序列[69]。"凌河遗存"包括沈阳郑家洼子青铜短剑墓遗存在内[70]，与夏家店上层文化青铜器群的主要区别在于，以短茎式曲刃短剑为代表，其他如几何纹多纽铜镜以及人面形、狼纹、鱼纹、蛇纹为母题的多种饰牌和马具，都为夏家店上层文化所不见。纹饰方面，三角纹、曲尺纹、勾连雷纹等几何纹饰也极富于地方特色[71]。而北方系青铜器和草原动物纹样的饰品在大小凌河流域极少发现，由此向东地区则基本不见。

辽东和第二松花江地区出土的青铜器以短茎式曲刃短剑为代表。双房类型的短剑，剑身短宽肥硕，刃部曲度较大，剑锋没有经过研磨，被认为是早期形式。这类"短形"剑伴出的青铜器有弦纹斧、凿、曲刃矛、镞等。墓葬为石棚、大石盖和石棺等多种形制。晚期的青铜短剑，剑身细长，刃部曲度明显减弱，剑尾折收[72]。共出的青铜器有斧、凿、矛、双纽细纹镜，以尹家村M12为代表。已知地点有辽阳亮甲山[73]、长海徐家沟[74]、新金后元台[75]、宽甸赵家堡、凤城小陈家[76]、本溪梁家[77]、桓仁大甸子[78]等，见于发表的资料，除亮甲山外均为石棺墓。西团山文化的青铜器绝大部分出自石棺墓葬，种类包括短茎式曲刃短剑、曲刃矛、网格纹扇面斧、凿、齿柄穿孔刀、镜形饰、镞等，除具有地方特点的类型品外，大多数形制与辽东地区的同类器相似[79]。西团山文化的青铜器以小型工具和装饰品为主，短茎式曲刃短剑发现较少，尤其缺乏可确认的铸范，所以不排除有些工艺略复杂的青铜制品是由辽东地区传入的。

辽东与第二松花江地区的青铜器，在短茎式曲刃短剑、曲刃矛、扇形刃铜斧、铜凿、铜镞以及石棺墓和随葬陶器方面，较大程度的表现为文化特征的一致性，与同样以短茎式曲刃短剑为代表的“凌河遗存”青铜器比较，既有联系又有区别。如果按辽东是壶文化分布区，第二松花江和大小凌河流域是鬲、壶文化交汇中间地带的划分方法，以上短茎式曲刃短剑分布区内，就共存的青铜器和其他特征组合分析，也恰恰反映出这种差异（参见图二）。

综上所述，东北三系青铜器分布有显著的地域性，结合对典型陶器的区系考察，公元前1000年前后至公元前3世纪，北方系青铜器、大型礼器和銎柄式短剑代表的青铜器组群与部分鬲文化分布区相重叠，与此同时，以短茎式短剑代表的青铜器组群则大体分布在壶文化区域内，并覆盖于鬲、壶文化交汇出现地区。

总之，东北青铜时代的考古学文化，拟以鬲文化系统和非鬲文化系统相区别。至于东、西两大文化系统分界的划定及按实际分布情况确认的中间地带，皆是对区系考古学文化深入认识的阐释。

# 五、余　　论

东北地区青铜文化分布格局已具有了民族文化区的雏形。据汉魏文献对东北主要部族方位较为系统的记载，辽西地区夏家店上层文化结束后，在燕文化到来之前，有着发达畜牧业文化特征的林西井沟子类型最有可能属于东胡遗存；大小凌河流域以短茎式铜剑为特征的考古遗存应属于文献记述先秦时期的秽；约战国晚期至秦汉，辽东地区北部和吉林省东南部长白地区同样含有短茎式铜剑的遗存，则可能是包含有秽、貊、高句丽等多个历史民族或其祖先的领地；在第二松花江流域，以吉林市为中心，战国晚期至汉代的土著文化被确认为是夫余。结合文献的考古学研究认为，夫余当属秽族的一支，其源头可追溯到曾广泛分布于这一地区的西团山文化；在松嫩平原，以汉书二期文化为代表的遗存族属尚难确定，但人类学家认为其古代居民的体质特征与鲜卑最为接近。由于汉书二期文化的影响已波及早期拓跋鲜卑分布的大兴安岭西侧，并与之存在互动关系。这样说来，考古学认定的汉书二期文化也是构成汉代拓跋鲜卑共同体的成分之一。

乔梁先生指出，按汉魏时期中原人的史观，“东北地区诸多的部族在分类上至少是可以归结为两大集团的。按照今天的地理概念来看，其中的东夷集团主要分布在东北地区东部的长白山地及其延伸地带为轴心的区域内，而乌桓、鲜卑集团则主要分布在以大兴安岭及其延伸地带为轴心的东北地区西部”[80]。上溯至战国时期，西部应为东胡族系，东部则属秽、貊族系。比照以上东北青铜时代东、西两大文化区系的划分，与汉魏文献记载的那些有着特定生业方式和认同感的部族集团在时空范畴上相印证。这一结构体系的形成，奠定了战国秦汉时期东北古代民族分布的基本格局。

## 注　释

[ 1 ] 中国社会科学院考古研究所：《中国考古学中碳十四年代数据集》，文物出版社，1991 年。

[ 2 ] 王立新等：《龙头山遗址的几个问题》，《北方文物》2002 年 1 期；王立新：《辽西区夏至战国时期文化格局与经济形态的演进》，《考古学报》2004 年 3 期。

[ 3 ] 朱永刚：《大、小凌河流域含曲刃短剑遗存的考古学文化及相关问题》，《内蒙古文物考古文集》（第二辑），中国大百科全书出版社，1997 年。

[ 4 ] 吉林大学边疆考古研究中心等：《2002 年内蒙古林西县井沟子遗址西区墓葬发掘纪要》，《考古与文物》2004 年 1 期。

[ 5 ] 郭治中：《水泉墓地及相关问题之探索》，《中国考古学跨世纪的回顾与前瞻——1999 年西陵国际学术研讨会文集》，科学出版社，2000 年。

[ 6 ] 朱永刚：《论高台山文化及其与辽西青铜文化的关系》，《中国考古学会第八次年会论文集》，文物出版社，1991 年。

[ 7 ] 辛岩：《辽北地区青铜时代文化初探》，《辽海文物学刊》1995 年 1 期。

[ 8 ] 金旭东：《东辽河流域的若干种古文化遗存》，《考古》1992 年 4 期。

[ 9 ] 沈阳故宫博物馆等：《沈阳郑家洼子的两座青铜时代墓葬》，《考古学报》1975 年 1 期。

[10] 陈光：《羊头洼类型研究》，《考古学文化论集》（二），文物出版社，1989 年。

[11] 许明纲等：《辽宁新金双房石盖石棺墓》，《考古》1983 年 4 期。

[12] 王巍：《夏商时期辽东半岛和朝鲜半岛西北部的考古学文化序列及其相互关系》，《中国考古学论丛》，文物出版社，1993 年。

[13] 朱永刚：《辽东地区双房式陶壶研究》，《华夏考古》2008 年 2 期。

[14] 中国社会科学院考古研究所：《双砣子与岗上——辽东史前文化的发现与研究》，科学出版社，1996 年。

[15] 中国社会科学院考古研究所：《双砣子与岗上——辽东史前文化的发现与研究》，科学出版社，1996 年。

[16] 许明纲等：《辽宁新金县后元台发现铜器》，《考古》1980 年 5 期。

[17] 金旭东：《西团山文化辨析》，《青果集——吉林大学考古专业成立二十周年考古论文集》，知识出版社，1993 年。

[18] 刘景文：《西团山文化墓葬类型及发展序列》，《博物馆研究》1983 年 1 期。

[19] 朱永刚：《西团山文化墓葬分期研究》，《北方文物》1991 年 3 期。

[20] 张忠培：《肇源白金宝——嫩江下游一处青铜时代遗址的揭示》，科学出版社，2009 年。

[21] 黑龙江省文物考古研究所等：《黑龙江肇源白金宝遗址 1986 年发掘简报》，《北方文物》1997 年 4 期，图六，5；白城市博物馆展品。

[22] 朱永刚：《论白金宝二期文化》，《北方文物》2009年1期。
[23] 吉林大学历史系考古专业：《大安汉书遗址发掘的主要收获》，《东北考古与历史》(1)，文物出版社，1982年。
[24] 朱永刚：《从肇源白金宝遗址看松嫩平原的青铜时代》，《吉林大学社会科学学报》2008年1期。
[25] 吉林省文物考古研究所：《和龙兴城——新石器及青铜时代遗址发掘报告》，文物出版社，2001年。
[26] 侯莉闽：《吉林延边新龙青铜墓葬及对该遗存的认识》，《北方文物》1994年3期。
[27] 藤田亮策：《延吉小营子遗迹调查报告》，1942年。
[28] 朝鲜民主主义人民共和国科学院考古学与民俗学研究所：《会宁五洞原始遗迹发掘报告》，《遗迹发掘报告》(第7辑)，1960年(平壤)。
[29] 金用玕：《西浦项原始遗迹发掘报告》，《考古民俗论文集》1972年3期。
[30] 朝鲜社会科学院考古研究所：《朝鲜考古学概要》，1977年。
[31] 林沄：《论团结文化》，《北方文物》1985年创刊号。
[32] 宋玉彬：《图们江流域青铜时代的几个问题》，《北方文物》2002年4期。
[33] 乌恩岳斯图：《北方草原考古学文化研究——青铜时代至早期铁器时代》，"第一章　夏家店下层文化"，科学出版社，2007年。
[34] 辽宁省博物馆等：《内蒙古赤峰县四分地东山嘴遗址试掘报告》，《考古》1983年5期；辽宁省文物考古研究所等：《辽宁彰武平安堡遗址》，《考古学报》1992年4期。
[35] 中国社会科学院考古研究所：《大甸子——夏家店下层文化遗址与墓地发掘报告》，科学出版社，1996年。
[36] 黑龙江省文物考古研究所等：《黑龙江肇源县小拉哈遗址发掘报告》，《考古学报》1998年1期。
[37] 郭大顺：《辽河流域"北方式青铜器"的发现与研究》，《内蒙古文物考古》1993年1、2期。
[38] 王云刚等：《绥中冯家发现商代窖藏铜器》，《辽海文物学刊》1996年1期。
[39] 李延祥等：《林西大井古铜矿冶遗址冶炼技术及产品特征初探》，《边疆考古研究》(第1辑)，科学出版社，2002年。
[40] 张忠培：《黑龙江考古学的几个问题的讨论——1996年8月24日在"渤海文化研讨会"上的发言》，《北方文物》1997年1期。
[41] 黑龙江省文物考古研究所等：《黑龙江肇源白金宝遗址1986年发掘简报》，《北方文物》1997年4期，图六，5；白城市博物馆展品。
[42] 张中澍等：《通榆县兴隆山鲜卑墓清理简报》，《黑龙江文物丛刊》1982年3期。
[43] 韩嘉谷：《花边鬲寻踪》，《内蒙古东部区考古学文化研究文集》，海洋出版社，1991年。
[44] 张忠培：《肇源白金宝——嫩江下游一处青铜时代遗址的揭示》，科学出版社，2009年；吉林省文物考古研究所2001年对大安汉书遗址进行第二次发掘，参见王洪峰：《汉书遗址》，

《田野考古集粹——吉林省文物考古研究所成立二十五周年纪念》，文物出版社，2008 年。
[45] 黑龙江省文物考古工作队：《黑龙江肇源白金宝遗址第一次发掘》，《考古》1980 年 4 期；黑龙江省文物考古研究所等：《黑龙江肇源白金宝遗址 1986 年发掘简报》，《北方文物》1997 年 4 期。
[46] 乔梁：《松嫩平原陶鬲研究》，《北方文物》1993 年 2 期。
[47] 乔梁：《肇源卧龙青铜时代和早期铁器时代遗址》，《中国考古学年鉴》（1985），文物出版社，1985 年。
[48] 李甸甫等：《科尔沁右翼中旗呼林河沿岸原始文化遗存》，《文物资料丛刊》（7），文物出版社，1983 年；朱永刚等：《通榆县三处史前遗址调查与遗存分类》，《边疆考古研究》（第 7 辑），科学出版社，2008 年。
[49] 朱永刚：《西团山文化源的探索》，《辽海文物学刊》1994 年 1 期。
[50] 孙华：《中国青铜文化体系的几个问题》，《考古学研究》（五）下册，科学出版社，2003 年。
[51] 朱永刚：《大、小凌河流域含曲刃短剑遗存的考古学文化及相关问题》，《内蒙古文物考古文集》（第二辑），中国大百科全书出版社，1997 年。
[52] 齐亚珍等：《锦县水手营子早期青铜时代墓葬及铜柄戈》，《辽海文物学刊》1991 年 1 期。
[53] 郭大顺：《辽河流域“北方式青铜器”的发现与研究》，《内蒙古文物考古》1993 年 1、2 期。
[54] 林沄：《中国东北和北亚草原早期文化交流的一些现象》，《博物馆纪要》（第 12 辑），檀国大学校中央博物馆（韩国），1997 年。
[55] 乌恩岳斯图：《北方草原考古学文化研究——青铜时代至早期铁器时代》，“第七章　夏家店上层文化”，科学出版社，2007 年。
[56] 林沄：《石棺墓》，《中国大百科全书·考古卷》，中国大百科全书出版社，1986 年。
[57] 辽宁省博物馆文物工作队：《概述辽宁省考古新收获》，《文物考古工作三十年》，文物出版社，1979 年；水野清一等：《内蒙古长城地带》，《东方考古学丛刊》，乙种第一册，1937 年。
[58] 苏赫：《从昭盟发现的大型青铜器试论北方的早期青铜文明》，《内蒙古文物考古》（总第 2 期）；克什克腾旗文化馆：《辽宁克什克腾旗天宝同发现商代铜甗》，《考古》1977 年 5 期。
[59] 郭大顺：《赤峰地区早期冶铜考古随想》，《内蒙古文物考古文集》（第一辑），中国大百科全书出版社，1994 年；孙思贤等：《辽宁义县发现商周青铜器》，《文物》1982 年 2 期。
[60] 张柏忠：《霍林河矿区附近发现的西周铜器》，《内蒙古文物考古》（总第 2 期）；辽宁省博物馆等：《辽宁喀左南洞沟石椁墓》，《考古》1977 年 6 期；辽宁省博物馆：《辽宁凌源三官甸青铜短剑墓》，《考古》1988 年 7 期。
[61] 辽宁省博物馆文物工作队：《辽宁朝阳魏营子西周墓和古遗址》，《考古》1977 年 5 期。
[62] 建昌东大杖子车马器见于辽宁省博物馆新馆陈列。
[63] 赵镇先等：《关于中国东北地区和朝鲜半岛铜戈的考察——以中原式铜戈为中心》，《内蒙古文物考古》2007 年 2 期。
[64] 旅顺博物馆：《旅大地区发现赵国铜剑》，《考古》1973 年 6 期；张震泽：《燕王职戈考》，《考

古》1973年4期；许玉林等：《辽宁宽甸县发现秦石邑戈》，《考古与文物》1983年3期。
[65] 许明纲等：《辽宁新金县后元台发现铜器》，《考古》1980年5期。
[66] 赵镇先等：《关于中国东北地区和朝鲜半岛铜戈的考察——以中原式戈为中心》，《内蒙古文物考古》2007年2期；另参考成璟瑭：《东北系青铜武器的初步研究》，《鄂尔多斯青铜器国际学术研讨会论文集》科学出版社，2009年。
[67] 王嗣洲：《大连市三处战国燕币窖藏与研究》，《大连金融》1980年2期；邹宝库：《辽阳出土战国货币》，《文物》1980年4期；许玉林：《辽宁宽甸发现战国时期燕国的明刀钱和铁农具》，《文物资料丛刊》（3），文物出版社，1980年；王嗣洲等：《辽宁庄河近年出土的战国货币》，《文物》1994年6期。
[68] 辽宁省昭乌达盟文物工作站等：《宁城南山根石椁墓》，《考古学报》1973年2期；赤峰市博物馆等：《宁城小黑石沟石椁墓调查清理报告》，《文物》1995年5期。
[69] 朱永刚：《大、小凌河流域含曲刃短剑遗存的考古学文化及相关问题》，《内蒙古文物考古文集》（第二辑），中国大百科全书出版社，1997年。
[70] 沈阳故宫博物馆等：《沈阳郑家洼子的两座青铜时代墓葬》，《考古学报》1975年1期。
[71] 靳枫毅：《论中国东北地区含曲刃青铜短剑的文化遗存（上）》，该文称“十二台营子类型”，《考古学报》1982年4期，图四。
[72] 林沄：《中国东北系铜剑再论》，《考古学文化论集》（四），文物出版社，1997年。（即该文划分的C型、D型剑身。）
[73] 孙守道等：《辽宁寺儿堡等地青铜短剑与大伙房石椁墓》，《考古》1964年6期。
[74] 许明纲：《大连市近年来发现青铜短剑及相关的新资料》，《辽海文物学刊》1993年1期。
[75] 许明纲等：《辽宁新金县后元台发现铜器》，《考古》1980年5期。
[76] 许玉林等：《丹东地区出土的青铜短剑》，《考古》1984年8期。
[77] 魏海波：《本溪梁家出土青铜短剑和双钮镜》，《辽宁文物》1984年6期；魏海波：《辽宁本溪发现青铜短剑墓》，《考古》1987年2期。
[78] 曾昭藏等：《桓仁大甸子发现青铜短剑墓》，《辽宁文物》1981年1期；梁志龙等：《辽宁桓仁出土青铜遗物墓葬及相关问题》，《博物馆研究》1994年2期。
[79] 刘景文：《试论西团山文化中的青铜器》，《文物》1984年4期。
[80] 乔梁：《吉长地区西团山文化之后的几种古代遗存》，《辽海文物学刊》1993年2期。

[原载《中国考古学会第十二次年会论文集》，文物出版社，2010年，并刊于《湖西考古学》（21），韩国高丽大学考古环境研究所，2009年]

# 试论我国北方地区銎柄式柱脊短剑

商周时期，在我国北方地区广为分布的青铜短剑，出土数量多，形制富于变化，具有鲜明的地域特征。从考古学角度观察，是深入了解北方青铜文化和古代民族最为重要的器物之一。

关于北方地区青铜短剑的分群研究，在首先认识了东北地区的分体曲刃剑和内蒙古长城沿线的联体直刃剑之后，随着研究的深入，又逐渐认识到北方地区还存在着另外一种自成一系的短剑。这种短剑，柱脊、銎筒式柄、叶刃多呈波浪状曲刃。剑身柄体结合方式与联铸体直刃剑相似，曲刃、柱脊剑身又与分体曲刃剑相若。其基本形制介于上述曲刃剑与直刃剑之间，但又都有明显区别。

这种短剑早在20世纪30年代就有著录[1]，当时称作矛，从形式上看，并不适于装柲作长兵器使用，实属误解。事实上辽宁建平出土1件此种兵器，锋刃部残留清晰的木质剑鞘痕[2]；在征集品中还发现了銎口一端被封堵，或制成铃首状的标本[3]。林沄先生首先将这种短兵器确认为剑，并认为应与曲刃剑系统相区别[4]。近来有研究学者提出，这种短剑既区别于曲刃剑系统，又不同于直刃剑系统，应是分布于我国北方地区一种独立的短剑系统[5]。

根据这种短剑的形制特点，本文称之为“銎柄式柱脊短剑”。目前新发现和公布的这种短剑日渐增多，为对其进行全面考察提供了条件。本文在汇集有关材料，通过分析比较和类型学研究的基础上，拟就所涉及的源流及有关我国北方青铜短剑研究中的一些问题作进一步探讨。

## 一、型式划分与编年序列

据统计，经采集、征集和科学发掘的銎柄式柱脊短剑已有30余件，主要见于以下地点：内蒙古克什克腾旗董家沟[6]，巴林右旗大板南山[7]，翁牛特旗大泡子[8]，赤峰市附近[9]、美丽河[10]、红山[11]，喀喇沁旗牛营子档子地、驼店[12]，敖汉旗山湾子水库、大甸子新地、金场沟梁，宁城县南山根[13]、小黑石沟[14]，加格达奇大子扬山[15]，辽宁省建平县哈拉道口、二十家子、老南船石砬山、大坝子城子山、水泉城子、万寿老西店[16]、太平乡营子东山，凌源市安杖子[17]，吉林省通辽县木里图等。从出土地点看，这种短剑大抵分布于内蒙古东南部，辽宁西部，个别见于吉林西部，以努鲁儿虎山两侧及以西的老哈河、英金河、西拉木伦河最为集中，最北已达大兴安岭东侧的大子杨山，分布相当广泛。

銎柄式柱脊短剑分无格剑和有格剑两类，各类又有形制上的差别，型式划分如下：

A 型　无格剑。分三式。

Ⅰ式：剑叶两侧为不明显的曲刃，柱脊较粗壮，本部钝厚，圆銎口。建平水泉城子 M7701 和翁牛特大泡子墓各出 1 件，后者两刃不对称，内凹的一侧当为使用磨损所致（图一，1、2）。

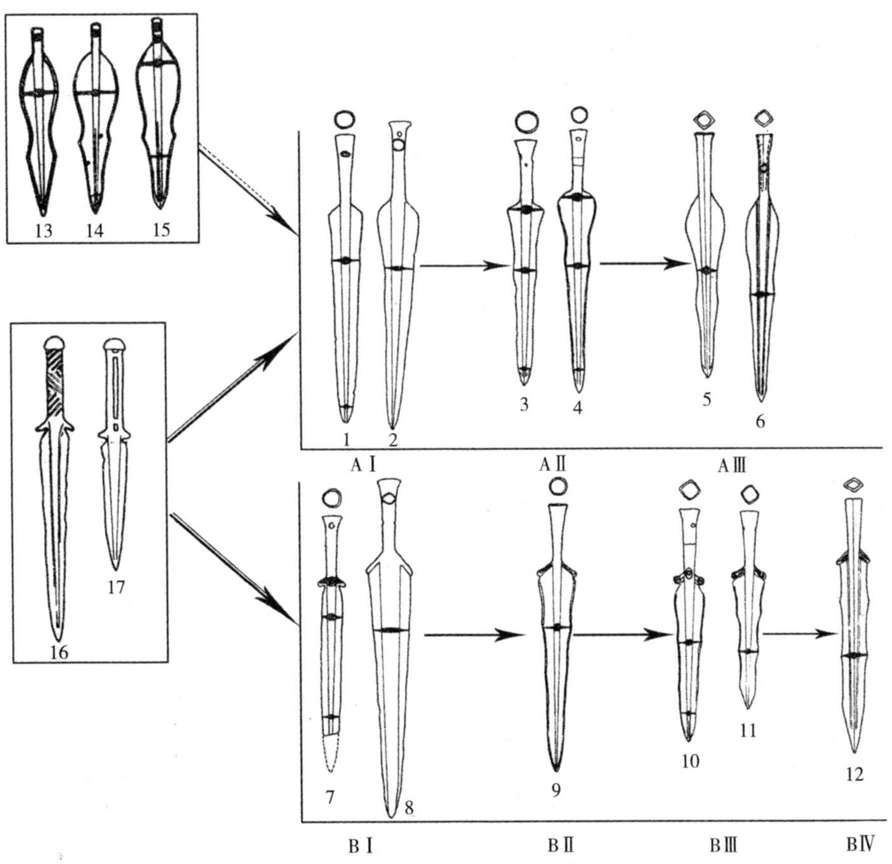


图一　銎柄式柱脊短剑祖型及演变序列图

1. 建平水泉城子 M7701　2、8. 翁牛特大泡子墓　3. 建平水泉城子 M7801　4. 宁城小黑石沟 M8061　5. 巴林右旗大板南山墓　6. 宁城南山根 M101　7. 建平南船石砬山 M742　9. 建平哈拉道口　10. 建平万寿老西店　11. 建平二十家子　12. 加格达奇大子扬山　13. 抚顺大甲邦石棺墓　14. 清原李家堡石棺墓　15. 清原门脸石棺墓　16、17. 昌平白浮墓

Ⅱ式：剑叶两侧为稍缓曲的单波浪曲刃，前端经过打磨，血槽下移形成短锋，本部肥厚折收，喇叭状銎柄，圆銎口。建平水泉城子 M7801、宁城小黑石沟 M8061 各出土 1 件（图一，3、4），《赤峰红山后》著录的 1 件可归入此式。

Ⅲ式：剑叶两侧为单波浪曲刃，前端经打磨有短锋，本部弧收与銎柄相接，菱形銎口。巴林右旗大板南山墓出的 1 件柱脊中空，且有一条脊线与銎柄相通；宁城南山根 M101 出的 1 件柱脊两侧各铸一凸棱（图一，5、6），朝阳博物馆陈列的 1 件（地点不详）属此式。

B 型　有格剑。分四式。

Ⅰ式：剑叶两侧平直斜收成锋，柱脊扁圆粗壮。建平老南船石砬山 M742 出土的 1 件圆銎口，本部左右对称内凹形成齿状剑格。翁牛特大泡子墓出土 1 件銎口略呈菱形，斜出小突齿剑格（图一，7、8）。

Ⅱ式：剑叶为缓曲的双波浪曲刃，经打磨，圆銎口，斜出铸饰棱线的小突齿剑格。建平哈拉道口出土 1 件（图一，9）。

Ⅲ式：剑叶为双波浪曲刃，弧曲程度较Ⅱ式明显，个别的出现节尖。一些标本剑叶前端经打磨形成短锋，另一些标本柄部饰有纵向排列的人字纹和交叉线纹。斜出齿端铸饰同心圆剑格，銎筒柄截面呈菱形。部分标本在柱脊和銎柄相交处饰有重环纹。建平老南船石砬山 M741、万寿老西店、二十家子、太平乡营子东山各出土 1 件，宁城南山根出土 1 件，敖汉旗山湾子水库出土 2 件（图一，10、11）。传赤峰出土的 1 件铃首剑也可归入此式[18]。

Ⅳ式：剑叶为三重折波浪曲刃，有节尖，柱脊两侧出现明显的血槽，前端血槽下移，剑锋变长，斜突齿状剑格，銎柄截面呈菱形。通辽县木里图出土 1 件，加格达奇大子扬山出土 2 件（图一，12）。

以上型式划分所示发展序列，反映了銎柄式柱脊剑的年代关系。

水泉城子 M7701 墓，与 AⅠ式剑共出的双翼柱脊有铤铜镞，具有典型西周铜镞特点，相同形式见于长安张家坡[19]、磁县下潘汪[20]。老南船石砬山 M742 石淳墓出土的 BⅠ式剑，和昌平白浮西周早期墓出土的铜剑具有同一时代风格[21]。翁牛特大泡子墓共存的陶器可以将 AⅠ、BⅠ式剑的年代推定在西周中期。以上类比分析证明，这两式剑存在的年代可定为西周中期前后或更早。

由于宁城南山根 M101 随葬了一组可资断代的中原式青铜容器，所以共存的 AⅢ式剑年代可确定在西周晚到春秋早期。迄今为止 BⅢ式剑出土的数量最多，约占总发现数量的 1/3，且形制统一，具有鲜明的时代特点。BⅢ式剑断代的主要依据是柱脊与剑格间铸饰的重环纹。这种纹饰多见于中原式的鬲、鼎、簋、簠等青铜容器上，最早出现在西周中期，流行于西周晚至春秋早期。北方地区窖藏或墓葬中出土铸饰重环纹的青铜容器，年代大都断在两周之际[22]。另外，老南船 M741 墓与 BⅢ式剑伴出的三翼有铤铜镞，在中原地区同时期遗存中很少发现，而多见于内蒙古长城地带及蒙古、外贝加尔米努辛斯克盆地等北方草原地区，约流行于公元前 7～前 6 世纪。所以 BⅢ式剑年代下限可能延续到春秋中期。

BⅣ式剑柱脊两侧出现下凹的血槽，还具有血槽尖下移，剑锋变长等特点，和沈阳郑家洼子 M6512 墓[23]、喀左南洞沟石墩墓[24]出土的分体曲刃剑剑身十分相近。从类型学的角度推断，BⅣ式剑当晚于 BⅢ式剑，年代可暂定为春秋晚到战国早期。由于 BⅣ式剑的形制较 BⅢ式剑已发生较大变化，也不排除延续到战国中期的可能。

AⅡ式、BⅡ式剑的年代，目前尚无准确断代的依据，只能根据类型学的排比，判定其年代下限当不晚于 AⅢ、BⅢ剑出现的时间。

将各型式銎柄式柱脊剑的对应关系及编年序列列表如下：

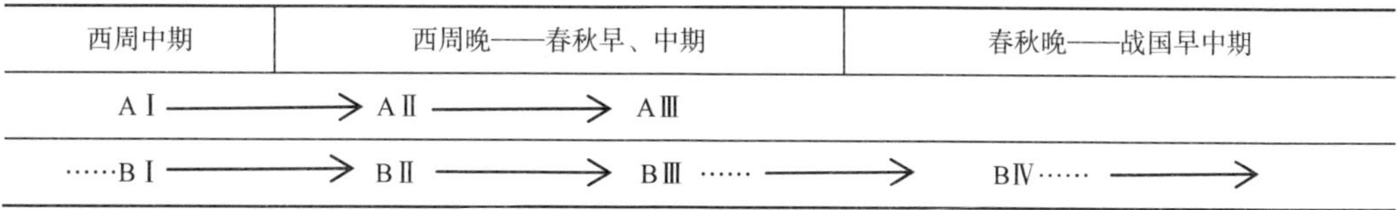

| 西周中期 | 西周晚——春秋早、中期 | 春秋晚——战国早中期 |
|---|---|---|
| AⅠ ⟶ | AⅡ ⟶ AⅢ | |
| ……BⅠ ⟶ | BⅡ ⟶ BⅢ …… ⟶ | BⅣ…… ⟶ |

以往有关銎柄式柱脊剑类型学研究的论著主要有两篇。对于剑形制的分类，《论中国东北地区含曲刃青铜短剑的文化遗存》（以下简称《论遗存》）分为六式[25]；《中国北方地区青铜短剑分群研究》（以下简称《分群研究》）分为五式[26]，两者均以剑身形制变化作为划分式别的主要依据，但是都忽视了剑格在这种短剑分类中的重要作用。

《论遗存》的排序，没有收录翁牛特大泡子出土的 2 件早期标本（其中 1 件为有格剑），同时又疏漏了建平老南船石砬山 M742 出土的那件内凹齿状剑格的标本。因为石砬山 M742 标本“系直刃双齿匕首式与銎柄式青铜短剑相糅合的一种型式”可能被作者筛选掉了，但该文的排序却收录了宁城小黑石沟（铜器 3 号）出土的 1 件，而后者也属于东北曲刃剑与銎柄式剑相结合的标本。当然上述列举的 3 件标本中有 2 件剑叶是直刃的，从形态来看似乎不属于《论遗存》一文所讨论的曲刃青铜短剑范畴。但事实上銎柄式柱脊剑经历了由直刃到曲刃的发展演变过程。如果忽略其早期形态的存在，总结銎柄式短剑的发展演变规律，必然会导致“由单曲刃到双曲刃，由无格到有格”那样有悖真实的结论。

《分群研究》的型式划分有三点不足：一是，划分为同一式别的Ⅱ式剑 3 件标本，剑叶形态各异，分别是直刃，单波浪曲刃和双波浪曲刃。二是，同样作为Ⅲ式标本的建平水泉城子 M7801、宁城小黑石沟 M8061 和宁城南山根 M101 在形制上差别颇大，前者柱脊粗壮，剑尾折收肥厚；后者柱脊两侧各有一凸棱，剑身细长，剑尾弧收轻薄。三是，式别划分标准不明确，同一式别中有格剑与无格剑相混淆，不同式别中有格剑递进的逻辑关系较模糊，故排序线索不明晰。

本文之所以将銎柄式柱脊剑划分为 A 型无格剑和 B 型有格剑，是考虑到两种短剑的共存关系及平行发展演变规律。

其一，翁牛特大泡子墓 A Ⅰ式剑和 B Ⅰ式剑共存。可明确断代的宁城南山根 M101 墓出土的 AⅢ式剑，和发现数量最多的 BⅢ式剑是西周晚至春秋早期流行的两种形制。

其二，同一式别短剑某些相同的形制特征显示出此二型剑同步演化的趋势。如剑叶由平直刃或近于直刃到曲刃；銎柄由圆銎口到菱形銎口；以及剑锋、柱脊的变化。不同型别短剑的自身特点又表现出它们各自的递进演变轨迹。如此二型剑除了有无剑格的区分之外，重环纹只见于 B 型剑，而不见于 A 型剑；从叶刃的弧曲程度来看，A 型剑只有单波浪曲刃，而 B 型剑则由平直刃演变为多重波浪曲刃。

综上所述，銎柄式曲刃短剑经历了由直刃到曲刃的发展过程。在这个过程中，无格剑与有格剑自始至终都是平行发展的两个序列。所以，把有无剑格作为分型的标准是有事实依据的。

在銎柄式柱脊短剑型、式分类与编年序列初步研究基础上，本文就以下几个问题作进一步讨论。

## 二、祖型与祖源

### 1. 銎柄式柱脊剑的祖型

在内蒙古长城地带自 20 世纪 30 年代初收集的所谓“绥远式青铜器”[27]，和近几十年来陆续出土的富有北方民族特征的青铜器群中，都有大量柄端饰铃首或兽首的匕首式短剑。已有研究认为，这是见于我国北方地区形制最早的短剑，属北方联铸柄直刃短剑系统，其出现时间约不晚于商代晚期，年代早于銎柄式短剑。这种剑与銎柄式短剑区别极为明显，很难看出其间的递进演变痕迹。也就是说，匕首式短剑与銎柄式短剑的祖型无关。

在以往被认为属于“北方联铸柄直刃短剑系统”中，还有一种蕈首（也有个别兽首）镂孔筒柄短剑，在年代上早于銎柄式短剑。我们曾提出这种短剑是探讨銎柄式短剑来源应该注意的对象[28]，《分群研究》一文也提出了相似的见解[29]。以北京昌平白浮西周早期墓出土的这种短剑为代表，空心筒柄饰有长条形镂孔，较粗壮的扁圆柱脊由柄部没入剑身，直刃的剑叶本部左右对称内凹形成齿状剑格。其与早期銎柄式短剑（B Ⅰ式）相比，除柄首稍有区别外，形制特征都极为相似。如果按年代早晚将白浮墓的剑排进銎柄式剑（B 型）序列，可以清楚地看出柄首由蕈状变为喇叭銎口状；剑格由内凹齿状变为斜出突齿状；剑身由柱脊直刃变为柱脊曲刃。而建平老南船 M742 出土的 B Ⅰ式剑所残留的蕈首直刃剑的孑遗，则进一步揭示其间存在着一脉相承的发展演变关系。所以，不可否认白浮墓的蕈首直刃剑很有可能是銎柄式柱脊的祖型（图一，16、17）。如果这一推断无误的话，銎柄式剑的曲刃剑身并非是其固有的形制。

事实上分布于东北地区的分体曲刃剑，对其剑身形式的演化起过重要作用。

人们对于东北曲刃剑年代最初的认识，是从宁城南山根 M101 墓开始的，根据该墓伴出的中原式青铜礼器断代，将年代确定为西周末至春秋初。近年在辽宁抚顺[30]、清原[31]、西丰[32]、辽阳[33]等下辽河以东低山丘陵地带陆续发现的一些曲刃剑，与宁城南山根 M101 标本相比，剑身短小、形制古朴，器体轻薄，显示较原始的形态特点（图一，13～15）。有研究者根据这种短身铜剑共存遗物的分析，论定其“出现于西周的可能性比出现于春秋初的可能性要大”[34]。根据我们的观察，在辽东地区石棺墓中，与这种短身曲刃剑经常共存的弦纹钵口壶，是一种地域性和时代性很强的陶器，其早期形态可追溯到大连于家砣头积石墓地发现的弧颈鼓腹壶[35]。该墓地年代约相当于中原商代晚期。参考出有这种短身曲刃剑的吉林星星哨石棺墓碳十四绝对测年数据（距今 3055 年±100 年）[36]，结合类型学方面的排比分析，可以认为，短身剑属于东北曲刃剑系统中的早期形式，产生的年代可推定在西周中期前后。

从目前的考古发现来看，不仅在下辽河以东低山丘陵地带集中出土早期形式的曲刃剑，而且在整个辽东地区存在着这种短剑较为完整的发展序列。据此，我们认为东北曲刃剑在辽东地区有独立的起源和发展过程。从共存关系看，辽东地区与曲刃剑共出的陶器以壶为主，早期是弦纹钵口壶，继而发展为素面长颈壶。其他伴出青铜器有长身弦纹铜斧、铜凿和少量的曲刃铜矛，显示出较为固定的组合模式。相比较，辽河以西大小凌河流域出土的曲刃剑，剑身瘦长，形制统一，技术成熟，铸造精良。迄今没有发现明确早于宁城南山根 M101 形制的标本，此类剑出现时间要晚于辽东地区。再看器物组合，因经科学发掘的材料较少，早期组合中的陶器形态不十分清楚，但较晚期形态曲刃剑伴出的深腹筒形罐、长颈壶等与辽东地区陶器明显趋同，青铜器则呈现出较为复杂的多种文化因素混合的现象。既有显示与东部特征的扇形铜斧、多组铜镜、几何纹饰，也有来自西部的齿柄刀子、马具、装饰品和写实风格的动物纹饰。

基于上述认识，东北曲刃剑最早产生于辽东地区，由东向西传布至大小凌河流域，最远已渗透到努鲁儿虎山以西老哈河中上游和教来河上游地区。我们认为东北曲刃剑对銎柄式短剑剑身衍生形态变化产生过重大影响。

宁城小黑石沟（铜器 3 号）出土的 1 件完全移植东北曲刃剑身的銎柄剑[37]，同大多数銎柄式曲刃剑形制有别，这从一个侧面反映了銎柄剑身曲刃化不是一个简单因袭的过程。纵观銎柄式短剑的剑身，A 型剑均为单波浪曲刃，同东北曲刃剑身形制相近。但严格说，A 型剑叶刃呈波浪状较平缓，没有东北曲刃剑叶刃那样明显的节尖，柱脊也无脊突。B 型剑除 BⅠ式保持传统的平直刃剑身外，其余均为多重波浪曲刃剑身，比东北曲刃剑身更为复杂且富于变化。A 型剑很可能是直接借鉴东部曲刃剑身加以改造的仿制品；B 型剑的多重曲刃剑身则是间接吸取了东北曲刃剑的剑身，在 A 型剑基础上发展起来的。其中 B 型剑在由平直刃向多重曲刃演变时，A 型剑起到桥梁的过渡作用（参见图一）。

如前所述，以昌平白浮墓代表的蕈首直刃剑是目前銎柄式短剑可追溯到的祖型，由蕈首直刃剑“质变”为銎柄曲刃剑，排除自我嬗变的因素，当与来自东北曲刃剑的外力作用密切相关。但传统的直刃剑身向曲刃剑的演化，并非只是简单的因袭，而是通过仿制、改造，乃至形成自身特色的独立发展序列。

**2. 銎柄式柱脊剑的祖源**

銎柄式柱脊剑分布区以西的内蒙古长城地带处于欧亚大草原东端，介于黄河流域发达的商周文明和南西伯利亚以米努辛斯克盆地为中心青铜文化之间。该地区很早就出现了发达的青铜铸造业，至少在商代晚期已经流行铃首或兽首匕首式短剑。关于这种短剑与蕈首直刃剑的关系，大多数学者取得了较为一致的看法，即按形制分类均属北方联铸柄直刃短剑系统，两者年代衔接。铃首或兽首匕首式剑为早期形式，继而发展为蕈首直刃剑，但也有研究者并不认同这样的看法。两者之间是否有继承发展关系，需要对它们的细部特征作具体分析。匕首式短剑，实心剑柄向一侧稍弯曲，以较窄外突的一字形剑格为特点，剑身在近格手处渐宽，整体呈长三角形。蕈首直刃剑，空心筒柄，剑身近格手处有明显左右对称的凹缺，形成齿状剑格，不难看出它们在形态上的明显区别。另外，在装饰风格方面也存在着差异。匕首式短剑在扁平的柄手上多饰纵向条纹或连续的方格、三角纹，柄首铸有透空的球状铃或眼部突出的兽头，柄首下均饰环形纽。而蕈首直刃剑的装饰风格则简素得多，长条形镂孔剑柄很少有纹饰，柄首主要为蕈状，柄首下无环形纽。以往研究认为它们先后继承的观点，并不能提供其间递进演变的类型学依据。经比较两种短剑不存在形态发展的逻辑关系，我们认为应该属于不同的短剑系统。

林沄先生在对商末周初我国北方青铜器和周邻文化的关系进行考察时，曾指出“北方系青铜器中的每种共同成分是有不同来源的”[38]。那么，作为銎柄式短剑祖型的蕈首直刃剑来源于何方呢？为了阐明这一点，有必要将本文讨论的范围展开一些。

分布于南西伯利亚米努辛斯克盆地的卡拉苏克文化[39]，因与我国北方青铜文化有颇多相似之处，而引起中外学者广泛的讨论。争论的焦点，是那些作为共有的相似成分，孰早孰晚以至谁影响了谁的问题。短剑是卡拉苏克文化中最具有代表性的器物之一。部分国内研究者以苏联学者马克西缅科夫关于卡拉苏克文化分期结论为依据[40]，认为卡拉苏克式短剑均出现在公元前 10 世纪以后，而我国北方出现的短剑可推定在商代晚期（公元前 11 世纪以前），所以“不存在影响我国北方青铜文化的可能性”[41]。然而即使完全不考虑卡拉苏克式短剑有无存在于公元前 10 世纪以前的可能性，仅就类型学方面，真正与卡拉苏克式短剑相类似的蕈首直刃剑是入周以后才出现在我国北方地区的，而本文研究认为这种短剑与商末流行的匕首式短剑并没有继承发展关系。值得注意的是，在外贝加尔赤塔州发现的 1 件短剑，兽首，曲柄，柄上有环纽，形似我国北方的匕首式短剑，但格手和剑身的形制却明显具有卡拉苏克式短剑的风格。一般来说显示在同一器物上的不同文化因素，当反映其共同成分所代表遗存间年代的同一性，赤塔发现的这件短剑，为探讨卡拉苏克式短剑早期形式提供了线索。所以，不能笼统地论定卡拉苏克式短剑晚于我国北方的同类标本。

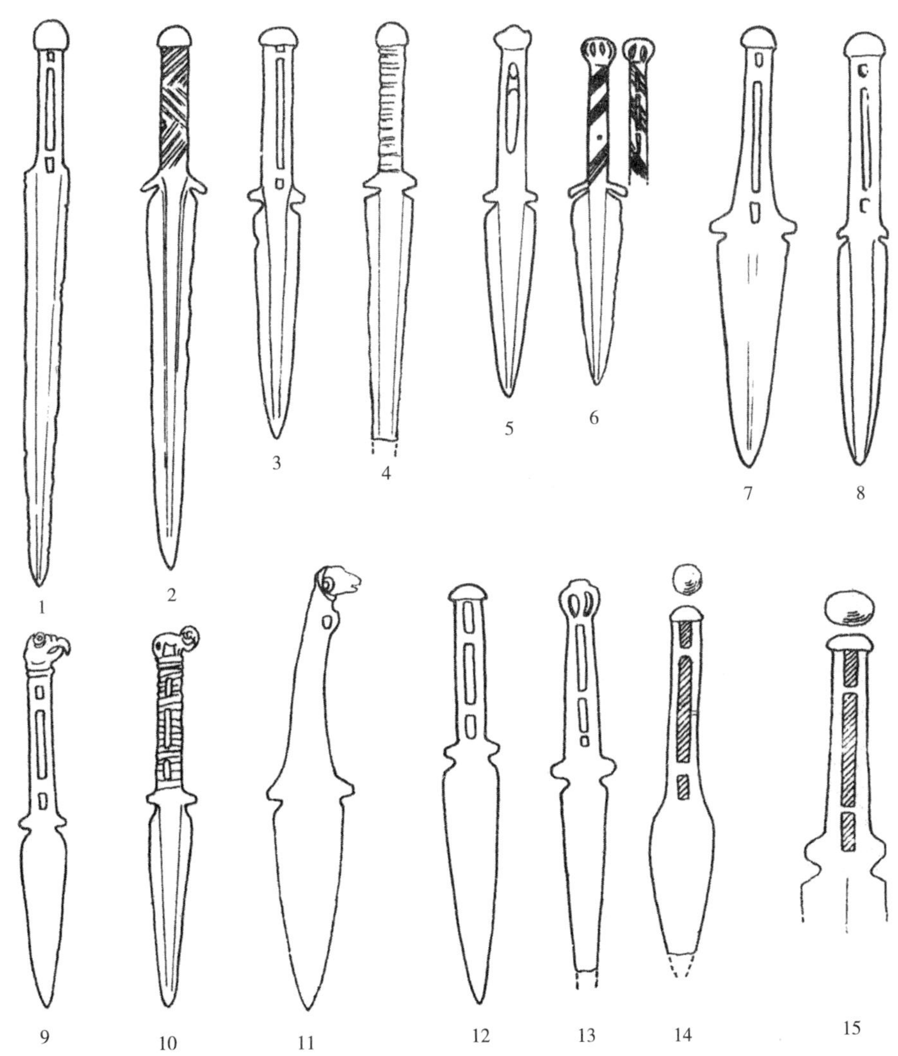


图二　北方地区的蕈首（兽首）直刃剑与卡拉苏克式短剑

1～4、9. 昌平白浮墓　5. 建平烧锅营子大荒地墓　6. 传出自鄂尔多斯　7、8. 索亚收藏品　10. 传出自山西　11. 苏联外贝加尔赤塔州　12、13. 米努辛斯克盆地　14、15. 苏联苏莱密沃村

从器物形制分析，入周以后出现的蕈首直刃剑具有卡拉苏克式短剑的一般特征，包括相似的柄首、长条形镂孔筒柄和切入剑身而形成的内凹齿状格手。与商末流行的匕首式短剑比较，这种短剑较为少见。北京昌平白浮西周早期墓是目前所知出土数量

最多的地点，共发现6件（4件蕈首、2件兽首）[42]，其余散见的同类标还有，辽宁建平烧锅营子大荒地墓出土1件[43]；早年罗越发表的2件和《内蒙古长城地带》著录1件，据传均出自鄂尔多斯地区[44]；高滨秀介绍索亚收藏品2件[45]；林沄介绍沃森（Watson）发表过据说出自山西的 1 件[46]。高滨秀认为“这类型式的短剑，是以南西伯利亚为中心，分布着的卡拉苏克短剑的一部分”[47]（图二）。

尽管在米努辛斯克盆地发现的卡拉苏克式短剑的最初形态和产生时间还没有确定，所见材料也相当有限，但在我国北方地区入周以后取代匕首式短剑的蕈首直刃剑，很有可能与卡拉苏克式短剑为同一短剑系统。从这个意义上说，銎柄式短剑则是卡拉苏克式短剑的支流衍派。

通过前面对銎柄式短剑祖型与祖源的讨论，我们认为在我国北方铜剑的分类研究中，有着谱系关系的蕈首直刃剑和銎柄柱脊剑应是一个独立存在的短剑系统。它们既不同于“东群”的分体曲刃剑系统，又区别于“西群”的联铸体直刃剑系统，也不可简单地理解为东西两群混合的结果[48]。

## 三、流布与影响

集中分布与努鲁儿虎山西侧辽西地区的銎柄式柱脊短剑，继AⅢ、BⅢ式剑之后，约在春秋中期前后便自行消失了，这与以此短剑为主要内涵的夏家店上层文化终结的年代大抵一致。目前夏家店上层文化之后到战国燕文化之前，辽西地区古文化遗存尚未被认识，也没有发现与銎柄式短剑有接续关系的铜剑材料，不过关于銎柄式短剑的流向及对周边地区的影响有以下情况值得注意。

（1）除辽西地区外，出土同类剑的地点还有两处：一是通辽县的木里图；二是加格达奇附近的大子扬山。两地均处辽西地区以北，所出短剑均属 BⅣ式，年代晚于辽西同类短剑。另外，夏家店上层文化典型陶器直口筒腹鬲，与下辽河流域和嫩江中下游地区诸青铜时代遗存中发现的陶鬲极为相似，却少见于燕山以南及内蒙古长城地带。已知这种直口筒腹、乳状袋足陶鬲作为一种传统使用炊器，主要是沿大兴安岭东侧、辽河以西迤北一线分布的，这与推定的銎柄式短剑向北方流布相重合。在这一背景下考虑木里图和大子扬山发现的同类标本，当不应解释为一种偶然现象。

（2）銎柄式短剑分布区以南的潮白河、滦河上游地区，是北方诸系统短剑群的“临界地带”。多种不同风格的短剑汇集于此，往往表现出复杂多样的形制特征，其中就有銎柄式短剑向南部扩展的迹象。例如，河北隆化骆驼梁M5、滦平窑上墓、白旗砖厂墓出土的短剑，整体形制与銎柄式短剑早期形态相似，尤其是喇叭状柄首几乎完全相同（图三，1～3）。隆化骆驼梁M2、下甸子墓、汤头沟瓦房墓、丰宁等地出土的兽首曲刃剑，则明显吸取或移植了銎柄剑的波浪形曲刃柱脊剑身（图三，4～7）[49]。这批短剑的年代为春秋早期，正处于銎柄式短剑的成熟时期，所以相同或相似因素，极有可能是辽西銎柄式短剑向南流布所至。另外还有一些据传出自中国北方地区的国外馆藏品，从形态上看也具有銎柄式短剑的某些特点，也是探讨这种短剑向周邻地区扩展的类型品（图三，8～12）。

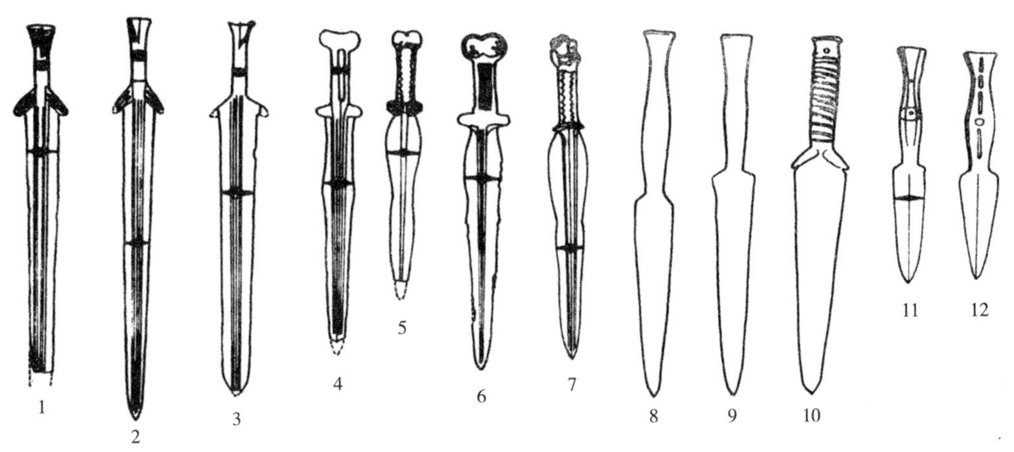


图三　銎柄式柱脊短剑相关的短剑举例

1. 滦平窑上墓　2. 隆化骆驼梁M5　3. 滦平白旗砖厂墓　4. 隆化汤头沟瓦房墓　5. 丰宁　6. 隆化骆驼梁M2　7. 隆化下甸子墓　8. 日本天理参考馆藏　9. 日本国立博物馆藏　10～12. 内蒙古长城地带

（3）在中原地区，剑这种短兵器作为进攻性武器兴起的比较晚。最早见于西周早期墓葬中的一种柳叶形剑，其剑身很短，需另装柄使用，进攻杀伤力较弱，主要用来防身护体。大约从西周晚期经春秋至战国早期，短剑逐渐成为中原流行的短兵器。在中原系统的短剑中，有一种盘状柄首直刃柱脊剑，出土地点多偏北，靠近銎柄式短剑分布地区。在河南上村岭出土 4 件[50]，河北宣化出土过数件[51]，辽宁建平采集 1 件[52]，凌源五道河子出土 3 件[53]（图四）。就形制而言，它们与銎柄式柱脊短剑的祖型和早期形态有些相似。如果把潮白河、滦河上游的喇叭銎首剑考虑进去的话，其间的内在联系则表现出来，它们共同的形制特点是：联铸体；直刃剑身；柱脊与柄相通；另一端没入剑身。显示的逻辑关系是：柄首从空心喇叭銎口—半空心喇叭銎口—盘口；剑柄从镂孔筒柄—半空心（也有空心）柱状柄—柱状实心柄。有学者根据这种短剑发现数量较少，且分布偏北，后来又未在中原地区继续流行，认为“它起源于中原地区的可能性很小”[54]。我们认为盘口柱脊直刃剑很可能脱胎于銎柄式柱脊剑或与其有关的短剑，经发展演化后汇入了中原短剑系统。

从銎柄式柱脊剑作为北方地区独立的短剑系统出发，以上列举现象具体反映了銎柄式柱脊短剑向周邻地区流布及产生的影响。我们认为在纠正以往认识偏差的同时，有必要重新考虑这种短剑的地位和作用，这对我国北方地区青铜短剑的整体研究十分重要。

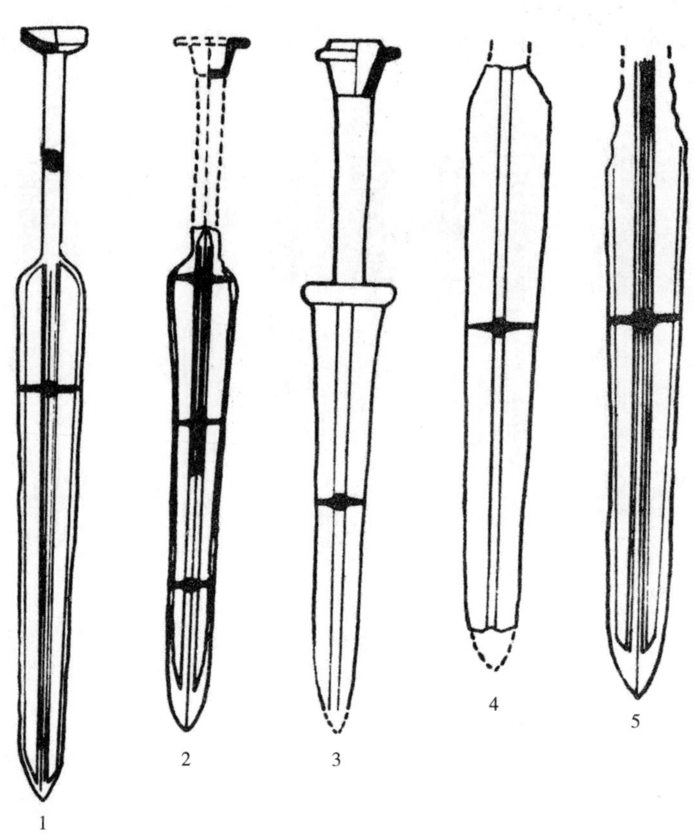


图四　中原系盘口柱脊直刃剑举例

1. 河南上岭村　2. 辽宁建平　3～5. 辽宁凌源五道河子

## 注　释

［1］ 滨田耕作、水野清一：《赤峰红山后》，《东方考古学丛刊》，甲种第六册，1938年。

［2］ 建平县文化馆、朝阳地区博物馆：《辽宁建平县的青铜时代墓葬及相关遗物》，《考古》1983年8期。

［3］ 岛田贞彦：《满洲国新出の古银铜面及二三の青铜遗物について》，（日本）《考古学杂志》28卷2期，1938年，第117页。

［4］ 林沄：《中国东北系铜剑初论》，《考古学报》1980年2期。

［5］ 翟德芳：《中国东北地区青铜短剑分群研究》，《考古学报》1988年3期。

［6］ 靳枫毅：《论中国东北地区含曲刃青铜短剑的文化遗存（上）》，《考古学报》1982年4期。

［7］ 董文义：《巴林右旗发现青铜短剑墓》，《内蒙古文物考古》创刊号，1981年。

[8] 贾鸿恩：《翁牛特旗大泡子青铜短剑墓》，《文物》1984年2期。
[9] 岛田贞彦：《满洲国新出の古银铜面及二三の青铜遗物について》，（日本）《考古学杂志》28卷2期，1938年，117页。
[10] 靳枫毅：《论中国东北地区含曲刃青铜短剑的文化遗存（上）》，《考古学报》1982年4期。
[11] 滨田耕作、水野清一：《赤峰红山后》，《东方考古学丛刊》，甲种第六册，1938年。
[12] 靳枫毅：《论中国东北地区含曲刃青铜短剑的文化遗存（上）》，《考古学报》1982年4期。
[13] 中国社会科学院考古所东北工作队：《宁城南山根石椁墓》，《考古学报》1973年2期。
[14] 宁城县文化馆、中国社会科学院研究生院考古系：《宁城县新发现的夏家店上层文化墓葬及其相关遗物的研究》，《文物资料丛刊》（9），文物出版社，1985年。
[15] 贺文素、解生祥：《大子扬山发现两支青铜剑》，《黑龙江文物丛刊》1983年1期。
[16] 建平县文化馆、朝阳地区博物馆：《辽宁建平县的青铜时代墓葬及相关遗物》，《考古》1983年8期。
[17] 靳枫毅：《论中国东北地区含曲刃青铜短剑的文化遗存（上）》，《考古学报》1982年4期。
[18] 岛田贞彦：《满洲国新出の古银铜面及二三の青铜遗物について》，（日本）《考古学杂志》28卷2期，1938年，第117页。
[19] 中国社会科学院考古所：《沣西发掘报告》，文物出版社，1963年，图版柒拾，4。
[20] 河北省文物管理处：《磁县下潘汪遗址发掘报告》，《考古学报》1975年第1期，图二十九，18。
[21] 北京市文物管理处：《北京地区的又一重要考古收获》，《考古》1974年4期，图九；图版叁，6～11。
[22] 北京市文物管理处：《北京市延庆县西拨子村窖藏铜器》，《考古》1979年3期；中国科学院考古所东北工作队：《宁城南山根石椁墓》，《考古学报》1973年2期。
[23] 沈阳故宫博物院、沈阳市文物管理办公室：《沈阳郑家洼子的两座青铜时代墓葬》，《考古学报》1975年1期。
[24] 辽宁省博物馆、朝阳地区博物馆：《辽宁喀左南洞沟石椁墓》，《考古》1977年5期。
[25] 靳枫毅：《论中国东北地区含曲刃青铜短剑的文化遗存（上）》，《考古学报》1982年4期。
[26] 翟德芳：《中国东北地区青铜短剑分群研究》，《考古学报》1988年3期。
[27] 江山波夫、水野清一：《绥远青铜器》，《内蒙古长城地带》，《东方考古学丛刊》乙种第一册，1937年。
[28] 朱永刚：《夏家店上层文化的初步研究》，《考古学文化论集》（一），文物出版社，1987年。
[29] 翟德芳：《中国东北地区青铜短剑分群研究》，《考古学报》1988年3期。
[30] 抚顺市博物馆：《辽宁抚顺市甲邦发现石棺墓》，《文物》1983年5期。
[31] 抚顺市博物馆：《辽宁清原门脸石棺墓》，《考古》1981年2期；清原县文化局、抚顺市博

物馆：《辽宁清原县近年发现一批石棺墓》，《考古》1982 年 2 期。
[ 32 ] 孟庆忠：《试述铁岭地区的新石器文化和青铜文化遗存》，《辽宁省考古、博物馆学会成立大会会刊》，1981 年。
[ 33 ] 辽阳市文物管理所：《辽阳二道河子石棺墓》，《考古》1977 年 5 期。
[ 34 ] 林沄：《中国东北系铜剑初论》，《考古学报》1980 年 2 期。
[ 35 ] 旅顺博物馆、辽宁省博物馆：《大连于家村砣头积石墓》，《文物》1983 年 9 期。
[ 36 ] 中国社会科学院考古所实验室：《放射性碳素年代报告（八）》，《考古》1981 年 4 期。
[ 37 ] 项春松：《小黑石沟发现的青铜器》，《内蒙古文物考古》（总第 3 期），1984 年，图二。
[ 38 ] 林沄：《商文化青铜器与北方地区青铜器关系之再研究》，《考古学文化论集》（一），文物出版社，1987 年。
[ 39 ] 乌恩、莫润先：《卡拉苏克文化》，《中国大百科全书》（考古学），中国大百科全书出版社，1986 年。
[ 40 ] 马科希缅科夫：《关于米努辛斯克盆地青铜时代分期问题的现状》，译文见中国社会科学院考古研究所：《考古学参考资料》（第 6 辑），文物出版社，1983 年。
[ 41 ] 乌恩：《中国北方青铜文化与卡拉苏克文化的关系》，《中国考古学研究——夏鼐先生考古五十年纪念论文集》（二），科学出版社，1987 年。
[ 42 ] 北京市文物管理处：《北京地区的又一重要考古收集》，《考古》1974 年 4 期。
[ 43 ] 建平县文化馆、朝阳地区博物馆：《辽宁建平县的青铜时代墓葬及相关遗物》，《考古》1983 年 8 期，图二，1。
[ 44 ] 江山波夫、水野清一：《绥远青铜器》，《内蒙古长城地带》，《东方考古学丛刊》乙种第一册，1937 年。
[ 45 ] 高滨秀：《鄂尔多斯青铜短剑的形式分类》，《东京国立博物馆纪要》第十八号，1983 年；译文见内蒙古自治区文物工作队编：《文物考古参考资料》（第六期），1984 年，图 17、18。
[ 46 ] 林沄：《商文化青铜器与北方地区青铜器关系之再研究》，《考古学文化论集》（一），文物出版社，1987 年，图一，5。
[ 47 ] 高滨秀：《鄂尔多斯青铜短剑的形式分类》，《东京国立博物馆纪要》第十八号，1983 年；译文见内蒙古自治区文物工作队：《文物考古参考资料》（第六期），1984 年。
[ 48 ] 翟德芳：《中国东方地区青铜短剑分群研究》，《考古学报》1988 年 3 期。
[ 49 ] 郑绍宗：《中国北方青铜短剑的分期及形制研究》，《文物》1984 年 2 期，图一，6～8，10～13。
[ 50 ] 中国社会科学院考古研究所：《上村岭虢国墓地》，科学出版社，1959 年。
[ 51 ] 张家口市文物事业管理所、宣化县文化馆：《河北宣化县小白阳墓地发掘报告》，《文物》1987 年 5 期，图一三，4、5；另在宣化白庙墓地也发现同类标本。
[ 52 ] 建平县文化馆、朝阳地区博物馆：《辽宁建平县的青铜时代墓葬及相关遗物》，《考古》1983

年8期，图一〇，4。

[53] 辽宁省文物考古研究所：《辽宁凌源县五道河子战国墓发掘简报》，《文物》1989年2期，图八，7、8、10。

[54] 李伯谦：《中原地区东周剑渊源试探》，《文物》1982年1期。

[原载《文物》1992年12期，后译成俄文转载于俄罗斯科学院西伯利亚分院历史、语言、哲学研究所：《东亚传统文化》（第2期），海参崴，1999年。本集以未删节文稿全文发表]

# 锦西邰集屯小荒地出土的曲刃青铜短剑与屠何故城

## 一

邰集屯镇属锦西市（现葫芦岛市）连山区，南距市区 45 千米。1993 年上半年，吉林大学考古学系与辽宁省文物考古研究所对位于邰集屯西北的小荒地古城进行了勘测、调查（图一）。

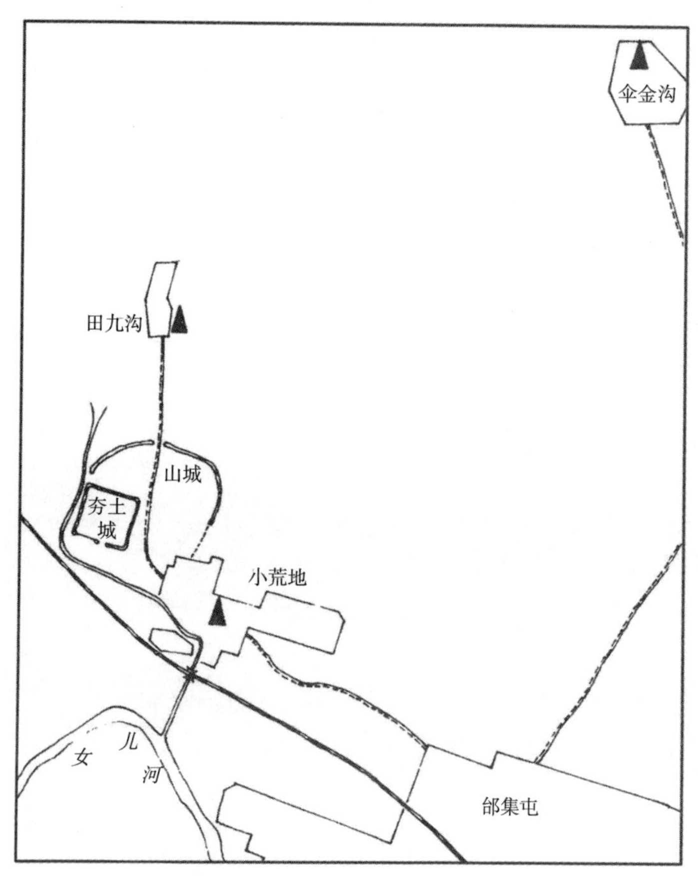


图一　锦西邰集屯小荒地古城址及曲刃短剑墓位置示意图

在工作中获悉小荒地村两民宅院内各出土了一柄青铜短剑，随即对其中的1件做了观察与实测[1]。此剑为曲刃短茎式青铜剑，剑身已折为三段，尖稍残，但整体仍保存完好。从形制上看，剑身前部血槽偏下，至剑尖有一段横剖面为菱形的剑锋。节尖位于剑身约二分之一处，节尖角较大。剑身后部叶刃弧曲，剑尾略折收。柱脊隆起显著，脊突较弱，前段经研磨与剑锋贯通，呈六棱体。剑身通长36、叶宽5.8、锋长5.5、茎长4.2厘米（图二）。该剑与朝阳十二台营子[2]和喀左南洞沟[3]出土的青铜短剑形制相近，共同特点是剑锋较长，剑尾略折收。但十二台营子者，剑身的长宽比不到5，以节尖分段的后前比接近1.2，时代可定为春秋中期；喀左南洞沟剑身长宽比为6.62，后前比0.83，依据共存的蟠螭纹簠、三穿长胡戈、车軎等中原式铜器断代，年代应在春战之际。小荒地短剑长宽比为5.5，后前比为0.86，故在形制上应介于两者之间，因而其铸造年代拟推定在春秋晚期为宜。

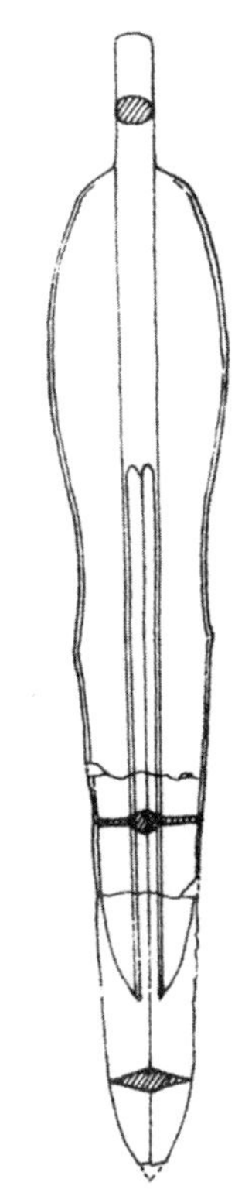
图二　小荒地村曲刃青铜短剑

小荒地村出土的另一件曲刃短剑，连同铜剑柄保存完好。剑身形式同上，丁字形铜剑柄，侧视柄盘两端平直，柄筒有明显突节，纹饰繁缛。可惜没及实测，现被葫芦岛市博物馆收藏。

在小荒地村同时采集的青铜制品还有镞、套管、铃、带钩。（本次调查采集品编号，在顺序号前加0）。

镞　2件。标本1（0∶48）为三翼镞，镞身细长，三翼极窄，无后锋，圆铤。残长3.4厘米（图三，1）。标本2（0∶50）为三棱镞，镞身截面呈三角形，无翼，三棱成刃，棱下透出本。残长4.2厘米（图三，2）。

套管　1件（0∶54）。管状，因挤压变形，中部有三周凸棱。长15.8、壁厚0.1厘米（图三，4）。

铃 1件（0∶49）。半环状纽，无铃舌，铃体中部有一穿孔。通高3.95、口径1.5、壁厚0.15厘米（图三，3）。

带钩　2件。均残。保存较好的1件（0∶51），截面呈椭圆形，中部起三周突棱，扣和钩残。长9.3厘米（图三，5）。

三翼有铤式铜镞，相类者见于宁城南山根M101[4]和朝阳小波赤青铜短剑墓[5]，年代为西周晚至春秋早、中期。三棱有铤式铜镞，与山西长子牛家坡M7出土的铜镞相似，但后者为铁铤，属战国早期制品。应指出的是小荒地发现的两种铜镞，在目前已发表的曲刃短剑墓遗存中比较少见，而中原地区春秋晚期才产生三翼镞，战国早期以后三翼镞与三棱镞开始流行。小荒地的两种铜镞与中原春战时期铜镞均不相同，似不能简单比附。事实上有铤式的三翼和三棱铜镞是南西伯利亚、蒙古及中亚地区草原游牧文化最具特色的类型品，曾盛行于公元前7～前5世纪。近来有学者指出，东北南部地区的青铜文化自商末周初以后，“出现了相当复杂多样的文化成分”“其中明显地包括有许多来自西北方大草原的成分”[6]。就这两种铜镞在异地出现的年代考虑，显然源于北方青铜系统的可能性大，当然也不排除春秋战国之际受北方铜镞影响产生的地方形式。其他采集的铜套管、铜铃和铜带钩，在喀左南洞沟[7]喀左老爷庙[8]、凌源五道河子[9]、喀左市政园林处[10]等春秋晚到战国早、中期的青铜短剑墓中均有发现，尽管形式有所不同，但可以估定以上这些采集品均应出自小荒地村的青铜短剑墓。

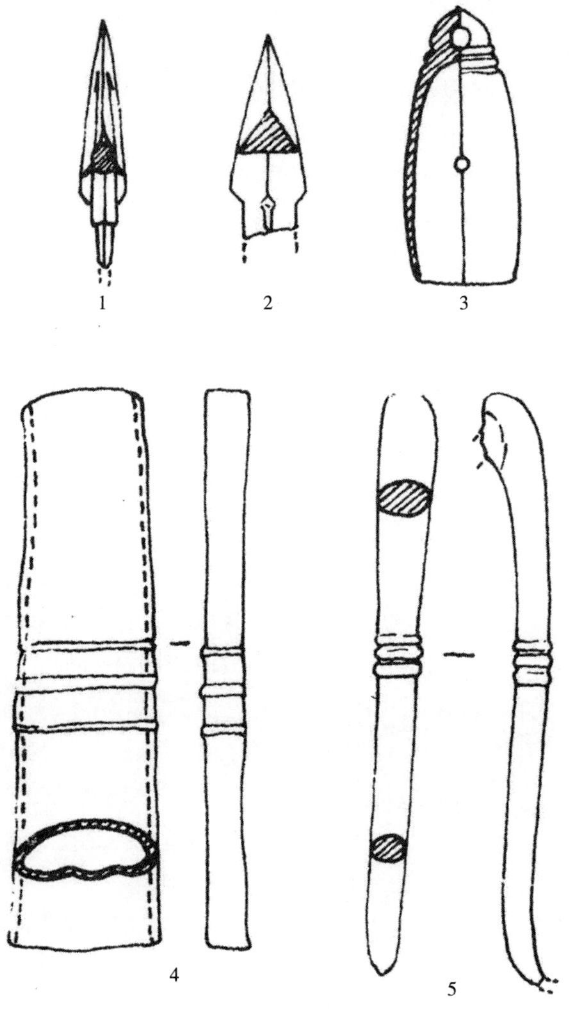


图三　小荒地村采集的青铜制品

1、2. 镞（0：48、0：50）　3. 铃（0：49）　4. 套管（0：54）　5. 带钩（0：51）

除小荒地村出土的青铜短剑及相关遗物外，在其北 1.5 千米的田九沟村也发现过青铜短剑墓。据笔者了解，葫芦岛市博物馆曾展出过伴出的马衔、卷云形节约、虎形饰和橄榄形管饰等 30 余件铜制品。其中两节式马衔极为接近中原战国形式，同形式马衔还见于凌源三官甸子[11]、喀左南洞沟[12]和凌源五道河子青铜短剑墓[13]；虎形饰与凌源三官甸子出土的伏卧状鎏金虎饰造型完全一样，在表现手法和艺术风格上具有北方草原青铜文化的特征。

另据王成生报道，位于小荒地村东北6千米的伞金沟村曾出土过两件青铜戟，一件残断，另一件保存完好[14]。此类器物形制特殊，上下长胡各有一穿，援首截面为菱形，两件形制完全相同。长 18.5、宽 16.5 厘米（图四）。戟是一种戈与矛或刀组合为一体的兵器，在中原地区西周时期始作为一种重要的青铜兵器流行。青铜戟或可分为浑铸与分铸两类。浑铸戟一次浇铸成形，又可分为两型：一型是矛与戈的组合，上为矛下成戈胡，一般作长胡二穿，此型戟又被称作“十字戟”；另一型是由戈与刀的组合，柲端以刀代矛，刀的顶端多后弯呈钩状，因此学者多称“钩戟”。上述浑铸戟大约只存在于西周时期。春秋至战国时期的戟多为分铸，即戈与矛两部分分别铸造，然后通过柲联装为一体。伞金钩铜戟与中原两周时期的戟均不相同，从图版所载的实物照片来看，该戟的援本上下延伸对称成胡，所以只有横击钩杀之功能，并无矛刺之利。再观其援，中脊宽厚，本部呈扁柱状，长援短内，颇具北方草原广为流行的銎啄戈的特点。如果不考虑銎的因素，与 1958 年在宁城发现的一件夏家店上层文化的啄戈较为相似[15]。由于这一地区早在夏家店下层文化时就已能够铸造出像凌海市水手营子那种大型铜柄戈[16]，故可以认为伞金沟戟是融汇中原和北方系青铜兵器的地方产品。据称形制相同的铜戟在建昌汤神庙亦有出土，从共出的青铜短剑和泥质灰陶豆判定年代不晚于战国中期[17]，所以伞金沟铜戟也极可能出自青铜短剑墓。

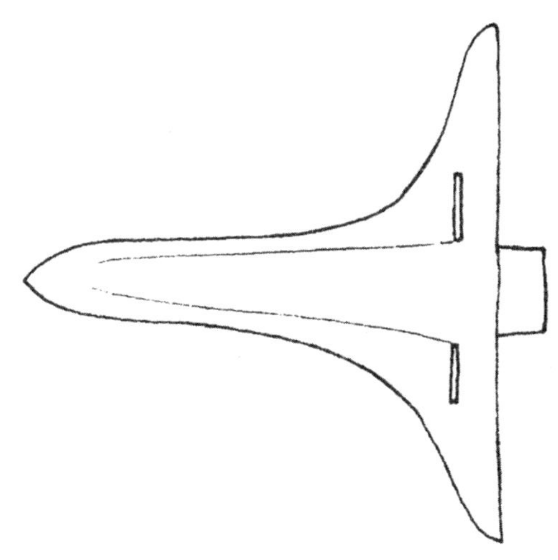
图四　伞金沟村出土的青铜戟

## 二

在以往的考古调查中，邰集屯及周围地区共发现 3 座古城址，一座位于镇农药厂，另两座均位于镇西北约 1 千米处的小荒地村西侧。1993 年在对部集屯的 3 座古城址考察时，由于镇农药厂古城已基本平毁，所以工作重点是坐落于小荒地村西的两座古城。经实地勘测，偏南的一座为夯土城，平面呈方形，边长 210～240 米，周长近 900 米。该城墙系采用分层夯土版筑，从保存较好的北城垣可直接观察到夯筑时的夹板、夯层和横穿墙体固定夹板的拉心孔洞。另一座位于夯土城北，系山城。其北城郭依山势修筑，平面呈不规则半椭圆形，弧长 856 米，现存墙体高 5.53～6.74、底宽 21～26、顶宽 5～6 米。墙体系在凝灰岩或砂岩山体上覆盖土石堆筑而成，截面呈梯形。山城的南部今已难见城郭，不过据当地群众反映，早年东城垣可延伸到小荒地村北，如是则与夯土城南城垣东向延长线相交。另外值得注意的是，迄今仍能见到一条顺山势走向由北至南的古河道，其绕过夯土城西南角折向东南作曲尺状，恰与山城的北城郭相对应，呈合围之势。考虑到古河道盈水可泄洪，枯水为沟壑，理应属古城址防御系统的一部分，以此为参照，山城南部城垣的相对位置即不难设定（见图一）。概之，其复原周长应近 2000 米。在调查中还发现山城北垣中部有一 30 米宽的豁口，现有南北乡路贯穿其间，疑为门址。城垣东北角突现一土筑墩台，长 22.5、宽 12 米，水平高程 43.2 米，作为鸟瞰山城周围地区的制高点，估计是一处瞭望遗址。

小荒地夯土城的年代，据对城垣西南角和东城墙墙体的解剖及出土遗物分析推定，始建年代不早于战国晚期。又据对城内地面大量建筑构件观察，证明该城址主要使用年代在秦汉时期[18]。文献记载燕昭王时，“袭破走东胡”，置五郡、设边障、筑长城，秦汉因之。目前，东北境内所见燕、秦、汉城址，虽规格有所不同，但均为方形或长方形夯土城，与上述情况相符。

在夯土版筑技术传入东北之前，东北所见最早的城邑是夏家店下层文化的石城址。这种城址多修筑于视野较开阔的低山岗地或河谷台地上，城垣系石块垒筑，因山势走向呈不规则形。相比较而言，小荒地山城与夏家店下层文化的石城建筑特点相似。但以往夏家店下层文化石城主要发现于赤峰附近及英金河、阴河沿岸[19]，且成群分布，大小殊异，在大、小凌河流域尚无这方面的报道。更为重要的是，此次调查并没有发现明确的夏家店下层文化遗物。所以小荒地山城文化性质的判断似不能简单地与夏家店下层文化石城址相比定。该城址的性质，似应从本区域考古学文化的角度进行探讨。迄今，大、小凌河流域是短茎式曲刃青铜短剑发现数量最多、分布最为集中的地区。长期以来，将这类遗存视为夏家店上层文化或上层文化的一个地方类型的观点在学术界颇具影响。但作者早在 1987 年发表的一篇文章中就曾指出，大、小凌河流域含短茎式曲刃短剑遗存与夏家店上层文化本身具有的銎柄式短剑及陶器群特征组合有明显区别，很难把这一地区纳入夏家店上层文化的分布范围，并假定“含这种短剑的遗存应为另外系统的青铜文化”[20]。然而，以往在大、小凌河流域出土的青铜短剑少有伴出的陶器，同时期的居址也未经过正式发掘，也就是说这一区域相当于夏家店上层时期的以陶器划分的考古文化尚未被认识。作为本地区考古学文化研究的一个重要课题，1993年在对小荒地夯土城发掘中,发现战国层以下堆积出土的陶器引起了作者的关注。这些陶器并不见夏家店上层文化那样的夹砂红褐陶，陶系以泥质灰陶或红胎黑皮陶为主。器类有盆、罐、壶、豆、碗、钵、瓮，器形多平底和圈足器，突出特点是器口沿多饰较厚的外叠唇（图五）。该陶器群与夏家店上层文化面貌差别较大，尤其是器物组合中不见袋足三足器。以此为线索，作者对大、小凌河流域青铜短剑墓和陶器作了全面考察。经类型学研究与文化结构分析，指出这类遗存是不同于夏家店上层文化的一种新的考古学文化类型，并将年代界定在春秋至战国早期，基于其文化内涵多元成分相杂糅的特点及与夏家店上层文化谱系相异的认识，主张称之为“凌河类型”[21]。

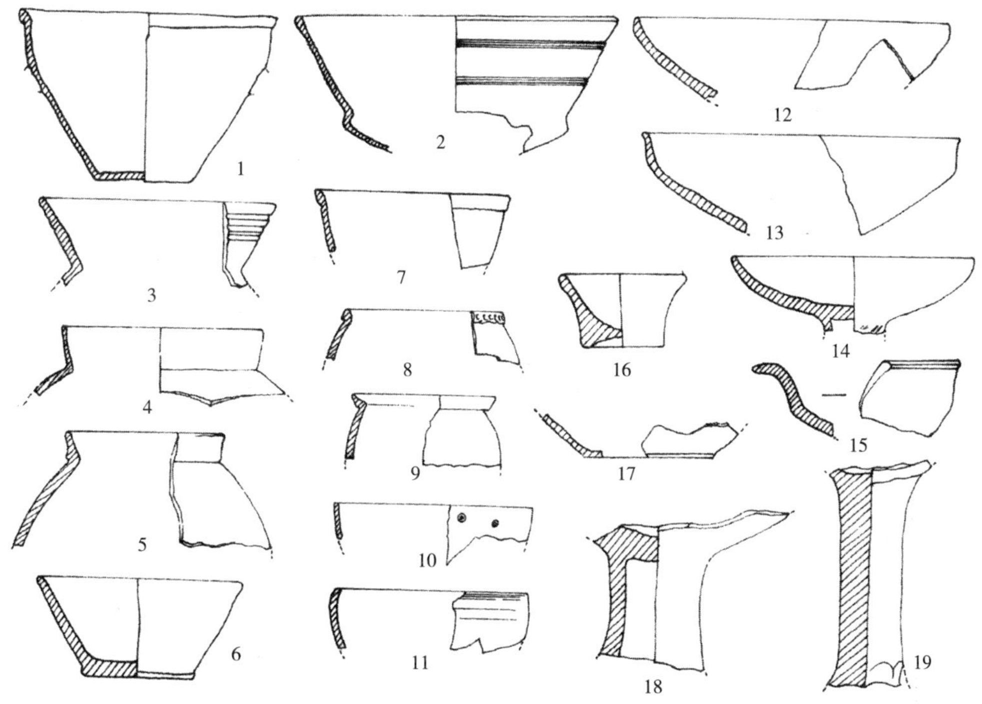


图五 小荒地古城址凌河类型陶器

1、2、7. 盆 3、4. 壶 5、8、9. 罐 6. 碗 10、11. 钵 12～15. 豆 16. 杯 17. 器底 18、19. 豆把

事实上，由于小荒地山城内就清理出土单纯凌河类型陶片的灰坑和小荒地、田九沟、伞金沟等地点均发现青铜短剑墓，已为小荒地山城年代与性质判断提供了线索。据此，作者认为小荒地山城是春秋至战国中期以前某一时期营建的，考古学文化属凌河类型。战国中期以后，燕人又依旧城址在其西南部加筑夯土城，并可能将山城作为外城继续使用。如是，小荒地山城即是第一座被认定的凌河类型城址。

# 三

小荒地山城所在的辽西走廊北端，正处于辽西、辽东两大考古学文化区的中间地带。就东北青铜时代考古文化发展的时段特征来看，这里在商末周初前曾属于辽西文化区的有机组成部分，其后由于短茎式曲刃短剑文化体的西渐而逐渐纳入辽东文化区域范畴。同时这里还是沿长城地带北方系青铜文化流布的东端和周代中原文化浸润最为显著的地方，所以其文化面貌必然表现出复杂的多元成分和相杂糅的特点。探索这一历史遗迹除考古途径外，还应结合先秦文献作进一步考证。

先秦文献有关屠何的记载十分简略，但仔细推敲仍不失有意义的线索。

《墨子·非攻》："虽北者、且、不一屠何（一为衍文），其所以亡于燕代胡貊之间者，亦以攻战也。"

《管子·小匡》："中救晋公，禽狄王，败胡貊，破屠何。"

《逸周书·王会》："孤竹距虚，不令支玄貘，不屠何青熊，东胡黄罴，山戎戎菽。"

上举典籍，载古屠何为周代方国，灭于春战之际，所言北方诸部族进贡方物，与孤竹、令支、东胡、山戎并举，且居燕代胡貊之间。对古屠何地望的考察，首先应注意与周代燕国的位置关系。近年来，在北京房山市琉璃河揭露了大面积的西周墓地和车马坑[22]，从随葬的带有"匽侯"铭文的青铜器可知，燕在"袭破走东胡"北拓疆土之前，分布于燕山南麓的广大地区。故屠何应定位在燕山之北。其次，依旧说孤竹、令支在渤海西北岸今迁安、卢龙及大凌河上游喀左一带；据今考据，北京周邻的延庆、怀来、滦平一线山地的春秋战国时期的遗存为代，循北而上分布于努鲁儿虎山以西的夏家店上层文化被指认为山戎。最后，大多数学者认为，大、小凌河以东地区的周代含曲刃短剑文化属貊族之所遗。于此看来，将先秦屠何设定在大、小凌河区域，与文献所载之地理方位当相合不悖。

历来学者都论断汉代"徒河"即在先秦屠何故地。已有学者据《汉书·地理志》"孤苏县"条"唐就水至徒河人海"的记载，以小凌河为唐就水，推定距小荒地城东南约1千米的"邰集屯汉城为辽西郡徙河县"[23]。若此考定无误，作者认为小荒地夯土城可能是徒河卫城或辽西郡军镇，继而推断小荒地山城为徒河县前身，即先秦屠何故地。

## 注　释

［1］此剑现由小荒地村民张斌收藏。

［2］朱贵：《辽宁朝阳十二台营子青铜短剑墓》，《考古学报》1960年1期。

[3] 辽宁省博物馆、朝阳地区博物馆：《辽宁喀左南洞沟石棺墓》，《考古》1977年6期。
[4] 中国社会科学院考古研究所东北工作队：《宁城南山根的石椁墓》，《考古学报》1973年2期。
[5] 张静、田子义等：《朝阳小波赤青铜短剑墓》，《辽海文物学刊》1993年2期。
[6] 林沄：《中国东北和北亚草原早期文化交流的一些现象》，（韩国檀国大学、中央博物馆）《博物馆纪要》（第12辑），1997年。
[7] 辽宁省博物馆、朝阳地区博物馆：《辽宁喀左南洞沟石棺墓》，《考古》1977年6期。
[8] 刘大志、柴贵民：《喀左老爷庙乡青铜短剑墓》，《辽海文物学刊》1993年3期。
[9] 辽宁省文物考古研究所：《辽宁凌源县五道河子战国墓发掘简报》，《文物》1989年2期。
[10] 傅宗德、陈莉：《辽宁喀左县出土战国器物》，《考古》1988年7期。
[11] 辽宁省博物馆：《辽宁凌源县三官甸青铜短剑墓》，《考古》1985年2期。
[12] 辽宁省博物馆、朝阳地区博物馆：《辽宁喀左南洞沟石棺墓》，《考古》1977年6期。
[13] 辽宁省文物考古研究所：《辽宁凌源县五道河子战国墓发掘简报》，《文物》1989年2期。
[14] 王成生：《汉且虑县及相关陶铭考》，《辽海文物学刊》1997年2期。
[15] 李逸友：《内蒙昭乌达盟出土的铜器调查》，《考古》1959年6期。
[16] 齐亚珍、刘素华：《锦县水手营子早期青铜时代墓葬及铜柄戈》，《辽海文物学刊》1991年1期。
[17] 王成生：《汉且虑县及相关陶铭考》，《辽海文物学刊》1997年2期。
[18] 吉林大学考古学系、辽宁省文物考古研究所：《辽宁锦西市邰集屯小荒地秦汉古城址试掘简报》，《考古学集刊》（11），中国大百科全书出版社，1997年。
[19] 徐光冀：《赤峰英金河、阴河流域石城址》，《中国考古研究》，文物出版社，1986年；中国社会科学院考古研究所、内蒙古文物考古研究所、吉林大学考古系：《内蒙古赤峰市半支箭河中游1996年调查简报》，《考古》1998年9期。
[20] 朱永刚：《夏家店上层文化的初步研究》，《考古学文化论集》（一），文物出版社，1987年。
[21] 朱永刚：《大小凌河流域含曲刃短剑遗存的考古学文化及相关问题》，《内蒙古文物考古文集》（第二辑），中国大百科全书出版社，1997年。
[22] 中国社会科学院考古研究所、北京市文物工作队：《北京附近发现的西周奴隶殉葬墓》，《考古》1974年5期；《1981～1983年琉璃河西周墓地发掘简报》，《考古》1984年5期；《北京琉璃河1193号大墓发掘简报》，《考古》1990年1期。
[23] 孙进己、王绵厚：《东北历史地理》，第一卷，“徒河条”，黑龙江人民出版社，1989年。

（原载《文物春秋》2000年1期）

# 吉林省及相邻地区出土铜剑的聚类分析

## ——兼论东北系铜剑的区系与流变

先秦两周时期在我国东北曾流行一种形制很特殊的青铜剑，其显著特征是柱脊曲刃剑身和非连铸的丁字形剑柄。由于这种铜剑与欧亚大陆草原地带广为分布的所谓"斯基泰短剑"和我国北方地区普遍出现的北方系短剑，在形制、风格及分布地域上有明显区别，林沄先生主张命名为东北系铜剑[1]。

东北系铜剑发现的数量多，存续的时间长，形态富于变化，且对东北亚地区产生过重要影响，所以很早起就受到中、外学者的广泛关注。迄今关于东北系铜剑的研究至少在三个方面取得了重要进展；其一，根据类型学方法，掌握了这种铜剑的演变规律，已初步排比出其发展序列并确立了比较可靠的年代标尺；其二，通过考察，提出了含这种铜剑遗存在地域上的文化差异；其三，尽管对渊源、流向和族属等问题还存在认识上的分歧，但比照汉魏以降对东北古代民族分布格局的文献记载，从时空范畴判定为涉、貊等东北东部大民族群所共有遗物的看法，已得到绝大多数学者的认同。随着近些年新的考古发现和研究的不断深入，也有更多的证据能够说明辽东起源说是越来越为学界所接受的一种观点。

吉林省是东北系铜剑分布的一个重要地区，但与其他地区比较出土的数量不多且缺少类型学排比的连贯性，多年来一直不为人们所重视。然而就东北系铜剑分布的地域而言，以长白山及其延伸地带为轴线，呈西南—东北走向，围绕这一轴线，西部是辽河平原及努鲁儿虎山半边缘山前地带，东部是朝鲜半岛及日本等东北亚地区，吉林省正处于这一轴线的核心区。值得注意的是东北系铜剑在该地区存续时间相当长，由本系铜剑派生的种种地方变体式铜剑，既有形制上的自身特点，又有分布地域上的显著特征，由此决定了在整个东北系铜剑研究中的重要地位。

1998 年，吉林大学考古学系和日本九州大学文学部考古研究室，以"东北亚地区先史文化的比较研究"为题开展合作研究。在此次为期三年的合作研究中，中、日双方部分人员曾先后参观了吉林省博物馆、吉林市博物馆、四平市博物馆、黑龙江省博物馆、阿城区博物馆所发掘和收藏的青铜剑，并获准对其中已公开发表的部分标本重新测绘。还要提到的是，吉林长白县文管所丁贵民先生提供的一件触角式铜剑没有发表过，承蒙丁先生惠允可刊用。上述学术考察活动增加了感性认识，为本文的写作奠定了基础。在此对提供帮助和支持的单位和相关人员表示衷心感谢。

# 一

据现有资料统计，吉林省发现的铜剑已有20余件（铜柄铁剑没有计算在内）。出土地点有永吉星星哨[2]、乌拉街[3]、磐石小西山[4]、双辽吉祥屯[5]、怀德大青山[6]、公主岭双龙乡[7]、桦甸西荒山屯[8]、吉林市猴石山[9]、长蛇山[10]、四平市下治水库[11]、蛟河洋犁地[12]、长白飞机岭[13]、通化万发拨子[14]、集安五道岭沟门[15]、舒兰四家村[16]等（图一）。

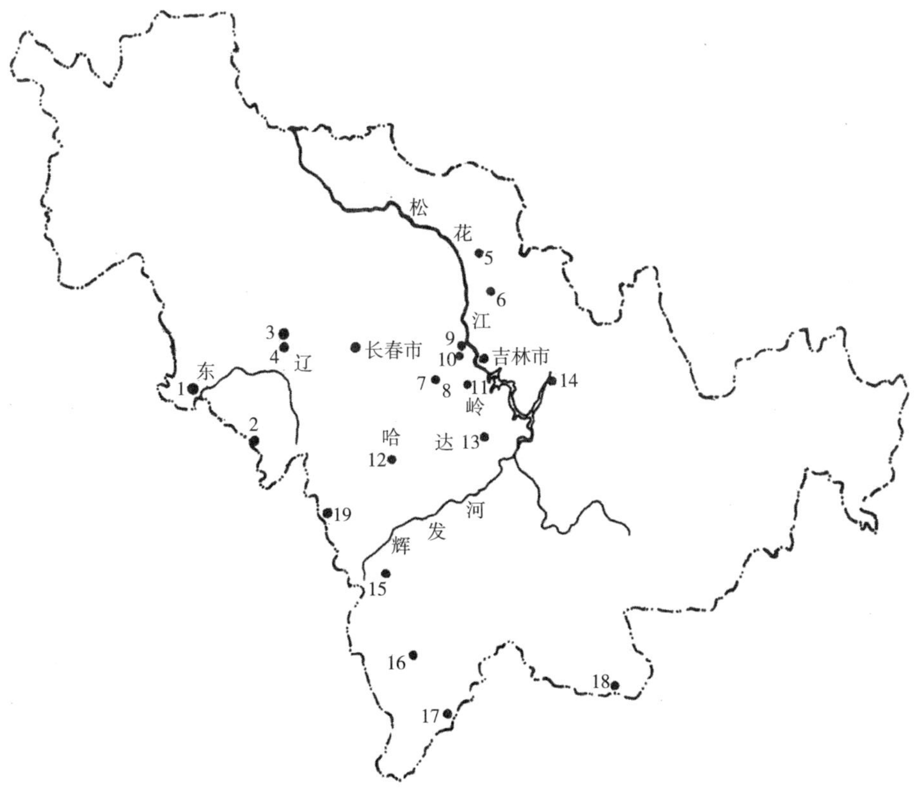


图一 铜剑出土地点分布示意图

1. 双辽吉祥屯 2. 四平市下治水库 3. 怀德大青山 4. 公主岭双龙乡 5. 榆树老河深 6. 舒兰四家村 7. 永吉星星哨 8. 永吉乌拉街 9. 吉林市猴石山 10. 吉林市长蛇山 11. 吉林市两半山 12. 磐石小西山 13. 桦甸西荒山屯 14. 蛟河洋犁地 15. 柳河大泉眼 16. 通化王八脖子 17. 集安五道岭沟门 18. 长白飞机岭 19. 东辽石驿

以上各地点出土的铜剑，从铸造方式来看既有分体的也有连铸体的；按剑柄造型有丁字形、触角形和长杆竹节形；依剑身形态又可区分为曲刃尖节式、曲刃后段凸起式和平刃节间束腰式。这些铜剑形制的诸多差别，除了反映年代上的先后变化，同时也暗示着演进中的分野和流变。由于在桦甸西荒山屯和西丰西岔沟墓葬中[17]，分别发现触角式剑与丁字形剑柄分体剑和舒兰四家村式样的长杆竹节式剑共存，所以依据剑柄造型的不同，可将吉林省出土的铜剑分为三型。

A 型　丁字形剑柄，与剑身分体铸造。按剑身形态分二亚型。

Aa 型　4 件（其中 1 件残）。剑身两侧呈不同程度的弧曲，有明显节尖。永吉星星哨和磐石小西山各出土 1 件，均为短锋，剑尾肥厚圆弧收。前者长 24.5 厘米，后前比（以节尖分界，后段叶刃长度比前段叶刃长度）1.82，长宽比（叶刃总长度比叶刃最大宽度）4.77。后者长 28.4 厘米，后前比 1.14，长宽比 4.46。四平市下治水库出土的 1 件，长锋，剑尾削瘦折收。长 23.1 厘米，后前比 1.05，长宽比 6.2。按林沄先生对这类铜剑的类型学研究，后前比越大，长宽比较小者，年代应较早，反之则年代较晚[18]。本文将永吉星星哨和磐石小西山 2 件比值接近的铜剑定为 AaⅠ式；四平下治水库的 1 件定为 AaⅡ式（图二，1～3）。

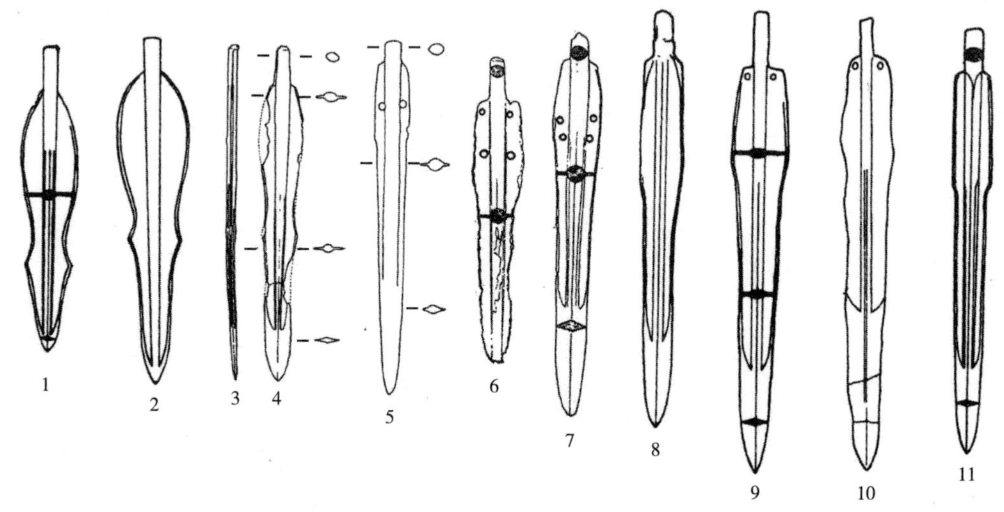


图二　A 型铜剑

Aa 型Ⅰ式：1. 永吉星星哨　2. 磐石小西山　　Aa 型Ⅱ式：3. 四平市下治水库
Ab 型Ⅱ式：4、5. 吉林市长蛇山　6、7. 桦甸西荒山屯　8. 双辽吉祥屯　9. 怀德大青山　10. 公主岭双龙乡
Ab 型Ⅲ式：11. 集安五道岭沟门

Ab 型　10 件。剑身无节尖，前段叶刃平直，后段叶刃外凸，呈前窄后宽状，按剑身形态可分三式。

Ⅰ式：通化万发拨子出土 1 件。柱脊两侧血槽抵剑尖，前端只有很短的锋，剑尾宽肥折收，尾角较大，有对称两穿孔。叶刃圆钝，没有经锉磨。长 23 厘米。

Ⅱ式：柱脊两侧血槽上移，形成长锋，剑尾折收，尾角较小，一般饰有对称穿孔。叶刃部均经锉磨。吉林市长蛇山 1 件，长 24.4 厘米；怀德大青山 1 件，长 36.6 厘米；双辽吉祥屯 1 件，长 33 厘米；桦甸西荒山屯出土 4 件，其中 2 件保存较完整，M1：9，残长 18.9 厘米、M6：7，长 24 厘米；公主岭双龙乡 1 件，剑身长度不明（图二，4～10）。

Ⅲ式：集安五道岭沟门出土 1 件。剑身细长，前窄后宽，长锋。叶刃平直，后段凸起处有明显折刃，剑尾折收，尾角较小。柱脊截面呈六棱形，刃部经锉磨，长 34 厘米（图二，11）。

B 型　触角形剑柄，与剑身连铸一体。按柄首及剑身形态分二亚型。

Ba 型　蛟河洋犁地出土 1 件。对头双鸟形剑柄，剑身两侧叶刃弧曲，有节尖，长锋。叶刃后部较宽，剑尾弧折收。柱脊截面近六棱形，刃部经锉磨。通长 44.5、剑身长 31.5 厘米。后前比 0.63，长宽比 7.33（图三，1）。

Bb 型　5 件。双鸟回首形剑柄，剑身细长后部略宽，平直刃，长锋。永吉乌拉街出土 1 件，通长 47，剑身长 33.5 厘米。长白县飞机岭出土 1 件，剑身前部残。柄体分两段，上段横长柄端铸杉叶阳线纹，中部有一“T”形镂孔；下段护手部呈喇叭状，上铸两条平行阴线纹，柄体截面为矩形。剑身柱脊粗壮，刃部锉磨锋利，整体形制与永吉乌拉街的 1 件基本相同。柄体长 13、柄端宽 8.5 厘米，剑身残长 9.9、宽 3.4 厘米。桦甸西荒山屯出土的 3 件 Bb 型剑，除 M1：17 可大致辨别形状外，其余 2 件仅残留柄首，剑身形态已无法判定。另外以往西丰西岔沟出土的那种触角式铜柄铁剑，在吉林省东辽石驿[19]、柳河大泉眼[20]、吉林市两半山[21]也有发现。由于这种触角式铜柄铁剑的剑柄造型与 Bb 型剑柄非常相似，对 Bb 型剑而言当存在发展演变的逻辑关系，所以也一并将它们列入考察范围（图三，2～7）。

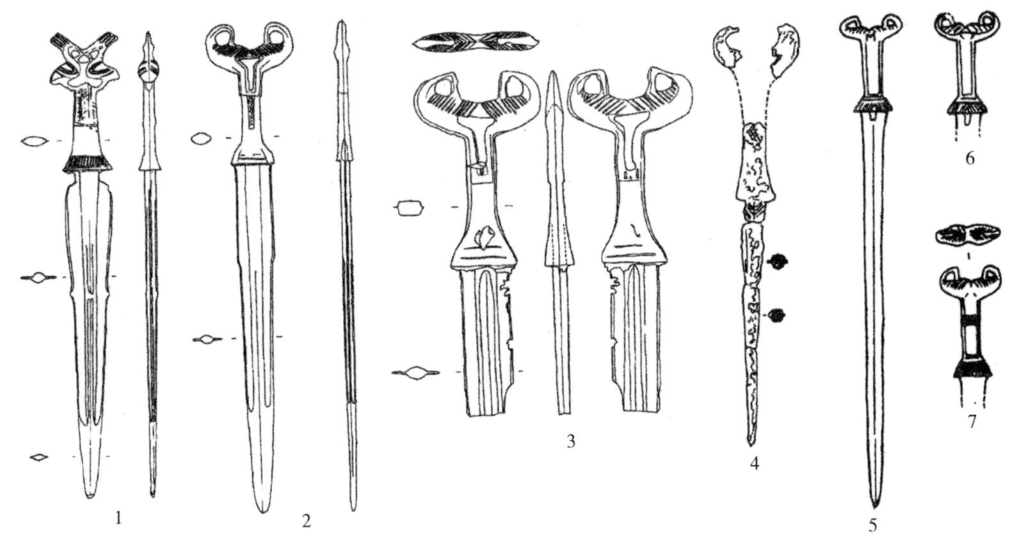


图三　B 型铜剑

Ba 型：1. 蛟河洋犁地

Bb 型：2. 永吉乌拉街　3. 长白飞机岭　4. 桦甸西荒山屯　5. 东辽石驿　6. 柳河大泉眼　7. 西丰西岔沟

C 型铜剑仅在舒兰四家村采集 1 件。柄体呈圆形竹节状，表面饰平行卷云纹。上端连一圆柱形长杆，下端护手为喇叭形，柄上铸有极细线纹。与柄连铸的剑身上部已残，叶刃两侧有两对节尖。柄长 14.8、身残长 15.1 厘米。与 C 型剑柄形制类似的铜柄铁剑，在西丰西岔沟和榆树老河深墓地[22]均有出土。吉林市两半山采集的 1 件铜柄铁芯剑柄也属此类[23]（图四）。

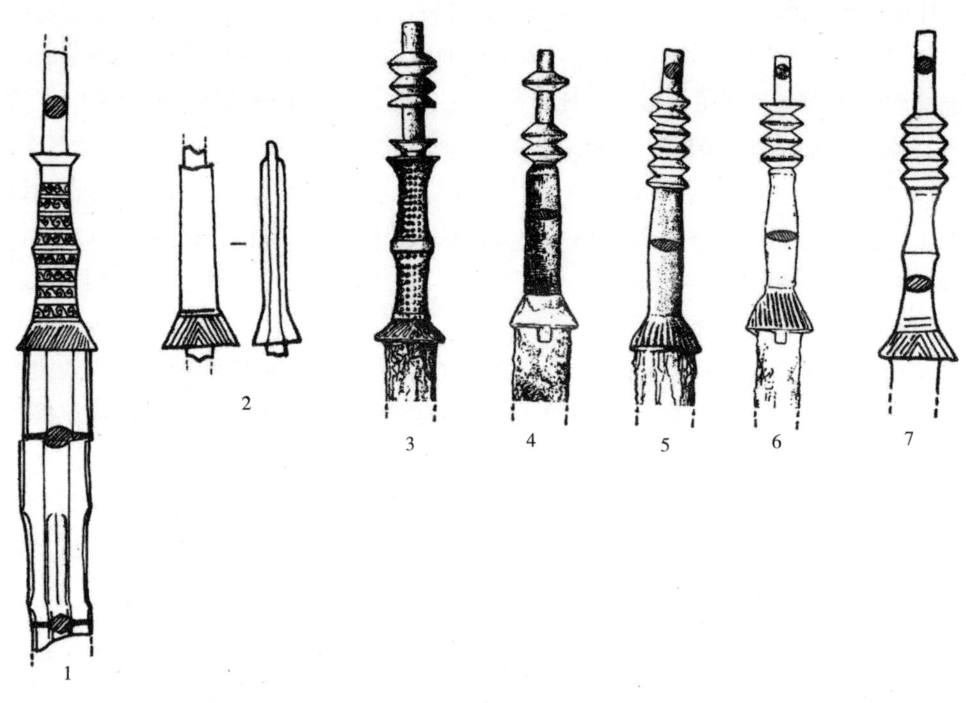


图四　C 型铜剑

1. 舒兰四家村　2. 吉林市两半山　3～6. 榆树老河深　7. 西丰西岔沟

# 二

以上各型、式铜剑多为采集或征集品，少有发掘品，且几乎都不能提供比较明确断代的依据，从而影响了对其年代的客观认识。所以通过本地铜剑自身的排比，与相关类型品类比，乃是编年研究的主要途径。

Aa 型剑，Ⅰ式至Ⅱ式剑身后前比和长宽比的比值变化，反映的是这种剑早晚的年代关系。永吉星星哨 AaⅠ式剑与抚顺甲邦[24]、清源门脸[25]、辽阳二道河子[26]、旅大双砣子[27]等石棺墓出土铜剑形制相同，年代应相近。目前对这种铜剑类型学排比结果，认为“其出现于西周的可能性比出现于春秋初的可能性要大”[28]。星星哨墓葬与该铜剑伴出的垂腹陶壶，在西团山文化的陶壶排序中属早期形态[29]，其上限年代根据CM21人骨的碳十四测定，为距今3055年±100年（公元前1105年±100年）。因此有理由相信星星哨 AaⅠ式剑的年代应不晚于西周晚期，甚至完全有可能提早到西周中期。磐石小西山 AaⅠ式剑与锦西乌金塘剑一致[30]，据乌金塘伴出直援铜戈标准器断代，可推定在西周晚至春秋早期。四平下治水库 AaⅡ式剑，较Ⅰ式剑血槽尖明显上移，剑锋变长，节尖角增大，脊突隆起减弱，剑尾近直角折收，其形制与喀左南洞沟剑完全相同[31]。据南洞沟石椁墓随葬的中原式蟠螭纹铜簋和援梢上昂长胡三穿铜戈断代，可确定其年代为春秋晚期。

Ab型剑，按剑身叶刃凸起形态及剑尾角度的变化分三式。Ⅰ至Ⅲ式的演变线索是：剑身叶刃的凸起部由宽肥向平直瘦长发展；剑尾角度逐渐变小，由大于120°向近于90°折收；Ⅰ式剑的长宽比为5.67，Ⅱ式剑的长宽比为7.25（桦甸西荒山屯M6：7）～9.6（吉林市长蛇山），Ⅲ式剑的长宽比为10.1。从逻辑序列上Ⅰ式应早于Ⅱ式，Ⅱ式不会晚于Ⅲ式。

关于AbⅡ式剑的年代，以往主要根据桦甸西荒山屯出有中原式的铁锛、铁镰、铁刀而将其断定为战国晚期至汉代初年。自从在梨树二龙湖古城发现了燕式陶器和相当数量的铁制生产工具后[32]，已有学者论定“大约在燕昭王时代（公元前311～前279年），燕人已进入吉林省境并把铁器传布至此”[33]。若视西荒山屯铁器为燕人的流布品，借此将AaⅡ式剑出现的年代提前到战国中晚期之交是完全有可能的。AbⅢ式剑出土的集安五道岭沟门方坛阶梯积石墓，属于高句丽石构墓葬的早期形式[34]。由于共出的细纹铜镜和杉叶纹铜矛也见于出AbⅡ式剑的宽甸赵家堡[35]，且形式、纹样并无大异，如此说来具有相同类型品组合的AbⅡ式剑与AbⅢ式剑演变序列是基本衔接的，两者的年代亦相去不会太远。故推定AbⅢ式剑出现的年代可能在秦汉之际。通化万发拨子出土的AbⅠ式剑，从剑身形态来看有以下特点：一是柱脊直贯剑身前端，两侧血槽尖不显，锋很短。二是剑身后部无明显凸起的叶刃，而是呈曲线形向外扩展。三是剑尾宽肥折收，有一对穿孔，尾角较大。四是剑身较短小，柱脊与刃部没有经过锉磨。凡此种种，从类型学上推定应该是Ab型剑的较早形式。借助其共存陶器的考察，并与周邻相关文化遗存比较[36]，估计AbⅠ式剑的年代约在西周晚至春秋早期，甚至可早于西周晚期。

B型剑，分二亚型。蛟河洋犁地Ba型剑，剑柄虽为触角式，但曲刃尖节形剑身，却属本文分类的Aa型。由于其剑身的后前比比定为AaⅡ式的四平下治水库剑更小，同比长宽比更大，依Aa型剑身的演变序列，蛟河洋犁地Ba型剑应晚于四平下治水库AaⅡ式剑。那么与以往发表的凌源三官甸子铜剑比较，剑身形态相似，后前比和长宽比比值接近。据三官甸子墓中原式铜鼎和铜戈标准器断代[37]，蛟河洋犁地Ba型剑的年代可推定在春秋晚期到战国早期。永吉乌拉街Bb型剑，剑身与本文划定的AbⅡ式剑叶刃具有相同的时代特征，根据对桦甸西荒山屯墓年代的考定约为战国中晚期。至于东辽石驿、柳河大泉眼等地发现的触角式铜柄铁剑，通过出土多把这种剑的西丰西岔沟古墓葬群共存的大量汉代文物，尤其是铜镜、货币和陶器的鉴别，可判定其流行于西汉早中期。

C 型剑的年代目前尚无法准确判定，但依据与 C 型剑柄有递进演变关系的榆树老河深和西丰西岔沟墓地出土的长杆穿环式铜柄铁剑的年代推考，估计其不会超出 Bb 型剑的年代范围。

根据以上分析的结果，可将不同型式铜剑在吉林省流行的时间划分为三个阶段。

第一阶段，以 Aa 型剑为主，年代从西周中期前后到春秋晚期。若考虑到蛟河洋犁地那种与柄连铸曲刃节尖形态剑身的存在，Aa 型剑在本地区可能延续至战国早期。

第二阶段，Ab、Bb 型剑同时流行，时间从战国中晚期至秦汉之交。值得注意的是，本文判定的 Ab Ⅰ式剑可能早到西周晚期，故不能认为 Ab 型剑是取代 Aa 型剑而出现的，实际上两种剑的存续有一段是“共时”的。换种说法，它们可能是有着不同来源交替出现的两个序列。

第三阶段，以东辽石驿和榆树老河深铜柄铁剑为代表，按本文对吉林出土铜剑的分类，前者为 Bb 型，后者属 C 型。这两种剑的铜柄虽然仍承袭原有造型，但细长的铁质剑身则完全是中原式的。这种异体嫁接方式铸造的剑，年代可早到战国晚期，而流行于两汉时期。

## 三

西团山文化是东北最早被确认的战国以前存在的青铜文化，其早期遗存的年代可推定在西周中期前后。在第二松花江流域，西团山文化作为一种稳定的文化因素长期存在，目前还没有发现同时期其他文化的考古遗存。西团山文化的青铜器绝大多数出自墓葬，可分为两类：一类是具有地方特点的类型品，如曲刃矛、网格纹扇面斧、尾部穿孔刀、镜形饰、泡饰等；另一类是非西团山文化专有青铜制品，如分铸体的曲刃剑、齿柄刀子等。这一时期见于第二松花江流域的 Aa 型剑仅有 4 件，从时空范畴和共存关系来看属西团山文化。吉林省以外发现的 Aa 型剑，主要分布在辽河流域东西两翼及辽东半岛，与含不同文化谱系的考古遗存共存。作为东北系铜剑，剑身短小，后前比较大，长宽比较小的“短型剑”，比较集中的分布在辽东半岛及与吉林省相毗邻的辽东迤北山地区，西北朝鲜也有少量发现。类型学研究表明短型剑的年代较早。据抚顺甲帮[38]、清源门脸[39]、辽阳二道河子[40]、新金双房等墓葬[41]与短型剑共存的弦纹垂腹壶考订，这种具有时代特征的最大腹径偏下的陶壶，流行于整个辽东地区最晚年代应在春秋早期或西周晚期。追溯弦纹垂腹壶的谱系演变线索，其出现在于家砣头积石墓的年代可早到商末周初[42]，参照同样出有垂腹形陶壶的星星哨 CM21 提供的碳十四数据也印证了这一点[43]。这样看来，上述地区短型剑出现的年代实有早于西周中期的可能。而有相当确切的证据证明，辽河以西大小凌河流域发现的最早东北系铜剑的年代不会比西周晚期更早[44]。由此推论，辽东及迤北山地区应是东北系铜剑的**原生区**。这种短型剑此后向西传布，在大小凌河流域形成的铸剑业，由于起点高，技术愈加成熟，规模也更大。这里出土的铜剑不但数量多品质好，而且具有稳定的特质性和演进的连贯性，且相关的考古遗存在文化内涵上也表现为一定的前后承接关系。在作者看来，由短型剑呈序地性的由东向西延展传布而形成的新的铜剑分布区，可称作东北系铜剑的续生区。

相比较西团山文化发现的被本文定为Aa型剑的数量较少，且始终没见与之共存的丁字形剑柄，估计在当地铸造的可能性不大。但Aa型剑在吉林出现的时间早于大小凌河流域，并对当地青铜铸造业产生了重要影响。在西团山文化中有两种富于地方特点的青铜器引人注目，一种是网格纹宽体扇形斧，其与同时期辽东地区的瘦身弦纹斧形制有别；另一种是曲刃矛，从形态上分析，这种铜矛的源起和早期Aa型剑有密切关系，显然是受其剑身叶刃弧曲的启发而产生的一种衍生制品。由于宽体扇形斧和曲刃矛在西团山文化以外地区绝少发现，从侧面反映Aa型剑之于第二松花江流域是与其原生地相区别的另一东北系铜剑分布区。考虑到Aa型剑消失后，种种变体的东北系铜剑多是基于该地区产生的，唯这种现象称之为东北系铜剑的变异区。

吉林铜剑的第二阶段，第二松花江流域的古文化遗存结构发生了很大变化，由先前统一面貌的单一考古学文化蜕变为多种面貌各异、年代相近的古文化类型，形成交错分布的格局[45]。其中“泡子沿类型”分布最为广泛，基本与西团山文化的分布范围相重合。从陶器的文化成分分析，该类型与西团山文化有明显的承袭关系。有学者认为泡子沿类型属汉魏文献记载的夫余部族遗存，这一说法还得到了夫余王城就在吉林市郊的考古学佐证[46]。如果确信历史上夫余部族的活动中心就在吉林市郊及周邻地区，而对泡子沿类型的史地考证无误的话，则可认定在夫余建国前这里是一个多种文化交融的特殊地区。

第二松花江流域吉林哈达岭以南，以桦甸西荒山屯墓葬代表的特征组合为：大型石圹墓，有火葬习俗，流行带瘤状耳的小型筒形陶罐和一端穿孔的砺石，而丁字形柄曲刃铜剑和触角式铜剑共存，是这类遗存的一个显著特点。根据近年调查、发掘资料，辉发河和东辽河流域的类型品与西荒山屯多有相似[47]。虽然目前发掘、研究尚待深入，但从文化因素上分析与吉林哈达岭以北的泡子沿类型及其他文化遗存相区别，应划分为一个单独的文化类型。

这一时期，本文划定的Ab型剑除了在上述两个考古文化类型区均有分布外，在与吉林省相毗邻的辽东北部山地也多有发现。据报道出土地点有本溪刘家哨[48]、上堡[49]、梁家[50]，宽甸赵家堡[51]，恒仁大甸子[52]，东沟大房身[53]，昌图翟家村[54]和新宾大四平[55]等。其中太子河流域的出现率较高，累计已有10件，其次为鸭绿江右岸的长白山地区。从同时期其他形式的东北系铜剑分布情况来看，Ab型剑明显偏于东北方面，并呈现出比上一阶段Aa型剑在东部更大的延布空间。就Ab型剑的剑身形式而论，一般认为是Aa型剑身曲刃和节尖完全消失的结果，也就是说Ab型剑是由Aa型剑演化而来的。值得注意的是，本文判定的AbⅠ式剑年代可提早到西周晚期，相同式样的剑在韩国昌原镇东里一石棺墓中也出土过1件[56]。出自韩国的这把剑除剑尾没有对称的穿孔外，剑身形式与通化王八脖子的那件完全一样。由于剑身狭长、叶刃后段凸起尚不明显的早期形态Ab型剑，发现的地点偏于Aa型剑分布区的东部，并且从剑身发展的逻辑关系来看，也难以把它比定为是Aa型剑演变的结果，所以有理由推测Ab型剑可能是与Aa型剑并存的另一序列。由此联想到鸭绿江左岸长白山地以南朝鲜半岛兼及日本从战国晚期到两汉期间广为流行的“细形剑”，大概与这种剑身狭长的Ab型剑不无关系，本文认为这是一条有待证实的重要线索。

主要见于吉林及辽宁北部的触角式剑分两种，一种是铜柄铜剑，既本文划定的B型剑；另一种是以西丰西岔沟所出为代表的铜柄铁剑。从剑柄造型分析，这两种剑显然具有承继关系。迄今所知年代最早的触角式铜剑，是蛟河洋犁地出土的1件（Ba型），年代下限约不晚于战国早期。由于其剑柄造型与一般触角式剑不同，仍保留了丁字形剑柄的某些特征，且剑身完全为曲刃节尖形式。林沄先生认为“实际上却是具有一系列东北系剑柄特点的柄和纯东北系剑身铸在一起，所以当然只能说它是东北系之物而略受北方系影响而已”[57]。笔者在黑龙江阿城博物馆所见的1件触角式铜剑[58]，虽然剑柄外形与吉林发现的Bb型剑基本相同，但剑身叶刃仍保留有尚未完全消失的节尖。作为过渡形态，这把剑的两只触角向内弯曲形成双环，横柄较长柄端铸有杉叶阳线纹，柄体分上下两段，上段中部有Y形镂孔，下段饰有纵向排列的4个同心圆纹。护手部呈喇叭状，上镌刻平行和对称外卷线纹。剑身前端瘦长，后端宽肥，柱脊粗壮，叶刃与护手连接处平视无明显分段。如果把Ba型剑看成是东北系铜剑的分野并认定为是触角式剑的祖型的话，基于Ba型剑的改造而形成的Bb型剑就是触角式剑的定型产品，那么以阿城的那件触角式剑作为中间环节，从Ba型向Bb型的发展序列已越来越清楚了。

触角式铜剑在朝鲜半岛也有广泛分布，南端已延伸到日本的对马和北九州地区。已发现的地点有朝鲜平壤[59]、平壤土城洞[60]、韩国大邱市飞山洞、池山洞[61]、庆山市林堂[62]、忠南[63]，日本唐津市柏崎[64]、对马峰町[65]等。大英博物馆[66]和庆应大学[67]收藏的2件传世品，也可能出自这一地区。上述触角式铜剑，剑身叶刃多为节尖束腰状，即在这一地区流行的“细形剑”剑身，缘于细形剑文化传统，这些触角式铜剑很有可能是当地铸造的。显然这种由东北系铜剑派生的地方性变体铜剑是由西北向东南传布的，在传布中尽管剑身形式因地域文化的不同而发生改变，但却一直保持着固有的独特剑柄造型。这说明使用触角式铜剑的居民，具有一定的地域亲缘关系和相近的民族文化传统。

本文划分的第三阶段，两汉时期吉林省出土的铜柄铁剑依剑柄形态分为触角式和长杆穿环式。无疑前者是Bb型铜剑的延续，后者是舒兰四家村那种C型铜剑的进一步发展。两种铜柄铁剑都是东北系铜剑派生的地方性变体并受汉文化影响被改造的结果。从分布情况来看，长杆穿环式铜柄铁剑出土的地点位置偏北，主要沿第二松花流域分布。经历年来的考古调查的发掘，目前在这一区域发现的古城址、墓葬和遗址非常密集，如东团山山城、南城子[68]、新街城、福来东城[69]、老河深墓地[70]、帽儿山古墓葬群[71]以及杨屯大海猛[72]、学古东山[73]等遗址，其中尤以吉林市附近最为集中。触角式铜柄铁剑主要见于吉林哈达岭以南，与原西荒山屯类型的分布区基本重合。如果确信吉林市及附近区域为汉代夫余国的京畿之地，那么自上一阶段作为单独考古文化类型而存在的吉林哈达岭以南区域或许可视为“外邦”。因这两种铜柄铁剑在分布区域上各有侧重，在形态上也存在较大区别，所以目前还不能认定它们都是夫余的遗物。

## 注　释


[1] 林沄：《中国东北系铜剑初论》，《考古学报》1980年2期。

[2] 吉林市博物馆等：《吉林永吉星星哨石棺墓第三次发掘》，《考古学集刊》（3），中国社会科学出版社，1983年。

[3] 陈家槐：《吉林永吉乌拉街出土“触角式剑柄”铜剑》，《考古》1984年2期。

[4] 吉林省文物工作队：《吉林磐石吉昌小西山石棺墓》，《考古》1984年1期。

[5] 顾铁民：《双辽县文物志》，内部资料，长春第十三印刷厂印刷，第96页。

[6] 吉林省文物管理委员会：《吉林怀德大青山发现青铜剑》，《考古》1974年4期。

[7] 吉林省地方志编纂委员会：《吉林省志·文物志》，吉林人民出版社，1991年第27页。

[8] 吉林省文物工作队等：《吉林省桦甸西荒山屯青铜短剑墓》，《东北考古与历史》（1），文物出版社，1982年。

[9] 贾莹：《吉林猴石山遗址出土铜器地域性特征的初步研究》，《北方文物》1996年3期。

[10] 董学增：《吉林市长蛇山出土一件青铜短剑》，《考古》1996年2期。

[11] 四平市博物馆藏品。

[12] 董学增：《吉林蛟河发现“对头双鸟首”铜剑》，《北方文物》1987年3期。

[13] 吉林长白县文物保管所藏品。

[14] 通化万发拨子遗址第三期遗物。

[15] 集安县文物保管所：《集安发现青铜短剑墓》，《考古》1981年5期。

[16] 董学增：《吉林舒兰发现一件青铜剑》，《考古》1987年4期。

[17] 孙守道：《匈奴西岔沟文化古墓群的发现》，《文物》1960年8、9期。

[18] 林沄：《中国东北系铜剑再论》，《考古学文化论集》（四），文物出版社，1997年。

[19] 刘升雁：《东辽县石驿公社古代墓群出土文物》，《博物馆研究》1983年3期。

［20］ 林沄：《西岔沟型铜柄铁剑与老河深、彩岚墓地的族属》，《林沄学术文集》，中国大百科全书出版社，1998 年，图一，3。
［21］ 吉林市博物馆藏器，藏品号 K039。
［22］ 吉林省文物考古研究所：《榆树老河深》，文物出版社，1987 年，图七二。
［23］《吉林市郊文物志》，吉林省出版局内部资料，1983 年第 149 页，现藏吉林市博物馆，收藏号 681。
［24］ 徐家国：《辽宁抚顺市甲邦发现石棺墓》，《文物》1983 年 5 期。
［25］ 清原县文化局：《辽宁清原县门脸石棺墓》，《考古》1981 年 2 期。
［26］ 辽阳市文物管理所：《辽阳二道河子石棺墓》，《考古》1977 年 5 期。
［27］ 日本东北亚考古学研究会：《岗上・楼上》，六興出版，1986 年。
［28］ 林沄：《中国东北系铜剑初论》，《考古学报》1980 年 2 期。
［29］ 朱永刚：《西团山文化墓葬分期研究》，《北方文物》1991 年 3 期。
［30］ 锦州市博物馆：《辽宁锦西乌金塘东周墓调查记》，《考古》1960 年 5 期。
［31］ 辽宁省博物馆等：《辽宁喀左南洞沟石椁墓》，《考古》1977 年 6 期。
［32］ 四平地区博物馆等：《吉林省梨树县二龙湖古城址调查简报》，《考古》1988 年 6 期。
［33］ 林沄：《中国东北系铜剑再论》，《考古学文化论集》（四），文物出版社，1997 年。
［34］ 魏存成：《高句丽考古》，吉林大学出版社，1994 年。
［35］ 许玉林等：《丹东地区出土的青铜短剑》，《考古》1984 年 8 期。
［36］ 资料未正式发表，参见王巍：《夏商周时期辽东半岛和朝鲜西北部的考古学文化序列及其相互关系》，《中国考古学论丛》，科学出版社，1993 年，图一四。
［37］ 辽宁省博物馆：《辽宁凌源县三官甸子青铜短剑墓》，《考古》1985 年 2 期。
［38］ 徐家国：《辽宁抚顺市甲邦发现石棺墓》，《文物》1983 年 5 期。
［39］ 清原县文化局：《辽宁清原县门脸石棺墓》，《考古》1981 年 2 期。
［40］ 辽阳市文物管理所：《辽阳二道河子石棺墓》，《考古》1977 年 5 期。
［41］ 许明纲等：《辽宁新金县双房石盖石棺墓》，《考古》1983 年 4 期。
［42］ 旅顺博物馆等：《大连于家村砣头积石墓地》，《文物》1983 年 9 期。
［43］ 吉林市博物馆等：《吉林永吉星星哨石棺墓第三次发掘》，《考古学集刊》（3），中国社会科学出版社，1983 年。
［44］ 朱永刚：《大、小凌河流域含曲刃短剑遗存的考古学文化及相关问题》，《内蒙古文物考古文集》（第二辑），中国大百科全书出版社，1997 年。
［45］ 乔梁：《吉长地区西团山文化之后的几种古代遗存》，《辽海文物学刊》1993 年 2 期。
［46］ 李健才：《夫余的疆域与王城》，《社会科学战线》1982 年 4 期。
［47］ 金旭东：《东辽河流域的若干种古文化遗存》，《考古》1992 年 4 期；吉林省考古研究所等：《1985 年吉林东丰考古调查》，《考古》1988 年 7 期。
［48］ 梁志龙：《辽宁本溪刘家哨发现青铜短剑墓》，《考古》1992 年 4 期。

[49] 魏海波等：《辽宁本溪县上堡青铜短剑墓》，《文物》1998年6期。
[50] 魏海波：《辽宁本溪发现青铜短剑墓》，《考古》1987年2期。
[51] 许玉林等：《丹东地区出土的青铜短剑》，《考古》1984年8期。
[52] 曾照藏等：《恒仁大甸子发现青铜短剑墓》，《辽宁文物》1981年1期。
[53] 许玉林等：《丹东地区出土的青铜短剑》，《考古》1984年8期。
[54] 裴耀军：《辽宁昌图县发现战国汉代青铜器及铁器》，《考古》1989年4期。
[55] 抚顺市博物馆考古队：《抚顺地区早晚两类青铜文化遗存》，《文物》1983年9期，图九，1。
[56] 沈奉槿：《庆南地方出土青铜遗物新例》，《釜山史学》1980年4期。
[57] 林沄：《中国东北系铜剑再论》，《考古学文化论集》（四），文物出版社，1997年。
[58] 全景阁：《黑龙江省阿城市出土青铜短剑》，《北方文物》1992年3期。
[59] 榧本龟生：《青铜柄铁剑及青铜制柄端饰》，《考古学》7卷9号。
[60] 宫本一夫：《东北亚地区触角式铜剑的变迁》，《边疆考古研究》（第1辑），科学出版社，2002年，图三，3。
[61] 韩国国立中央研究院等：《韩国的青铜文化》，汎友社，1992年，图版105，1、2。
[62] 宫本一夫：《东北亚地区触角式铜剑的变迁》，《边疆考古研究》（第1辑），科学出版社，2002年，图五，4。
[63] 宫本一夫：《东北亚地区触角式铜剑的变迁》，《边疆考古研究》（第1辑），科学出版社，2002年，表一。
[64] 江上波夫：《径路刀考》，《东方学报》（第3册），东京，1932年。
[65] 对马遗迹调查会：《长崎县对马调查报告》，《考古学杂志》49卷1号。
[66] 江上波夫：《径路刀考》，《东方学报》（第3册），东京，1932年。
[67] 梅原末治：《支那出土の有柄铜剑》，《人类学杂志》48卷2号。
[68] 董学增：《吉林东团山原始、汉、高句丽、渤海诸文化遗存调查简报》，《博物馆研究》创刊号，1982年。
[69] 董学增：《吉林蛟河县新街、福来东古城考》，《博物馆研究》1989年2期。
[70] 吉林省文物考古研究所：《榆树老河深》，文物出版社，1987年，图七二。
[71] 吉林市博物馆：《吉林帽儿山汉代木椁墓》，《辽海文物学刊》1988年2期；参见《中国考古学年鉴》（1992），文物出版社，1994年。
[72] 吉林省文物工作队等：《吉林永吉杨屯大海猛古遗址第三次发掘》，《考古学集刊》（7），科学出版社，1991年。
[73] 吉林市博物馆：《吉林永吉县学古东山遗址试掘简报》，《考古》1981年6期。

［原载《边疆考古研究》（第1辑），科学出版社，2002年，又刊于《韩国上古史学会第31届年会——东亚早期金属时期论文集》，韩国全南大学，2004年］

# 中国北方的管銎斧

中国北方发现的有别于中原式的青铜器最初称“绥远青铜器”，后来称“鄂尔多斯青铜器”。但这种青铜器的实际分布范围要广大的多，故林沄先生在《商文化青铜器与北方地区青铜器关系之再研究》一文中建议命名为“北方系青铜器”[1]。北方系青铜器种类繁多，内涵丰富，其中短剑、刀子和管銎斧是最具代表性的类型品。由于短剑、刀子、管銎斧在欧亚大陆草原地带，甚至近东的诸青铜文化中广为使用，是探索这些地区古代文化及其联系的重要资料，所以一直为国内外学者所关注。从考古发现的情况来看，短剑和刀子的数量较多，已作过不少研究，而管銎斧的数量有限，早期著录的大都属收集品，且多流散于国外，难以深入探讨。近二十年来，随着我国北方地区田野考古工作的开展，出土地点明确且年代比较清楚有共存关系的管銎斧资料不断增加，进行专门研究的条件已基本具备。中国北方的管銎斧，延续时间较长，不同地区出现的形制也有所不同。在作者看来，中国北方的管銎斧不仅有时间和空间上的差别，而且暗示着文化谱系和人群流动的意义。鉴于此，本文通过对中国北方管銎斧的全面梳理和分类与编年研究，拟就其分布的区域特点，文化性质，以及形成机制和存续发展过程进行讨论。

## 一、发现与分布

我国北方的管銎斧，斧身一端有刃，銎呈管状，横装柄，管銎上部一般附有柱状或扁平长方形突饰物。然而由于斧身形态不同，在以往的考古报告或研究论著中，往往把宽身、圆刃及相似者称钺或戚，将窄身、直刃或弧刃者称斧，也有的称战斧。古代文献对斧与钺的区别仅解释为“钺大而斧小”，又称钺为戚。有学者认为戚字从尗，含有小的意思，即为小钺[2]。如果不从形式上甄别，仅以大小区分，则很难确定是钺还是斧。从形态分析，我国北方出现的这种斧有两个基本特点，一是均有管銎，且管銎的长度总是大于或等于斧身的宽度；二是斧身的基部一般较厚，斧身长宽之比大于1。本文论者均符合这两项标准，称斧。

据不完全统计，中国北方发现的管銎斧已有60余件，其中大部分有明确的出土地点，为了便于讨论，本文将它们统一编号列表如下（表一）：

**表一　中国北方管銎斧一览表**

| 序号（原编号） | 地点 | 型式 | 测量项目（厘米） | | | | | 出土情况 | 资料来源 | 备注 |
|---|---|---|---|---|---|---|---|---|---|---|
| | | | 管銎长 | 身长 | 刃宽 | 通长 | 其他 | | | |
| 1 | 辽宁兴城杨河 | Cc Ⅰ | 5.7 | 10.5 | 4 | 14.4 | 内长1.5 | 窖藏。伴出的青铜器有銎内戈、环首刀、钩形器，共6件，均为北方系青铜器 | [3] | |
| 2 | 辽宁新民大红旗 | Cc Ⅰ | 7.3 | 9.3 | 4.9 | 13.3 | | 窖藏。3件管銎斧发现在山坡石缝中，附近发现青铜时代夹砂红陶片 | [4] | 图八，1 |
| 3 | 辽宁新民大红旗 | Cc Ⅰ | 4 | 10.1 | 2.4 | 14.2 | | 窖藏 | 同上 | 图八，2 |
| 4 | 辽宁新民大红旗 | Cc Ⅰ | 4 | 10.8 | 2.7 | 15.2 | | 窖藏 | 同上 | 图八，3 |
| 5（采：123） | 辽宁法库湾柳 | Cc Ⅰ | 6.7 | 10.2 | 4.4 | 16.3 | 径3.9 | 遗址 | [5] | |
| 6（87FSJ1：45） | 辽宁绥中冯家村 | Cc Ⅰ | 7.5 | 7.5 | 3.9 | 12.3 | 径2.6内长1.8 | 窖藏。伴出有环首刀、銎内戈、铜斧、三齿器等，共48件，大部分器物为北方系青铜器 | [6] | |
| 7（87FSJ1：46） | 辽宁绥中冯家村 | KC Ⅰ | 9.6 | 8.5 | 7.7 | 13.9 | 径2.5内长2.3 | 窖藏 | 同上 | |
| 8 | 内蒙古宁城小黑石沟 | Cc Ⅱ | | | | 12.7 | 径1.2～1.8 | 墓葬 | [7] | |
| 9 | 内蒙古宁城 | Cc Ⅱ | | | | | | | | 宁城博物馆藏 |
| 10（M101：47） | 内蒙古宁城南山根 | Cc Ⅲ | 5.6 | | | 10.6 | | 石椁墓。伴出有中原式的青铜礼器、兵器，具有显著地方特点的仿陶铜容器和武器、工具、马具，也有一部分北方风格的短剑，共500余件 | [8] | |

续表

| 序号（原编号） | 地点 | 型式 | 测量项目（厘米） | | | | | 出土情况 | 资料来源 | 备注 |
|---|---|---|---|---|---|---|---|---|---|---|
| | | | 管銎长 | 身长 | 刃宽 | 通长 | 其他 | | | |
| 11（M7501：22） | 内蒙古宁城汐子北山嘴 | KCⅢ | 12.1 | | 11.5 | 13.6 | | 石椁墓。墓中出土青铜容器、兵器、车马器、装饰品等49件。墓圹开在夏家店上层文化堆积中 | [9] | |
| 12 | 内蒙古林西 | Cb | 4.7 | 11.6 | 4.2 | 19.6 | | | [10] | |
| 13 | 河北青龙抄道沟 | CcI | | 8 | | 12.5 | | 窖藏。伴出有北方系青铜器、短剑、刀子、銎内戈等共8件 | [11] | |
| 14 | 河北滦县陈山头 | AbⅠ | 8.5 | | 4 | 14 | 内长2.5 | 墓葬。随葬品有鼎、簋、弓形器等，除管銎斧外为典型的中原式青铜器 | [12] | |
| 15 | 河北滦南后迁义 | CcⅠ | 8.6 | 9.5 | 4.4 | 14.6 | | 墓葬。同墓随葬有铜鼎、铜簋、弓形器等 | | 张文瑞、翟良富：《后迁义遗址考古发掘报告及冀东地区考古文化研究》，文物出版社，2016年 |
| 16（M3：17） | 河北昌平白浮 | AaⅡ | 8 | 8 | 6 | 12 | | 木椁墓。随葬有短剑、铜戈、弓形器、马具、残铜簋和陶鼎等 | [13] | |
| 17 | 河北兴隆小河南 | KCⅡ | 8.5 | 8.1 | 6.5 | 13.8 | 径3 | 窖藏。伴存有短剑、刀子、戈、矛和簋盖等共10件 | [14] | |
| 18（M1：5） | 河北迁安小山东庄 | KAb | 5.2 | | 5.2 | 10 | | 墓葬。墓坑的大小位置已不清楚，共收集铜鼎3件、铜簋1件及铜戈、铜斧、金臂钏、金耳环等随葬器物 | [15] | |
| 19 | 山西石楼曹家垣 | AaⅠ | 18.7 | 9.5 | 5.5 | | | 墓葬。伴出铃首剑、铎形器、弓形器、蛇首带环勺等中原地区少见的青铜器共7件 | [16] | |

续表

| 序号（原编号） | 地点 | 型式 | 测量项目（厘米） | | | | | 出土情况 | 资料来源 | 备注 |
|---|---|---|---|---|---|---|---|---|---|---|
| | | | 管銎长 | 身长 | 刃宽 | 通长 | 其他 | | | |
| 20 | 山西吉县上东村 | Aa Ⅰ | 15.8 | | 5 | 14.2 | 径 2.4～3.6 | 墓葬。出土时管銎斧在人骨头部左侧，斧刃向外。伴出铃首剑和带环勺，共 4 件 | 〔17〕 | |
| 21 | 山西保德林遮峪 | Ba | | | | 16.8 | | 墓葬。2 件管銎斧置于人骨架的右侧外，其余铜器均零乱地放在足下端。随葬的青铜器有鼎、瓿、卣、铃豆、铃首剑、车马器等 30 件 | 〔18〕 | 封底图版 1 左 |
| 22 | 山西保德林遮峪 | Ba | | | | 17.1 | | 墓葬 | 同上 | 封底图版 1 右 |
| 23 | 山西柳林高红 | Ba | | 7 | 4.8 | 13.7 | | 墓葬。铜器多在腰部以下零散放置，伴出有铃首剑、钺、矛、双环首刀子、头盔、铃等铜器 12 件 | 〔19〕 | |
| 24 | 山西石楼义牒 | KC Ⅰ | 8.5 | 8.3 | 8.2 | 13.6 | 径 2～3 内长 3 | | 〔20〕 | |
| 25 | 山西运城 | Ba | | | | | | | 〔21〕 | 山西省博物馆展品 |
| 26（M6231：47） | 山西曲沃天马-曲村 | Aa Ⅱ | 9.8 | 8 | 5 | 12.6 | | 墓葬。一棺一椁，有层台，管銎斧置于二层台墓主人右侧肱骨处，同墓出土鼎、鬲、甗、无盖簋、卣、尊、爵等西周早期青铜容器，但蹄足鼎和有盖瓦纹簋，则应是西周中期才出现的器形和纹饰。此外还有兵器、工具、车马器等 | 〔22〕 | |
| 27（M6123：12） | 山西曲沃天马-曲村 | Ba | 3.5 | 4.2 | 2.9 | 8.2 | | 墓葬，单棺。出土时管銎斧置于墓主头骨左侧。随葬器物有鬲、戈、斧、泡饰等铜器和石璜石琀等 | 同上 | |

续表

| 序号（原编号） | 地点 | 型式 | 测量项目（厘米） | | | | | 出土情况 | 资料来源 | 备注 |
|---|---|---|---|---|---|---|---|---|---|---|
| | | | 管銎长 | 身长 | 刃宽 | 通长 | 其他 | | | |
| 28（M6122：1） | 山西曲沃天马-曲村 | Ba | | | | | | 墓葬，单棺。出土时管銎斧置于墓主右肱骨旁侧。其他共出器物有骨镞、海贝、蚌泡等 | 同上 | |
| 29（M10：1） | 内蒙古清水河西岔 | Cb | 4.2 | 7.3 | 4.2 | 12.8 | | 墓葬 | 〔23〕 | |
| 30 | 内蒙古清水河西岔 | Cb | | | | | | 灰坑。伴出扁茎翘尖铜刀 | 同上 | |
| 31（QC：2） | 内蒙古清水河老牛湾 | Cb | 5.1 | 8.4 | 4.6 | 14.1 | | | 〔24〕 | |
| 32（QC：1） | 内蒙古清水河老牛湾 | AbⅡ | 7 | | 3.8 | 12.4 | | | 同上 | |
| 33（E：320） | 内蒙古鄂尔多斯 | AbⅠ | 8.8 | 7.5 | 3.1 | 12.7 | 内长2.7 | | 〔25〕 | |
| 34（E：246） | 内蒙古鄂尔多斯 | AbⅢ | 4.2 | 5.3 | 2.4 | 10.4 | | | 同上 | |
| 35（岐109） | 陕西岐山王家嘴 | Ba | | | 4.1 | 17.5 | 内长3.5 | | 〔26〕 | |
| 36（岐110） | 陕西岐山王家嘴 | AaⅠ | | | 3.8 | 10.5 | | | 同上 | |
| 37（M7：1） | 陕西西安老牛坡 | DⅠ | | | 4 | 16.6 | | 墓葬 | 〔27〕 | |
| 38（M2） | 陕西淳化黑豆村 | DⅠ | | | 4.4 | 22 | 径1.5～3.4 | 墓葬。随葬爵、刀、钺、弓形器、泡饰等铜器9件 | 〔28〕 | |

续表

| 序号（原编号） | 地点 | 型式 | 测量项目（厘米） | | | | | 出土情况 | 资料来源 | 备注 |
|---|---|---|---|---|---|---|---|---|---|---|
| | | | 管銎长 | 身长 | 刃宽 | 通长 | 其他 | | | |
| 39（M3） | 陕西淳化黑豆村 | Ca Ⅰ | | | 4.5 | 18.3 | 径1.5～3 | 墓葬。随葬壶、镞、泡饰等23件铜器和4件金器 | 同上 | |
| 40 | 陕西淳化史家源村 | D Ⅰ | | | 4 | 16.5 | 径1.2～4 | | 同上 | |
| 41 | 陕西淳化北坡村 | D Ⅰ | | | 3.5 | 19.2 | 径1.4 | | 同上 | |
| 42 | 陕西淳化西梁村 | Ca Ⅰ | | | 3.7 | 13.2 | 径1.4～3 | | [29] | |
| 43 | 陕西彬县断泾 | Bb | 约6.8 | 9 | 3.8 | 约13.6 | | | [30] | 民间收藏 |
| 44 | 陕西延川去头村 | K Aa | 15.3 | 10.6 | 7 | | | 共存一把铃首剑，形制与河北青龙抄道沟铃首剑相同 | [31] | |
| 45（M1：2） | 宁夏中宁倪丁村 | D Ⅱ | | | 3.8 | 12 | 径2.1 | 墓葬。共存有触角式短剑、铜泡、铜铃、扣具等15件 | [32] | |
| 46（M2：1） | 宁夏中宁倪丁村 | D Ⅱ | | | 3.5 | 11.3 | 径3 | 墓葬。管銎斧出土时位于人头骨上方，共存有环首短剑、铜刀和镞、镜、马具、扣具等109件 | 同上 | |
| 47 | 青海民和川口 | E | 4.8 | 13 | 9.6 | 17.6 | | | [33] | |
| 48（M1025：4） | 青海大通上孙家 | K Aa | 5.4 | 6.1 | 3.1 | 9.2 | | 墓葬 | [34] | |
| 49（M761：6） | 青海大通上孙家 | Bb | 2.9 | | | 残长8.9 | 内长2.2 | 墓葬 | 同上 | |

续表

| 序号（原编号） | 地点 | 型式 | 测量项目（厘米） | | | | | 出土情况 | 资料来源 | 备注 |
|---|---|---|---|---|---|---|---|---|---|---|
| | | | 管銎长 | 身长 | 刃宽 | 通长 | 其他 | | | |
| 50 | 青海大通良教下治泉 | CaⅡ | 6.4 | 5.2 | 3.4 | 7.6 | | | [35] | |
| 51 | 青海同仁扎毛崇安寺 | AaⅠ | | | | | | | [36] | |
| 52～56 M10：5 M29：2 M117：1 M138：1 M183：4 | 青海湟中潘家梁 | KAb | | | | | | 均墓葬出土，随葬的5件管銎斧形制基本一样，刃部没开口，都未经过使用，可能非实用器 | [37] | 原报告报道为15件，经对墓葬登记表核实为5件 |
| 57 | 青海湟中前营村 | KAa | 11 | 8.5 | 7 | 15.5 | | 共出有放射纹铜镜2面 | [38] | |
| 58（M14：4） | 青海化隆上半主洼 | KAb | | | 5 | 10.3 | | 墓葬 | [39] | |
| 59 | 青海湟中县 | KB | | | | | | | [40] | |
| 60 | 青海湟源县 | KAb | | | | | | | [41] | |
| 61（M539：4） | 河南安阳大司空村 | Bb | | | | | | | [42] | |
| 62 | 河南安阳殷墟 | KAb | | | | | | | [43] | |

除以上发掘或收集品外，还有一些被著录的传世品。吉林大学收藏2件，其中一件与上表序号29标本形制和纹饰相似[44]。安特生的《动物纹中狩猎巫术的含义》（简

称《含义》）著录 5 件，其中一件管銎两端出身，斧身有一圆形穿孔者，形制同于安阳殷墟 M539：4；另一件管銎上置扁方形直内者，与序号 29 标本完全相同[45]。高本汉的《殷代的若干兵器和工具》（简称《工具》）[46]和怀履光的《古代中国的青铜文化》（简称《文化》）[47]，各著录一件，传均出自安阳。李约瑟的《中国科学与技术史》（简称《科技史》）也发表过 2 件，并指出为中国斧[48]。此外，加拿大安大略皇家博物馆收藏 3 件，有 2 件与序号 19、20 标本基本一致；另一件则与序号 44 标本形制相同[49]。日本冈山林原美术馆收藏 2 件，一件相似于 31 号标本；一件同于 39 号标本[50]。东京中近东文化中心收藏 1 件，内作猪首状，长方形斧身，直刃，形制近似 10 号标本[51]。台湾故宫博物院收藏 2 件，形制纹饰基本相同，管銎出身，方形直内，束身，月牙刃，斧身形制与序号 47 相同[52]。德国慕尼黑国立民间艺术博物馆藏的 1 件，管銎两端出身，銎口有突缘，桃形内，斧身较长，直刃略宽，器身所铸纹饰具有商代晚期的风格[53]。上述传世藏品大多可与有明确出土地点的发掘和收集品类比，或相似，或完全一样，故推定也应出自我国北方地区。

从表中反映，管銎斧出土地点包括辽宁、内蒙古、河北、山西、陕西、宁夏、青海及安阳（图一）。分布范围，西起黄河上游的河湟谷地，东至辽河，北境以阴山、大青山，向北延伸到西拉木伦河为界，南面不超出渭河平原及太行山东麓的安阳地区。较为集中的地区是陕、晋、内蒙古相邻的黄河沿岸和内蒙古东南部与辽宁西部。

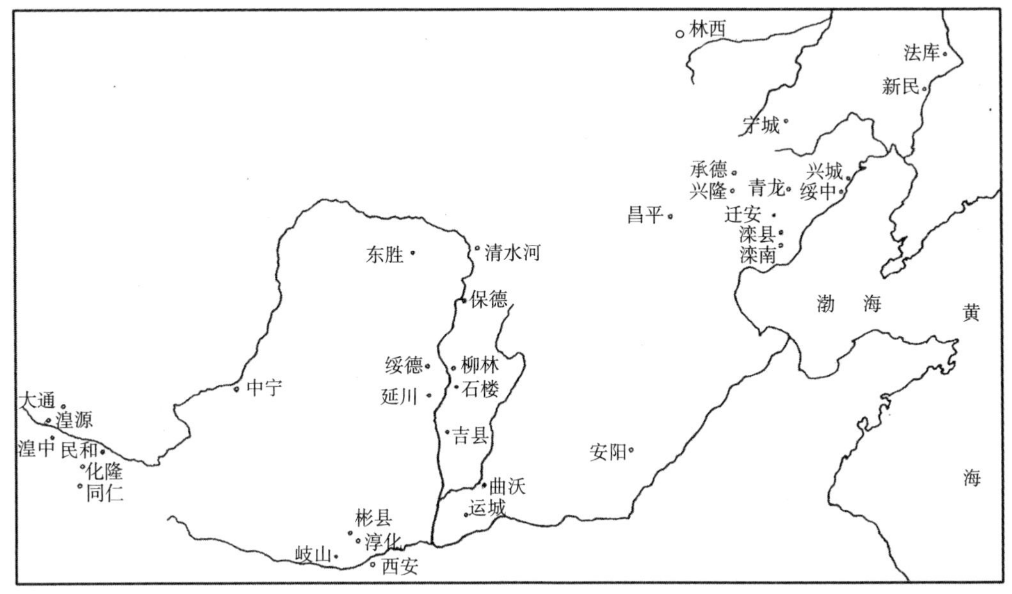


图一　中国北方管銎斧发现地点示意图

# 二、分类与年代

考古类型学是通过对研究对象形态的观察，找出其内在联系并进行合理排比，从中提取相对年代和文化传承信息的一种手段。同大多数北方系青铜器一样，管銎斧的资料零散，流布地域广泛，形式多样，从类型学的角度，欲按某种规定程式统一进行型式划分似乎不可行。中国北方发现的管銎斧一般由管銎、斧身及管銎上的突饰物三部分构成，而经类比各部分又存在形制的不同，如管銎有长有短，斧身有宽有窄，銎上的突饰物有柱状、铆钉状、扁平直内状等，显然各部位形制的异同应该作为划分型式的基本要素。基于这样的考虑，本文首先将同一器物至少有两个部位的形制相同者作聚类分析，同时注意对纹饰的甄别，作型和亚型的划分。其次对同类别器物根据共存关系或按时序排比，找出演变规律。最后对分类方案进行调整，并检验其合理性。

一般考古报告和研究论著，往往把窄斧身者称斧，宽斧身者称钺或戚，这样的不同称谓实际上是出于对考古学分类的理解。本文依照中国北方地区管銎斧斧身形态宽、窄（也可能暗示功能）之区别，分为两大类。

第一类，归纳为所有窄斧身者。

A 型　长管銎，按斧身形态分二亚型。

Aa 型　斧身两侧内凹，弧刃。

Ⅰ式：斧身狭长，斧身基部较厚，横剖面呈椭圆形。一般管銎上置有三个突饰物，有的标本受柲端銎口附一半圆形纽。序号 19、20、36，有 2 件出自山西。其中石楼曹家垣发现的 AaⅠ式斧、铃首剑和蛇首带环勺，与吉县上车村的器物组合及形式基本相同。管銎斧和铃首剑的组合还见于山西保德林遮峪、柳林高红、河北青龙抄道沟和陕西延川去头村。根据铃首剑断代，AaⅠ式斧的年代可确定在商代晚期。相同形式的管銎斧，怀履光《文化》著录 1 件，加拿大安大略皇家博物馆收藏 2 件。另外，青海同仁扎毛崇安寺（序号 51）出土的 1 件长管斧，按其基本形制特征，暂归入此型（图二，1～6、9）。

Ⅱ式：序号 16、26，斧身变短，管銎亦短，Ⅰ式管銎上具有时代特点的三个突饰物已简化成一个（图二，7、8）。序号 16 标本出自昌平白浮墓，原报告认定该墓的年代为西周早期，而通过对同墓的西周燕式陶鬲的考证[54]，其实际年代绝不可能比西周中期更早。天马-曲村报告将出 26 号标本的 M6231 墓的年代定在西周早期，虽然该墓大部分随葬品可断在这一时期，但蹄足鼎和瓦纹盖簋却是西周中期才出现的典型器物，根据埋葬时间判断序号 26 标本的下限年代应定在西周中期。就斧身形态分析，其与 16 号斧亦相似，两者的年代应大体相当。

Ab 型　斧身两侧平齐，直刃，銎上置一扁平的“内”状突饰物。

Ⅰ式：序号 14、33，斧身扁平，狭长（图二，10、11）。1988 年在河北滦县陈山头出土的 14 号标本，因共出有中原式青铜礼器，年代被断在商代晚期。值得注意的是，发表于《考古》1994 年 4 期和《燕园聚珍——北京大学赛克勤考古与艺术博物馆展品选粹》（1992 年）被注明的同一件管銎斧，从发表的图形资料观察，前者斧身特别狭长，銎上的直内亦十分突显，形制很接近二里头发现的那件无管銎斧（K3：1）[55]。相比较与后者的形制差别很大，看似非同一件器物。鄂尔多斯所出 E：320 标本，銎侧饰重叠三角纹，这种纹饰在商代晚期北方地区十分流行，不仅见于铜礼器、兵器和工具上，也广泛出现在陶器上，据此可认定其年代。另据报道，内蒙古清水县西岔遗址曾出土过一块相同形式的管銎斧陶范[56]。

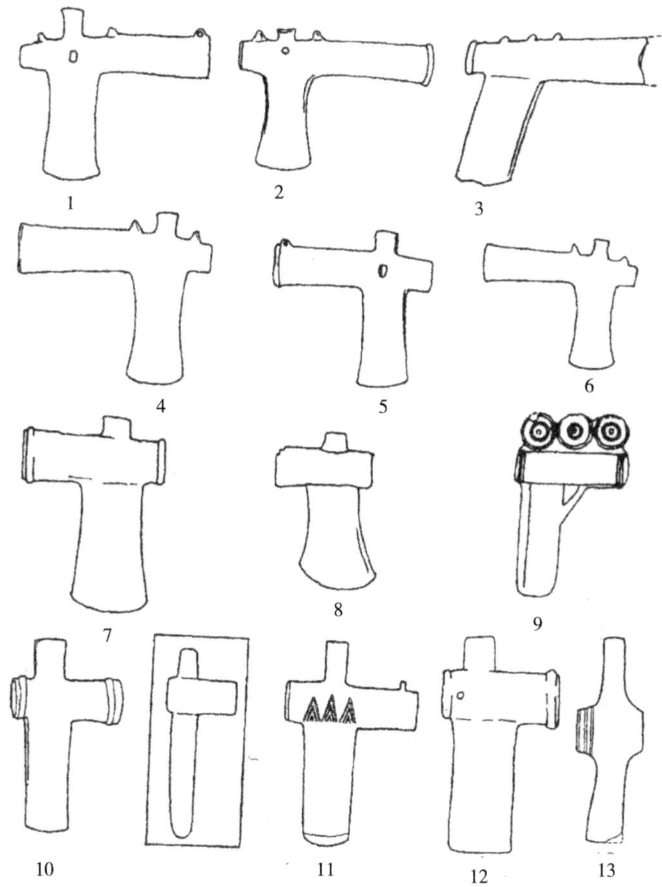


图二　Aa、Ab 型管銎斧

1～6、9. AaⅠ式（吉县上东村、石楼曹家垣、岐山王家嘴、王履光《文化》著录、加拿大安大略皇家博物馆收藏 2 件、同仁扎毛崇安寺）　7、8. AaⅡ式（天马曲村 M6231：47、昌平白浮 M3：17）　10、11. AbⅠ式（滦县陈山头、鄂尔多斯 E：320）　12. AbⅡ式（清水河老牛湾 QC：1）　13. AbⅢ式（鄂尔多斯 E：246）

Ⅱ式：序号 32，斧身略宽，较短，呈长方形，銎上的内状突饰物窄于斧身，銎口起突缘（图二，12）。同一地点出土的 1 件短胡直援銎内戈，在内蒙古中南部属首次发现。这种戈的形制与河北兴隆小河南所出戈相同[57]，依兴隆小河南中原式青铜器断代，该斧应定在西周中期或偏晚。

Ⅲ式：序号 34，器形较小，通长仅 10.4 厘米，管銎较短，銎口饰弦纹，管銎及銎上突饰物十分粗壮（图二，13）。这件斧的形制接近于春秋至战国初北方地区流行的鹤嘴斧，根据其明器化的特点，可认定是该型斧最晚的形式，估计出现在西周晚期或两周之际的可能性较大。

B 型　短管銎，两端出身，銎口起突缘。依斧身与銎上突饰物之异同分二亚型。

Ba 型　斧身两侧内凹，弧刃，銎上直内几乎与斧身等宽，序号 21、22、23、25、27、28、35，安特生《含义》著录 1 件属此型（图三，1～7）。保德林遮峪、柳林高红因共存中原式的青铜礼器或年代指征性的北方式武器、工具，故年代可断在商代晚期。运城出土的 1 件，形制和纹饰与保德林遮峪所出斧身饰竖条形凸棱纹者完全一样，年代应大抵相当。天马-曲村的 2 件，原报告定为西周早期，不过其中 M6123：12，斧身较短，刃部较宽，形制与同一墓地的 AaⅡ式（M6231：47）相似，年代应略晚。

Bb 型　序号 43、49、61，斧身两侧平齐，弧刃，呈舌状，銎上置一突饰物。安特生《含义》著录 1 件、高本汗《工具》著录 1 件，属此型（图三，8～12）。其中陕西彬县断泾和青海大通上孙家 2 件标本，斧身狭长，形制较早，年代可推定在殷墟一期。殷墟 M539：4 和安特生《含义》著录的那件标本，斧身形制与纹饰非常接近，朱凤瀚先生将前者断在殷墟二期[58]。

C 型　短管銎，受柲一端出身。依斧身形态、纹饰及管銎上的突饰物，分三亚型。

Ca 型　斧身两侧平齐，直刃，呈曲尺状。

Ⅰ式：序号 39、42，斧身狭长，基部较厚（图四，1、2）。唯一的一件发掘品出于淳化黑豆村 M3，管銎上置柱状突饰物，与冈山林原美术馆收藏的 1 件形制相同（图四，3）。参照同出于黑豆村墓地 DⅠ式斧年代，该型斧可能早到殷墟一期。

Ⅱ式：序号 50，为青海大通良教下冶泉所出（图四，4）。该斧通长只有 7.6 厘米，且斧身较短，銎口附一方形纽，銎侧饰简化重叠三角纹，其年代可能晚至西周中期。

Cb 型　序号 12、29、30、31，斧身狭长，两侧略内凹，偏弧刃，管銎上置扁平“内”状突饰物，斧面多饰有条形凸棱纹。同类型的传世品，吉林大学和日本冈山林原美术馆各收藏 1 件，安特生《含义》著录 1 件（图四，5～10）。清水河西岔遗址经正式发掘，据发掘者报道 2 件 Cb 型斧为遗址的第三期遗存。属该期遗存的束颈高领深腹鬲与塔照遗址商周第二期 B 型Ⅲ式、B 型Ⅴ式鬲形式相近[59]，而饰于陶鬲口沿及腹身的压印花边纹和锯齿状附加堆纹，与李家崖束颈鬲（AT18③：

1、AT13H1：1）纹样相同[60]。作为类比的塔照和李家崖陶鬲，是当地商末至周初具有显著特点的典型器物。另外，西岔遗址同 Cb 型斧共出的扁茎、翘尖、背无明显凸脊的铜刀，属殷墟常见的商式铜刀。综合以上分析，清水河西岔遗址所出的 2 件斧可断在商代晚期或不晚于西周早期，其他 Cb 型斧的形式和纹饰均与上同，年代应大体相当。

Cc 型　斧身扁平，管銎上置柱状或铆钉状突饰物。

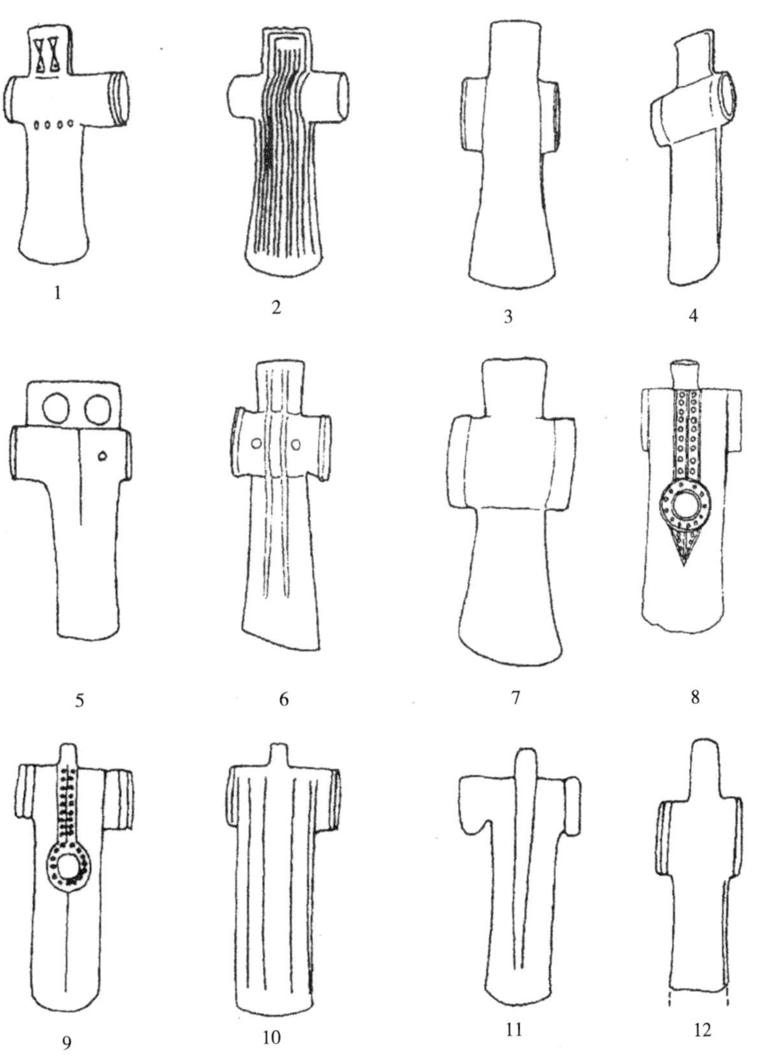


图三　Ba、Bb 型管銎斧

1～7. Ba 型（保德林遮峪 2 件、柳林高红、岐山王家嘴、安特生《含义》著录、天马曲村 M6122：1、天马曲村 M6123：12）　8～12. Bb 型（安阳大司空 M539：4、安特生《含义》著录、高本汉《工具》著录、彬县断泾、大通上孙家 M761：6）

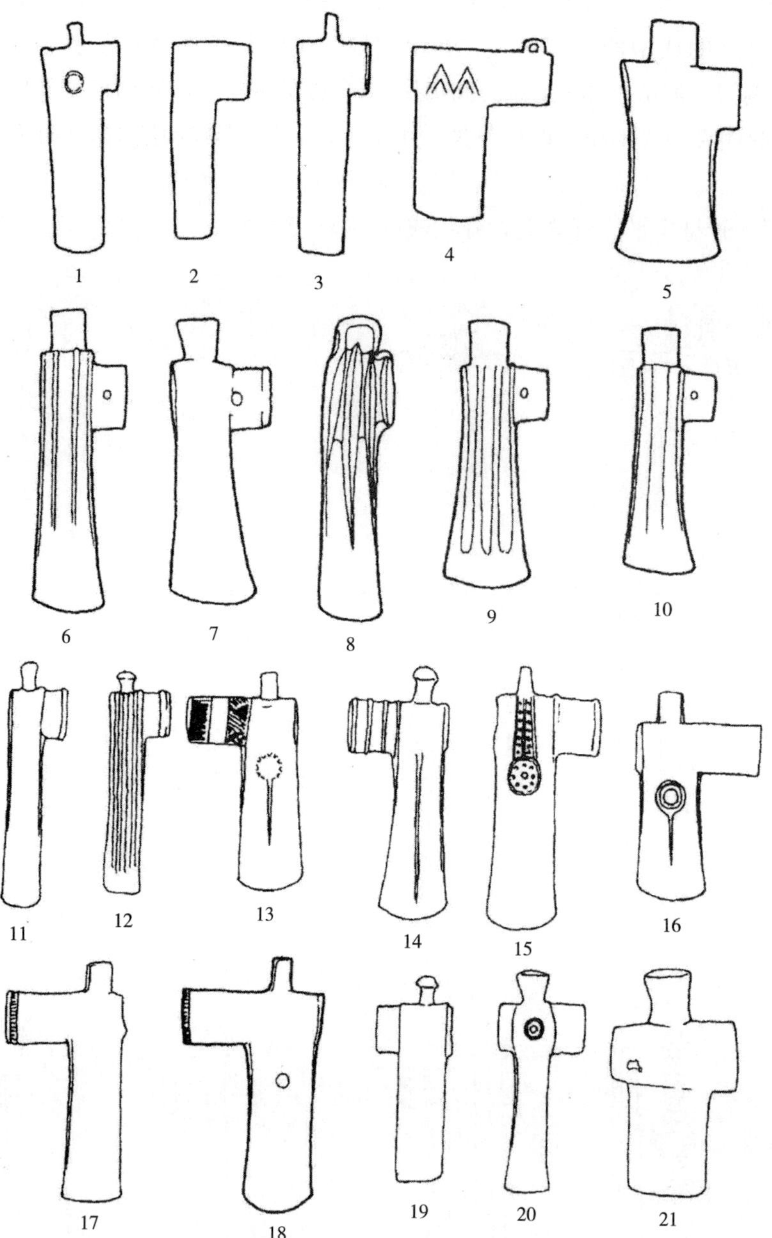

图四　Ca、Cb、Cc 型管銎斧

1～3. CaⅠ式（淳化黑豆村 M3、淳化西梁村、日本冈山林原美术馆收藏）　4. CaⅡ式（大通良教下治泉）
5～10. Cb（日本冈山林原美术馆、清水河县西岔 M10：1、清水河老牛湾 QC：2、林西、吉林大学收藏、安特生《含义》著录）　11～18. CcⅠ式（新民大红旗 3 件、法库湾柳采：123、兴城杨河、绥中冯家 87FSJ1：45、青龙抄道沟、滦南后迁义）　19、20. CcⅡ式（宁城小黑石沟、宁城博物馆收藏）
21. CcⅢ式（宁城南山根 M101：47）

Ⅰ式：序号1～6、13、15，斧身狭长，两侧略内凹，弧刃（图四，11～18）。兴城杨河斧，銎侧饰三条突起直线与斧身圆轮纹相接，直线与圆轮中间饰乳钉纹。新民大红旗所出3件斧中，有2件铸有纹饰，一件斧面饰条形凸棱纹；另一件斧身中部饰有突起的圆形涡纹，管銎受柲一端饰交错三角纹。法库湾柳斧，斧面有纵向的三条凸棱纹，受柲一端管銎饰三周凸棱纹。上举标本纹样虽然有不同程度的差别，但整体形态和风格基本一致。兴城杨河、新民大红旗、绥中前卫、青龙抄道沟均属窖藏性质，同CcⅠ式斧共出的环首刀、銎内戈不仅彼此形制相似，而且在辽宁西部和河北北部多与商代青铜器共存。这批窖藏所出的环首刀亦与小屯商代铜刀形制相同；杨河和新民大红旗斧身上的轮形纹、涡纹和突起的乳钉纹，与大司空商墓M539：4管銎斧纹样相仿，故以往的研究者多将这批窖藏青铜器的年代定在商代晚期。序号15标本，为1999年发掘的唐山滦南后迁义遗址所出，斧身有一穿，銎口饰螺纹，形制与青龙抄道沟斧完全相同，根据共存的铜礼器，可断在殷墟三期。

Ⅱ式：序号8、9，个体较小，窄长斧身，两侧平齐，直刃（图四，19、20）。一件出于宁城小黑石沟，斧身剖面中部略内凹，管銎上置铆钉状突饰物；另一件为作者在宁城文化馆所见（具体地点不详），銎侧饰同心圆纹样，管銎上置较粗壮的铆钉状突饰物。

Ⅲ式：序号10，通长仅10.6厘米，斧身较短，直刃，呈扁平长方形，管銎上置粗壮铆钉形突饰物（图四，21）。东京中近东文化中心收藏的1件猪首銎斧，斧身形制与上同。

宁城小黑石沟墓所出的CcⅡ式斧与宁城南山根M101墓的CcⅢ式斧形制有较大差别，但都具有明器化的特点。依据共存的中原式铜礼器，两者年代均可断在西周晚至春秋早期。

D型　无管有銎，銎筒呈扁椭圆形。

Ⅰ式：序号37、38、40、41，斧身狭长，两侧平齐，弧刃，銎口有凸缘且上展，銎上置圆柱状突饰物（图五，1～4）。序号37，出自西安老牛坡墓地，据发掘者考证，出这种斧的墓葬年代定在殷墟一期，其他几件淳化县出土的同型斧，年代应与此大体相当。

Ⅱ式：序号45、46，短斧身呈舌状，銎上置扁平“内”状突饰（图五，5、6）。中宁倪丁村M1：2，斧身中部起一条突棱纹，通长12厘米；M2：1，銎口外缘突出，通长11.3厘米，二件标本的个体较小，是已知D型斧的晚期形式，遵从发掘者的意见，这两座墓的年代定为战国早期。

E型　序号47，銎与斧身上部平齐，銎上有穿，斧身狭长，弧刃外展呈月牙形（图五，7）。有明确出土地点的该型斧仅青海民和川口1件，台湾故宫博物院收藏的2件兽目纹斧与此形制相近。估计该型斧的年代为商末或周初。德国慕尼黑国立民间艺术博物馆收藏的1件，暂归入此型（图五，8～10）。

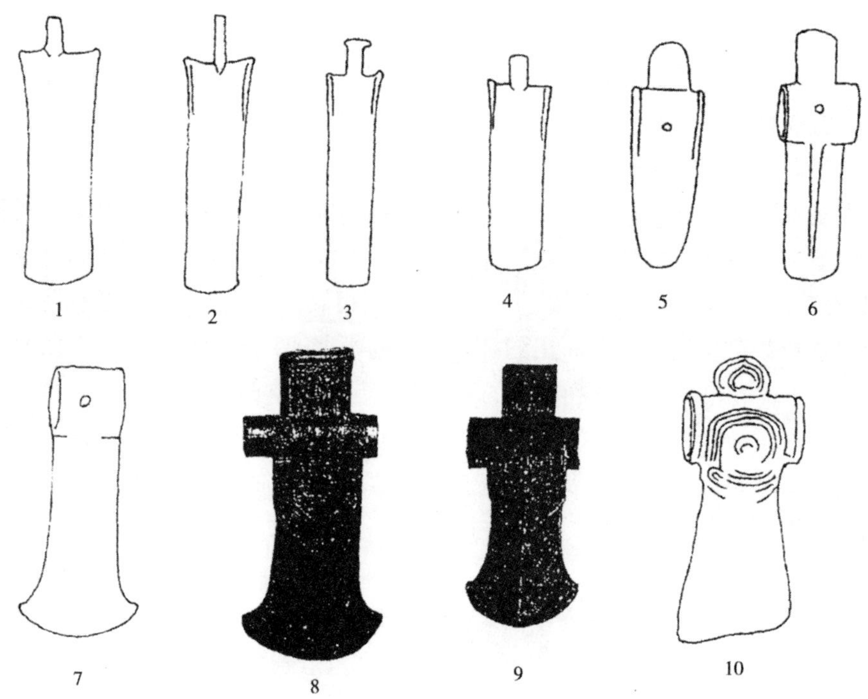

图五　D、E 型管銎斧

1～4. DⅠ式（淳化史家源村、淳化黑豆村 M2、淳化北坡村、西安老牛坡 M7：1）　5、6. DⅡ式（中宁倪丁村 M2：1、M1：2）　7～10. E 型（民和川口、台湾故宫博物院收藏 2 件、德国慕尼黑国立民间艺术博物馆收藏）

第二类，宽斧身。分类以 K 字与窄斧身者相区别。

KA 型　斧身两侧平齐，斧身中部一般有一圆形大孔。分二亚型。

KAa 型　序号 44、48、57，长管銎，銎上置突饰物，斧身饰纵向条形突棱纹。加拿大安大略皇家博物馆收藏的 1 件，属此型（图六，1～4）。延川稍道河去头村出土的 44 号标本，管銎及突饰物与 AaⅠ式斧接近；两者年代应大体相当。湟中共和乡前营村所出 57 号标本，銎上置双马，造型奇特，同出的弦纹镜与殷墟妇好墓小型铜镜纹饰风格相似。

KAb 型　序号 52～56、58、60、62，短管銎，两端出身，斧身呈扁平长方形。序号 18，略有区别，暂归入此型（图六，5～13）。潘家梁卡约文化墓地所出的 5 件该型斧，形制基本相同，其中 4 件伴出有陶器。据发掘者对该墓地陶器的研究，大体相当于卡约文化晚期偏早，参照碳十四测定数据，推定年代为商代晚期至商周之际。该墓地出土的另一件斧（M29：2），弧刃，斧身较短，形制与化隆上半主洼 58 号标本相同，年代可能偏晚些。相比较迁安小东庄所出的 18 号标本、湟源县博物馆收藏的 60 号标本和殷墟出土的 62 号标本，斧身更短，且个体较小。依迁安小东庄共出的铜礼器及铭文断代，年代可定在西周早期。

KB型　序号59，为湟中县博物馆收藏（图七，4）。此外，吉林大学收藏1件，安特生《含义》著录2件，李约瑟《科技史》发表2件（其中一件为安特生《含义》所著录）（图七，1～3、5）。该型斧身为圆形或椭圆形，弧刃，銎口起突缘，一般銎上置突饰物。由于这种斧缺乏共生器物，确切的出土地点亦不清楚，故很难对其年代作出判断。若从器形分析，序号59标本和吉林大学藏品，出现于商代晚期的可能性较大。李约瑟《科技史》发表的虎形銎斧，其虎的造型与毛庆沟虎形动物饰牌相似[61]。估计该斧的年代可晚至战国早期。

KC型　短管銎，銎上置扁平突饰物，斧身两侧内凹，弧刃，斧身有一圆形大孔。

Ⅰ式：序号7、24，斧身较长（图七，6、7）。分别出于绥中冯家村和石楼义牒，按报道者的认识，年代被定在商代晚期。

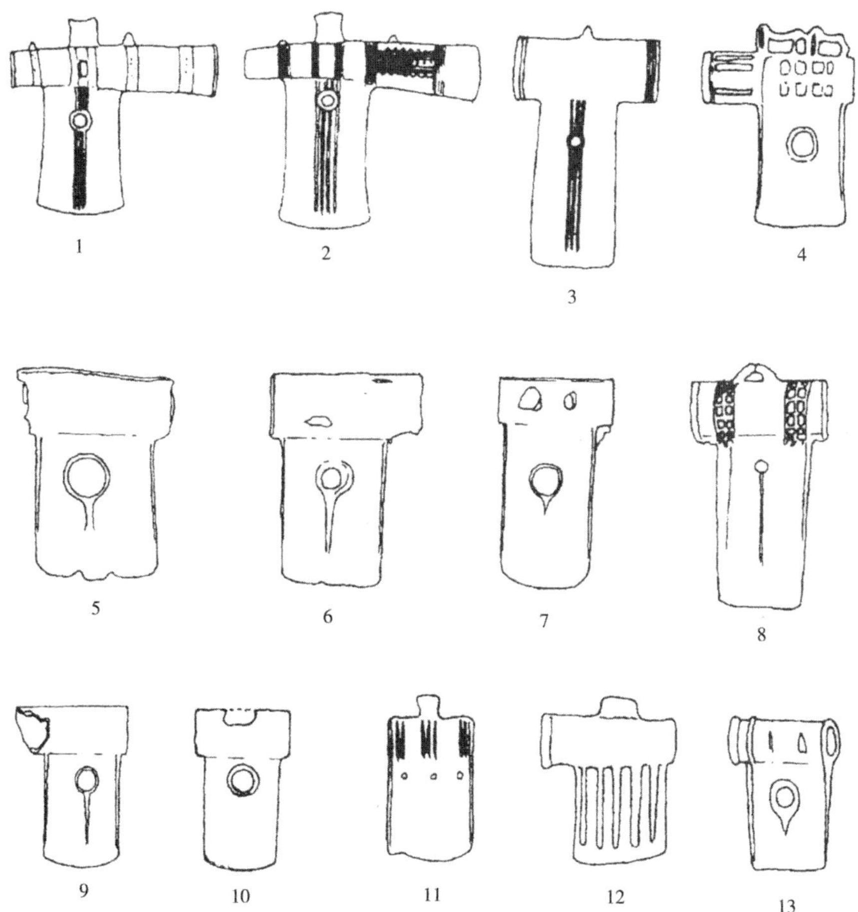


图六　KAa、KAb型管銎斧

1～4. KAa型（延川去头村、加拿大安大略皇家博物馆、大通上孙家M1025：4、湟中前营村）

5～13. KAb型（湟中潘家梁M10：5、M117：1、M138：1、M183：4、M29：2、化隆上半主洼M14：4、迁安小山东庄M1：5、湟源县博物馆、安阳殷墟）

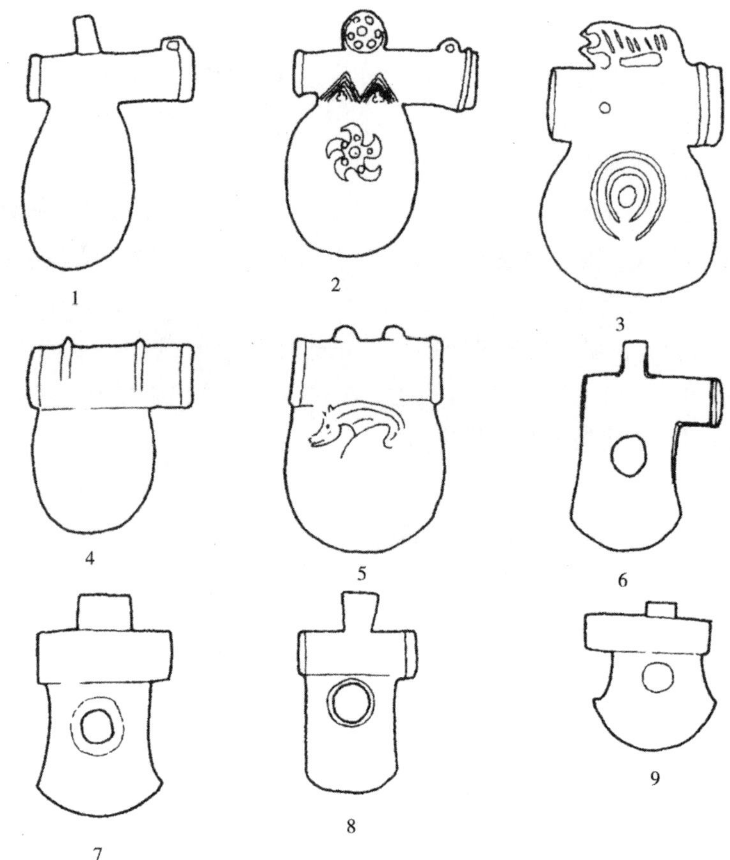

图七　KB、KC 型管銎斧

1～5. KB 型（吉林大学收藏、安特生《含义》著录、李约瑟《科技史》著录、湟中县博物馆收藏、安特生《含义》著录）　6、7. KC Ⅰ式（绥中冯家村 87FSJ1：46、石楼义牒）　8. KC Ⅱ式（兴隆小河南）　9. KC Ⅲ式（宁城汐子北山嘴 M7501：22）

Ⅱ式：序号 17，斧身略短，斧身圆形孔周缘突起，河北兴隆小河南出土（图七，8）。小河南墓与昌平白浮墓年代相当，年代为西周中期。

Ⅲ式：序号 11，斧身两侧明显内凹，圆刃外展，管銎两端出身，受柲一端略长（图七，9）。出该型斧的汐子北山嘴 M7501 墓属夏家店上层文化，年代约在西周晚至春秋早期。

概之，各型式管銎斧的年代对应关系如下表所示（表二）。

**表二**

| 型 | 商晚期 | 西周早期 | 西周中期 | 西周晚至春秋早期 | 战国早期 |
|---|---|---|---|---|---|
| Aa | Ⅰ | | Ⅱ | | |
| Ab | Ⅰ | | Ⅱ | Ⅲ | |
| Ba | △ | | △ | | |

续表

| 型 | 商晚期 | 西周早期 | 西周中期 | 西周晚至春秋早期 | 战国早期 |
|---|---|---|---|---|---|
| Bb | △ | | | | |
| Ca | Ⅰ | | Ⅱ | | |
| Cb | △ | △ | | | |
| Cc | Ⅰ | | | Ⅱ · Ⅲ | |
| D | Ⅰ | | | | Ⅱ |
| E | △ | △ | | | |
| KAa | △ | △ | | | |
| KAb | △ | △ | | | |
| KB | △ | | | | △ |
| KC | Ⅰ | | Ⅱ | Ⅲ | |

# 三、分期与分区

经以上类型学分析与年代比定，可大体将管銎斧在我国北方地区存续的时间划分为三个时段。

第一阶段，如表二所示，在已划分的二大类13个型和亚型均出现在商代晚期或西周早期，且遍及已发现的管銎斧在我国北方的大部分地区，毫无疑问这一时期是管銎斧在我国北方广为流行的时期。值得注意的是，各地区发现的管銎斧个体差异较大，就目前掌握的资料来看，根据共存青铜器的组合，并参照以陶器划分的考古学文化为依据，可分为三个区。

东区，指内蒙古东部、辽宁西部和河北北部的燕山南北地区，主要发现有Cc、KC两种类型的管銎斧。同管銎斧分布的其他地区相比较，有以下三个现象值得关注：其一，含管銎斧在内的北方系青铜器埋葬方式以窖藏为主，并多为单纯的北方系青铜器组合。其二，在兴城杨河、绥中冯家、青龙抄道沟，管銎斧与刀子和銎啄戈组合，同样在法库湾柳也见有这三类器物。据统计燕山南北地区这一时期发现的刀子尤其是环首刀和銎啄戈的数量最多，仅绥中冯家就出土了18件刀子、13件銎啄戈，其出现率远远高于分布有北方系青铜器的其他地区。其三，作为北方系青铜器最具代表的短剑，与管銎斧的组合仅见于青龙抄道沟，其余几件短剑均为收集品，难以确定共存关系，且这些短剑主要发现在河北北部，而管銎斧比较集中的辽西则很少见。

在燕山以北地区的田野工作中分辨出的魏营子类型，是介于夏家店下层文化和年代相当于夏家店上层文化的“凌河类型”之间的一种考古学文化。以往的研究认为，魏营子类型与集中发现于大小凌河流域的商周之际的铜器窖藏有联系[62]。从分布地域、年代和共存关系分析，这些铜器窖藏很可能是魏营子类型的重要组成部分。

这一时期分布于燕山以南河北北部的张家园上层文化，除主要继承了当地大坨头文化发展进程的诸要素特点外，还含有其他非本地文化因素，最突出的是直领花边鬲和高领凹沿鬲，前者与魏营子类型的花边鬲大概有共同的来源；后者为先周文化代表性器物。由于在滦南后迁义墓葬已发现该文化陶器与青龙抄道沟式样的管銎斧和耳环、扣、泡等北方系青铜器共存，所以若将燕山以南的北方系青铜器划分为一个地域群的话，当与张家园上层文化有密切关系。

迄今在辽河以西燕山南北地区发现的商末周初时期的北方式青铜，辽宁的出土地点有 11 处共 78 件；内蒙古赤峰地区采集的有 13 件；河北北部有明确出土地点的已有若干批，初步统计总数愈百件[63]。这些青铜器除个别见于遗址和墓葬外，多数属窖藏性质且很少与陶器有明确的共存关系。可以设想在上述以陶器划分的考古学文化区域内，可能还分布着很少使用陶器甚至不使用陶器而采取游动生活方式的非定居人群。由于他们频繁往来穿插于定居的农业村落和都邑之间，与商人和西周时的燕人发生接触，这样就有很多缘由使商周铜器落入其手中并以窖藏的方式置于其活动领地内。同时他们在与当地土著居民的交往中，仍然保持着固有的文化传统。否则就无法解释大批几乎不与陶器共存的北方式青铜器为什么如此集中地出现在这一地区。而包括管銎斧在内的一些斩杀类兵器单独的埋葬方式（新民大红旗、兴城杨河、绥中冯家、青龙抄道沟等），也恰恰反映了这样一支拥有北方式青铜器游动人群的存在。

中区，指包括河套在内的陕晋高原和关中地区。该地区出土的北方系青铜器与东区比较，在埋藏方式、器物种类和组合关系等方面表现出明显不同的地域特征。首先，该区的管銎斧及相关的北方系青铜器几乎均为墓葬所出，且多与商周青铜礼器共存。其次，北方系青铜器中的铃首剑、蛇首匕、云形耳饰、弓形饰出现率高，分布的地域性强，还有三銎刀、条形刀、銎内式兵器和铎形器等也很少见于其他地区。第三，管銎斧的形式多样，按本文的分类，有 8 个类型品出现在这一地区，从各类别管銎斧聚合分布的情况来看，可划分为三个地域群。

第一群，Ab、Cb 型斧，主要分布于内蒙古河套地区，其中 Ab 型斧在该地区延续的时间较长。

第二群，Aa、Ba 型斧，主要分布于陕晋黄河沿岸。另外，延川去头村出土的那件 KAa 型斧，其较长的管銎和銎上置有三个突饰物的形制特点，从类型学的角度分析，实际上是 Aa 型斧的长管銎及所属特征和 KAb 型斧的结合体，所以很可能是 Aa 型斧接受外来因素影响的一件变异产品。

第三群，主要分布在子午岭以东，关中地区的情况比较复杂，有 Aa、Bb、Ca、D 4 种类型。但进一步分析可以发现，Ca、D 型斧仅见于该区，尤以淳化县境内最为集中，并且不与其他类型斧共存。这两种管銎斧虽然形制不同，但是风格相似，年代可早到殷墟一期，其明确的地域特征，当反映它们是本群管銎斧的主体，并暗示着可能有相同的谱系来源。另外两种类型斧数量较少，估计为流布品，当然也不排除它们所代表的各自地区类型品在关中地区叠加分布的可能。

殷墟一期以后，由于先周文化的东渐和来自北方牧业部族的压迫，此前向西扩展已争得巨大空间的商文化势力逐渐退却，原本统一的文化格局被打破，出现了多种文化并立纷繁复杂的局面[64]。

与此同时的另一考古学现象是，北方系青铜器的大量出现。已有多位学者对这一地区的商代晚期青铜器与当地同期文化的关系，尤其是北方系青铜器的归属问题进行了系统的比较研究[65]。若以陶器界定的考古学文化与单就管銎斧划分的地域群比照，Aa、Ba 型斧分布的陕晋黄河沿岸属李家崖文化；以 Ca、D 型斧主要分布的关中地区属先周文化；而集中出现于内蒙古河套地区的 Ab、Cb 型斧，则与清水河西岔遗址第三期遗存有着密切的关系[66]。由于在该遗址已发现数件 Ab 和 Cb 型斧的铸范，事实上可以认定这两种类型的斧为当地所铸造。从陶器“群”的特征分析，西岔遗址三期遗存继承了朱开沟文化的某些因素，同时与李家崖文化也有相似的对应成分，但仍有很大的不同，主要是缺少花边口沿鬲和空足三足瓮。其代表器形束颈高领鬲比较接近太原光社[67]、许坦[68]所出同类者，而高领壶、双鋬罐、牛角把罐为周邻文化所不见。目前这类遗存仅在西岔遗址有发现，对它的认识将是内蒙古河套地区考古的一个新课题。

西区，青海东北部黄河沿岸及湟水流域，史称“河湟地区”。该地区发现的管銎斧，主要集中分布于湟水中游和西宁盆地周围，有 KAa、KAb 两种主要类型。这两种斧的斧身形制基本相同，地域特征鲜明，其中湟中县潘家梁墓地的管銎斧与卡约文化陶器有明确的共存关系，合理的解释为当地所铸造。卡约文化的墓葬形制多种多样，以长方形的竖穴洞室墓为主，丧葬习俗独特，人殉、牲殉的现象比较普遍。人殉是将头骨砸碎或截去手指、脚趾，牲殉则以牲畜的头、尾及四肢作象征状。随葬的青铜器多为武器、工具和装饰品，其中小刀较常见，迄今没有发现大型铜容器。卡约文化的部分青铜器，受商周文化影响，如扁茎翘尖刀、长甬矛、三角形带翼镞等包括管銎斧在内的其他青铜器则具有地方特色。值得注意的是，潘家梁墓地出土的 5 件 KAb 型斧，或没有开刃，或有意识在刃部做出缺口，显然没有经过使用。而湟中县前营村出土的双马型 KAa 型斧和湟中县博物馆收藏的 KB 型斧，也可能是专用于随葬的非实用器。总之，该地区发现的管銎斧主要功能是礼仪性质的。

除上述地区外，这一时期的北方管銎斧在安阳地区也有少量发现，如大司空村 M539：4 标本和安特生《含义》著录的一件 Bb 型斧，并且形制风格为其他地区所不见。另外，在著录的传世品中也有一些中原纹饰特点的标本。不过大多数传世品的出土地点不详，也无从考证它们是仿制并加以改造的中原产品，或是受中原文化影响的地方流布品。所以就目前掌握的资料，尚不能把安阳地区划定为北方管銎斧分布的一个区。

第二阶段，昌平白浮墓、天马-曲村 M6231 所出的 AaⅡ式斧，清水河老牛湾 Ab

Ⅱ式斧和兴隆小河南KCⅡ式斧，与中原系青铜器有明显的共存关系，诸器的年代可被断在西周中期前后。一个不容忽视的现象是，在以往发表的含北方系青铜器资料或相关的研究论著中，认定为西周中期的北方系青铜器很少。这一方面是由于对北方系青铜器的年代学研究，主要凭借有共存关系年代指征比较清楚的中原式青铜器断代，而现已发现的这类资料多集中在商末周初时期。另一方面，原本为这一时期的重要资料，在断代上出现了偏差，失去了作为判定标准的年代学意义。一个突出的例证就是过去被认定为西周早期的昌平白浮墓，据林沄先生考证其实际“年代应改定在西周中期或更晚”[69]。进一步考察发现，在辽西、鄂尔多斯和陕晋等北方系青铜器比较集中的地区还可分辨出一些年代下限可晚到西周中期或偏晚的类型品。总体看来，商末周初之后仍然存续的北方系青铜器，在时间、空间及形态特征和文化属性等方面都发生了较大变化，所以在编年学的研究中将西周中期前后出现的北方系青铜器划出一个阶段很有必要。本阶段的管銎斧不仅在数量、类别上大为减少，而且形态也发生了变化，如斧身趋于变短，管銎上的突饰物简约化，上一阶段的长管銎斧和比较流行的条形凸棱纹饰已消失，分布上也仅限于河北北部、山西南部及河套等几个地点，呈明显衰退之势。

第三阶段，鄂尔多斯所出的AbⅢ式斧，宁城南山根M101、小黑石沟和汐子北山嘴M7501墓所出的CcⅡ式、CcⅢ式、KCⅢ式斧，年代被定在西周晚至春秋早期。已知年代最晚的中宁倪丁村的2件DⅡ式斧，下限年代可到战国早期。上举管銎斧的个体普遍较小，实物趋于明器化。此后，曾广泛分布于我国北方的管銎斧基本绝迹，取而代之的是一种鹤嘴斧。

## 四、谱系与起源的推测

综上所述，商末周初管銎斧在我国北方地区已广泛传播。单就这种类型品进行的区系研究，依个体形态和组合关系的差异可分为不同分布区及若干区域群，为不同人群所拥有，所以其很可能有着不同的来源，不过迄今已知北方地区的诸早期青铜器文化，即年代大体相当于夏至早商时期的四坝文化、朱开沟文化、夏家店下层文化、大坨头文化等，均没发现这类器物，也就是说商末周初管銎斧在我国北方地区大范围出现是一个突兀的现象。那么，中国北方管銎斧究竟始于何时，一直是一个未解的问题。

作为兵器，北方管銎斧与起源于中原地区的戈属于不同的兵器系统，两者的装柄方式不同，尤其是使用功能有很大区别，所以形制相差甚远。在以往发表的资料中，二里头遗址出土的1件被指认为“戚”的铜器形制特殊（75ⅥK3：1）[70]。其体部作均匀的长斧形，左右外突有阑，内呈长方形，中有一穿孔，造型似戈（图八，1）。然而该器刃在前端且体厚，功能在于斩杀。林沄先生认为“这实际上是一件北方系战斧，只是在安柄方式上接受了中原系影响而改为扁平的内而已”[71]。相似的类型品还可举出几例，上海博物馆收藏1件[72]，形制与二里头出土的那件十分接近（图八，2）；水野清一等《内蒙古长城地带》著录的2件[73]，体部均作长条形，刃部扩展呈弧刃，装柄部扁平有外突的尖齿（图八，3、4）。另外日本冈山林原博物馆收藏的1件连柄式北方系青铜器[74]，与凌海市水手营子夏家店下层文化墓葬出土的连柄戈很相似[75]（图八，5）。但该器“援”部较短，两侧平齐，前端为弧刃，从图形观察实为北方式战斧和中原式戈的混合物。可见在我国北方不同兵器系统形制与功能相互交错的现象并不是孤立的。最新研究成果表明，中国北方系青铜器开始的时间，可提前到夏代[76]，按这一说法，上举标本应该是管銎斧在中国北方可以追溯到的最早线索。

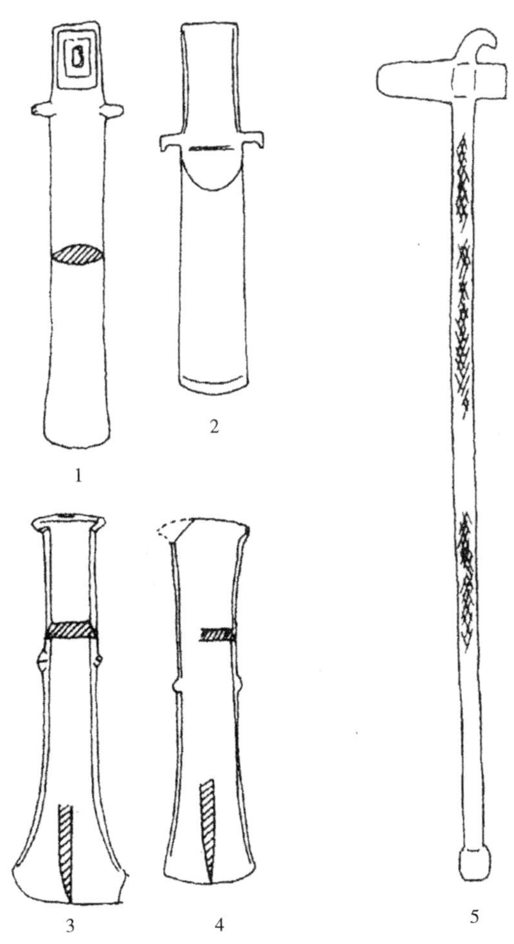


图八　北方式斧和相关类型品举例

1. 二里头 75ⅥK3∶1　2. 上海博物馆收藏　3、4. 水野清一：《内蒙古长城地带》著录　5. 日本冈山林原博物馆收藏

从更广大的范围来看，管銎斧在欧亚大陆草原地带曾广为流行，不仅见于蒙古、外贝加尔、米努辛什克盆地、阿尔泰、哈萨克斯坦，甚至远及黑海沿岸和近东地区也有发现。那么中国北方管銎斧是否与上述地区的同类器物存在联系，抑或有着各自独立的起源，这是目前中外学者所关注的问题。本文认为从谱系的角度探讨中国北方管銎斧的起源及不同类型品的互动关系，将有助于研究的深入。

据目前对欧亚大陆草原地带所出管銎斧的年代学的认识，已知伊朗高原和两河流域的这种斧出现的时间最早，年代可大体定在公元前 2 千纪的前半偏早时期。从发表的图形资料来看，与中国北方部分管銎斧的形制十分相似，但若仔细比较，不难发现它们之间仍存在着某些细部的差别。如出于伊朗尼哈温德的长管銎斧[77]，斧基敦厚，斧身较长且刃部略宽，形制与中国北方 Aa 型斧相似（图九，1、2），然而其管銎上所置连续凸起的饰物特征鲜明，整体形态似马头状；另一件出于伊朗基延丘的同类管銎斧，銎上扇面形的突饰物，加上銎侧点缀的一同心圆，看起来更具有马的形象特征[78]（图九，3）。相比较中国北方 Aa 型斧则缺少这种具象的制作风格，或许从多数 Aa 型斧上保留的三个突起状饰物，还能看到一点这种文化的刁遗。

伊拉克哈姆林地区出土的管銎斧，以苏雷梅赫遗址为代表[79]，按形态可分为两种类型：一种为短管銎，受柲一端出身，呈曲尺形（图九，4～6）。这类斧的斧身窄长，刃宽与斧身平齐，在苏雷梅赫遗址出于层位较晚的墓葬中；另一种无明显管銎，銎口内凹，斧身狭长，弧刃略宽呈下垂形，銎上置突饰物（图九，7）。这两种斧在苏雷梅赫遗址虽有年代区别，但并无形态的演变关系。聚类分析，前者与淳化西梁村所出的 Ca 型斧形制基本与苏雷梅赫遗址一致；后者除銎上突饰物和銎口形状有所区别，与 D 型斧相近，而 D 型斧銎口外缘上展的特点，其实也是苏雷梅赫这类斧的一个重要特征，只不过程度不同而已。另外，在伊拉克苏雷梅赫和伊朗苏萨还发现有形制非常接近于青海民和川口出土的 E 型斧（图九，8、9）。后者在中国北方并不多见，但从台湾故宫博物院收藏的 2 件斧身饰兽目纹饰的 E 型斧来看，相信这类斧也是中国北方管銎斧谱系的一种类型品。如果把中国北方管銎斧部分类型品看作是源于近东，推定它们之间存在着文化联系，那么这一过程，可能是间断的、渐进式的。但仅凭目前已掌握的资料仍无法知道彼此共有成分是如何传递的，即尚需追溯相互连接的中间环节，所以这一说法还只是一种推论。

本文注意到，与上举北方管銎斧相比较，銎上置“内”状突饰物的管銎斧，分布主要偏侧于子午岭以东的地区（中区、东区）。如集中出现在内蒙古河套的 Ab、Cb 型和陕晋黄河沿岸的 Ba 型斧，也包括散见于燕山南北的一些类型品，从共有“内”状突饰物的形制特点来看，或可多少反映出它们有着相同的谱系来源。如前所述，夏代中国北方系青铜器中已出现接受中原式夹内兵器影响的北方式斧。那么把这样一些銎上置“内”状突饰物的管銎斧的缘起，看成是受中原传统夹内兵器影响产生的各具地域特征的类型品，不论从器物本身的形态分析，还是对时间和空间系统资料的逻辑推导，都暗示着与分布区偏于西部（子午岭以西）的诸类型品有着不同的起源契机。

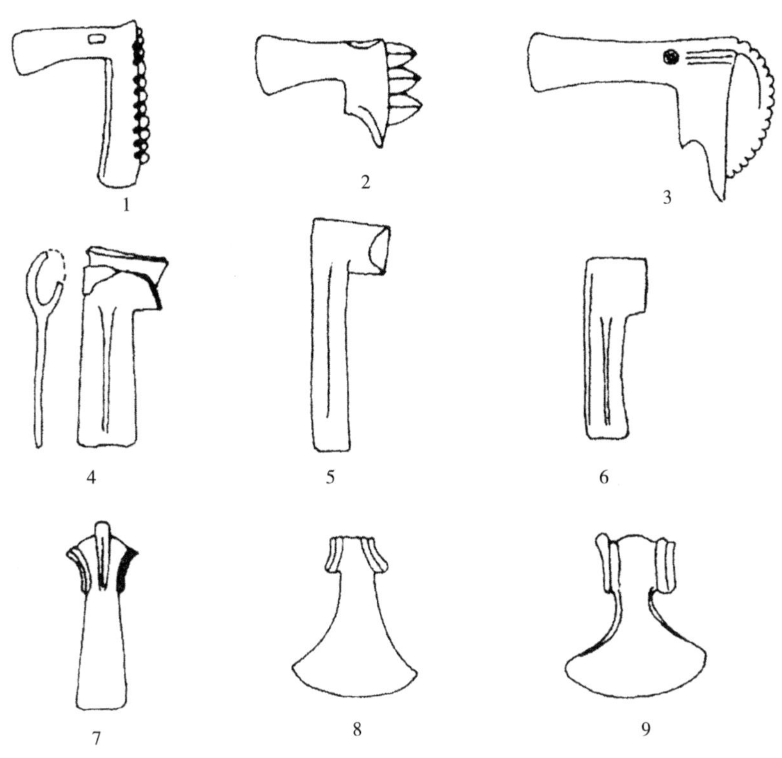

图九 近东出土的管銎斧举例

1、2. 伊朗尼哈温德 3. 伊朗基延丘 4～7、9. 伊拉克苏雷梅赫 8. 伊朗苏萨

按本文分类，斧身为宽体的KAa、KAb和KC型斧，在中国北方管銎斧分布区以外没有见到这样的类型品，所以它们不可能来自中国境外。就分布区域而言，KAa、KAb型斧集中出现在西区，KC型斧主要见于东区，器物形态上也不存在谱系演变关系，显然有不同的来源。KAa、KAb型斧，除管銎有长短之别，形制基本相同，均出于墓葬。此类原本作为实用器的管銎斧，在该地区却是专门用作随葬之器物，所以这种形制与功能发生演化的类型品，可能是在特定文化背景下而制作的具有礼器功能的地方产品。把KC型斧也定为北方管銎斧系统，主要是因为装柄方式与中原式斩杀类兵器不同。实际上这种斧和中原式斧身扁平，刃呈弧形的钺，造型非常相似，尽管在装柄方式上用北方式流行的管銎替代了中原式通行的扁平“内”，但其銎上保留的“内”状突饰物仍然清楚地表明其缘起于后者的谱系关系。至于同样具有宽体斧身的KB型斧，均系非发掘品，出土环境不明，且个体差异较大，除了从形制和纹饰上能够找到一些北方管銎斧常见的特征外，这种类型斧究竟来自何方，目前尚无从考证。

准此，关于中国北方管銎斧起源的讨论可归纳为以下三点认识：

（1）中国北方管銎斧产生于夏代，自商代晚期开始流行，西周中期前后逐渐衰退，一直延续至战国早期。在如此长的时间里，出现在中国北方的管銎斧形式多样。各种类型品的不同形态，反映的不仅是时间和空间上的差别，还暗示有谱系的内涵，而每一种共有成分的来源亦不相同，所以中国北方管銎斧不可能源自某一共同的中心。

（2）在中国北方夏代就已出现了接受中原夹内兵器影响的原生式斧，至少到商代晚期又分成各具地方特征的不同流变体。尽管中国北方管銎斧的产生不排除外来因素的影响，但并不是简单的模仿，而是在仿效的同时形成了自身的特点。

（3）中国北方地处欧亚大草原东端，南邻黄河流域发达的中原农业文化，是最早由农业和牧业转化并最终形成牧业文明的重要地区。自夏代以来这一地区出现的适从于自然环境变迁而发生的经济形态与生活方式的改变，具有趋同的特点。区域内的文化联系以及与中原和欧亚草原文化的传递、交融，构成了中国北方管銎斧缘起的特殊文化背景。从这一视角来看，中国北方管銎斧是自成一系发展起来的。

## 注　释

[1] 林沄：《商文化青铜器与北方地区青铜器关系之再研究》，《考古学文化论集》（一），文物出版社，1987年。

[2] 周纬：《兵器史稿》，三联书店，1957年。

[3] 锦州市博物馆：《辽宁兴城县杨河发现青铜器》，《考古》1978年6期。

[4] 喀左县文化馆等：《辽宁省喀左县山湾子出土商周青铜器》，《文物》1977年12期。

[5] 辽宁大学历史系考古教研室等：《辽宁法库县湾柳遗址发掘》，《考古》1989年12期。

[6] 王云刚等：《绥中冯家发现商代窖藏铜器》，《辽海文物学刊》1996年1期。

[7] 中国青铜器全集编辑委员会：《中国青铜器全集（15）·北方民族》，文物出版社，1995年，图五五。

[8] 辽宁省昭乌达盟文物工作站、中国科学院考古研究所东北工作队：《宁城南山根的石椁墓》，《考古学报》1973年2期。

[9] 宁城县文化馆、中国社会科学院研究生院考古系东北考古专业：《宁城县新发现的夏家店上层文化墓葬及其相关遗物的研究》，《文物资料丛刊》（九），文物出版社，1985年。

[10] 郭大顺：《辽河流域"北方式青铜器"的发现与研究》，《内蒙古文物考古》1993年1、2期，图三，8。

[11] 河北省文化局文物工作队：《河北青龙县抄道沟发现一批青铜器》，《考古》1962年12期。

[12] 孟昭永等：《河北滦县出土晚商青铜器》，《考古》1994年4期。另见北京大学考古系：《燕园聚珍》，《北京大学赛克勒考古与艺术博物馆展品选粹》，文物出版社，1992年，图57。

[13] 北京市文物管理处：《北京地区的又一重要考古收获》，《考古》1976年4期。

[14] 兴隆县文物管理所：《河北兴隆县发现商周青铜器窖藏》，《文物》1990年11期。

[15] 唐山市文物管理处等：《河北迁安县小山东庄西周时期墓葬》，《考古》1997年4期。

[16] 杨绍舜：《山西石楼褚家峪、曹家垣发现商代铜器》，《文物》1981年8期。
[17] 吉县文物工作站：《山西吉县出土商代青铜器》，《考古》1985年9期。
[18] 吴振禄：《保德县新发现的殷代青铜器》，《文物》1972年4期。
[19] 杨绍舜：《山西柳林县高红发现商代铜器》，《考古》1981年3期。
[20] 杨绍舜：《山西石楼义牒又发现商代铜器》，《文物资料丛刊》（3），文物出版社，1980年。
[21] 李海荣：《北方地区出土商时期青铜器研究》，北京大学硕士研究生学位论文，1995年。文中列举运城出土一件两端出身，饰阳文竖条纹的管銎斧，形制和纹饰与保德林遮峪所出B型管銎斧完全一样。出处为山西省博物馆展品。
[22] 邹衡：《天马-曲村》（第二册），科学出版社，2000年。
[23] 内蒙古自治区文物考古研究所：《清水河县西岔遗址发掘简报》，《万家寨水利枢纽工程考古报告集》远方出版社，2001年。
[24] 曹建恩：《清水河县征集的商周青铜器》，《万家寨水利枢纽工程考古报告集》远方出版社，2001年。
[25] 见《鄂尔多斯式青铜器》（上编），文物出版社，1986年，图二十七，3；图二十三，3。
[26] 见《陕西出土商周青铜器》（一），文物出版社，1979年，图十三。
[27] 西北大学历史系考古专业：《西安老牛坡商代墓地的发掘》，《文物》1988年6期。
[28] 淳化县文化馆：《陕西淳化县出土的商周青铜器》，《考古与文物》1986年5期。
[29] 姚生民：《陕西淳化县新发现的商周青铜器》，《考古与文物》1990年1期。
[30] 中国社会科学院考古研究所泾渭工作队：《陕西彬县断泾遗址发掘报告》，《考古学报》1999年1期。
[31] 阎晨飞：《陕西延川县文化馆收藏的几件商代青铜器》，《考古与文物》1988年4期。
[32] 宁夏回族自治区博物馆考古队：《宁夏中宁县青铜短剑墓清理简报》，《考古》1987年9期。
[33] 青海省文物处等：《青海文物》，文物出版社，1994年，图57。
[34] 刘宝山：《青海的青铜斧和青铜钺》，《文物季刊》1997年3期。
[35] 刘小强等：《大通县出土的三件青铜器》，《青海文物》1990年5期。
[36] 高东陆：《同仁扎毛崇安寺出土的几件文物》，《青海考古学会会刊》第7期，1985年。
[37] 青海省文物考古研究所：《青海湟中下西河潘家梁卡约文化墓地》，《考古学集刊》（8），科学出版社，1994年。
[38] 李汉才：《青海湟中县发现古代双马铜钺和铜镜》，《文物》1992年2期。
[39] 青海省文物考古研究所：《青海仕隆县上半洼卡约文化墓地第二次发掘》，《考古》1998年1期。
[40] 湟中县地方志编纂委员会：《湟中县志》，青海人民出版社，1990年。
[41] 青海省文物志编辑委员会：《湟中县湟源县文物志》，青海人民出版社，1991年，图版十六。
[42] 中国社会科学院考古研究所安阳工作队：《1980年河南安阳大司空村M539发掘简报》，《考古》1992年6期。

[43] 李济：《殷墟铜器五种及相关问题》，《李济考古学论文集》，文物出版社，1990 年，图六，3。
[44] 王丹：《吉林大学藏北方青铜器》，《北方文物》1992 年 3 期，图四，1、2。
[45] 安特生：《动物纹中狩猎巫术的含义》，1932 年，图版Ⅹ，1、2、4～6。
[46] 高本汉：《殷代的若干兵器和工具》，1945 年，图版陆，32。
[47] 怀履光：《古代中国的青铜文化》，1956 年，图版ⅩⅩⅡA～C。
[48] 李约瑟：《中国科学技术史》（第一卷），科学出版社等，1990 年，图 27。
[49] 见《大草原の骑马民族——中国北方の青铜器》，东京国立博物馆，1997 年，图版 21～23。
[50] 见《大草原の骑马民族——中国北方の青铜器》，东京国立博物馆，1997 年，图版 35、36。
[51] 见《大草原の骑马民族——中国北方の青铜器》，东京国立博物馆，1997 年，图版 129。
[52] 陈芳妹：《院藏兵器概观》，《故宫文物月刊》第八卷，第七期，台湾故宫博物院刊行，1990 年，图 25、26。
[53] 李学勤：《欧洲所藏中国青铜器遗珠》，文物出版社，1995 年，图 56。
[54] 林沄：《早期北方系青铜器的几个年代问题》，《内蒙古文物考古文集》（第一辑），中国大百科全书出版社，1994 年。
[55] 中国科学院考古研究所二里头工作队：《偃师二里头遗址新发现的铜器和玉器》，《考古》1976 年 4 期，图三，2。
[56] 内蒙古自治区文物考古研究所：《清水河县西岔遗址发掘简报》，《万家寨水利枢纽工程考古报告集》远方出版社，2001 年。
[57] 兴隆县文物管理所：《河北兴隆县发现商周青铜器窖藏》，《文物》1990 年 11 期。
[58] 朱凤瀚：《古代中国青铜器》，南开大学出版社，1995 年，第十章“商代青铜器”，表一〇，四。
[59] 北京市文物研究所：《镇江营与塔照》（上），中国大百科全书出版社，1999 年，图 117，4、6。
[60] 田广金：《中国北方系青铜文化和类型的初步研究》，《考古学文化论集》（四），文物出版社，1997 年，图二，1、4。
[61] 内蒙古文物工作队：《毛庆沟墓地》，《鄂尔多斯青铜器》，文物出版社，1986 年，图四五。
[62] 郭大顺：《试论魏营子类型》，《考古学文化论集》（一），文物出版社，1987 年。
[63] 郭大顺：《辽河流域“北方式青铜器”的发现与研究》，《内蒙古文物考古》1993 年 1、2 期。
[64] 张忠培、朱延平、乔梁：《晋陕高原及关中地区商代考古学文化结构分析》，《内蒙古文物考古文集》（第一辑），中国大百科全书出版社，1994 年。
[65] 李伯谦：《从灵石旌介商墓的发现看晋陕高原青铜文化的归属》，《北京大学学报（哲学社会科学报）》1988 年 2 期；田广金：《中国北方系青铜文化和类型的初步研究》，《考古学文化论集》（四），文物出版社，1997 年；吕智荣：《试论陕晋北部黄河两岸地区出土的商代青铜器及有关问题》，《中国考古学研究论集——纪念夏鼐先生考古五十周年》，三秦出版社，1987 年。

[66] 内蒙古自治区文物考古研究所：《清水河县西岔遗址发掘简报》，《万家寨水利枢纽工程考古报告集》远方出版社，2001 年。

[67] 解希恭：《光社遗址调查试掘简报》，《文物》1962 年 4、5 期。

[68] 高礼双：《太原市南郊许坦村发现石棺墓葬群》，《考古》1962 年 9 期。

[69] 林沄：《早期北方系青铜器的几个年代问题》，《内蒙古文物考古文集》（第一辑），中国大百科全书出版社，1994 年。

[70] 中国科学院考古研究所二里头工作队：《偃师二里头遗址新发现的铜器和玉器》，《考古》1976 年 4 期，图三，2。

[71] 林沄：《早期北方系青铜器的几个年代问题》，《内蒙古文物考古文集》（第一辑），中国大百科全书出版社，1994 年。

[72] 见《中国青铜器》，上海古籍出版社，1988 年，第 70 页，图 2。

[73] 水野清一、江上波夫：《绥远青铜器》，《内蒙古长城地带》，《东方考古学丛刊》，乙种第一册，1937 年，图版三十九，6、7、8。

[74] 见《大草原の骑马民族——中国北方の青铜器》，东京国立博物馆，1997 年，图版 3。

[75] 齐亚珍：《锦县水手营子早期青铜时代墓葬》，《辽海文物学刊》1991 年 1 期。

[76] 林沄：《北方系青铜器的开始》，《东北アジアにおける先史文化の比较考古学的研究》，2002 年。

[77] 契列诺娃：《塔加尔文化部落的起源与早期史》，莫斯科，1967 年，图版 10、25。

[78] 契列诺娃：《塔加尔文化部落的起源与早期史》，莫斯科，1967 年，图版 10、12。

[79] Philip, G. “New light on north Mesopotamia in the earlier second millennium B. C. : Metalwork from the Hamrin”, *Iraq* 1995 (LⅦ).

（原载《中原文物》2003 年 2 期）

# 试论中国古代的觿

《诗·卫风·芄兰》载："芄兰之支，童子佩觿。"《礼·内则》称："左佩小觿，右佩大觿。"关于觿的形制，《说文》说："佩角锐端，可以解结。"《辞海·角部》，觿，古代解结的用具。用象牙骨制成，形如锥。总之，古代的觿是一种随身佩带解结的用具，在先秦两汉时期的墓葬中时有所见，流传时间较长。不过，长期以来人们对它的用途并不十分清楚，所以一些考古报告和图录中，往往称之为"弯锥形器""角形器""笄形饰""蚕形饰""饰针"等，称谓不尽一致，甚至相互混淆。由于觿属于小件器物，且质地形式各异，历代古器物收藏家少有著录，更缺乏考释，所以没有引起研究者的重视。作者搜集了这方面的材料，拟通过考古学方法，试对这种器物的形制、演变及用途略作探讨，希望能有助于鉴别并促进该项研究的深入。

## 一

据已掌握的材料，觿有青铜、骨角、玉石等不同质料，器形一般似锥，锥体中部偏上或柄端有穿孔或环纽，锥尖多圆钝。

目前发现的青铜觿数量不多，可分二型。

A型　弯曲细长，按柄体形制又可分二式。

Ⅰ式：侧视整体呈"S"形，柄中空。辽宁建平董家沟出土1件，圆雕鹿首，柄部剖面为半圆形，鹿首末端有一柱状纽，长19.8厘米（图一，5）[1]。内蒙古宁城小黑石沟[2]、宁城必斯营子[3]各发现1件，镂空铃首，柄部有环纽。其中小黑石沟的柄部饰三组弦纹，并存有一穿孔，长20.3厘米（图一，1、2）。以上三件均为征集品，唯一经科学发掘的1件，出在山西保德林遮峪，该器铃首，铃冠略凸起，柄侧有长方形孔，并置一柱状穿系纽，长17.2厘米（图一，3）[4]。

Ⅱ式：日本东京国立博物馆收藏1件，亦为"S"造型，铃首，实柄，柳叶尖。柄饰斜线纹、侧列五环纽，纽上系片状坠饰（图一，4）[5]。

此外，鄂尔多斯博物馆收藏2件，均马首、实柄，体侧有环纽。一件出自准格尔旗宿亥树湾，直体，柄部饰横线纹，长22.4厘米；另一件，器身略弯，柄部三组弦纹间饰锯齿纹，长度与宿亥树湾标本相近（图一，6、7）[6]。这2件器物均著录为"匕"，似不确。通常匕无锋，刃身扁薄较宽，而它们的器身细长，锋部圆钝略翘。比照上列各器，应是A型觿的一种变体，基本可归入Ⅱ式。

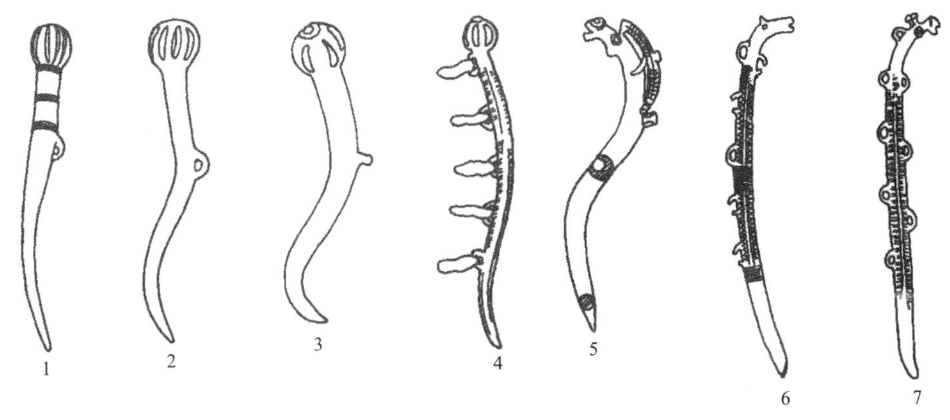


图一　A型青铜觿

1、2、3、5. Ⅰ式（内蒙古宁城小黑石沟、宁城必斯营子、山西保德林遮峪、辽宁建平董家沟）

4、6、7. Ⅱ式（日本东京国立博物馆藏、内蒙古准格尔旗宿亥树湾、鄂尔多斯博物馆藏）

依据保德林遮峪墓共存的饕餮纹鼎、勾连雷纹瓿等形制花纹断代，年代可定在商晚期。同时A型觿上的球形铃首、圆雕鹿首、马首及曲体造型，也具有这一时期北方式青铜器的典型特征。鄂尔多斯博物馆和东京国立博物馆的3件藏品，为实柄，整体呈细棒状，可能略晚，其年代下限不晚于西周早期。

B型　直体，器身较短，锥尖圆钝。按柄体形制分二式。

Ⅰ式：器身分上下两节，柄首与锥体间有突棱。宁城小黑石沟M8501墓出土3件，其中一件柄端铸两兽，背向而立，长9.4厘米；一件柄端铸一兽头，长7.7厘米；另一件柄部饰弦纹，柄端为镂空球形，长10.2厘米（图二，1～3）[7]。宁城小黑石沟M17墓出土2件，立兽柄首，一件长7.1厘米；另一件长8.1厘米（图二，4、5）[8]。宁城小黑石沟石椁墓共存有中原式的青铜礼器和兵器，年代定为西周晚至春秋早期。此外，鄂尔多斯征集的1件，柄端为圆雕兽首，兽首下有环纽（图二，6）[9]。属B型Ⅰ式。

Ⅱ式：柄首与锥体间无明显分段，有铃首，扁平柄首和兽首。《鄂尔多斯式青铜器》著录14件，长4.5～5.8厘米，最长的一件铃首者7.3厘米（图二，7～14）[10]。这14件著录品，铃首和扁平柄首者顶端均有环纽，风格统一，从锥体饰有凸棱弦纹看，为春秋以来北方式青铜器具的装饰；兽首，亦为扁平柄，正面浮雕，背有桥形纽，其形制与西沟畔出土的1件风格相似（图二，15）[11]。阿鲁柴登发现1件，火炬造型（金质），背亦有桥形纽（图二，17）[12]，所以兽首者应为战国早期流行的样式。以上发现品器形短小，装饰精美，报道者称之为“饰针”。但从针尖的磨损痕迹判断，应为实用器。另外，甘肃永昌三角城沙井文化遗址出土1件，椭圆形镂空铃首，铃形柄首上下饰弦纹，顶有环纽（图二，16）[13]。可归为B型Ⅱ式。

骨角类觿与锥在形制上不宜区分，然而它们的用途却是不同的。一般来说，觿的造型为弧形，曲体，一端较粗，便于把握如柄，另一端较尖似弯锥。柄上部有便于携挂的穿孔或刻有凹槽，有的柄端带卯，可插入装饰物。考古发现的多为角质，部分锥尖圆钝，可举出以下几例。

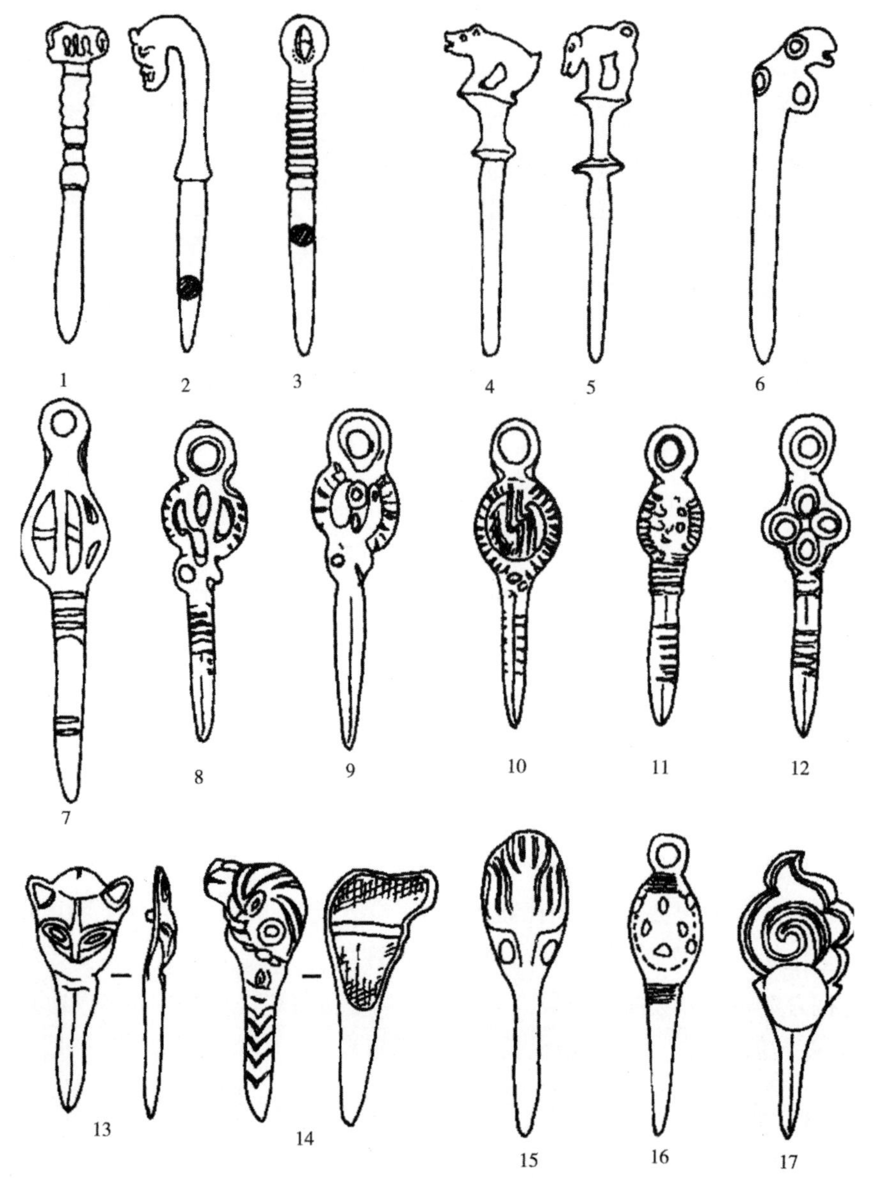


图二　B型青铜觿

1～3. Ⅰ式（内蒙古宁城小黑石沟 M8501）　4、5. Ⅰ式（内蒙古宁城小黑石沟 M17）　6. Ⅰ式（鄂尔多斯博物馆藏）　7～14. Ⅱ式（《鄂尔多斯式青铜器》著录，图九六，1、3、4、7～9、13、14）　15～17. Ⅱ式（内蒙古西沟畔 M3：16、甘肃永昌三角城 F2：4、内蒙古阿鲁柴登）

青海民和核桃庄齐家文化墓地出土 1 件，兽骨磨制，柄部边缘有一穿孔，长 7.3 厘米（图三，1）[14]。

陕西张家坡西周遗址出土 1 件，鹿角磨制，柄端有圆形卯，两侧有穿孔，长 9 厘米（图三，2）[15]。

天津张家园遗址上层遗存出土 2 件，鹿角，通体磨光，柄端有一穿孔，其中一件长 11 厘米（图三，3）[16]。

新疆鄯善洋海青铜文化一号墓地发现 1 件，羚羊角磨制，柄部雕刻成马头形，并穿系有带活扣的皮绳。出土时扣在弓箭袋上，长 18 厘米（图三，4）[17]。

山东长清仙人台郜国墓出土东周角觿 1 件，柄端雕有一回首捉足小兽，其下有榫与器柄结合，亦可分离，长 12 厘米（图三，5）[18]。

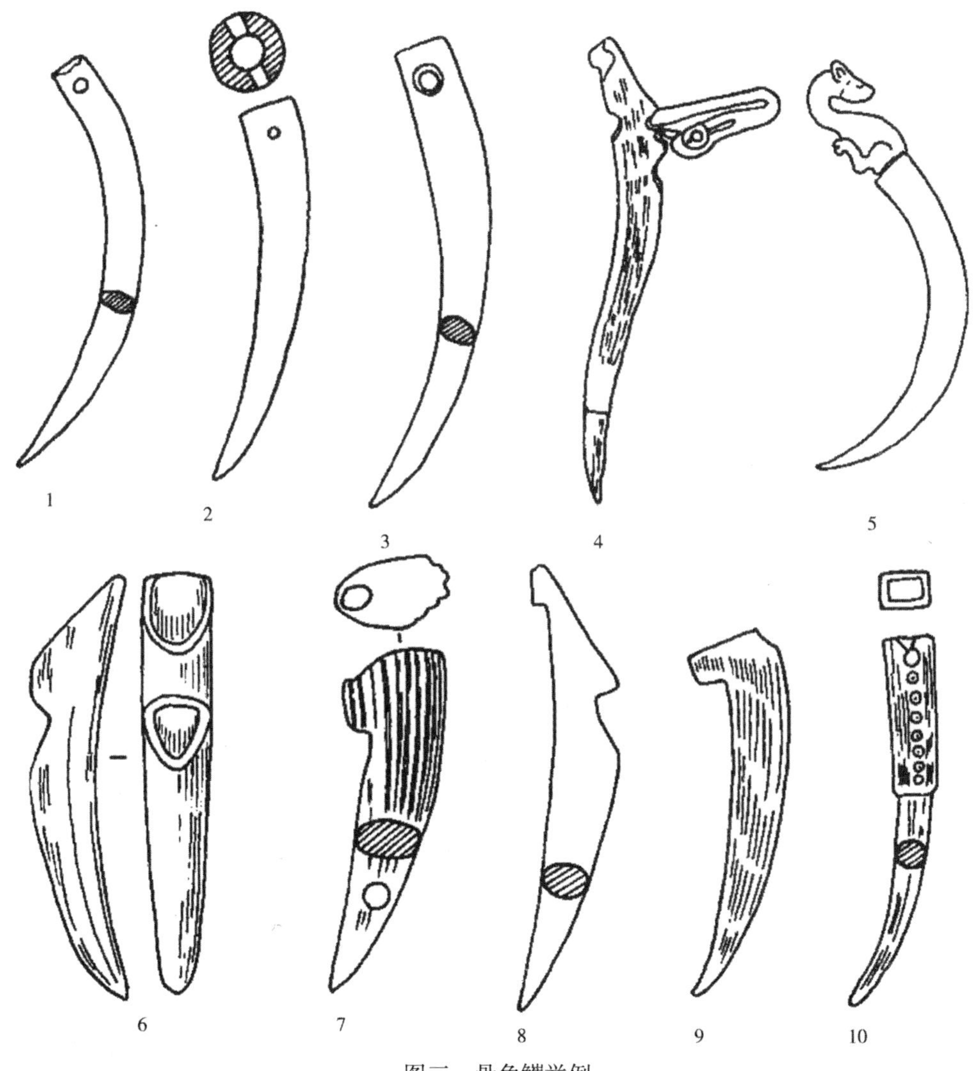

图三　骨角觿举例

1. 青海民和核桃庄 M3：5　2. 陕西张家坡 T103：38：8　3. 天津张家园 T4②：15　4. 新疆洋海一号墓地 M90：7　5. 山东长清仙人台 M5：6　6、7. 内蒙古毛庆沟 M9：10、H3：7　8. 黑龙江泰来平洋 M103：6　9. 甘肃永昌三角城 H4：2　10. 沈阳石台子高句丽山城 T4①：12

内蒙古凉城毛庆沟春秋晚至战国早期墓葬和遗址出土 8 件，均由兽角制成，报告称个别墓葬出土的这种角制品可能是作骨扣使用。从发表的线图来看，其中一件在楔形柄部下刻有三角形凹槽，柄部中空，尖部圆钝，长 8.4 厘米；一件柄有凹槽，并凿长方形穿孔，尖部为扁锥状，长 11.5 厘米；另一件，柄首亦刻有凹槽并有穿孔，钝尖，长 7.2 厘米（图三，6、7）[19]。把毛庆沟出土个别角制品说成是骨扣，显得有些牵强。相同形制的角制品，在黑龙江泰来平洋墓地[20]和甘肃永昌三角城[21]遗址也有发现（图三，8、9）。如果说前者在形制上不易认定的话，那么后者是不可能作为骨扣使用的。事实上无论从造型，还是刻槽或穿孔的位置来看，都是一种携挂的工具，作者认为是有专门用途的角觿。

此外，沈阳石台子高句丽早期山城址报道过 1 件，角质，柄端有方形卯，两侧穿孔，柄体四面刻有重环纹，长 16 厘米（图三，10）[22]。

玉石质料的觿（以下未注明质料者均玉质），分布范围比较广泛，数量多，依形制和纹饰分二型。

A 型　细长呈弯锥状，柄体较厚，素面。按形制又可分为二式。

Ⅰ式：曲柄，整体呈“S”形，柄后端有一凸饰，呈“Y”形，穿孔位于柄的前部。传山西原平刘庄春秋墓出土 2 件，形式相同，长 9.2 厘米（图四，1）[23]。山西新绛县柳泉战国早期墓出土 2 件，柄部为八面体，长 7.7 厘米（图四，2）[24]。山西太原金胜村 251 号春秋墓也有发现，数量不详（图四，3）[25]。河北灵寿县西岔头村中山国墓出土 4 件，各长 9.5 厘米（图四，4）[26]。山东临淄郎家庄年代可定在春秋晚期的殉人墓陪葬坑出土一批，数量不详。报告称蚕形饰，形式相同，柄部为八面体，琢磨极为精致。引人注目的是同一陪葬坑内的器形大小有序，长者 11.5、短者 5 厘米，与圆环形佩饰组合成套出土（图四，5～7）[27]。

Ⅱ式：直柄，一般柄与锥体结合处有折角，交角处有穿孔。山西侯马牛村古城春秋晚期墓葬出土 2 件，宽柄，锥尖圆钝，其中一件长 8 厘米（图四，8）[28]。河北武安固镇战国墓出土 2 件，形态与上同，其中一件柄端为折磬式，长 9.3 厘米；另一件柄端为丁字形，长 7.7 厘米（图四，9、10）[29]。河南洛阳市西工区 M8503 战国墓出土 2 件，窄柄，柄端为兽首，一件长 14.6 厘米；另一件，柄体无明显折角，长 14 厘米（图四，11、12）[30]。此外，河南辉县琉璃阁战国早期墓甲出土 1 件，柄端制成榫头，有穿孔，可插接装饰物，锥尖略翘（图四，13）[31]。

B 型　一端宽而扁平，另一端较窄而尖，中部作圆弧形，器身弯曲似角，器表正、背两面多雕刻有繁缛细腻的纹饰。按形制及纹饰变化，大致分三式。

Ⅰ式：平首，多有缺口，近平首处有穿孔，似虎头形，以蟠虺纹为主。甘肃礼县圆顶山春秋秦墓出土 2 件，平首上端有齿脊，素面，分别长 5.3、4.6 厘米（图五，1）[32]。陕西韩城梁带村 M27 出土 4 件（图五，2）[33]，凤翔春秋秦墓瓦窑头、八旗屯各出土 1 件[34]。这几件标本均饰平雕（阴刻线纹）卷云纹或勾连纹，长度一般不超过 10 厘米，短的仅为 3.2 厘米（图五，3）。山西闻喜上郭春秋晋墓出土 1 件，正、背两面饰平雕卷云纹，长 6.5 厘米（图五，4）[35]。河南淅川下寺春秋楚墓（M1、M2、M3）合计出土 65 件，大体有两种形式：一种为器身宽肥卷曲，多饰浅浮雕蟠虺纹；另一种器身窄长尖锐，多饰蚕节纹和平雕蟠虺纹。器形大小不一，大多长 4～8 厘米，短的仅 1～2 厘米（图五，5、6）[36]。江苏春秋吴国玉器窖藏出土 20 件，从发表的线图和拓片看，形制分宽肥和窄长两类，纹饰以浅浮雕蟠虺纹为主，亦见有蚕节纹、卷云纹等，长 4～8 厘米，最长的达 9.7 厘米（图五，7～9）[37]。此外，江苏无锡鸿山越国墓出土 2 件，器身窄长，饰平雕卷云纹和勾连纹，长 6 厘米，年代可定在战国早期，属 B 型Ⅰ式（图五，10）[38]。

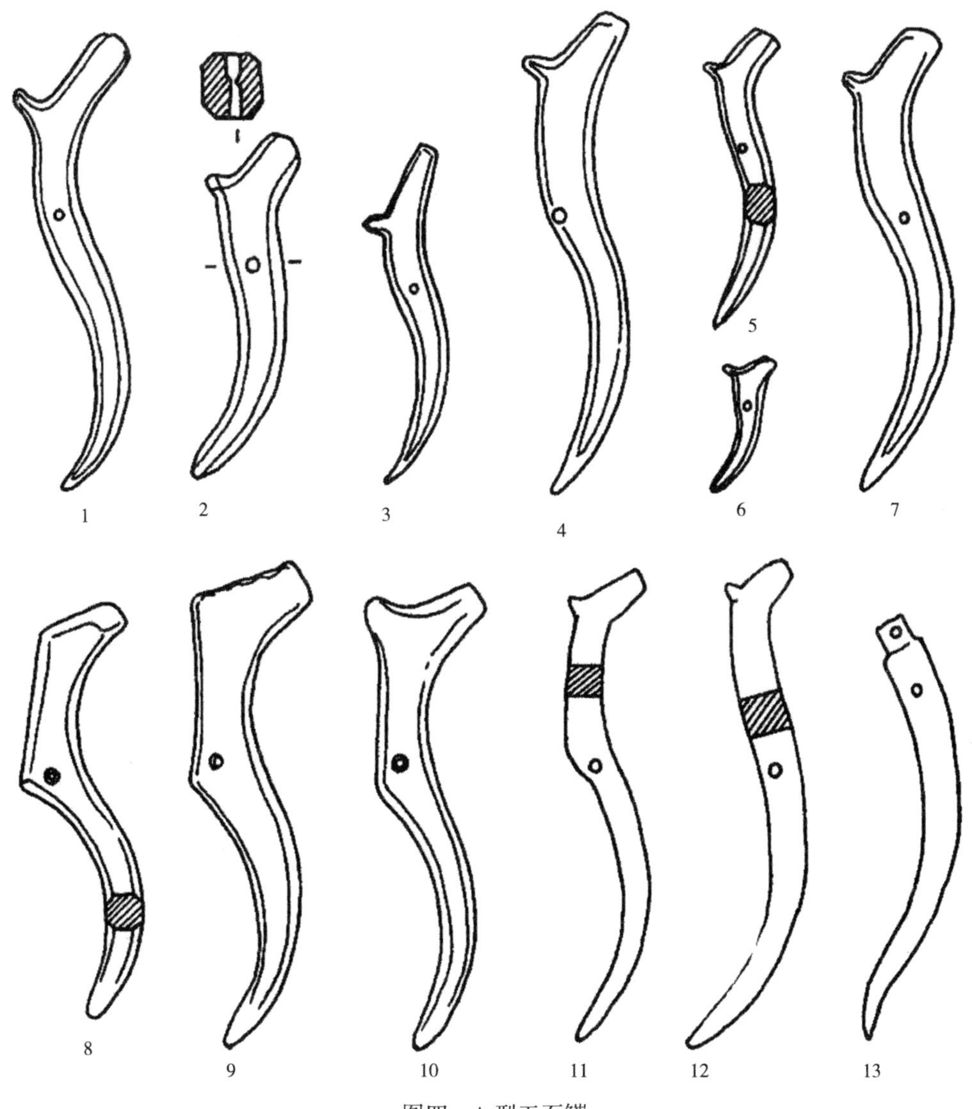

图四　A 型玉石觿

1～7. Ⅰ式（山西原平刘庄春秋墓，山西新绛柳泉 M4：2， 山西金胜村 M251：481， 河北灵寿西岔头战国墓，山东临淄郎家庄坑 8：2、坑 12：15A） 8. Ⅱ式（山西侯马牛村古城 60H4M26：6） 9、10.Ⅱ式（河北武安战国墓） 11、12. Ⅱ式（河南洛阳西工区 CIM8503：3、4） 13. Ⅱ式（河南琿县琉璃阁墓甲-90）

Ⅱ式：圆首或抹角平首，有穿孔，作卧虎状，三角形锋尖。三重浮雕纹饰，虎头雕刻有目纹。河南三门峡上村岭虢国墓地 M2006 出土 6 件，形制略有区别，长 7～12 厘米，最小的一件长 5 厘米（图五，11～13）[39]。

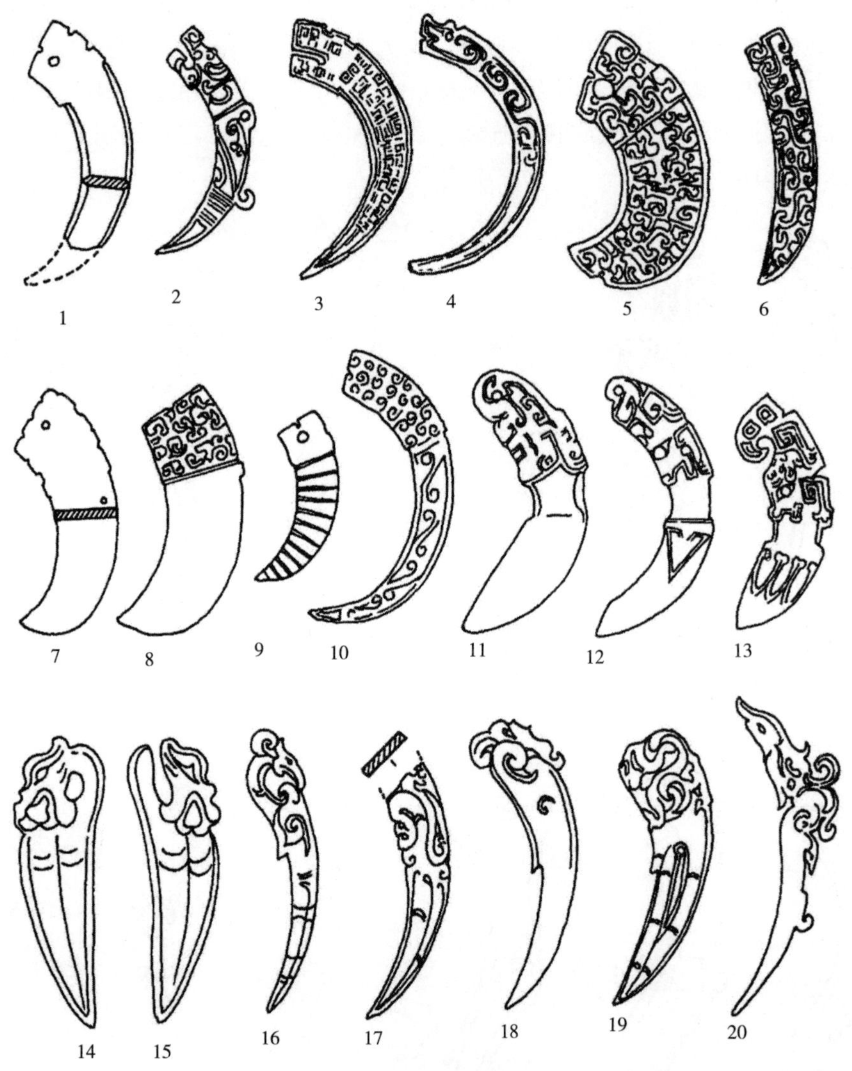

图五　B 型玉石觿

1～4、10. Ⅰ式（甘肃礼县圆顶山 M4：21、陕西韩城梁带村 M27：226、陕西凤翔八旗屯、山西闻喜上郭 M49、江苏无锡鸿山 M1：4）　5、6. Ⅰ式（河南淅川下寺 M2：261、269）　7～9. Ⅰ式（江苏春秋玉器窖藏 J2：57、60、62）　11～13. Ⅱ式（河南上村岭虢国 M2006：85、84、107）　14、15. Ⅲ式（内蒙古西沟畔 M4：25①、②）　16～20. Ⅲ式（北京大葆台西汉墓、河北献县 M36：78、江苏扬州“妾莫书”西汉墓、山东济宁王庄 M1：93、安徽长丰杨公 M2：43）

Ⅲ式：龙凤形，一般作回首状，器身弯曲似角，多采用透雕与线刻相合方法。内蒙古准格尔旗西沟畔汉代匈奴墓出土 14 件，石质，发表的 2 件兽首为龙形，作回首状，器身饰竹节纹，均长 7.2 厘米（图五，14、15）[40]。山东济宁王庄一号汉墓出土 1 件，正面为回首龙形，背面作张口凤形，器身饰竹节纹，长 9.64 厘米（图五，19）[41]。江苏泗阳陈墩汉墓出土 1 件，一端镂空透雕成龙首，通体饰卷云纹，长 10 厘米[42]。造型纹饰相类者，还见于河南辉县山彪镇战国墓出土的 1 件[43]。此外，北京大葆台西汉墓[44]、河北献县第 36 号汉墓[45]、扬州"妾莫书"西汉墓[46]和安徽长丰杨公战国墓[47]发现的玉觿，除献县 36 号墓出土的一件上端残缺外，其他均为透雕凤形，器身饰竹节纹或细线纹，题材风格相似（图五，16～18、20）。

## 二

青铜觿有长短两个基本型别，并各有两个式别。A 型即长型觿，通长达 20 厘米左右。器体呈"S"形，柄部中空的为Ⅰ式。东京国立博物馆收藏的 1 件为Ⅱ式，器形同Ⅰ式，唯实柄，柄部饰线纹，侧列环纽。B 型为短形觿，直体实柄，似锥，出现的年代较晚。Ⅰ式通长一般不超过 10 厘米，Ⅱ式则大多在 4.5～5.8 厘米。A、B 型之间形制发生了明显的变化，器身由长变短，由"S"形变为直体形，柄首由铃首、圆雕兽首变为扁平状的环首和兽首。如何认定它们之间有形态上的演变关系，有两个现象值得注意。其一，上述材料的发现地主要集中在辽宁西部、内蒙古东部和鄂尔多斯地区，在这一区域内，从商末周初至春秋战国时期的北方式青铜器，存在着发展的连贯性，而 A 型觿的形制特点和 B 型觿的纹饰风格，与处在相同编年的北方式青铜器分别呈现出基本相同的时代特征。其二，鄂尔多斯博物馆收藏的 2 件马首觿：一件器身略弯；一件为直体，均为实柄，柄部饰有细密的横线与弦纹。从细长的器身和兽首的表现风格来看属 A 型，但器体形制和纹饰又表现出 B 型Ⅰ式的一些要素特点，特别是两件马首觿，柄端均有环纽（应为穿系之用），其位置也与 B 型Ⅰ式接近。基于上述分析，以鄂尔多斯的两件馆藏品为中介，将它们连接起来的可能性就很大。所以把 A、B 型及其式别的变化归于同一序列，可以看出青铜器是由长变短，由曲体向直体演变的。

玉石类觿有细长弯锥形和扁平弯角形两个型别，前者素面，后者正、背两面雕刻纹饰。A 型共同特征是多棱柄体，穿孔接近于器体中部。Ⅰ式与Ⅱ式，有一个柄后端凸饰上移和柄前端与锥体分界线越来越明显的变化过程。如果排除偶然因素，A 型觿普遍出现的年代在春秋至战国，分布区域是河南、河北、山东、山西和陕西，其中比较成系统的出土地点在河南、河北，而其他地区的形态变化尚不了解。B 型Ⅰ式至Ⅲ式的形态演变，主要在器体扁宽穿孔的一端：最初为平首，与器身结合部位大多数标本上下有节，仅在平首处开一缺口，似虎头；继之发展为抹角圆首，为整体虎形，虎头张嘴，眼部突出；后演变为龙凤形，雕刻逼真。纹饰变化过程：春秋至战国早期，多为装饰性的蟠虺纹，以阴刻平雕为主；战国中、晚期，由装饰纹饰过渡到动物造型，出现三重浮雕纹饰；战国晚期至两汉，由于圆雕、透雕技法的使用，使动物造型趋于写实，尤其是头部的表现愈加生动。据共存遗物断代，陕西韩城梁带村M27出土的标本，年代可定在春秋早期，其实际年代可能更早些，就现有材料而论，为迄今发现年代最早的B型觿。然而B型觿流行的时间是从春秋中、晚期至战国，一直延续到两汉。B型觿的出土地点除A型觿分布区域外，向南延伸到江苏、安徽等长江下游沿线，向北到鄂尔多斯地区，向西在甘肃也偶有发现。

总结以上分析，青铜觿和玉石觿材质不同，制作技术不同，各有演变序列，其中玉石觿的 A、B 型为两个序列。它们流行的时间幅度虽然在某些年代段并存，但迄止时间互有参差，各不相同。分布地域或较集中的出土地点是青铜觿偏北，玉石类A型觿居中，B型觿则向南扩展的趋势明显，所以是三个相对独立的文化现象。

觿这种古代器物最初很可能是由锥演变来的。石、骨、角质料的锥在新石器时代应用已十分普遍，大约到新石器时代晚期开始出现铜锥。有学者统计，在我国早期（西周以前）出土的青铜工具中，铜锥是数量最多的一个品种[48]。早期的铜锥皆直体，大多数一端较细或扁窄，以便于装柄时嵌入，另一端锋部锐利。如果与处在相同考古编年内的A型Ⅰ式青铜觿比较，这时的觿，就其功能性质而言，已转化为另一种工具，也就是说觿的产生不晚于商代晚期。从形态分析，青铜觿的产生与骨角类觿有密切关系，如本文列举的新疆鄯善洋海一号墓地、青海民和核桃庄齐家墓地、天津张家园遗址上层遗存等出土的标本，都反映它们的形态特征非常接近，似乎可以认为早期青铜觿在形态上源于对骨角类觿的模仿。另一个有意思的现象是，在广大的欧亚草原地带，以往所见引人注目的青铜器中，尽管较大程度地表现出与中国境内北方式青铜器品种和形制的一致性，如喇叭形耳环、短剑、管銎斧、刀子等，但却从来没有发现过觿这种器物。据此判断青铜觿起源于中国北方地区，是属于北方式青铜器中的一个特殊品种。

玉石类觿出现的年代比较晚，以河南、河北、山东、山西、陕西等黄河中下游北方各省出现率较高，而且年代越晚向南流布的趋势愈明显。A、B型玉石觿形态特征区别明显，它们各有起源。由于A型Ⅰ、Ⅱ式器身细长呈“S”形，在形态上与A型青铜觿相似，另外穿孔近于器体中部的特点也与A型青铜觿环纽的位置一致。此现象暗示两者可能存在某种联系。所以A型玉石觿序列不排除来自外力的作用，而在这一过程中，A 型青铜觿应该是主动的一方。B 型玉石觿序列是一个独立的文化现象，其起源尚不能说明。但笔者注意到，梁带村M27发表的标本“系玉璧或玉璜改制而成”，并巧妙利用原器物纹饰[49]。这或许可以作为一条线索，另辟蹊径。

## 三

关于觿的用途，先秦及以后的文献均释为解结工具，是说应该是古时中原人对这种日常使用器物的记录。如今，一些辞书和考古发掘报告仍沿袭了这一说法。最近，朱启新先生倚重文献，从先秦衣冠服饰方面对古人用觿进行了考释，所言极是[50]。然而，中国古代的觿沿用时间很长，分布地域广泛，青铜、骨角、玉石等不同质料的觿形态上也有较大差别，故不会仅有解结一种用途。

先说青铜觿。根据前面列举的实物，早期的A型觿长度约在20厘米左右，身长体重，似乎并不适于解衣冠之固结。再观其铃首、兽首风格，表现出明显的游牧文化倾向，而发现地也非传统的农业文化区。史前，人们的生产、生活离不开绳索，如狩猎、结网捕鱼、建房、捆绑工具等。到了商代，这些使用北方式青铜器的民族已拥有了马车[51]。由于驾驭牲口的挽畜具和车子的牵引都要更多的使用绳索或皮条，如何使之连缀结成复杂的网索，需要一种工具，这就是觿。笔者注意到，北方地区一些赶大车的车老板往往随身佩带一种俗称“鱼刀子”的器具，以黄羊或山羊角制作，一侧嵌有折刀，整体保留角质物原状，形如弯锥（图六）。这种器具，除了开解绳索的死结外，其实更多的是用来结绳套和连接牵引时拉断的缰绳。方法是首先将绳索头分股打开，然后用该器具锥尖刺透紧固的绳索需要结合的部位，使已分股的绳索头比较容易插入其中，这样在不同位置反复穿插几次，将之相互叠压，通过增大结合点的摩擦系数，以达到连接的目的。据说，一些皮匠在制作挽畜具时也要用到这种工具。这为我们认识远古以来同类器物的用途提供了有力的证据。作者认为古代的觿最初也应是结绳套、连接绳索或制作复杂的挽畜具的一种用具。无论从早期青铜觿的形态，器体的厚重程度，还是柄首的设置，都可以从这种用途中得到解释。

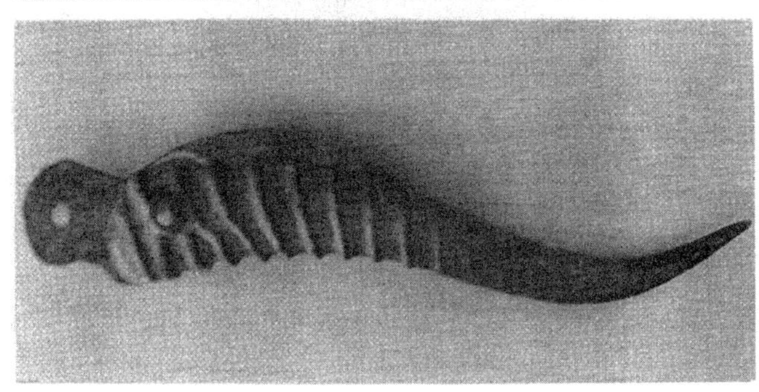

图六　北方地区常见的“鱼刀子”

再说玉石觿。这类觿基本出自墓葬，其中部分为规模较大的高级别墓葬，如梁带村 M27、琉璃阁墓甲、上村岭虢国墓地 M2006、西沟畔汉代匈奴墓 M4、北京大葆台汉墓、济宁王庄一号汉墓等。另外，也有的出自大墓的陪葬坑和玉器窖藏。已发现的 A 型觿，一般多在 7～12 厘米，最长的超过 14 厘米，短的仅为 5 厘米。其中临淄郎家庄一号殉人大墓在未扰动的 6 座女性陪葬坑内，出土了 5 套环和觿组成的玉髓佩饰。由于每套佩饰中的觿多为偶数（仅 1 套为奇数），且个体大小有序，首端都有撞击的痕迹，“推测这种佩饰在提环下面可能是双行的”（图七）[52]。这些觿的用料考究，制作精良，少的每个陪葬坑有 2 件，多的达 11 件，出土状态位于腿足旁或腿足部位的棺椁之间，应是系挂于人体下肢的。这一实例表明，按先秦文献演绎的所谓“小觿解小结，大觿解大结”的说法[53]，并不能完全解释古时觿的真实用途，至少还有其他的特殊用途。再举两例，可以进一步深化这一认识。河南淅川下寺 3 座春秋楚墓中共出土 65 件 B 型觿，有宽肥卷曲和窄长尖锐两种形态，如果仅是作为解结的用具，其一，埋葬的数量较大，显然非日常实用器；其二，器形宽肥卷曲者，似乎与功能不符；其三，它们的个体较小，长度多在 4～8 厘米，短的仅 1～2 厘米，且器表正、背两面雕刻有精美的蟠虺纹、蚕节纹等。同样，江苏春秋吴国玉器窖藏出土的 20 件觿，与上述形态、纹饰大体相同，看来也非实用器。所以本文认为玉石觿的一个很重要功能是装饰品，同时也可能是用于祭祀活动的一种礼器。至于为什么会出现形态截然不同的 A、B 型两个序列，也许反映了不同地域文化或习俗上的差别，不过目前尚无法做出明确的判断。

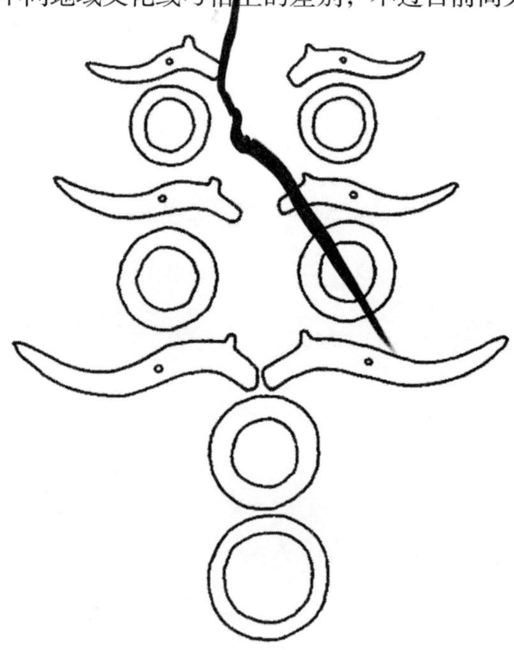

图七　玉觿、玉环配饰结构示意图

（引自山东省博物馆：《临淄廊家庄一号东周殉人墓》，《考古学报》1977 年 1 期，图版拾伍）

最后需要重申的是，尽管凭目前材料还无法连续追溯到中国古代觿最初的用途，但青铜觿的出现，很可能源于北方游牧民族对马的驾驭和车子的使用，而且功能可能与服饰上的解结无关。流布到中原以后，按文献记载演变为被称作“觿”的解结用具。事实上由于其形式的多样化和出土这种器物的埋藏显示，它还用于表明身份的佩饰或有其他特殊用途。所以有必要就其功能性质的考察，纠正以往人们对中国古代觿的误解。

## 注　释

[1] 郭大顺：《辽河流域北方式青铜器的发现与研究》，《内蒙古文物考古》1993年1、2期，图三，14。

[2] 中国内蒙古文物考古研究所、韩国东北亚历史财团：《夏家店上层文化的青铜器》（韩文），2007年，图99。

[3] 辽宁省博物馆、辽宁省文物考古研究所：《辽河文明展文物集萃》，2006年，第58页。

[4] 吴振录：《保德县新发现的殷代青铜器》，《文物》1972年4期，封底，3③。

[5] 东京国立博物馆：《大草原の骑马民族——中国北方の青铜器》，东京，1997年，图28。

[6] 鄂尔多斯博物馆：《鄂尔多斯青铜器》，文物出版社，2006年，第102页。

[7] 项春松、李义：《宁城小黑石沟石椁墓调查清理报告》《文物》，1995年5期，图七，4、5、7。

[8] 辽宁省博物馆、辽宁省文物考古研究所：《辽河文明展文物集萃》，2006年，图120、121。

[9] 鄂尔多斯博物馆：《鄂尔多斯青铜器》，文物出版社，2006年，第250页右。

[10] 田广金、郭素新：《鄂尔多斯式青铜器研究》，《鄂尔多斯式青铜器》，文物出版社，1986年，图九六。

[11] 伊克昭盟文物工作站、内蒙古文物工作队：《西沟畔战国墓》，《鄂尔多斯式青铜器》，文物出版社，1986年，图九，6。

[12] 田广金、郭素新：《阿鲁柴登发现的金银器》，《鄂尔多斯式青铜器》，文物出版社，1986年，图二，3。

[13] 甘肃省文物考古研究所：《永昌三角城与蛤蟆墩沙井文化遗存》，《考古学报》1990年2期，图一〇，7。

[14] 青海省文物管理处：《青海民和核桃庄山家头墓地清理简报》，《文物》1992年11期，图一七，3。

[15] 中国科学院考古研究所：《沣西发掘报告》，文物出版社，1963年，图五九，5。

[16] 天津市文物管理处：《天津蓟县张家园遗址试掘报告》，《文物资料丛刊》（1），文物出版社，1977年，图一五，4；天津市历史博物馆考古部：《天津蓟县张家园遗址第三次发掘》，《考古》1993年4期，图八，15。

[17] 新疆文物考古研究所、吐鲁番地区文物局：《鄯善县洋海一号墓地发掘简报》，《新疆文物》

2004 年 1 期，图四四，1。

［18］ 山东大学历史文化学院考古系：《长清仙人台五号墓发掘简报》，《文物》1998 年 9 期，彩版贰，1。

［19］ 内蒙古文物工作队：《毛庆沟墓地》，《鄂尔多斯式青铜器》，文物出版社，1986 年，图四八，1；图五六，1、2。

［20］ 黑龙江省文物考古研究所：《平洋墓葬》，文物出版社，1990 年，图六四，7。

［21］ 甘肃省文物考古研究所：《永昌三角城与蛤蟆墩沙井文化遗存》，《考古学报》1990 年 2 期，图一〇，16。

［22］ 李晓钟、刘长江等：《沈阳石台子高句丽山城试掘报告》，《辽海文物学刊》1993 年 1 期，图六，7。

［23］ 朱启新：《说佩觿》，《文物物语——说说文物自身的故事》，中华书局，2006 年，图 6。

［24］ 杨富斗、王金平等：《新绛柳泉墓地调查、发掘报告》，《晋都新田》，山西人民出版社，1996 年，图三二，2。

［25］ 山西省考古研究所、太原市文物管理委员会：《太原金胜村 251 号春秋大墓及车马坑发掘简报》，《文物》1989 年 9 期，图三五，4。

［26］ 文启明：《河北灵寿县西岔头村战国墓》，《文物》1986 年 6 期，图八，3。

［27］ 山东省博物馆：《临淄郎家庄一号东周殉人墓》，《考古学报》1977 年 1 期，图二一，7、9。

［28］ 王金平、范文谦：《侯马牛村古城南墓葬发掘报告》，《晋都新田》，山西人民出版社，1996 年，图一一，3。

［29］ 邯郸市文物研究所：《邯郸文物精华》，文物出版社，2005 年，图 23。

［30］ 洛阳市文物工作队：《洛阳西工区 CIM8503 战国墓》，《文物》2006 年 3 期，图一一，7、8。

［31］ 河南博物院、台北历史博物馆：《辉县琉璃阁甲乙二墓（图集）》，大象出版社，2003 年，第 172 页。

［32］ 甘肃省文物考古研究所、礼县博物馆：《甘肃礼县圆顶山 98LDM2、2000LDM4 春秋秦墓》，《文物》2005 年 2 期，图三二，3。

［33］ 陕西省考古研究院、渭南市文物保护考古研究所等：《陕西韩城梁带村遗址 M27 发掘简报》，《考古与文物》2007 年 6 期。

［34］ 赵丛苍：《记凤翔出土的春秋秦国玉器》，《文物》1986 年 9 期，图一，3、9。

［35］ 朱华：《闻喜上郭村古墓群试掘》，《三晋考古》（第一辑），山西人民出版社，1994 年，图十九，4。

［36］ 河南省文物考古研究所等：《淅川下寺春秋楚墓》，文物出版社，1991 年，图八二，3～8；图一四九；图一五〇；图一七六，5～10。

［37］ 吴县文物管理委员会：《江苏吴县春秋吴国玉器窖藏》，《文物》1988 年 11 期，图二，14；图四，7；图六，3、4；图七，4；图一一，13。

[38] 南京博物院考古研究所、无锡市锡山区文物管理委员会:《无锡鸿山越国贵族墓发掘简报》,《文物》2006年1期,封二,6。

[39] 河南省文物考古研究所、三门峡市文物工作队:《上村岭虢国墓地 M2006 的清理》,《文物》1995年1期,图五七,1~5。

[40] 伊克昭盟文物工作站、内蒙古文物工作队:《西沟畔汉代匈奴墓地》,《鄂尔多斯式青铜器》,文物出版社,1986年,图六,1、2。

[41] 济宁市文物管理局:《山东济宁市王庄一号汉墓》,《考古学集刊》(12),中国大百科全书出版社,1999年,图7,6。

[42] 江苏泗阳三庄联合考古队:《江苏泗阳陈墩汉墓》,《文物》2007年7期,图四一,5。

[43] 王金平、范文谦:《侯马牛村古城南墓葬发掘报告》,《晋都新田》,山西人民出版社,1996年,第168页。

[44] 北京市古墓发掘办公室:《大葆台西汉木椁墓发掘简报》,《文物》1977年6期,图四,2。

[45] 河北省文物研究所、沧州市文物管理处等:《献县第 36 号汉墓发掘报告》,《河北省考古文集》,东方出版社,1998年,图二〇,9。

[46] 扬州市博物馆:《扬州西汉"妾莫书"木椁墓》,《文物》1980年12期,图版壹,2。

[47] 安徽省文物工作队:《安徽长丰杨公发掘九座战国墓》,《考古学集刊》(2),中国社会科学出版社,1982年,图版拾陆,3。

[48] 陈振中:《先秦的铜锥和铜钻》,《文物》1989年2期。

[49] 陕西省考古研究院、渭南市文物保护考古研究所等:《陕西韩城梁带村遗址 M27 发掘简报》,《考古与文物》2007年6期。

[50] 朱启新:《说佩觿》,《文物物语——说说文物自身的故事》,中华书局,2006年,图6。

[51] 林沄:《对南山根 M102 出土刻纹骨板的一些看法》,《内蒙古东部区考古学文化研究文集》,海洋出版社,1991年。

[52] 山东省博物馆:《临淄郎家庄一号东周殉人墓》,《考古学报》1977年1期,图二三,左;图版拾伍。

[53] 吴大澂:《古玉图考》,引"郑玄说",1889年。

(原载《新果集——庆祝林沄先生七十华诞论文集》,科学出版社,2009年)

# 燕秦汉时期

# 吉林省梨树县二龙湖古城址调查及年代认识

二龙湖古城址是1983年梨树县文物普查中发现的。近年来由于在城址内修建啤酒厂，使城址遭到严重破坏。1987年春，吉林大学历史系考古专业与四平市博物馆联合对二龙湖古城址再次进行调查。调查工作从5月14日开始，至29日结束。这次调查对城址进行了勘测，在城内清理已遭破坏的灰坑并采集到一些标本，同时在城址周围也做了些调查（为了对城址内外不同地点采集的标本加以区别，城内编为“A采”，城外编为“B采”）。现报道本次调查情况和对古城址年代的初步认识。

## 一、城　　址

二龙湖古城址位于吉林省南部的梨树县境内，古城址西南12.5千米为石岭镇，西北10千米为孟家岭，西距四平市32.5千米，地处长春至四平和梅河口到四平铁路交会汇的三角地带，位置大致在东经124°45′、北纬43°10′（图一）。

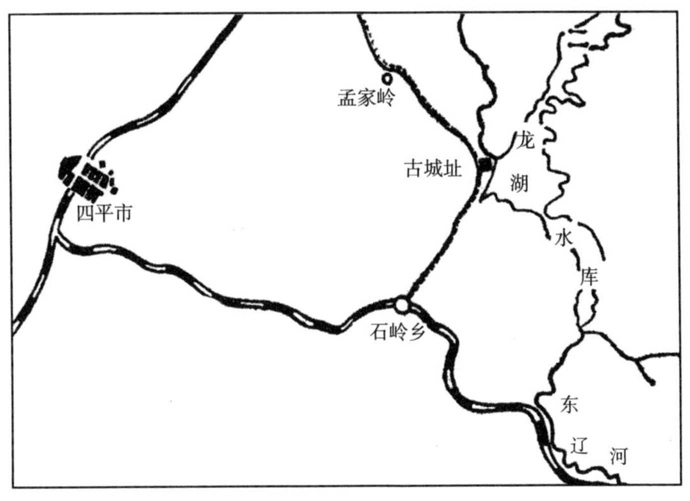


图一　古城址位置示意图

这里被半月形的吉林哈达岭余脉环抱，中间形成较开阔的丘陵盆地，海拔高度250

米。城址背靠盆地西缘，东临东辽河和孤山河交汇后形成的二龙湖水库，坐落在高于湖面十余米的一片黄砂土台地上。

城址除西北部被破坏外，其余部分还能看到高出地面的城垣。平面呈方形，坐北朝南，方位南偏西 30°，西城墙长 190 余米，北段已破坏殆尽，仅与南墙相接处还部分残存。北墙长 185 米，只剩东段残存的 76 米。东墙、南墙保存较完整，分别为 193 米和 183 米，周长 750 米。其中南城墙分为两段，西段长 50 米，东段长 123 米，两段城墙相互平行错开 12 米，中间有一个 10 米宽的豁口，疑为门址。另在城东北角还有一豁口，有南北乡道贯穿其中，似为后来凿通的便道（图二）。

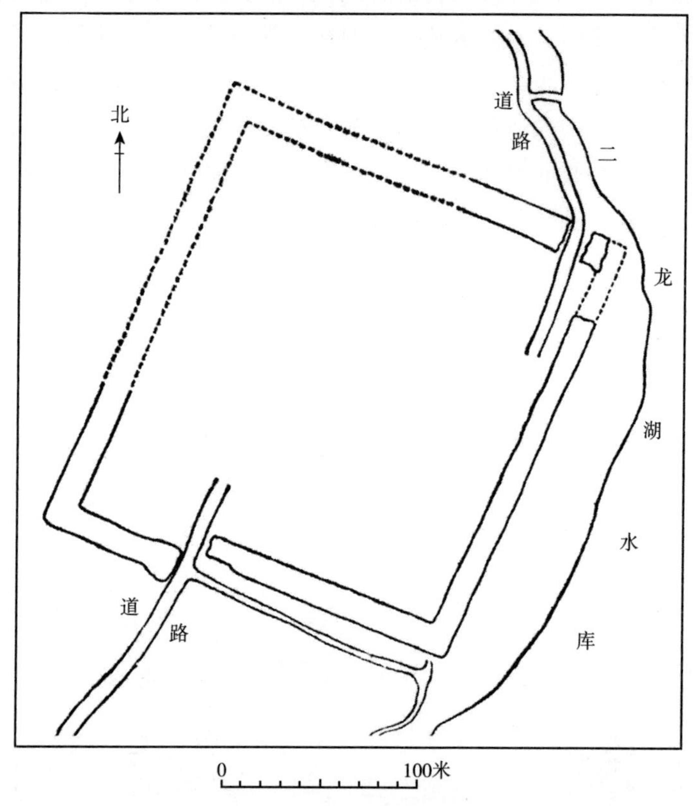


图二　二龙湖古城址平面图

从现存的城垣剖面看，由黄土夹大量砂石堆筑而成。城墙现存高度 1～3.5 米，底宽 12～15 米，上宽 1～3 米。城内西高东低，因西北部被啤酒厂所占，很难看出原有建筑遗迹。在城东部地表散见有陶片、铁器等遗物。另据当地老乡反映，城内曾有一口古井，经踏查没有发现，估计已平毁。

这次在城内东侧共清理了三个灰坑和一条灰沟，因破坏较严重，清除扰土后原生堆积仅存 15～20 厘米，分别编号为 H1、H2、H3、G1。

# 二、遗　　物

在调查中清理和采集遗物较丰富，有陶器、铁器、铜器等，以下分类描述。

**1. 陶器**

按陶质基本可分为夹砂和泥质两类。泥质陶系，陶土多未经淘洗，大部分为灰色，另有少量红褐色陶，还有一种表黑胎红的黑皮陶，陶质坚硬火候较高。夹砂陶系，有红褐色和灰色两种，火候较低，陶质疏松，只见诸于釜，大口尊及宽折沿陶器。陶器表面大都饰有纹饰绳纹最多，有粗细之分，粗绳纹多饰在釜等宽折沿夹砂陶器上；细绳纹饰于盆、罐、瓮等泥质陶器上。平行弦纹很少单独使用，多与绳纹同饰于一器物上，系以快轮成型或慢轮修整时用手或工具抹划在器物上的（图三）。从口沿和器底部都不同程度地留有同心圆轮制痕迹判断，采用轮制法成形。器类有釜、大口尊、罐、盆、甑、钵、豆、瓮等。

图三　采集绳纹陶片拓本

釜　标本G1：10，夹砂灰陶，尖唇，宽折沿，大口微敛，鼓腹，缓收圜底。釜内壁抹平，沿下通体饰粗绳纹。口径26.4、残高29.2厘米（图四，1）。标本H1：17，夹砂红陶，大口宽折沿，沿外侧有凸棱，筒腹微鼓。通体饰粗绳纹，被手抹凹弦纹隔断（图四，3）。标本A采：23，砂质红陶，圆唇，内弧面宽折沿，似盘口。饰交错细绳纹（图四，2）。标本B采：21，夹砂红陶，方唇，内弧面宽折沿，饰细绳纹（图四，4）。标本A采：20，夹砂灰陶，尖唇，内弧面宽折沿，沿面起一道阶梯形弦棱（图四，15）。

大口尊　标本 G1：2，夹粗砂红褐陶，厚胎，尖唇，宽沿斜上折，大敞口，内口沿有一条明显的凸棱，器腹微鼓，向下缓收，底残。器身上部饰瓦棱状弦纹，下半部拍印交错粗绳纹。口径 30.8、残高 20 厘米（图四，7）。

矮领鼓腹罐　标本 H2：1，泥质灰陶，方唇外卷，唇面有凹槽，小口矮领，圆腹。领下饰细绳纹加抹弦纹。口径 24、残高 18 厘米（图四，6）。标本 G1：14，泥质灰陶，侈口宽沿，尖唇上折，矮领溜肩。颈下饰细绳纹和抹弦纹。口径 25 厘米（图四，5）。标本 B 采：47，夹砂灰陶，尖唇，侈口宽折沿，沿面有凹弦纹线（图四，9）。

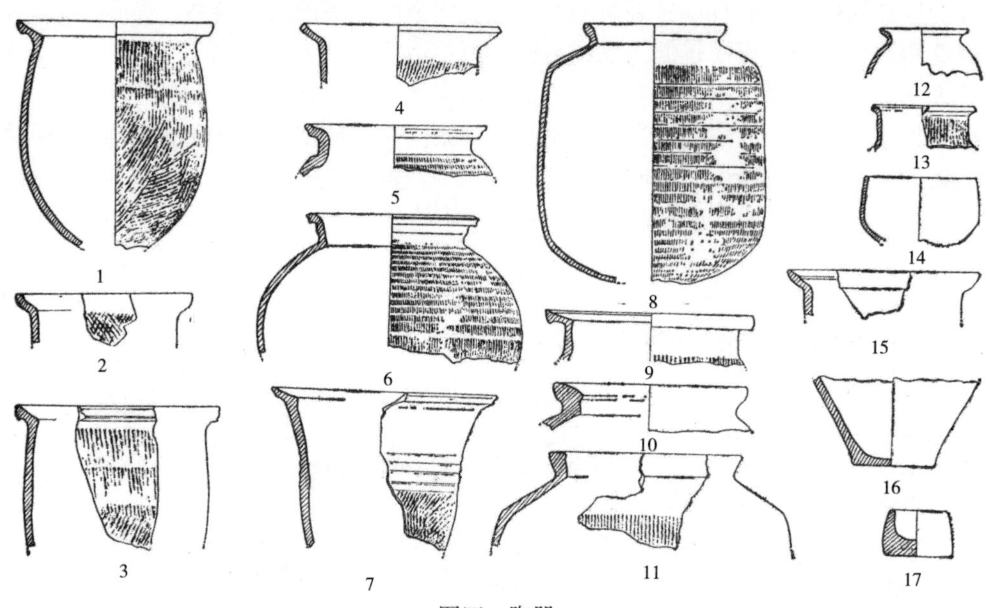


图四　陶器

1～4、15. 釜（G1：10、A 采：23、H1：17、B 采：21、A 采：20）　5、6、9. 矮领鼓腹罐（G1：14、H2：1、B 采：47）　7. 大口尊（G1：2）　8、10、11. 瓮（H3：1、H3：4、H3：2）　12、13. 罐（B 采：51、A 采：5）　14. 钵（H1：3）　16. 器底（G1：3）　17. 小杯（A 采：1）

罐　标本 B 采：51，夹砂灰褐陶，卷沿，尖唇上折，矮领、溜肩、鼓腹。口径 12、残高 6 厘米（图四，12）。标本 A 采：5，泥质灰陶，方唇折沿，沿面有一周凹槽，高领，领部饰细绳纹，口径 14 厘米（图四，13）。

盆　标本 A 采：6，夹砂灰陶，大敞口外折沿，尖唇上翘，沿外侧有一圈凸棱，口沿内侧也有一周明显凸棱，沿面磨光，斜腹壁内收。口径 40 厘米（图五，1）。标本 A 采：9，泥质灰陶，大敞口，宽折沿（图五，2）。标本 B 采：57，泥质灰陶，大敞口，方唇，宽折沿，沿下饰粗绳纹（图五，3）。

甑　标本 B 采：60，泥质灰陶，平底，长方形甑孔。长 3、宽 0.4 厘米。器表饰不清晰的细绳纹（图五，4）。

钵　标本 H1：3，泥质红褐陶，敛口方唇，折腹下内收。薄胎，火候不均，素面磨光。口径 15.2、残高 8.8 厘米（图四，14）。

豆 标本 A 采：42，豆盘。泥质灰陶，圆唇直口，折腹。器表见有不清晰弦纹线，豆盘底部陶胎变厚。口径 15.2 厘米（图五，7）。标本 H2：3，豆盘。泥质灰陶，圆唇，浅盘，腹壁剖面呈弧形，空心豆把（图五，11）。标本 B 采：11，豆把。泥质灰陶，喇叭形口，半空心柱状。豆座部有两周凸弦纹（图五，5）。标本 B 采：20，豆座。泥质红褐陶，空心豆座，喇叭口（图五，6）。

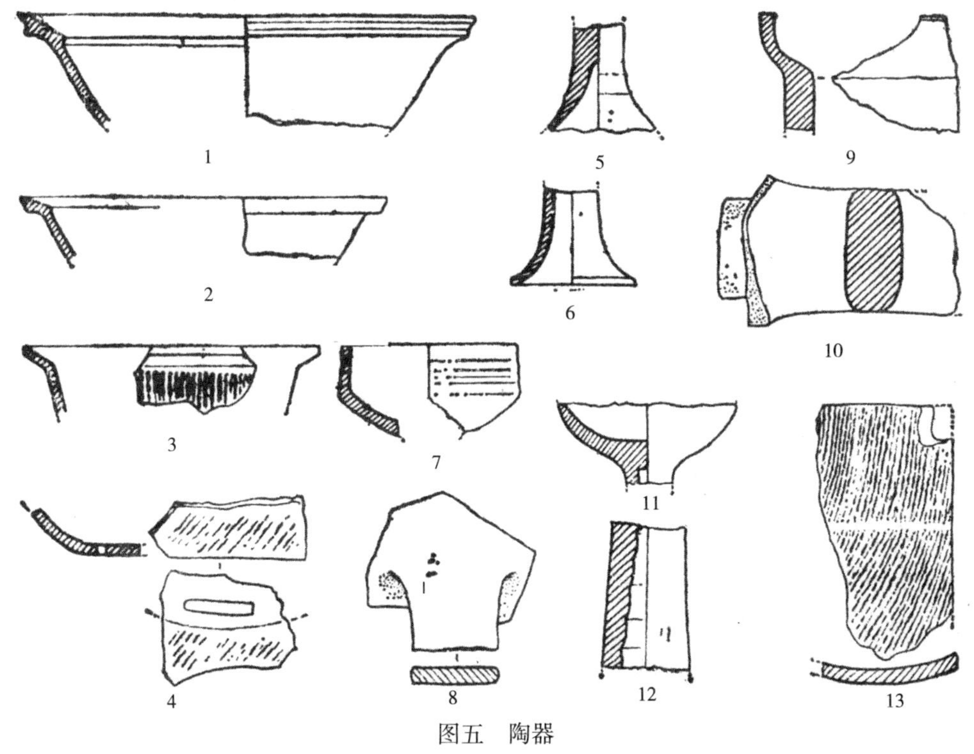

图五 陶器

1～3. 盆（A 采：6、A 采：9、B 采：57） 4. 甑（B 采：60） 5～7、11. 豆（B 采：11、B 采：20、A 采：42、H2：3） 8、10. 桥形器耳（采：2、采：4） 9. 筒瓦（H1：13） 12. 豆把（采：1） 13. 板瓦（A 采：15）

瓮 标本 H3：1，泥质灰陶，尖唇矮领，侈口，折肩，下腹微垂，内收形成圜底。肩部素面磨光，肩以下饰细绳纹加抹划平行弦纹。口径 38、高 57.2 厘米（图四，8）。标本 H3：4，泥质灰陶，尖唇，矮领，口沿内有一周凸棱（图四，10）。标本 H3：2，厚唇小直领，广肩，肩以下饰细绳纹（图四，11）。

器底 标本 G1：3，夹砂红褐陶，胎厚，斜直腹壁，平底（图四，16）。标本 A 采：23，泥质灰陶，薄胎，凹底，底拍印交错细绳纹。

小杯 标本 A 采：1，泥质褐陶，手制。口径 4、高 3 厘米（图四，17）。

城外东南采集到以下遗物。

器耳 标本采：2，夹砂红褐陶，桥状耳（图五，8）。标本采：4，类粗砂褐陶，横桥状耳，手制，一端为榫卯形制（图五，10）。

豆把　标本采：1，夹细砂红褐陶，空心柱把，手制，泥条叠筑（图五，12）。

**2. 铁器**

直銎条形端刃器　标本B采：87，平面呈长方形，上为扁方銎，銎口外有凸棱二道，下为平直刃。纵剖面为等边楔形，侧面保留有清晰的合范铸棱。器形较大，保存完整，器长15、宽6.6、厚2.8厘米（图六，1）。标本B采：104，保存完整，形制与上例标本相同，但口部无凸棱，刃部磨损较甚。器形较小，残长10、宽6、厚2.6厘米（图六，2）。标本B采：93，平面呈长方形，上部已残，下部微收，平直刃略展，稍束腰，銎口为梯形。残长8、刃宽5.6、厚1.9厘米（图六，4）。标本G1：20，长方形，上部已残，器身中间有一孔，下部略显弧刃，梯形銎口，纵剖面为不等边楔形。残长10.2、宽5.4、厚2厘米（图六，3）。标本B采：97，与上例标本形制相同，只是刃部一侧磨损甚之，形成斜直刃，可能系使用造成。残长6、上宽6、厚1.8厘米（图六，6）。标本B采：91，残，平面呈倒梯形，两面有孔，横剖面为梯形銎口，纵剖面为等边楔形，器体轻薄。残长7、上宽6.2、下宽5、厚2.8厘米（图六，5）。

镰　标本A采：48，残，背微弯，凹刃，存长7.4、宽2.6、厚0.4厘米（图六，7）。

刀　标本A采：49，条形，圆首，存长68、宽2厘米（图六，8）。

马镳　标本B采：106，锻制，三穿不在一个平面上，有一穿残，残长13.4厘米（图六，13）。

**3. 其他**

铜镞　标本H1：1，三翼有銎式。三翼聚前成前锋，向后延长成后锋，超出关，圆銎，一侧有一孔。全长3.9厘米（图六，12）。

兽头饰　标本G1：1，兽头平伸，扁长嘴，后残断，残长3.4厘米（图六，9）。

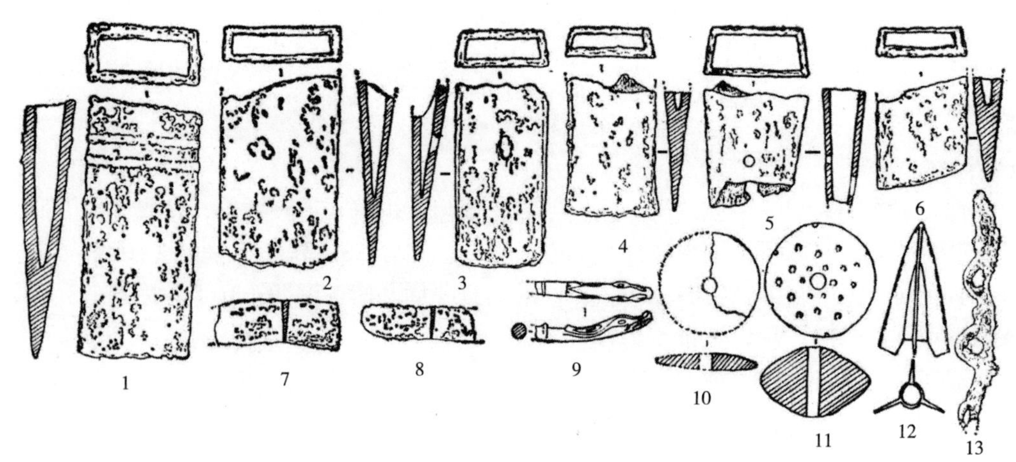


图六　铁器、铜器、陶器

1～6. 直銎条形端刃器（B采：87、B采104、G1：20、B采：93、B采：91、B采：97）　7. 铁镰（A采：48）　8. 铁刀（A采：49）　9. 兽头饰（G1：1）　10、11. 纺轮（G1：24、A采：44）　12. 铜镞（H1：1）　13. 马镳（B采：106）

板瓦　标本A采：15，残，夹砂红褐陶，表面绳纹，排列紧密，横饰抹划弦纹，瓦里素面不甚平整。瓦的边缘留下切痕，系由外向内切，未全切透，然后掰开，边缘不太整齐（图五，13）。

筒瓦　标本H1：10，残，夹砂红陶，表面饰粗绳纹，里为素面。标本H1：13，残，泥质灰陶，边缘一侧起一凸棱，素面（图五，9）。

纺轮　标本G1：24，残，夹砂褐陶，扁圆体，中有孔，直径6厘米（图六，10）。标本A采：44，夹砂红褐陶，算盘珠形，表面饰有锥刺纹，直径3.2厘米（图六，11）。

## 三、年代认识

这次二龙湖古城址调查所获遗物是判断城址年代的重要依据。

陶器中釜、矮领鼓腹罐、盆、豆，与河北易县燕下都第13号遗址出土的同类陶器十分相似[1]，和赤峰蜘蛛山遗址战国到汉初陶器相类比也颇为一致[2]。釜型器陶片在这次调查中是大量见到的，一般均为夹砂粗红陶，也有少量灰陶，宽折沿，圜底，饰粗绳纹，其形制与唐山贾各庄M37：1、M42：2瓮棺形制完全相同[3]。这种宽折沿圜底器，在河北、辽宁、内蒙古等一些战国到汉初的遗址或墓葬中屡有发现，特别是在河北易县燕下都附近十分常见，是燕文化最具有特征的器物之一，当地俗称"鱼骨盆"。其他如绳纹灰陶瓮和抚顺莲花堡[4]、沈阳肇工街[5]、旅大尹家村[6]、宣化下花园[7]等地出土的同类器物形制基本相同。

采集到的铁器标本主要是直銎条形端刃器，一般认为是挖土的镬。这批标本式样较多，平面有长方形、倒梯形，也有刃部稍外展束腰形；侧视有正锋、偏锋；銎口有长方和梯形等。大小、薄厚、轻重各不相同，有的体长在15厘米以上，较厚重，銎口饰有凸棱；有的体长在10厘米以下，较轻薄。从磨损程度来看也不一样，有的平直刃，器体只轻微磨损；有的弧刃，器体有较大磨损；也有的刃部一侧磨损甚之，已呈斜刃。从标本所显示出的不同形状和磨损程度分析，很难确定都是用来挖土的工具，其中不排除有加工木材或其他坚硬材料的斧、锛之类的工具。所以按使用功能很难定名，应根据其基本形制称之为"直銎条形端刃器"。在河北兴隆[8]、易县燕下都[9]、辽宁抚顺莲花堡[10]都发现一种銎口铸有凸棱的直銎条形端刃器，器体较大，这种典型战国时期的式样，在此次调查采集标本中即有发现，其中两件完整。其他形制的铁器均属战国到汉代的遗物。

调查发现一枚三翼有銎式铜镞，相同式样见于沈阳郑家洼子[11]、怀来北辛堡[12]、内蒙古凉城毛庆沟[13]等春秋末到战国时期的墓葬，以及辽阳三道壕西汉村落遗址[14]。三翼有銎式镞是我国东北及北方地区从春秋末到战国时期广为流行的一种铜镞形式，并一直沿用至汉。

通过以上遗物的类比分析，可以认定此次采集的大部分标本是战国时期的，其中部分遗物的年代可晚到西汉。从城东北角城垣豁口剖面来看，墙基是建筑在较坚硬的砂石黄土台地上的，堆筑的城垣内除含有大量砂石外没有发现陶片，在城内也没有发现其他时代的遗物。据此推断二龙湖古城应是一座战国到汉初时期的城址。

《史记·匈奴传》记，“燕有贤将秦开，为质于胡，胡甚信之。归而袭破走东胡，东胡却千余里。”燕亦置五郡，筑长城，设边障，以拒胡。当时有相当数量的燕人由内地迁往东北，屯田戍守。一般认为燕人的活动范围在燕北长城以南。目前，东北境内燕北长城西段走向经多年来的实地踏查，大体认定从围场经赤峰、敖汉、奈曼、库伦至阜新[15]。东段（自阜新以东）没有实地踏查，一些史地考古学者认为东段的行径是自阜新、经彰武、法库、开原、新宾到宽甸，东去进入朝鲜[16]。这次在二龙湖古城内采集的标本，应该是燕人及后裔留下的遗物，于此证明燕文化的势力范围已达这一地区。据已发表的材料，该城吉林省境内第一座认定的战国到汉初城址，也是目前所知东北境内最北的战国城址，它比以往发现这一时期的沙巴营子、西土城子等城址[17]，又向北推进了 100 多千米，将近一个纬度。由于该城址的发现，有必要对燕国北部的行政辖区所及范围予以重新考虑。

在城址外东南采集到夹砂粗红陶长把豆、桥形器耳等不见于城内，但在城址附近及周邻各县（伊通、东丰、怀德）多有发现，其特点与西团山文化之后的古遗存相似。这种土著文化与城址的关系，应该引起注意。

二龙湖战国至汉初城址的发现十分重要，为东北民族、考古与疆域研究增添了新材料，也为今后在周邻地区寻找同时期的城址提供了线索。

## 注　释

[1] 河北省文物研究所：《河北易县燕下都第 13 号遗址第一次发掘》，《考古》1987 年 5 期。

[2] 中国社会科学院考古研究所内蒙古工作队：《赤峰蜘蛛山遗址的发掘》，《考古学报》1979 年 2 期。

[3] 安志敏：《河北省唐山市贾各庄发掘报告》，《考古学报》第六册，1953 年。

[4] 王增新：《辽宁抚顺市莲花堡遗址发掘简报》，《考古》1964 年 6 期。

[5] 中朝联合考古发掘队：《肇工街と郑家洼子》，《岗上·楼上》，东北アジア考古学研究会，六興出版，1986 年。

[6] 中朝联合考古发掘队：《尹家村》，《岗上·楼上》，东北アジア考古学研究会，六興出版，1986 年。

[7] 江上波夫、水野清一：《内蒙古长城地带》，《东方考古学丛刊》（乙种第一册），1937 年。

[8] 郑绍宗：《热河兴隆发现的生产工具铸范》，《考古通讯》1956 年 2 期。

[9] 河北省文化局文物工作队：《河北易县第十六号墓发掘》，《考古》1965 年 2 期。

［10］ 王增新：《辽宁抚顺市莲花堡遗址发掘简报》，《考古》1964年6期。
［11］ 沈阳故宫博物院：《沈阳郑家洼子的两座青铜时代墓葬》，《考古学报》1975年1期。
［12］ 河北省文化局文物工作队：《河北怀来北辛堡战国墓》，《考古》1966年5期。
［13］ 内蒙古自治区文物工作队：《毛庆沟墓地》，《鄂尔多斯式青铜器》，文物出版社，1986年。
［14］ 东北博物馆：《辽阳三道壕西汉村落遗址》，《考古学报》1957年1期。
［15］ 佟柱臣：《东北历史和考古中的几个问题》，《东北考古与历史》（1），文物出版社，1982年。
［16］ 李殿福：《东北境内燕秦长城考》，《黑龙江文物丛刊》1982年1期。
［17］ 李殿福：《吉林省西南部的燕秦汉文化》，《社会科学战线》1978年3期。

（原载《考古》1988年6期，收入本书前题目略作改动）

# 辽宁锦西邰集屯三座古城址考古纪略及相关问题

邰集屯镇隶属于辽宁省葫芦岛市连山区，东距锦州市 25 千米，南距葫芦岛市 45 千米。这里地处辽西走廊北端，北倚辽西低山丘陵，南邻辽东湾滨海平原。女儿河自西向东蜿蜒流过注入小凌河。

在以往的考古调查中，邰集屯及周围地区共发现了 3 座古城址。一座位于镇农药厂，另两座位于镇西北约 1 千米处的小荒地村西侧，且南北相邻（图一）。小荒地偏

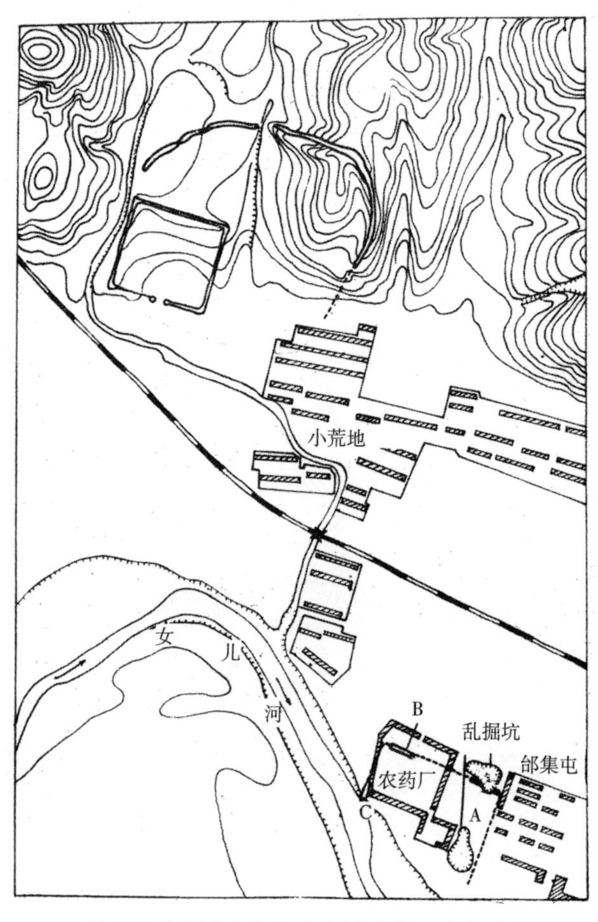


图一　锦西邰集屯三座古城址位置示意图

注：A，B，C 为邰集屯镇农药厂汉城城垣坐标点

北的一座古城系依山势修筑的山城，偏南的一座为夯土城。其中后者因保存较好，城垣宛然，1985 年被定为葫芦岛市文物保护单位，1988 年被定为省级文物保护遗址，邰集屯 3 座古城所处地理位置十分重要，它们的性质、年代等问题曾有过不同的说法，颇受考古和史地学者的关注。鉴于此，1993 年 4 月由吉林大学考古系和辽宁省文物考古研究所合作，会同葫芦岛市博物馆对邰集屯的 3 座古城址进行了考察。其中，对小荒地南城址的勘测和试掘是这次工作的重点。

# 一、小荒地南城址

1993～1994 年对小荒地南城址共发掘 3 次。先后在城西南拐角处，东城垣南侧、北段 3 处布置 2 米×10 米和 2 米×15 米横截墙体解剖探沟 8 条（编号 T3、T4、T5～T7、T8～T10），在北城垣中段布置 2 米×2 米探方 1 个（编号 T11）；另为了解城址的文化内涵及堆积情况，又在城内西北角和东城垣外侧布置 2 米×15 米探沟两条（编号 T1、T2）（图二）。

通过上述工作对城址的墙体结构、建筑方法及地层堆积有了初步了解，并获得了几个时期的文化遗物，为该城址建筑与使用年代的判定提供了可靠依据。现将勘测和试掘的主要成果报道如下。

**1. 平面形状**

该城址平面略成方形，现存于地表的西、北两面城垣保存较好，而东、南两侧城垣已漫漶成土垅。从 T5～T7、T8～T10 两排解剖探沟来看，东墙走势与地表土垅方向大体一致，据此推测，南侧土垅也应体现南城垣走向。经实测，北墙长 220、西墙长 210、东墙约长 225、南墙约长 240，周长近 900 米。

南墙中段现有一宽 5 米的豁口，豁口两侧各有一坍塌的土墩，疑为门址，其他三面墙体从地面观察，均未见城门迹象。若以南墙豁口与北墙中点连线为中轴，该城址的方向为南偏西 26°。

城内地势平坦，但现居中坐落的小学校址地面较周围略高。位于城西北 T1 内，距地表 1.5 米处发现间距 1 米左右础石 4 块，排列方向与北墙平行，其上覆盖有秦汉砖瓦及陶器残片。另外在东城垣外侧 T2 内及附近沟壑剖面亦暴露有大量同时代建筑遗物。

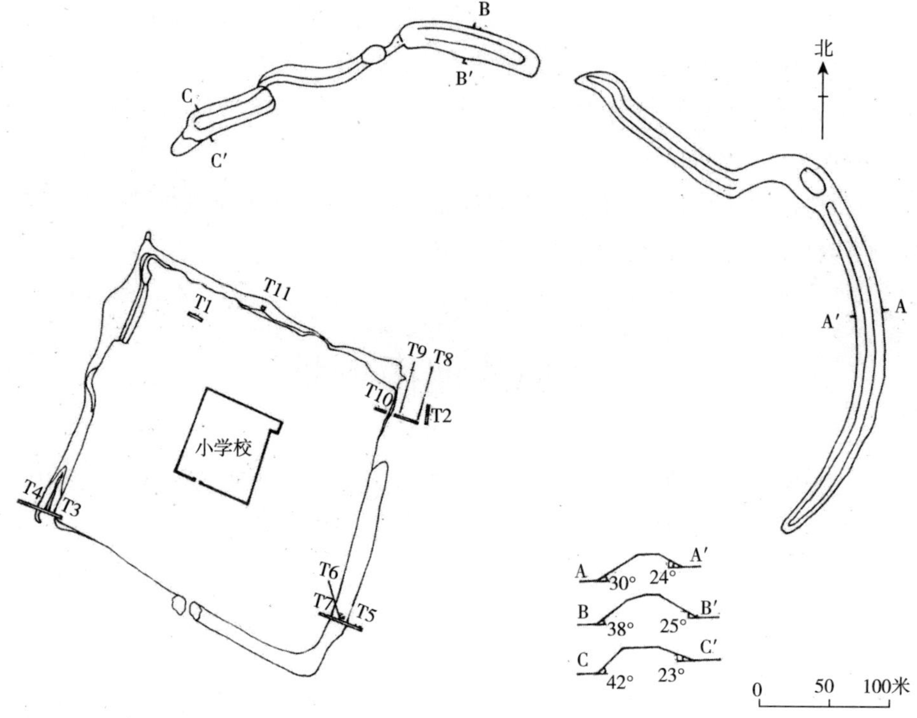


图二　小荒地北城址、南城址平面图

## 2. 墙体结构

通过横截墙体的解剖沟观察，位于东城垣南段的 T5～T7 探沟显示，夯土墙体坐落于文化层之上，底宽 15、残高 3.6 米。夯土分上下两层，第 1 层为棕红色土，第 2 层为灰绿色土，但均系一次夯筑而成，未见基槽和护城坡（图三）。东城垣北段的 T8～T10 和北城垣中段 T11 揭示的墙体结构亦与此相同。

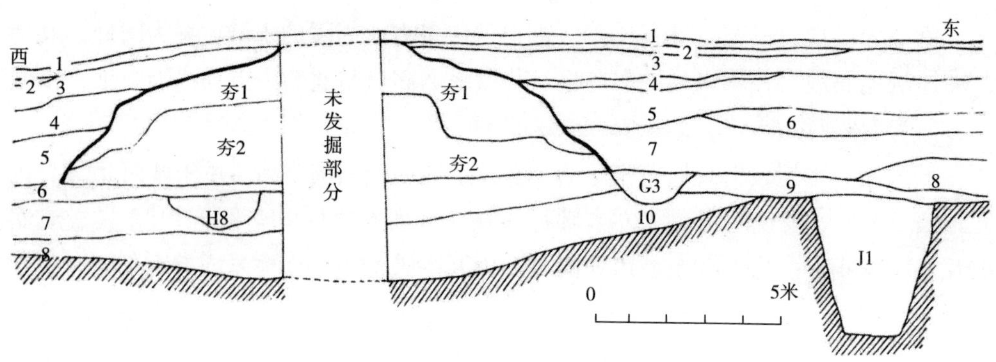


图三　小荒地南城址 T5～T7 北壁剖面图

从 T3、T4 的发掘情况来看，城垣西南转角处墙体结构与东城垣不同，可见明显加筑的痕迹。此处夯土墙体分为 5 层，第 1 层为灰色夯土，第 2 层为含小砾石的黄色夯土，第 3 层分别为黄色 3A 和浅黄色 3B 夯土，第 4 层为沙石夯土，第 5 层为深灰色夯土。其中 3A，4、5 层夯土只见于探沟北壁，属西城垣南段墙体；3B 层夯土只见于探沟南壁，属南城垣夯土堆积。T3～T5 探沟恰位于西、南城垣交界处，由于墙体倒塌及人为取土的破坏、3A、3B 层有无叠压关系已不得而知。上述第 4、5 层夯土从其位置和分布范围看，显系一次性夯筑而成，墙体底宽 14.25、顶宽 2.8、高约 5 米。其底宽与东城垣墙体相若，亦不见基槽。第 3A 层是从墙体内侧的加筑堆积（第一次加筑堆积），厚度约为 0.4～1.1 米；第 2 层是从墙体外侧加筑堆积（第二次加筑堆积），现存顶宽 2.5 米，距城墙起筑地表高 8.6 米；第 1 层夯土系墙体外侧再加筑堆积（第三次加筑堆积）。该层向外延伸部分下压红色古河相堆积，原地表内高外低呈缓坡状（图四）。

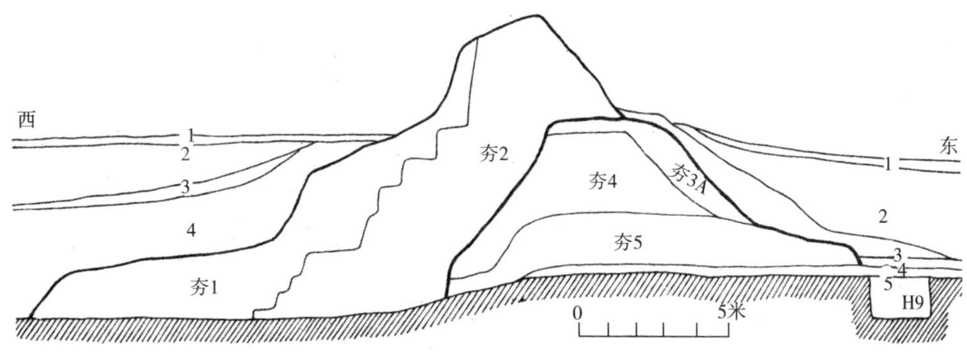


图四　小荒地南城址 T3、T4 北壁剖面图

据观察分析，此段城墙不断加高加厚除了城垣濒临古河道外，还可能与该城址不同年代段的修缮有关。

**3. 建筑特点**

从周围的地势地貌、探沟解剖的墙体和现存于地表的城垣残迹结合分析，该城址建造有以下 3 个特点。

（1）依山屏障，因壑为固。

小荒地夯土城坐落在女儿河左岸的黄土台地上，东北、西南两面为绵延起伏呈半月形的低山丘陵环抱屏闭，南面地势平坦视野开阔。一条季节性河流由北至南，绕过城西南角折向东南，盈水为河道，枯水为沟壑，形成半壁天险。该城址虽然没见人工护城河系统，却因能充分利用地形地貌而提高了防御能力。另外该城址南距女儿河不足 1 千米，水平高差仅 15 米左右，山洪暴发，女儿河泛滥是一大隐患。城址之所以保存完好，发现于城址西南角屡次修缮的墙体和东城垣外侧的淤土痕迹，均证明其具有一定的防洪排泄能力。

（2）平地起建，就近取土。

在 T3、T4、T5～T7、T8～T10 三排横截墙体的探沟内，墙体直接建于文化层或生土之上。下压文化层的地段，地面似经平整处理，而下压生土层的地段，墙体则依原地表坡势而建，均不挖基槽。

筑墙夯土系取之就近。例如，T5～T7 内的墙体可分为上、下两层，下层（夯2）灰绿色土，锈迹斑斑有黏性，主要取自此段墙体外侧的那层淤土；上层（夯 1）棕红色土，质地较硬，则可能取自城垣东侧山脚附近。又如，T3、T4 内主墙体下层（夯 5）深灰色土，是取其下压的黑色土和外侧古河道沙石混合夯筑；上层（夯 4）显然完全取自古河道的沙石土。由于采取就近取土、不挖基槽，平地起建的构筑方式，墙体相对该城址建筑规模显得较宽厚。

（3）逐层分段，夯土版筑。

虽然经长期风蚀剥落，现存城垣墙体局部仍可以看到夯筑时的夹板和夯层痕迹。在保存较好的北城垣中段内侧，墙体遗留有清晰可见的夯板拉心孔。拉心孔孔径 8～10 厘米，上下两排，相间分布。一般间距 80～100 厘米，行距 80 厘米（以孔心计算）。横穿墙体的拉心孔系固定夹板之用，在墙体解剖中个别拉心孔内尚存有木棍残迹。据观察每段夯板的长度 3～4 米，板宽 0.3 米，推测起墙时为逐层分段夯筑。各段墙体的夯层厚度大致都在 8～10 厘米，夯层与夯层之间往往夹有 1 厘米厚的沙性黄土，其作用当是防止夯具沾土。一般墙体靠外侧部分的夯层比较清楚，而中心部位则夯筑较差，起层不甚明显。夯窝均为圆形、圜底，窝径 4～7 厘米、深 0.5～1 厘米。估计当时使用的是圆头夯杵。

## 二、小荒地北城址和镇农药厂城址

位于上述夯土城之北的小荒地北城址，系依山势修筑的山城。该城址北部周缘轮廓较清楚，南部偏西与夯土城相毗邻，而东侧在大体与夯土城北垣东向延长线地段，山势遽然趋缓。从此段已形成的一处断崖观察，有夯筑痕迹。据当地群众反映，山城的东城垣早先可延伸至村后，如是说则与夯土城的南城垣东西对应。不过在这次勘察中并没能找到说明两座城址关系的直接证据。

山城北部城郭是沿山梁自然走势在山脊梁上稍加起筑而成，平面呈不规则半椭圆形，弧长 856 米。据城郭东垣（A 地点）、北垣（B 地点）和西垣（C 地点）所选择的 3 个地点测量结果，墙体高 5.53～6.74、底宽 21～26、顶宽 5～8.6 米，横截面呈梯形。墙体外侧坡度一般为 30°～38°，最陡的西城垣为 42°，内侧坡度较外侧小，一般在 25°左右。墙体大部分为黄土羼凝灰岩或砂岩碎石叠筑，也有部分地段为土筑。从西城垣豁口剖面看，不见夯窝，可能系采用堆筑或平夯法修建。

位于北城垣中部有一 30 米宽豁口，现有南北乡路贯穿其间，疑为门址。另在城垣西段还有一豁口，因西傍山间沟壑，可能为城址废弃后被洪水冲刷所致。在城址东北角城垣突出部有一土筑“墩台”，长 22.5、宽 12 米，相对水平高差 43.2 米，可鸟瞰环山城的周围地区，推测是一处瞭望遗址（图二，上）。

距小荒地南城址东南约 1.5 千米的镇农药厂城，系夯土城。由于农药厂及周邻居民建筑叠坐其上，且紧傍女儿河，该城址地表基本平毁。但据这次勘察及当地群众提供的线索，尚可对原城址作部分“复原”。首先，在农药厂东侧居民区北部乱掘坑 A 地点发现暴露于剖面上的夯土墙基。此段墙基若于早年在农药厂院内 B 地点发现的一段墙体连接，大体呈东西走向。其次，在位于农药厂西南角女儿河北岸的 C 地点，迄今仍保留有明显呈南北走向的夯土墙基。如若将此段墙基走势与 A、B 两点延长线相交，即可设定是城址的北城垣和西城垣。那么，已设定的西、北两城垣坐落的方向与小荒地南夯土城完全一致。第三，虽东城垣形迹难辨，但在勘查中发现农药厂东南乱掘坑及附近地表散布有大量的汉代建筑遗物。考虑到西、北两城垣的位置，估计这里应距东城垣相去不远，至少应属于城内堆积。参照奈曼旗沙巴营子古城址的规模[1]，该城址边长应不小于 400 米（参见图一）。

概之，农药厂城址平面应为方形或长方形，南城垣完全被女儿河冲毁。建筑方向与小荒地南城址相同。但其建筑规模较大，推测是一座重要的汉代古城址。

## 三、几种文化遗存

通过小荒地南城的试掘，结合其北城址和镇农药厂城址等地的考古调查，根据层位关系，可将出土遗物区分为 4 个时期的文化遗存。

### 1. 夏家店下层文化时期遗存

这一时期遗存较少，仅发现 1 个灰坑，编号 H9（参见图四），开口于 T3⑤下，打破生土（下举典型单位无特别注明均为小荒地南城址）。H9 出土遗物多为陶器残片，以夹砂红褐陶为主，其次为泥质红陶、灰陶和红胎黑皮陶。器表多饰绳纹，纹理较散乱且较浅。其他还见有附加堆纹、弦纹，极少量篮纹和素面磨光陶。可辨识器形有甗、鬲、罐、碗、豆、尊等。主要采用泥条盘筑和泥片贴塑法，个别泥质陶留有慢轮修整痕迹。同出的石器有铲、刀和石片刮削器。从器物形制和风格看，与夏家店下层文化有许多共性特征，它们的年代应大致相当。

**2. 夏家店上层文化时期遗存**

代表单位有 T3⑤、T6⑩、T7⑧和小荒地北城东城垣山坡清理的 1 个灰坑，编号 H10。此期陶器泥质灰陶多于夹砂陶。陶系从数量上依次为泥质红胎黑皮陶、夹砂红褐陶和泥质红褐陶，以素面陶为主，只在泥质陶表面见有少量弦纹和压印短线纹。制法均为泥条盘筑。夹砂陶制作粗糙，陶质疏松，器表常见刮抹痕迹；泥质陶火候较高，器表往往经磨光处理。器形有敞口斜腹和折腹盆、矮折领和敛口无领罐、直口和侈口壶、浅盘和折腹盘式豆，还有碗、钵、瓮等。其中罐、盆类器口沿多外翻，形成较厚的“外叠唇”，个别外叠唇上还捺压指窝，类于花边。器耳有横鋬耳和桥形耳两种，均采用榫卯式插接。该陶器群的突出特点是多平底和圈足器，不见三足器。

此类遗存与大小凌河上游和西拉木伦河分布的夏家店上层文化有一定的相似性，但就“群”的面貌而言，则差别较大，尤其是不见袋足三足器。据对本地区已有文化序列的认识，其年代应晚于魏营子类型，与夏家店上层文化年代大体相当。这类遗存在以往发表的材料中从没见于报道，不排除是大小凌河流域以陶器划分出来的一种新的文化遗存。

**3. 战国燕文化遗存**

以 H8 和 J1 为代表。H8 开口于 T7⑥层下，打破第⑦层；J1 开口于 T5⑨层下，打破生土。

本期遗存出土的生活类陶器居多，以泥质灰陶为主，另有少量的泥质红陶和夹蚌红陶。可复原器形有卷沿鼓腹尖圜底釜，其器身上半部为泥质灰陶饰细绳纹，下部为夹砂灰陶饰粗绳纹，器表有烟垢痕迹；侈口方唇鼓腹罐，泥质灰陶，上腹饰瓦棱纹，下腹饰细绳纹；折腹钵，形近豆盘，素面，均泥质灰陶；束腰器座，泥质红陶。此外可辨识的还有沿面内凹的盘口釜（俗称“鱼骨盆”）、卷沿方唇折腹盆、折腹浅盘、喇叭柄豆、长孔甑、瓮等多种器形。发现的建筑类遗物有筒瓦、板瓦、动物纹地砖等。筒瓦、板瓦均泥条盘筑，模制外切，瓦面饰绳纹，多弦纹抹断，内面见有圆点纹或编织纹，多凹凸不平。只有夔纹、蟾蜍纹瓦当，体质轻薄，边廓较高。铁制生产工具类有䦆，器体较大。另采集“明刀”和“一刀”圆钱。上述材料与河北易县燕下都及奈曼沙巴营子城址出土战国遗物基本一致，应为战国燕文化遗存。

**4. 秦汉遗存**

出土遗物较丰富的单位有 T4⑤，T5⑤、⑦，T6⑥、⑦和 T7⑤层。另外镇农药厂城址采集的全部标本亦属同期遗存。

陶器皆泥质灰陶，质地坚硬，陶土多未经淘洗。器形有折沿鼓腹釜、卷沿鼓腹和卷沿折肩罐、外翻沿和折沿方唇盆及瓮、豆、圆孔甑、钵等，不见夹蚌盘口釜（鱼骨盆）。本期出土的建筑类遗物以板瓦、筒瓦数量最多。瓦面饰绳纹，纹理规整僵直，少见绳纹抹断现象，内面纹饰多为布纹。制法均轮制，从瓦侧面观察，有内切和外切两种，以外内为主。瓦当体较厚重，边廓趋平。有网格心云纹、几何心云纹、素心卷云纹和“千秋万岁”等多种纹样。地砖分 3 类：绳纹砖；菱形、方格、回形几何纹饰砖；朱雀、玄武等动物纹饰砖。空心砖数量较少，均为几何纹饰。

试掘和调查中出土铜印 1 方，面文“戴平安”，背文“私印”，皆阴文。封泥 2 枚，1 枚面文“临屯太守章”，另 1 枚残，面文“丞”。刻划陶文标本 7 件，其中 1 件系陶量残片，可辨“立号为皇帝”的“立”“帝”篆书二字；另 1 件陶瓮口沿刻有数字，仅识“新”“国”“王”三字。戳记 2 件，仅识饰于瓦腹面的“木”字。

铁制生产工具有镬、铲、臿、锄、凿、锥等。镬最多，形体略小，范棱不显。六边方銎锄，身平薄，与河北兴隆战国锄形制相仿，唯斜肩向内弧曲且内廓有平行凸棱。兵器有铁剑、铁镞。车具有軏、軎、輨。发现铁权一件馒头状，桥状纽，重 225 克。

货币类有汉半两、五铢、货泉和大泉五十。

上述遗物年代明确，除陶量、网格心云纹瓦当拟定为秦代制品外，其余均属西汉遗物。

# 四、邰集屯三座城址的年代与性质

（1）小荒地南城址的年代，从解剖墙体入手可作以下分析。城西南角 T3、T4 和东城垣南段 T5～T7 两条解剖沟北壁剖面反映，T3、T4 内夯土墙体下叠压的 H9 和第 5 层堆积；T5～T7 内夯土层墙体下叠压的 J1，T5、T6 内的第 9～10 层 T7 内的第 6～8 层堆积，自下而上依次为夏家店下层文化、夏家店上层文化时期遗存和战国燕文化遗存（见图三、图四）。经对夯土墙体内出土遗物的辨认均不晚于后者，故可判定该城址始建年代当不早于本地燕文化时期。夯土墙体以上堆积所见遗物及城内地表的大量建筑构件均属西汉遗存，说明城址的主要使用年代应在西汉时期。这次勘察试掘，城内可判定绝对年代最晚的遗物，是王莽时期发行的货泉和大泉五十，据此推测，该城址废弃年代当不晚至东汉时期。

（2）镇农药厂城址，从地面采集的菱格纹空心砖、“千秋万岁”瓦当及其他建筑构件分析，主要使用年代应与小荒地南城址相同，年代下限亦不晚至东汉。

（3）小荒地北城址是一座环山脊修筑的山城，形制结构与其他两座城址完全不同，关于该城址年代可做如下推考。

文献记载，燕昭王时期“袭破走东胡”，置五郡，设边障，筑长城。秦筑长城袭燕之旧，西汉因之。东北境内燕北长城的西段走向经多年实地调查已基本勘定[2]。

目前在这条边障以南发现的古城址，除少量沿城而设的烽燧、关隘以石块垒筑外，其余均为夯土筑方形或长方形城址。显然，像小荒地北城址那样的山城不会是典型的燕秦汉时期的城址。

在夯土版筑技术传入之前，东北所见最早的城邑是夏家店下层文化的石城遗址。其建筑特点是依山傍水，多位于视野开阔的低山岗地或河谷台地上，因山势而修筑的城垣呈不规则形，且往往成群分布，在每一群组中又有一二座较大规模的“中心城址”。相比较小荒地北城址具有某些类似的特点。但迄今发现的夏家店下层文化石城址主要发现于赤峰附近的英金河、阴河沿岸和敖汉、阜新等地［3］。而在大小凌河地区，尚无有关该文化城址的报道，所以即难以简单确定为夏家店下层文化城址。

以往在大凌河区相当于夏家店上层文化时期遗存的文化面貌一直不太清楚，也就是说在战国燕文化来到之前，以陶器划分的考古学文化尚未被认识。通过小荒地北城址地层叠压关系识别的，以 H10 典型单位代表的遗存，填补了这一薄弱环节。它在揭示与夏家店上层文化明显不同陶器组合的同时，提供了一种新的考古文化存在的线索。而这类遗存与西周晚到春秋时期广为流行的东北系曲刃青铜短剑在分布地域和年代上有相当的重合。事实上，由于在小荒地北城址东城垣发现的出有单纯这类遗存的灰坑，和早年在城址附近曾多次发现曲刃青铜短剑墓[4]，已经将该城址与上述遗存之间的联系凸显出来。从考古文化的角度分析，小荒地北城址应属夏家店下层文化之后至战国燕文化到来之前某一时期营建的城址。当然，也不排除部分城垣在其后建筑的小荒地南城建筑时再行加筑，以充后者“外城”使用的可能，如山城东垣南段暴露的夯土墙体即是这种情况。

邰集屯 3 座古城址年代的确定，为该地区先秦古代部族及西汉郡县置所的推考提供了重要依据。

小荒地北城址地望考证应该注意先秦文献中常提到的“屠何”。《墨子·非攻》记载：“虽北者且，不一著何（‘一’为衍文），其所以亡於燕代胡貊之间者，亦以攻战也。”其中的“不著何”即《逸周书·王会》篇中的“不屠何”，《管子·小匡》篇中的“屠何”。从《逸周书·王会》篇载，与“不屠何”并举的还有孤竹、令支、山戎诸先秦方国部族。依旧说，孤竹、令支在渤海西北岸今迁安、卢龙及大凌河上游的喀左一带。据今考，燕踞北京之北的延庆、怀来、滦平一线山地发达的东周遗存为代，寻北而上宁城附近夏家店上层文化显贵的青铜器墓葬被指认是山戎遗存[5]。而大小凌河以东地区为汉以前东北貊族之所居，是长期以来人们的一个基本认识[6]。如果设想将春秋至春战之交的“屠何”定位于大小凌河，则在方位上与文献所记载其处于燕代胡貊之间不相矛盾。

先秦屠何之地至汉初设为徒河县，属辽西郡，东汉废之，置乌桓校尉管辖。邰集屯农药厂和小荒地南两座夯土城南北相邻坐落于女儿河北岸，踞辽西走廊北端，扼守中原与东北交通要道。从城址的规模形制及出土刻有秦诏书铭文陶量和“临屯太守章”封泥等重要遗物看，应属西汉辽西郡的重要县份。已有学者从文献所载地理考证“邰集屯汉城为辽西郡徒河县”[7]。继而推断，两座夯土城中规模较大的镇农药厂城为徒河县所在，同期的小荒地南城可能是徒河之卫城或辽西郡戍边军镇。若此比定无误，小荒地北山城应为先秦屠何故城。

## 注 释

[1] 李殿福：《吉林省西南部的燕秦汉文化》，《社会科学战线》1978年3期。

[2] 佟柱臣：《东北历史和考古中的几个问题》，《东北考古与历史》（1），文物出版社，1982年。

[3] 徐光冀：《赤峰英金河、阴河流域的石城遗址》，《中国考古学研究——夏鼐先生考古五十年纪念文集》，文物出版社，1986年；朱永刚、赵宾福：《1988～1989年辽宁阜新、彰武青铜时代考古的主要收获》，《吉林大学社会科学学报》1991年6期。

[4] 据悉，早年在小荒地村北1千米的田九沟村曾发现曲刃青铜短剑墓。本次又在小荒地村发现曲刃青铜短剑2件，其中1件被葫芦岛市博物馆收藏。

[5] 林沄：《东胡与山戎的考古探索》，《环渤海考古国际学术讨论会论文集》，知识出版社，1992年。

[6] 三上次男：《满鲜原始坟墓的研究》，吉川弘文馆，昭和36年；王绵厚：《关于汉以前东北“貊”族考古学文化的考察》，《文物春秋》1994年1期。

[7] 孙进己、王绵厚：《东北历史地理》，黑龙江人民出版社，1989年，第一卷，第308页，“徒河”条。

（原载《北方文物》1997年2期，与王立新共同署名）

# 东北燕秦汉长城与早期铁器时代考古学文化研究的若干问题

## 一、东北境内燕秦汉长城的走向

《史记·匈奴列传》记载："燕有贤将秦开质于胡，胡甚信之，归而袭破走东胡，东胡却千里……燕亦筑长城，自造阳至襄平，置上谷、渔阳、右北平、辽西、辽东郡以拒胡"。这段文字记载了燕昭王时期（公元前311～前284年）燕人进入东北南部地区，相继采取的两项重要措施：一是设郡置官以加强行政管理；二是修筑长城以强化军事防御。公元前221年秦统一中国，结束了数百年之久的割据混战局面，建立了中国历史上第一个中央集权制的封建帝国。秦取代燕占领东北南部地区，进一步巩固中央对地方的管辖，更紧密的把东北纳入多民族国家统一的政体之中。《史记·蒙恬列传》记，"秦已并天下，乃使蒙恬将三十万之众，北逐戎狄，收河南，筑长城，因地形，用险制塞，起临洮，至辽东，延袤万余里。"汉武帝时期（公元前140～前88年）以武力开拓疆土，先是逐匈奴于漠北，此后进驻东北，清除地方割据势力，收复燕秦旧地。汉承秦制，先后在东北及周边设置了辽东、辽西、右北平、苍海、乐浪、玄菟、真番、临屯八郡（后五郡设置在今朝鲜境内）。《史记·匈奴列传》记，汉武帝元朔二年（公元前127年）筑长城，"复缮故秦时蒙恬所为塞，因河为固"。

长城是一种特殊的古代线形遗迹，历经2000多年的长城沿线地带，因水土流失，人口剧增，拓荒垦殖，地貌已发生了急剧变化，长城地面建筑在无声无息中消失殆尽。这些情况对燕秦汉长城的调查和走向考定，产生了非常大的影响，也增加了难度。

自20世纪60年代初开始，考古工作者就对内蒙古东部、辽宁西部多个市、县地区的燕秦汉长城进行了多次考古调查。根据长城沿线发现的时断时续残存的墙体、城塞、墩台及散布的陶片和建筑材料，目前已基本掌握东北境内（包括内蒙古东部）燕秦汉长城的走向[1]（图一）。从地理位置、方位可将东北燕秦汉长城分为西段、中段、东段。

西段燕长城经由河北省丰宁县、围场县—内蒙古喀喇沁旗—赤峰市南—建平县北—敖汉旗中部—北票市北部—阜新市北，从这里向辽东延伸。另一道长城，从围场县折向东北，行径190千米，由此向东进入赤峰境内，沿阴河和英金河北岸，东西横贯赤峰—敖汉旗—奈曼旗—辽宁阜新县，全长约400千米。该长城位于燕长城之北，两道长城基本平行，相距约20～30千米，被认为是秦长城。

考古工作者在调查中发现的第三道长城，位于燕长城以南，为汉长城。这道长城从河北承德西北部的滦平至隆化，调查中发现这段长城为夯土墙体，全长125千米。进入内蒙古宁城县境内，经大营子乡向东至黑城折向东北，经大城子、小城子，进入喀喇沁旗经甸子乡向东，越过老哈河，再折向东南进入辽宁建平县至卧佛寺。这一段长130千米，共发现墩台125座，墩台间有壕沟相连。从卧佛寺向东的路径不甚清楚，大体经敖汉旗最南端。过北票市延伸至牤牛河西岸。由于这段长城至今墙体多已坍毁，壕沟被淤平，只有墩台较为突显，所以有人认为这段长城是由墩台构成。事实上，这道长城可能是由城墙、墩台和壕沟相互衔接构成。

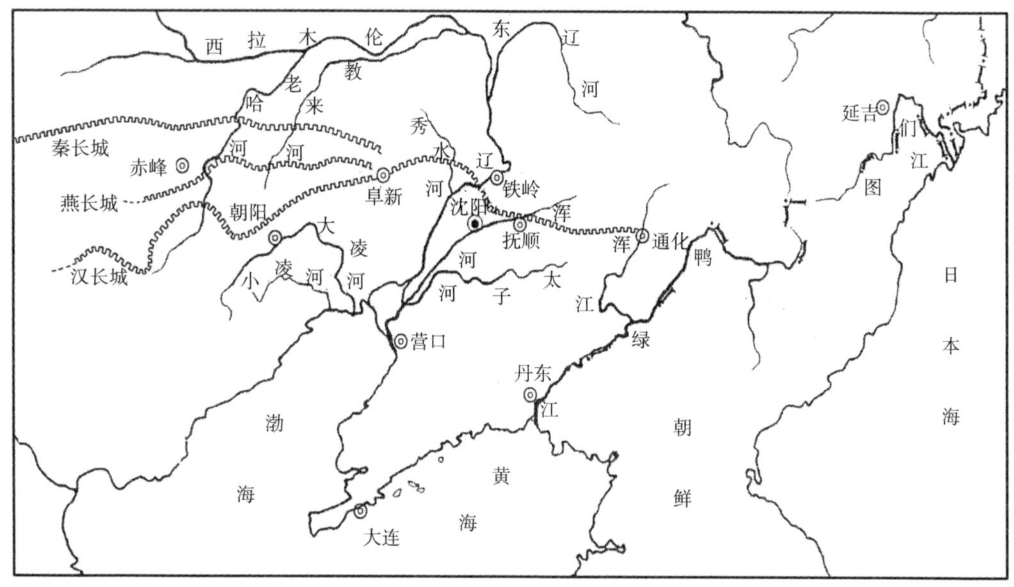


图一 东北燕秦汉长城示意图

自20世纪80年代初开始，辽宁的考古工作者对长城东段走向进行数次调查。首先在浑河沿岸及浑河支流苏子河一线发现60余座汉代烽燧，路径西起沈阳东郊高坎，经抚顺东至辽宁新宾县旺清门镇，东西长150千米。烽燧为土筑，间隔1.5～2.5千米，残存高度3～5米。这些烽燧多位于低山丘陵或河岸台地上，有些地段还可辨认出沿山脊逶迤延伸的城垣残迹，其结构与西段汉长城相同，而附近也发现有汉代遗物。孙守道先生论定“当为汉代辽东长城的列燧遗迹”[2]。肖景全等通过对抚顺境内不同时期长城遗迹的分析，认为是汉武帝时期所建边塞[3]。近年吉林省考古工作者对通化地区进行的汉长城专项考古调查，共发现长城障塞1座、烽燧12座。此障塞、烽燧自成一线，西与辽宁省新宾县旺清门镇隔富尔江相望，东止于西汉城址赤柏松，全长51.8千米[4]。

中段长城的走向一直不明确。从阜新东至沈阳地跨辽河平原，这里地势平坦，人口稠密，原地貌已发生很大变化。一般认为这段长城走向由彰武向东，经法库、穿过铁岭与开原之间向东，但此推测的行径路线，在多次考古调查中并没有发现长城遗迹。值得注意的是，在这一区域曾发现过一些战国至汉代的大型遗址，如铁岭五家台遗址面积达数万平方米，发现大量建筑材料、陶器和工具、兵器、货币；铁岭红山嘴面积约 1 万平方米，采集到汉式灰陶片、豆把和汉代货币；法库叶茂台石柱村遗址，发现战国和汉代泥质灰陶板瓦、豆把和绳纹陶片。上述地点或许可作为寻找中段长城行径的地理坐标。不过也有学者对辽河平原地区是否存在过土筑长城提出质疑，据《史记·司马相如传》索引，张揖云，“徼，塞也，以木栅水为蛮夷界。”所以不排除以木栅相连为障塞御敌之可能。

目前所了解的燕秦汉长城走向，东西跨越内蒙古东部、辽宁西部、辽河平原、辽东北部和吉林通化地区，绵延近千公里，其行径线路的地理位置基本沿北纬 42°南北摆动。东北境内燕秦汉长城是一个巨大的防御体系，更是一条特定历史时期划定的不同民族、疆域和不同文化与生存状态的分界线。因此，燕秦汉长城的出现，极大改变了东北古代文化的格局，并对东北战国两汉时期的历史及周边地区文化产生了深刻影响。

## 二、燕秦汉长城以北地区含早期铁器的遗址和墓葬

燕秦汉政权先后进入东北，划分政区，设置机构，修筑长城，屯戍军队，确立在东北南部地区的管辖与统治。随着中原人口的大量迁徙，加强了东北与内地的经济往来和文化交流，尤其是铁器的推广使用，促进了社会生产力水平的提高，使东北南部地区的物质文化面貌与内地已无大的区别。与此同时，铁制生产工具还传布到东北北部地区。现有资料表明，东北境内燕秦汉长城以北地区发现的多种早期铁器时代文化，它们的一个重要标识是大多数遗址或墓葬都出土有铁器（参见表一、表二）。

松嫩平原已报道含早期铁器的遗址和墓葬资料有以下几批。讷河二克浅墓地，该墓地两次发掘，共清理墓葬 94 座，出土铁器 13 件，因锈蚀严重，可辨认器形只有削、匕、镞。二克浅墓地分早晚两期，发掘者认为出土铁器的墓葬属晚期，年代应晚于春秋末，约相当于中原地区的战国—汉代[5]。讷河库勒浅墓地，分早、晚两期。属于晚期的 15 座墓葬中，出土铁器 14 件，除个别饰品外，均为小型工具，可辨认器形有削 6 件、镞 6 件、矛 1 件、泡饰 1 件[6]。库勒浅晚期墓葬与二克浅墓地晚期遗存文化面貌相似，年代较为接近。齐齐哈尔大道三家子墓地，在已清理的 4 座墓葬中，出土铁棍 1 件、铁削 2 件，另外在墓地发掘区内还采集到 1 件铁剑和 1 件泡饰，该墓地年代被认定为战国至西汉中期[7]。泰来平洋墓地分为两个墓葬群，砖厂墓地清理的 97 座墓葬中，有 15 座墓随葬削、镞、矛、管等铁器 63 件。其中出有铁削的 M140 碳十四测年数据经校正后为公元前 410～前 364 年，约相当于战国晚期[8]。肇东东八里墓地发掘墓葬 59 座，随葬品中有少量铁器，但种类、数量未作报道。东八里 M34 的碳十四测

年数据经校正后为公元前481～前386年，约相当于战国时期[9]。肇东哈土岗子遗址出土铁器1件，锈蚀严重，形状似削[10]。肇源小拉哈遗址在发掘区外，清理的1座墓葬中随葬铁削1件，按发掘者对遗址的分期属第三期遗存。该期碳十四测年数据经校正后为公元前331～公元30年，其绝对年代相当于战国晚至西汉时期[11]。大安汉书遗址进行过两次发掘，出土的铁器有銎形斧和削，数量不详。发现铁器的汉书遗址二期文化F5，碳十四测年数据经校正后为公元前481～前213年，相当于战国时期[12]。上述遗址和墓葬，除肇东东八里没有发表过资料外，其他文化性质均属汉书二期文化。另外，经过考古发掘的宾县庆华和索离沟遗址，前者出土铁削2件、铁锸1件、铁镞1件[13]；后者发现铁削2件[14]。这两处遗址的文化面貌与汉书二期文化有别，年代与汉书二期文化大体相当。

**表一**

| 区域 | 出土地点 | 品名 | 件数 | 文化性质 | 年代、碳十四数据 | 备注 |
|---|---|---|---|---|---|---|
| 松嫩平原 | 讷河二克浅墓地 | 削、匕、镞 | 13 | 汉书二期文化 | 战国至汉代 | 锈蚀严重 |
| | 讷河库勒浅墓地 | 削<br>镞<br>矛<br>泡饰 | 6<br>6<br>1<br>1 | 汉书二期文化 | 战国至汉代 | |
| | 齐齐哈尔大道三家子墓地 | 棍<br>削<br>剑（采）<br>泡饰（采） | 1<br>2<br>1<br>1 | 汉书二期文化 | 战国至西汉中期 | |
| | 泰来平洋墓地 | 削<br>镞<br>矛<br>管饰<br>圆片<br>丝 | 12<br>10<br>1<br>35<br>2<br>3 | 汉书二期文化 | 战国晚期<br>树轮校正年代<br>公元前410～前364年 | |
| | 肇东东八里墓地 | 少量铁器 | | | 战国时期<br>树轮校正年代<br>公元前481～前386年 | 种类、数量不详 |
| | 肇东哈土岗子遗址 | 削 | 1 | 汉书二期文化 | | 锈蚀严重 |
| | 肇源小拉哈遗址 | 削 | 1 | 汉书二期文化 | 战国晚至西汉<br>树轮校正年代<br>公元前331～公元30年 | |

续表

| 区域 | 出土地点 | 品名 | 件数 | 文化性质 | 年代、碳十四数据 | 备注 |
|---|---|---|---|---|---|---|
| 松嫩平原 | 大安汉书遗址 | 斧<br>削 |  | 汉书二期文化 | 战国<br>树轮校正年代<br>公元前481～前213年 | 数量不详 |
|  | 宾县庆华遗址 | 削<br>锸<br>镞 | 2<br>1<br>1 | 庆华类型 | 战国至西汉 |  |
|  | 宾县索离沟遗址 | 削 | 2 | 庆华类型 |  |  |
| 西流松花江流域 | 吉林泡子沿遗址（上层） | 锛<br>钁 | 1<br>1 | 泡子沿文化 | 战国至西汉 | 伴出有“汉陶” |
|  | 榆树老河深（中层）墓地 | 钁、斧、锸、剑、刀、削、矛、铜柄铁剑、镞、箭囊、带扣、马衔、马镳、车軎等 | 540 | 泡子沿文化 | 西汉末至东汉初 | 随葬品中伴出有四神规矩镜、五铢钱、带钩 |

**表二**

| 区域 | 出土地点 | 品名 | 件数 | 文化性质 | 年代、碳十四数据 | 备注 |
|---|---|---|---|---|---|---|
| 东辽河与鸭绿江中上游流域 | 东丰大架山遗址（上层） | 钁、凿、镰、掐刀、锄、锸、削 |  | 大架山文化 | 西汉<br>距今1976年±62年<br>（公元前26年±72年） | 数量不详 |
|  | 东丰宝山遗址（上层） | 钁、剑、削等 |  | 宝山文化 | 战国至西汉初<br>树轮校正年代<br>公元前398～前212年 | 数量不详 |
|  | 桦甸西荒山屯盖石墓 | 锛<br>削<br>镰 | 5<br>4<br>3 | 西荒山屯类型 | 战国晚期 |  |
|  | 西丰西岔沟墓地 | 钁、斧、锛、锄、剑、刀、矛、触角式铜柄铁剑、长杆穿环铜柄铁剑 |  |  | 西汉中期前后 | 出土汉式铜镜、货币、陶器 |

续表

| 区域 | 出土地点 | 品名 | 件数 | 文化性质 | 年代、碳十四数据 | 备注 |
|---|---|---|---|---|---|---|
| 东辽河与鸭绿江中上游流域 | 新宾旺清门龙头山盖石墓 | 铜柄铁剑<br>刀<br>斧 | 1<br>1<br>1 | | 西汉中期前后 | |
| | 长白干沟子圆坛积石墓 | 䦆<br>刀<br>刀（采） | 1<br>1<br>2 | | 战国晚至西汉 | 伴出半两、一刀钱 |
| 绥芬河与图们江流域 | 东宁团结遗址（下层） | 斧、镰、锥 | | 团结文化 | 西汉至东汉初已测得的6个碳十四年代数据，树轮校正年代跨度为：公元前200～公元62年 | 数量不详 |
| | 东宁大城、珲春一松亭、汪清新安间、图们下嘎等 | 环、残断铁器 | | 团结文化 | | 种类、数量不详 |
| 三江平原 | 双鸭山滚兔岭遗址 | 小刀、凿、镖、甲片、扣环 | | 滚兔岭文化 | 西汉<br>公元前190～前5年 | 数量不详 |
| | 蜿蜒河遗址（下层） | 出土铁器 | | 蜿蜒河类型 | 树轮校正年代<br>公元前90～公元130年 | 种类、数量不详 |
| 呼伦贝尔草原 | 满洲里扎赉诺尔墓地 | 刀、矛、镞、马衔（伴出有规矩镜、如意纹饰木胎漆奁） | | 扎赉诺尔类型 | 东汉 | 数量不详 |
| | 额尔古纳右旗拉布达林墓地 | 刀、镞、环、扣、钉 | 300余 | 扎赉诺尔类型 | 东汉 | 规矩镜<br>大泉五十 |
| | 鄂温克旗孟根楚鲁墓地 | 刀、矛、镞、鸣镝、带钩、甲片、马衔、当卢等 | 145 | 扎赉诺尔类型 | 东汉<br>距今2120年±80年<br>2190年±95年 | |
| | 陈巴尔虎旗完工墓地 | 刀、镞、带扣 | | 完工类型 | 西汉 | 数量不详 |

西流松花江流域，目前掌握含早期铁器的主要遗址和墓葬有两处。一是吉林市泡子沿遗址，该遗址分上、下两层，下层属西团山文化，上层文化特征与下层不同，出土铁器（锛、䦆各1件）并伴出“汉陶”，有研究者称其为泡子沿类型，年代推定在

战国—西汉时期[15]。另一处是榆树老河深中层墓地，共发掘墓葬129座。文化面貌与泡子沿类型相近，属于同一考古学文化发展的前后两个阶段，或称之为泡子沿文化，其年代相当于西汉末—东汉初[16]。老河深中层墓地，出土铁器540多件。出土铁器中既有数量可观中原式的䦆、斧、锸、车軎、长剑和环首短刀等输入品，也有大量具有地方特色的铁制品，如铜柄铁剑、长筩矛、铲形双刃镞、三翼镞、箭囊、削、带扣、马衔、马镳等。白云翔先生认为这些非中原式铁器“应当是从中原地区输入铁料在当地加工制作的”[17]。

东辽河与鸭绿江中上游流域发现的早期铁器遗址和墓葬，集中在东辽河上游的辽源、东丰、西丰、桦甸和鸭绿江右岸的通化、新宾、长白等地。东丰县大架山遗址上层出土铁器较多，以生产工具为主，包括䦆、凿、镰、掐刀、锄、锸、削等，尤以铁䦆的数量最多。大架山遗址上层提供的碳十四测年数据，为距今1976年±72年（公元前26年±72年），其年代约相当于西汉[18]。东丰县宝山遗址上层与大架山上层文化面貌略有差异，有学者将这类遗存命名为宝山文化[19]。根据东丰县得胜大石望F2木炭测定的碳十四数据，经校正后为公元前398～前212年，约相当于战国，下限年代晚至西汉初[20]。该遗址出土的铁器，包括䦆、剑、削等，其中䦆的数量最多，形制基本一致[21]。桦甸市西荒山屯清理盖石墓7座，出土铁器12件，其中锛5件、镰3件、削4件。根据与铁器共存的东北系青铜短剑形式分析，西荒山屯墓的年代可判定为战国晚期[22]。西丰县西岔沟墓地出土了大量的汉式铁器，工具有䦆、斧、锛、锄；兵器有长剑、环首长刀、矛等，但触角式和长杆穿环式铜柄铁剑，显然是带有强烈的东北地方特色的兵器。由于西岔沟随葬有大量汉代遗物，尤其是铜镜、货币和陶器，年代可判定为西汉中期前后[23]。新宾县旺清门龙头山发掘3座石盖墓，其年代与西岔沟墓地大体相当。出土铜柄铁剑、铁刀、铁空首斧各1件[24]。长白县干沟子圆坛积石墓出土铁䦆1件、铁刀1件，另在墓上采集铁刀2件。据半两和一刀钱断代，墓地年代定在战国晚到西汉时期[25]。另外，据报道通化万发拨子遗址第四期遗存出土汉式铁䦆[26]。

绥芬河与图们江流域，以东宁县团结遗址下层命名的团结文化，已出现铁工具，器形有斧、镰、锥等，另外遗址还发现不少砺石，可能是磨砺金属锋刃器的工具[27]。经过发掘文化面貌相同的遗址还有东宁大城、珲春一松亭、汪清新安闾上层和图们下嘎遗址，只在个别地点见有铁环和残断铁刃器[28]。目前已测定的6个碳十四数据校正后的年代（除去个别偏早者）跨度为公元前200～公元62年，其主要数据基本处于西汉，下限年代可至东汉初[29]。

三江平原一带，双鸭山市滚兔岭遗址房址内出土的铁器有小刀、凿、镖、甲片、扣环等，文化面貌具有地方特色，发掘报告称“代表了一种新的考古学文化”[30]。其碳十四测年数据为公元前190～前5年，约相当西汉时期。绥滨县蜿蜒河遗址下层遗存文化面貌与黑龙江中下游俄罗斯境内的“波尔采文化”十分相似，“波尔采文化”遗址已发掘多处，常出土有镞、刀等小件铁器，已进入早期铁器时代。蜿蜒河遗址下层的碳十四测年数据经校正后为公元前90～公元130年，故年代上限不会早于汉代[31]。

呼伦贝尔草原，满洲里扎赉诺尔墓地共发掘4次，先后清理墓葬53座，出土的铁器有环首刀、矛、镞、马衔等。随葬品中的规矩镜、木胎漆奁及所饰、“如意纹饰”，均显示为中原东汉时期的产品，是扎赉诺尔墓葬断代的主要依据[32]。额尔古纳右旗拉布达林先后两次发掘，共清理墓葬27座，出土铁器300余件（片），大多为锈蚀的甲片，可辨认器形有刀、镞、环、扣、棺钉等。还发现有规矩铜镜残片和大泉五十[33]。鄂温克旗孟根楚鲁共清理墓葬11座，出土铁器145件，绝大部分为甲片，其他种类有环首刀、矛、镞、鸣镝、带钩、马衔、当卢等[34]。孟根楚鲁提供的碳十四测年数据为距今2120年±80年和2190年±95年，通过墓葬形制与随葬器物比较，其文化面貌与扎赉诺尔和拉布达林墓葬相同，所以它们的年代大体都应在公元1世纪之后，约比定为中原的东汉时期。陈巴尔虎旗完工墓地，两次发掘共清理墓葬6座，出土铁器较少，有刀、镞、带扣等。完工墓葬缺少可供断代的器物，但从随葬器物含有汉书二期和泡子沿遗址的文化成分分析，推定年代不晚于西汉时期[35]。同时其年代还可以通过文化性质相同的通榆县兴隆山墓葬进一步认证，根据兴隆山墓葬出土的汉代五铢钱和仿汉书二期铜鬲断代，以完工为代表的墓葬群年代为西汉时期[36]。

## 三、汉式铁器的传播与东北早期铁器时代

上述遗址或墓葬出土的铁器种类较多，有生产工具钁、斧、锛、凿、削、锸、锄、镰、掐刀、锥；兵器有剑、环首刀、矛、镖、镞、鸣镝；其他还有甲片、车马具、装饰品等。目前这些铁器多未进行科学检测，但大多数工具、兵器、车马具，都是铸造而成，形制则具有汉式铁器的特征，应该是从中原地区传入或是输入铁料在当地加工制作的。

在已报道的材料中，梨树二龙湖古城[37]、桦甸西荒山屯盖石墓和吉林市泡子沿遗址出土的铁器可证，在战国晚期中原式铁器就已经传入东北南部地区，其北界已达到东辽河、西流松花江一带（接近北纬44°）。松嫩平原发现的一些含铁器的遗址和墓葬，年代上限也多被判定在战国晚期，所以不能排除这一时期中原式铁器可能还被传布到更北的地方。两汉时期，铁器的种类和数量有了明显的增长，覆盖范围更扩大到图们江、绥芬河、三江平原和呼伦贝尔草原等更广大的地区。

中原系统的铁器在东北的传播，促进了铁器制造业的进一步发展，使其成为一个独立的产业部门，铁器的普及程度也有了较大提高。值得注意的是，一些墓葬发现的铁器并非都属于中原系统，如榆树老河深、西丰西岔沟、新宾旺清门出土的触角式和长杆穿环式铜柄铁剑、平首无格铁剑；老河深、扎赉诺尔、拉布达林、孟根楚鲁出土的铲形镞、双刃尖锋镞以及铠甲片、带扣；滚兔岭出土的镖；旺清门出土的刀等，器形和制作工艺明显有地方特点。这一时期燕秦汉长城以北及呼伦贝尔草原，一方面大量输入中原系铁器和铁料，另一方面受汉文化影响，吸收中原铸铁技术在当地加工制造具有地方特色的铁制品。

东北早期铁器的使用，应该与战国晚期燕政权对其北方疆域的开拓，以及秦汉时期对东北南部地区管辖的进一步完善这一历史背景密切相关。虽然东北广大北部地区的土著居民，在接受中原文化影响的同时并没有放弃原有文化传统，但铁器的出现及由南向北渐次传播及推广使用，却标志着铁器作为物质文化发展进程的一个新时代的开始。

经全面检索，本文表一、表二所列出土早期铁器的遗址和墓葬近 30 处（不包括燕秦汉长城以北地区发现的战国、汉代城址和较为单纯的“汉陶”遗址），其中 11 个地点提供了 15 个碳十四数据，这些数据除个别偏早或测定年代明显有误外，年代跨度基本上落在公元前 410～公元 130 年。另外，从伴出的半两、一刀、五铢、大泉五十和规矩铜镜、木胎漆器及“如意纹饰”等汉式器物断代，明确指示东北地区早期铁器时代的编年，大体相当于中原战国晚期至两汉时期，个别墓葬的年代可能延续到魏晋时期。

还有一些发掘过的遗址或墓葬，虽然报道未发现铁器，但根据它们的文化特征比较和相应的碳十四测年数据，大概也不超出这一年代范围。例如农安县田家坨子[38]、扶余县长岗子[39]，前者根据出土陶器形制和纹饰特点，既有与汉书二期文化相似者，也有泡子沿文化的同类器；后者文化内涵单纯，其陶器群特征属汉书二期文化。因此，两者的年代应当在战国晚期至汉代。再有如德惠市王家坨子和北岭[40]、九台市关马山[41]、农安县邢家店[42]等发现的一批墓葬，以竖桥耳罐和镂孔浅盘豆、柱把豆为基本组合，文化面貌比较统一，通过文化因素分析，其主要器形分别同东辽河流域的宝山遗址上层、图们江绥芬河流域的团结遗址下层同类器形制相近。有研究者认为，以邢家店为代表的这类墓葬遗存年代可推定为战国晚期—西汉时期[43]，邢家店墓葬的碳十四测年数据经校正后为距今 2150 年±85 年，陶器类型学比较的时代特征与碳十四年代测定结果亦基本吻合。所以这些没有出土铁器的遗址和墓葬，也都进入到早期铁器时代。

早期铁器时代这一概念在国外比较流行，但在中国考古学界则较少使用，原因是中国有文字记载的历史较早，可依据史载王朝的更替作为考古学编年的标尺，汉代以前还使用约定成俗的如夏文化、商文化、周文化作为断代考古的称谓。但在夏、商、周三代王朝覆盖范围以外的边远地区，尽管也有文献记载，却多按社会发展史的物质文化演进规律划分为石器时代、青铜时代、铁器时代。近三十年来，中国边疆地区汉及汉代以前的考古发现与研究取得了长足进展，各区域考古学文化序列编年与时空框架构建已基本完成。在这一学术背景下，有学者提出中国边疆地区应采用与中原地区统一的断代考古学概念。以东北地区为例，将青铜时代改为夏商周考古，将铁器时代改称战国秦汉考古。针对这一观点，本文提出三点意见：①东北地区青铜或早期铁器时代各区域考古学文化的年代是否能与中原夏、商、周三代和战国秦汉的断代编年体系相对应；②东北进入早期铁器时代的时间与中原并不同步，尤其是东北燕秦汉长城南北地区文化面貌差异很大，在这种情况下，使用统一的断代考古学概念是否妥当；③中国东北作为东北亚地区的重要组成部分，与东北亚地区的古代文化存在着千丝万缕的联系，如果采用的断代考古学概念不能与国际接轨，将很难把握处于中原文化覆盖范围以外的考古学文化与周边国家和地区的比较研究。基于以上考虑，就本文研究内容，建议东北燕秦汉长城以北地区应使用早期铁器时代的概念。

需要指出的是，以往对这一地区出土早期铁器遗址或墓葬进行研究时，学者们已意识到铁器出现所具有的划时代标识性意义，然后在大多数情况下，仍然将这些遗址和墓葬笼统的归入青铜文化范畴，或模糊的界定为青铜至早期铁器时代的遗存，这显然与事实不符。根据上述遗址和墓葬的分析，本文明确了东北地区早期铁器时代的时空范畴，即大凡相当于战国晚期至两汉时期（公元前 5 世纪末～公元 3 世纪前后）的遗址或墓葬以及文化内涵相同者，一般都可考虑归入早期铁器时代。

## 四、东北早期铁器时代文化格局与族属

东北早期铁器时代一个显要特点是，区域之间的文化差异和发展的不平衡性。从时空范畴和内容形式看，以燕秦汉长城为界，长城以南辽河东西两翼地区等中原文化政体覆盖范围，文化面貌与燕秦汉文化大体一致，并保持同步发展态势；长城以北及边远地区，则表现为区域文化交错并存的多样性和复杂性。

目前，在非燕秦汉文化覆盖范围已辨识的东北早期铁器时代文化有 10 余种，尽管其中有些遗存的文化性质尚存在争议，但它们基本反映了战国两汉时期考古学文化的分布格局（图二）。

（1）松嫩平原：汉书二期文化，庆华类型；

（2）西流松花江流域：泡子沿文化、邢家店类型、田家坨子类型；

（3）东辽河与鸭绿江中上游流域：宝山文化、大架山上层文化、西荒山屯类型和新宾旺清门、长白县干沟子等大石盖积石墓遗存；

（4）绥芬河与图们江流域：团结文化；

（5）三江平原：滚兔岭文化、蜿蜒河类型；

（6）呼伦贝尔草原：存在以扎赉诺尔墓群和完工墓群为代表的两种文化类型。

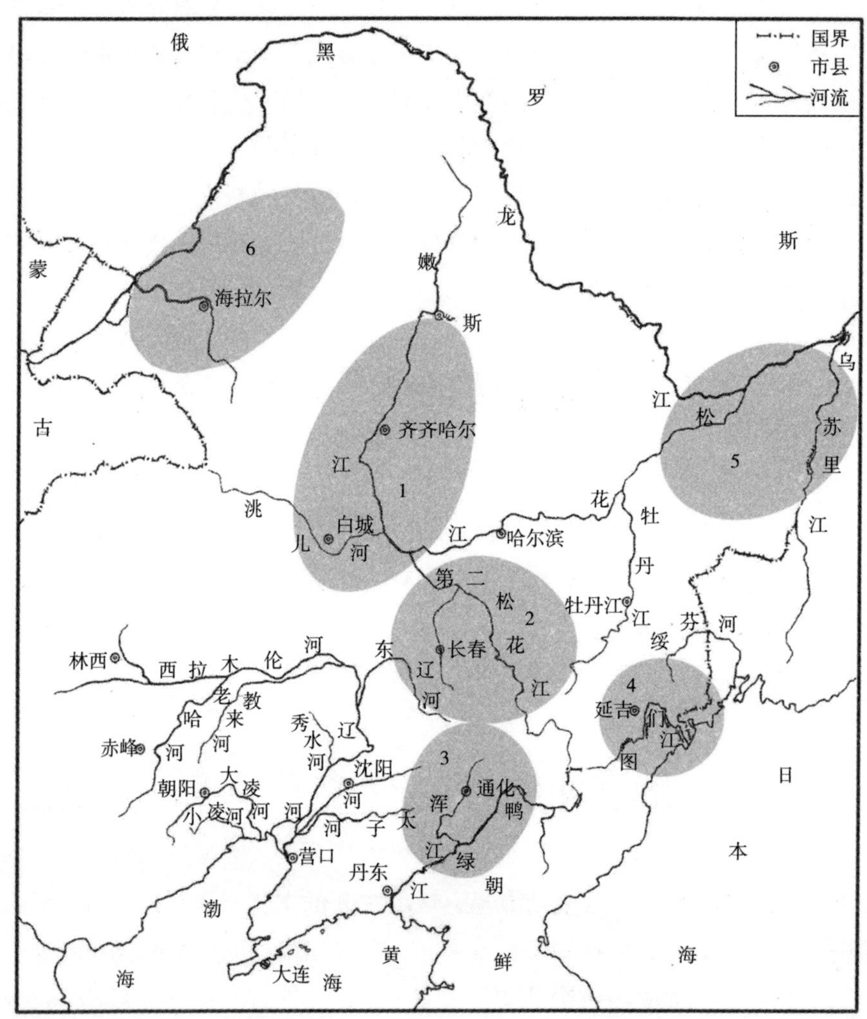


图二　东北早期铁器时代文化分布示意图

1. 松嫩平原　2. 西流松花江流域　3. 鸭绿江中上游流域
4. 绥芬河与图们江流域　5. 三江平原　6. 呼伦贝尔草原

以上早期铁器时代文化，若将它们各自的分布区域、相对位置和文化内涵，与文献记载的东北汉代诸古代民族相比照，已形成了民族文化分布的基本格局。据成书于西晋和南北朝时期的《三国志》和《后汉书》等文献，开始对东北古代民族有较为详细的方位记载，以中原人的史观，东部活动于长白山及其延伸地带属东夷集团，西部分布于大兴安岭及邻近区域为乌桓、鲜卑集团。上溯到战国至稍早时期，乌桓、鲜卑集团源于东胡族系；东夷集团则归类于秽、貊两个族系。两汉时期，与秽、貊有族系关系的还有夫余、高句丽和边远地区的沃沮、挹娄等东北古代民族。

按汉魏文献记载，对比本文列举的东北早期铁器时代文化，在族属研究方面已取得以下认识。以吉林市为中心分布的泡子沿文化及东辽河宝山文化和大架山文化，被认定是夫余族遗存，它们大体分布在西流松花江流域[44]。结合文献的考古学研究认为，夫余属秽貊族系之一支，其来源可追溯到这一地区青铜时代的西团山文化。鸭绿江中上游流域，是高句丽文化起源的核心地区，现已发现的战国末至西汉时期大石盖墓—大石盖积石墓—积石石圹墓演变序列，无疑是“先高句丽”或高句丽文化的遗存[45]。图们江、绥芬河流域的团结文化，包括俄罗斯境内的“克罗乌诺夫卡文化”、朝鲜咸镜北道的茂山虎谷洞第六期遗存等，对这类遗存有学者明确指出属《三国志·东夷传》记载的沃沮[46]。三江平原已辨识的两汉时期考古遗存有蜿蜒河类型和滚兔岭文化。蜿蜒河类型在黑龙江左岸俄罗斯境内称之为“波尔采文化”，“波尔采文化”与滚兔岭文化有密切关系。有学者提出这两种文化的族属是挹娄或属于挹娄族系的遗存[47]。在呼伦贝尔草原，由于早年鄂伦春旗嘎仙洞遗址北魏祭祖祝文石刻的重大考古发现[48]，为拓跋鲜卑起源于该地区提供了有力证据。所以两汉时期，呼伦贝尔草原以扎赉诺尔墓群为代表，包括拉布达林和孟根楚鲁等文化面貌相近的墓葬，均被认定为是早期拓跋鲜卑遗存[49]。松嫩平原，对汉书二期文化及相关遗存族属的探讨，目前有两种观点：其一，认为与夫余早期文化有关，是形成夫余文化共同体中的重要一支[50]；其二，从人种的体质特征观察，汉书二期文化（平洋墓葬）古代居民与完工墓葬组最为接近，也与扎赉诺尔墓葬组存在程度不同的相似性[51]。近年考古还发现，汉书二期文化的影响已辐射到早期拓跋鲜卑分布的呼伦贝尔草原，并与之存在互动关系。那么早期拓跋鲜卑在最初向南迁徙的过程中，极有可能吸收这一类文化，甚至有部分人群加入其中。故汉书二期文化也是构成早期拓跋鲜卑的先世文化。然而，上述两种观点均显证据不足，故对其族属的判断，应采取审慎态度。

## 注 释

[1] 李庆发、张克举：《辽宁西部汉长城调查报告》，《北方文物》1987年2期；李殿福：《吉林省西南部的燕秦汉文化》，《社会科学战线》1978年2期。

[2] 孙守道：《汉代辽东长城列燧遗迹考》，《辽海文物学刊》1992年2期。

[3] 萧景全：《辽东地区燕秦汉长城障塞的考古学考察研究》，《北方文物》2000年3期。

[4] 参见金旭东：《西流松花江、鸭绿江流域两汉时期考古学遗存研究》，吉林大学博士论文，

2011年，18～21页。

[ 5 ] 安路、贾伟明：《黑龙江讷河二克浅墓地及其问题探讨》，《北方文物》1986年2期；黑龙江省文物考古研究所：《讷河市二克浅青铜时代至早期铁器时代墓葬》，《考古》2003年2期。

[ 6 ] 黑龙江省文物考古研究所：《黑龙江讷河市库勒浅青铜至早期铁器时代墓地》，《考古》2006年5期。

[ 7 ] 黑龙江省博物馆、齐齐哈尔市文管站：《齐齐哈尔大道三家子墓葬清理》，《考古》1988年12期。

[ 8 ] 黑龙江省文物考古研究所：《平洋墓葬》，文物出版社，1990年。

[ 9 ] 黑龙江省文物考古工作队：《肇东县青铜时代墓葬》，《中国考古学年鉴》，文物出版社，1984年。

[10] 黑龙江省文物考古研究所、吉林大学北方考古研究室：《黑龙江省肇东县哈土岗子遗址试掘简报》，《北方文物》1988年3期。

[11] 黑龙江省文物考古研究所、吉林大学考古学系：《黑龙江肇源县小拉哈遗址发掘报告》，《考古学报》1998年1期。

[12] 吉林大学历史系考古专业：《大安汉书遗址发掘的主要收获》，《东北考古与历史》（1），文物出版社，1982年。

[13] 黑龙江省文物考古研究所：《黑龙江宾县庆华遗址发掘简报》，《考古》1988年7期。

[14] 黑龙江省文物考古研究所：《黑龙江省宾县索离沟遗址发掘简报》，《北方文物》2010年1期。

[15] 吉林市博物馆：《吉林市泡子沿前山遗址和墓葬》，《考古》1985年6期；张立明：《吉林泡子沿遗址及其相关问题》，《北方文物》1986年2期。

[16] 吉林省文物考古研究所：《榆树老河深》，文物出版社，1987年。

[17] 白云翔：《先秦两汉铁器的考古学研究》，科学出版社，2005年，第311页。

[18] 洪峰：《吉林东丰县南部古遗迹调查》，《考古》1987年6期；金旭东、王国范等：《1985年吉林东丰县考古调查》，《考古》1988年7期。

[19] 金旭东、王国范等：《1985年吉林东丰县考古调查》，《考古》1988年7期。

[20] 中国社会科学院考古实验室：《放射性元素测定年代报告》（二十），《考古》1993年7期。

[21] 吉林省文物考古研究所：《吉林省文物考古五十年》，《新中国考古五十年》，文物出版社，1999年，第115页。

[22] 吉林省文物工作队、吉林市博物馆：《吉林桦甸西荒山屯青铜短剑墓》，《东北考古与历史》（1），文物出版社，1982年。

[23] 孙守道：《匈奴西岔沟文化古墓群的发现》，《文物》1960年8、9期。

[24] 肖景全：《新宾旺清门镇龙头山石盖墓》，《辽宁考古文集》（二），科学出版社，2010年。

[25] 吉林省文物考古研究所：《吉林长白县干沟子墓地发掘简报》，《考古》2003年8期。

[26] 吉林省文物考古研究所：《吉林省文物考古的世纪回顾与展望》，《考古》2003年8期；金

旭东等：《探寻高句丽早期遗存及起源——吉林通化万发拨子遗址发掘获重要收获》，《中国文物报》2000年3月19日第1版。
[27] 林沄：《论团结文化》，《北方文物》1985年1期。
[28] 王亚洲：《吉林汪清百草沟遗址发掘简报》，《考古》1961年8期。
[29] 中国社会科学院考古研究所：《中国考古学中碳十四年代数据集（1965～1991）》，文物出版社，1991年。
[30] 黑龙江省文物考古研究所：《黑龙江省双鸭山市滚兔岭遗址发掘报告》，《北方文物》1997年2期。
[31] 谭英杰、赵虹光等：《黑龙江区域考古学》，中国社会科学出版社，1991年，第54页。
[32] 郑隆：《内蒙古扎赉诺尔古墓群调查记》，《文物》1961年9期；内蒙古文物工作队：《内蒙古扎赉诺尔古墓群发掘简报》，《考古》1961年12期；王成：《扎赉诺尔圈河古墓清理简报》，《北方文物》1987年3期；内蒙古文物考古研究所：《扎赉诺尔古墓群1986年清理发掘报告》，《内蒙古文物考古文集》（第一辑），中国大百科全书出版社，1994年。
[33] 赵越：《内蒙古额右旗拉布达林发现鲜卑墓》，《考古》1990年10期；内蒙古文物考古研究所等：《额尔古纳右旗拉布达林鲜卑墓群发掘简报》，《内蒙古文物考古文集》（第一辑），中国大百科全书出版社，1994年。
[34] 程道宏：《伊敏河地区的鲜卑墓》，《内蒙古文物考古》，1982年2期。
[35] 潘行荣：《内蒙古陈巴尔虎旗完工索木发现古墓葬》，《考古》1962年11期；内蒙古自治区文物工作队：《内蒙古陈巴尔虎旗完工古墓葬清理简报》，《考古》1965年6期。
[36] 吉林省文物工作队：《通榆县兴隆山鲜卑墓葬清理简报》，《黑龙江文物丛刊》1982年3期。
[37] 四平地区博物馆、吉林大学历史系考古专业：《吉林省梨树县二龙湖古城址调查简报》，《考古》1988年6期。
[38] 吉林大学历史系考古专业：《吉林农安田家坨子遗址试掘报告》，《考古》1979年2期。
[39] 吉林大学历史系考古专业：《吉林扶余长岗子遗址试掘报告》，《考古》1979年2期。
[40] 刘红宇：《吉林省德惠王家坨子北岭发现的古代遗存》，《北方文物》1985年1期；吉林省文物考古研究所：《吉林德惠县北岭墓地调查与发掘》，《考古》1993年7期。
[41] 吉林省文物考古研究所：《吉林九台市石砬山、关马山西团山文化墓地》，《考古》1991年4期。
[42] 吉林省文物考古研究所：《吉林农安县邢家店北山墓地发掘》，《考古》1989年4期。
[43] 金旭东：《试论邢家店类型及其相关问题》，《博物馆研究》1993年2期。
[44] 金旭东：《西流松花江、鸭绿江流域两汉时期考古学遗存研究》，吉林大学博士学位论文，2011年。
[45] 金旭东等：《探寻高句丽早期遗存及起源——吉林通化万发拨子遗址发掘获重要收获》，《中国文物报》2000年3月19日第1版。

[46] 林沄：《论团结文化》，《北方文物》1985 年 1 期。
[47] 林沄：《肃慎、挹娄和沃沮》，《辽海文物学刊》1986 年 1 期；贾伟明、魏国忠：《论挹娄的考古学文化》，《北方文物》1989 年 2 期。
[48] 米文平：《鲜卑石室的发现与初步研究》，《文物》1981 年 2 期。
[49] 乔梁、杨晶：《早期拓跋鲜卑遗存试析》，《内蒙古文物考古》2003 年 2 期。
[50] 金旭东：《西流松花江、鸭绿江流域两汉时期考古学遗存研究》，吉林大学博士学位论文，2011 年。
[51] 潘其风：《平洋墓葬人骨的研究》，《平洋墓葬》，文物出版社，1990 年。

[原载《社会科学战线》2014 年 4 期，又刊于《东亚细亚文明交流史》(3)，檀国大学校东洋学研究院，学研出版社，2013 年]

# 区域考古学文化编年与谱系研究

# 查干木伦河流域古遗址文化类型及相关问题

## 一

查干木伦河上源出于大兴安岭支脉罕山南麓，由北向南流经巴林右旗西南部汇入西拉木伦河。上游段河间谷地狭窄，两岸山地尚存有原生或次生林带。下游段河谷阶地发育，河床开阔，在黄土状沉积上形成的暗栗钙土，腐殖质较薄，有机质含量低结合力弱，易受降水和风力侵蚀，沿岸所汇支流沟壑纵横，与河川谷地交错分布，并相间有一些固定或半固定沙丘。这里的年平均气温为2～4℃，正常年份降水量为 350～500 毫米，自然区划气候为半干旱、多季风，地表覆盖着耐旱性植物和稀疏的乔木。由于长期人为滥垦和过度放牧等原因，造成天然植被的破坏，部分区域已沙化。文化景观则表现为农业与畜牧业兼营的土地利用方式。

20世纪 80 年代以前，查干木伦河流域的考古工作较为薄弱，90 年代初为配合集宁至通辽铁路工程建设，通过文物普查和对重点遗址的发掘，了解到该流域区新石器和青铜时代遗址分布较密集，内涵丰富。但迄今发表的资料不多，尚缺乏对考古学文化的整体把握和系统归纳。2002 年，吉林大学边疆考古研究中心和内蒙古文物考古研究所联合对这一地区开展古文化和古环境的综合调查，目的是了解新石器至青铜时代古文化遗存的面貌、特征，填补文化发展序列上的若干缺环，进而通过多学科综合研究，探讨气候环境变迁与古文化的关系以及不同经济形态对环境的适从性[1]。

调查范围主要集中在巴林右旗西南部，先后踏查了塔布敖包、查干浑迪、平顶庙、十家子、小林场、和布特哈达、呼特勒、古日古勒台、查日斯台、那斯台和锅撑子山共 11 处遗址（图一）。这些遗址多分布于查干木伦河干流或支流沿岸，一般在背山面河地势平缓开阔的向阳坡地上。受风沙剥蚀和雨水冲刷，多数遗址形成与地势倾斜方向一致的沟壑，地表裸露，由于水土流失严重，大部分遗址已遭到不同程度的破坏。

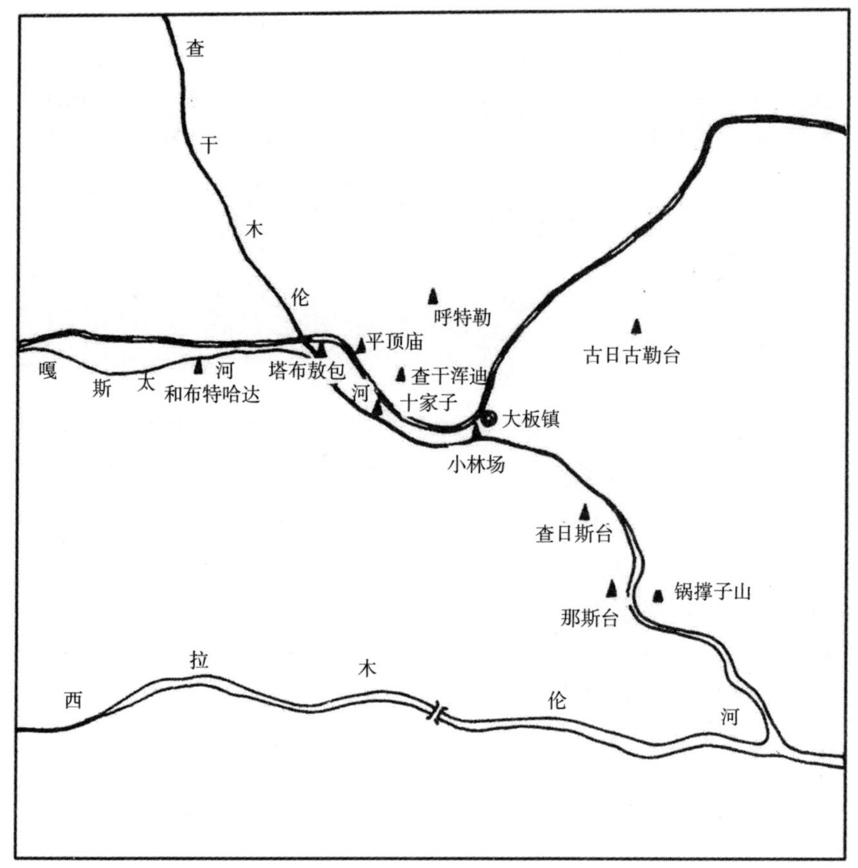


图一　查干木伦河流域遗址分布示意图

# 二

此次调查，采集的遗物丰富，包括陶器、石器、骨器及各种动物骨骼，其中陶片数量最多，复杂多样，经分类识别，根据作者的认识，可划分为七种不同的文化类型。

A 类型，发现于塔布敖包、查干浑迪、小林场、呼特勒、古日古勒台和锅撑子山等遗址。采集的陶片均为夹砂陶，一般含砂颗粒较细，分布均匀，也有少数夹粗砂和云母者。器表以黄褐色为主，在同一件陶器上陶色不纯正，往往间有红、灰色。质地较疏松，烧制火候不高，器胎厚重，器底尤厚。制法为手制，内壁经打磨较光滑，呈黑灰色。可辨认器形有筒形罐，这种筒形罐腹壁陡直瘦高，口沿部施凹弦纹和压划类似附加堆纹的条形纹饰带，但不突显。器表主体部分饰网格状交叉纹，也间有施细密的类“之”字纹（一种不甚整齐，难以分辨的折线压划纹饰）（图二，1～3）。在上述遗址还采集有石器，多见打制的大型亚腰锄形器，琢制的环形器及磨盘磨棒等。从文化面貌来看，这类遗存具有兴隆洼文化的一般特征，但器形、纹饰更接近于克什克腾旗南台子遗址出土的陶器[2]。目前这种类型品只见于西拉木伦河以北，且与兴隆洼文化存在一定差别，所以有人将其称为“南台子类型”[3]。

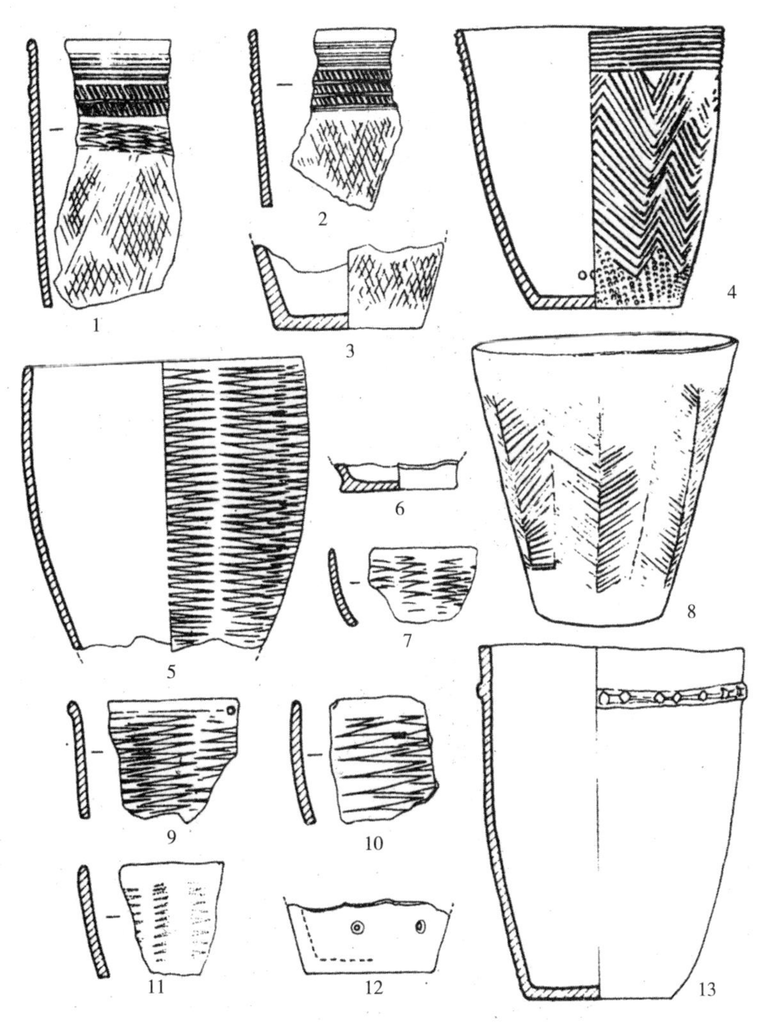


图二　A、B、D类型

A类型：1～3. 塔布敖包　4. 锅撑子山　8. 克什克腾旗瓦盆窑

B类型：5、7、9. 查日斯台　6、10～12. 十家子

D类型：13. 查干浑迪

需要指出的是，本次调查在锅撑子山采集的一件筒形罐为夹砂红陶系，方唇、敞口、斜直腹。口沿部施 6 条平行条状堆纹，剖面凸凹呈瓦棱状，主体纹饰为压划的长直线人字纹，近器底部以圆窝纹填充空白。该器上部器壁较薄，下部及底较厚，近器

底部留有2个穿孔。复原后，口径34、底径18.8、高34厘米（图二，A）。其造型和纹饰与早年在克什克腾旗瓦盆窑发现的一件筒形罐非常相近（图二，B）[4]，从类型学角度分析，年代可能晚于A类遗存。限于本次发现的这方面材料太少，暂将其并入A类遗存。

B类型，主要发现于查日斯台、十家子和塔布敖包。陶质为夹砂黄褐陶，薄胎，细砂含量高，质地较硬，烧制火候高。陶片中以筒形罐为主，分敛口和侈口两种。器表上压印窄幅长体线形或篦点之字纹。经仔细观察这种长体之字纹，两端点无明显支点窝，推测系片状抹角施纹工具连续折压而就。纹饰为纵向排列，或略有间隔或交错重叠，通体施印，纹理细密，结构紧凑。其他可辨认器形还有钵、假圈足器（图二，5～7、9～12；图三，1～5）。

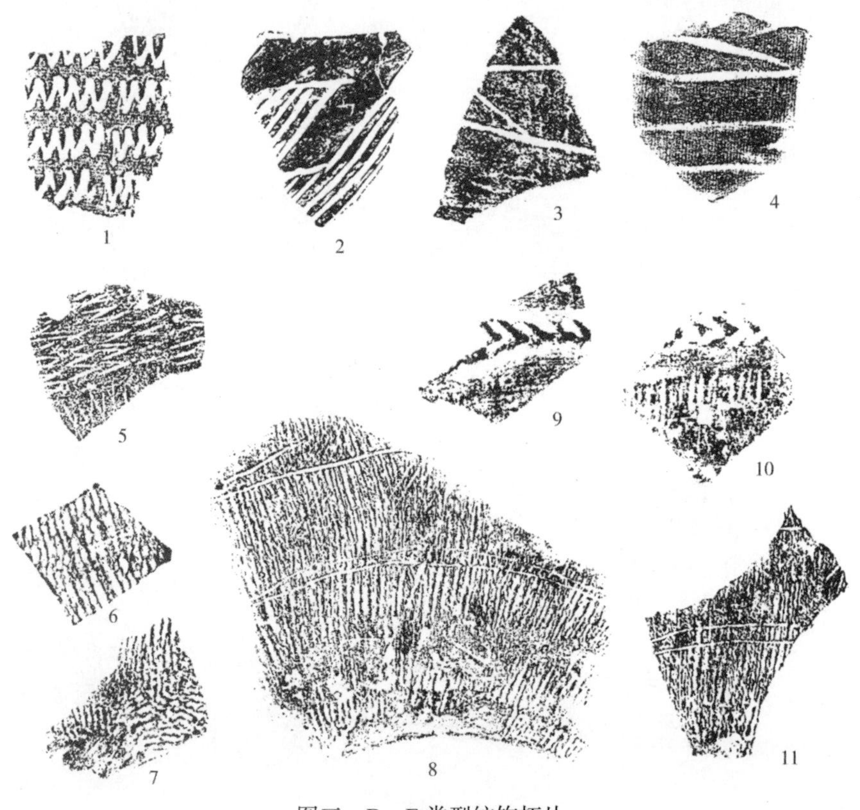


图三　B、E类型纹饰拓片

B类型：1、4. 查日斯台　2、3、5. 塔布敖包

E类型：6～11. 和布特哈达

C类型，主要发现于那斯台、查日斯台、古日古勒台、十家子、小林场、平顶庙。这些遗址采集的陶片及可复原陶器大多数为夹砂红褐陶，其次为泥质红陶，陶质坚硬火候较高。夹砂褐陶有直口筒形罐、斜口罐、瓮等。器表面多饰压印之字纹，从施纹风格来看，一种为弧线纵向排列，纹饰两端有明显支点窝，推测施纹工具为片状方头，施印时以工具的两角为支点，左右交替连续折压，纵向运行；另一种为圆弧线横向排

列，纹饰两端无支点窝，估计施纹工具为片状圆头，施印时上下折压，横向运行。前者结构紧凑，排列整齐，后者幅距不等，疏密不均。其他纹饰还有附加堆纹、戳印纹、指甲纹和采用篦齿工具所饰的划纹（图四，1、2、6、8）。器底多见的编织纹系陶器制坯时，在禾本科植物茎叶所编织的“垫子”上留下的痕迹（图五）。泥质陶为素面，器表打磨光滑，可辨认器形有钵、碗、盆等（图四，3～5、7、9～12）。彩陶仅发现2片，黑彩，纹样已模糊不清。

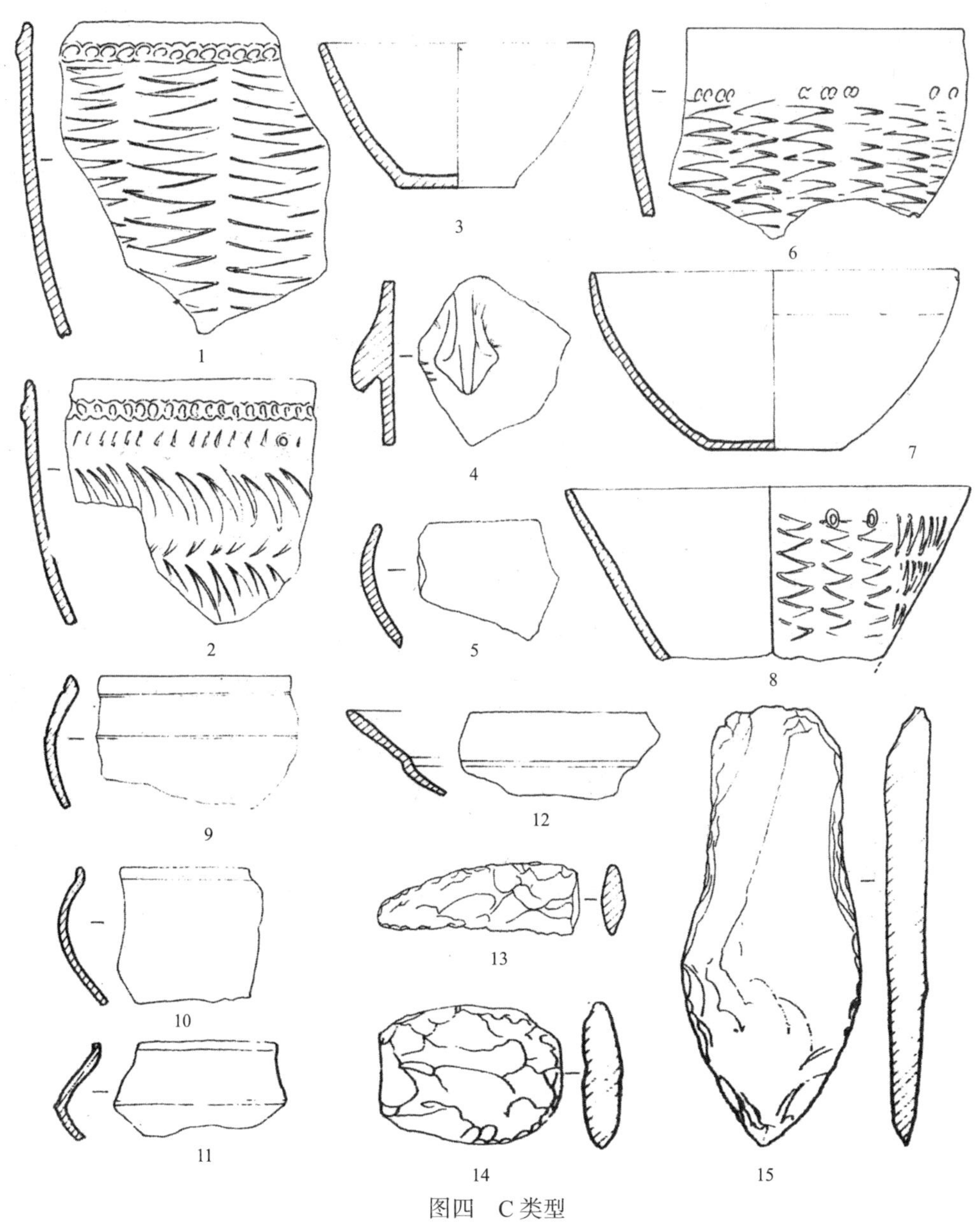


图四 C类型

1、2、7. 那斯台 3、4、6、8～15. 查日斯台 5. 十家子

主要包含 B、C 两类遗存的查日斯台和那斯台遗址是位于查干木伦河下游右岸的两处重要遗址，此次调查采集到大量标本。查日斯台西北距巴林右旗政府所在地大板镇约 23 千米，遗址坐落于查日斯台哈日花山向阳缓坡地上，南临一条东西走向的山间冲沟，地势由西北向东南倾斜，地表覆盖有较厚的流沙。由于水土流失和人为扰动，遗址西北部已受到严重破坏，局部见有黑灰土遗迹和残留的灶址。1987 年当地文管部门调查时还发现成排房址[5]，但在此次复查时已难觅踪迹。该遗址沿冲沟东西长约 300 米，于中心区南北约 150 米范围的地表都散布有遗物，除陶片外，采集的石器分大型石器和细石器两类。大型石器有耜、刀、磨盘、磨棒等，其中石耜为扁平体，竖柄，平顶，阔斧刃，边缘有打击痕迹（图四，13～15）。细石器是大量的，多以燧石为原料，种类有镞、尖状器、刮削器、石核、石叶，大多制作精细。

图五　C 类型纹饰拓片

1～4. 那斯台

那斯台北距查日斯台约 8 千米，南距西拉木伦河 14 千米，遗址坐落于查干木伦河西岸地势较平缓的二级台地上，视野十分开阔。该遗址文化内涵非常丰富，曾采集和征集到包括玉器在内的大量遗物[6]。据悉，中国社会科学院考古研究所也在遗址西部那斯台灌渠乌兰沟渡槽附近进行试掘，但成果未见报道。现场观察，遗址中心除被那斯台村民房占据一部分外，已遭到不同程度的破坏，依稀可辨黑灰土遗迹和残留的灶址，地表散布有陶片、石器和动物骨骼，其中细石器较多。该遗址范围很大，面积大约超过 100 万平方米。

在这两处遗址均采集到 B 类型和 C 类型陶片，从文化特征来看，B 类型品为赵宝沟文化，C 类型品属红山文化。从采集标本的个体数量统计，查日斯台和那斯台遗址的主体遗存是红山文化，而就本次查干木伦河调查的情况来看，红山文化类型品的出现率也远高于赵宝沟文化。

D 类型，这类陶片的数量不多，在查干浑迪采集的一件筒形罐，陶质为夹砂褐陶，方唇，直口，腹壁向内收分较小，底径较大，近口沿处施一条指印附加堆纹。该器制作粗糙，素面，器表不平整，茬口处可见套接痕迹。口径 20、底径 11、高 26 厘米（图二，13）。以往在塔布敖包也曾出土过这种口沿有附加堆纹的素面筒形罐[7]。在内蒙古东部目前已认定的若干新石器文化中，均不见其与任何一种文化的类型品明确共存，所以应单独划分一个文化类型。

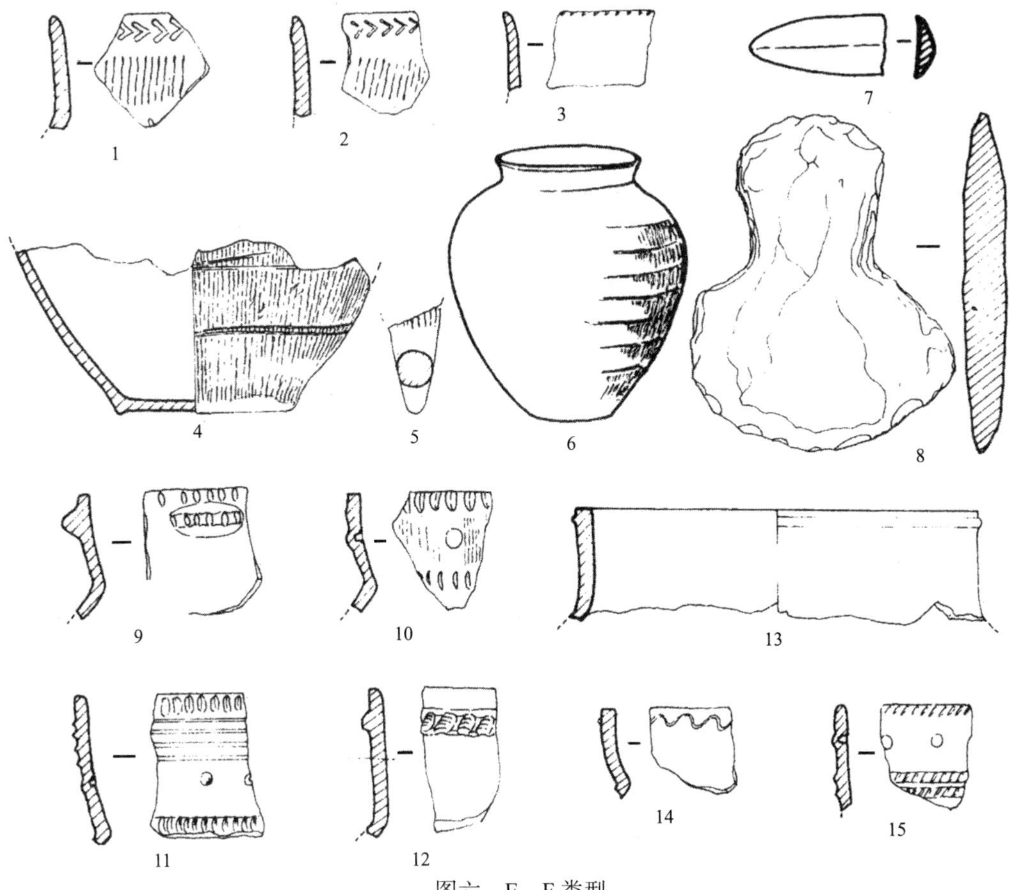


图六　E、F 类型

E 类型：1～6、8. 和布特哈达　7. 呼特勒

F 类型：9、11、15. 呼特勒　10、13. 查日斯台　12、14. 和布特哈达

E类型，仅见于和布特哈达。该遗址位于大板镇西北约30千米，地处查干木伦河支流，嘎斯太河右岸。这里由于受风沙的强力剥蚀，除残存的几处台地，原始地面已无存，周围几乎全部沙化。调查中发现的最大一处台地长宽各约50米，从坍塌的剖面隐约可见黑灰土堆积。现场只发现少量的陶片和石器（一件亚腰石锄）。采集的陶片有器口沿、腹片、实足根等，夹砂黑灰陶，薄胎，火候较高，器表均拍印绳纹，纹理较细并饰有间断划纹（图三，6～11；图六，1～6、8），其文化性质属夏家店下层文化。

F类型，在呼特勒、查日斯台、和布特哈达采集到的这类陶片数量不多，均为夹砂红褐陶系。器口沿可分弧领和直领两种，前者为方唇，后者多为圆唇。突出的特征是在口沿和领腰处施戳印纹或泥条堆纹，有的还饰有乳钉纹、鸡冠状突饰物。从口沿残片观察，器形应为鬲、罐类陶器（图六，9～15）。相同特征的类型品见于克什克腾旗天宝洞[8]、林西沙窝子[9]。

G类型，主要发现于锅撑子山和塔布敖包。锅撑子山位于查干木伦河下游左岸，由三座突起的小山耸聚，故名锅撑子山。遗址坐落在相毗邻的山间平缓台地上，地势较高，视野开阔，北面与那斯台遗址隔河相对。遗址大部分为流沙覆盖，裸露的地表散布有大量的陶片和石器，并见有石块围砌的灶址。陶片有叠泥片的器口沿、腹片、裆片、器底、器鋬、环形器耳和足根，这种陶片多羼夹粗砂粒，呈红褐色或浅灰褐色，器形有鬲、鼎、罐、钵。还采集到骨镞、石镞等（图七，1～3、5、6、8、9、15～17）。鬲，复原2件。1件，直口，抹斜口沿，口部置对称环形耳。口径16、残高13厘米（图七，1）；另1件，侈口，折沿，鼓腹，浅袋足下附锥状长实足根。口径20、高20厘米（图七，3）。鼎，1件。侈口，扁体，圜底，口沿处对置环形耳。口径22、残高12.4厘米（图七，6）。钵，1件。尖唇，口沿外叠泥片，敞口，弧壁，大平底。口径16、底径9、高7厘米（图七，2）。其中鬲和鼎的器表留有刮抹和烟垢痕迹。塔布敖包在出有G类型陶片的地点，发现大量的石制工具，主要有规格大小不等的锤斧、各种环状器等，另外还采集到坩埚残片和陶制鼓风管（图七，10、13、14）。G类型的陶器和石器具有夏家店上层文化的一般特征，而同类器更接近于克什克腾旗龙头山遗址的类型品。

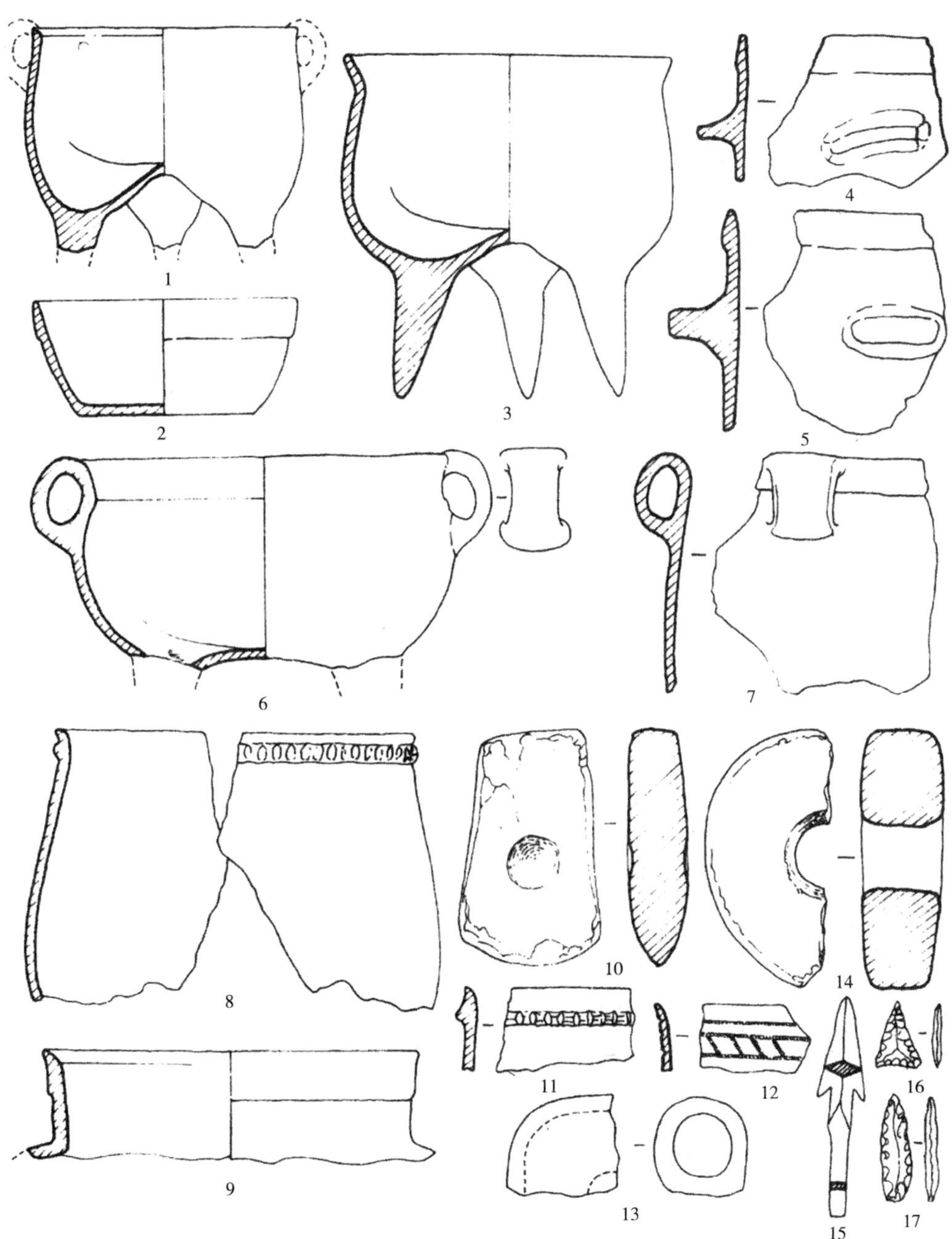


图七　G类型

1～3、5、6、8、9、15～17. 锅撑子山　4、7、10～14. 塔布敖包

# 三

以上所举的七种类型，基本反映了查干木伦河流域战国以前考古文化的序列，按时间早晚编年如次：

（1）A 类型为兴隆洼文化阶段的遗存，文化面貌与南台子类型相同。

（2）B 类型属赵宝沟文化遗存。

（3）C 类型属红山文化遗存，文化面貌近于西水泉类型。

（4）以查干浑迪素面筒形罐为代表的 D 类型，迄今在考古文献中还找不到与之相类似的遗存，根据作者对这种素面筒形罐的认识，年代应相当或略晚于小河沿文化。

（5）E 类型属夏家店下层文化遗存。

（6）F 类型是文化特征近于魏营子类型的当地晚商遗存。

（7）G 类型属夏家店上层文化遗存，文化面貌近于龙头山类型。

近些年随着对以西拉木伦河和老哈河为中心的辽西地区新石器文化研究的深入及视野的扩大，西拉木伦河以北的考古资料日益引起人们的关注。本次调查发现的前四种以筒形罐为代表的文化遗存，依据白音长汗遗址的层位关系[10]，可以认定它们相对年代的排序是清楚的，这也是目前对辽西地区新石器考古文化发展进程的一个基本认识。然而值得注意的是，这里的筒形罐属于不同的考古文化谱系。具体来说，B、C 两类遗存与西拉木伦河以南发现的相同性质文化没有区别。A 类型遗存在文化面貌上除表现出与兴隆洼文化在一般意义上的相同之处外，同时还具有一些自身特点，其中尤以筒形罐施多条划纹的类附加堆纹饰带及不见之字纹最具特点，另外这类筒形罐的造型也更显瘦高。相较于采集自锅撑子山的那件口沿施凸棱状条形堆纹、器表饰长直线人字划纹的筒形罐，也很难循兴隆洼文化压印之字纹筒形罐的发展规律，找到它们内在的联系。本文将其暂划入 A 类型遗存，除有待对这种类型品的进一步认识外，还考虑到兴隆洼文化之后，在西拉木伦河以北仍存续有这种口沿施条形堆纹的非之字纹系统筒形罐遗存[11]。同样本次发现的以查干浑迪附加堆纹素面筒形罐为代表的 D 类型遗存，亦不能纳入西拉木伦河以南的筒形罐谱系。种种迹象表明西拉木伦河以北区域可能并存着另一支系的筒形罐发展序列。

众所周知，辽西地区最晚阶段的新石器文化是小河沿文化。小河沿文化的彩陶纹样，既有相似于大汶口文化的八角星纹又有类似于河北北部仰韶文化晚期的半重环纹[12]，可推定其部分遗存应相当于大汶口文化中期或半坡四期的年代。那么已知夏家店下层文化较早遗存的年代接近夏代早期，即相当于龙山时代的考古遗存还是空白。以往笔者曾指出，由于小河沿文化一直没见夏家店下层文化大量使用的袋足三足器，两组器物群在整体文化面貌上的差异十分明显，尽管某些器形有一定的承袭关系，但若直接将两者衔接的话，尚感其间还存在着有待揭示的新材料填充[13]。从目前掌握的材料来看，确有一些含筒形罐的遗存，很难纳入辽西地区已识别的任何一种考古文化，例如通过类型学比较析出的大沁它拉戊类遗存[14]、彰武平安堡二期遗存[15]，以及在本次调查中发现的查干浑迪及相关类型品。如若认定辽西新石器文化向青铜文化的发展还有缺环的话，上述材料所具的共同时代特征，则说明辽西地区的古文化在进入青铜时代之前，存在过一个以素面陶筒形罐为特征的阶段。从器物发生学的角度观察，这个阶段正是本地区筒形罐消失到标志着进入青铜时代袋足三足器出现交替过程的重要时期。所以围绕这一课题进行考古调查发掘，包括对已发表资料做深入细致的研究，将具有十分重要的意义。

许多研究者认为，夏家店下层文化既有对辽西古文化的继承，又有在形成过程中不断吸纳外来多种文化因素的发展。据已测定的碳十四年代数据，距今3900～3400年间夏家店下层文化在西拉木伦河以南有着广泛的分布，据以往了解，其北界大致不超过羊肠子河[16]。本次调查一个重要的发现，是在查干木伦河的和布特哈达找到了有原生堆积层位的这种文化遗址。另外，现陈列于巴林右旗博物馆的一件灰陶绳纹素面腹罐和一件三角截面的菱形石刀，也被认定为夏家店下层文化的遗物（图六，6、7）[17]。看来该文化在西拉木伦河以北并非如想象的那样完全是空白，所不同的是，与西拉木伦河以南夏家店下层文化持续稳定的分布相比，在这里只是有限度的渗透。是什么原因阻碍了其向北面的发展？透过辽西新石器时代多种文化的分布格局，依查干木伦河调查所发现的线索可以认为西拉木伦河以北的古文化一直存在自身的发展。那么，此间很可能有相对峙的其他考古文化并存。这类遗存的文化面貌和性质需要在进一步开展的田野考古中去探寻。

夏家店上层文化是在夏家店下层文化之后出现的另一种青铜文化，纵观两种文化在西拉木伦河以南有共同的分布，且下层文化多直接被上层文化所叠压。但由于文化内涵区别显著，早在文化命名之初，有关报告就指出，它们“可能属于不同的文化系统”[18]，“夏家店上层文化不是从夏家店下层文化演变而来的”[19]。

最初对夏家店上层文化发展序列及主要器物阶段性变化做出的分期研究，就将林西大井铜矿址和翁牛特旗青铜短剑墓等列入较早阶段的遗存，并指出其年代约相当于西周中期前后[20]。克什克腾旗龙头山遗址的发掘，根据碳十四测年数据和典型器物的类比，又将其年代上限推定到商代晚期或不晚于商周之际[21]。近年来，已有研究者注意到，西拉木伦河流域的夏家店上层文化不仅年代偏早，而且在文化面貌上与其分布范围的南部区也有所不同。本次调查了解到，西拉木伦河以北的夏家店上层文化遗址堆积较薄，文化内涵单纯，且没有发现与夏家店下层文化或战国燕文化互为叠压的现象。在这一区域内采集的陶片多为夹砂灰褐陶，夹砂红褐陶色泽暗淡。陶器表面往往留有明显的刮抹痕迹，制法粗糙，烧制火候不高。纹饰方面，见有少量的篦点纹及其构成的线形或三角形纹样。在器口沿叠泥片的做法较普遍，有的还在叠唇上施戳印纹。

值得关注的是，这类遗存还发现有花边口沿鬲的残片，以往在龙头山遗址和大泡子青铜短剑墓也出过口沿装饰有花边的陶鬲。目前还不清楚“这究竟是吸收大小凌河流域魏营子文化的因素，还是承自当地晚商遗存”[22]。事实上，继夏家店下层文化之后出现的魏营子类型主要见于大小凌河沿岸，在努鲁儿虎山以西夏家店上层文化区域内则很少发现，且文化性质一直未能确认。由于最新的研究成果已将夏家店上层文化年代提前到商周之际甚至更早，当与魏营子类型年代大致相当，所以两种文化实际上并无直接的承袭关系。以往研究者们通过类型学研究，认为夏家店上层文化早期遗存的直腹腔鬲、无腰隔甗以及部分形态的壶、罐、盆、钵等，可以在高台山文化中找到相同的类比形制，进而推定其主要来源于高台山文化[23]。然而从西拉木伦河流域古文化的自身发展规律来看，这种观点需要修正，就陶器而论，夏家店上层文化的形成机制应该是建立在稳定的素面红陶系统基础上，并通过对外来文化融汇整合的结果。从这个意义上来说，夏家店上层文化的直接前身不可能来自西拉木伦河以外的区域。

## 注　释

［1］此项研究为吉林大学边疆考古研究中心承担的教育部人文社会科学重点研究基地 2001 年度重大项目（批准号 01JAZJ0780003）。查干木伦河流域的调查为阶段研究成果。

［2］内蒙古文物考古研究所：《克什克腾旗南台子遗址发掘简报》，《内蒙古文物考古文集》（第一辑），中国大百科全书出版社，1994 年。

［3］内蒙古文物考古研究所：《克什克腾旗南台子遗址发掘简报》，《内蒙古文物考古文集》（第一辑），中国大百科全书出版社，1994 年。

［4］汪宇平：《西拉木伦河流域的新石器时代遗址》，《考古通讯》1955 年 5 期；内蒙古自治区文化局文物工作组：《内蒙古自治区发现的细石器文化遗址》，《考古学报》1957 年 1 期。

［5］朝格巴图：《查日斯台遗址调查简报》，《内蒙古文物考古》2000 年 2 期。

［6］巴林右旗博物馆：《内蒙古巴林右旗那斯台遗址调查》，《考古》1987 年 6 期。

［7］内蒙古文物考古研究所发掘资料。

［8］克什克腾旗文化馆：《辽宁克什克腾旗天宝同发现商代铜甗》，《考古》1977 年 5 期。

［9］吕遵谔：《内蒙古林西考古调查》，56，03，5 地点，《考古学报》1960 年 1 期。

［10］内蒙古文物考古研究所、吉林大学考古学系：《内蒙古林西县白音长汗新石器时代遗址 1991 年发掘简报》，《文物》2002 年 1 期。

［11］吉林大学边疆考古研究中心、内蒙古文物考古研究所：《西拉木伦河上游考古调查与试掘》，以林西县井沟子遗址 F1 为代表，《内蒙古文物考古》2002 年 2 期。

［12］南京博物院：《江苏邳县四户镇大墩子遗址探掘报告》，《考古学报》1964 年 2 期；河北省文物研究所：《河北容城县午方新石器时代遗址试掘》，《考古学集刊》（5），中国社会科学出版社，1987 年。

［13］朱永刚：《论高台山文化及其与辽西青铜文化的关系》，《中国考古学会第八次年会论文集》，

文物出版社，1991 年。

[14] 朱永刚、王立新：《大沁它拉陶器再认识》，《内蒙古文物考古文集》（第一辑），中国大百科全书出版社，1994 年。

[15] 辽宁省文物考古研究所、吉林大学考古学系：《辽宁彰武平安堡遗址》，《考古学报》1992 年 4 期。

[16] 朱延平：《夏家店下层文化的社会发展阶段》，《中国北方古代文化国际学术研讨会论文集》，中国文史出版社，1995 年。

[17] 笔者观察到的这 2 件遗物分别出自巴林右旗的和布特哈达和呼特勒遗址。

[18] 中国科学院考古研究所内蒙古发掘队：《内蒙古赤峰药王庙夏家店遗址试掘简报》，《考古》1961 年 2 期。

[19] 刘观民、徐光冀：《内蒙古东部地区青铜时代的两种文化》，《内蒙古文物考古》创刊号，1981 年。

[20] 朱永刚：《夏家店上层文化的初步研究》，《考古学文化论集》（一），文物出版社，1987 年。

[21] 内蒙古自治区文物考古研究所：《克什克腾旗龙头山遗址第一、二次发掘简报》，《考古》1991 年 8 期；齐晓光：《内蒙古克什克腾旗龙头山遗址发掘的主要收获》，《内蒙古东部区考古学文化研究文集》，海洋出版社，1991 年。

[22] 王立新：《辽西区夏至战国时期文化格局与经济形态的演进》，《考古学报》2004 年 3 期。

[23] 朱永刚：《论高台山文化及其与辽西青铜文化的关系》，《中国考古学会第八次年会论文集》，文物出版社，1991 年；王立新：《辽西区夏至战国时期文化格局与经济形态的演进》，《考古学报》2004 年 3 期。

（原载《考古与文物》2004 年 3 期）

# 西拉木伦河流域先秦时期文化遗存的序列编年与谱系

西拉木伦河属辽河水系，发源于大兴安岭南端的昭乌达高原，源头为沙里漠河和萨里克河，东至科尔沁沙地北缘的通辽。本文所涉及的范围，包括克什克腾旗南部、林西县、巴林右旗、巴林左旗和翁牛特旗北部的西拉木伦河流经区域，方位大体在北纬 43°～44°、东经 117°～120°。这里地处蒙古高原向辽河平原的过渡地带，地势西高东低，西部多山地和狭长的河川谷地，东部为较开阔的洪积平原，间有沙地及丘陵。年平均气温 2～4℃，降水量为 300～400 毫米，基本属于中温带大陆性季风气候[1]。

西拉木伦河以北，由于多旱少雨，地表极易受风力降水侵蚀，生态环境脆弱。现生业状况表现为农业与畜牧业兼营的土地利用方式。与纬度偏低，水热条件更适于农业生产的西拉木伦河南部区域相比，西拉木伦河是一条反映不同生业的临界线，同时由于南北区域环境上的差异，也必然影响到两地的古文化面貌，意味着各自带有区域性的色彩。

## 一、发现与简要回顾

自 1930 年，著名考古学家梁思永先生在林西和阿鲁科尔沁旗采集到一批新石器时代遗物，并撰文立说，开始了我国考古学者对该地区史前文化的探寻工作[2]。之后，又有汪宇平、李逸友、郑隆、吕遵谔等诸位先生，多次进行考古调查[3]。不过这些工作几乎都是地面上的，所以当时对所谓“细石器文化”的认识只能通过简单的类比做出一些年代方面的推测。1960～1961 年，中国科学院考古研究所内蒙古工作队在巴林左旗的考古调查中，发现各地点含细石器遗存面貌上的差别。为了进一步了解其文化内涵，在被统称的“细石器文化”范畴区分出不同的文化类型。1962 年，发掘了富河沟门，南杨家营子和金龟山遗址[4]。这次工作的主要收获有三：一是根据富河沟门遗址出土遗物，提出了富河文化的考古学文化命名；二是在南杨家营子遗址确认富河文化晚于红山文化的地层关系；三是在金龟山遗址发现早于富河文化的遗存（尽管当时主观上并没有把它作为单独的考古遗存辨认出来，而事实上为再认识该地区新石器年代体系提供了重要线索[5]）。可惜这项探索性的工作没能继续下去。

长期以来内蒙古东部的考古发掘主要集中在老哈河流域，而偏北的西拉木伦河流域则因考古工作较少，见诸发表的资料和研究十分薄弱。20世纪80年代中后期，为配合国家“平双公路”和“集通铁路”的基本建设，内蒙古文物考古研究所对林西县白音长汗和克什克腾旗龙头山遗址进行了较大规模的发掘。白音长汗属于新石器时代遗址，先后三次发掘，面积达7000多平方米，共发现了7种新石器时代的考古文化或类型[6]。其中兴隆洼—赵宝沟—红山—小河沿四种文化遗存的地层叠压关系，基本上确立了该地区新石器文化的主要发展序列。龙头山是单纯的夏家店上层文化遗址，1987～1991年共发掘四次，揭露面积5000余平方米[7]。该遗址发掘不仅为夏家店上层文化分期、年代、地域特点及聚落布局的研究提供了一批非常重要的资料，而且将西拉木伦河流域先秦文化序列从新石器延伸到青铜时代。此外，经发掘的还有克什克腾旗南台子[8]、上店[9]，林西水泉[10]，巴林左旗二道梁[11]，巴林右旗塔布敖包等[12]。上述发掘成果使西拉木伦河流域先秦时期考古取得了重要进展。但总体来说，地域考古工作不平衡的现状仍有待改进。

# 二、文化序列与编年

全面了解该流域古文化遗存的面貌、特征，填补文化发展序列上的缺环，从文化谱系上廓清各文化的关系，是西拉木伦河流域先秦考古需要着力解决的重大课题。带着这一课题，2002～2003年，吉林大学边疆考古研究中心和内蒙古文物考古研究所合作，在西拉木伦河流域进行了较大范围的考古调查，并在调查的基础上对重点遗址进行发掘。

此次考古调查涉及克什克腾旗，林西县和巴林右旗三个旗县。先后踏查的遗址有克什克腾旗的天宝同、河套、上孤山子、山前、永明、沟门、影蔽山、关东车、字山、广太河、大营子；林西县的井沟子、西樱桃沟、点将台、东台子；巴林右旗的塔布敖包、查干浑迪、十家子、小林场、和布特哈达、呼特勒、古日古勒台、查尔斯台、那日斯台、锅撑子山等，共25处，在40余个地点采集到新石器和青铜时代的实物标本（图一）。这些遗址主要分布于西拉木伦河上游及查干木伦河和嘎斯太河沿岸，多座落于发育较好的河谷二级台地上，背山面川，地势相对平缓开阔，由于长期人为滥垦及过度放牧等原因，大部分遗址地表裸露，水土流失较严重，已遭不同程度的破坏。地表暴露的遗物较多，一般采集到陶片，石器，兽骨等，并见有灰土圈、石砌台形建筑、墓葬等遗迹。

通过对采集与发掘遗物的识别，并经分类对比研究，可划分出9种不同的文化遗存，按编年顺序排列如下：

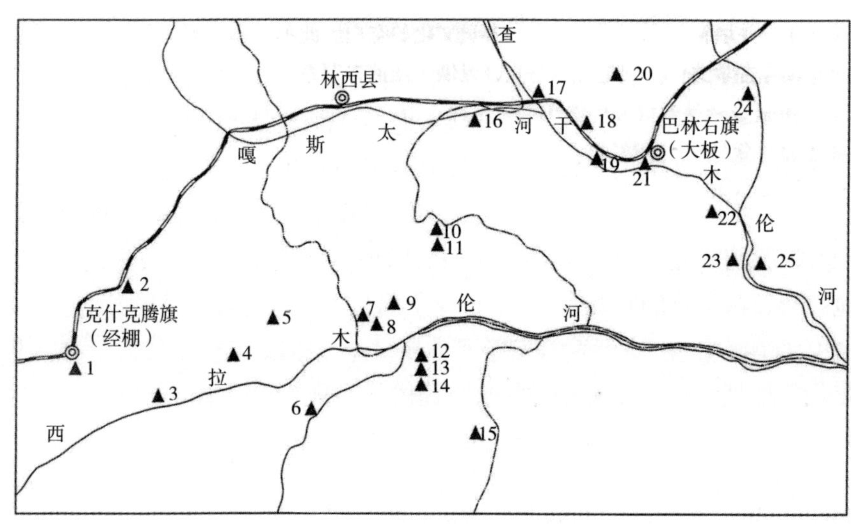


图一　2002～2003年西拉木伦河流域考古调查遗址位置示意图

1. 字山　2. 广太河　3. 影蔽山　4. 关东车　5. 永明　6. 山前　7. 点将台　8. 西樱桃沟门　9. 东樱桃沟门　10. 井沟子（西区墓地）　11. 井沟子西梁　12. 上孤山子　13. 河套　14. 天宝同　15. 沟门　16. 和布特哈达　17. 塔布敖包　18. 查干浑迪　19. 十家子　20. 呼特勒　21. 小林场　22. 查尔斯台　23. 那日斯台　24. 古日古勒台　25. 锅撑子山

（1）以查干浑迪为代表的素面陶筒形罐文化遗存，面貌与小河西文化相似。

（2）兴隆洼文化。面貌具有兴隆洼文化的一般特征，但陶器的纹饰与布局更接近于克什克腾旗南台子遗址。这类遗存目前多见于西拉木伦河以北，并反映出与兴隆洼文化的一些差别，所以有人称为“南台子类型”[13]。

（3）以井沟子西梁为代表的遗存。在已知的考古文化中还没有与之相类似者，年代约相当于兴隆洼文化晚期或略有超出，拟命名为“西梁类型”[14]。

（4）赵宝沟文化。仅见于山前、查尔斯台、十家子等几个遗址。在同一遗址，按采集标本的个体数量统计，发现率远低于红山文化。

（5）红山文化。以查尔斯台和那斯台遗址最为丰富，地表散布有大量的陶片、石器以及动物骨骼，其中细石器较多。那日斯台遗址面积很大，现场观察，依稀可辨成排黑灰土遗迹及残留的灶址。从这两处遗址采集到之字纹陶片，以纵向排列为主，口沿多饰有附加堆纹，器底多见席状编制物印痕，文化面貌与赤峰西水泉为代表的红山文化遗存相同[15]。

（6）夏家店下层文化。仅见于和布特哈达和呼特勒，遗址破坏严重，原始地面几乎无存，周围已完全沙化。

（7）晚商遗存。在塔布敖包、呼特勒、和布特哈达采集到这类陶片数量不多，均为夹砂红褐陶，突出的特征是在口沿和领腰处施戳印纹或泥条堆纹，有的还饰有珍珠纹，鸡冠状錾耳。从口沿残片观察，器形有鬲、罐类。在以往考古文献中，相同特征的类型品还见于克什克腾旗天宝同[16]、林西沙窝子[17]。

（8）夏家店上层文化。这类遗址发现数量较多，尤以克什克腾旗和林西县境内分布最为密集，向东则有所减弱，文化面貌与龙头山遗址相似[18]，与西拉木伦河以南的夏家店上层文化比较，地域特点明显。

（9）以井沟子西区墓葬为代表的遗存，层位关系晚于夏家店上层文化，而且在墓葬结构、丧葬习俗和随葬品方面与夏家店上层文化明显有别，这些差别的存在，表明井沟子西区墓葬代表了一种新型的考古遗存，暂拟称为“井沟子类型”[19]。

上述 9 种文化遗存，几乎涵盖了西拉木伦河流域新石器至青铜时代已知的考古文化。其中，林西井沟子西梁新石器遗存和井沟子青铜时代晚期墓葬两种首次确认的考古遗存，为本地区先秦不同时段考古文化增列了新内容，在对以往文化谱系研究重新审视的同时，又提出了新的研究课题。

## 三、新石器文化谱系

经过几代考古工作者不懈的努力，辽西地区已确认的新石器文化上至8000年以上，下至 4000 年前后，它们构成了一个较完整的编年体系，展示了该地区源远流长的文化传统。如果将辽西地区新石器时代划分为三个发展阶段，发展阶段的早期尚属空白，不过近些年来随着华北北部一系列万年前后新石器早期遗存的发现[20]，人们把更多的目光投向辽西地区，相信在这里找到独立进入新石器时代古文化的源头只是时间问题。目前所认识的小河西文化大体处于新石器时代早期后段，兴隆洼、赵宝沟、红山、小河沿诸文化则处于中、晚期发展阶段。后 4 种文化在各自主要文化成分的相互链接上具有同一文化谱系的延续性，可大体认定是单一体系发展的考古文化。

（1）小河西文化因敖汉旗小河西遗址的发掘而得名。房址为长方形或近方形的半地穴建筑，有大小规格之区别，系成行排列，房内见有灶坑和柱洞。陶器的质地均为夹砂陶，拙厚，火候较低，外表呈黄色或黄褐色。发现的器形主要是平底敞口筒形罐，几乎均为素面，少数在口沿下贴塑有长条形、圆圈形、波折形泥条。石器有打制的锄形器、环形器、石球、饼形器和石刃骨梗鱼鳔等。经过发掘含有这类遗存的遗址有敖汉旗西梁、榆树山，翁牛特旗大新井[21]，林西县白音长汗[22]，阜新查海[23]。据悉在喀喇沁旗马架子[24]，敖汉旗孟克河沿岸[25]，克什克腾旗富顺永[26]，巴林右旗富山地[27]，锦西杨家洼[28]，也曾发现过类似陶片，随着考古工作的不断深入，其分布范围还有扩大的趋势。关于小河西文化的年代，大多数学者认为早于兴隆洼文化。这主要是通过它们陶器特征的类比，以及白音长汗遗址提供了层位学方面的依据[29]。但也有学者指出，白音长汗遗址的兴隆洼文化年代普遍偏晚，所以尚不足以直接对两者年代作出判断[30]。据最近发表的查海遗址 1992～1994 年度发掘报告[31]，有些情况值得关注。其一，根据叠压打破关系对遗址的分期，含草划交叉纹陶器的房址晚于单纯出素面陶器的房址，而早于灰褐陶之字纹陶器的房址，由于草划交叉纹属于兴隆洼文化偏早阶段出现的纹饰，所以素面陶遗存早于兴隆洼文化。其二，从查海遗址平面布局来看，出素面陶器的房址仅见于遗址的西北部（Ⅱ区），且排列方式与大多数兴隆洼文化房址相一致，两者只是在临界范围发生打破关系。遗址分期也显示素面陶作为单独序列，在遗址的晚期仍可见到其踪迹。由此表明两者在一段时间内是并存的。其三，如果把素面陶作为小河西文化的典型特征，阜新查海的素面陶筒形罐口沿下均有一条施斜线纹的附加堆纹带，风格统一，地域特征明显。事实上白音长汗遗址出土的素面陶筒形罐，与西拉木伦河以南认定的小河西文化同类器也有纹样上的区别。据此我们提出三点认识：①小河西文化比兴隆洼文化在辽西出现的年代早，但并不排除两种文化有共时的可能；②小河西文化素面陶特征及简单的泥条装饰手法，与兴隆洼文化陶器表面施满纹饰的风格明显不同，就目前揭示的材料来看，两者之间不存在承继或衍生关系；③应该注意这种素面陶遗存已显露出来的地域上的文化面貌差别。

（2）在本次调查中发现含兴隆洼文化遗物的遗址有山前、西樱桃沟、塔布敖包、查干浑迪、小林场、呼特勒、古日古勒台等。采集的陶片均夹砂，一般颗粒较小，分布均匀，系有意掺入，也有少数夹粗砂和云母者。器表多黄褐色，但由于烧制不匀，陶色不纯正。可辨认器形只有筒形罐，腹壁较直，器底普遍较厚。纹饰以压划为主，口沿部饰凹弦纹和索状条带纹（一种以平行斜线为底，其上复施间距较大凹弦纹构成的纹样），其下主体纹饰有交叉纹、平行斜线纹，也间有细密的类之字纹。上述遗址采集的石器，多见大型打制亚腰锄形器，琢制环形器及磨盘、磨棒等。从文化面貌来看，这类遗存具有兴隆洼文化的一般特点，但器形、纹饰更接近于白音长汗遗址的兴隆洼文化一期遗存[32]，与克什克腾旗南台子遗址出土的大部分陶器也很相像[33]。以目前对兴隆洼文化分期的认识，上述遗址年代偏早，并显示出与西拉大伦河以南兴隆洼文化地域文化特征的差异。

（3）以林西井沟子西梁为代表的遗存，文化面貌独特。陶器质地疏松，硬度较低，吸水性强，烧制火候不高。器形以筒形罐为主，器壁普遍较厚，器表多为黄褐色，陶胎见有石英砂颗粒。其纹饰特点突出，以条形堆纹和线型压划纹所构成的组合纹样，与目前辽西地区已发现的新石器文化均不相同。石器方面，以大型打制砍伐器出土的数量最多，形制古朴，器体敦厚。其他石制工具，如敲砸器、锋刃器、斧形器、石球等加工粗糙，器表仍保留有较多的自然面。通体磨制的石器较少，磨盘、磨棒多残断，发现的细石器均为石叶。结合骨角制品和房址堆积内大量的动物烧骨分析，该遗址以狩猎采集经济为主，农业迹象并不明显。

这种文化面貌独特遗存为首次发现，井沟子西梁遗址清理的 11 座房址无叠压或打破。根据个别房址（F12）废弃堆积中出有红山文化典型遗物的层位关系，可以判定以西梁为代表的这类遗存年代早于红山文化。从技术层面分析，也表现出某些新石器较早期遗存的特点。如与兴隆洼文化相比较，在陶器的质地，制法，烧制火候，石器的分类和制作工艺等方面，均有共性特征。然而，两者的区别还是十分显著的。从房址的形制结构来看，西梁遗址房址规格较小，有凸字形门道和储物壁龛。另外，居室地面和壁面经过特殊加工的房址，沿壁穴内四周均有柱洞，中部设有圆形石板灶。以上列举各项，均有别于兴隆洼文化。从陶器造型和纹饰来看，西梁遗址出土的陶器，筒形罐器身普遍较矮，弧腹者器底与腹壁结合处修成抹圆形。流行在器口沿施平行条形堆纹及各种极富特色的泥条堆塑纹样。以压划为特点的线型主体纹饰，一般不分段，近器底处留有不施纹的空白。兴隆洼文化的筒形罐器体瘦高，腹壁斜直，下腹壁与器底结合处呈钝角。典型纹饰布局为口沿下饰有数道凹弦纹，主体纹饰为分段的交叉或平行斜线纹，中期以后流行之字纹，并形成口沿叠唇和附加泥条堆纹带的三段式布局定式。另外，西梁的砍伐器与兴隆洼的亚腰锄形器类比，后者窄柄，宽肩；前者无明显柄与肩的分界，只在器身两侧修琢出对称凹缺。

从以上分析可以看出，西梁遗存与兴隆洼文化存在明显的差别，而且也不能将其归入辽西地区已认定的其他新石器文化，所以应另立为一种新的考古学文化，拟命名为“西梁类型”[34]。西梁遗址采自房址居住面上的 2 个木炭样本，经碳十四测定，年代分别为距今 7060 年±50 年和 6885 年±50 年（半衰期 5568 年，未作树轮校正）。采用同一标准，比对兴隆洼、白音长汗、查海等遗址提供的 7 个碳十四测年数据，兴隆洼文化的年代跨度大体在 7500～6500 年前后[35]。显然，以西梁为代表的这类遗存的年代约相当于兴隆洼文化晚期或略有超出。

在强势的兴隆洼文化衰落之时，辽西地区的文化发生了较大变化，由原来“统一”面貌的一种考古文化，分化成内涵各异年代相近的文化遗存，形成了多种文化并立的局面。此间，在西拉木伦河以南至大小凌河一带出现的是赵宝沟文化及彩陶出现之前的早期红山文化；燕山以南，滦河上游与泃河之间出现的是上宅文化和相类似的遗存。西拉木伦河沿岸及其迤北地区的情况较为复杂，至少有赵宝沟文化、红山文化、富河文化和西梁类型四种遗存，它们与兴隆洼文化存在着年代或谱系上的接继联系，在时间上则相互参差，并在某一时间段有两种以上的遗存可能是共时的。

（4）根据本次调查的情况来看，赵宝沟文化主要见于查干木伦河以西的西拉木伦河上游。含赵宝沟文化的遗址有天宝同、山前、塔布敖包、十家子、查尔斯台。此前，经过发掘的克什克腾旗上店[36]、林西县白音长汗[37]、林西县水泉[38]及翁牛特旗小善德[39]等，也都在这一区域范围内。这里发现的陶器上多施印有窄幅长体线型或篦点之字纹。经仔细观察这种长体之字纹，两端无明显支点窝，推测系片状抹角施纹工具连续折压而就，并以纵向排列为主，通体施印。从之字纹的施纹风格和排列方式来看，均与典型赵宝沟文化（指敖汉旗小山和赵宝沟遗址）有别。水泉遗址出土的扁体罐和斜口罐为该地区所见的新器形，而赵宝沟文化典型的尊形器，及这类陶器表面所饰的种种神化了的动物纹样，在上述遗址都不曾发现。此外，山前和白音长汗遗址中出土的一种两侧平缘长体舌状石器，也为西拉木伦河以南的赵宝沟文化所不见。显然西拉木伦河南、北区域，乃至燕山以南的洵河、滦河流域的赵宝沟文化存在地域文化特征的差别。如果说以往关于赵宝沟文化起源于渤海北岸的提法尚嫌证据不足，最近又有学者指出，作为赵宝沟文化显著特点的几何形纹饰，应源于兴隆洼文化泥条带上的勾连波折纹，在白音长汗即可找到兴隆洼文化晚期这种几何纹已由泥条带上发展到某种特定器物腹部的例证[40]。事实上，阜新查海遗址的兴隆洼晚期筒形罐上也出现了以勾连纹为母题的几何纹饰，并且与赵宝沟文化同类纹饰几乎完全一致[41]。种种迹象表明，赵宝沟文化的几何纹饰并非首先生成于某一地区，然后向周围推广开来，而是与兴隆洼文化的某些压印纹饰有关，兴隆洼文化晚期已普遍孕育着产生新文化的躁动，由此引发的文化变异可能是在上述几个地区同时出现的。由于地域文化面貌的差异从一开始就存在，所以各地赵宝沟文化也呈现出相互间的区别。

（5）在西拉木伦河流域，已知红山文化分布广泛，东自克什克腾旗的永明、天宝同、河套，西至通辽市开鲁县的大榆树、坤都岭、兴安等[42]，尤以西拉木伦河上游沿岸和查干木伦河流域较为密集，并与赵宝沟文化交错分布，两种文化遗存出现在同一遗址的情况也不少见。而在乌尔吉木伦河及科尔沁沙地北缘，红山文化有减弱的趋势，更鲜有赵宝沟文化的发现。

查尔斯台和那日斯台是位于查干木伦河下游右岸的两处重要遗址，也是本次重点复查的遗址。查尔斯台西北距巴林右旗大板镇 23 千米，遗址坐落于查尔斯台哈日花山南侧坡地上。遗址已受到严重破坏，局部见有黑灰土遗迹和残留的灶址，1987 年当地文管部门调查时还发现有成排的房址[43]，但在此次复查中已难觅踪迹。该遗址在东西约 300 米，南北约 150 米范围的地表都散见有遗物。那日斯台北距查尔斯台约 8 千米，南距西拉木伦河 14 千米，遗址坐落于查干木伦河以西地势较平缓的二级台地上，视野十分开阔。现场观察，遗址中心除被那日斯台村民房占据一部分外，已遭不同程度的破坏，可辨黑灰土遗迹和残留的灶址，地表散布有陶片，石器和动物骨骼等。该遗址范围很大，文化内涵十分丰富。曾采集和征集到包括玉器在内的大量遗物[44]。从采集标本的个体数量统计，查尔斯台和那日斯台遗址的主体遗存是红山文化，而本次在查干木伦河调查的情况反映，红山文化类型品的出现率远高于赵宝沟文化。所以仅从两种文化的分布状态来看，它们的繁荣阶段并没有同时在西拉木伦河流域出现。而根据白音长汗和水泉遗址提供的红山晚于赵宝沟文化的层位关系也证实它们并不共存，至少在西拉木伦河流域难以认同这两种文化有平行发展的关系。

目前，红山文化的早期遗存仅在兴隆洼遗址有少量发现[45]，通过其陶器的质地，筒形罐的造型和纹饰特征观察，不排除对兴隆洼文化具有一定的传承关系。但也正如有的学者所指出的那样，“目前所知两种文化的面貌和绝对年代都相距较远，因此兴隆洼文化晚期、红山文化早期的内涵与特征，两种文化之间有无过渡性文化，以及红山文化形成时期是否融入了其他文化因素等问题，都需要进行新的发掘和深入研究才能逐步解决。”[46]

红山文化晚期遗存发现的遗址多集中于大凌河上游，以宗教祭祀性遗址和积石冢为主。这一时期除泥质陶比例有所增加，新出现了一些专门用于祭祀的器形和新的彩陶纹样等，仍然继承了上一阶段遗址红山文化的主要特点。西拉木伦河以北的那日斯台遗址曾出土有大批玉器及彩陶图案（菱形纹、重环纹、鳞纹等）具有红山文化晚期特征的类型品，不过该遗址未经大面积揭露，是一般居住性遗址还是像牛河梁那样具有特殊性的遗址，尚不得而知。

（6）接下来的小河沿文化，辽西地区的新石器文化呈现明显的衰退现象。从敖汉旗调查资料了解到，小河沿遗址发现数量仅为红山文化的五分之一[47]。本次对西拉木伦河流域的考古调查，没有发现可明确辨认的小河沿文化遗物，以往也仅在克什克腾旗的上店和林西白音长汗见有这类遗存[48]。从陶器群不难看出，小河沿文化的组成含有多种文化成分，如取代之字纹的拍印线纹应来自华北或中原；豆座上的三角形镂孔和八角星图案，表明其曾接受过大汶口文化影响；此外还有吸收庙子沟文化因素的反映。但筒形罐作为主要器类仍然延续着当地的传统并没有改变。这一文化的主要特征基本是继承了红山文化发展而来的。

就目前的认识，兴隆洼—赵宝沟—红山—小河沿以单一体系传承更迭的诸考古学文化，是辽西地区贯穿始终的一条文化发展主线。西拉木伦河沿岸及其迤北地区情况则比较复杂。兴隆洼文化晚期，这一区域的新石器文化格局发生了较大变化，由原来“统一”面貌的一种考古文化，衍生出若干种年代相近，内涵各异的文化遗存，出现了多种考古学文化并立的局面。

西梁遗址所揭示的一类遗存文化面貌独特，尤其是其发达的条形堆纹及组合纹样极易辨识。检视以往考古调查发掘材料，已在克什克腾旗、巴林右旗、巴林左旗多个地点发现类似的陶器[49]，目前这类遗存仅见于西拉木伦河以北，在西拉木伦河以南尚不见报道。西梁类型的碳十四测定结果与兴隆洼文化相去不远，但文化面貌的显著差别当暗示两者在文化谱系上的分异。同时它们又有一些相似之处，如西梁类型一部分敞口斜直壁筒形罐的造型接近于兴隆洼文化；西梁最富特色的多条并列堆纹与兴隆洼的多条凹弦纹，在对器口沿装饰的表现形式上有异曲同工之妙。此外，在巴林右旗锅撑子山采集到的一件筒形罐，除造型与兴隆洼相似外，其口部所饰的条形堆纹，被刻意修抹成凸凹的瓦棱状，看起来兼具有西梁和兴隆洼两种陶器施纹风格的双重特点[50]。尽管上述情况反映两者存在某种相互间的联系，不过作为西梁类型主体文化特征的条形堆纹陶器并非是由兴隆洼文化派生出来的，而辽西地区已识别的新石器考古文化序列相互连接的链条中，也很难插入西梁类型这一环节，所以西梁类型的主要成分不可能来自西拉木伦河以南地区。

关于西梁类型发达的条形堆纹来源于松嫩平原甚至更北的黑龙江中游区域的认识

已有论及[51]，而仅见于乌尔吉木伦河大体与赵宝沟文化并行的富河文化，其饰有篦点之字纹的陶器也被排除在辽西地区已构成的自兴隆洼至小河沿连续演进的文化序列之外，就文化因素分析，它与松嫩平原及东西伯利亚南部的新石器文化有较多的相似性[52]，但同样纹饰的陶器在西拉木伦河以南却极为少见。由此表明，西拉木伦河流域的新石器文化不仅存在一条单一谱系的发展序列，而且还存在着游离于辽西主体文化序列之外的谱系线索。对于后者，不论是西梁类型还是富河文化，它们在融入当地文化之前，主体文化成分可能来自区域间文化的传播，甚至不排除有居民的长途迁徙。所以，西拉木伦河流域的新石器文化具有地域分布边缘性（相对辽西文化区而言）和谱系多源化的特点。

## 四、青铜文化谱系

此次在西拉木伦河流域开展的田野考古工作，共发现 4 种青铜时代的遗存，即夏家店下层文化、晚商遗存、夏家店上层文化和以林西井沟子西区墓葬为代表的一种遗存。其中，夏家店下层文化发现的地点虽然只有 2 处，但却颇为重要，为确定该文化分布北界提供了重要线索。晚商遗存采集到的陶片数量不多，其特点有别于魏营子类型。对林西井沟子墓地发掘所揭示的一种新的考古遗存，则填补了本地区晚期青铜时代文化的缺环。上述考古发现仍需要通过进一步的田野工作来加深了解，相关问题也有待进一步研究，但围绕建立西拉木伦河流域青铜文化编年序列及谱系研究取得了突破性进展。

（1）夏家店下层文化遗存仅见于和布特哈达和呼特勒，遗址位于查干木伦河与嘎斯太河交汇处的东西两侧，隔河相对分布，南距西拉木伦河约 40 千米。由于受风沙的强力侵蚀，除残存的几处突兀的台地外，原始地面已无存，周围几乎全部沙化。从坍塌的台地剖面可见黑灰土堆积，其中含有细小的绳纹陶片。地表采集到的陶片有器口沿、鬲裆、实足根等，夹砂黑灰陶，薄胎，火候较高，器表拍印绳纹，纹理较细并饰有间断划纹。石器有亚腰石锄、截面呈三角形的菱形石刀。据悉，现陈列于巴林右旗博物馆的 1 件灰陶绳纹鼓腹罐也是在和布特哈达所得。以往了解，夏家店下层文化在老哈河及西拉木伦河南侧主要支流沿岸，遗址分布的非常密集，有的学者推定其分布的北界不超过羊肠子河[53]。本次调查的一个重要收获，是在西拉木伦河以北找到了有原生堆积的这种文化遗址。看来这里并非如想象的那样完全是夏家店下层文化的盲区，所不同的是，与西拉木伦河以南这一文化持续稳定的分布相比，大概只有小规模的渗透。那么，什么原因阻碍了其向北的扩展？此间是否有另一种考古文化相对峙，这类遗存的文化面貌和性质如何，这些都是存疑的问题。

许多学者认为夏家店下层文化既有对辽西古文化的继承，又有在形成过程种不断吸收外来多种文化因素的发展。然而依目前对辽西古文化编年的认识，小河沿文化与夏家店下层文化之间还有一段时间上的空白。就陶器而言，尽管两者在某些器形上有一定的承袭关系，但陶器群的整体差异十分明显，如果将两者衔接起来的话，似乎其间还存在着某种有待认识的遗存。彰武平安堡二期遗存的发现在这方面提供了有益的线索[54]。这类遗存的一个显著特点是素面磨光筒形罐存续的同时出现了袋足三足器。如果说辽北地区筒形罐的消失和袋足三足器出现有一个过程，这个过程就表现为代表着两个时代标志性陶器的并存。

以往在奈曼旗大沁他拉发现过 2 件素面磨光陶的筒形罐，其腹部置有对称的桥耳或鋬耳，造型与平安堡二期的同类器相似[55]。作者曾将这类遗存析出，认为它不同于辽西地区已识别的任何一种考古学文化，年代应介于小河沿文化与夏家店下层文化之间[56]。另外，20 世纪 50 年代，在林西县锅撑子山也采集到 1 件夹砂灰褐陶筒形罐，该罐大口、筒腹、素面、领口部上下各有一周附加堆纹，两道堆纹之间饰有珍珠纹（一种以钝头小棒由器壁内向外顶压而形成的圆突状纹饰）[57]。同时采集到的遗物还有红褐陶鬲足。这种饰附加堆纹和珍珠纹的筒形罐，年代大体可断在晚商前后[58]。如果将以上列举材料联系起来看，在西拉木伦河沿岸及辽北偏西等地，作为当地筒形罐谱系的延续，可以设想在夏家店下层文化分布北界，还应存在着另一种考古遗存。而提出这一设想的另一证据是，自 1986 年以来，伴随着松嫩平原一系列的考古发掘，该区域青铜至早期铁器时代的文化序列与谱系关系已日渐清晰，尤其是早期青铜文化的发现与认识取得了重要进展。根据对肇源白金宝遗址第三次发掘资料的分期研究，可以确认松嫩平原先于白金宝文化夏至晚商的第一、二期遗存基本都是以筒形罐为主体的，它们之间的主要区别只是二期遗存陶鬲与绳纹的出现所暗示文化风格的转变。白金宝三期遗存是白金宝遗址的主体，此期完成了松嫩平原陶鬲对筒形罐的取代[59]。这一演变过程给我们两点启示：其一，如果没有外来文化因素的刺激和作用，当地文化按正常发展途径不会发生文化面貌的剧烈改变；其二，较之辽西核心区域，松嫩平原筒形罐与陶鬲的交替过程要晚的多。由此比照处于辽西边缘地带的西拉木伦河流域，尤其是北岸区域，在具有时段特征的标识性陶器方面，完全有可能与松嫩平原文化的发展阶段是同步的。从目前掌握的资料来看，从新石器时代两地就已经发生了文化联系，进入青铜时代以后两地处于同一发展阶段所呈现的某些共同的时代特征也证明了这一点。

（2）辽西地区继夏家店下层文化之后出现的夏家店上层文化，陶器群以素面红褐陶为特征，陶器制作工艺粗糙，火候不高，但青铜器相当发达，尤其是林西大井铜矿址的发现和一批具有地方特色仿陶铜容器的出土，表明其青铜铸造水平和生产规模已远远超过了夏家店下层文化，这是一种以定居农业为主要生产方式兼有相当畜牧业成分的考古学文化。

西拉木伦河流域的夏家店上层文化不仅年代偏早，而且文化面貌与其分布范围（南部地区）也有所不同。本次在这一地区的考古调查发现，夏家店上层文化遗址多分布于倚山伴河的岗阜或台地上，遗址面积不大，堆积较薄，文化内涵单一。克什克腾旗影蔽山遗址，南距西拉木伦河约 4 千米，遗址东西长约 500 米，南北宽约 150 米。在这里发现依山势人工修凿的多层平台，平台边缘有用石块砌筑的护坡，地表黑灰土遗迹清晰可见。遗址除采集到大量的夹砂红褐陶片、石器外，还见有散落的人骨。关东车遗址位于克什克腾旗经棚镇东 25 千米处，在该遗址清理的房址为地穴式，居住面平坦硬实似经烧烤，穴壁设有壁龛。墓葬的结构为袋状坑套梯形土坑竖穴式，随葬的器物有陶壶、铜斧、铜刀及铜装饰品。与此结构形制完全相同的房址和墓葬在龙头山遗址也有发现。以上列举的情况，在以赤峰、宁城为中心的夏家店上层文化南部区尚未见报道。而通过陶器与青铜器的对比分析，以文化内涵之差异，考古学界一般观点认为，可将夏家店上层文化南北区域划分为以典型遗址命名的龙头山和南山根两种文化类型。需要指出的是，这种地域文化特征的差别，既有受周邻文化影响强度不同而形成的文化演进中的分异，也有因对比资料不充分或年代上的参差所造成的某种假象。那么哪些是年代上的差别，哪些是地域差别，还有待进一步的考古发现并准确把握分期与编年，来促进这一问题的深入讨论。

克什克腾旗龙头山遗址是目前在西拉木伦河流域发掘面积最大、所获资料最丰富的一处夏家店上层文化遗址[60]。该遗址由祭祀地，居住地和埋葬区三部分组成。据悉，有如龙头山遗址这样“圣”“俗”二元对立的聚落布局，在夏家店上层文化遗址中并非孤例，而是规模较大遗址普遍存在的一种布局模式[61]。根据遗址的层位关系，结合典型器物的类比分析，对以往的分期与编年结论进行了修正的，最新研究成果认为，可将该遗址存续的时间分为三期：第一期大约相当于商周之际；第二期为西周中期前后；第三期应在西周晚期到春秋早期[62]。在此分期基础上，通过对现有资料的全面梳理、归纳，所确立的夏家店上层文化总体分期方案中，人们不难发现北部区西拉木伦河流域除个别墓葬外，基本属于早、中期阶段，缺乏最晚期的遗存；南部区以往发现的夏家店上层文化遗存大多可归于中、晚期阶段，而罕见较早时期的遗存。所以就目前该文化早期遗存的分布情况来看，距今 3000 年左右夏家店上层文化应首先兴起于西拉木伦河流域。

关于夏家店上层文化的来源，以往有研究者曾通过陶器文化因素的分析，尤其是直腹腔陶鬲的谱系研究，推定其主要来自东方下辽河流域的高台山文化[63]。由于两种文化居民的体质特征最为接近，所以这一推测还得到了人种学方面的证明[64]。但构成夏家店上层文化另一类陶鬲，如龙头山遗址早期遗存和翁牛特旗大泡子青铜短剑墓均发现的花边口沿鬲[65]，“这究竟是吸收大小凌河流域魏营子文化（类型）的因素，还是承自当地晚商遗存”[66]，一时尚未得其解。事实上，继夏家店下层文化之后出现的魏营子类型遗存主要见于大小凌河流域，而在努鲁儿虎山以西夏家店上层文化区域内则很少发现，且文化性质一直未能确认。由于龙头山遗址的分期编年将夏家店上层文化年代上限定在商周之际甚至更早，所以当排除两种文化的直接承袭关系。

在本次西拉木伦河流域考古调查中，发现含晚商遗存的遗址有巴林右旗的呼特勒、查尔斯台、和布特哈达和塔布敖包。上述地点采集到一些夹砂红褐陶系的陶片，突出特点是口沿和领部施有戳印纹和泥条堆纹（所谓花边口沿陶器），有的领部饰有珍珠纹或鸡冠状突饰物。从口沿残片观察，器形有直领和弧领两种，应为鬲、罐类器物[67]。以往在林西锅撑子山[68]、巴林右旗古日古勒台[69]、科尔沁右翼中旗小白音胡硕[70]，也曾采集过相同器形和纹饰的陶片。联系到早年克什克腾旗天宝同[71]、翁牛特旗头牌子[72]，曾发现过的殷商青铜容器，看来西拉木伦流域也与相邻的大小凌河和松嫩平原一样，可以专门划分出一段晚商时期的遗存。目前这类遗存的文化性质还很难说清楚，但在上述区域这种具有明显时段特征的类型品（主要饰花边口沿鬲）几乎是同时出现的，并在已建立起的不同区域文化发展序列中起到了承上启下的作用。所以西拉木伦河流域晚商遗存与随之兴起的夏家店上层文化应该存在某种必然的联系，至少夏家店上层文化的形成吸收了当地晚商遗存的因素。

此外夏家店上层文化还可以分析出一些来自北方的文化因素，如仿桦树皮和仿皮囊式陶器，施印于陶器上的鹿形或马形纹样，分叉装铤式柳叶铜镞、素面铜镜、大型铜鹿牌饰等。其中，饰有篦点几何纹和动物纹的仿皮囊陶器等，可能直接来自于松嫩平原的白金宝文化。对龙头山遗址所见的几种青铜器，林沄先生曾指出，柳叶铜镞独特的装铤方式，其原始形式和铸范均发现于西伯利亚的叶尼塞河和额尔齐斯河；背面有单纽的素面铜镜和形式多样的动物形铜牌饰，也是在北方草原地带先流行起来然后向东传输的[73]。至于夏家店上层文化最具代表的銎柄式短剑，其联铸剑柄和早期的直刃剑身形式，显然借鉴了北方系短剑的形制，而这种铜剑的祖型甚至可追溯到曾流行于米努辛斯克盆地的卡拉苏克式短剑[74]。由此推定，夏家店上层文化之初渗入的北方诸文化因素，也是该文化形成机制的一个重要来源。

综上所述，从文化结构的多样性来看，夏家店上层文化有可能是在本地晚商遗存与来自下辽河流域高台山文化结合的基础上，并吸收多种文化因素整合的结果。

（3）夏家店上层文化结束之后，其原分布范围的努鲁儿虎山以西地区遗址非常稀少，据文献记载，在战国燕文化到来之前曾是东胡族活动的领地。所以一些研究者怀疑这里已变成一片宜于放牧的游猎之地，将很难寻觅到物质文化遗存。近年来，先后发表的敖汉铁匠沟A区墓葬[75]和水泉墓地北区墓葬[76]两批材料，由于年代都被推定在春秋晚至战国早期前后，而格外引人关注。

本次发掘的林西井沟子墓地，位于西拉木伦河以北，经过对遗址西区的全面揭露，共清理墓葬58座，灰坑9座[77]。在发掘中，发现有3例墓葬打破夏家店上层文化灰坑的层位关系，说明以墓葬为代表的这类遗存在年代序列上当晚于夏家店上层文化。井沟子西区墓葬皆为长方形或窄梯形土坑竖穴墓，不见石质葬具，双人以上的合葬墓多于单人葬，殉牲现象普遍，随葬陶器墓葬的比例较高。与夏家店上层文化相比较，首先，在墓葬形制与丧葬习俗方面明显有别。其次，这类遗存陶器以夹砂素面红褐或灰褐陶为大宗，器表颜色驳杂，色泽偏于灰暗。器形以形体较大的带领罐为主，另有少量的叠唇罐、四足或三足鬲、钵、壶，不见豆。从陶系、器物组合、形制风格等方面观察，较之夏家店上层文化墓葬出土陶器有显著差异。第三，随葬的青铜器如凸格扁茎直刃剑、舌形铜坠饰、变体鸟首形饰以及骨器中的梭形或长方形骨扣、骨镳、弓弭等基本不见于夏家店上层文化。此外，长铤骨镞也颇具自身特色。这些差别的存在，表明了井沟子西区墓葬为代表的遗存应是区别于夏家店上层文化的一种新型遗存，拟暂称为“井沟子类型”。

井沟子遗存中缺乏可与中原文化系统直接比较并用于断代的遗物。不过，所出随葬品却与敖汉铁匠沟A区墓葬和水泉墓地北区墓葬具有不同程度的相似性。铁匠沟A区三座墓葬出土的几件陶器均可在井沟子西区墓葬的陶器中见到形制十分接近者，两处墓地都出有风格一致的变体鸟首形铜饰、素面和放射短线纹的铜泡、弹簧式耳环、瘦高喇叭状铃形饰、有銎三翼铜镞、“S”形卷云纹铜饰等。而井沟子所出的叠唇罐，与水泉墓地北区墓葬的同类器则极为相似。以上类比显示了它们彼此年代上具有共时的特点。由于被类比的材料年代均认定为春秋晚期至战国早期前后，井沟子遗存的年代大体亦相当于这一阶段。采自井沟子墓葬的2个木炭样品，经常规碳十四测定，年代分别为距今2115年±65年和2485年±45年（半衰期为5568年），可提供参考。

从井沟子墓葬的丧葬习俗和随葬品来看，这类遗存与当地夏家店上层文化显然非同一文化系统。但两者又有一些相同或相近的因素，如井沟子夹砂带领罐的高直领特征、外叠唇陶钵、个别陶鬲腹部带鋬的作风、弹簧式耳环、铃形饰、“S”形卷云纹饰、联珠形饰、铜泡、齿柄小刀、扁茎凹格式短剑、箕形蚌饰等，这些类型品体现了与夏家店上层文化同类器或一些制作风格上的联系。就目前掌握的材料还难以确认井沟子遗存的主要来源。

与井沟子遗存大体同时，在西拉木伦河以南区域并存着铁匠沟、水泉和以周家地墓地为代表的3种遗存。据介绍，铁匠沟A区的3座墓已遭破坏，仅知均为土坑竖穴墓，呈西北—东南向，分单人葬和双人合葬两种，这些特征与井沟子西区墓葬比较接近。同时两者的相似性已如前文所述。但铁匠沟A区墓葬所出野猪形牌饰、虎形铜饰、环首刀、带钩等不见于井沟子西区墓葬，加之有无殉牲等情况无从知晓。所以，是否属于同一种考古学文化，尚有待今后的进一步工作。水泉墓地北区墓葬的葬俗与随葬品则与井沟子遗存有明显差别，两者应属于不同性质的考古学文化。井沟子墓葬所出少量的叠唇罐，只是吸收水泉墓葬为代表的一类遗存的文化因素而已。至于周家地墓地，以往均被定性为夏家店上层文化[78]。这批墓葬的葬俗有别于其他地点的夏家店上层文化墓葬，随葬的短颈罐与长铤骨镞等遗物的风格也不同，因此建议将其从夏家店上层文化中剥离出来[79]。这批墓葬与井沟子西区墓葬相比，有一定的相似性：如墓葬均西北—东南向；有合葬墓及部分墓葬早期被扰的现象；有用牲习俗；有的死者有覆面或面部覆盖大蚌壳；随葬较多的长铤骨镞等。但区别也比较明显，所以还很难对其文化属性做出判定。还需指出的是，井沟子遗址与嫩江流域的汉书二期文化亦有一定的联系。井沟子西区墓葬共出土 5 件陶鬲，其中 3 件可复原，2 件为口腹残片。鬲的整体形状和纹饰风格与汉书二期文化的陶鬲较为接近。但已复原的鬲有 2 件为四足，另 2 件未能复原的鬲也可能为四足鬲。这种四足鬲尚不见于汉书二期文化。这类遗址中的陶鬲虽有可能是受汉书二期文化影响而产生的，但已形成了自身独特的风格[80]。

综合考察，“井沟子类型”所在地域、年代与畜牧狩猎的生业特点，均与文献记载的东胡族相吻合。此外，人骨鉴定该人群具有明显的低颅、阔面与面部扁平的北亚人种性状，与东胡后裔鲜卑和契丹的人种特征十分接近[81]。所以，我们认为这是迄今发现的最有可能为东胡族的考古遗存[82]。

西拉木伦河流域地处欧亚大草原东端，介于农业与游牧业的交错地带。夏家店上层文化之后，这里正是牧业文明形成的关键时期，那么本地区发达的畜牧业抑或游牧业是外来的，还是原有土地利用方式为适从气候环境变迁的转化？井沟子西区墓葬发掘及继续在本地区寻找同类遗存，将为这一问题的解答提供重要线索，同时对我国北方地区牧业文明形成机制的探讨也具有理论意义。

## 注　释

[1] 西北师范大学地理系、地图出版社：《中国自然地理图集》，地理出版社，1984 年，177～183 页；内蒙古自治区测绘局综合队：《内蒙古自治区地图册》，内蒙古自治区测绘局，1989 年。

[2] 《梁思永考古论文集》，科学出版社，1959 年。

[3] 汪宇平：《西拉木伦河流域的新石器时代遗址》，《考古通讯》1955 年 5 期；内蒙古自治区文化局文物工作组：《内蒙古自治区发现的细石器文化遗址》，《考古学报》1957 年 1 期；内蒙古自治区文化局文物工作组：《昭乌达盟巴林右旗细石器文化遗址》，《考古学报》1959 年 2 期；吕遵谔：《内蒙古林西考古调查》，《考古学报》1960 年 1 期。

[4] 中国科学院考古所内蒙古工作队：《内蒙古巴林左旗富河沟门遗址发掘简报》，《考古》1964 年 1 期。

[5] 徐光冀：《乌尔吉木伦河流域的三种史前文化》，《内蒙古文物考古文集》（第一辑），中国大百科全书出版社，1994 年。

[6] 内蒙古自治区文物考古研究所：《内蒙古林西县白音长汗新石器时代遗址发掘简报》，《考古》1993 年 7 期；内蒙古文物考古研究所、吉林大学考古系：《内蒙古林西县白音长汗新石器时代遗址 1991 年发掘简报》，《文物》2002 年 1 期。

[7] 内蒙古自治区文物考古研究所：《克什克腾旗龙头山遗址第一、二次发掘简报》，《考古》1991 年 8 期；齐晓光：《内蒙古克什克腾旗龙头山遗址发掘的主要收获》，《内蒙古东部区考古学文化研究文集》，海洋出版社，1991 年。

［8］ 内蒙古文物考古研究所：《克什克腾旗南台子遗址发掘简报》，《内蒙古文物考古文集》（第一辑），中国大百科全书出版社，1994 年；内蒙古文物考古研究所：《克什克腾旗南台子遗址》，《内蒙古文物考古文集》（第二辑），中国大百科全书出版社，1997 年。

［9］ 克什克腾旗博物馆：《克什克腾旗上店小河沿文化墓地及遗址调查简报》，《内蒙古文物考古》1992 年 1、2 期；克什克腾旗文物志编委会：《克什克腾旗文物志》，内蒙古人民出版社，1993 年。

［10］ 内蒙古文物考古研究所：《林西县水泉遗址发掘述要》，《内蒙古文物考古文集》（第二辑），中国大百科全书出版社，1997 年。

［11］ 内蒙古文物考古研究所：《巴林左旗友好村二道梁红山文化遗址发掘简报》，《内蒙古文物考古文集》（第一辑），中国大百科全书出版社，1994 年。

［12］ 齐晓光：《巴林右旗塔布敖包新石器时代及夏家店上层文化遗址》，《中国考古学年鉴》（1992），文物出版社，1994 年，171、172 页。

［13］ 内蒙古文物考古研究所：《克什克腾旗南台子遗址发掘简报》，《内蒙古文物考古文集》（第一辑），中国大百科全书出版社，1994 年；内蒙古文物考古研究所：《克什克腾旗南台子遗址》，《内蒙古文物考古文集》（第二辑），中国大百科全书出版社，1997 年。

［14］ 吉林大学边疆考古研究中心、内蒙古文物考古研究所：《内蒙古林西县井沟子西梁新石器时代遗址》，《考古》2006 年 2 期。

［15］ 杨虎：《关于红山文化的几个问题》，《庆祝苏秉琦考古五十五年论文集》，文物出版社，1989 年，216～226 页。

［16］ 克什克腾旗文化馆：《辽宁克什克腾旗天宝同发现商代铜甗》，《考古》1977 年 5 期。

［17］ 吕遵谔：《内蒙古林西考古调查》，56，03，5 地点，《考古学报》1960 年 1 期。

［18］ 内蒙古自治区文物考古研究所：《克什克腾旗龙头山遗址第一、二次发掘简报》，《考古》1991 年 8 期；齐晓光：《内蒙古克什克腾旗龙头山遗址发掘的主要收获》，《内蒙古东部区考古学文化研究文集》，海洋出版社，1991 年。

［19］ 吉林大学边疆考古研究中心、内蒙古文物考古研究所：《2002 年内蒙古林西县井沟子遗址西区墓葬发掘纪要》，《考古与文物》2004 年 1 期。

［20］ 见于报道的有河北徐水县南庄头、北京东胡林、怀柔转年等。

［21］ 刘晋祥：《翁牛特旗大新井村新石器时代遗址》；杨虎：《敖汉旗榆树山、西梁遗址》，《中国考古学年鉴》（1989），文物出版社，1990 年，131、132 页。

［22］ 内蒙古文物考古研究所、吉林大学考古系：《内蒙古林西县白音长汗新石器时代遗址 1991 年发掘简报》，《文物》2002 年 1 期。

［23］ 辛岩、方殿春：《查海遗址 1992～1994 年发掘报告》，《辽宁考古文集》，辽宁民族出版社，2003 年，12～43 页。

［24］ 刘国祥、张义成：《内蒙古喀喇沁旗发现大型小河西文化聚落》，《中国文物报》2000 年 1 月 16 日。

［25］刘晋祥：《翁牛特旗大新井村新石器时代遗址》；杨虎：《敖汉旗榆树山、西梁遗址》，《中国考古学年鉴（1989）》，文物出版社，1990年，131、132页。

［26］内蒙古自治区文化局文物工作组：《内蒙古自治区发现的细石器文化遗址》，《考古学报》1957年1期，图八，4、11。

［27］内蒙古自治区文化局文物工作组：《昭乌达盟巴林左旗细石器文化遗址》，《考古学报》1959年2期，图版陆，5。

［28］李恭笃：《辽西杨家洼遗址发现目前我国北方更早的新石器时代文化遗址》，《青年考古学家》（总第十期），1998年。

［29］内蒙古文物考古研究所、吉林大学考古系：《内蒙古林西县白音长汗新石器时代遗址1991年发掘简报》，《文物》2002年1期。

［30］徐光冀、朱延平：《辽西区古文化（新石器至青铜时代）综论》，《苏秉琦与当代中国考古学》，科学出版社，2001年。

［31］辛岩、方殿春：《查海遗址1992—1994年发掘报告》，《辽宁考古文集》，辽宁民族出版社，2003年，12～43页。

［32］索秀芬、郭治中：《白音长汗兴隆洼文化一期遗存及相关问题》，《边疆考古研究》（第2辑），科学出版社，2003年。

［33］内蒙古文物考古研究所：《克什克腾旗南台子遗址发掘简报》，《内蒙古文物考古文集》（第一辑），中国大百科全书出版社，1994年；内蒙古文物考古研究所：《克什克腾旗南台子遗址》，《内蒙古文物考古文集》（第二辑），中国大百科全书出版社，1997年。

［34］吉林大学边疆考古研究中心、内蒙古文物考古研究所：《内蒙古林西县井沟子西梁新石器时代遗址》，《考古》2006年2期。

［35］杨虎：《辽西地区新石器—铜石并用时代考古文化序列与分期》，《文物》1994年5期。

［36］克什克腾旗博物馆：《克什克腾旗上店小河沿文化墓地及遗址调查简报》，《内蒙古文物考古》1992年1、2期；克什克腾旗文物志编委会：《克什克腾旗文物志》，内蒙古人民出版社，1993年。

［37］内蒙古自治区文物考古研究所：《内蒙古林西县白音长汗新石器时代遗址发掘简报》，《考古》1993年7期；内蒙古文物考古研究所、吉林大学考古系：《内蒙古林西县白音长汗新石器时代遗址1991年发掘简报》，《文物》2002年1期。

［38］内蒙古文物考古研究所：《林西县水泉遗址发掘述要》，《内蒙古文物考古文集》（第二辑），中国大百科全书出版社，1997年。

［39］刘晋祥：《翁牛特旗小善德沟新石器时代遗址》，《中国考古学年鉴》（1989），文物出版社，1990年，130、131页。

［40］郭治中：《内蒙古东部区新石器—青铜时代的考古发现与研究》，《内蒙古文物考古文集》（第二辑），中国大百科全书出版社，1997年，13～23页。

［41］辛岩、方殿春：《查海遗址1992～1994年发掘报告》，《辽宁考古文集》，辽宁民族出版

社，2003 年，12～43 页。

［42］ 朱凤瀚：《吉林奈曼旗大沁他拉新石器时代遗址调查》，《考古》1979 年 3 期。

［43］ 朝格巴图：《查日斯台遗址调查简报》，《内蒙古文物考古》2000 年 2 期。

［44］ 巴林右旗博物馆：《内蒙古巴林右旗那斯台遗址调查》，《考古》1987 年 6 期；朝格巴图：《红山文化玉器（那斯台出土）》，《内蒙古文物考古》2000 年 2 期。

［45］ 杨虎：《关于红山文化的几个问题》，《庆祝苏秉琦考古五十五年论文集》，文物出版社，1989 年，216～226 页。

［46］ 杨虎：《关于红山文化的几个问题》，《庆祝苏秉琦考古五十五年论文集》，文物出版社，1989 年，216～226 页。

［47］ 邵国田：《我旗五十年来考古综述》，《敖汉文博》15 期，1997 年。

［48］ 内蒙古自治区文物考古研究所：《内蒙古林西县白音长汗新石器时代遗址发掘简报》，《考古》1993 年 7 期；内蒙古文物考古研究所、吉林大学考古系：《内蒙古林西县白音长汗新石器时代遗址 1991 年发掘简报》，《文物》2002 年 1 期；克什克腾旗博物馆：《克什克腾旗上店小河沿文化墓地及遗址调查简报》，《内蒙古文物考古》1992 年 1、2 期；克什克腾旗文物志编委会：《克什克腾旗文物志》，内蒙古人民出版社，1993 年。

［49］ 据以往考古调查资料，发现这类遗存的地点有克什克腾旗经棚镇附近的瓦盆窑；巴林右旗塔布敖包、锅撑子山、古日古勒台；巴林左旗金龟山等。

［50］ 朱永刚：《查干木伦河流域古遗址文化类型及相关问题》，《考古与文物》2004 年 3 期，图二，4。

［51］ 朱永刚：《论西梁遗存及其相关问题》，《考古》2006 年 2 期。

［52］ 冯恩学：《我国东北与贝加尔湖周围地区新石器时代文化交流的三个问题》，《辽海文物学刊》1997 年 2 期。

［53］ 朱延平：《夏家店下层文化的社会发展阶段》，《中国北方古代文化国际学术研讨会论文集》，中国文史出版社，1995 年。

［54］ 辽宁省文物考古研究所、吉林大学考古学系：《辽宁彰武平安堡遗址》，《考古学报》1992 年 4 期。

［55］ 朱凤瀚：《吉林奈曼旗大沁他拉新石器时代遗址调查》，《考古》1979 年 3 期，图九，1、4。

［56］ 朱永刚、王立新：《大沁他拉陶器再认识》，《内蒙古文物考古文集》（第一辑），中国大百科全书出版社，1994 年。

［57］ 内蒙古自治区文化局文物工作组：《内蒙古自治区发现的细石器文化遗址》，《考古学报》1957 年 1 期，图版贰，1。

［58］ 王立新：《中国东北地区所见的珍珠纹陶器》，《边疆考古研究》（第 2 辑），科学出版社，2003 年。

［59］ 黑龙江省文物考古研究所、吉林大学历史系考古专业：《肇源白金宝——嫩江下游一处青铜时代遗址的揭示》，科学出版社，2009 年。

[60] 内蒙古自治区文物考古研究所：《克什克腾旗龙头山遗址第一、二次发掘简报》，《考古》1991年8期；齐晓光：《内蒙古克什克腾旗龙头山遗址发掘的主要收获》，《内蒙古东部区考古学文化研究文集》，海洋出版社，1991年。

[61] 王立新、齐晓光：《龙头山遗址的几个问题》，《北方文物》2002年1期。

[62] 王立新、齐晓光：《龙头山遗址的几个问题》，《北方文物》2002年1期。

[63] 朱永刚：《论高台山文化及其与辽西青铜文化的关系》，《中国考古学会第八次年会论文集》，文物出版社，1996年。

[64] 朱泓：《夏家店上层文化居民的种族类型及相关问题》，《辽海文物学刊》1989年1期。

[65] 内蒙古自治区文物考古研究所：《克什克腾旗龙头山遗址第一、二次发掘简报》，《考古》1991年8期；齐晓光：《内蒙古克什克腾旗龙头山遗址发掘的主要收获》，《内蒙古东部区考古学文化研究文集》，海洋出版社，1991年；贾鸿恩：《翁牛特旗大泡子青铜短剑墓》，《文物》1984年2期。

[66] 王立新：《辽西区夏至战国时期文化格局与经济形态的演进》，《考古学报》2004年3期。

[67] 朱永刚：《查干木伦河流域古遗址文化类型及相关问题》，《考古与文物》2004年3期，图六。

[68] 内蒙古自治区文化局文物工作组：《内蒙古自治区发现的细石器文化遗址》，《考古学报》1957年1期，图版贰，1。

[69] 巴林右旗博物馆：《巴林右旗古日古勒台新石器时代遗址调查简报》，《内蒙古文物考古》1992年1、2期。

[70] 李甸甫、朱声显：《科尔沁右翼中旗呼林河沿岸原始文化》，《文物资料丛刊》（7），文物出版社，1983年。

[71] 克什克腾旗文化馆：《辽宁克什克腾旗天宝同发现商代铜甗》，《考古》1977年5期。

[72] 苏赫：《从昭盟发现的大型青铜器试论北方的早期青铜文明》，《内蒙古文物考古》1982年2期。

[73] 林沄：《东胡与山戎的考古学探索》，《环渤海考古国际学术讨论会论文集》，知识出版社，1996年；林沄：《中国东北和北亚草原文化交流的一些现象》，（韩国）《博物馆纪要》（第12辑），檀国大学校中央博物馆，1997年。

[74] 朱永刚：《试论我国北方地区銎柄式柱脊短剑》，《文物》1992年12期。

[75] 邵国田：《敖汉旗铁匠沟战国墓地调查简报》，《内蒙古文物考古》1992年1、2期。

[76] 郭治中：《水泉墓地及相关问题之探索》，《中国考古学跨世纪的回顾与前瞻》，科学出版社，2000年。

[77] 吉林大学边疆考古研究中心、内蒙古文物考古研究所：《2002年内蒙古林西县井沟子遗址西区墓葬发掘纪要》，《考古与文物》2004年1期。

[78] 中国社会科学院考古研究所内蒙古工作队：《内蒙古敖汉旗周家地墓地发掘简报》，《考古》1984年5期。

[79] 吉林大学边疆考古研究中心、内蒙古文物考古研究所：《2002年内蒙古林西县井沟子遗址西

区墓葬发掘纪要》，《考古与文物》2004 年 1 期。

[ 80 ] 王立新：《中国东北地区所见的珍珠纹陶器》，《边疆考古研究》（第 2 辑），科学出版社，2003 年。

[ 81 ] 朱泓、张全超、李法军：《内蒙古林西县井沟子遗址西区墓葬出土人骨的人类学研究》，《人类学学报》2007 年 3 期。

[ 82 ] 王立新：《探寻东胡遗存的一个新线索》，《边疆考古研究》（第 3 辑），科学出版社，2004 年。

［原载《西拉木伦河流域先秦时期遗址调查与试掘》,《西拉木伦河考古(一)》,科学出版社，2012 年］

# 科尔沁沙地东北部地区新石器时代遗存初探

本文所涉及的“科尔沁沙地东北部地区”主要指开鲁—扎鲁特旗（鲁北）—科右中旗（白音胡硕）以东，双辽—通榆一线以西，南抵西辽河，北至洮儿河的区域。行政区划包括吉林省白城市、内蒙古通辽市北部三个旗县及兴安盟之一部分。按目前的考古文化分区的认识，科尔沁沙地东北部地区界于辽西、嫩江下游和第二松花江三个考古文化区之间，在东北新石器时代考古文化分布格局中具有重要地位。然而以往（2006 年以前）该地区考古工作较薄弱，尤其新石器时代考古的发现与研究几乎还是空白。

2007 年和 2009 年，吉林大学边疆考古研究中心“科尔沁沙地汉以前考古”课题组在相关文管单位的协助下，对吉林省通榆县、洮南县、白城市洮北区，内蒙古科右中旗、扎鲁特旗、通辽市、开鲁县、科左中旗、奈曼旗、库伦旗等地进行了有针对性的田野调查和复查，期间还观摩了上述旗县的第三次文物普查资料。通过对已刊布调查资料的梳理分析[1]，结合近年来在这一地区几次重要的考古发掘成果[2]，本文拟就科尔沁沙地东北部地区新石器时代遗存的文化特征、性质、年代及各类遗存的空间分布范围等问题进行讨论。由于我们掌握的材料比较零散，认识不一定准确，某些观点将有待考古发掘证实。

## 一、分类与年代

在科尔沁沙地东北部地区，两次调查共新发现或复查含新石器时代遗存的遗址 30 余处，又及经报道和各旗县文物普查确认的地点不少于 20 余处（详见附表）。由于获取的材料均系地面采集，在缺少直接共存关系和地层依据的条件下，本文的分类研究从两方面入手：一是根据陶片的陶质、陶色、火候、制法及纹饰和施纹风格的类比分析；二是通过与周邻考古学文化和本地区近年最新发掘成果的比较，将已知共存关系和特征组合作为参照系。据此，可辨识出 10 种新石器时代遗存，下面重点介绍其中的 6 种，并提出文化性质与年代认识。

第一类遗存：陶质绝大多数为砂质夹蚌陶，陶胎烧制火候较低，质地多疏松，器表附着有灰白色的盐碱呈浅黄色，内胎多呈灰黑色。陶器手制，内外壁有明显的泥圈套接痕迹，在接口处易断裂。器口沿多方唇、斜方唇，唇面见有压印或刻划的短斜线花边。

器表多为素面或近口沿下贴附数周条形附加堆纹，附加堆纹上多施有压印纹（图一）。

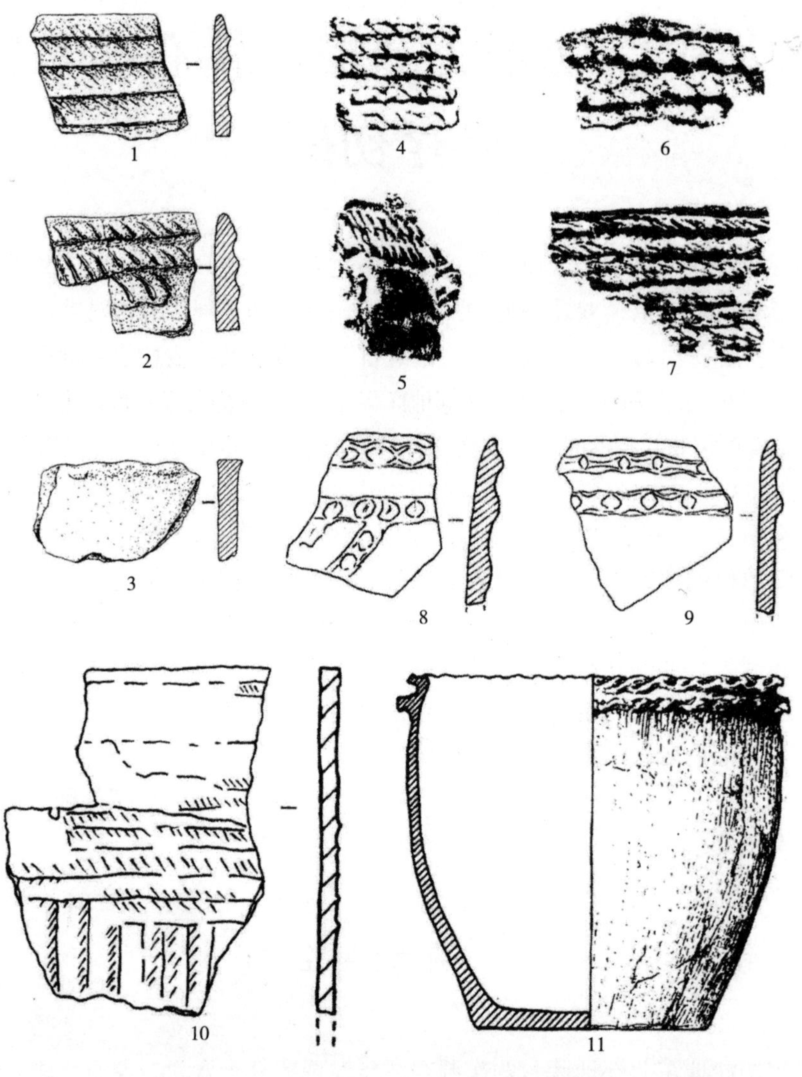

图一　第一类遗存

1～3、7～10. 条形附加堆纹口沿残片　4～6. 条形附加堆纹陶片　11. 筒形罐

（1～3 采自四海泡子第Ⅳ地点；4、5、7、10 采自老富大坨子Ⅱ号遗址；

6 采自大坝坨子遗址；8、9 采自荷叶花遗址；11 采自敖包山Ⅰ号遗址）

这类遗存最显著的特征是器表贴附数周条形附加堆纹的装饰风格。其文化面貌与昂昂溪文化[3]和吉林镇赉黄家围子遗址早期遗存相似[4]。昂昂溪文化的碳十四年代数据上至距今 7000 年以远[5]，下达距今 4500～4000 年[6]，“证明这种富有特色的陶器纹饰在当地延续的时间很长。所谓昂昂溪文化，很可能包含了不同性质，不同发展阶段的考古遗存”[7]。2007 年发掘的洮北双塔遗址，发现该类遗存早于红山文化时期墓葬，这一层位关系为第一类遗存的年代提供了重要证据[8]。

第二类遗存：陶质绝大多数为夹细砂陶，陶胎较薄，烧制火候较高，质地坚硬，器表为红褐色或褐色，内壁多呈黑色。陶器制作规整，内外壁都经过磨光处理。口沿多为尖圆唇，有少量方唇。纹饰主要有压印之字纹和刻划纹两类。之字纹的弧度较小，在陶器近口处饰密集的横压竖排之字纹，其下饰数周密集的竖压横排之字纹，竖压横排之字纹的支点窝明显。刻划纹纤细，纹样有双线几何纹、单线几何纹、平行线纹、人字纹等。此外，还有戳压断续直线纹、扭曲纹等。可辨器形有筒形罐、钵等（图二）。

图二　第二类遗存

1～4. 之字纹陶片　5、8、13. 平行线纹陶片　6、7. 窝点纹陶片　9～12. 单线几何纹陶片　14. 人字纹陶片　15. 断续直线纹陶片　16、18. 双线几何纹陶片　17. 扭曲纹陶片（2、14、18 采自老富大坨子Ⅱ号遗址；3 采自西固仁茫哈遗址；4、9、13、17 采自敖恩套布遗址；7、8、10 采自白菜营子遗址；其余采自大坝坨子遗址）

第二类遗存的整体特征与第二松花江流域文化区的左家山二期文化相似[9]，基本可以将其归入左家山二期文化。左家山二期文化的年代大体在公元前 4500～前 4000 年[10]。但这类遗存常见的刻划双线几何纹、平行线纹等在左家山二期文化中并不常见，不排除存在地域文化差异的可能。

第三类遗存：陶质主要是砂质和砂质夹蚌陶，陶胎烧制火候高低不均，火候较高者质地较为坚硬，陶色以黄褐色和红褐色为主，内胎呈褐色的火候偏低。陶器手制痕迹明显，皆泥圈套接而成，个别陶器似经慢轮修整。器口沿为圆唇，有的口沿外有回泥。器表多素面磨光或施滚压窝纹，少数遗址还见有滚压的菱格纹。滚压窝纹应为质地较粗糙的麻绳缠绕于棒状工具，斜向交错滚压而成，纹痕多密集规整。由于施纹时所用麻绳的粗细不同，所以形成的纹痕大小粗细不等。由于陶器施纹后普遍经抹修，所以有的窝纹模糊不清，呈麻点状。可辨器形有筒形罐、壶、钵、盆等（图三）。

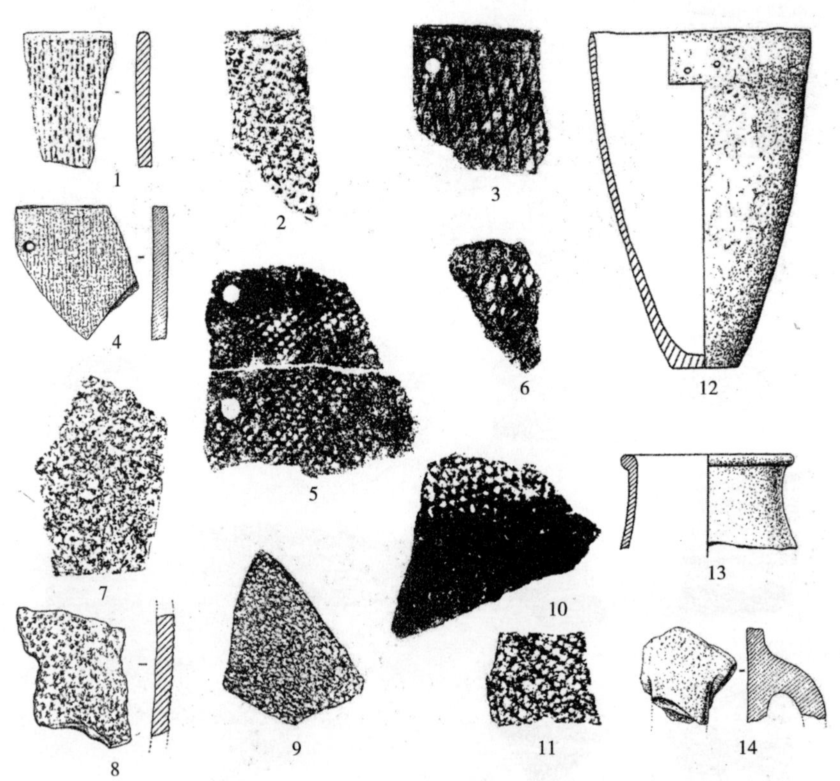


图三　第三类遗存

1、2. 窝点纹口沿残片　3. 棱格纹口沿残片　4～6. 棱格纹陶片　7～11. 窝点纹陶片
12. 窝点纹筒形罐　13. 壶口沿残片　14. 窝点纹器耳残片
（1、8 采自四海泡子第Ⅲ地点；2、5、6 采自嘎查营子第Ⅱ地点；3、10、11 采自敖包山Ⅰ号遗址；4、13、14 采自四海泡渔场家属区遗址；7 采自西固仁茫哈遗址；9 采自白菜营子遗址；12 采自长坨子Ⅱ号遗址）

第三类遗存最显著的特点是器表所施的滚压窝纹。2007年发掘的洮北双塔遗址曾发现该类遗存的墓葬，墓葬中随葬有“麻点纹”罐、兽面纹玉佩和玉环等[11]，发掘者依据共存的红山文化风格的玉器和层位关系，推断这类遗存的年代相当于红山文化时期，同时考虑到“麻点纹”为主的装饰风格和墓葬形制、葬俗与红山文化有别，认为是一种新的文化类型[12]。2010年发掘的哈民忙哈遗址，明确了这类遗存的自身特色和器物组合关系，提出命名为“哈民忙哈文化”[13]。因哈民忙哈遗址发现共出有红山文化晚期阶段的竖压横排之字纹和快轮加工的泥质陶器及彩陶片，由此推测其年代大体相当于红山文化晚期，距今约5500～5000年[14]。

第四类遗存：陶质主要是砂质、夹砂和砂质夹蚌陶，陶胎烧制火候一般，陶色以红褐色为主，亦有红色、黄褐色等。手制，表面经过磨光。器口沿多为圆唇。器表普遍施有纹饰，主要是压、划的横压竖排和竖压横排之字纹，之字纹的弧度较大，两端的支点窝不明显，纹饰排列疏朗。有的遗址还采集到饰黑彩的彩陶片。可辨器形仅有筒形罐（图四）。

第四类遗存的之字纹与红山文化的之字纹相似，尤其是与红山文化西水泉期[15]的之字纹风格更为接近。红山文化西水泉期的年代大致为公元前4500～前3500年。值得注意的是，此类遗存在陶质、陶色方面与第三类遗存有相似性，在某些遗址还同时采集到这两类遗存的陶片，所以不排除部分之字纹陶片可能与第三类遗存同属于一种考古学文化。但由于目前我们对这一地区新石器时代遗存的了解尚不全面，所以暂依据陶片的纹饰特征，将这类具有红山文化风格的之字纹陶片单独划分为一类遗存。

第五类遗存：陶质为砂质夹蚌陶，陶胎烧制火候较低，质地疏松，陶色为红褐或灰褐色。手制，器形不甚规整。器口沿多为方唇，有的唇面压印有花边。器表普遍施有纹饰，主要有压印的篦齿纹、坑点纹和指甲纹等（图五）。

以长坨子Ⅲ号遗址为代表的这类遗存[16]，以发达的篦齿纹和坑点纹为特色，纹饰缜密整齐，或斜向排列，或横向呈条带状布局。这类遗存与俄罗斯境内安加拉河下游的科瓦河口遗址的同类纹饰风格十分接近，科瓦河口遗址的年代距今6000～4500年[17]。在我国境内发现与之相类似的篦齿纹，主要见于牡丹江流域的振兴文化[18]和兴凯湖畔的新开流文化[19]中。此类遗存在长坨子遗址调查简报中被划为“长坨子A类遗存”，推测年代为距今6000年以前[20]。篦齿纹在嫩江下游文化区有着较长的文化传统，第五类遗存很可能与嫩江下游及其更北地区的考古学文化有着密切的联系，我们可暂将其称为“长坨子类型”。

第六类遗存：陶质以夹细砂为主，陶胎较薄，烧制火候一般，质地较硬，陶色以黄褐色为主，黑褐色和红褐色次之。手制，泥圈套接而成，器表经磨光修理。纹饰主要有附加堆纹、刻划短斜线纹和拍印的交错绳纹等。可辨器形有筒形罐和壶（图六）。

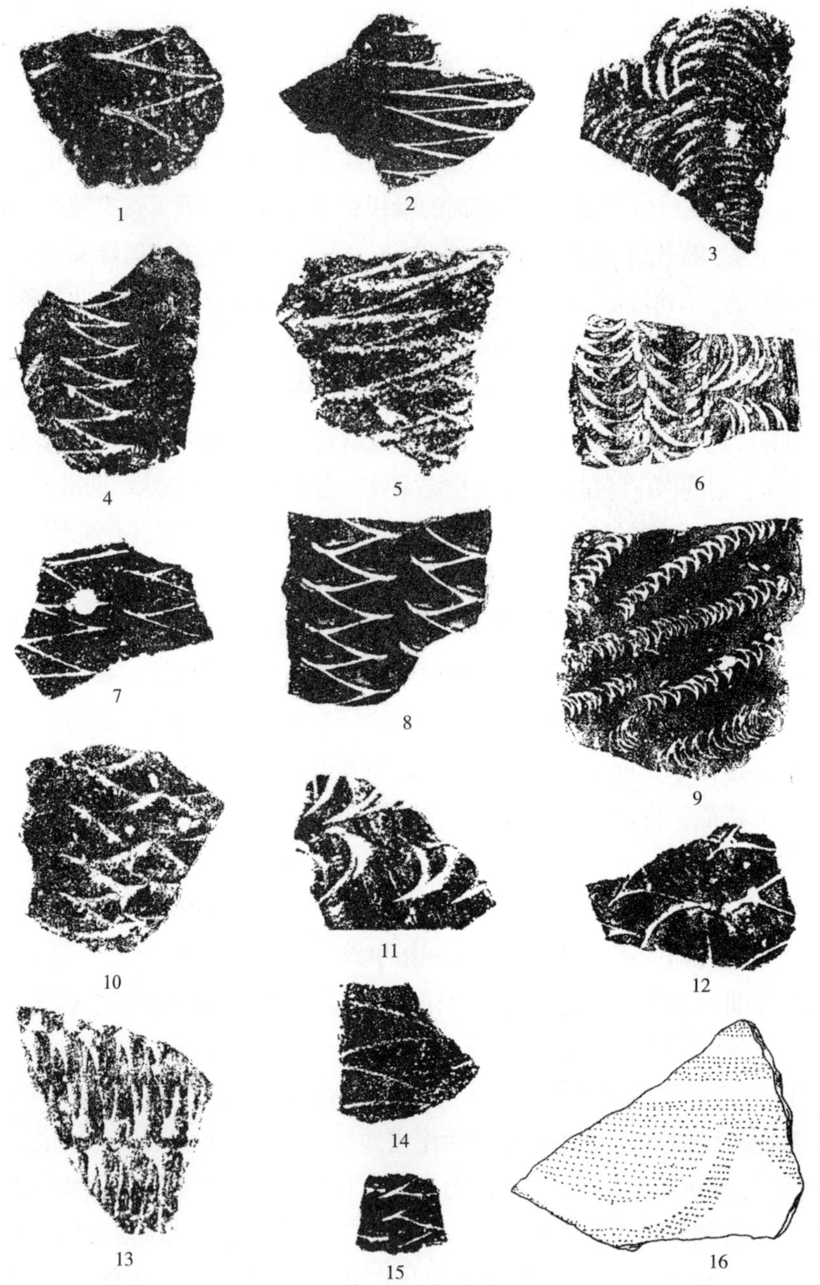


图四　第四类遗存

1～15. 之字纹陶片　16. 彩陶片

（1、3、16 采自老富大坨子Ⅱ号遗址；2、14 采自敖包山Ⅰ号遗址；4、15 采自白菜营子遗址；5、13 采自嘎查营子第Ⅱ地点；6、8、9 采自西固仁茫哈遗址；7、10 采自敖恩套布遗址；11、12 采自大坝坨子遗址）

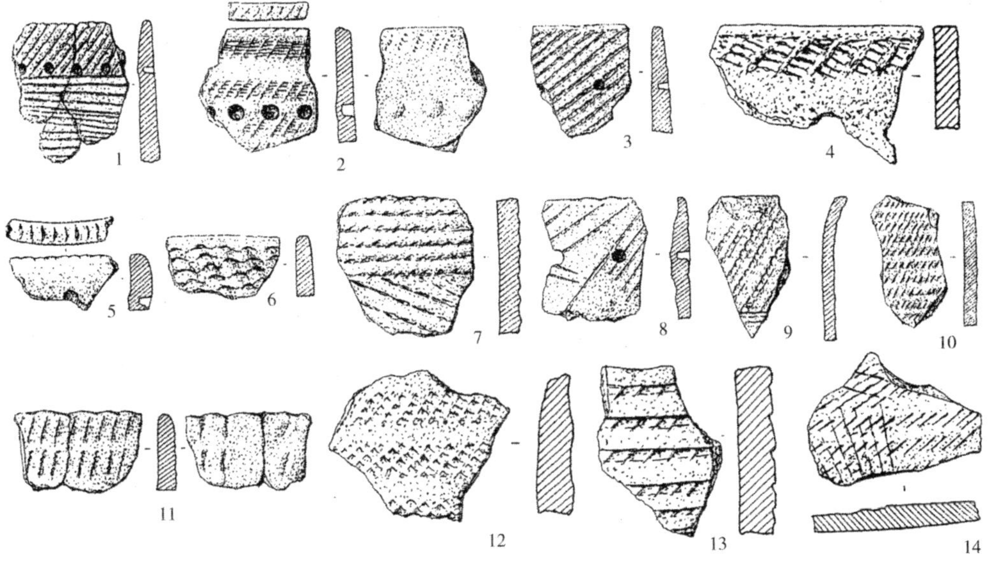

图五　第五类遗存

1～9. 篦齿纹口沿残片　10～14. 篦齿纹陶片（1～13 采自长坨子Ⅲ号遗址；14 采自长坨子Ⅳ号遗址）

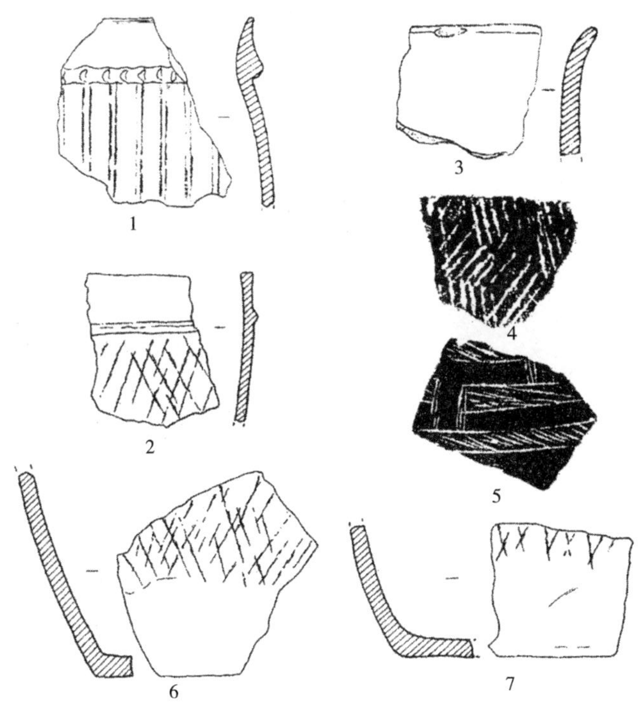

图六　第六类遗存

1. 附加堆纹口沿残片　2. 交错绳纹口沿残片　3. 素面口沿残片　4. 交错绳纹陶片
5. 短斜线纹陶片　6、7. 交错绳纹器底残片
（3 采自荷叶花遗址；5 采自白菜营子遗址；其余采自西固仁茫哈遗址）

对第六类遗存的认识主要依据近年发掘的南宝力皋吐遗址。南宝力皋吐遗址 A、B、C 三地点是文性质相同的新石器时代晚期墓地，随葬陶器反映该类遗存是具有自身文化特点并融入了周邻多种考古学文化因素而形成的一种新的考古学文化类型，称为“南宝力皋吐类型”[21]。结合已有的一些测年结果，初步推测其年代距今 5000～4500 年。第六类遗存的附加堆纹及交错绳纹陶片等，与“南宝力皋吐类型”陶器纹饰风格基本相同，属于同一类遗存。

在对调查材料的整理中，还辨识出其他几种遗存。其中有些陶器的陶质、陶色与第一类遗存近似，器表亦施有附加堆纹，可见刻划花边口沿。但这类遗存的陶质烧制火候较第一类遗存要高，器表多经磨光，制作较规整。附加堆纹上施压印指甲纹、八字纹、戳印纹等。这些纹饰都是双塔遗址第一类遗存所不见的。由于材料所限目前对这类遗存文化性质界定的论据尚不充分，但其制作工艺高于第一类遗存，所以在年代上很可能要晚于后者。

另外，在荷叶花遗址采集到属于兴隆洼文化的之字纹、交叉纹、人字纹、窝点纹等陶片（图七）[22]；在西固仁茫哈遗址采集到属于赵宝沟文化风格的横压竖排之字纹陶片（图八）[23]；在老富大坨子Ⅱ号遗址还采集到属于左家山三期文化的刻划平行短斜线纹陶片（图九）[24]。这三类遗存在两次调查中发现地点极少，采集标本数量也不多，陶片所反映的文化面貌与周邻已知的某些考古学文化相同，并经过报道。

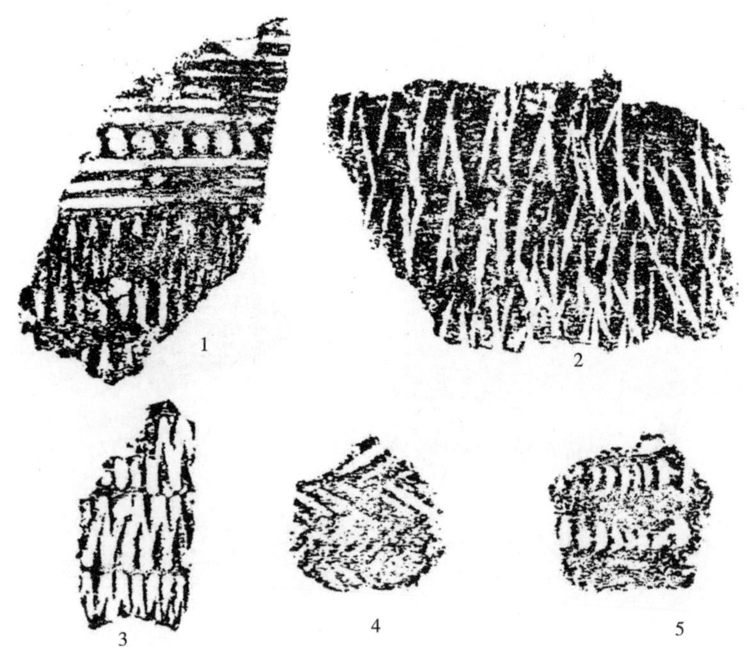

图七　兴隆洼文化陶片

1. 窝点纹陶片　2. 交叉纹陶片　3、5. 之字纹陶片　4. 人字纹陶片（皆采自荷叶花遗址）

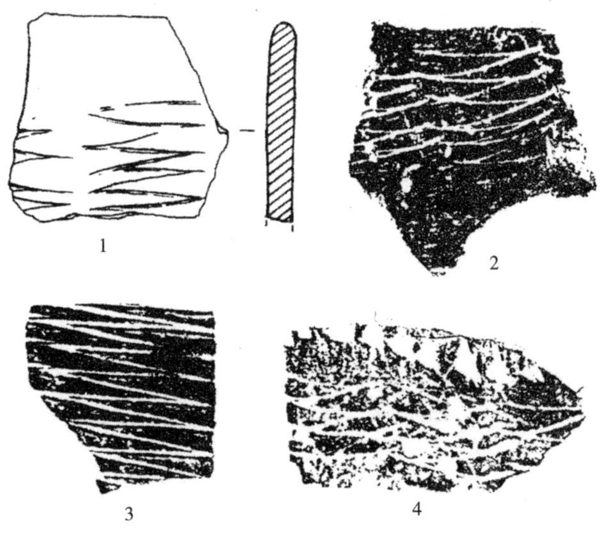

图八　赵宝沟文化陶片

1. 之字纹口沿残片　2～4. 之字纹陶片（皆采自西固仁茫哈遗址）

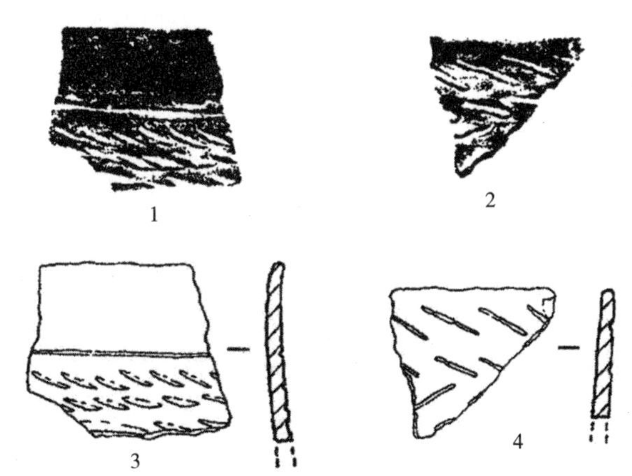

图九　左家山三期文化陶片

1～4. 刻划平行短斜线纹口沿残片（皆采自老富大坨子Ⅱ号遗址）

# 二、地理环境与各类遗存分布

科尔沁沙地分布在西辽河及其干支流的冲积平原上，其东北部地区位于辽河平原和松嫩平原连接的中间地带。区域内地势平坦，河流广布，沙坨、草甸、湖沼镶嵌分布。科尔沁沙地面积为 62431 平方千米，东北部地区约占沙地总面积的三分之一强。

通辽至双辽之间，沙丘多成片状分布，连绵起伏，垄状弧形排列，亦有孤立的沙丘，当地俗称坨子。主要呈东西走向的垄状沙丘，迎风坡常有风蚀坑、风蚀沟。垄状沙丘带间分布有古河床、湖沼或甸子地。沙垄上散生有松、槭、栎、榆等乔木遗株和低矮灌木，地表生长有碱草。垄坡及相间地带多被开垦成农田。这些沙丘大多已固定，植被覆盖率达 50%以上[25]。科尔沁沙地东北部地区可细分为两个小区，大致以新开河为界，新开河以北地区的沙丘散布在源出大兴安岭的河流下游的平原上，呈现出固定沙丘与湖沼湿地相间的景观；以南地区沙丘多分布在西辽河干支流及纵横古河床的沙质冲积平原上，表现为固定、半固定沙丘与古河道或低湿洼地相交错的特点[26]。

科尔沁沙地属温带大陆性气候，年平均气温 5～8℃，年降水量 350～400 毫米。受海洋季风影响，其水分条件较我国其他沙地丰富，有利于土壤发育和植被生长，但又是气候变化的敏感地带，生态环境脆弱。沙地地层剖面显示，自全新世以来这里曾发生数度草原与沙地的轮回[27]。距今 8000～50000 年间，是全新世大暖期中气候最适宜时期，这一时期水热条件较好，科尔沁沙地土壤发育，风沙减少，沙地收缩。西南方向的辽西地区先后出现兴隆洼文化、赵宝沟文化、红山文化。距今 5000～4000 年前后，气候变冷，环境恶化，使沙地复活扩大，在辽西地区史前文化上反映的是小河沿文化遗址发现数量减少，分布范围缩小。此后，因气候与环境的变迁，科尔沁沙地又有过多次扩大或缩小[28]。

据 2009 年，我们对库伦旗和奈曼旗调查及了解的“三普”调查情况来看，科尔沁沙地西辽河以南发现的新石器时代遗址较少，文明面貌基本与辽西文化区一致，而有别于西辽河以北的科尔沁沙地东北部地区。在科尔沁沙地东北部地区两次考古调查共发现含新石器时代遗存的遗址 30 余处，结合该区域内各旗县文物普查资料以及部分市县文物志报道[29]，采集过新石器时代标本的地点不少于 50 处（附表）。这些遗址多分布由西向东流经本区的新开河、勒高琴格讷乌河和霍林河干流及其支流附近，海拔 150～180 米，尤以河流、泡沼沿岸的沙岗、漫坡为集中。虽然遗址的地貌特征、水文条件与植被环境比较接近，但审视不同遗存的遗址在本区空间上的坐落位置却有所不同，我们可初步掌握几类主要遗存的分布情况。

第一类遗存分布在新开河以北，主要分布在勒高琴格讷乌河沿岸和霍林河干流附近，个别见于洮儿河附近（图一〇，1）。

第二类遗存分布在白音胡硕至通辽一线的以东地区，向东可进入长岭境内。主要分布在新开河至霍林河的区域间，尤以新开河、勒高琴格讷乌河和霍林河干流附近，及勒高琴格讷乌河与霍林河之间的泡沼地带较为密集（图一〇，2）。

第三、四类遗存空间坐落位置有所重合，分布范围相比其他类遗存最广。主要分布在新开河、勒高琴格讷乌河和霍林河干流附近，及河流间的泡沼地带。第四类遗存发现的遗址密度要高于第三类遗存，向南可分布至西辽河北岸（图一〇，3、4）。

第五类遗存仅发现 3 处遗址，集中分布在勒高琴格讷乌河与霍林河之间的两个较大水泡附近（图一〇，5）。

第六类遗存分布在霍林河以南地区，主要发现于新开河和勒高琴格讷乌河沿岸（图一〇，6）。

此外，在勒高琴格讷乌河沿岸还发现含兴隆洼文化和左家山三期文化陶片的遗址；新开河南岸采集到赵宝沟文化陶片。

科尔沁沙地东北部地区新石器时代含多种类型的考古遗存，不同类型的考古遗存反映了不同时期、不同文化系统、不同文化在这一地区的分布及活动情况。虽然上述各类遗存在空间分布上各有不同，但彼此间又有分布范围重合的现象。在本区采集过新石器时代标本的 50 余处遗址中，有近半数的遗址可辨识出 1 种以上的新石器时代遗存，这些遗址主要分布在新开河、勒高琴格讷乌河和霍林河干流及其支流附近。这一现象似可说明，各类遗存所体现的人群在本区内遗址的选择上较为接近，多喜好生活在水文条件与植被环境相对较好的河流与泡沼附近。

## 三、序列与编年

通过前文对科尔沁沙地东北部地区新石器时代遗存的划分及其文化性质、年代和分布范围的研究，我们对各类遗存的考古学文化面貌有了初步的认识，虽然个别遗存的文化性质和年代的认定尚不充分，但可基本搭建起这一地区新石器时代考古学文化的年代序列，并划分为五个阶段：

第一阶段，以荷叶花遗址的兴隆洼文化遗存为代表。这类遗存与辽西文化区兴隆洼文化面貌一致，在本区目前只发现一处，位于勒高琴格讷乌河南岸，是科尔沁沙地东北部地区目前已知年代最早的遗存。

第二阶段，以赵宝沟文化一类遗存为代表。在本区新开河南岸只发现两处。赵宝沟文化是主要分布在辽西文化区的一种新石器时代考古学遗存，年代在公元前 5000～前 4500 年[30]。

第三阶段，以第二类遗存和第四类遗存为代表。第二类遗存可归入到第二松花江流域文化区的左家山二期文化，年代在公元前 4500～前 4000 年，较其他辨别的遗存其分布偏于本区的东部。第四类遗存具有辽西文化区红山文化特点，年代在公元前 4500～前 3500 年，下限可延至公元前 3000 年前后，在本区内分布广泛。

第四阶段，以第三类遗存为代表。第三类遗存是本区具有自身特色、新辨识出来的一类遗存，已被单独命名“哈民忙哈文化”[31]，年代在公元前 3500～前 3000 年。与第三类遗存空间坐落的位置有所重合，分布较为广泛。

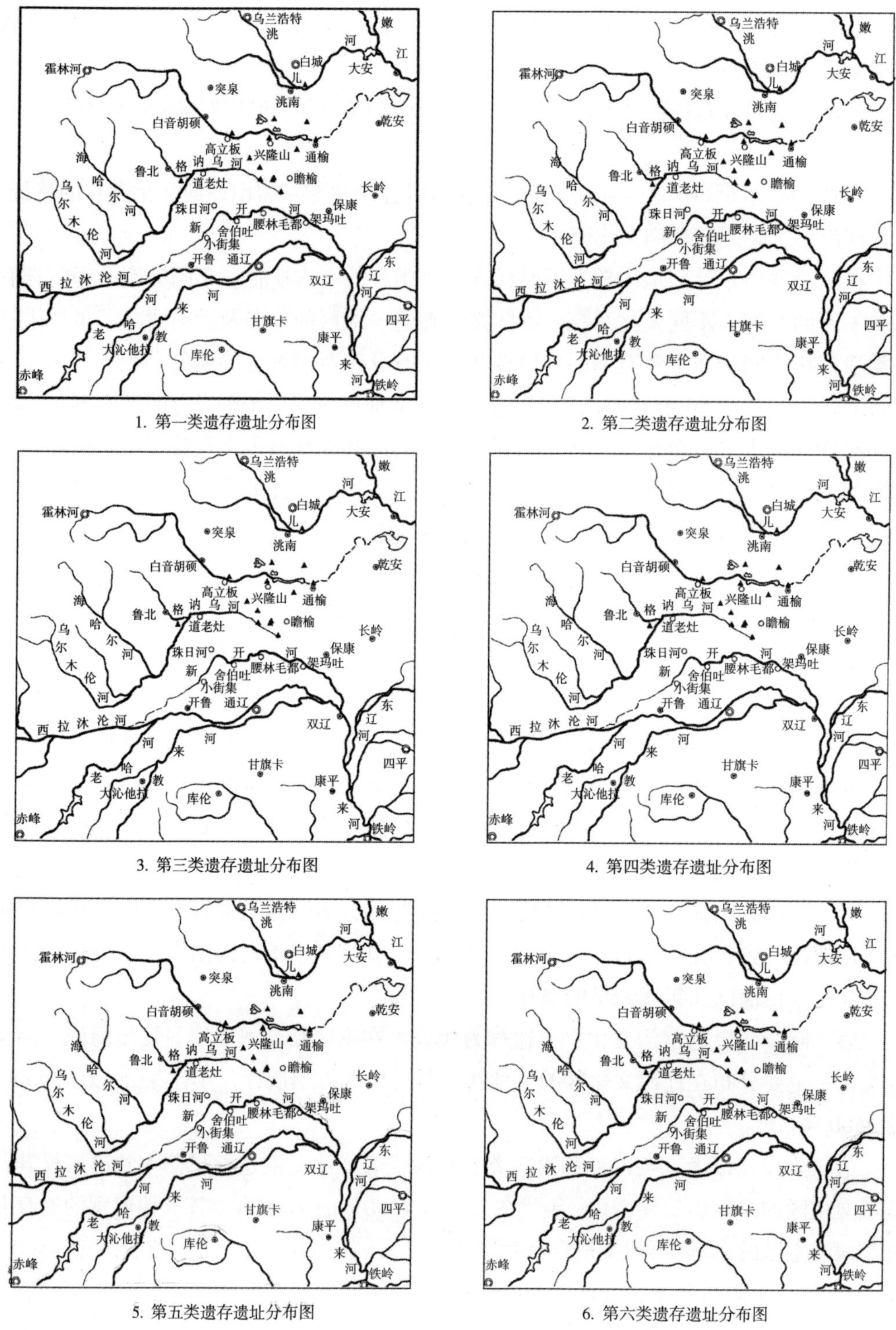


1. 第一类遗存遗址分布图

2. 第二类遗存遗址分布图

3. 第三类遗存遗址分布图

4. 第四类遗存遗址分布图

5. 第五类遗存遗址分布图

6. 第六类遗存遗址分布图

图一〇　6种主要遗存的遗址分布图

第五阶段，以第六类遗存为代表。第六类遗存是融入了周邻多种考古学文化因素而成的一种具有自身特色的考古学文化类型，称“南宝力皋吐类型”，年代在公元前3000～前2500年。主要发现于霍林河以南的新开河和勒高琴格讷乌河干流沿岸。

除上述几类年代较为明确的遗存外。第一类遗存与嫩江下游文化区的昂昂溪文化较为接近，可归入同一文化系统，但昂昂溪文化的年代跨度较大，目前仅从双塔遗址提供的层位关系推测其年代很可能早于第四阶段，在本区分布于新开河以北地区。第五类遗存较有自身特色，可暂称为“长坨子类型”，目前仅在勒高琴格讷乌河以北发现3处遗址，年代推测在距今6000年以前，即不晚于第三阶段。左家山三期文化遗存仅在本区东部的勒高琴格讷乌河北岸发现2处遗址，左家山三期文化的年代约在公元前3500～前2500年[32]。

## 四、结　　语

科尔沁沙地主要分布在西辽河及其干支流的冲积平原上，是一个相对独立的地理单元。科尔沁沙地东北部地区由于西辽河的阻隔，气候、地貌、土壤及植被环境十分接近。区域内沙坨、草甸、河流与湖沼镶嵌分布为特色，构成了与西辽河以南辽西文化区不同的自然景观。全新世初期至距今5000年前后全新世大暖期的到来，使本区域进入环境适宜期，广阔的草原和充足的水源，为史前时期人类活动，尤其为以狩猎采集生业为主的居民提供了良好的条件。

以往这一地区汉以前时期的考古工作较少，学界对本区新石器时代的考古学文化面貌知之甚少，与周邻已知的几大考古学文化区相比，基本是一个“空白地带”。从两次调查的材料来看，该地区最晚在新石器时代中期就有人类活动，而且延续的时间很长。本文按各类遗存出现的编年序列划分为五个阶段。

前三个阶段，可以明显反映出周邻文化向这一地区的渗透与传播。有西南方向辽西文化区兴隆洼、赵宝沟和红山诸文化；北方嫩江下游文化区昂昂溪文化；东方第二松花江流域文化区左家山二期文化。同时，来自不同方向的周邻文化分布范围又有所不同。辽西文化区的诸遗存除红山文化时期覆盖较广外，兴隆洼和赵宝沟文化仅见于勒高琴格讷乌河以南地区；嫩江下游文化区的昂昂溪文化及相关遗存主要分布在新开河以北地区；第二松花江流域文化区的左家山二期文化则基本发现于白音胡硕至通辽一线的以东地区。第五类遗存“长坨子类型”，虽有一定的自身特色，但明显反映受到自更北方向考古学文化的影响。

从第四阶段开始，这一地区在融入周邻其他文化区文化因素的基础上，开始发展形成具有自身特色的考古学文化。如第四阶段分布范围较广的第三类遗存“哈民忙哈文化”，以及第五阶段分布于霍林河以南的新开河和勒高琴格讷乌河干流沿岸的第六类遗存“南宝力皋吐类型”。周邻区单纯的考古学文化遗存已很少在本地区发现，多是以某种文化因素的形式融入上述两种文化遗存中。

由此看来，科尔沁沙地东北部地区在东北地区新石器时代考古学文化的研究中起着重要的作用。它是辽西文化区、嫩江下游文化区、第二松花江流域文化区文化传播、交流的中间地带，又是多元文化融合的漩涡地带，其南北方文化影响的分界线大致以松辽分水岭为界。随着周邻诸考古学文化区文化因素的不断渗透和影响，科尔沁沙地东北部地区逐渐形成了具有自身特色的考古学文化，愈加强化了其在东北新石器时代考古学文化中的区域特征。

本文是基于 2007 年和 2009 年两次田野调查材料整理分析后而写作完成的。两次调查并不是系统的区域性考古调查，所以只能粗略地反映出这一地区新石器时代考古学文化的整体面貌及时空格局状况。深入的研究还有待于日后进一步开展田野工作。科尔沁沙地地区沙漠化严重，考古遗址均遭到不同程度的破坏，有些遗址已经消失殆尽，这将是我们今后考古工作的重大挑战。

## 注　释

[1] 朱永刚、郑钧夫：《通榆县三处史前遗址调查与遗存分类》，《边疆考古研究》（第 7 辑），科学出版社，2008 年；王立新、宋德辉、夏宏宇：《吉林洮南四海泡渔场家属区遗址的复查与初步认识》，《边疆考古研究》（第 8 辑），科学出版社，2009 年；朱永刚、王立新：《敖恩套布和西固仁茫哈遗址复查与遗存辨析》，《边疆考古研究》（第 9 辑），科学出版社，2010 年；王立新、豆海峰：《吉林洮南四海泡子四处遗址调查与初步认识》，《边疆考古研究》（第 9 辑），科学出版社，2010 年；朱永刚、张哈斯、温景山：《科左中旗白菜营子遗址复查与遗存试析》，《内蒙古文物考古》2010 年 2 期；郑钧夫、朱永刚：《内蒙古科右中旗嘎查营子史前遗址复查与初步研究》，《边疆考古研究》（第 10 辑），科学出版社，2011 年；金旭东、褚金刚、王立新：《吉林省通榆县长坨子四处遗址的调查》，《北方文物》2011 年 3 期；朱永刚、朱秀娟：《扎鲁特旗荷叶花遗址调查》，《内蒙古文物考古文集》（第四辑），科学出版社，2013 年。

[2] 内蒙古文物考古研究所、科尔沁博物馆、扎鲁特旗文物管理所：《内蒙古扎鲁特旗南宝力皋吐新石器时代墓地》，《考古》2008 年 7 期；王立新：《双塔遗址》，《田野考古集萃——吉林省文物考古研究所成立二十五周年纪念》，文物出版社，2008 年；塔拉、张亚强：《内蒙古昆都岭遗址发掘取得重要收获》，《中国文物报》2008 年 11 月 26 日第 2 版；内蒙古文物考古研究所、扎鲁特旗文物管理所：《内蒙古扎鲁特旗南宝力皋吐新石器时代墓地 C 地点发掘简报》，《考古》2011 年 11 期；内蒙古文物考古研究所、科左中旗文物管理所：《内蒙古科左中旗哈民忙哈遗址 2010 年发掘简报》，《考古》2012 年 3 期。

[3] 梁思永：《昂昂溪史前遗址》，《梁思永考古论文集》，科学出版社，1959 年。

[ 4 ] 吉林省文物考古研究所：《吉林镇赉县黄家围子遗址发掘简报》，《考古》1988年2期。

[ 5 ] 中国社会科学院考古研究所：《中国考古学中碳十四年代数据集（1965～1991）》，文物出版社，1992年。

[ 6 ] 赵宾福：《东北石器时代考古》，吉林大学出版社，2003年。

[ 7 ] 朱永刚：《论西梁遗存及其相关问题》，《考古》2006年2期。

[ 8 ] 王立新：《双塔遗址》，《田野考古集萃——吉林省文物考古研究所成立二十五周年纪念》，文物出版社，2008年。

[ 9 ] 吉林大学考古教研室：《农安左家山新石器时代遗址》，《考古学报》1989年2期；吉林省文物考古研究所：《吉林东丰县西断梁山新石器时代遗址发掘》，《考古学报》1991年4期。

[10] 赵宾福：《东北石器时代考古》，吉林大学出版社，2003年。

[11] 王立新：《双塔遗址》，《田野考古集萃——吉林省文物考古研究所成立二十五周年纪念》，文物出版社，2008年。

[12] 王立新、宋德辉、夏宏宇：《吉林洮南四海泡渔场家属区遗址的复查与初步认识》，《边疆考古研究》（第8辑），科学出版社，2009年。

[13] 内蒙古文物考古研究所、科左中旗文物管理所：《内蒙古科左中旗哈民忙哈遗址 2010 年发掘简报》，《考古》2012年3期。

[14] 内蒙古文物考古研究所、科左中旗文物管理所：《内蒙古科左中旗哈民忙哈遗址 2010 年发掘简报》，《考古》2012年3期。

[15] 杨虎：《关于红山文化的几个问题》，《庆祝苏秉琦考古五十五年论文集》，文物出版社，1989年。

[16] 金旭东、褚金刚、王立新：《吉林省通榆县长坨子四处遗址的调查》，《北方文物》2011年3期。

[17] 冯恩学：《俄国东西伯利亚与远东考古》，吉林大学出版社，2002年。

[18] 黑龙江省文物考古研究所等：《河口与振兴——牡丹江莲花水库发掘报告（一）》，科学出版社，2001年。

[19] 黑龙江省文物考古工作队：《密山县新开流遗址》，《考古学报》1979年4期。

[20] 金旭东、褚金刚、王立新：《吉林省通榆县长坨子四处遗址的调查》，《北方文物》2011年3期。

[21] 内蒙古文物考古研究所、扎鲁特旗文物管理所：《内蒙古扎鲁特旗南宝力皋吐新石器时代墓地C地点发掘简报》，《考古》2011年11期。

[22] 朱永刚、朱秀娟：《扎鲁特旗荷叶花遗址调查》，《内蒙古文物考古文集》（第四辑），科学出版社，2013年。

[23] 朱永刚、王立新：《敖恩套布和西固仁茫哈遗址复查与遗存辨析》，《边疆考古研究》（第9辑），科学出版社，2010年。

［24］ 朱永刚、郑钧夫：《通榆县三处史前遗址调查与遗存分类》，《边疆考古研究》（第 7 辑），科学出版社，2008 年。

［25］ 裘善文等：《中国东北西部沙地与沙漠化》，科学出版社，2008 年。

［26］ 中国科学院内蒙古宁夏联合考察队：《内蒙古自治区及其东部毗邻地区水资源及其利用》，科学出版社，1982 年。

［27］ 宋豫秦、张卫、曹淑艳：《科尔沁沙地人地系统协调性分析》，《中国沙漠》1999 年 19 期。

［28］ 李水城：《西拉木伦河流域古文化变迁及人地关系》，《边疆考古研究》（第 1 辑），科学出版社，2002 年。

［29］ 吉林省文物志编修委员会：《通榆县文物志》，内部资料，1985 年；吉林省文物志编修委员会：《洮安县文物志》，内部资料，1982 年；吉林省文物志编修委员会：《白城市文物志》，内部资料，1985 年。

［30］ 赵宾福：《东北石器时代考古》，吉林大学出版社，2003 年。

［31］ 王立新、宋德辉、夏宏宇：《吉林洮南四海泡渔场家属区遗址的复查与初步认识》，《边疆考古研究》（第 8 辑），科学出版社，2009 年；内蒙古文物考古研究所、扎鲁特旗文物管理所：《内蒙古扎鲁特旗南宝力皋吐新石器时代墓地 C 地点发掘简报》，《考古》2011 年 11 期。

［32］ 赵宾福：《东北石器时代考古》，吉林大学出版社，2003 年。

［原载《边疆考古研究》（第 11 辑），科学出版社，2012 年，与郑钧夫合著］

**附表　科尔沁沙地东北部地区新石器时代遗址统计表**

| 遗址名称 | 遗址位置（旗/县） | 坐标 | 包含遗存种类 | 已报道情况 |
|---|---|---|---|---|
| 敖包山Ⅰ号遗址 | 通榆县兴隆山镇长胜村西北约 1.5 千米 | N44°50.846′、E122°25.362′ 海拔 183.7 米 | 第一类遗存、第三类遗存、第四类遗存 | 《边疆考古研究》（第 7 辑）《通榆县文物志》 |
| 半拉格森南坨子遗址 | 通榆县包拉温都乡半拉格森村西约 1 千米 | N44°15.120′、E122°30.050′ 海拔 156 米 | 第四类遗存 | |
| 查森昭遗址 A 地点 | 通榆县新发乡联合村李四窝棚西南 500 米 | N44°26.287′、E122°17.063′ 海拔 169 米 | 第一类遗存、第二类遗存、第三类遗存、第四类遗存 | |
| 查森昭遗址 B 地点 | 通榆县新发乡联合村李四窝棚西南 500 米 | N44°26.287′、E122°17.063′ 海拔 169 米 | 第二类遗存、第三类遗存、第四类遗存 | |
| 长坨子Ⅰ号遗址（B 区） | 通榆县团结乡新春村七组潘家窝铺自然村西北约 1.5 千米处 | N44°41.184′、E122°06.792′ 海拔 176 米 | 第一类遗存 | 《北方文物》2011 年 3 期 |
| 长坨子Ⅱ号遗址 | 通榆县团结乡新春村七组潘家窝铺自然村东北约 3 千米处 | N44°41.237′、E122°07.815′ 海拔 175 米 | 第三类遗存 | 《北方文物》2011 年 3 期 |
| 长坨子Ⅲ号遗址 | 通榆县团结乡新春村七组潘家窝铺自然村东北约 4 千米处 | N44°41.632′、E122°08.889′ 海拔 168 米 | 第五类遗存 | 《北方文物》2011 年 3 期 |
| 长坨子Ⅳ号遗址 | 通榆县团结乡新春村七组潘家窝铺自然村东北 | N44°42.044′、E122°08.632′ | 第四类遗存、第五类遗存 | 《北方文物》2011 年 3 期 |
| 大坝坨子遗址 | 通榆县新发乡联合村一社孙家窝棚村南约 5 千米处 | N44°27.186′、E122°27.571′ 海拔 145 米 | 第一类遗存、第二类遗存、第三类遗存、第四类遗存 | 《边疆考古研究》（第 7 辑） |
| 东哈拉毛头遗址 | 通榆县兴隆山镇东哈拉毛头村东 1 千米 | N44°54.833′、E122°43.702′ 海拔 154 米 | 第四类遗存 | 《通榆县文物志》 |
| 东学堂遗址 | 通榆县龙山乡长青村东学堂屯北 | N45°02.853′、E123°02.174′ 海拔 148 米 | 第一类遗存 | |
| 二龙山屯遗址 | 通榆县龙山乡二龙山屯西北 150 米 | N45°02.285′、E122°59.004′ 海拔 149 米 | 第四类遗存 | |
| 二龙坨子遗址 | 通榆县新发乡联合村太平屯西北约 2 千米 | N44°30.124′、E122°20.854′ 海拔 162 米 | 第二类遗存、第三类遗存、第四类遗存 | |

续表

| 遗址名称 | 遗址位置（旗/县） | 坐标 | 包含遗存种类 | 已报道情况 |
|---|---|---|---|---|
| 老富大坨子Ⅱ号遗址 | 通榆县包拉温都乡新立村西南8千米 | N44°20.668′、E122°34.512′ 海拔154米 | 第一类遗存、第二类遗存、第四类遗存、左家山三期文化遗存 | 《边疆考古研究》（第7辑） |
| 龙源电厂Ⅱ号遗址 | 通榆县兴隆山镇同发乡龙源风力发电厂西南约1千米 | N44°49.502′、E122°6.001′ 海拔177米 | 第三类遗存 | |
| 李永久坨子遗址 | 通榆县新发乡联合村五社新立屯东约1.5千米 | N44°26.834′、E122°27.081′ 海拔168米 | 第一类遗存、第二类遗存、第三类遗存、第四类遗存 | |
| 老窑坨子遗址 | 通榆县瞻榆镇曜东乡三家子村西2.5千米 | N44°22.873′、E122°31.921′ 海拔162米 | 第四类遗存 | |
| 靠山屯遗址 | 通榆县团结乡靠山屯北500米 | N44°40.021′、E122°13.414′ 海拔167米 | 第二类遗存、第四类遗存、第五类遗存 | 《通榆县文物志》 |
| 糜子荒Ⅱ号遗址（北坡） | 通榆县包拉温都乡距村北1.5千米 | N44°16.588′、E122°22.551′ 海拔161米 | 第二类遗存、第四类遗存 | |
| 破坨子遗址 | 通榆县新发乡联合村一社孙家窝棚村西南约700米 | N44°28.576′、E122°26.499′ 海拔165米 | 第二类遗存、第四类遗存 | |
| 四海泡子第Ⅲ地点 | 洮南县安定镇四海泡子南沿，四海村西南约400米 | N45°04.134′、E122°30.560′ 海拔166米 | 第三类遗存 | 《边疆考古研究》（第9辑） |
| 四海泡子第Ⅳ地点 | 洮南县安定镇四海村西南约200米 | N45°04.174′、E122°30.926′ 海拔155米 | 第一类遗存、第三类遗存 | 《边疆考古研究》（第9辑） |
| 四海泡渔场家属区遗址 | 洮南县安定镇四海渔场家属村西南约100米 | N45°04.221′、E122°32.134′ 海拔169米 | 第三类遗存 | 《边疆考古研究》（第8辑） |
| 苏公坨子二十二号屯屯北遗址 | 通榆县苏公坨子乡二十二号屯北侧，正南距乡政府1.5千米 | N44°40.478′、E123°20.235′ 海拔155米 | 第二类遗存 | |
| 双塔遗址 | 白城市洮北区德顺乡双塔村北和西北方向 | | 第一类遗存、第三类遗存 | 《田野考古集萃——吉林省文物考古研究所成立二十五周年纪念》 |

续表

| 遗址名称 | 遗址位置（旗/县） | 坐标 | 包含遗存种类 | 已报道情况 |
| --- | --- | --- | --- | --- |
| 毡匠铺遗址 | 通榆县兴隆山镇毡匠铺村东南 1.5 千米处 | N44°52.344′、E122°23.033′ 海拔 170 米 | 第二类遗存、第四类遗存 | |
| 张俭坨子遗址 | 通榆县新兴乡新发屯西北 1.5 千米处 | N44°44.300′、E122°52.302′ 海拔 158 米 | 第三类遗存、第四类遗存 | 《通榆县文物志》 |
| 民主“草库伦”遗址 | 通榆县团结公社民主大队西南 6 华里处“草库伦”北岗和东岗上 | | 第四类遗存 | 《通榆县文物志》 |
| 民主苗圃南岗遗址 | 通榆县团结公社民主大队西北 2.5 千米处民主苗圃南部的东西走向沙岗 | | 第一类遗存、左家山三期文化遗存 | 《通榆县文物志》 |
| 前永兴屯东坨子遗址 | 通榆县新兴公社西太大队前永兴屯正东 250 米的西北东南走向沙丘 | | 第一类遗存 | 《通榆县文物志》 |
| 三道岗子遗址 | 通榆县城郊公社永青大队正北三华里的三道岗子上 | | 第一类遗存 | 《通榆县文物志》 |
| 三宝屯遗址 | 通榆县边昭公社南 15 华里三宝屯车站东南三华里 | | 第二类遗存 | 《通榆县文物志》 |
| 新胜南山遗址 | 通榆县新华公社桑树大队新胜屯南 2 华里的沙岗上 | | 第四类遗存 | 《通榆县文物志》 |
| 周荣屯北岗遗址 | 通榆县八面公社周荣屯北二华里的沙岗东坡 | | 第二类遗存 | 《通榆县文物志》 |
| 嘎查营子遗址第 2 地点 | 科右中旗杜尔基镇嘎查营子村北的高岗上，霍林河东侧支流的东岸，高出河川约 30-50 米 | N45°15.148′、E121°14.412′ 海拔 348 米 | 第三类遗存、第四类遗存 | 《北方文物》2005 年 1 期；《边疆考古研究》（第 10 辑） |
| 努很道卜遗址 | 科右中旗高丽板镇附近 | | 第一类遗存、第三类遗存 | “三普”调查材料 |
| 荷叶花遗址 | 扎鲁特旗道老杜苏木荷叶花嘎查牧铺西约 1 千米 | N44°24.318′、E121°04.345′ 海拔 225 米 | 兴隆洼文化遗存、第一类遗存、第六类遗存 | 《内蒙古文物考古文集》（第四辑），科学出版社，2013 年 |
| 达米花遗址 | 扎鲁特旗道老杜苏木南宝力皋吐地区 | | 第三类遗存、第四类遗存 | “三普”调查材料 |

续表

| 遗址名称 | 遗址位置（旗/县） | 坐标 | 包含遗存种类 | 已报道情况 |
| --- | --- | --- | --- | --- |
| 南宝力皋吐遗址 | 扎鲁特旗道老杜苏木南宝力皋吐村南2千米 |  | 第六类遗存 | 《考古》2008年7期 |
| 昆都岭遗址 | 扎鲁特旗道老杜苏木荷叶花嘎查 |  | 第六类遗存 | 《中国文物报》2008年11月26日第2版 |
| 敖恩套布遗址 | 科左中旗道仑套布苏木敖恩套布村西南约2.5千米，新开河与三八水库之间 | N44°05.492′、E122°31.374′海拔168米 | 第二类遗存、第四类遗存 | 《边疆考古研究》（第9辑）；“三普”调查材料 |
| 白菜营子遗址 | 科左中旗腰林毛都苏木白菜营子村南约4千米 | N44°02.642′、E122°34.574′海拔164米 | 第二类遗存、第三类遗存、第四类遗存、第六类遗存 | 《内蒙古文物考古》2010年2期；2007年调查材料；“三普”调查材料 |
| 西固仁茫哈遗址 | 科左中旗架玛吐镇西固仁茫哈村西南约3千米 | N43°55.721′、E122°59.485′海拔146米 | 第二类遗存、第三类遗存、第四类遗存、第六类遗存、赵宝沟文化遗存 | 《边疆考古研究》（第9辑）；“三普”调查材料 |
| 玻璃山遗址 | 科左中旗太平乡后太平村村北200米 |  | 第四类遗存 | 《北方文物》1998年4期 |
| 哈民忙哈遗址 | 科左中旗舍伯吐镇东南约20千米 |  | 第三类遗存 | 待刊 |
| 金山堡子遗址 | 科左中旗努日木镇 |  | 第六类遗存 | “三普”调查材料 |
| 五分场遗址 | 科左中旗珠日河牧场 |  | 第六类遗存 | “三普”调查材料 |
| 新艾力遗址 | 科左中旗新艾力南约1千米 |  | 第四类遗存 | 《考古》1965年5期 |
| 西毛都嘎查遗址 | 科左中旗舍伯吐镇 |  | 第六类遗存 | “三普”调查材料 |
| 敖包筒遗址 | 开鲁县吉日嘎拉吐镇 |  | 第四类遗存 | “二普”调查材料 |
| 大兴村遗址 | 开鲁县小街集镇 |  | 第三类遗存、第四类遗存、赵宝沟文化遗存 | 《考古》1979年3期；“二普”“三普”调查材料 |
| 坤都冷遗址 | 开鲁县坤都冷公社梨树大队南沙丘 |  | 第四类遗存 | 《考古》1979年3期 |
| 前河村遗址 | 开鲁县街集镇前河乡 |  | 第六类遗存 | “二普”调查材料 |
| 兴安乡中学遗址 | 开鲁县大兴村 |  | 第三类遗存 | “二普”调查材料 |

# 近年科尔沁沙地新石器时代考古发现与研究的新进展

## 一、地理环境与以往考古工作简述

科尔沁沙地位于北纬42.5°～45°、东经120°～123.5°，总面积达6万余平方千米[1]。该地区西起辽西山地东缘（海拔500米以下），东至东西辽河交汇处，北抵松辽分水岭，南达奈曼旗——科左后旗一线，行政区划包括内蒙古通辽、兴安盟南部的科右中旗和吉林西部的通榆、双辽等市县。西辽河自西向东横贯科尔沁沙地，由汇入西辽河的老哈河、教来河、新开河、海哈尔河形成的冲积平原地势平坦，区域内沙丘连片分布，绵延起伏，大体呈东西走向的垄状沙丘，迎风坡常有风蚀洼地，积水形成湖泡。沙坨、疏林、草甸、湖泡相间分布，构成独特的自然景观。

科尔沁沙地春季干旱少雨，夏季温暖湿润，冬季寒冷干燥，平均气温5～8℃，降水量350～400毫米，属温带半干旱季风气候。受海洋季风影响，科尔沁沙地常年水分条件较好，有利于土壤发育和植物生长。现植物群落为松、栎、榆、山楂等乔木遗株和低矮灌木，地表覆盖有鸡锦儿、蒿类、蕨类、碱草。由于植被的覆盖率受降水影响产生较大波动，丰水年份流动沙丘易于固定，连续干旱或人为因素破坏则使环境发生急剧变化。地层剖面显示，自全新世以来本区域曾几度发生草原与沙地的交替轮回[2]。距今8000～5000年，全新世大暖期气候最适宜时期，水热条件较充沛，土壤发育，风沙减少，沙地收缩。这一时期，西南方向辽西地区先后形成兴隆洼文化、赵宝沟文化、红山文化，尤其红山文化遗址分布范围显著增大。距今5000～4000年前后，气候变冷，环境恶化，沙地复活扩大，辽西地区相应反映出现的小河沿文化遗址分布稀疏，数量减少。此后，因气候与环境变迁，科尔沁沙地又有多次扩大和缩小[3]。进入历史时期，科尔沁以大草原著称，这里成为我国北方游牧民族与农耕民族的交错分布地带。近代，当地的土地利用方式以农业为主，兼营畜牧业，由于滥垦和过度放牧等原因，造成地下水位下降，部分湖泡干涸，植被破坏，沙地面积有进一步扩大的趋势。科尔沁沙地气候变化敏感，生态环境脆弱，决定了人们活动空间与时间的波动性，所以在这一地区的田野考古工作是十分困难的。然而随着内蒙古东部地区考古学文化研究的不断深入，开展科尔沁沙地考古尤其是新石器时代考古学术课题迫在眉睫。

长期以来，内蒙古东部地区考古工作一直围绕以赤峰为中心的老哈河、西拉木伦河流域展开，而位于东部西辽河干支流冲积平原上的科尔沁沙地，则十分薄弱。业内很早就开始对科尔沁沙地周边地区进行过多次考古调查，在科尔沁沙地周边地区开展的考古调查最早可追溯到20世纪初。1906～1908年，日本人类学家鸟居龙藏三次进入当时的热河（即赤峰）境内野外调查，首次披露该地区史前文化信息。接下来法国人桑志华、德日进数次到内蒙古东南部考察细石器遗址。1930年，梁思永在发掘齐齐哈尔昂昂溪遗址后，返程途经通辽、天山、林西、赤峰等地，对沿线的新石器时代遗址踏查，并发表了《热河查不干庙林西双井赤峰等处所采集之新石器时代石器与陶片》调查报告。新中国成立后又先后有汪宇平、李逸友、郑隆、吕遵谔等做过考古调查。但真正在本区域作过调查的仅有科左中旗新艾力[4]、科右中旗贝子府[5]、南佈林、西查干陶力盖[6]等不多的几个地点。由于在零星调查中采集到的多为石器，相关遗址的文化面貌和年代并不清楚。

20世纪70年代，吉林省文物工作队包括部分高校历史系师生首次对科尔沁沙地进行大规模文物普查，范围涉及通辽市及相邻旗县（当时隶属吉林省）。经报道的有扎鲁特旗南勿呼井、奈曼旗满德图[7]，开鲁县境内的大榆树、保安、东来、坤都岭、兴安和科左中旗的查干等[8]。另外，科左后旗发现新石器时代遗址14处[9]，科右中旗呼林河（霍林河）沿岸发现史前文化遗址23处[10]。此期间经过发掘的仅有奈曼旗满德图遗址，该遗址坐落于沙窝子底部，附近有干涸的水泡，周围是大片起伏的沙丘。清理灶址4个，出土大量的细石器、磨制石器、骨蚌器和陶片。可辨器形有罐、盆、碗、钵、圈足器，陶器表面多施黑彩，纹饰风格与红山文化相似。发掘者指出类似彩陶在西辽河上游、通辽市新开河流域，尤其是开鲁县和科左中旗的调查中都有发现，说明红山文化分布范围可达西辽河以北[11]。

科尔沁沙地不仅存在新石器文化遗存，而且分布广泛。但当时的考古工作大部分都是地面上的，调查不够深入，发掘规模很小，资料碎片化，所以对文化遗存的认识，只能建立在有限资料比较基础上，很难根据各类遗存的差异做出文化性质和年代的判断。总之，这一时期的考古发现与研究刚刚起步，整体还处于初期探索阶段。

## 二、近年考古发现与研究的新进展

2007～2009年，由吉林大学边疆考古研究中心承担的教育部人文社会科学重点研究基地重大项目“科尔沁沙地及其周邻地区汉以前考古综合研究”课题组，制定了在这一地区系统开展考古工作的规划。该项目自开始启动就确立了立足典型遗址发掘，有针对性地进行田野调查，全面掌握资料，点面结合，重点突破的指导方针。三年来项目组在当地文博单位的大力协助下，对内蒙古科右中旗、扎鲁特旗、通辽市、开鲁县、科左中旗、科左后旗、奈曼旗、库伦旗，吉林省通榆县、洮南县、白城市和洮北区进行了较大范围的考古调查。共发现含新石器遗存的遗址38处，结合各旗县文物普查资料及部分市县文物志报道，采集到新石器时代标本的地点不少于50处[12]。

据掌握材料分析，新石器时代遗址主要分布在新开河、勒高琴格讷乌河和霍林河干支流附近，多坐落于半固定沙丘或泡沼周围。从调查清理的地层剖面观察，除部分被破坏的遗址外，遗址上层是流动的黄沙，中层夹有黑沙土层，下层为纯净黄沙。黑沙土含有大量腐殖质，可能是某一时期降水丰沛，土壤发育，地表植被繁茂的结果。文化遗存大多发现于黑沙土层，这类沙丘型遗址在科尔沁沙地新石器遗址中具有代表性，可概括为以下四个特点：

（1）细石器、打制石器、磨制石器共存。多见石片、石叶、尖状器、刮削器，大型石器有打制锄形器、砍伐器、盘状器，磨制石斧、石锛、束柄长身石耜，磨盘、磨棒数量较多。从地表散布的遗物来看，骨、蚌器较发达。

（2）陶器以夹砂黄褐陶为主，可辨器形有筒形罐、斜口器、盆、钵等，均手制。主要纹饰有刻划纹、之字纹、条形附加堆纹和不规则麻点纹，彩陶罕见。可能由于风化侵蚀等原因，纹饰大多较模糊。

（3）遗址面积不大，一般很难发现明显的文化层，地表或剖面暴露的灰坑等遗迹普遍较浅。

（4）通过对采集的新石器时代标本辨识，经过调查的几十处遗址中，有近半数遗址存在两种或两种以上的新石器文化遗存。这一现象表明，在生态环境严峻的科尔沁沙地不同文化群体对遗址的选择是相同的，那些水文条件较好，动植物资源多样的地方，是人们理想宜居的场所。

近年，对南宝力皋吐墓地和哈民忙哈遗址的大规模发掘，使科尔沁沙地新石器时代考古的发现与研究取得了突破性进展。

南宝力皋吐墓地距离内蒙古扎鲁特旗鲁北镇东南约40千米。2006～2008年，内蒙古文物考古研究所连续发掘三年，揭露面积1万多平方米，共清理墓葬395座，是首次在科尔沁沙地进行的大规模考古发掘。南宝力皋吐清理的墓葬均开口于流沙层下，规格为长方形土坑竖穴，个别有头龛或脚龛，葬式以单人仰身直肢为主，少数为双人或多人合葬。另外发现有些墓葬填土中放置大量陶器残片，应存在“毁器”习俗。还有一个奇怪的现象，有的墓葬人头骨缺失，而按个体数甄别，有的墓葬却发现多葬的人头骨。墓地分三个墓区，墓穴皆东北—西南向排列，头向基本朝东南，形式统一。随葬陶器以筒形罐和壶为主，其他器形有叠唇罐、鼓腹罐、圜底筒形罐、豆、尊形器、钵、人面壶和仿生动物造型陶器。特色纹饰有两种，一种是条形附加堆纹，呈凸棱或绳索状，一般施于筒形罐，绕口部一周或数周，腹部纵向排列，等距离施纹；另一种为刻划复线几何纹，纹样有回字形、己字形、三角形、菱形及变体几何纹，这类纹饰多饰于壶和鼓腹罐。生产工具种类丰富，斧、锛、凿、矛、饼形器、星形棍棒头等石器多通体磨光，制作精致。锄形器、亚腰石斧、砍砸器为打制，器体厚重，使用痕迹明显。细石器约占出土石器的 80%，镞、钻、刮削器、石叶压制成形，刃部锋利。玉器和绿松石制品主要是装饰类小佩件，璧、环、璜、觿等器体扁平，多钻孔，通体磨光。骨、角器发达，其中骨柄石刃刀、骨柄石刃剑、骨镖、骨冠等保存完整，为难得的精品。

相关报道指出，“在这里首次发现的内蒙古东部和东北中部新石器时代晚期两支重要遗存——小河沿文化和偏堡子文化共存的实例，为研究两种文化的关系提供了至为关键的材料”[13]。鉴于南宝力皋吐墓地自身特点和多种文化成分组合的特殊性，发掘者提出命名为“南宝力皋吐类型”[14]。

哈民忙哈遗址位于内蒙古科左中旗舍伯吐镇东南约 20 千米，西南距通辽市 50 千米。2011 年内蒙古文物考古研究所与吉林大学边疆考古研究中心对该遗址正式发掘，此前 2010 年曾进行过试掘，2012 年内蒙古文物考古研究所再次发掘，合计揭露面积 6000 余平方米，清理房址 54 座、灰坑 57 个、墓葬 12 座，确认环壕 2 条。哈民忙哈遗址是迄今在科尔沁沙地揭露的最大规模史前聚落遗址，初步探明面积超过 10 万平方米，这里多项重大发现引起了考古学界的高度关注，并产生广泛的社会影响。

哈民忙哈遗址出土遗物非常丰富，包括陶器、石器、玉器和骨、角、蚌器 1500 余件。陶器以砂质黄褐为主，皆手制，烧制火候较高。器表除部分素面外，大多饰麻点纹和方格纹，也发现少量的压印之字纹、刻划纹和彩陶片。主要器形有斜直壁深腹筒形罐、小口鼓肩双耳壶、斜直壁敞口盆、弧壁浅腹钵等，从出土数量和在房址居住面上的位置来看，应为陶器基本组合。还有一些陶制品如丫形器、水滴形器、圆锥体和矩形穿孔陶具，用途不明。石器种类较多，其中束柄长条形石耜、长方形穿孔石刀、有节石杵和磨盘、磨棒为定型产品，形制独特。玉器温润细腻，制作精良，璧、双联璧等器形具有明显的红山文化特点。值得注意的是，与红山文化玉器只见于墓葬和礼仪建筑有所不同，这些玉器均出土于房址内。遗址出土大量动物骨骼，经鉴定有 38 个种属，其中以啮齿类和鸟类最多。

房址为长方形或方形，面积一般在 15～20 平方米，最大的面积近 40 平方米，均为半地穴式建筑。保存较好的居住面和穴壁残留有烧烤的痕迹。圆形灶坑位于居室中部偏向门道一侧，有的灶坑外盘筑马蹄形灶圈，个别灶坑内发现有陶具。柱洞一般沿穴壁内侧排列，分布较有规律。门道普遍较长，部分房址半地穴外侧发现完整陶器、成组摆放的石器，房址开口处也见有柱洞，种种迹象表明，半地穴房址外围应该有一圈“二层台”。据此判定房址的使用空间，即原房址地面木构架范围要大于半地穴面积。

所有房址门道朝向东南，成排分布，虽然个别房址在排列中的位置略有参差，但基本整齐。灰坑和墓葬散布于房址周围，外围已确认有环壕。从哈民忙哈聚落布局来看，是经过统一规划设计的。

哈民忙哈遗址是科尔沁沙地发掘面积最大的史前环壕聚落，这类遗存的房址结构、丧葬习俗、陶器基本组合，尤其是别具一格的纹饰系统和施纹方式，均区别于辽西地区已发现命名的新石器文化，生产工具也与周邻考古学文化不同，是新发现的一种考古学文化。

上述在科尔沁沙地开展的一系列考古工作，无论广度和深度都超出了以往，可以说从新石器时代考古发现与探索的初始阶段，进入到独立的考古学文化研究和把本地区作为一个整体通盘考虑的新阶段。基于掌握的大量第一手资料和考古研究与认识的不断深入，开创了科尔沁沙地新石器时代考古研究的新局面。

## 三、文化遗存的聚类分析与编年序列

目前，科尔沁沙地获取的资料仍以地面采集为主，在缺少共存关系和地层依据的条件下，本区域考古学文化研究主要从三方面入手：首先，对陶器形制特点和纹饰风格进行甄别，作聚类分析，根据差异区分出不同的文化遗存；其次，通过类比的方法，探讨分类成果的文化性质与年代；第三，全面整合现有资料，把已识别的各类遗存放在一个较长时间段内进行观察，以周邻考古学文化为参照系，建立编年序列和时空框架。

据此，按文化性质与年代将已识别的9种新石器文化遗存列举如下。

第一类遗存，以通榆县长坨子Ⅲ号遗址为代表[15]。陶系为砂质夹蚌黄褐陶，陶色不均，局部呈灰黑色。陶胎厚，质地疏松，烧成温度较低。器形有直口筒形罐和钵，口沿多为方唇，有的唇面压印花边。器表通体施篦齿纹、窝纹，纹饰缜密，或斜向或平行呈条带状排列。这类遗存陶胎厚，火候低，篦齿纹发达，具有松嫩平原及其北方以远早期新石器的一般特征。根据吉林大安后套木嘎遗址层位关系，其相对年代早于“昂昂溪文化”[16]，它有可能是科尔沁沙地乃至东北地区年代最早的一种新石器文化遗存，暂称之为“长坨子类型”。

第二类遗存，陶质大多夹蚌，烧制火候不高，器表呈浅黄色，内壁为黑灰色。采集标本多直口、方唇。器形有筒形罐，带嘴盆，制法泥圈套接。纹饰一般饰于口部，以刻划或压印的条形附加堆纹为主。这类遗存最显著的特征是口沿处施数条附加堆纹，其装饰风格与松嫩平原文化区的“昂昂溪文化”相似。所谓“昂昂溪文化”，碳十四年代数据为上起距今7000年以远[17]，下至距今4500～4000年[18]，延续时间很长。有研究者指出，这种纹饰风格的陶器，很可能属于不同性质、不同发展阶段的遗存[19]。2007年发掘的吉林洮北双塔遗址，发现含条形堆纹陶器遗存年代早于红山文化晚期的墓葬[20]，故推测其年代下限当不晚于距今5500年。

第三类遗存，陶质大多为细砂陶，陶胎较薄，烧制火候高，质地坚硬。器表经过磨光处理，呈红褐色，内壁为黑灰色。纹饰主要有压印之字纹和刻划纹两类，之字纹竖压横排，两端支点窝明显，纹饰风格缜密；刻划纹有平行线纹、人字纹、复线几何纹，施纹纤细潦草。此外还见有少量的扭曲纹，戳印三角、圆点纹。可辨器形为筒形罐、钵，多为尖圆唇。按其文化特征可归入吉长文化区的左家山二期文化[21]。参照左家山二期文化年代，这类遗存大体在公元前4500～前4000年之间。

第四类遗存，仅见于科左后旗阿仁艾勒遗址[22]。从采集陶片的器形、纹饰和口沿的制作风格来看，与下辽河文化区新乐下层文化大同小异[23]，属同类性质遗存。根据新乐下层文化发表的碳十四测定数据，结合器形与纹饰演变的观察，这类遗存的年代跨度约在公元前5000～前4500年[24]。

第五类遗存，发现地点较多，分布广泛。陶质有砂质、夹砂、夹蚌和少量泥质陶。器表面多经磨光，以红褐色为主，陶胎较薄。器口沿多为圆唇，可辨器形有筒形罐、斜口器等。纹饰以压印或刻划的之字纹为主，之字纹多为长弧线，两端支点窝不明显，排列疏朗。有的遗址还采集到黑彩陶片。从彩陶纹饰和之字纹风格来看，与红山文化早期西水泉遗址十分接近[25]，依红山文化分期研究，年代可定在公元前4500～前3500年。

第六类遗存，以经过大面积发掘的哈民忙哈遗址为代表。文化特征可概括为四点：一，陶器以砂质夹蚌黄褐陶为主，质地坚硬，烧成温度较高。制法皆泥圈套接，器壁薄厚均匀，口沿有轮修痕迹。除素面陶外，器表大多饰有类似编织物纹理的麻点纹和纹样均匀的方格纹。二，器形多样，种类丰富，其中瘦高体筒形罐和斜口器、束颈弧腹罐、敞口直腹盆、双系小壶等为具有自身特点的典型器物。三，生产工具中的长条形石耜、有节石杵、长方形厚体磨盘和用途不明的丫形器、水滴形器、穿孔陶具等陶制品，与周邻已知考古学文化不同。四，哈民忙哈遗址所见单人仰身叠肢葬，是一种年代久远的特殊葬俗，目前只发现在西辽河以北的科尔沁沙地及周边地区，在西辽河以南的考古资料中从未有报道过。基于以上四点认识，哈民忙哈遗址文化面貌独特，出土遗物及其特征组合地域性鲜明，发掘者将其命名为“哈民文化”[26]。由于该遗址发现共存有红山文化的之字纹、彩陶片、三足罐及相似风格的玉器，为年代判断提供重要依据。哈民忙哈遗址测定的碳十四数据（经树轮校正）为公元前3500～前3000年前后。以共存关系和碳十四数据相互印证，可推定哈民文化年代相当于红山文化晚期。

第七类遗存，为同名墓地发掘命名的南宝力皋吐类型。南宝力皋吐墓地反映这类遗存既拥有小河沿文化相似的类型品，又共存有偏堡子文化标识性陶器，同时还具有自身特点的陶器群，丧葬习俗也与周邻考古学文化有所区别。多种文化成分组合是其显著特征，就整体文化面貌而言，可确定为一种新的文化类型。该墓地测定的4组碳十四数据，除个别树轮校正值年代偏晚外，年代跨度基本落在公元前2500～前2000年[27]。

另外，有些地点的采集标本中还识别出兴隆洼文化和赵宝沟文化的陶片，不过这两类遗存发现的数量较少，掌握信息有限。

通过以上对近年来调查、发掘所获材料的分类及其文化性质与年代界定，初步掌握了各遗存的文化面貌，在此基础上建立起的科尔沁沙地新石器时代考古学文化编年序列，可将9类文化遗存划分为6个时段。

第1段：长坨子类型、兴隆洼文化遗存，年代大体处于公元前6000～前5000年。

第2段：赵宝沟文化遗存、新乐下层文化遗存，年代在公元前5000～前4500年。

第3段：左家山二期文化遗存，年代为公元前4500～前4000年。

第4段：红山文化早期遗存，年代大约在公元前4500～前3500年。

第5段：红山文化晚期遗存、哈民文化，年代可定在公元前3500～前3000年前后。

第6段：南宝力皋吐类型，年代为公元前2500～前2000年。

需要指出的是，本文划分的第二类遗存，所谓“昂昂溪文化”，年代上限达距今7000年以远，下限不晚于距今5500年，主要年代跨越第1至第3段，最晚可能延续至第4段，由于对“昂昂溪文化”的认识还比较模糊，所以年代界定存在着不确定性。另外，在编年序列上，第5段和第6段连接环节尚有空白，哈民忙哈和南宝力皋吐两批重要发掘资料有待分期研究。所以这个编年序列只反映不同文化类型时间坐标上的大致相对位置，还需要进一步细化完善。

# 四、各类文化遗存的动态分布与区位考察

将考古调查发现的遗址纳入编年序列，检视各类遗存空间上的坐落位置，可初步掌握它们在不同时段的分布情况。

第1至第3段，共识别6种年代较早的新石器文化遗存。长坨子类型和“昂昂溪文化”遗存，均发现于勒高琴格讷乌河以北，集中沿霍林河两岸分布，向北延伸到洮儿河附近。左家山二期文化遗存主要分布在通辽至白音胡硕一线以东，向东进入吉林省长岭县境内，尤以勒高琴格讷乌河和霍林河之间的泡沼地带较为密集。其他几类遗存稀少，发现的地点有科左后旗阿仁艾勒新乐下层文化遗址1处；扎鲁特旗荷叶花兴隆洼文化遗址1处[28]；开鲁县大兴村和科左中旗西固仁茫哈赵宝沟文化遗址2处[29]。

第4段，已知红山文化在科尔沁沙地分布范围广泛，且遗址发现数量超出其他类遗存。

第5至第6段，哈民文化和南宝力皋吐两种新石器时代晚期遗存，前者主要分布在新开河、勒高琴格讷乌河和霍林河沿岸；后者多见于新开河、鲁北河、勒高琴格讷乌河上游处。哈民文化遗址的空间坐落位置与红山文化有较大重合，但其向北的影响

范围已波及洮儿河和嫩江下游。有研究者认为新石器时代晚期，红山文化的分布范围已明显收缩，在科尔沁沙地或逐渐被哈民文化所取代[30]。值得注意的是，哈民和南宝力皋吐两类遗存在本区域西辽河以南以往的考古调查中均没有发现，也没有过相关报道。

从以上各类遗存分布情况来看，第 1 至第 3 段，包含 6 种年代较早的新石器文化遗存。长坨子类型和“昂昂溪文化”在本区域内分布范围偏北，文化面貌亦与相邻的松嫩文化区同类遗存基本一致。左家山二期文化的分布偏于本区的东部，这类遗存应属于吉长文化区新石器文化序列向西溢出的中间环节。阿仁艾勒遗址是目前所见新乐下层文化最西的一个地点，说明这种文化的分布范围已超出了下辽河文化区，其向西已进入到科尔沁沙地东南部。兴隆洼和赵宝沟两种文化的分布中心在辽西地区，自乌尔吉木伦河以东则渐为稀少。第 4 段，由于受到了来自辽西区红山文化的强力影响，无论遗址发现数量或分布的广度均超过以前的各类遗存，虽然密度较之辽西地区稀疏的多，但第一次出现单一考古文化对科尔沁沙地的基本覆盖。第 5 至第 6 段，形成具有自身特色的考古学文化，先有哈民文化，后有南宝力皋吐类型。从第 5 段开始，周邻单纯的考古文化遗存已很少在本区域发现，多是以某种文化因素的方式融入上述两种文化中。

纵观本区域的考古学文化有以下几个特点：

（1）科尔沁沙地地理位置介于辽西、松嫩、吉长和下辽河几个考古文化区之间，新石器时代这里是连接内蒙古东部与东北地区不同区系考古学文化的交汇地带，区域内的考古学文化与周邻文化存在着密切关系，所以在考古学文化的格局中具有多边性的特点。

（2）从器物形制和特征组合分析，哈民与南宝力皋吐两类遗存很难纳入到辽西地区已确认的考古学文化系统中去，与周邻考古学文化比较，自身特点明显。

（3）本区域识别的 9 种文化遗存，它们既保持着与周边考古学文化的联系性，又在某一时段表现出相对的独立性。囿于材料的不整合，部分文化遗存在编年序列上尚不能衔接。

（4）这些文化遗存揭示了科尔沁沙地早期历史，但目前尚不能确认它们的继承关系，也就是说各时段不同文化遗存之间缺乏文化谱系的连贯性。从文化面貌上看，大体包含了辽西与下辽河流域区的之字纹系统；松嫩平原的条形堆纹、栉齿纹系统；吉长地区的刻划纹系统和本区域麻点纹、方格纹系统，总体呈现文化谱系多样性的特点。

那么科尔沁沙地是否只是各区域间文化交流与传播的中间地带，或是与周邻文化的联系与互动中形成了区域特色，还是按其自身文化特点可以划分为一个独立的考古学文化区？关于科尔沁沙地考古学文化的区位问题，以往的看法比较模糊，一般将其划入辽西区考古学文化的编年体系[31]。通过在时空框架内对新石器时代文化遗存的动态考察，本文认为，新石器时代早期发现的多种文化遗存，基本散布于本区域的边缘地带，来自不同方向的周邻文化向本区域的渗透，是多边性文化溢出效应的反映；红山文化时期，就区域考古学文化面貌与分布格局而言，可纳入辽西文化区范畴；新石器时代晚期发生文化变迁，形成具有自身特色的考古学文化，其总体趋势是游离于辽西区文化系统，确立了相对的独立性。基于以上认识，科尔沁沙地是一个不稳定的考古学文化区。

## 注　释

[1] 裘善文等：《中国东北西部沙地与沙漠化》，科学出版社，2008年。

[2] 宋豫秦、张卫、曹淑艳：《科尔沁沙地人地系统协调性分析》，《中国沙漠》1999年增刊。

[3] 李水城：《西拉木伦河流域古文化变迁及人地关系》，《边疆考古研究》（第1辑），科学出版社，2002年。

[4] 齐永贺：《内蒙古哲盟科左中旗新艾力的新石器时代遗址》，《考古》1965年5期。

[5] 盖山林：《科右中旗新石器时代遗存》，《考古》1977年3期。

[6] 盖山林：《科尔沁右翼中旗霍林河右岸考古调查》，《内蒙古文物考古》2004年2期。

[7] 吉林省考古研究室、吉林省文物工作队：《统一的多民族国家的历史见证》，《文物考古工作三十年》，文物出版社，1979年。

[8] 朱凤瀚：《吉林奈曼旗大沁他拉新石器时代遗址调查》，《考古》1979年3期。

[9] 段一平、铁徵：《科尔沁左翼后旗考古调查概述》，《内蒙古民族师范学院院刊》1981年2期；张柏忠：《科尔沁沙地历史变迁及其原因的初步研究》，《内蒙古东部区考古学文化研究文集》，海洋出版社，1991年。

[10] 李殿福、朱声显：《科尔沁右翼中旗呼林河沿岸原始文化遗存》，《文物资料丛刊》（7），文物出版社，1983年。

[11] 刘振华：《内蒙古奈曼旗满德图遗址》，吉林省考古研究室，1975年。

[12] 朱永刚、郑钧夫：《科尔沁沙地东北部地区新石器时代遗存初探》，《边疆考古研究》（第11辑），科学出版社，2012年。

[13] 内蒙古文物考古研究所、科尔沁博物馆、扎鲁特旗文物管理所：《内蒙古扎鲁特旗南宝力皋吐新石器时代墓地》，《考古》2008年7期。

[14] 内蒙古文物考古研究所、扎鲁特旗文物管理所：《内蒙古扎鲁特旗南宝力皋吐新石器时代墓地C地点发掘简报》，《考古》2011年11期。

[15] 金旭东、褚金刚、王立新：《吉林省通榆县长坨子四处遗址的调查》，《北方文物》2011年3期。

[16] 王立新、霍东峰等：《吉林大安后套木嘎新石器时代遗址》，《2012中国重要考古发现》，文物出版社，2013年。

[17] 中国社会科学院考古研究所：《中国考古学中碳十四年代数据集（1965～1991）》，文物出版社，1992年。

[18] 赵宾福：《东北石器时代考古》，吉林大学出版社，2003年。

[19] 朱永刚：《论西梁遗存及其相关问题》，《考古》2006年2期。

[20] 吉林大学边疆考古研究中心、吉林省文物考古研究所：《吉林白城双塔遗址新石器时代遗存》，《考古学报》2013年4期。

[21] 吉林大学考古教研室：《农安左家山新石器时代遗址》，《考古学报》1989年2期。

[22] 内蒙古自治区文物考古研究所、吉林大学边疆考古研究中心：《科尔沁左翼后旗阿仁艾勒遗址调查与遗存试析》，《草原文物》2011年1期。

[23] 沈阳市文物管理办公室：《沈阳新乐遗址试掘报告》，《考古学报》1978年4期。

[24] 朱永刚、霍东峰：《从科尔沁沙地东部考古发现看下辽河流域新石器文化的向西传布》，《边疆考古研究》（第15辑），科学出版社，2014年。

[25] 中国社会科学院考古研究所内蒙古工作队：《赤峰西水泉红山文化遗址》，《考古学报》1982年2期。

[26] 朱永刚、吉平：《探索内蒙古科尔沁地区史前文明的重大考古新发现——哈民忙哈遗址发掘的主要收获与学术意义》，《吉林大学社会科学学报》2012年4期。

[27] 朱永刚、吉平：《关于南宝力皋吐墓地文化性质的几点思考》，《考古》2011年11期。

[28] 朱永刚、朱秀娟：《扎鲁特旗荷叶花遗址调查》，《内蒙古文物考古文集》（第四辑），科学出版社，2013年。

[29] 朱永刚、王立新：《敖恩套布和西固仁茫哈遗址复查与遗存辨析》，《边疆考古研究》（第9辑），科学出版社，2010年。

[30] 郑钧夫：《燕山南北地区新石器晚期遗存研究》，吉林大学博士学位论文，2012年。

[31] 徐光冀、朱延平：《辽西区古文化（新石器至青铜时代）综论》，《苏秉琦与当代中国考古学》，科学出版社，2001年。


（原载《内蒙古社会科学》2016年1期，与陈醉共同署名）

# 吉林省青铜时代考古发现与区系研究

## 一

吉林省境内的考古活动始于20世纪初，先后有鸟居龙藏、关野贞、内藤虎次郎等在集安和延边进行考古调查。日本侵占东北后，又有多批次的日本学术团体或个人频繁往来于吉林省，他们多以考察历史时期遗迹、侦寻遗物为目的，也兼有史前遗迹。如20世纪30年代，日本人三上次男对吉林市郊团山子、骚达沟遗址的调查；藤田亮策在图们江上游的调查和对延吉小营子墓地的发掘。这一时期中国学者李文信调查了吉林市郊的史前遗址并进行小规模发掘，佟柱臣在史前遗址的调查中发现了骚达沟石棺墓[1]。

1950年，由文化部文物局组织，著名考古学家裴文中任团长的东北考古发掘团，发掘了西团山石棺墓地[2]。这是新中国成立后，由中央政府组织专业人员进行的第一次考古发掘，其阵容强大，主要团员均为造诣很深的各方面专家、学者，为新中国考古学史记下了浓墨重彩的一笔。根据此后发掘资料命名的“西团山文化”，是吉林省乃至东北地区最早确认的青铜文化[3]。此后省博物馆和多所大学在吉林市郊、永吉、蛟河清理了一批石棺墓，并有针对性的发掘了两半山和江北土城子等西团山文化遗址[4]。上述田野工作及相关资料的刊布，丰富了西团山文化的内涵，开创了吉林省青铜时代考古的新局面，在学术界产生了很大影响。

20世纪70～80年代，在大范围田野考古调查和重点遗址发掘的基础上，吉林省青铜时代考古工作全面展开。1974年，省博物馆和吉林大学历史系考古专业联合对大安汉书遗址发掘，揭露面积700余平方米，清理房址8座，灰坑20余个，墓葬1座，出土遗物丰富[5]。这次工作的主要收获：一是依据地层和文化内涵的差别，首次区分出汉书一期和汉书二期两种不同性质的考古学文化；二是认定它们之间存在联系性，属于同一文化系统前后不同的发展阶段，据此为吉林省西部地区青铜时代考古学文化的分期奠定了基础。1975年，省博物馆、吉林大学历史系考古专业及地方文物干部，开展了对通辽、库仑、奈曼等11个旗县（当时划归吉林省）的大规模调查，共发现遗址332处，墓葬169处，古城址142座，采集、征集文物8000余件[6]。从所获材料文化性质来看，大部分属青铜时代遗存，此项工作为掌握吉林省西部地区遗址的分布状况，了解青铜时代文化的多样性及日后的深入研究提供了重要线索。

吉林中部地区青铜时代遗址分布较为密集，这一时期的田野工作主要围绕西团山文化展开。从 1975 年至 20 世纪 80 年代初，吉林市郊猴石山遗址两次发掘，共清理房址 17 座，石棺墓 160 座，灰坑 5 个[7]；长蛇山遗址发掘三次，据报道共清理房址 15 座，墓葬 4 座[8]；永吉星星哨遗址先后发掘三次，共清理石棺墓 86 座[9]；永吉杨屯大海猛遗址较大规模发掘有两次，揭露面积 1000 余平方米，清理西团山文化房址 14 座及少量墓葬和灰坑[10]。此外，永吉学古东山[11]、吉林市泡子沿前山[12]、舒兰黄鱼圈珠山[13]等遗址的发掘，也为丰富西团山文化内涵，促进西团山文化分期研究，提供了大量第一手资料。1980～1981 年，吉林省文物考古研究所对榆树老河深墓地进行的考古发掘，面积达 5000 余平方米，是当时最大规模的考古发掘[14]。以泡子沿前山遗址层位关系和不同层位遗存特征组合为参照系，榆树老河深中层 129 座夫余文化墓葬，是直接继承泡子沿上层遗存发展而来的，而其前身可追溯至西团山文化，按文化发展的逻辑关系，西团山文化即可认定为汉代夫余建国之前的青铜文化。这在东北青铜时代考古学文化族属研究中，是少数几例得到学术界普遍认同的观点。

1987 年发掘的东丰大架山遗址和宝山遗址下层，代表了一种新的文化遗存，依其文化特征命名的“宝山文化”，填补了吉林省中南部地区长期以来青铜时代考古的空白[15]。1986 年发掘的农安邢家店北山墓葬群，与此前农安发现的“田家坨子类型”文化面貌迥异，也不同于泡子沿上层遗存[16]。这几种文化类型虽然资料不多，但却可以看出，吉林省中部地区继西团山文化之后，文化格局发生了较大变化。概之，均可纳入到夫余建国前先行文化的研究范畴。

吉林省东部图们江流域考古工作开展的较早，但主要是地面调查和遗物采集，缺少有计划的科学发掘，所以对本区域古代遗存文化性质的认识，基本停留在有限的类型学比较和宽泛的年代推定上。20 世纪 70 年代末至 80 年代初，为配合基本建设，吉林省文物考古研究所在地方文物部门的配合下，先后发掘了延吉金谷南山[17]、汪清金城[18]、珲春新兴洞[19]、河西北山[20]等一批遗址和墓葬。1986～1987 年，和龙兴城遗址的发掘规模较大，揭露面积达 1300 平方米，共清理青铜时代房址 21 座，出土完整或可复原陶器 140 余件及大量石、骨、蚌器[21]。以此次发掘命名的“兴城文化”，将本地区青铜文化年代上限推进到距今 4000 年，结合早年发现的柳庭洞类型及相关文化遗存，初步确立了图们江流域青铜时代的考古学文化序列。

进入 20 世纪 90 年代，以加强边疆地区考古为导向，吉林省有计划实施了一批重大课题项目。在国家文物局的支持下，先后对大安汉书、白城洮北区双塔、双辽后太平、通化万发拨子等青铜时代遗址、墓葬进行了较大规模发掘，成果斐然。2001 年，大安汉书遗址第二次发掘，面积超过 1000 平方米，此次发掘的主要收获是，除已知的汉书一期、二期文化外，从层位关系和所包含遗物特征上又识别出两种早期青铜文化遗存[22]。而双塔遗址三期遗存的揭示，则为深化本地区青铜时代晚期墓葬与丧葬习俗的认识提供了新资料[23]。

2007年发掘的双辽后太平墓地，是文化面貌独特的一种青铜文化遗存，在这里首次发现来自吉林西部和吉林东部及周邻地区多种文化共存的实例[24]。从随葬器物组合来看，既有显而易见的汉书一期文化类型品，又有典型的下辽河及辽东山地的特色陶器，然而其整体文化面貌与周邻文化又存在差别，因此可能代表一种新的文化类型。经调查后太平墓地及相关遗址群主要分布于东辽河下游右岸[25]。这里地处东西辽河交汇处，南接辽河平原，北连松嫩平原，位于几大考古学文化区的结合部。由于特殊的地理位置和含有多种文化成分的独特性，使其在吉林省青铜文化分布格局以及与周邻文化关系的研究中占有重要地位。

吉林省东南部鸭绿江右岸、浑江和松花江上游地区，以往的田野工作多以调查为主，所以青铜时代考古文化面貌并不清楚。1997年启动的通化万发拨子遗址大规模发掘项目，历时三年，发掘面积达6000余平方米[26]。该遗址可划分六个时期的文化遗存，年代基本衔接。其中，第二、第三期遗存出土遗物丰富，年代分别相当于夏商和春秋战国时期，这两种青铜文化的识别，一定程度上填补了本地区考古文化的空白，初步确立了该地区青铜时代考古文化的编年序列，其深层次的意义还在于为寻找高句丽早期遗存和探索高句丽文化起源提供了线索。

## 二

据不完全统计，吉林省境内青铜时代遗址（墓葬）有1100余处，尤以嫩江下游右岸、西流松花江流域和东辽河流域分布较为密集[27]。全面考察发现，各地青铜时代遗存在相同地理环境条件下，往往表现出文化内涵的相似性和某些文化要素的连续性，反之则有较明显的差别，说明自然地理条件和生态环境对考古学文化的形成、发展有着不可低估的制约作用。而这种制约作用，是形成相对稳定的区域考古学文化特质及其存续发展的外在条件。基于上述田野工作，结合周邻地区的考古发现与研究，吉林省青铜时代可划分为西部、中部和东部三个考古学文化区，其中，中部和东部区还可各划分两个亚区（图一）。

**1. 西区**

为白城、松原两市辖区。该区位于嫩江下游与西流松花江交汇地带，海拔低于200米以下，地势平坦，多湖沼、草甸，植被为疏林灌木草原景观。吉林西部乃至连接的松嫩平原，系统报道的考古资料最为丰富，据大安汉书遗址的多次发掘，西区青铜时代（年代下限可延续至早期铁器时代）的文化遗存，依次为小拉哈文化、汉书遗址第二次发掘析出的过渡期遗存、汉书一期文化（也称白金宝文化）、汉书二期文化，由此构建起完整的夏至战国时期考古文化编年序列。

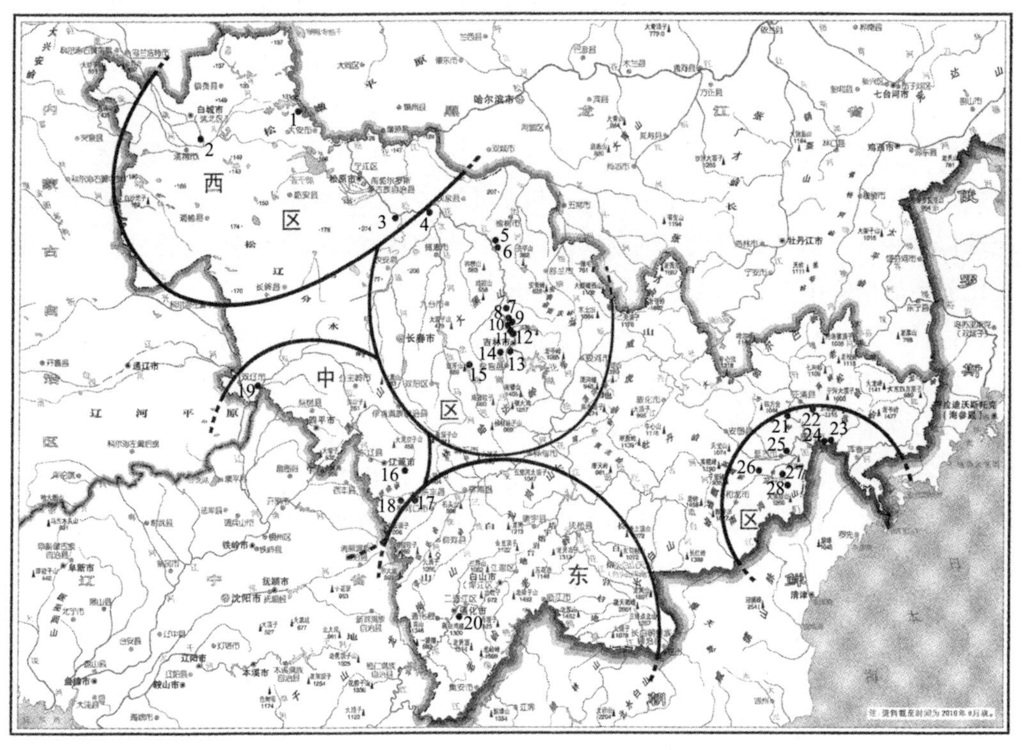


图一　吉林省青铜时代遗迹分布图

1. 大安汉书遗址　2. 白城双塔遗址　3. 农安田家坨子遗址　4. 农安邢家店遗址　5. 榆树老河深遗址　6. 舒兰黄鱼圈遗址　7. 永吉大海猛遗址　8. 吉林学古东山遗址　9. 吉林江北土城子遗址　10. 吉林泡子沿前山遗址　11. 吉林长蛇山遗址　12. 吉林猴石山遗址　13. 吉林西团山遗址　14. 吉林骚达沟遗址　15. 永吉星星哨遗址　16. 东辽炮台山遗址　17. 东丰宝山遗址　18. 东丰大架山遗址　19. 双辽后太平遗址　20. 通化万发拨子遗址　21. 汪清百草沟遗址　22.汪清金城遗址　23. 珲春新兴洞遗址　24. 珲春河西北山遗址　25. 延吉小营子遗址　26. 和龙兴城遗址　27. 延吉柳亭洞遗址　28. 延吉金谷南山遗址

**2. 中区**

东起老爷岭、吉林哈达岭，西至伊通河，位于吉林省中部。这里是长白山向松嫩平原的过渡地带，海拔在200～500米，地形多为低山丘陵。按水系及文化内涵差别，可划分南北两个亚区。

北部：西流松花江流域区，为吉林市、长春市辖区。这里是吉林省青铜时代遗址（墓地）分布最密集的地区。西团山文化延续时间较长，年代上自西周早期，下至战国中期前后。根据墓葬出土典型器物的形态变化，将西团山文化分为四期六个时段的考古年代学研究，在诸多分期方案中仍然是具代表性的一种观点[28]。关于西团山文化来源的探讨，尚无定论，但认为其主要承袭了下辽河东西两侧早期青铜文化的看法值得关注[29]。

西团山文化之后，已确认泡子沿、田家坨子和邢家店三种文化类型。泡子沿类型在吉长两地分布较广泛，大体与西团山文化分布范围相重叠，年代约可界定在战国晚至西汉早期。从陶器类型学角度观察，泡子沿类型很可能是接受中原文化影响的西团山文化后续文化遗存[30]。田家坨子类型，年代与泡子沿类型相当。就陶器器形、纹饰和制作风格分析，既有西团山文化的类型品，又有汉书二期文化的相似者，是含有两种文化成分的一种遗存[31]。目前，这类遗存仅在农安有少量发现，对其文化内涵的了解尚不充分。邢家店类型，分布偏北，年代相当于春秋晚期至西汉初期。发表的材料均为墓葬，随葬陶器的器形、组合与西团山文化区别明显，除其自身文化特点外，还识别出与牡丹江流域的团结文化和嫩江下游左岸庆华类型互为对应的相似成分[32]。

西流松花江流域区青铜时代遗存，以战国晚期分界划分为两个阶段。前一阶段，西团山文化面貌统一，分布范围广，延续时间长；后一阶段，由先前的西团山文化直接或间接演变为多种文化类型。这种明显的阶段性特征和区域文化变迁现象，显然同战国晚期燕文化对其北方疆域的开拓及周邻文化对本地区的影响有关。

南部：东辽河流域区，现行政区划属辽源、四平两市。这一地区发现的青铜时代遗址较多，文化面貌复杂，目前可判别的有炮台山、宝山和后太平等遗址为代表的三种文化类型。以东辽炮台山代表的青铜时代早期遗存，陶器多为素面，纹饰见有戳印圆点和枣核纹。基本器形有鼎、鬲、罐、壶、钵、碗，流行抹斜口沿、叠唇和桥耳，其中直腹鋬耳鬲、叠唇罐、扁足鼎、台底钵等与高台山文化和新乐上层相似。年代约不晚于商末周初。

东丰宝山、大架山、谢家街等青铜时代晚期遗存，以宝山下层为代表，命名为“宝山文化”，在相邻的辽北地区称“凉泉文化”[33]，事实上是同一种文化。这类遗存主要分布于辽北和东辽河上游地区，以长颈壶、折沿罐、圈足豆和少量棱足鼎为基本组合，出土遗物有早晚区别，年代约跨越西周晚、春秋和战国。

近年大规模发掘的双辽后太平墓地，是新发现命名的另一种文化类型。该类型分两期，第一期，与高台山文化有相似的特征，年代可判定在晚商前后。第二期，年代相当于西周晚期至春秋[34]。依陶器分析主要含有两种文化成分：其一为纹饰陶，器形有筒腹罐、矮领壶、单耳杯、折腹钵，器表饰几何篦纹、戳印纹和乳钉等装饰物，显然具有汉书一期文化的风格特点；其二为素面陶，器形以壶和壶形衍生器为主，这类陶壶的曲颈、扁圆腹、台底及抹斜口、桥耳等形态特征，与下辽河东西两翼同时期青铜文化相近。

东辽河流域区介于西流松花江、松嫩和下辽河三个考古学文化区之间，不同时期诸文化类型除自身特点外，总体上同西流松花江流域区文化面貌具有一定的相似性，同时又与松嫩平原和下辽河区的考古学文化存在密切关系。由于其特殊地理位置所表现出的不同区系文化间的交流和整合现象，构成东辽河流域区考古学文化鲜明的地域特征，因此在吉林省青铜文化的分布格局中占有重要地位。

**3. 东区**

位于吉林哈达岭和长白山脉之间，区域内多山地，海拔一般在 500～1000 米。长白山东西两侧及延伸地带，纵横山岭和发育的河谷阶地被大片针阔叶混交林所覆盖。以长白山主峰分界可分为东北流向的图们江流域和西南流向的鸭绿江流域两个水系区，按不同水系区所反映的文化面貌差异分为两个亚区。

图们江流域区，行政区划属延边朝鲜族自治州。青铜时代遗存多分布于图们江干流及支流沿岸，经发掘的主要遗址有汪清百草沟[35]、延吉小营子[36]、延边新龙[37]、金谷南山[38]、和龙兴城等，尤以和龙兴城遗址的发掘最为重要。

对图们江流域青铜时代遗存的认识有一个过程，林沄先生最早将汪清新华间墓地、新安间遗址下层和延吉柳庭洞遗址等遗存，从团结文化中分离出来，提出单独命名一种新的考古学文化“柳庭洞类型”[39]。此后，又有研究者依据朝鲜会宁五洞遗址的层位关系，指出柳庭洞类型晚于兴城文化，进而初步确立了该区域青铜时代考古文化序列[40]。兴城文化典型陶器为大口深腹瓮、鼓腹瓮、筒形罐、鼓腹罐，主要器形均侈口，口沿下多按压有齿状花边纹。另外发达的黑曜石器也是主要特征之一。兴城文化分三期，年代分别相当于夏、早商、晚商，各期别主要器形及组合无明显间断，表明它们是一个连续的发展过程。这类遗存还见于延边新龙、延吉小营子墓地，以及朝鲜境内的会宁五洞、西浦项、雄基松坪洞等遗址或墓地[41]。兴城遗址相关遗存文化性质的判定和分期与年代的认识，为本地区早期青铜文化分期研究确立了一个可靠的参照系。

青铜文化晚期遗存以柳庭洞类型为代表。柳庭洞类型分两期，早期陶器以直口深腹瓮、筒形罐为主，并见有少量的圈足器；晚期陶器仍以瓮、罐为基本组合，最大区别是晚期流行对称乳钉的装饰风格，同时出现了高柄浅盘豆等新器形。据碳十四测定数据，早期的相当于商代，晚期年代下限已进入战国。限于资料，早晚期遗存间还有较大缺环，所以青铜时代晚期遗存的分期研究尚有待新的考古发现，也包括对现有材料的进一步梳理和重新认识。

图们江流域由于老爷岭和长白山的阻断，区域内青铜时代遗存具有较大的一致性，具有明显地方特色。从区域特征及相邻考古文化关系来看，与朝鲜半岛东北部和牡丹江流域联系较紧密。随时间推移，这种相互间的作用使地域性特征不断弱化，青铜时代晚期表现出文化面貌趋同的特点。进入早期铁器时代，形成统一的考古学文化，上述地区为团结文化所覆盖。

鸭绿江、浑江流域区，位于吉林省东南部，属通化市辖区。长期以来，这一地区由于缺少有针对性的大型遗址发掘，考古调查资料也鲜有报道，青铜时代考古是一个薄弱环节。自1997年开始，历时三年的通化万发拨子遗址发掘，揭露面积大，内涵丰富。这次发掘首次确认具有明确层位关系的多种文化遗存，其中第二、第三期遗存，属不同性质的两种青铜文化[42]。

第二期遗存，陶器基本组合为镂孔碗式豆、竖桥耳圈足罐、竖桥耳敛口台底瓮，其发达的圈足器和疑似甗的粗大无实足根袋足，显示了与辽东半岛双坨子三期文化的联系。第二期遗存的年代约相当于商周之际，是该地区已知的早期青铜文化。

据万发拨子二十一号多人丛葬墓报道资料，第三期遗存以侈口台底罐、竖桥耳壶、圈足钵（豆）为陶器组合，显著特点是流行台底、桥耳以及在口沿下普遍饰凸棱弦纹和对称乳钉的做法[43]。这类遗存具有鲜明的地域文化特点，器形和制作风格与当地早期青铜文化有继承关系。同时还可看出来自辽东地区同时期文化的影响，如与双房文化相似的弦纹壶、圈足碗等。第三期遗存代表的晚期青铜文化，年代可界定在春秋至战国。

目前，该流域区发现的青铜时代遗址有近百余处，但大多没有经过发掘，难以对不同文化遗存进行甄别。万发拨子第二、第三期遗存年代基本衔接，初步确认该地区青铜时代早、晚两期文化，这一编年序列的建立与后续汉、魏时期石构墓葬的演变关系，助寻找高句丽早期遗存及其文化起源的探索取得了突破性进展。

## 三

吉林省青铜时代考古起步较早，但当时只调查、发掘过不多的几个地点，所得资料既缺乏文化性质与年代的基本判定，也难以把握相互之间的联系。从20世纪50年代开始，对西团山石棺墓地有针对性的发掘，首先将一些广泛使用石器生产工具并已出现青铜器的遗存，从所谓的“石器时代之文化”中分离出来，从此开创了吉林省青铜时代考古的新局面。20世纪70年代，由于大安汉书遗址发掘识别的两种青铜文化及其同一文化系统前后不同发展阶段的认识，使区系考古文化编年序列的研究迈出了重要一步。随着大规模考古调查发掘的展开，这个坐标体系不断完善，一方面在时间和空间上许多空白被填补，另一方面不断涌现的新材料也很大程度丰富了纵横联系的中间环节。近二十年来，在区系类型理论的指导下，吉林省已初步构建起青铜时代考古文化的时空框架（表一）。

**表一　吉林省青铜时代考古文化时空框架**

<table>
<tr><td rowspan="2">分区<br>编年</td><td>西区</td><td colspan="5">中区</td><td colspan="2">东区</td></tr>
<tr><td>松嫩平原</td><td colspan="3">西流松花江流域</td><td colspan="2">东辽河流域</td><td>图们江流域</td><td>鸭绿江、浑江流域</td></tr>
<tr><td>夏<br>早商</td><td>小拉哈文化</td><td colspan="3" rowspan="2"></td><td></td><td rowspan="2">炮台山类型</td><td rowspan="2">兴城文化</td><td></td></tr>
<tr><td>晚商前后</td><td>过渡期遗存</td><td rowspan="3">后太平类型</td><td rowspan="2">万发拨子二期遗存</td></tr>
<tr><td rowspan="2">西周<br>春秋</td><td rowspan="2">汉书一期文化<br>（白金宝文化）</td><td colspan="3" rowspan="3">西团山文化</td><td rowspan="3">宝山文化</td><td rowspan="3">柳庭洞文化</td></tr>
<tr><td rowspan="2">万发拨子三期遗存</td></tr>
<tr><td rowspan="2">战国<br>西汉</td><td rowspan="2">汉书二期文化</td><td></td></tr>
<tr><td>田家坨子类型</td><td>泡子沿类型</td><td>邢家店类型</td><td colspan="2">部分墓葬遗存</td><td>团结文化</td><td>高句丽早期遗存</td></tr>
</table>

上表中所列举的文化、类型有 10 余种，虽然某类遗存的文化性质有待认定，有些区域的编年序列尚不完整，但纵横坐标体系的建立，基本反映吉林省青铜时代考古文化的分布格局与发展进程。全面梳理资料，经比较研究，初步认识如下：

（1）吉林省青铜时代文化遗存，按自然地理形式和考古学文化面貌分为西、中、东三个文化区，又依据方位和水系单元所形成的文化差异，将中区和东区各划分两个亚区。检视各区考古文化均在两种以上，即上一个文化与下一个文化在时间上大体衔接。其中，尤以松嫩平原夏至战国（下限或可延至西汉）的文化序列最为完整，分析其发展过程，各文化之间存在不同程度的递进演变关系，自成体系且几乎没有被间断过。因此，在吉林省青铜时代各区域考古文化序列中，西区的发展脉络最清楚。

（2）吉林省各地区形成的不同特征、自成序列的考古学文化，或发生的时间有先后，或存续的年代有参差。但若置于东北青铜时代整体框架内，松嫩平原与辽西考古学文化区呈现出同样的阶段性特征，具体可划分夏至早商、晚商前后、西周至春秋、战国至汉初四个阶段。东辽河流域和图们江流域区大体可划分为夏至晚商和西周至战国晚期前后两大阶段，从横向关系来看，与辽东区考古文化大阶段的划分保持一致。

以此为参照，西流松花江和鸭绿江、浑江区考古文化的更替也大体相同。吉林省青铜时代的考古文化，既显示区域内文化发展的不平衡性，又反映与区域外相关联地区文化发展阶段的同步性。

（3）吉林省青铜时代遗存相当丰富，分布范围已基本覆盖全境。考古发现，同一时期不同区域的考古文化往往区别比较显著，各文化具有相对的独立性，而同一区域不同时期的考古文化则表现出文化之间的内在联系。经大量的考古发掘和初步研究，吉林省青铜时代的考古文化可分为东、中、西三条线，东西两线文化区别明显，中线因受到东西两个方面的影响，虽然不同文化成分在这里此消彼长，但大部分时间与东线的关系较西线密切。以东北青铜时代区系的角度观察，它们分属于不同的文化系统，有着不同的文化来源。

（4）早在新石器时代，吉林境内就已孕育形成了具有自身特点的区域考古文化。青铜时代因地域间的差别和文化来源与传承的多样性，形成多个文化序列和不同文化系统并立的局面。汉代上溯至战国晚期，吉林东南部长白山地及其延伸地带，成为秽、高句丽等历史民族及其族先的领地。西流松花江流域，以吉林市为中心夫余建立了东北第一个地方政权。结合文献的考古学文化研究，夫余属秽族的一支，其源头可追溯到曾广泛分布在这一地区的西团山文化。这一时期，包括吉林西部地区在内的松嫩平原，以汉书二期文化为代表的遗存族属尚难以认定，但人类学研究指出，其古代居民的体质特征与鲜卑最为接近[44]。由此推测早期拓跋鲜卑最初南迁的过程，极有可能吸收这类文化成分，甚至有部分人群加入其中，或可认为汉书二期文化也是构成早期拓跋鲜卑共同体的先世文化之一。吉林省青铜时代不同区系考古文化分布格局，与汉魏文献记载的那些有着特定文化传统和认同感的部族集团时空范围相印证，由此看来，进入历史时期吉林境内是一个人文内涵丰富的多民族聚居区。

（5）吉林省南接辽宁，北连黑龙江，西邻内蒙古，东与朝鲜、俄罗斯交界，处于东北的腹心地带。由于其特殊的地理位置，各个时期与周边地区都存在着不同程度的文化交流与渊源关系，亦是中原与东北乃至东北亚地区文化传播的路径之一。所以，无论从区系考古文化研究的视野，还是历史上地缘政治角度观察，吉林省所辖区域是东北考古的重要组成部分，在东北亚地区对历史、文化、民族疆域的研究占有举足轻重的地位，对中华一体多民族国家的形成发挥过重要作用。

## 注　释

[1] 关于新中国成立前日本学者在吉林的史前考古活动，包括少数中国学者参加的田野工作，本文主要参考陈星灿：《中国史前考古学史研究》，生活·读书·新知三联书店，1997年；吉林省地方志编纂委员会：《吉林省志·文物志》，吉林人民出版社，1991年。

[2] 吉林省地方志编纂委员会：《吉林省志·文物志》，吉林人民出版社，1991年。

[3] 东北考古发掘团：《吉林西团山石棺墓发掘报告》，《考古学报》1964年1期。

[ 4 ] 董学增：《试论吉林地区西团山文化》，《考古学报》1983 年 4 期。

[ 5 ] 吉林大学历史系考古专业、吉林省博物馆考古队：《大安汉书遗址发掘的主要收获》，《东北考古与历史》（1），文物出版社，1982 年。

[ 6 ] 李殿福：《库伦、奈曼两旗夏家店下层文化遗址分布与内涵》，《文物资料丛刊》（7），文物出版社，1983 年；李甸甫、朱声显：《科尔沁右翼中旗呼林河沿岸原始文化遗存》，《文物资料丛刊》（7），文物出版社，1983 年。

[ 7 ] 吉林地区考古短训班：《吉林猴石山遗址发掘简报》，《考古》1980 年 2 期；吉林省文物考古研究所、吉林市博物馆：《吉林市猴石山遗址第二次发掘》，《考古学报》1993 年 3 期。

[ 8 ] 吉林省文物工作队：《吉林长蛇山遗址的发掘》，《考古》1980 年 2 期。

[ 9 ] 吉林市文物管理委员会等：《永吉星星哨水库石棺墓及遗址调查》，《考古》1978 年 3 期；吉林市博物馆、永吉博物馆：《吉林永吉星星哨石棺墓第三次发掘》，《考古学集刊》（3），中国社会科学出版社，1983 年。

[10] 吉林市博物馆：《吉林永吉杨屯大海猛遗址》，《考古学集刊》（5），中国社会科学出版社，1987 年；吉林省文物工作队、吉林市博物馆等：《吉林永吉杨屯遗址第三次发掘》，《考古学集刊》（7），科学出版社，1991 年。

[11] 吉林市博物馆：《吉林永吉县学古东山遗址试掘简报》，《考古》1981 年 6 期。

[12] 吉林市博物馆：《吉林市泡子沿前山遗址和墓葬》，《考古》1985 年 6 期。

[13] 吉林省文物工作队：《吉林舒兰黄鱼圈珠山遗址清理简报》，《考古》1985 年 4 期。

[14] 吉林省文物考古研究所：《榆树老河深》，文物出版社，1987 年。

[15] 金旭东、王国范：《1985 年东丰考古调查》，《考古》1988 年 7 期；吉林省文物考古研究所：《东辽河上游考古调查发掘简报》，《辽海文物学刊》1995 年 2 期。

[16] 吉林省文物考古研究所：《吉林农安县邢家店北山墓地发掘》，《考古》1989 年 4 期。

[17] 延边博物馆：《金谷水库南山遗址试掘简报》，《博物馆研究》1985 年 3 期。

[18] 刘法祥、何明：《吉林汪清金城古墓葬发掘简报》，《考古》1986 年 2 期。

[19] 吉林省文物考古研究所：《吉林珲春新兴洞墓地发掘报告》，《北方文物》1992 年 1 期。

[20] 图珲铁路考古发掘队：《吉林省珲春市河西北山墓地发掘》，《考古》1994 年 5 期。

[21] 吉林省文物考古研究所、延边朝鲜族自治州博物馆：《和龙兴城——新石器及青铜时代遗址发掘报告》，文物出版社，2001 年。

[22] 王洪峰：《汉书遗址》，《田野考古集粹——吉林省文物考古研究所成立二十五周年纪念》，文物出版社，2008 年。

[23] 王立新：《双塔遗址》，《田野考古集粹——吉林省文物考古研究所成立二十五周年纪念》，文物出版社，2008 年。

[24] 吉林省文物考古研究所：《吉林双辽市后太平青铜时代墓地》，《考古》2009 年 5 期。

[25] 吉林省文物考古研究所：《后太平——东辽河下游右岸以青铜时代遗存为主的调查与发掘》，文物出版社，2011 年。

[26] 金旭东、安文荣等：《探寻高句丽早期遗存及起源》，《中国文物报》2000年3月19日。

[27] 国家文物局：《中国文物地图集 · 吉林分册》，吉林省青铜时代遗迹图，中国地图出版社，1993年。

[28] 朱永刚：《西团山文化墓葬分期研究》，《北方文物》1991年3期。

[29] 朱永刚：《西团山文化源的探索》，《辽海文物学刊》1994年1期。

[30] 吉林市博物馆：《吉林市泡子沿前山遗址和墓葬》，《考古》1985年6期；张立明：《吉林泡子沿遗址及其相关问题》，《北方文物》1986年2期。

[31] 吉林大学历史系考古专业：《吉林农安田家坨子遗址试掘简报》，《考古》1979年2期；万顺：《农安田家坨子遗址新出土的几件陶器》，《博物馆研究》1984年2期。

[32] 吉林省文物考古研究所：《吉林农安县邢家店北山墓地发掘》，《考古》1989年4期；刘宏宇：《吉林省德惠王家坨子北岭发现的古代遗存》，《北方文物》1985年1期。

[33] 辛岩：《辽北地区青铜文化初探》，《辽海文物学刊》1995年1期。

[34] 吉林省文物考古研究所：《后太平——东辽河下游右岸以青铜时代遗存为主的调查与发掘》，文物出版社，2011年；梁会丽：《东辽河下游青铜时代文化初探》，《中国考古学会第十二次年会论文集》，文物出版社，2010年。

[35] 王亚洲：《吉林汪清百草沟遗址发掘简报》，《考古》1961年8期。

[36] 藤田亮策：《延吉小营子遗址调查报告》，《满洲国古迹古物调查报告》（第五期），1943年（日文）。

[37] 侯莉闽：《吉林延边新龙青铜墓葬及对该遗存的认识》，《北方文物》1994年3期。

[38] 延边博物馆：《延吉德新金谷古墓葬清理简报》，《东北考古与历史》（1），文物出版社，1982年。

[39] 林沄：《论团结文化》，《北方文物》1985年1期。

[40] 宋玉彬：《图们江流域青铜时代的几个问题》，《北方文物》2002年4期。

[41] 朝鲜民主主义人民共和国科学院考古学与民俗学研究所：《会宁五洞原始遗迹发掘报告》，《遗迹发掘报告》（第7辑），1960年（朝文）；金用玕、徐国泰：《西浦项原始遗迹发掘报告》，《考古民俗论文集》1972年4期（朝文）；朝鲜社会科学院考古学研究所：《朝鲜考古学概要》，1977年。

[42] 金旭东、安文荣等：《探寻高句丽早期遗存及起源》，《中国文物报》2000年3月19日。

[43] 吉林省文物考古研究所、通化市文物管理委员会办公室：《吉林通化市万发拨子遗址二十一号墓的发掘》，《考古》2003年8期。

[44] 潘其风：《平洋墓葬人骨研究》，《平洋墓葬》，文物出版社，1990年。

［原载《边疆考古研究》（第17辑），科学出版社，2015年，与唐淼共同署名］

# 其　　他

# 吉林有节石铲初论

于吉林省境内发现的石质生产工具中，有一面扁平一面琢磨凸起有棱的石器，形制很是独特，考察其形制与使用特点当是适于翻土或发掘的石铲，又因其器体所饰凸棱呈竹节状最具特征，所以本文称之为“吉林有节石铲”。

有节石铲最早被著录在《长春附近发现的石制农业工具》和《长春市郊新石器时代遗址》两篇调查报告中[1]。段一平先生曾著文，对长春近郊发现的有节石铲的形制和功能等问题作过简要论述[2]。此后，除个别文章有所涉及或有选择的引用部分标本外，至今尚没有人对其进行过全面系统的研究。

有节石铲形制较为特殊，分布面没有一般石器那样的广度，发现数量亦有限，且多系采集品，材料本身的缺欠限制了对这种石器生产工具的研究。近年关于有节石铲的报道日渐增多，其中不乏有一定科学价值的出土品，本文对有节石铲的专门研究，打算就以下几个问题进行讨论：①形制分类与演变趋势；②流行年代与上下时限；③操作方式与使用功能。

## 一

据不完全统计，目前已刊布的有节石铲出自20多个地点，即长春近郊的新立城水库、黑嘴子、红嘴子、王家窝堡、乐山镇北山[3]、南岭[4]、杨家沟[5]；双阳黑顶子水库[6]；农安双庙[7]；德惠大青嘴[8]；九台二道嘴子[9]；怀德神仙洞、瓮圈、顺山村[10]、清水乡[11]；公主岭市仙山[12]；伊通东河北[13]、昌盛村[14]；永吉钩鱼台[15]；蛟河永红村[16]；柳河碱水村[17]；通化江口村[18]；通榆方家围子[19]和黑龙江省庆安莲花泡[20]等，出土的有节石铲约有50余件。

已发现的石铲按体部形制和特征可分为四型。

A型　圆顶，双凸棱节，横节突出于正面并延至两侧。长春南岭标本，泥质砂岩，正面凹陷略呈亚腰，长方形铲面，刃部较扁薄。长16.8、宽8、厚1.5厘米（图一，1）。永吉钩鱼台标本，砂岩，弧刃，扇形铲面。长18.6、宽9.35厘米（图一，2）。怀德神仙洞标本，页岩，上窄下宽，扇形铲面，弧刃，刃部留有使用痕迹。长15、宽9、厚1.5厘米（图一，3）。农安双庙标本，花岗岩，凸棱节突出两侧，偏锋，舌状铲面，通体磨光，制作精制。长24、宽10、厚1.5厘米（图一，4）。该型标本还见于长春新立城水库、王家窝堡、杨家沟，九台二道嘴子，德惠大青嘴，伊通东河北，双阳黑顶子水库等。

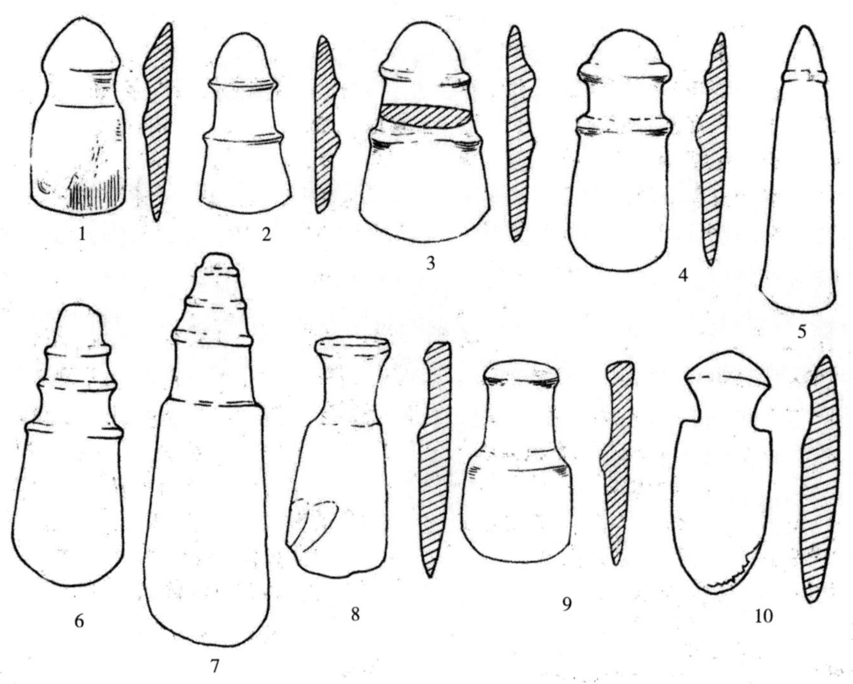


图一　吉林有节石铲举例

A 型：1. 长春南岭　2. 永吉钓鱼台　3. 怀德神仙洞　4. 农安双庙
B 型：6. 长春黑嘴子　7. 怀德顺山屯
C 型：8. 伊通东河北　9. 黑龙江庆安莲花泡　10. 蛟河永红村
D 型：5. 通榆方家围子

B 型　圆顶，三凸棱节或四凸棱节，节面突出。长春黑嘴子标本，泥质砂岩，自柄顶以下有三道等距离横凸棱节。偏锋、弧刃，舌状铲面。长 27.5、宽 11.3 厘米（图一，6）。怀德顺山村标本，自柄顶以下有四道横凸棱节，弧刃，舌状铲面。长 27、宽 8.5 厘米（图一，7）。另外在怀德清水乡和伊通东河北也有发现。

C 型　弧顶或平顶，凸棱节不明显，正面呈亚腰，有对称双肩。伊通东河北标本，斜肩，梯形铲面，刃部残损。长 15、宽 7、厚 2 厘米（图一，8）。蛟河永红村标本，砂岩，磨制，体厚重，平肩，舌状铲面，刃部较钝。长 21.5、宽 9.9、厚 3.5 厘米（图一，10）。伊通昌盛村和黑龙江庆安莲花泡出土同类标本（图一，9）。

D 型　仅见通榆方家围子，花岗岩，尖圆顶，单凸棱节，铲面狭长，刃部厚钝。长 23.2、宽 6.4、厚 2.5 厘米（图一，5）。

需要说明的是，本文所掌握的材料并不是迄今所发现的全部资料，一是有些已经出土的有节石铲没有引起发现者的重视未予报道；二是已报道的材料中有些因残损严重或属尚未完全加工的半成品而难以作形制分类和统计。尽管如此，上述不同形制有节石铲的分类仍具有代表意义。

器物的类型学研究，主要解决分类与排序问题，对单一品种的分类排序，通常是以器物形态的共性特征和个性差别的比较，以及其内在逻辑的演绎与求证来实现的。

根据有节石铲的正投影形制和体部特征，解析该器为铲柄和铲面两部分，设 L″表示铲面长度，L 表示铲身通长，L″/L 表示它们的比值（图二）。如果作一般数理统计（这里不考虑铲面磨损因素），会发现不同型别的 L″/L 是一个趋于增大的值，即铲面逐渐变长。

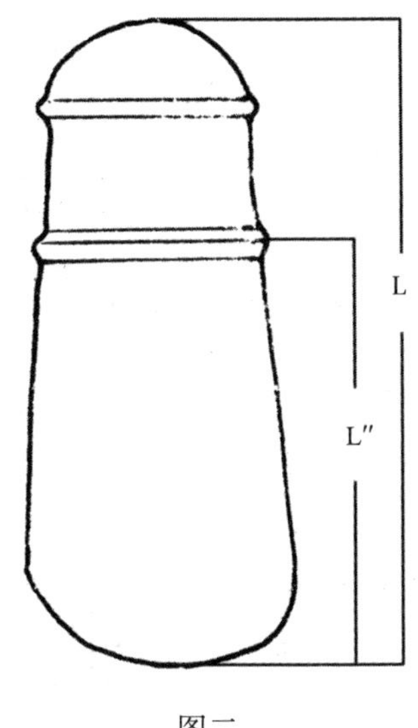

图二

计算如下：

A 型，0.49～0.62，其中 70%标本介于 0.49～0.57。

B 型，0.58～0.63。

C 型，0.64～0.72。

D 型，0.8。

在理性地对待这些数据的同时，再对铲柄形式作进一步分析。

A 型，双凸棱节，在两侧有一对束腰凹槽。

B 型，三至四道凸棱节，在两侧形成二至三对束腰凹槽。

C 型，凸棱节趋于简化，代之为亚腰。

D 型，凸棱节失去原有功能，仅具有象征意义。

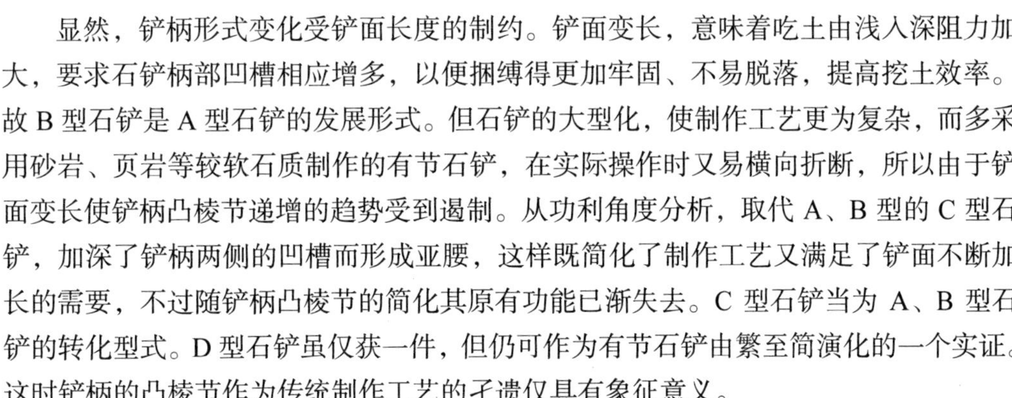

显然，铲柄形式变化受铲面长度的制约。铲面变长，意味着吃土由浅入深阻力加大，要求石铲柄部凹槽相应增多，以便捆缚得更加牢固、不易脱落，提高挖土效率。故 B 型石铲是 A 型石铲的发展形式。但石铲的大型化，使制作工艺更为复杂，而多采用砂岩、页岩等较软石质制作的有节石铲，在实际操作时又易横向折断，所以由于铲面变长使铲柄凸棱节递增的趋势受到遏制。从功利角度分析，取代 A、B 型的 C 型石铲，加深了铲柄两侧的凹槽而形成亚腰，这样既简化了制作工艺又满足了铲面不断加长的需要，不过随铲柄凸棱节的简化其原有功能已渐失去。C 型石铲当为 A、B 型石铲的转化型式。D 型石铲虽仅获一件，但仍可作为有节石铲由繁至简演化的一个实证。这时铲柄的凸棱节作为传统制作工艺的孑遗仅具有象征意义。

以上对有节石铲形制本身分析得出的规律性认识是，从 A 型到 D 型的递进关系，呈现出这种石器生产工具由繁至简的演化趋势。

据目前已掌握的材料来看，有节石铲主要发现于西起伊通河，东到威虎岭，北自第二松花江与伊通河交汇处，南至东辽河上游的吉林省中部地区。其中，A 型分布得最为普遍，尤以长春、吉林西部和四平北部出现的频次最高；B 型和 C 型出土的数量不多，分布也不及 A 型那样普遍，分别只见于长春、怀德、伊通、蛟河等几个地点；D 型虽不典型，但在有节石铲的高发区内还没有发现。这种不同形制之间数量及出土频次的差别，当是有节石铲不同发展阶段的一种反映。

## 二

有节石铲的流行年代，是认识这种石器生产工具的另一方面。因以往发表的材料多系采集品，缺少层位依据与共存关系，如若仅就其形态作一般类型学分析，则很容易陷入空泛的对比或主观臆断的推测。本文对有节石铲的年代学认识，乃从分布区域内若干文化类型文化性质的分析和此类石器生产工具的时代特性两方面入手，试作论证。

西团山文化是分布于有节石铲高频次发生区的一种青铜文化。据报道，在有节石铲发现地经常能采集到西团山文化的粗砂质素面红褐陶片、鼎或鬲的长实足根、豆把及桥状器耳和罐底等遗物。另外从有节石铲的横凸棱节与西团山文化流行的方銎弦纹铜斧比附，也容易被理解为是仿青铜器的特征品。所以多数报道材料将有节石铲认定为西团山文化的属物，或推测其年代不会早于青铜时代[21]。

西团山文化的石器以半月形穿孔石刀、扁平正锋弧刃石斧、长身柳叶石镞为代表，其他还有锛、凿、镰、矛等。发现的一些亚腰或束腰的大型打制石器，器柄较窄，刃面短而宽，显然是适于横向装柄的掘土工具，从专业化石质生产工具分类的角度考虑与石铲无关。而迄今经正式发掘的西团山文化遗址和墓葬中也从未出土过有节石铲，所以尚没有充分证据说明有节石铲与西团山文化考古学年代相关。

西团山文化之后，在上述有节石铲分布区域出现了多种古文化遗存。它们年代相近，除了从陶器“群”的面貌上可划分为若干类型外[22]，出土的生产工具较为一致。这一时期石器所占比例明显减少，大型的石质生产工具几乎不见，代之的是与中原地区战国至汉代形制相同的镬、斧、锸、镰等铁质工具。

自战国晚期燕对其北方疆域的开拓及秦汉政权对东北管辖的确立，伴随着大量中原居民的迁徙，铁器的传入和推广使用，使这一地区的社会生产力水平有了较大提高。尽管在人口和居住区域上仍占有较大比重的土著居民还相当程度地保持着原有文化传统，但受性能优越铁质生产工具的冲击，被抑制的原有石质工具的加工和使用却是普遍现象。所以这一时期已不可能存在有节石铲那样比较繁复的石器制作技术。

石铲作为我国北方旱地农业生产的一种工具，新石器时代早期就已出现并被较为广泛的使用。迄今发现最早的要算裴李岗文化的有肩石铲[23]。这一时期石铲的铲面较平薄，双肩上收形成凸柄，已属定型产品。在此之后，中原地区各新石器时代遗址出土的石铲形制开始多样化，数量明显增加，制作也愈为精美。尤为值得注意的是，铲柄两侧往往遗有绳沟，在洛阳西高崖等遗址还发现了磨有柄槽的标本[24]，这说明人们在长期实践中不断加深了对石铲使用功效的认识。

在内蒙古东南部与辽宁西部，兴隆洼文化时期石器主要是打制而成的，其中最为常见是一种具有较窄柄部和较宽刃部被称为“锄形器”的工具[25]。它的刃部形式多样，或对称弧刃或不对称平刃、斜刃，具有多种用途。个别刃部很窄、器体较薄者，可能类似石铲。此时尚没有达到专用生产工具的分类，一器多用或一用多器的现象普遍存在。

整个红山文化时期石器制作水平明显提高，突出表现为两个方面：一是磨制技术较为广泛应用；二是可根据不同用途加工出各种专业化定型产品。在红山、赵宝沟、上宅文化中常见的鞋底状正尖刃石器[26]，据其刃部遗留有与器身长轴平行的摩擦痕和顶部有打制便于插入木柄的缺口，可判定是类于石铲那样的大型掘土工具。

小河沿时期，在翁牛特旗石棚山墓地及相关遗址均发现了分类清楚可被明确认定的石铲[27]。这些石铲器体扁薄轻巧，通体磨光，顶宽稍窄于刃宽略呈梯形，靠近顶部一侧有一对钻孔，系为固定木柄所设，接下来的夏家店下层文化时期石铲的使用更为普遍，例如在宁城南山根、建平水泉等遗址发现的数量之多，几乎与夏商文化遗址出土的石铲所占比重相等，而且造型也很接近。

吉林省境内，尤其是吉林省中部地区（吉林、长春、四平、辽源）的新石器文化过去一直不很清楚，在 1985 年对农安左家山、元宝沟遗址和 1987 年对东丰西断梁山遗址的发掘后才逐渐被揭示出来[28]。这一区域与内蒙古东南及辽宁中西部地区不仅反映了平底筒形罐和压印之字纹的共有文化传统，而且在细石器、加工谷物的磨盘和磨棒等生产工具方面，也表现出经济生活联系性。见于吉林省中部地区的有节石铲，除地域性的形制特征外，还应该具有与毗邻文化相同传统和相似的时代特性。

考古材料证实，在伊通东河北遗址发现的大量有节石铲仅与有压印之字纹和各类刻划纹饰的筒形陶器伴存[29]，据悉，最新考古发现更进一步明确了这类共存关系[30]。所以，可以肯定有节石铲是流行于该地区新石器文化中的一种生产工具。

左家山遗址的层位关系，将吉林中部地区新石器文化的发展序列划分为四个阶段[31]，其绝对年代值大体在距今 6500～5000 年，而根据左家山和东河北遗址出土的部分口沿经加厚处理的筒形罐来看，又可将该地区新石器文化开始的年代推到距今 7000 年左右。至于有节石铲出现的年代是否可早到此时，目前尚不能确定。

在有节石铲集中分布区以外也出土过少量的凸棱节或仿凸棱节石器。据报道，山东岳石文化曾发现两件有节石器[32]。从发表的线图来看，器形上窄下宽，正锋、弧刃为石斧。其器体上部所饰凸棱系绑缚木柄之用，与有节石铲相同（图三，1、2）。不过这种石斧在岳石文化中少见，在岳石文化之前的龙山文化也从未见过，所以不太可能是当地产品。出土于辽宁康平修李窝堡的两件锤斧和旅大双砣子的一件鹤嘴锄[33]，器身所饰凸弦纹拟是仿凸棱节石器（图三，3～5）。这些石器因本身已具有固定木柄之穿孔，显然其凸弦纹当是受有节石器文化因素影响的结果。如果看成是一种文化因素的流布，上述材料间接指示了有节石铲的年代下限，当在新石器时代晚期至早期青铜时代之间。

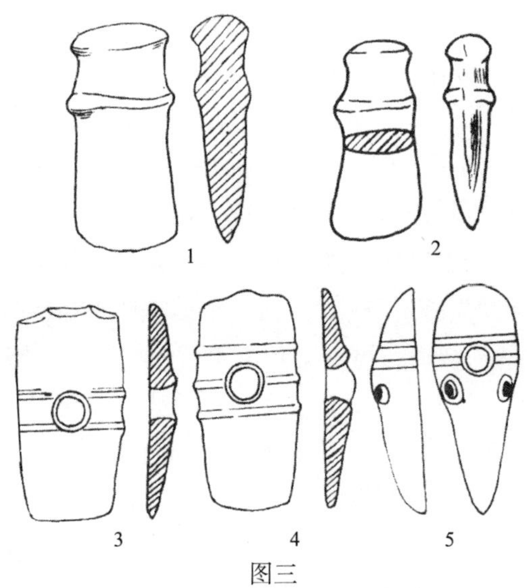

图三

1、2. 山东岳石文化石斧　3、4. 辽宁康平修李窝堡锤斧　5. 旅大双坨子鹤嘴锄

通过上面的分析，可以初步判定有节石铲流行于吉林中部的新石器时代晚期，大约随当地青铜文化的出现而消失。需要说明的是，吉林中部地区青铜文化的考古学年代较晚，自目前已发现的新石器文化至青铜文化之间尚存在不小的缺环。根据有节石铲提供的线索，这一时间段的遗存将有可能通过该区域内东辽河上流的考古发现来填补。

## 三

每每对一种石器生产工具的研究无不涉及使用功能，而于其使用功能的研究又往往和该生产工具的定名相联系。以往对有节石铲的报道名称繁多，粗粗统计竟有十余种，如石镐、亚腰石镐、有段石镐、石锄、有肩石锄、石铲、亚腰石铲、有柄石铲、条形石铲、重肩带棱石铲、石犁、石钺、石斧等。如此说法不一，当反映人们对这种石器的装柄方式和使用功能认识不同。

考察有节石铲的各种形态，其基本特征是器身一面扁平，一面圆突起脊。自柄顶以下，正面饰横凸棱节数条并延至两侧形成对称凹槽。刃面略宽、较扁薄、多呈舌状，以弧刃偏锋为主。质料多为泥质砂岩、页岩等硬度较小的石质，制作较精细，琢磨兼而有之。所获标本一般长 15～25，最长达 36 厘米，宽 7～11 厘米，厚 1.5～3.5 厘米。就形制而言，该类石器器身较长，刃面较窄，长与宽之比一般大于 2。若横向装柄，器身过长，操作时不便于拉土，方向亦难以把握，所以理解为器身本应短而宽的锄形器是不合时宜的。从使用痕迹分析，这类石器刃面因常留有与器身长轴平行的摩擦痕，而很少发现受猛烈撞击产生的崩疤，显然也不宜与镐、斧、钺等做圆周运动之横向装柄的石器联系起来考虑。铲为纵向装柄，器身较长，使用时受力均匀，刃面的摩擦痕会与器身长轴平行。审视本文讨论之石器具备以上诸要点，又据其器柄所饰凸棱节之特征，所以命名为有节石铲。

石铲的功能比较专一，主要用来翻土或挖掘，大抵与旱地农业生产有密切关系，所以在我国北方地区不仅使用的时间长、出土的数量多，形制也较规范化。与北方地区新石器至早期青铜时代常见石铲比较，吉林有节石铲有两个突出特点：一是形制较特殊，制作精致。首先，铲柄的凸棱节设计具有实用价值。铲是纵向装柄的复合工具，如何使铲冠与木柄结合得牢固十分重要。一般常见石铲的凸柄或束腰都有固定柄杆的作用，但这样的石铲绑缚在木柄上易于脱落，使用多有不便。有节石铲柄部的横凸棱节及延至柄侧形成的对称凹槽，有助于与木柄结合得更为牢固，这在采取捆绑或固定大型农业生产工具方面不失为一种好办法，它可以有效避免铲冠脱落，起到提高生产效率的作用。其次，刃面的设计具有合理性。与普通宽刃石铲比较，吉林有节石铲刃面较窄，器身较长，且一面制作成圆突起脊状，从力学角度考虑很明显加大了“刺土”的力度。吉林中部地区多山地、丘陵，以灰色森林土和山地棕壤为主，土质较硬，有节石铲的形制特点与这一地区地理环境的作业要求相适应具有合理性。二是分布区域狭小，地域特征鲜明。有节石铲的制作工艺要求较高，从选材、打坯到琢磨成器，尤其是对铲柄凸棱节的加工需要有丰富的经验，如是非专业人员所不能及。正是由于制作工艺的复杂，客观上阻碍了有节石铲的发展，这恐怕也是其他地区少见这种石器的原因。当然，一些特殊形制的工具除了因文化传统的关系而表现为特定的分布范围和一定的使用时间，可能还与操作方式有关。

从使用痕迹分析，有节石铲的操作过程有两个动作：一为“推”，曰刺土；一为“发”，曰翻土。“推”是凭手臂的压力或借助足踏使铲刺入土中，由于受力均匀，刃面多留有与器身长轴平行的摩擦痕迹，较少产生崩损。“发”则是将刺入土中的铲横拨，剪力下压，土即可翻上来。剪力往往容易使石铲横向断裂，而采取泥质砂岩、页岩等硬度较小石质制作的有节石铲抗剪力的能力尤为低下，是极易折断的，故其实物标本常见横断的残铲。

有节石铲是否是专用的耕作工具，目前还很难确定，但它与农业生产有密切关系是毋庸置疑的。参考民族学资料，生活在我国西藏地区的门巴和珞巴族在民主改革以前还保留着原始的耕作方式。他们使用木杈和木锹来翻耕土地，通常是两个男子各持一具并排掘一块土，每翻土一次后退一步，同时有跟进的两个手执木锄的妇女将翻上来的土块打碎磨平。这种两两成组“夹掘一穴”的操作方式就是耦耕。珞巴族翻土用的木锹又叫青冈锹[34]，锹冠长47、宽15厘米，呈柳叶状，一面平直，一面圆突起脊，与有节石铲的造型十分相近。青冈锹是耜的原型，耜为中国古代典型的农业生产工具，接加石冠的石耜（石铲）也应具有同样的操作过程和使用功能，所以当推定有节石铲主要是用于耕作之具。至于有节石铲的使用者是否也采用了“耦耕”的操作方式，已不可考，不过，这种石器在一定区域范围集中出现或许可看成是原始农业的表征。

上述对有节石铲的发现、形制特点、分布区域、流行年代和操作及使用功能等问题的讨论，仅以目前刊布的材料为据，分析难免有所偏颇，结论也只是初步的，均待完善。另外，本文没有涉及的有关这种石器研究中的问题还不少，例如起源、流变、制作技术等，还将有待于资料的进一步积累。

## 注　释

[1] 王亚洲：《长春附近发现的石制农业工具》，《考古》1960年4期；王恒杰：《长春市郊新石器时代遗址》，《考古通讯》1957年1期。

[2] 段一平：《长春近郊的亚腰形石铲》，《农业考古》1982年2期。

[3] 吉林省文物志编委会：《长春市文物志》，长春市第五印刷厂，1987年，图四，6；图七，1、2；图版壹，2、3、5；图版叁，1。

[4] 王亚洲:《长春附近发现的石制农业工具》，《考古》1960年4期，图一，3。

[5] 王恒杰：《长春市郊新石器时代遗址》，《考古通讯》1957年1期，图版肆，1、2。

[6] 吉林省文物志编委会：《双阳县文物志》，双阳县印刷厂，1986年，第75页（无图）。

[7] 吉林省文物志编委会：《农安县文物志》，农安县印刷厂，1987年，图三十四。

[8] 吉林大学历史系考古专业；《吉林省农安德惠考古调查简报》，《北方文物》1985年1期，图五，2、5；吉林省文物志编委会：《德惠县文物志》，德惠县印刷厂，1983年，第13页，图二，11。

[9] 吉林省文物志编委会：《九台县文物志》，九台县印刷厂，1986年，图四十六。

[10] 吉林省文物志编委会：《怀德县文物志》，公主岭印刷厂，1985年，图版壹，1、4，第137页（无图）。

[11] 《怀德县公主岭清水乡发现磨制有段石镐》，《考古》1960年4期，图一，4。

[12] 金旭东：《1990年四平地区新石器时代遗址调查简报》，《博物馆研究》1994年2期，图六，3。

[13] 金旭东：《1990年四平地区新石器时代遗址调查简报》，《博物馆研究》1994年2期，图二，8、9、13、18；吉林省文物志编委会：《伊通县文物志》，伊通县印刷厂，1987年，第16页，图一，2、3。

[14] 笔者于四平市博物馆所见实物标本。

[15] 吉林省文物志编委会：《永吉县文物志》，永吉县科技印刷厂，1985年，第187页，图二，5。

[16] 吉林省文物志编委会：《蛟河县文物志》，吉林市印刷厂，1987年，第216页，右图。

[17] 吉林省文物志编委会：《柳河县文物志》，延边新华印刷厂，1987年，图九，2。

[18] 吉林省文物管理委员会：《吉林通化市江口村和东江村考古发掘简报》，《考古》1960年7期，图二，3。

[19] 吉林省文物志编委会：《通榆县文物志》，白城市人民政府机关印刷厂，1985年，图版四，4。

[20] 徐风：《黑龙江庆安县出土玉器、石器》，《考古》1993年4期，图三。

[21] 吉林省文物志编委会：《长春市文物志》，长春市第五印刷厂，1987年，第21、137、138页；吉林省文物志编委会：《双阳县文物志》，双阳县印刷厂，1986年，第75页；吉林省文物志编委会：《蛟河县文物志》，吉林市印刷厂，1987年，第216页等。

[22] 乔梁：《吉长地区西团山文化之后的几种古代遗存》，《辽海文物学刊》1993年2期

[23] 河南省博物馆等：《河南密县莪沟北岗新石器时代遗址》，《考古学集刊》（1），中国社会科学出版社，1981年。

[24] 河南省文化局文物工作队：《河南临汝大张新石器时代遗址发掘简报》，《考古》1960年6期，图版一，2；洛阳博物馆：《洛阳矬李遗址试掘简报》，《考古》1978年1期，图十，6；郑州市文物考古研究所：《郑州大河村遗址发掘报告》，《考古学报》1979年3期，图四八，2。

[25] 中国社会科学院考古研究所内蒙古工作队：《内蒙古敖汉旗兴隆洼遗址发掘简报》，《考古》1985年10期，图六，1～3。

[26] 中国社会科学院考古研究所内蒙古工作队：《内蒙古敖汉旗赵宝沟一号遗址发掘简报》，《考古》1988年1期，图五，4、5；巴林右旗博物馆：《内蒙古巴林右旗那斯台遗址调查》，《考古》1987年6期，图六，1～3。

[27] 李恭笃：《昭乌达盟石棚山考古新发现》，《文物》1982年3期。

[28] 吉林大学考古专业：《农安左家山新石器时代遗址》，《考古学报》1989年2期；吉林省文物考古研究所：《吉林农安县元宝沟新石器时代遗址》，《考古》1989年12期；吉林省文物考古研究所；《吉林东丰西断梁山新石器时代遗址发掘报告》，《考古》1991年4期。

[29] 金旭东：《1990年四平地区新石器时代遗址调查简报》，《博物馆研究》1994年2期。

[30] 承金旭东同志相告，1994年在东辽河上游发掘的一新石器文化房址内出土有节石铲，这是迄今发现的有节石铲最明确的共存关系。

[31] 金旭东：《第二松花江流域新石器时代遗存研究》，《中国考古学会第八次年会论文集》，文物出版社，1993年。

[32] 蔡凤书：《论岳石文化》，《纪念城子崖遗址发掘60周年国际学术讨论会文集》，齐鲁书社，1993年，图一，8、9。

[33] 张少青：《康平县新石器时代遗址调查》，《辽海文物学刊》1988年2期，图三，7、8；江上波夫：《旅顺双砣子山新石器时代遗址》，《人类学杂志》49卷1号。

[34] 《西藏米林县南伊公社珞巴族社会历史调查报告》，1973年，第7、8页。

（原载《北方文物》1996年1期）

# 肇源白金宝、小拉哈遗址陶器刻划符号初识

1986年，黑龙江省文物考古研究所和吉林大学考古专业联合对肇源县白金宝遗址进行发掘。由于发现一些陶器上有刻划符号，曾引起笔者的注意，后来在整理过程中就加强了对这方面资料的搜集（图一）。白金宝是一个多层堆积的遗址，带有刻划符号的陶器均出于遗址堆积的最早层位。就器物组合及“群”的文化面貌观察，这类遗存与已识别的白金宝文化区别显著，层位关系亦早于白金宝文化。经对比研究确认，这是一种主要分布于嫩江下游的早期青铜文化，按遗址分期称“白金宝第一期文化遗存”[1]。1992年，考古工作者又在肇源小拉哈遗址再次发现了陶器刻划符号，且所含遗存的文化性质与上相同[2]。供参考的测年数据有2个，早的一个采自小拉哈陶片热释光检测，距今3830年±340年（TK-354）；晚的一个出自白金宝碳十四测定，距今3260年±70年（ZK-2160）。据此推断，含有陶器刻划符号这类文化遗存的绝对年代约相当于夏至早商之际。

白金宝和小拉哈遗址发现的陶器刻划符号，基本只见于陶盂的器底。陶盂是该文化遗存最具代表性的器形之一，薄胎，烧制火候较高，器表打磨光滑，制作精细，出土数量较多。器形为束颈，敛口，鼓腹，台底。值得注意的是器底一侧普遍刮抹出月牙形凹窝，且自外侧向内斜穿两孔，推测可能用于悬挂，或许与这种陶器成形后的晾晒有关。考虑到带刻划符号的陶器品种单一，刻划部位一致，并且具有一定的隐蔽性，其器底穿孔的奇特现象不见于其他器类，显然它传达了某种特殊的含义。

从刻划痕迹观察，有两种情况。一种划痕两侧边缘有泛泥现象，线条纤细，说明陶器成形后不久，即使用尖头工具刻划而就；另一种划痕笔直，边缘光滑，且一端略粗，呈钉头鼠尾状，可能采用头部圆钝的片状工具压划所致。总之均为器物烧制前陶坯尚未干透时刻划上去的。

发现的陶器刻划符号有40余例，均为单体符号（指每个器底只刻划一个符号），按构形特征可分五类。

A类　大体呈“A”字形的等边锐角符号，又可分二种：A1为复线；A2为单线。各例符号在主结构上又多有变体（图二，1～15）。

B类　此类符号有平行竖划、横划或点划（图二，16～21）。

C类　以竖划与点划和交错划线之构形（图二，22～25）。

D类　为“M”形与平行折线之构形（图二，26～32）。

E类　多复线构成，呈“V”“M”“个”“Y”“凹”和直线交错等多种式样的构形（图二，33～43）。

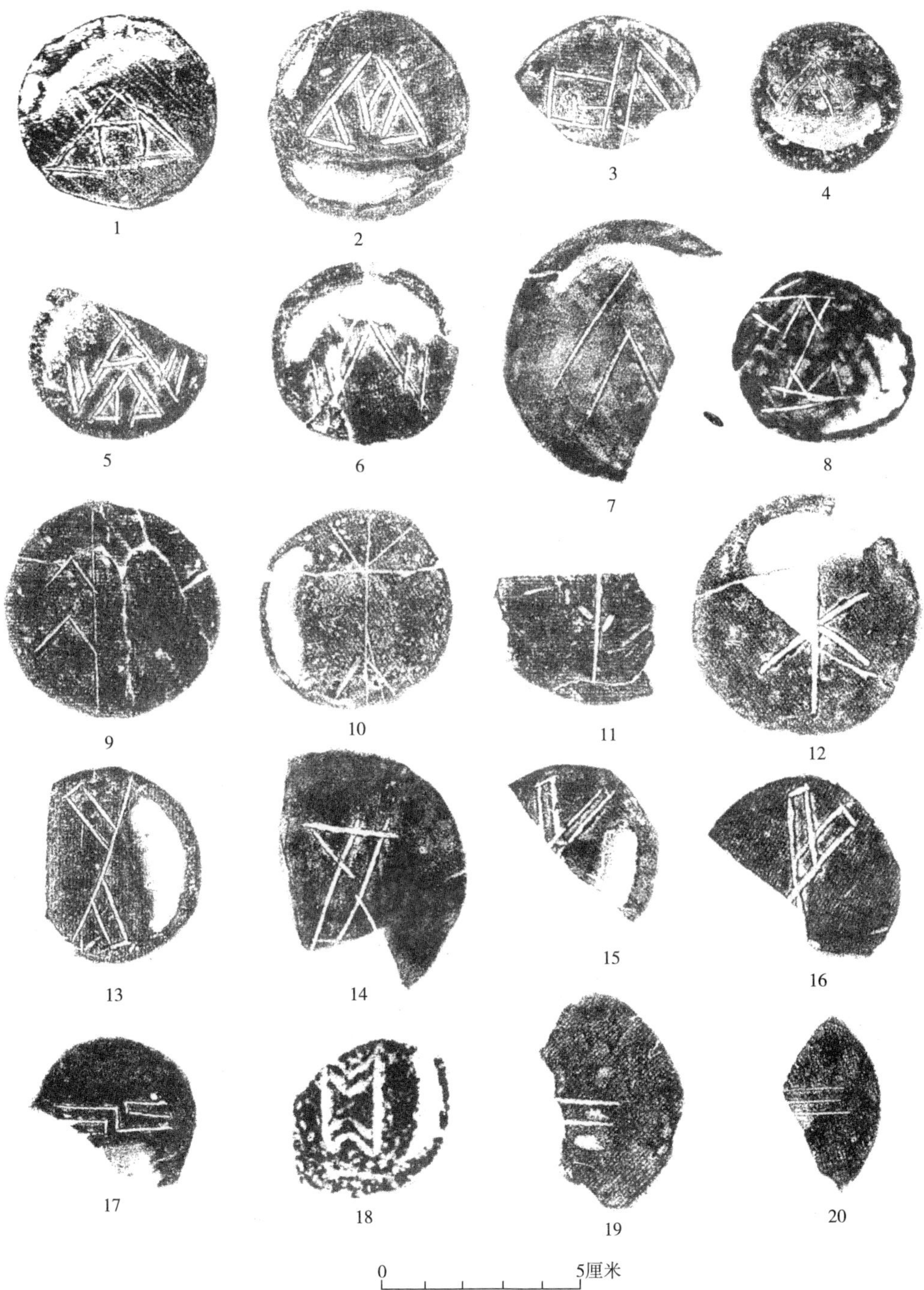


图一 肇源白金宝一期文化遗存陶盂器底刻划符号拓片

1. T2137④ : 1 2. H3322 : 3 3. G3001 : 31 4. H3079 : 2 5. 采 : 08 6. H3322 : 2 7. H3202 : 4 8. H3248 : 6 9. H3265 : 2 10. H3244 : 14 11. T1940④ : 1 12. H3159 : 6 13. T2037④ : 1 14. G3001 : 27 15. G3001 : 28 16. G3001 : 32 17. G3001 : 33 18. H3124 : 2 19. T2442④ : 3 20. H3244 : 15

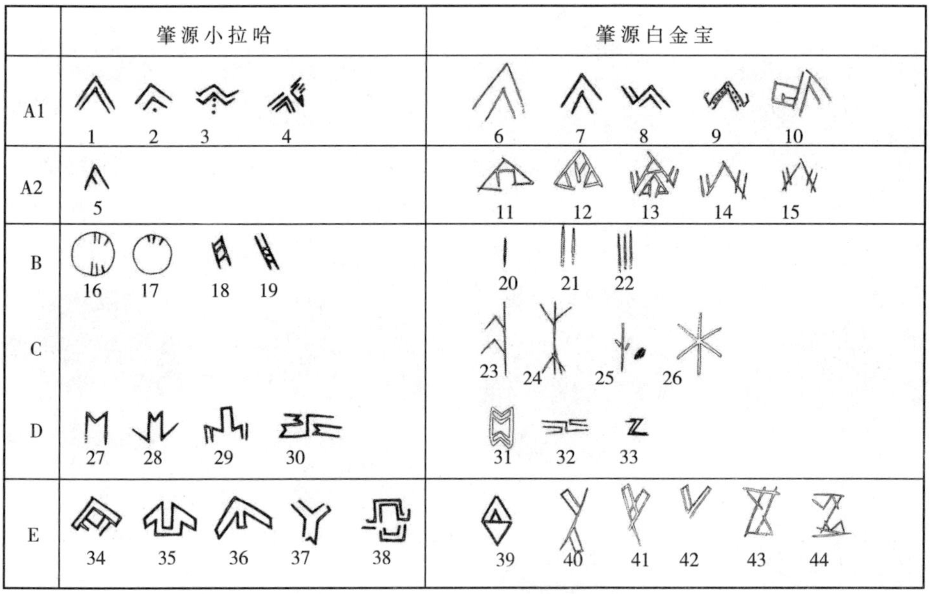

| | 肇源小拉哈 | 肇源白金宝 |
|---|---|---|
| A1 | 1　2　3　4 | 6　7　8　9　10 |
| A2 | 5 | 11　12　13　14　15 |
| B | 16　17　18　19 | 20　21　22 |
| C | | 23　24　25　26 |
| D | 27　28　29　30 | 31　32　33 |
| E | 34　35　36　37　38 | 39　40　41　42　43　44 |

图二　嫩江下游夏至早商文化遗存陶器符号摹写

（肇源小拉哈陶器符号出自《黑龙江肇源县小拉哈遗址发掘报告》，《考古学报》1998 年 1 期，图版壹，5；图二二，1、2、11；图二三，11）

此外，部分陶盂器底还见有一周或二周圆圈、弧线和不经意的划痕，也有将器底边缘刻成齿状花边者。这些痕迹与上述符号刻法和构形风格不同，是否为有意而为之，尚不能认定。

上面根据每一个符号本身的构形及相关联符号的特点所作聚类划分后，便有了一些可见的逻辑关系。另外从刻划风格、部位、构形大小及繁简变化来看，亦遵循一定的规范，所以这些符号应该是当时人们有意识制定的。

经过发掘的白金宝和小拉哈遗址之间的直线距离约50千米，两者的文化性质相同，年代有别。通过陶器的类型学研究参考测年数据，小拉哈陶器组的年代早于白金宝陶器组，它们大体处于同一文化发展序列前后相承的两个阶段[3]。对比两地出土的同类符号，尤其是 A 类符号，从构形上很容易看出其间的同根派生关系。由此说明，这套符号不仅为一定区域内的居民所共识，而且与该文化有着同步演化的脉络可循。

这些符号就像难以破解的密码，具体含义很难说清楚，但就构形分析，大体可分为具象和标记两大类。A1、A2 类和 C 类是近似于图案化的写实象形符号，取材于当时人们对可见物象的直观描写。如 A2 之 11 符号，结构很像一座攒尖顶房子。可以印证的是，白金宝遗址这一时期的房址均为面积不大的方形半地穴式建筑。检视 A 类其他符号，或表示房屋内的建筑构架，或具有某种指示意义的在固定位置上刻划出斜向平行的对称短线（图 2、3、9、13～15）。各例符号虽然有繁简变化，但作为攒尖顶式房子主体构架的几何造型则被每一个符号忠实的记录下来，这类符号出现的概率较大，且上下贯通，构形独特。可能是制造者为达到流通目的，刻意表现的与族氏有关的标记，似具有徽识的性质。C 类符号的构形也有内在联系，看起来很像是植物的写实刻划，但系采集植物还是种植农作物无法确认。

B、D、E 属于标记性符号。B 类单体构形最简单，它们所表达的事物很容易理解为是一些数字，如 B 之 16、17、20 ~ 22，可能是一、二、三……B 之 18、19，可能是二十三。果真如此，则说明当时已有了数的概念，甚至出现了十进制的计数方法。通常来说数是最早被认识并记录在媒介上的符号，往往以最直观的竖划或横划叠加计数，不过遇到较大数字感到不方便时，就可能寻求新的表示方法，这种表示方法应具有一定的通识效果。嫩江下游发现的这类符号，是否表达了数的概念，既需要固定符号的列出，又要求得有可供对比的实证，而目前发现的实例较少，尚不具备这样的条件。

D 和 E 类符号的构形相对复杂，单体之间虽有一些相似，但几乎很少雷同，这说明它们只是被极少数人认识，并不具有交流和传递信息的作用。所以这类符号可能纯粹属于个人的记号，借此表示器物的归属。

综上所述，将这批陶器符号的主要特点概括如下。

（1）一般只见于固定陶器的特定部位，一器只刻划一个符号。

（2）构形别致，彰显地域特色。按分类排比，同类符号具有一定的内在联系。

（3）以简约直笔造型，运笔明快利落，刻划硬朗纤劲，结体比较讲究对称，风格统一。

（4）部分符号所示物象，展现了当时居民生活的某些侧面，反映其存在的社会基础与文化渊源的关系。

我国历年考古发掘所获陶器符号（包括彩绘符号），上自 8000 年左右的新石器文化，下至商代早期，跨越数千年，遍及南北方，蔚为大观。但东北地区此前只在西辽河流域的小河沿文化有过发现[4]。小河沿文化的符号多刻于器物的肩或腹部，共 12 种。构形以抽象为主，且富于繁简变化，系出同源。另外，还见有 5 个单体符号排列连刻集于一器的现象，显然其已具有了记录表达某种完整意识的功能。有学者认为，“小河沿文化刻划乃可以说是我国北方地区新石器晚期所使用的一种比较进步的接近文字意义的符号。”[5]然而这套符号却没有延续下来，而是在文化的更替中消失了。因为随后兴起的夏家店下层文化没有发现任何刻划或彩绘的符号，尽管该文化业已出现被认为是文明化进程的若干要素特征。

嫩江下游夏至早商遗存陶器符号，是目前已知同类材料出土地点最北的一批。将其与发表的材料一一比照，所见形似和近同者，仅限于本文释例可能与数字和植物有关的符号，如 B 之 16、17、20～22 及 C 之 23～26 等。这类符号构形简单，各地多有发现，实际上偶合的概率较大。其他略显繁复的符号，绝少雷同。与地域相邻年代早些的小河沿文化相比较，构形殊异，风格迥然有别，看不出彼此间存在演化或传递的关系。肇源白金宝、小拉哈之发现，应该是产生于特定文化背景下具有浓郁地域色彩的一套符号。希冀今后考古中新材料的发现能够丰富我们的认识，同时也能引起更多学者的关注。

## 注　释

［1］黑龙江省文物考古研究所、吉林大学历史系考古专业：《黑龙江肇源白金宝遗址 1986 年发掘简报》，《北方文物》1997 年 4 期；《肇源白金宝——嫩江下游一处青铜时代遗址的揭示》，科学出版社，2009 年。

［2］黑龙江省文物考古研究所、吉林大学考古学系：《黑龙江肇源县小拉哈遗址发掘报告》，《考古学报》1998 年 1 期。

［3］朱永刚：《松嫩平原先白金宝文化遗存的发现与研究》，《北方文物》1998 年 1 期。

［4］李恭笃：《昭乌达盟石棚山考古新发现》，《文物》1982 年 3 期；李恭笃、高美璇：《试论小河沿文化》，《中国考古学学会第二次年会论文集》，文物出版社，1980 年。

［5］王蕴智：《远古符号综类摹萃》，《中原文物》2003 年 6 期。

（原载《北方文物》2006 年 3 期）

# 白金宝文化篦纹陶纹饰初论

在我国北方，如果就纯粹陶器上的装饰纹饰而言，除新石器时代广为流行并产生过重大影响的彩陶和早期青铜文化多有发现的彩绘陶外，还有一种篦纹陶。篦纹陶属于素面陶本色装饰，与其他素面陶纹饰相比，其装饰意味较浓，形式变化多样，更富于表现力。篦纹陶从制作技术上可分为两种工艺传统，一种是以篦齿状工具压印而就，由篦点组成的“之”字形排列为显著特征。这种篦纹陶工艺主要流传于东北的辽西地区，上自 8000 年以上的兴隆洼文化，下至 5000 年前后的红山文化，延续使用了数千年之久，并始终与筒形罐相依存，直到新石器时代晚期随绳纹拍印术的传入，才迅速消失。另一种篦纹陶，与人们通常所了解的如富河、红山文化采用篦齿状工具，在陶胎表面形成的连点排列的痕迹不同，一般有明显压印的线形凹槽，“篦点”上留有纤维或绳股痕迹。经模拟验证（笔者曾用橡皮泥捺压于纹饰表面，再对橡皮泥上反衬的凸现纹饰进行仔细分析），确认这种篦纹系采用平行缠绕纤维或细绳的片状工具，以工具的锐边在陶器表面施压而就。这种篦纹陶工艺有特定的时空范畴和文化内涵的定性，在我国北方各区系陶器纹饰中独树一帜。相比较人们对前一种篦纹陶都很关注，也做过深入细致的研究，而后者则了解不多，重视不够。鉴于白金宝文化就是以后一种篦纹陶为特色的考古文化，本文通过对其纹饰的观察，经梳理、归纳、聚类分析等环节，阐明基本母题纹饰和构图组合，并就松嫩平原的篦纹陶遗存文化性质及发展阶段的纹饰变化特点展开讨论，旨在推动这种特殊工艺纹饰的研究。

## 一

篦纹陶在 1974 年肇源白金宝遗址首次发掘的原生堆积中始有大量发现，当时因其细密篦纹组成的几何纹饰和多种动物图案而受到特别关注[1]。该遗址 1980 年和 1986 年又进行过两次发掘，特别是 1986 年揭露面积最大，所获资料十分丰富[2]。根据遗址第三次发掘的白金宝文化期出土陶器统计，在总计 295 件完整和可复原陶容器中，篦纹陶占 36.4%，主要见于筒形罐、折腹钵、壶及个别小型陶器上。而作为白金宝文化另一种主导纹饰绳纹，则多出现在筒腹鬲、鼓腹罐、盆等器形上。显然，陶工在施纹时，因陶器功能不同是有所选择的。白金宝文化的篦纹陶器，绝大部分为泥质薄胎，器表打磨光滑，口沿经慢轮修理，器形较周正。粗略观察，这类篦纹陶纹饰繁缛，结构复杂，形式多有变化。考虑到上述情况，笔者首先从纹饰的解析入手，着力分辨出最基本的纹饰母题，经一一比对归纳，然后作聚类分析。白金宝文化常见纹饰母题约有十几种，又可划分为象生、具象和几何三大类。下面对遴选的标本作分类描述。

### 1. 象生类纹饰母题

发现的写实或抽象动物纹饰有鹿纹、羊纹、犬纹、鸟纹、鱼纹、蛙纹及个别变体动物纹。

鹿纹　写实鹿纹作昂首急速奔跑或跳跃状，体态矫健，头有支角、短尾，身披网格纹（图一，1～3）。其造型与内蒙古克什克腾旗龙头山遗址出土的大角分叉雄鹿青铜饰牌[3]，以及克什克腾旗白岔河沿岸发现的同一题材的动物岩画相似[4]。

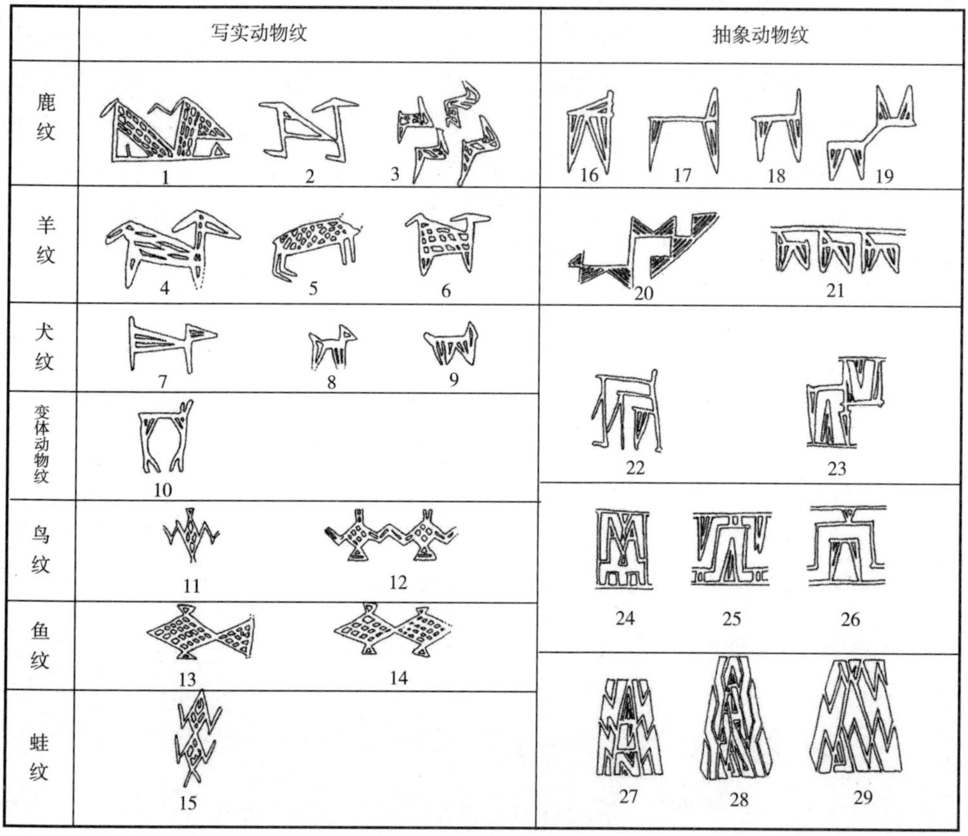

| | 写实动物纹 | 抽象动物纹 |
|---|---|---|
| 鹿纹 | 1　2　3 | 16　17　18　19 |
| 羊纹 | 4　5　6 | 20　21 |
| 犬纹 | 7　8　9 | 22　23 |
| 变体动物纹 | 10 | |
| 鸟纹 | 11　12 | 24　25　26 |
| 鱼纹 | 13　14 | |
| 蛙纹 | 15 | 27　28　29 |

图一　象生类纹饰母题

1、2、4、5、7、8、11～14、16～18、22～26、28、29. 注释［10］（H3155：1、H3335：3、H3091：16、H3022：3、H3051：4、H3001：38、H3281：3、H3006：4、H3056：7（左）、H3056：7（右）、H3171：17、H3091：4、H3058：26、H3017：8、H3001：39、H3017：31、H3004：21、H3017：32、H3001：31、H3122：1）　3、6、9、10、15、19、20、21、27. 注释［2］，图十三，1（右）、2、12、5、1（左）、8、24、9、4

羊纹　与鹿纹的最大区别是体态肥硕，作伫立状（图一，4～6）。

犬纹　该动物纹无角、尾上翘，体饰条纹，似犬（图一，7～9）。

变体动物纹　白金宝遗址第一次发掘所见，识为骆驼纹。这种纹饰所表现的动物体形高大，四肢修长，头部简约，一时很难辨认是什么动物（图一，10、22、23）。

鸟纹　写实性很强，有头有尾，做展翅飞翔状，体饰网格纹（图一，11、12）。

鱼纹　有单体和双体两种造型，均饰网格纹。前者写实，后者则省略了鱼尾，体相联缀（图一，13、14）。

蛙纹　写实标本仅见双体造型，两蛙相叠，肢爪仅各表现出一对，躯体饰条纹（图一，15）。

在遴选的标本中，抽象化动物母题纹饰也有不少，出现频率最高的是一种由直线和三角构形的动物。其头部作变形处理或略去，躯干仅表现为一条直线，然肢体则刻意夸张，显得十分雄健有力。由于高度的抽象化，所以很难比对是哪一类动物，不过从其肢体部分的表现形式看，大多数似以鹿作为主要题材（图一，16～21）。鸟的抽象纹饰主要以直线、折线和三角构形，比照写实图案，仍可看出头、尾和翅膀，但躯干部分有所弱化（图一，24～26）。在已发现的抽象化动物母题中，蛙纹的变化最大，由大三角和内填叠加的小三角构成的躯干部分，实际上已完全几何化，但外边框仍保留的蛙的肢爪式波折纹（图一，27～29）。

**2. 具象类纹饰母题**

所谓具象即物象，包括鱼篓纹、网纹、水波纹、房屋纹、树纹等。

鱼篓纹　边框为三角或矩形，内填网格或交叉纹，有平行、交错、对顶等多种排列方式（图二，1～4）。

网纹　边框多为矩形，内填网格纹，既有写实性的，也有几何图案化的（图二，5～7）。

水波纹　分有边框和无边框两种，线条一般较粗，波峰相叠，形似水波浪，施纹颇具写意风格（图二，8）。

房屋纹　基本构形很像一座攒尖顶式的房屋，各例纹样虽然有繁简变化，但作为攒尖顶式房屋的主体结构，多被刻意的表现出来（图二，9～12）。这种纹饰出现频率较高，图案化的趋向很明显，有些构形与几何母题纹饰难以严格区分。

树纹　在以往考古文献中被称为“仿蝉纹”[5]，然其构形有明显的树冠和树干，与商周青铜器所见蝉纹不可作同类比附。这种纹饰应取材于落叶或针叶林木（图二，13～16）。

具象母题纹饰在其他考古文化中不多见，特别像鱼篓、房屋、树木的直观描写，独具特色。白金宝文化象生和具象两类纹饰，形象地记录了当时居民生产、生活的某些侧面，同时也展现了遗址附近的原生态环境，是不可多得的探究其经济类型和物质文化的素材。

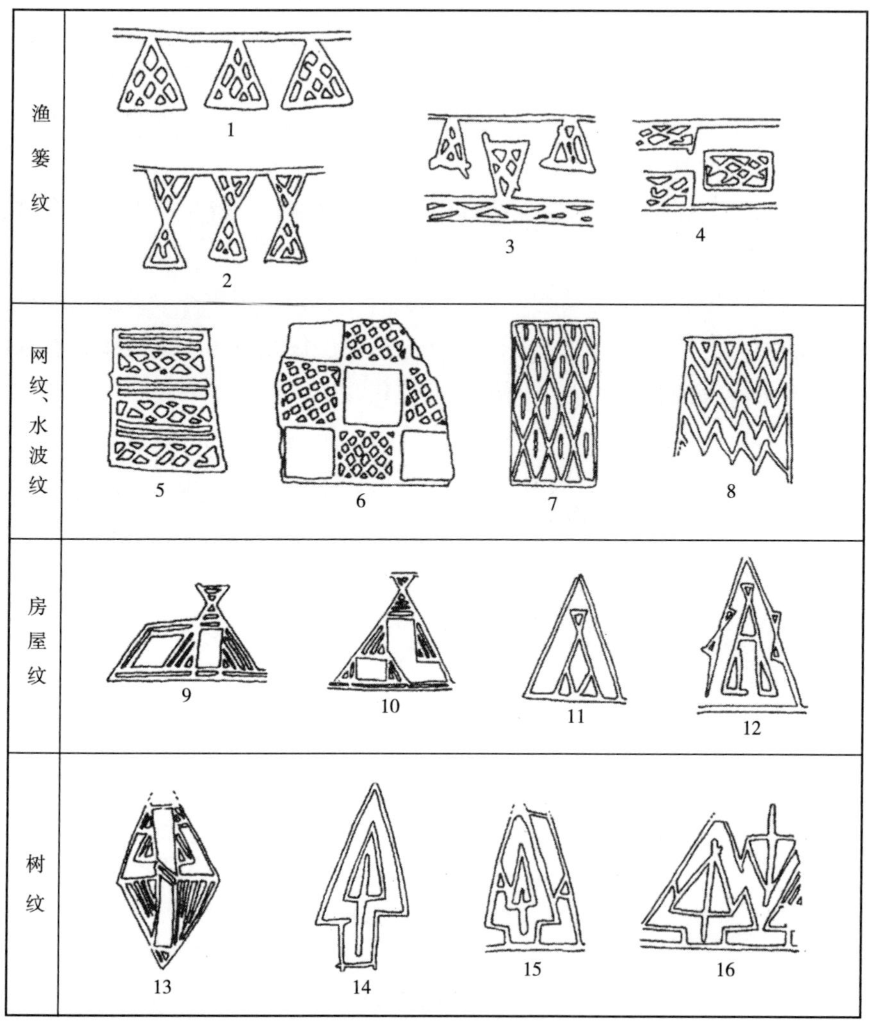


图二　具象类纹饰母题

1～6、8～14、16. 注释［10］（H3004：2、H3178：6、H3289：3、T2241③B：1、H3342：4、H3061：10、H3155：2、H3058：4、H3006：4、H3001：36、F3013：2、H3007：47、T1839③A：5、H3226：1）　7. 注释［9］，图二，4　15. 注释［1］图十三，10

### 3. 几何类纹饰母题

几何纹饰母题数量最多，是白金宝文化篦纹陶最具代表的一类纹饰。以直线、斜线、折线及组成的各种几何构形。形式主要有梯格纹、折线纹、回纹、三角纹、十字纹、己字纹等。

梯格纹　梯格纹是一种少见的纹饰，一般线条较粗，少有变化（图三，1、2）。此外，在三角纹的多种排列形式中也有呈梯格构形的，但与梯格纹母题纹样有别。

折线纹　折线纹很少单独使用，多与其他母题纹饰配合。纹饰组合以横向二方连续为主，其间饰有正倒等腰三角、直角边三角、侧列三角纹和高度图案化的非全体式动物纹肢体部分（图三，6～10）。

回纹　回纹也是一种折线纹，只是构形无定式，排列较随意（图三，3～5）。

三角纹　三角纹是白金宝文化最基本的母题纹饰，也是最富于变化的一种纹饰，分典型三角纹、内叠加三角纹、外叠加三角纹和缀联三角纹等多种形式。

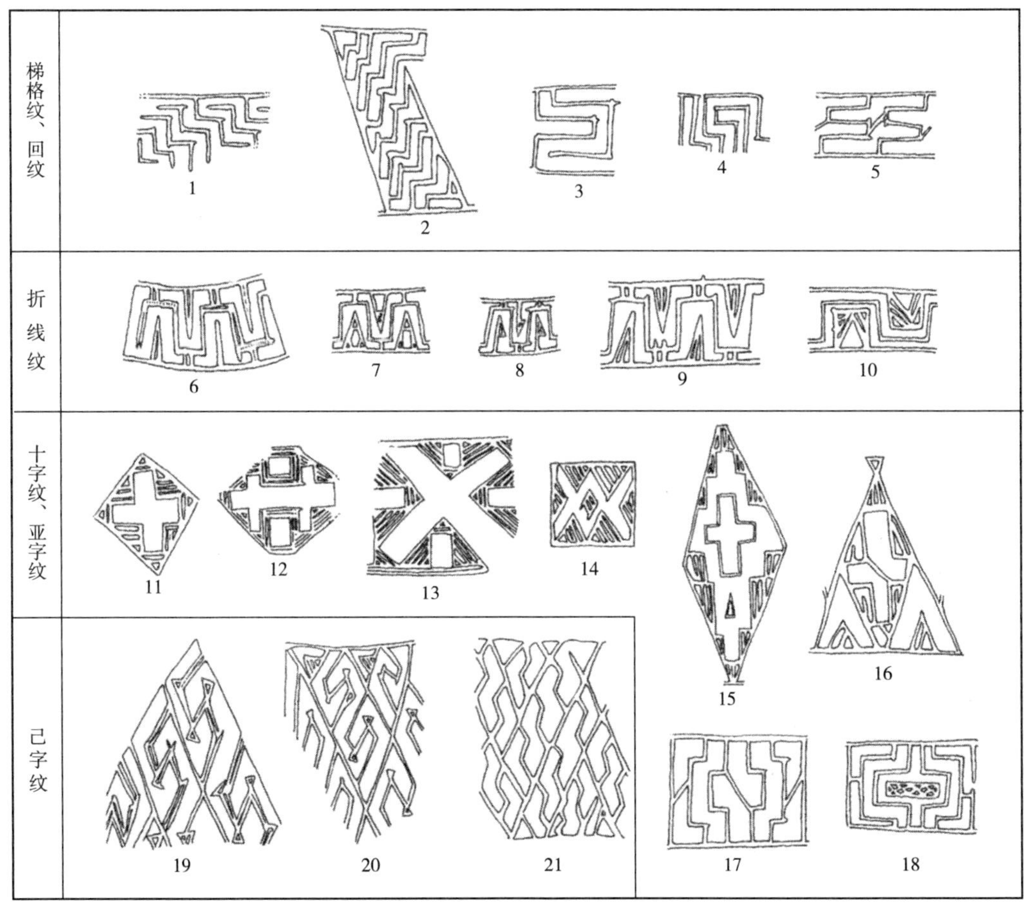


图三　几何类纹饰母题

1～3、5、6、9、11～13、15～18、20、21. 注释［10］（H3058：25、H3174：1、H3017：33、H3001：31、H3155：3、H3004：21、H3206：1、H3006：8、H3001：37、H3058：6、H3010：15、T2441③B：4、T2441③A：7、H3313：9、H3009：2）　4、7、8、10、14. 注释［1］，图十三，20、14、22、25、21　19. 注释［2］，图十，3

典型三角纹　有内填平行线、中分线、等形三角和戳印圆点纹样，排列方式以二方连续正倒交错的横列为主，亦有直列的侧三角、对顶三角等（图四，1～7）。

内叠加三角纹　是由外边框等腰大三角和其内填充的多种排列方式的小三角构成。以内填纹饰相区别，纹样有等腰对称式、等腰梯格式、等腰非对称式和直角边侧列式等多种式样（图四，8～12）。

外叠加三角纹　实际上是一种三角纹的组合方式。以内填平行线三角和空心三角，沿斜线呈梯形排列，所施三角纹或对顶或对称（图四，13、14）。

联缀三角纹　多为直角内填平行线三角形，它们颠倒相错，又彼此以直线或折线相缀联，虽然构形繁复，但排列富有韵律，显示了非常独特的风格（图四，15～19）。

十字纹　多出现在施纹面积最大的陶器上，如筒形罐。这种纹饰以四边对称内填平行线的三角纹为底纹，与由此形成的空心十字形组成，凹线与凸纹构成的图案十分赏心悦目。十字纹有菱形边框单体式、菱形边框联体式、矩形边框交叉式和三角形等多种式样（图三，11～16）。标本中还发现亚字纹，这里所示亚字纹实际是十字纹的变体（图三，17、18）。不同之处在于亚字纹没有底纹，系凹线直接构形，而十字纹采用的是以凹线为底纹的反衬构形。

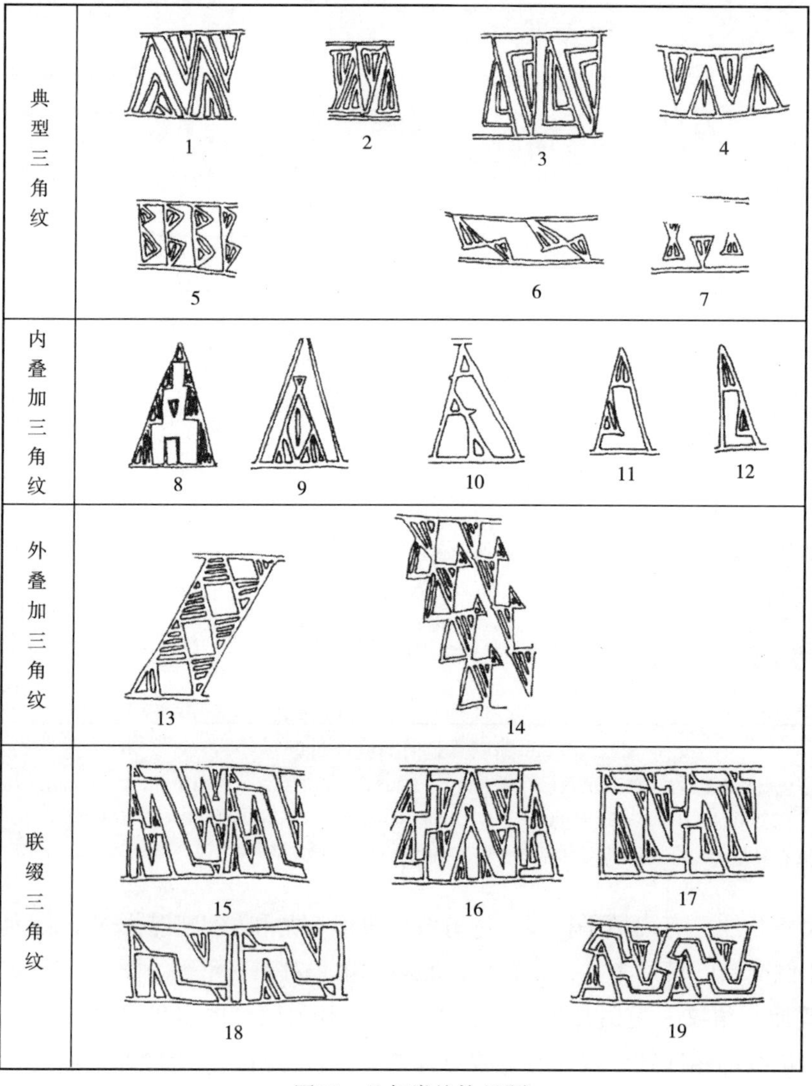


图四　几何类纹饰母题

1～19. 注释［10］（G3004：7、H3342：4、H3058：8、H3034：1、H3071：8、T2038③A：3、H3005：4、采：013、F3001：36、H3029：14、H3091：1、F3002：16、H3206：1、H3208：6、H3141：4、H3335：4、H3313：6、H3017：10、H3342：5）

己字纹　己字纹往往单独出现在筒形罐的主画面上，既有单线也有复线，多数为反己字构形（图三，19～21）。己字纹与其他几何母题纹饰相比较，纹样疏朗，施纹略显潦草。这种纹饰与折线纹有密切关系，在白金宝遗址的白金宝期文化堆积中只见于晚期单位和地层。

## 二

上面所示母题纹样，基本涵盖了已发现的白金宝文化篦纹陶纹饰。那么它们是怎样组合的，构图上有哪些特点，作为该文化篦纹陶纹饰研究的下一个步骤，需要对保存较完整（经修复）的陶器画面作进一步分析，从中总结出规律性的认识。

从大多数施纹陶器的构图来看，分为主画面和副画面两部分。

由不同母题纹样构成的主画面，主要施于陶器的腹部，如筒形罐腹形平缓，施纹面积大，既适合于二方连续图案，也有足够的空间适合于四方连续图案的设计。而对于折腹钵和壶等腹形曲度较大的器类，纹饰一般只见于上腹部，呈宽条带状分布，以二方连续图案为主。

通过对篦纹陶主画面分析，除象生类写实动物纹外，其他母题纹饰大都在呈条带状的画面上被不同线段所分割。如果把反复出现被分割的母题纹饰（组）作为基本构图单元，即说明陶器在施纹之初当遵循着某种通用的设计理念。

概括起来这样的构图单元有以下 5 种：

（1）直线分割的矩形单元（图三，13、14、17、18 等）。

（2）斜线分割的平行四边形单元（图四，13、14）。

（3）斜线分割的交错三角形单元（图四，1～4 等）。

（4）折线分割的凸字形或梯形单元（图三，6～9 等）。

（5）菱形单元（图三，11、12、15 等）。

纳入上述构图单元的主要为几何母题纹饰，画面分割准确，构图单元多为偶数。一般情况下画面是呈条带状连续相接的，但如遇器纽等特定部位，图形则适画面作专门设计。写实动物母题和部分具象类纹饰与上述构图方式不同，它们不拘泥于固定的格式。具体而言，在作图区域内画面采用的是无分割式布局，构图具有一定的灵活性。某些画面如群鹿、联体鱼、联体蛙、鹿蛙混排等，表现出施纹者特定意图的构思和丰富的想象力。

副画面的设置视器形略有不同，筒形罐多位于主画面边框上缘，折腹钵和壶则通常出现在口沿与腹的结合处或器物的领部。限于作图区域狭窄，副画面通常表现为环绕器物的条带图形。条带图形一般由两条或三条平行线及内填的网格、折线、斜线、

“N”形、三角形、菱形等纹饰构成。由于副画面对主画面的烘托，突出了主画面的视觉效果，两者相得益彰，使构图更加完美。

通观各类母题纹饰的组合，从中可以发现一些有规律的现象：

（1）象生类的写实动物母题，如鹿纹、羊纹、犬纹、变体动物纹、鱼纹、蛙纹等，多为一元组合。当然，也见有个别鹿纹和蛙纹、鸟纹和叠加三角纹几何图案混组的现象。

（2）象生类抽象动物母题和大多数具象母题，多为二元组合，如鹿纹和房屋纹、鹿纹和网纹、鹿纹和折线纹、鹿纹和己字纹、房屋纹和菱形纹、房屋纹和树纹、房屋纹和折线纹、网纹和交错三角纹、网纹和水波纹、网纹和折线纹等。与写实动物母题的构图相比较，这部分母题纹饰的二元组合，基本是左右相间，上下交错，故画面无正倒之区别。

（3）折线纹和三角纹是几何纹饰类最基本的两种母题，前者很少单独出现，多与其他几何纹饰配合使用，构成二元组合的二方连续构图；后者既有单一母题纹饰的一元组合，也有两种或两种以上母题纹饰的多元组合。十字纹是三角纹组合构形中最繁复的母题，大都为四方连续构图，除了其对称排列的三角纹构成凹线凸纹十字母题外，在母题之间边缘部分也填充三角纹。另外，通常所见的抽象动物母题和具象母题，实际上也是由三角纹和折线纹组合构形，只不过它们更多显示出象形的意味。

（4）副画面上出现的条带图形，严格来说不是一种母题纹饰。在纹饰带的分界线内，基本都是单一几何纹饰，两种以上的复合纹饰并不多见。即使出现后一种情况，不同纹饰分别饰于上下复列的纹饰带内，互不混组。

总之，白金宝文化的篦纹陶具有构图严谨，组合形式多样，母题纹饰富于变化等特点。其娴熟的技法、硬朗的施纹风格和突出的艺术表现力，显示了古代陶工丰富的制作经验和很高的工艺水平。

## 三

白金宝文化的篦纹陶，早在二十世纪五六十年代嫩江下游沿岸进行的多次调查和个别试掘中就有发现，但当时考古工作主要是地面上的，对采集到的标本，考古工作者除惊叹“器面上有凹线凸纹组成各样的相当工整的几何图案花纹，精巧美观”，“纹饰更为罕见”外[6]，对其文化性质和年代的认识还仅停留在有限的类型学比较基础上。所以将含篦纹陶的这类遗存称为“细石器文化”的有之[7]，提出是属于新石器时代末期或铜石并用时代的遗存也有之[8]。从七十年代开始，松嫩平原的田野考古工作取得了重要进展，首先通过重点遗址的发掘先后识别出白金宝和汉书二期两种青铜时代的考古学文化，与此同时依据地层关系和文化内涵，旨在把两种文化联系起来而提出了“是同一文化系统的先后发展阶段”的认识[9]。作者近年来通过对白金宝遗址第三次发掘资料的整理，根据出土遗物及层位关系将遗址分为四期，这四期遗存基本代表了松嫩平原青铜至早期铁器时代的四个发展阶段[10]。

白金宝文化篦纹陶纹饰由于施纹工具所决定，是以直线、几何篦纹构形的装饰艺术。从下面系列材料的分析中，可以初步了解到，这种特殊工艺传统产生的文化背景和递变的发展关系。

白金宝遗址最早文化堆积的第一期遗存，是从层位关系和器物群及特征组合方面，首次区分出来的一种新的考古学文化，有学者已提出了小拉哈文化的命名[11]。这一时期的陶器以素面为主，只在壶和盂的颈部见有少量篦纹，纹饰由线形篦纹和戳印圆点纹构成。特点是篦纹篦点稀疏，器表面无明显的压印沟痕，在绕器表呈条带状分布的线形篦纹连接处常出现交错现象。现有资料反映，这种工艺（以缠绕纤维或细绳的片状工具施印纹饰）在先前的考古遗存中不见踪迹，即使陶器群文化面貌与之非常接近的小拉哈二期遗存，也没有发现这种纹饰[12]。白金宝一期遗存的年代大体相当于夏代晚期至早商，这也是篦纹陶器最早见于松嫩平原的年代。

白金宝二期遗存，虽然陶器群仍然以深腹筒形罐为主体，但陶鬲和绳纹的出现却指示了一种文化风格的转变。施有泥条堆纹和绳纹的花边口沿鬲并非本地因素，应该是商周之际长城地带广为流布的花边鬲文化现象在松嫩平原的反映。它的传入改变了本地区原有的文化结构，是促使松嫩平原炊器系统发生改变的直接诱因。这一时期，不同文化系统类型品的并存、吸收和改造，正孕育着发生文化聚变之前的躁动。鉴于白金宝二期遗存自身的特点，无论是作为松嫩平原青铜至早期铁器时代考古文化序列链接的重要一环考虑，还是从长城地带这一时期凸现的花边鬲泛文化现象分析，都有必要将其分离出来，单独确立为一种考古文化。此期篦纹陶的一个显著特点是出现内填平行线的几何构形纹饰，同时也开始由单一纹饰构图向多样纹饰构图的演变。从施纹风格来看，纹理依然较浅，篦点亦较疏散，但施纹的规范性增强。这种源于本地区的工艺传统，于质朴中渐趋成熟。参考碳十四年代数据并比照长城地带含花边鬲的诸考古学文化断代，白金宝二期遗存的年代可界定在晚商前后。

第三期遗存，遗迹众多，内涵丰富，以往就是以这种遗存命名的白金宝文化。白金宝遗址第一次发掘简报发表之后，有学者曾在白金宝文化陶器分期研究中，对篦纹陶的纹饰演变作过初步分析。文章认为，地层关系中较早单位出现的多为写实的动物纹（羊、鹿），相对年代较晚单位中除继续存在写实动物纹饰外，“又新出现了以篦纹平行线条填充的（动物纹）几何形图案和纹饰带”；更晚层位“出现了规整的篦纹平行线条填充的极为抽象化的动物纹饰”。这里的动物纹饰经历了“由早期的写实的图形到后来完全抽象的几何图形”[13]。需要指出的是，以往我国大多数考古工作者在通过对北方地区史前彩陶的动物纹的考察后，也认为象生类母题纹饰，大都经历了写实—变体—抽象的演变历程[14]。这从图像构形学的角度来看，似乎没有错，但事物的发展往往受制于特定的环境及所遵循的时空范畴。据白金宝遗址第三次发掘资料的整理，经仔细核对排比后，并没有得出如上所述由写实到抽象的演变序列来。相反，以篦纹平行线条填充的动物纹几何图形，较之写实动物纹，基本见于层位关系中较早的单位。而继之出现的写实动物纹与抽象动物纹，还不能从层位的相对早晚中确认它们具体的对应关系。该文化象生图形中的写实与抽象动物纹，是否体现出一种历时的演变关系，尚值得考虑，至少客观反映的现实材料还很难说清楚。

白金宝文化的年代大体从西周到春秋中期前后。目前在对其考古学文化分期尚不明朗的情况下，对篦纹陶纹饰发展过程的研究就难以取得大的进展，但整理中发现的一些线索依然很重要。相对而言，动物纹和具象类纹饰早期比较流行，同时流行的还有单线条几何纹和内填平行线的三角纹以及相同或相似纹样的组合方式。晚期篦纹陶的数量有所减少，以复线条构形为主，纹饰简约疏朗，画面缺少早期构图的严谨，整体艺术表现力减弱。以筒形罐为例，就其纹饰与画面构图分析，早期，上自口沿，下至器底缘，将整个画面横向分割为四段式纹饰布局，纹饰带之间略有间隔；稍后出现的二段式纹饰布局，分别饰于器物上半部和下半部的纹饰带宽窄相等；继之两纹饰带分界线上移，形成上窄下宽的不等式二段纹饰布局。筒形罐早期构图中的主要纹饰为叠加交错三角纹母题和由此构形的凹线凸纹十字母题，纹饰排列整齐，构图缜密均匀；晚期流行的己字纹母题，施纹略显潦草，构图较为松散。

以上所举纹饰消长及构图的变化，虽然并不全面，但仍一定程度地反映出白金宝文化篦纹陶纹饰发展演变的特点。如能把握这些特点，加强综合排比研究，联系中间环节，将所见母题纹样的前后递变关系排列出完整的序列来，就可以了解其发展的全过程。这将有待考古学文化的分期，本文只能阙如，拟再作探讨。

通过对白金宝文化篦纹陶的综合考察，提出以下三点认识：

（1）松嫩平原青铜时代最早确认的白金宝文化，以遗迹和遗物的特征组合与其他考古遗存相区别，其中尤以发达的篦纹陶最具特色。篦纹陶多见于出现率较高的器形，在基本陶器组合中占有较大比重，所以成为松嫩平原的主流纹饰。

（2）白金宝文化篦纹陶，无论从纹饰设计、画面构图，施纹技法、艺术表现力等方面，均较前期有大的发展，表明当时篦纹陶工艺已达到较高的水平。另外，从局部观察，篦纹的压印沟痕较深，篦点纹理细密，也直观地反映出此期施纹风格发生的变化。

（3）这一时期在相邻的辽西地区也发现了篦纹陶，经报道的地点有翁牛特旗大泡子[15]、林西县龙头山[16]、大井[17]、克什克腾旗关东车[18]等夏家店上层文化的遗址或墓葬。正如一些研究者所指出的那样，它们不仅在纹饰特点和构图形式上，特别是在施纹技法上，无疑是来自松嫩平原的白金宝文化[19]。说明此间这种传统的篦纹陶工艺已超出了其原有的区域范围，传播到更广大的地区并对那里的文化产生过重要影响。

第四期遗存，按已有考古学文化的认识属于汉书二期文化，其年代上限可至春秋晚期，下限约略晚于战国。这一时期陶器流行细绳纹和“红衣陶”，在器口沿施切口形成花边的做法也较普遍，而曾作为主流纹饰的篦纹陶则明显减少。从小拉哈遗址发表的相当于汉书二期文化的两件篦纹陶罐来看，一件为吕字形纹和下垂的三角纹；另一件为平行线与三角勾纹，均为复线篦纹构形。这两件标本，无论器形或纹饰，都有别于白金宝文化[20]。经过较大规模发掘的泰来平洋[21]和讷河二克浅[22]两处青铜至早期铁器时代墓地，也反映出此阶段松嫩平原篦纹陶发生的变化。前者仅发现少量的篦纹陶，由平行线和折线构形的几何纹，篦点粗疏，施纹草率；后者以单体工具戳印“篦点”纹为主。需要指出的是，此“篦点”非彼篦点（指本文讨论的以缠绕纤维或细绳的片状工具形成的线形篦点纹），两种篦纹的工艺、风格截然不同。虽然从发表的材料中仍见有线形篦纹，但很少单独出现，往往在一件陶器上，既有线形篦纹也有由戳印“篦点”组成的几何纹饰。就目前掌握的材料，显然这种传统的篦纹陶工艺已经衰落了，到西汉时期则基本消失。

松嫩平原的篦纹陶，从夏商之际出现，经晚商前后发展，到白金宝文化繁盛，至汉书二期文化阶段衰退，其间没有间断。这种特殊工艺传统，具有明确的分布地域和文化谱系的延续性，在我国北方陶器纹饰系统中，松嫩平原的篦纹陶是自成体系独立发展的。

## 注　释

[1] 黑龙江省文物考古工作队：《黑龙江肇源白金宝遗址第一次发掘》，《考古》1980年4期。

[2] 黑龙江省文物考古工作队、吉林大学历史系考古专业：《黑龙江肇源白金宝遗址1986年发掘简报》，《北方文物》1997年4期。

[3] 内蒙古自治区文物考古研究所：《克什克腾旗龙头山遗址第一、二次发掘简报》，《考古》1991年8期；上海博物馆：《草原瑰宝——内蒙古文物考古精品》，上海书画出版社，2000年，第110页。

[4] 张松柏：《内蒙古白岔河沿岸新发现的动物岩画》，《北方文物》1996年1期。

[5] 黑龙江省文物考古工作队：《黑龙江肇源白金宝遗址第一次发掘》，《考古》1980年4期。

[6] 黑龙江省博物馆：《嫩江下游左岸考古调查简报》，《考古》1960年4期。

[7] 裴文中：《中国石器时代的文化》，中国青年出版社，1954年。

[8] 黑龙江省博物馆：《嫩江下游左岸考古调查简报》，《考古》1960年4期；王亚洲：《吉林农安田家坨子的发现与初步调查》，《吉林大学社会科学学报》1958年3期。

[9] 吉林大学历史系考古专业、吉林省博物馆考古队：《大安汉书遗址发掘的主要收获》，《东北考古与历史》（1），文物出版社，1982年。

[10] 黑龙江省文物考古研究所、吉林大学历史系考古专业：《肇源白金宝——嫩江下游一处青铜

时代遗址的揭示》，科学出版社，2009年，图一一五～图一二六。

［11］ 黑龙江省文物考古研究所、吉林大学考古学系：《黑龙江肇源县小拉哈遗址发掘报告》《考古学报》1998年1期。

［12］ 黑龙江省文物考古研究所、吉林大学考古学系：《黑龙江肇源县小拉哈遗址发掘报告》《考古学报》1998年1期。

［13］ 贾伟明：《关于白金宝类型分期的探索》，《北方文物》1986年1期。

［14］ 王仁湘：《甘青地区新石器时代彩陶图案母题研究》，《中国考古学研究论集》，三秦出版社，1987年。

［15］ 贾鸿恩：《翁牛特旗大泡子青铜短剑墓》，《文物》1984年2期。

［16］ 内蒙古自治区文物考古研究所：《克什克腾旗龙头山遗址第一、二次发掘简报》，《考古》1991年第8期。

［17］ 辽宁省博物馆文物工作队：《辽宁林西县大井古铜矿1976年试掘简报》，《文物资料丛刊》（7），文物出版社，1983年。

［18］ 吉林大学边疆考古研究中心、内蒙古文物考古研究所：《克什克腾旗关东车遗址考古调查与试掘》，《边疆考古研究》（第2辑），科学出版社，2003年。

［19］ 朱永刚：《夏家店上层文化向南的分布态势与地域文化变迁》，《庆祝张忠培先生七十岁论文集》，科学出版社，2004年。

［20］ 黑龙江省文物考古研究所、吉林大学考古学系：《黑龙江肇源县小拉哈遗址发掘报告》《考古学报》1998年1期。

［21］ 黑龙江省文物考古研究所：《平洋墓葬》，文物出版社，1990年。

［22］ 安路、贾伟明：《黑龙江讷河二克浅墓地及其问题探讨》，《北方文物》1986年2期；黑龙江省文物考古研究所：《黑龙江讷河市二克浅青铜时代至早期铁器时代墓葬》，《考古》2003年2期。

（原载《考古与文物》2008年2期）

# 燕山南北地区发现的史前石容器及相关问题

1985年拒马河考古队在河北易县的考古调查中，第一次在北福地遗址发现了有明确出土层位和共存关系的石碗[1]。此后，石制器皿不断被发现，特别是科学发掘出土品日渐增多。不过与一般的常见石器相比，石容器形制特殊，出土地点、发现数量还很有限，发表的资料也过于零散、简略，所以并未引起学者们的太多注意。笔者最近全面搜集了这方面的资料，拟就石容器及相关问题作些分析和讨论，以期引起研究者的兴趣，并为进一步开展研究奠定基础。

目前已知出土石容器的地点达二十余处，其中发表和作者了解到的材料有：内蒙古林西县井沟子西梁[2]、白音长汗[3]、公益阁村沟门西、冬不冷乡黑水村[4]，巴林右旗那斯台[5]、克什克腾旗南台子[6]、友好村二道[7]，翁牛特旗解放营子半砬山[8]，敖汉旗兴隆洼[9]、大甸子[10]，辽宁北票市下烧锅[11]、康家屯[12]，河北易县北福地[13]，滦平县石佛梁[14]、药王庙梁[15]，承德县岔沟门[16]、鞍匠村西北[17]，迁西县东寨[18]、西寨[19]，永年县石北口[20]等。另外，赤峰市博物馆、赤峰松山区文管所、敖汉旗博物馆、巴林右旗博物馆、奈曼旗博物馆的陈列品中也见有这类展品。据不完全统计，出土的石容器近80件[21]。

## 一

根据以上各地点发现石容器的体部形制特征，结合器形的大小考量，对完整器及可辨器形的残片分类如下：

罐　大口，筒腹，平底。器形较大，一般口径大于10厘米，通高在10厘米左右。分二型。

A型　深筒腹，口径与通高比值小于1。以口部特征分二亚型。

Aa型　口部平素，无纹。林西白音长汗AF15①：8，平沿，口微敛，上腹壁略有弧度。器表琢制，呈麻点状，口沿和内壁留有琢磨痕迹。口径13、底径8.6、高15.4厘米（图一，1）。滦平县石佛梁标本：82，变质花岗岩。平沿，口微敛，腹壁略有弧度，口与底为椭圆形。器表琢制后略经打磨。口径9～10、底径4.5～5.5、高10厘米（图一，2）。

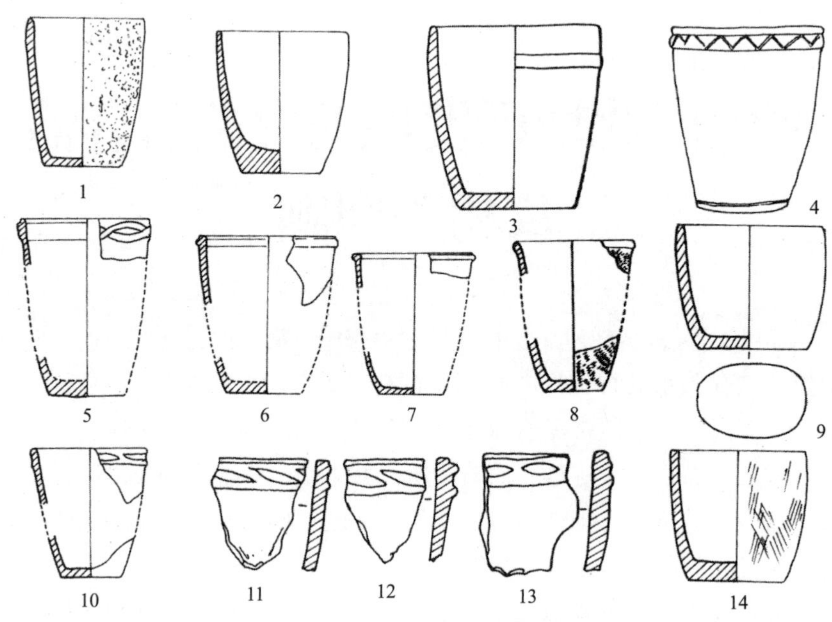


图一　燕山南北地区发现的石罐

1、2. Aa 型（林西白音长汗 AF15①：8、滦平县石佛梁标本：82）　3～7、11～13. Ab 型（克什克腾旗南台子 T70③：4、滦平药王庙梁采集、滦平石佛梁标本：30、38、27、29、28、37）　8、10. Ab 型（承德岔沟门采集 2 件）　9、14. B 型（林西白音长汗 M13：1、迁西东寨 G1：6）

Ab 型　口部有凸棱或刻纹浮雕。克什克腾旗南台子 T70③：4，直口，平沿，微弧腹，口部饰凸棱一道，器表琢制，内壁打磨光滑。口径 16.5、底径 11.6、高 17.2 厘米（图一，3）。滦平药王庙梁采集完整器 1 件，滑石质料。平沿，微弧腹，口沿外凸棱上刻折线纹，近器底处刻有一道弦纹。器表打磨光滑。口与底呈椭圆形。口径 10、底径 6、高 12 厘米（图一，4）。滦平石佛梁标本：27、38，变质花岗岩。口部残片，口沿有凸棱。器壁厚，器形较大（图一，7、6）。滦平石佛梁标本：28、30、37，变质花岗岩；标本：29，滑石质料，均为口部残片，口部饰浮雕索状纹一周，纹样基本相同。器壁厚，器形较大（图一，12、5、13、11）。采集自承德岔沟门的 2 件也具有上述特点，一件口沿有凸棱，圆唇，器表面存琢痕；另一件口部饰浮雕索状纹，厚唇。根据发表图比例计算，器形亦应较大（图一，8、10）。另外，迁西东寨也出有索状纹石罐残片。

B 型　浅筒腹，口径与通高比值大于 1。林西白音长汗 M13：1，平沿，口微敛，腹壁略有弧度，大平底，口与底均为椭圆形。器表平整光滑，存有麻点和划痕，局部残留有黑色烟炱。口径 10.9～11.5、底径 6.8～8.8、高 8.8 厘米（图一，9）。迁西东寨 G1：6，滑石质料。平沿，直口，腹壁略有弧度，大平底。器表布满划痕，内壁磨光。口径 12、底径 8.6、壁厚 1.3、高 10.8 厘米（图一，14）。

杯 器形较小，器主体（容积部分）一般尺寸高6～8厘米，最大者不超过10厘米。按形制特征分五型。

A型 尖圜底。林西白音长汗BF65②：1，口部沿面一侧突起，略残，器表平滑，琢磨兼制，隐约可见麻点。口径3.6、高6.8厘米（图二，1）。林西井沟子西梁F2②：9，灰白色滑石质料。椭圆口，沿面一侧突起，下置一钻孔，器表打磨光滑。内壁见有璇划痕，钻孔对应一侧残留烟熏痕迹。口径4.5、壁厚0.6、高6.5厘米（图二，2）。

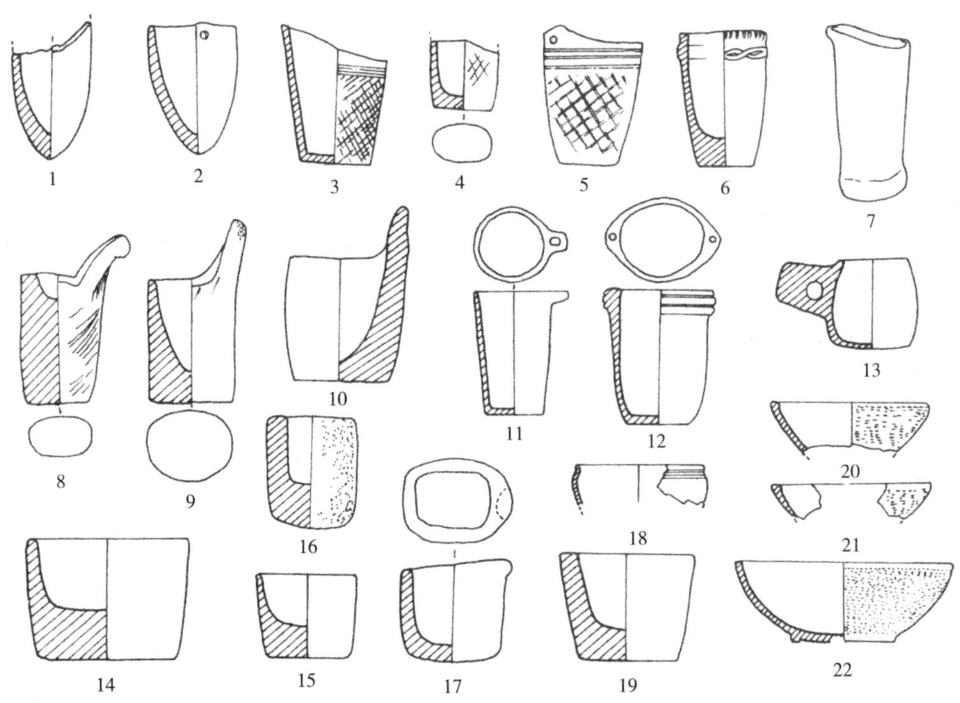

图二 燕山南北地区发现的石杯、石碗、臼形器

1、2. A型石杯（林西白音长汗BF65②：1、林西井沟子西梁F2②：9） 3～7. B型石杯（林西白音长汗AF36④：2、BT301②：6、赤峰博物馆陈列品、滦平石佛梁标本：35、林西公益阁村沟门西采集） 8～10. C型石杯（林西白音长汗BF44①：1、AF43③：11、永年石北口H66：2） 11、12. D型石杯（巴林右旗那斯台采集2件） 13. E型石杯（敖汉大甸子M1011：1） 14～17、19. 臼形器（敖汉大甸子M453：17、M1031：4、巴林右旗友好村二道H141：1、那斯台采集、翁牛特旗半砬子04JB：10） 18. B型石碗（承德鞍匠村采集） 20～22. A型石碗（易县北福地H5：1、H20：8、T6③：3）

B型 筒形，平底。林西白音长汗2件，AF36④：2，斜口，略残，斜直腹壁，口部刻有三道弦纹，下饰网格纹，在口沿处置一钻孔，口与底均为椭圆形。口径4.5～5、底径3.5～4、高6.2厘米；BT301②：6，口残，椭圆形底，器表饰网格纹。底径2.4～4、残高4.2厘米（图二，3、4）。林西公益阁村沟门西采集完整器1件，玄武岩，斜口，尖圆唇，一侧有流，直腹较深，器底缘外突。口径4.2、底径4.5、高8.2厘米（图

二，7）。滦平石佛梁标本：35，滑石质料。直口，平沿，厚唇，唇面等距离刻纹，其下饰浮雕索状纹一周，口与底均为椭圆形。口径 5～6.5、底径 3～4.5、高 8.5 厘米（图二，6）。北票康家屯遗址和赤峰博物馆见有该类型品（图二，5）。

C 型　筒形，一侧有柄，状如提斗。林西白音长汗 2 件，BF44①：1，腹腔仅璇出圜底状浅坑，系半成品。曲柄，柄端下部雕刻成疣状，口与底均为椭圆形。器表粗糙，可见明显的加工痕迹。口径 4～5、底径 2.6～4、通高（器主体加柄部的高度，下同）10.5 厘米；AF43③：11，平沿，直腹，腹腔呈锥体，器壁较厚。宽直柄，柄端刻有划纹。器表磨制，隐约可见划痕。口径 5.2、底径 4.8～5.2、通高 12.6 厘米（图二，8、9）。永年石北口 H66：2，青灰色石灰岩。平沿，直壁，下内收，底部内圜外平。器表磨制，平整光滑。口径 6、通高 8.8 厘米（图二，10）。

D 型　筒形，一侧或两侧附穿孔器耳。巴林右旗那斯台 2 件，一件平沿，深直腹，齐口置一穿孔器耳，器表打磨光滑。口径 5.4、底径 4.3、高 8.8 厘米；另一件，平沿，椭圆口，口沿加厚并饰凸棱纹两道，齐口两侧对称穿孔，深腹，下腹壁略有弧度，器表光滑。口径 6.6、底径 4.8、高 9.6 厘米（图二，11、12）。另外，兴隆洼遗址、敖汉旗博物馆均见有该型石杯。

E 型　只发现 1 件。敖汉旗大甸子 M1011：1，蛇纹石。平沿，敛口，弧腹，大平底。口径 2.5、底径 3、高 3.1 厘米。杯体附一横柄，上穿一孔，柄长 1.7 厘米。该器表打磨光滑，局部存有划痕（图二，13）。

碗　按形制特征分二型。

A 型　敞口。易县北福地遗址多次发掘均报道有石碗，形制基本相同。1985 年出土 5 件，均残。细粒闪长岩质料。平沿，浅弧腹，内壁打磨光滑，器表存有清晰琢痕。H5：1，口径 22、残高 6.4 厘米；H20：8，唇内缘有一道凸棱。口径 24、残高 4.4 厘米（图二，20、21）。2003～2004 年考古发掘，出土残片 13 件，复原的 1 件 T6③：3（底部）、T1②：3（口沿），灰色。平沿，弧腹，矮圈足，内壁磨光，器表琢痕清晰。口径 28.4、底径 13.3、高 9.6 厘米（图二，22）。迁西西寨出土 1 件，T16③：1，残，滑石质料。平沿，方唇，弧壁。口径 13.5 厘米。

B 型　敛口。承德鞍匠村发现残片 1 件，平沿，弧腹，口沿并饰凹弦纹两道，尺寸不详（图二，18）。敖汉旗博物馆陈列 1 件，厚唇，唇面刻纹，器表刻划有稀疏网格纹。

臼型器　敞口或直口，器底敦厚，器表琢磨平整。翁牛特旗半砬子 04JB：10，敞口，斜直腹壁，平底。口径 7.2、底径 5.6、高 5.4 厘米（图二，19）。巴林右旗那斯台采集 1 件，椭圆口，口沿一侧略外突，平圜底。口径 7.5、高 6.6 厘米（图二，17）。友好村二道出土 2 件，直口，平圜底。T12①：1，口径 5、残高 11 厘米；H141：1，口径 6、高 7 厘米（图二，16）。敖汉大甸子出土 2 件，皆大理岩质料。M1031：4，敞口，斜直腹壁，大平底。器内染有红色。口径 3.6、高 2.9 厘米；M453：17，形制与上相同，器内底面有研磨痕迹。口径 5.9、高 4.4 厘米（图二，15、14）。另外，北票下烧锅遗址出土 2 件，奈曼旗博物馆陈列 1 件。

## 二

上述列举石容器，发现于北起松辽分水岭以南的西拉木伦河北侧，南到中易水河及滦河中上游地区，西自太行山东麓的山前地带，东达大凌河上游至教来河一线，最南的地点已伸入冀中平原。具体而言，即内蒙古东部、辽宁西部和河北北部，集中分布于燕山南北地区。当然随着田野考古工作的进一步开展，相信还会不断有新的发现。

从时间和文化性质来看，内蒙古东部和辽宁西部地区发现石容器的地点有十余处，主要存在于白音长汗第一期文化遗存、西梁类型、兴隆洼文化、红山文化及夏家店下层文化中。白音长汗第一期遗存和西梁类型均以陶器口部装饰有条形附加堆纹的素面陶为显著特征，前者更具原始性，其文化面貌与这一地区最早的新石器遗存小河西文化相近[22]。根据白音长汗遗址该遗存房址被兴隆洼文化房址打破的层位关系，可以确定至少在西拉木伦河以北白音长汗一期遗存的相对年代要早于兴隆洼文化[23]。由于多达 10 个以上的碳十四测定数据将兴隆洼文化界定在距今 8000～7000 年[24]，那么白音长汗一期遗存的年代即可能达到 8000 年以远。接下来属于兴隆洼文化的克什克腾旗南台子和敖汉旗兴隆洼遗址；属于红山文化的巴林右旗那斯台、友好村二道等遗址均出土有石容器，这两个文化时期的石容器出现率较高。

河北北部，报道发现石容器的有八个地点，其中易县北福地遗址经过大面积科学发掘，出土品最多。据发掘者研究，含石容器的北福地一期文化，总体面貌具有独特的自身特征，同时又与磁山文化遗存有不少相似之处，与燕山南北地区的兴隆洼文化也有一些相近因素。“北福地一期文化的年代据北福地遗址的测定数据，大约在公元前 6000～前 5000 年左右，与兴隆洼文化、磁山文化的年代大致相当。”[25]迁西东寨和西寨根据共存关系，可判定分别属兴隆洼文化和上宅文化。其余几个地点均为调查材料，从石容器的形制和纹饰特点来看，亦可归入兴隆洼文化和上宅文化。永年石北口出土的 1 件，属后岗一期文化，这是目前发现石容器最南的一个地点，可能系个别流布品。

由于上宅文化、后岗一期文化的年代下限均不晚于红山文化早期，可知燕山南北地区发现的石容器主要存在于新石器时代中、晚期遗存中，流行的时间大致在公元前 6000～前 4000 年。至于敖汉大甸子墓地及北票下烧锅、康家屯等夏家店下层文化所见少量出土品，说明燕山以北地区的石容器一直可以延续到青铜时代早期。

就石容器所属的文化性质和分布情况还有两点值得注意：一是，除夏家店下层文化之外，诸含石容器的考古遗存基本属于筒形罐文化系统，虽然北福地一期遗存的典型器是直腹盆，但已有学者指出“直腹盆与筒形罐从更高层次的宏观上分类应属于同一器种，因此这两种文化遗存同属直腹平底罐系统”[26]。二是，燕山南北地区发现的石容器按形制特征，可划分为南、北两个区，A、B、C、D、E 型杯和臼形器基本见于燕山以北地区；A 型碗目前只在燕山以南地区有发现，同时 Aa 型和 Ab 型罐燕南地区出土的数量多于燕北地区。上述情况说明，石容器分布范围内，既存在有共性的文化特征，又表现出形制上的地域差异。

笔者注意到，燕山南北地区以外的其他地区也发现有石容器，见于报道并发表实物图的有，内蒙古察哈尔右翼前旗庙子沟遗址[27]、抗锦旗桃红巴拉墓群[28]、宁夏中卫狼窝子墓葬[29]、甘肃沙井文化[30]、新疆克尔木齐墓群[31]等。其中克尔木齐墓群出土石容器 30 件，种类有石罐、双联体石罐、石钵、石把杯、石灯。这批石容器的特点是素面无纹，多圜底器和带把器，形制与陶器相像，应为实用器。克尔木齐墓群文化面貌总体上与安德罗诺沃文化和卡拉苏克文化比较接近，年代约在公元前 15～前 12 世纪。其余地点出土的石容器只有几件，基本为带把器，属青铜时代遗存，有的下限年代已到战国。

上述石容器的报道，除新疆外发现的数量很少，年代普遍偏晚，且各地点之间缺乏文化联系，尤其是形制上与燕山南北地区的石容器属于不同的文化系统，所以不宜放在一起讨论。

## 三

关于石容器的用途，本文主要依据石容器出土情况的考古学分析和对其形制及使用痕迹的观察两方面进行讨论。

**1. 出土情况和组合关系**

燕山南北地区发现的石容器经正式发掘的地点有林西白音长汗、井沟子西梁，敖汉兴隆洼、大甸子，易县北福地，迁西东寨、西寨等。出土情况按埋藏性质分两种，第一种为遗址，基本出土于房址内。另外，如巴林右旗那斯台、滦平石佛梁、药王庙梁等，虽然没有正式发掘，但遗址地面暴露有房址、灰坑，均没有任何墓葬的迹象，所以这些地点发现的石容器在进一步开展田野工作之前，也可以判定是遗址所出。第二种为墓葬，白音长汗有 1 例（M13）、大甸子有 3 例（M1011、M1031、M453）。以上出土情况说明，石容器主要发现于遗址，而大部分出土在房址内。这对其用途的探讨，是要考虑的因素。

在遗址中出土石容器且有明确共存关系的仅有北福地、白音长汗和井沟子西梁三处，其中北福地发表的资料最为详细。北福地一期文化 F1 是保存最好的房址，出土遗物十分丰富，包括石碗、石斧、石锛、石磨棒、石磨盘和大量的自然砾石，陶器有直腹盆、支脚、面具。F2、F12、H76（面积达 25 平方米以上，可能为一座未建造完工的房址）出土遗物也很丰富，均出土了包括石碗在内的各类石制品，陶直腹盆、支脚、人形或动物形陶面具等。井沟子西梁 F2 亦出土了石锄、铲形石器、砍砸器、细石器和石杯等各种石制品，包括 1 件石刻人面像。另外，在比较集中发现石容器的白音长汗二期乙类同时期遗存也出土有人面石饰品、人形立姿石雕和蛙、熊等动物石雕。上述组合关系比较多见人形或动物形陶、石雕刻制品，说明它们与石容器存在着某种内在联系，如果以此作为石容器重要组合成分的依据，还有一些出土石容器地点也发现有相同的类型品。如那斯台遗址就采集到蹲踞状石人雕像及鸟形、兽形等石制品，同时采集到的 100 多件玉器中也不乏动物造型者。东寨遗址 G1 出土 1 件双人面石雕像，背面有穿孔，显然是 1 件饰品。兴隆洼遗址亦出土有这类人面石饰品。

**2. 形制及使用痕迹**

燕山南北地区发现石容器的基本特征是，用整块石料通过打制、雕凿、旋挖和琢磨等方法成型，质料为石英岩、闪长岩、变质花岗岩、石灰岩和滑石等，器形有罐、杯、碗、臼形器。罐和杯多为圆形或椭圆形口，斜直腹（略有弧度），平底。其中罐的器形较大，一般通高在 10 厘米左右。最大的 1 件出土于克什克腾旗南台子，通高达 17.2 厘米。杯的器形较小，高度多在 6～8 厘米，按杯体形制可分为圜底、筒形平底、提斗、系耳和横柄等多种型式。碗均为敞口，浅弧腹，矮圈足。臼形器普遍敦厚，所用石料坚硬。

从器形来看，罐和碗与实用陶器基本一致，但尺寸一般略小。而杯的形制则比较特殊，尤其是提斗杯、系耳杯、横柄杯，在同类文化陶器中少见。值得注意的是，部分 A、B 型石杯在口沿处有钻孔，D 型石杯的附耳上也有钻孔，当为方便悬挂、携带。而 C 型带有提斗、E 型带有横柄的石杯，无疑也与使用功能有关。相对素面石容器而言，石佛梁、药王庙梁、东寨等地发现的口沿饰有凸棱和索状浮雕纹饰的 Ab 型罐，在当时的技术条件下，加工难度很大。同样北福地出土的石碗，形制统一，内壁打磨光滑，器表留有整齐细密的琢痕，器壁较薄且均匀，达到了很高的工艺水平。从 Ab 型罐上精美的浮雕纹饰和石碗制作的熟练程度分析，非某种需求而专门化生产难以为之。

进一步从使用痕迹观察。其一，器形完整者，口沿棱角处呈现不同程度的磨蚀，有的器表留有崩疤和划痕，这些都是频繁使用留下的痕迹。其二，个别石容器局部留有烟熏和烟炱的痕迹。如井沟子西梁 F2②：9A 型杯、白音长汗 M13：1B 型罐等。从体量来看，它们不是炊器，用火痕迹表明其功能可能具有特殊含义。其三，大甸子 M453：17，器皿内盛有红色颜料一团，颜料表面有纺织物包扎痕迹，经鉴定为赤铁矿粉，同墓与臼形器共出的还有研磨棒。一般认为臼形石器多与加工谷物有关，但大甸子 M453：17 能够直观判断这类器形还有其他用途。

综合以上分析，初步得出以下认识：

（1）燕山南北地区发现的石容器主要存在于新石器时代的遗址中，由于多在房址内出土且有不同程度的磨损，说明是人们经常使用的器具。

（2）在与石容器有组合关系的各类器物中，陶面具、石人雕像、石刻人面饰品最值得关注。这类制品应该是史前社会精神领域的产物，是与原始宗教、巫术和祭祀活动密切联系的。如北福地揭露的祭祀场和那斯台发现大量精美玉器的大型遗址，都提供了场所方面的佐证。当然还有足够多的证据可以证明，在当时社区活动中，满足于人们信仰的种种形式可能无处不在。在这些活动中，祭器或辅助用具的使用是必不可少的，任何崇拜、祭祀、巫术行为和意念的实现都需要借助某种神圣的器具来加以表达。所以就石容器的组合关系而言，不能排除大部分石容器的性质与原始宗教和巫术有关。

（3）《说文》："礼，履也，所以事神致福也。从示从豊。""豊，行礼之器也"[32]，这里说的"豊"就是祭神的器皿。用于神圣活动的器皿与世俗用具是应该分开的，质地、形制、纹饰都要有所考虑，并精心设计、制作，以显示其神圣性。何以证明石容器是原始宗教或巫术器具？除了对其组合关系分析外，更重要的是材质的使用。石容器的制作加工难度很大，工艺流程复杂，专业化程度高，具有陶器不可比拟的坚固耐用和易于保存、流传的特点。以上提到的石容器各地点，发现的数量都不多，显然非日常炊、饮器皿。至于它的不同形制，推测与文化传统和要表达的不同实施方式有关。总之，石容器不是一般的器皿，应该是作为祭祀或行巫术的辅助用具。

## 四

早在 1985 年易县北福地遗址首次发现石碗时，报道者就指出，"在我国已知的新石器时代文化中，如老官台、磁山、裴李岗等，均未见过石容器。"而根据石碗表面制作相当精细和器壁加工较薄且均匀的熟练程度分析，当有较长的历史传统，预感到会有更早的石容器，推测"我国也存在石容器与陶器共存的阶段"[33]。此后，在华北地区陆续发现的几处距今万年前后新石器早期遗址中，北京转年获得了早期陶器与石容器残片的共存关系[34]。据此证明，在我国北方至少燕山南北地区处于陶器起源阶段就已经有石容器的使用，石容器的出现并不晚于陶器。

从世界范围看，西亚两河流域是最古老的文明发祥地之一。大量的考古发掘证明，从中石器时代至有陶新石器文化之间，曾经历过一个无陶新石器文化发展阶段，"其年代约在公元前 8000～前 7000 年"[35]。这一时期人们已经有了相对稳定的居住地，从事以狩猎、采集为生计的非生产性经济活动，制陶术也是在经历了相当漫长的前陶新石器文化基础上才出现的。分布于扎格罗斯山地的耶莫文化其主要特征是无陶，有数量众多的黑曜石叶和发达的磨制石器。发现的石容器残片有近千片，复原的碗、罐等器形达 350 件之多[36]。年代较晚的马扎利亚遗址，已经处于陶器的萌芽阶段。该遗址发现非常原始的陶器，同时出土的 10 余件石容器，由大理石、石灰石和雪花石制成[37]。西亚有陶新石器文化约出现在公元前 7000～前 6000 年，已进入到生产经济阶段，基本特征是农业、畜牧业的产生和陶器与磨制石器的普遍使用。著名的萨玛拉文化，石容器非常发达，器形除敞口的碗、碟外，还出现了制作技术更复杂的罐、瓶等器类。石容器多由大理石制成，并巧妙地利用大理石天然纹理，形成典雅的装饰花纹，工艺十分精致。萨玛拉文化的石容器多出于墓葬，主要功能演变为随葬的明器。晚于此期的哈拉夫文化，虽然还保留石容器的制作传统，但已明显衰落。石容器主要作为墓葬的随葬品和奠祭、祭祀等礼仪用品，带有浓厚的宗教色彩，其实用价值已经减退了。

综上所述，西亚两河流域石容器的制作传统，从前陶新石器阶段到有陶新石器一直延续到铜石并用的过渡时期。联系到属中石器时代纳吐夫文化对石容器的使用，事实上这一文化传统可上溯到距今 14000 年前后。

鉴于两河流域石容器存续发展的历程，比照燕山南北地区石容器的考古发现，可以看到一些有趣的现象，也引发了笔者对这种古老文化传统的起源及相关问题的思考，提出三点认识。

（1）在整个有陶新石器时代，口大底小，侈沿风格的碗、平底筒形罐，是两河流域最流行的器形，以致对陶器产生了极大的影响，因为陶器沿袭了石容器的器形[38]。燕山南北地区发现数量最多的也是石碗和石罐，就形制而言，亦反映当地的陶器制作传统。

（2）两河流域的石容器多系大理石制成，在制作中对大理石天然纹理的着力表现和精细加工，以及多出自奠祭坑、祭祀场所和墓葬的出土情况来看，说明当时的石容器不是普通的实用器物。在燕山南北地区石罐上所雕刻的索状浮雕纹饰和石碗上习见的细密规整的琢痕，使这些制作工艺复杂、费工费时的石容器被赋予了某些特殊的含义，而成为与陶器功能不一样的器皿。

（3）我国在陶器起源阶段的万年前后，已发现有石容器，说明燕山南北地区石容器的出现并不晚于陶器。如果考虑到两河流域石容器在前陶新石器时代已十分发达，甚至其传统可追溯到距今 14000 年的事实，或可推测燕山南北地区还会发现年代更早的石容器。而这一地区平底筒形陶罐的造型和年代越早器底越敦厚的特征，似乎也能看到对石罐的模仿。两河流域陶器被广泛使用后，石容器的制作传统仍然保留下来，但制作工艺的复杂性，使其实用价值减退，而逐渐演变为传承某种文化习俗或宗教目的的特殊用品。燕山南北地区的石容器同样有着较长的历史传统，现有考古资料所反映的只是历史过程中到达一定阶段出现的现象，所以完全可以设想，燕山南北地区在制陶术发明之前，曾有过更古老的使用石容器阶段，并也经历过由起初的实用器向非实用器的转化。从这个意义上说，探索石容器的起源与文化传承，将对目前这一地区史前考古的分期具有重要意义。

## 注　释

［1］拒马河考古队：《河北易县涞水古遗址试掘报告》，《考古学报》1988 年 4 期。

［2］吉林大学边疆考古研究中心、内蒙古文物考古研究所：《内蒙古林西县井沟子西梁新石器时代遗址》，《考古》2006 年 2 期，该器编号 F2②：9，器形属 A 型杯。

［3］内蒙古自治区文物考古研究所：《白音长汗——新石器时代遗址发掘报告》，科学出版社，2004 年，图二八，3；图四〇，3；图六五，5；图九〇，1；图一〇四，3；图一三三，7；图二二七，3。

［4］王刚：《林西县发现兴隆洼文化石杯》，《内蒙古文物考古》2004 年 1 期，图一。

［5］巴林右旗博物馆：《内蒙古巴林右旗那斯台遗址调查》，《考古》1987 年 6 期，图一〇，1～3。

［6］内蒙古文物考古研究所：《克什克腾旗南台子遗址发掘简报》，《内蒙古文物考古文集》（第一辑），中国大百科全书出版社，1994 年，图五，6。

［7］内蒙古文物考古研究所：《巴林右旗友好村二道红山文化遗址》，《内蒙古文物考古文集》（第一辑），中国大百科全书出版社，1994 年，图十一，8。

［8］赤峰博物馆、翁牛特旗博物馆：《翁牛特旗解放营子乡新石器时代遗址调查报告》，《内蒙古文物考古》2005 年 1 期，图八，12。

［9］1993 年，笔者带领吉林大学考古专业学生参加兴隆洼遗址发掘所见，器形同于本文分类的 D 型杯。

［10］中国社会科学院考古研究所：《大甸子——夏家店下层文化遗址与墓地发掘报告》，科学出版社，1996 年，图八〇，3～5。

［11］1999～2000 年，吉林大学考古专业发掘辽宁北票下烧锅夏家店下层文化遗址材料。

［12］1999 年，笔者在辽宁北票康家屯夏家店下层文化石城址所见。

［13］拒马河考古队：《河北易县涞水古遗址试掘报告》，《考古学报》1988 年 4 期，图一一，1、2；段宏振：《北福地——易水流域史前遗址》，文物出版社，2007 年，图五四，1～10。

［14］承德市文物局文物科、滦平县文物管理所：《河北滦平县石佛梁遗址调查》，《文物春秋》2004 年 4 期，图八，1～9。

［15］马清鹏：《河北滦平县药王庙梁遗址调查》，《考古》1998 年 2 期，图四，8～10；图六。

［16］承德县文物管理所：《河北承德县新石器时代遗址调查》，《考古》1992 年 6 期，图五，1、2。

［17］刘朴：《承德县 2002 年文物普查的新收获》，《文物春秋》2003 年 4 期，图四，5。

［18］河北省文物研究所：《河北省迁西县东寨遗址发掘简报》，《文物春秋》1992 年增刊，图十，1～6。

［19］河北省文物研究所、唐山市文物管理处等：《迁西西寨遗址 1988 年发掘报告》，《文物春秋》1992 年增刊，第 153 页。

[20] 河北省文物研究所、邯郸地区文物管理所：《永年县石北口遗址发掘报告》，《河北省考古文集》，东方出版社，1998年，图四五，10。

[21] 有两点需要说明：一是，这里的统计数据主要来源于已发表的简报、报告及各博物馆的陈列品，个别笔者所见，尚未报道的亦统计在内；二是，对石容器残片，以可辨器形的最小个体数计入。

[22] 杨虎：《敖汉旗榆树山、西梁遗址》，《中国考古学年鉴（1989年）》，文物出版社，1990年，第131～132页。被认为小河西文化的遗址有敖汉旗榆树山、西梁，翁牛特旗大新井，林西锅撑子山、白音长汗遗址第一期遗存，阜新查海第一期遗存，巴林右旗福山地，葫芦岛市杨家洼等，年代早于兴隆洼文化。

[23] 内蒙古自治区文物考古研究所：《白音长汗——新石器时代遗址发掘报告》，科学出版社，2004年，第15页。

[24] 中国社会科学院考古研究所：《中国考古学中碳十四年代数据集（1965～1991）》，文物出版社，1991年，第56～57页；中国社会科学院考古研究所实验室：《放射性碳素测定年代报告（二一）》，《考古》1994年7期，第662页；中国社会科学院考古研究所考古科技实验研究中心：《放射性碳素测定年代报告（二七）》，《考古》2001年7期，第84页；内蒙古自治区文物考古研究所：《内蒙古林西县白音长汗新石器时代遗址发掘简报》，《考古》1993年7期，第586页；辽宁省文物考古研究所：《辽宁阜新县查海遗址1987～1990年三次发掘》，《文物》1994年11期，第19页。

[25] 段宏振：《北福地——易水流域史前遗址》，文物出版社，2007年，第257页。

[26] 河北省文物考古研究所、保定市文物管理处等：《河北易县北福地新石器时代遗址发掘简报》，《文物》2006年9期，第19页。

[27] 内蒙古文物考古研究所：《庙子沟与大坝沟——新石器时代遗址发掘报告》，中国大百科全书出版社，2003年，图三三六，5。

[28] 田广金：《桃红巴拉的匈奴墓》，《考古学报》1976年1期，图八，4；图版肆，3。

[29] 周兴华：《宁夏中卫县狼窝子坑的青铜短剑墓群》，《考古》1989年11期，图七，7。

[30] 李水城：《沙井文化研究》，《国学研究》（第二卷），北京大学出版社，1994年，图一。

[31] 新疆社会科学院考古研究所：《新疆克尔木齐古墓群发掘简报》，《文物》1981年1期，图三，2～4；图七，3。

[32] 许慎：《说文解字》，中华书局，1963年，第102页。

[33] 拒马河考古队：《河北易县涞水古遗址试掘报告》，《考古学报》1988年4期，第449页。

[34] 郁金城、李超荣等：《北京转年新石器时代早期遗址的发现》，《北京文博》1998年3期。

[35] 李连、霍魏等：《世界考古学概论》，江苏教育出版社，1990年，第84页。

[36] 杨建华：《试论萨玛拉文化》，《考古学文化论集》（一），文物出版社，1987年，第258页。

[37] 杨建华：《两河流域史前时代》，吉林大学出版社，1993年，第33、34页。

[38] 杨建华：《两河流域史前时代》，吉林大学出版社，1993年，第88页。

（原载《中原文物》2008年6期）

# “丫”形陶器

## —— 一种未知的史前器具浅析

传统考古学被普遍认为属于历史学领域，但与历史学比较，考古学又以其物化的研究对象和独树一帜的科学理论、方法相区别。考古学的一个显著特点是不断有发掘出土的新鲜资料去引导揭示过去实际发生的事件，通过探索走进历史真实，或许这正是考古学的魅力所在。近年，内蒙古科左中旗哈民忙哈遗址出土了大量陶制“丫”形器，作为该遗址发掘的参与者，这种造型奇特的器具引起笔者极大兴趣。“丫”形陶器以往极为少见，它是什么？有何用途？与考古遗存反映的生业方式联系起来又传递出哪些信息？这是本文想要回答的问题。

### 一

哈民忙哈遗址是迄今在科尔沁沙地经正式考古发掘的最大规模史前聚落，已探明面积超过 10 万平方米。遗址埋藏条件较好，文化内涵单纯，陶器组合，尤其以方格纹、麻点纹为代表的纹饰及施纹方式，区别于内蒙古东南部地区已发现命名的诸新石器文化，石器工具也与周邻考古学文化不同。还有一些用途不明的陶制品，如“丫”形器、水滴形器、圆锥体和矩形穿孔陶具等也十分少见。因其鲜明的地域文化特征，发掘者将其命名为“哈民文化”[1]。以共存遗物判定，哈民忙哈遗址相对年代与红山文化晚期大体相当，并得到碳十四年代数据（经树轮校正为公元前 3600～前 3100 年）的印证。根据 2007～2009 年吉林大学边疆考古研究中心“科尔沁沙地汉以前考古”课题组调查，这类遗存多见于内蒙古通辽市北部三个旗县及兴安盟之一部分，在吉林省通榆县、洮南县、白城市洮北区和乾安县、大安县也有发现。分布范围北至霍林河、洮儿河，南不过西辽河，尤以新开河、勒高琴格讷乌河沿岸较为密集[2]。经过统计，2010～2011 年哈民忙哈遗址共发现“丫”形陶器 68 件，其中房址出土 37 件，灰坑出土 1 件，地层出土 28 件，采集 2 件。由于绝大多数标本残缺，完整者约占十分之一，所以统计并不代表“丫”形陶器实际个体数。不过，2013～2014 年哈民忙哈遗址的连续发掘中，又发现有“丫”形陶器，但数量不详[3]。事实上早年就有“丫”形陶器的报道，20 世纪 90 年代初在对吉林省通榆县敖包山遗址调查时就采集到 2 件陶质“丫”形器，一件为残断的圆柱状，另一件为圆柱体犄角形。两件标本以对称圆窝示眼，其下饰鼻和嘴，似表现人面或兽头形像。敖包山为新石器时代晚期遗址，共发现房址 13 座，遗物均采集于房址附近[4]。还有一些零星发现，据了解吉林省乾安县文管所收藏过几件"丫"形陶器，其中至少有 2 件为拟人面或兽头制品。另外，笔者还在内蒙古扎鲁特旗尚古博物馆观摩过相同的展品。随着考古工作的深入，可以预见"丫"形陶器发现的概率还会增加。

"丫"形陶器多为砂质黄褐陶，烧制火候不高，圆柱体，上端有两个犄角，下部为锥状，整体呈"丫"形造型。长度一般在 20～30 厘米，最长的一件长度达 35 厘米，柱体直径 2～3 厘米左右，上下略有收分，两犄角之间夹角大于 90°。大多数"丫"形陶器表面素面磨光，少数饰有清晰的左旋麻花纹或纵向树皮状纹饰，个别标本有制作时留下的手印痕迹。已发现的"丫"形陶器形态大体一致，但表现方式略有不同，可分三种类型：A 型，为基本形态，如上所述；B 型，在犄角下部各捏制出两个对称的小耳，这种类型品各地点都有发现，但数量不多；C 型，在犄角下戳印出眼、鼻、嘴，拟人面或兽头，目前只见于哈民忙哈遗址以外地点（图一）。

"丫"形陶器的造型，很容易联想到这种器物是否与炊器的支撑物有关。所谓支撑物，是指烹煮食物时分开支撑在炊器底下的物体，其作用是造成较大空间便于可燃物充分燃烧，以达到较好的热传导效果。我国新石器时代在河北、山东、湖广、江浙等地普遍出现的陶支脚就是这种支撑物。然而一般陶支脚的底面积较大，易于保持稳定，形制有倒靴形、猪嘴形、角形、圆柱形、歪头柱形、塔形等，各种形制往往只分布在特定区域范围[5]，东北地区新石器文化中很少见到固定造型的陶支脚，这或许与烹煮食物的方式和广泛使用的小平底筒形陶器有关（哈民忙哈遗址个别房址灶坑内发现垫有陶片的土墩和修抹成半圆形的灶圈）。反观"丫"形陶器，器体细长，受力强度和支撑力度均较差，如作为支脚使用，其结构显然不合理。"丫"形陶器细长可手持，但上端两个犄角功能不明，材质容易折断，所以作为生产工具的可能性亦不大。还有一种考量是装饰物，然而其通体无穿孔，仅就器形本身无法作出判断。那么这种陶器的真实用途是什么？我们不妨从出土状态上再作些分析。

哈民忙哈遗址聚落保存完整，房址成排分布，所有门道均朝向东南，虽然有些房址在排列中的位置略有参差，但布局基本整齐。房址周围散布有圆形或椭圆形灰坑，很少出遗物。遗址东部发现并行的 2 条围沟，经钻探初步确认为环壕。哈民忙哈遗址聚落布局与辽西新石器时代、兴隆洼、白音长汗和查海等早期遗址大体相同[6]，这种聚落形态一方面反映渔猎型经济群体居住模式外部空间景，另一方面折射出较强的社会组织内在的控制力。2010～2011 年，哈民忙哈遗址发掘的 43 座房址中，有 16 座房址发现"丫"形陶器，出土数量占总数的一半以上。据统计，F17 出土 9 件，集中分布于房址进深的东北角；F18 出土 3 件，位于门道内南北两侧；F20 出土 6 件，均发现于接近居住面的填土中，有的位于房址西南和南部，有的则见于半地穴房址的二层台上。现场观察多数“丫”形器周围均散布陶片或伴有石器工具，似与生产活动密切相关。由于器形完整者均出土于房址内，且使用频率较高，故推测使用时应集中发挥作用，非个体能达到目的。值得注意的是，据该遗址 2014 年考古简讯报道，在 F79 居住面上放置的一件筒形罐内发现 17 件完整“丫”形陶器[7]。类似情况在青海乐都柳湾马厂类型墓地也有发现，在 M328 随葬的一件长颈陶壶中存放刻齿骨片 48 枚。据研究它们是用来记事、计算或通讯联络的用具，也有认为是求神、祭天占卜等原始宗教活动的信物[8]。笔者认为集中存放在陶器中的器具，得到格外重视，绝非一般实用器，可能具有某些特殊功能。

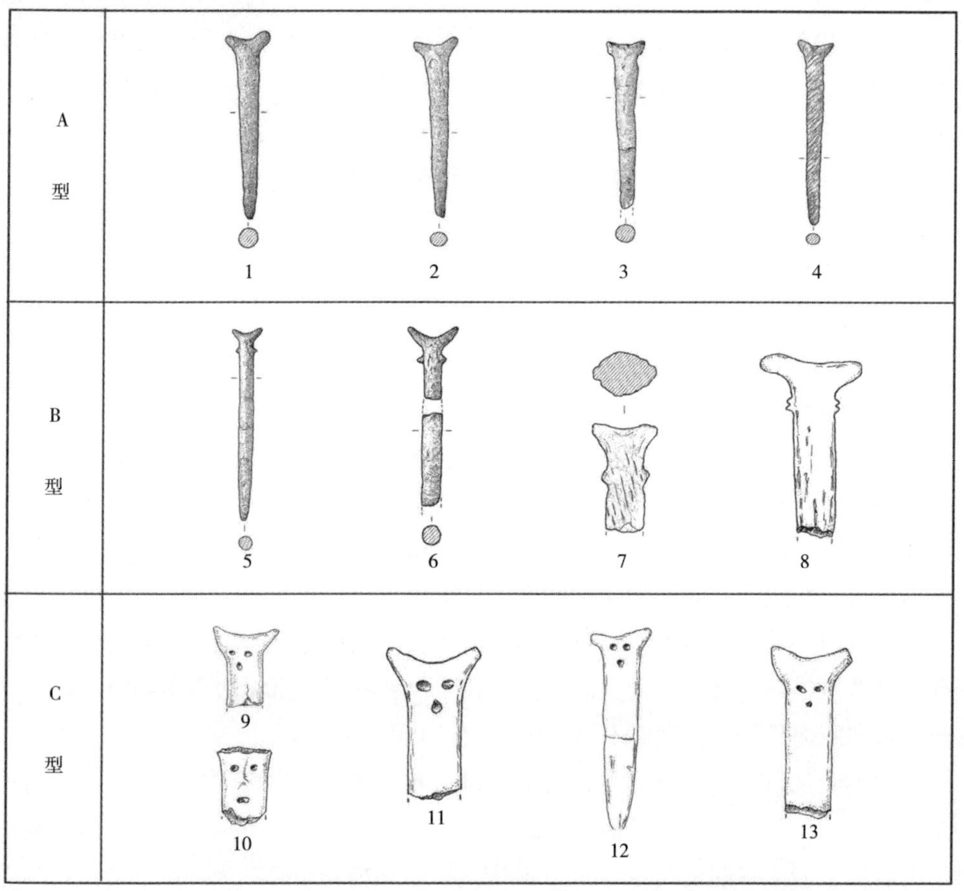


图一 “丫”形陶器分类

1～4. A 型（F17：25、F17：29、F17：31、F17：24） 5～8. B 型（F18①：2、F18：13、T010066②：1、乾安文管所） 9、10. C 型（通榆敖包山） 11. C 型（扎鲁特旗尚古博物馆） 12、13. C 型（乾安文管所）（1～7 为哈民忙哈遗址出土）

概之，“丫”形陶器本身具有三个特点：其一，陶质，烧制火候不高，出土数量多，易残损，使用频率高；其二，长度在30厘米左右，上端有两个犄角，大多数标本素面磨光，少数饰纹或表现拟人面或兽头形像；其三，器身细长，下部为锥状，使用时便于手持把握，或插在地面上，并强调集中使用才能发挥功效。推测这种奇特器具是对某些事物标识性的表达，其造型具有象征意义。

## 二

2011年哈民忙哈遗址发掘期间，有当地村民送来一件石制品求购，据称在遗址附近捡拾所得，虽未收购，但笔者作了详细记录并拍照留存。该品石质、青灰色，上端为长耳，阔嘴兽面，两眼外凸，中部似动物躯体有一穿孔，下部呈榫状。通长8.6、宽2.5～2.7厘米，榫长3.6、宽1厘米。器体扁平，突目和扁平嘴的刻画显得夸张，整体造型若“丫”字（图二，1）。检视红山文化玉器，被称作“丫”形器的类型品，迄今共著录4件，除牛河梁第二地点一号冢M21：4发掘出土外[9]，阜新福兴地采集1件[10]，另2件为征集品[11]（图二，2～5）。4件“丫”形器虽大小不等，但主要特征具有一致性，均扁平体，双面阴刻平雕，下部有榫或穿孔，应起到固定作用。面部圆形大眼，周围有褶皱，鼻子以钻孔方式表现，扁平大嘴两侧突出，两长耳置于眼斜上方分叉构成“丫”形。从五官表现手法和面部造型来看，俨然就是玉猪龙头部正面的展开形象。上述哈民忙哈遗址发现的兽面石制品与红山文化的玉质“丫”形器，五官采用基本相同的符号组合，形制风格极为相似。有学者指出，从其兽面造型和扁平细长通体饰平行弦纹的形制特点来看，可能是宗教礼仪场合使用的礼器，作为某种特立标志或图腾，可以绑缚或镶嵌在其他物品上把持，也可供穿系佩带，以祈求神秘动物对本氏族部落的保护[12]。

哈民文化具有较强的自身特点，同时与红山文化保持着密切关系。哈民忙哈遗址所见泥质红陶圈足盘、大平底盘、三足罐及之字纹、平行弧线纹和内彩三角纹彩陶片等红山文化晚期遗物，提供了例证。尤其是房址内出土的40多件玉器，大多制作精美，其中部分圆形璧、双联璧、兽面纹勾云形器属红山系玉器[13]。哈民忙哈遗址大量出土的“丫”形陶器与红山文化玉质“丫”形器均非一般实用器，两者虽然材质不同，表现形式有区别，但整体造型相似，特点突出。在考古学和民族学资料中，有很多证据表明，相同或相似的类型品意味着文化的传播和交流，在相邻地区尤为得到重视，所以我们不怀疑哈民忙哈“丫”形陶器与红山文化“丫”形玉器理念上的内在联系。

科尔沁沙地气候变化敏感，生态环境脆弱，在这样条件下，人们活动空间会呈现不稳定的流动性。以往在这一地区考古调查中只发现过一些零星的新石器文化遗址，哈民忙哈大型史前聚落的发现是个突兀现象，目前在当地找不到其文化谱系连贯性的任何线索，推测哈民忙哈居民是由北方南下进入科尔沁沙地的一支渔猎文化群体。根据石器工具和动物遗存研究，哈民忙哈遗址生业以狩猎、采集为主，以对攫取型自然经济较高的依存度和食物来源多样性为显著特征[14]。哈民忙哈遗址动物遗存分布广泛，前三次发掘（2010～2012 年）出土动物骨骼 25857 件，经分类、统计有 5 个门类，38 个种属[15]。可鉴定标本中，哺乳动物占到 70%，种类包括獐、狍、梅花鹿、马鹿、野猪、野牛、马、狼、狐狸、貉、獾、野兔、东北鼢鼠、大林姬鼠、黄鼠、黄鼬、麝鼹，均为草原动物，而在实际检测中尚未发现饲养类动物。研究者通过对主要野生动物产肉量推算，獐、狍、梅花鹿、马鹿等鹿科动物对肉食贡献率最大。作为经常猎捕的对象，鹿及鹿科动物，在狩猎者心目中，无疑占据着重要地位，甚至充满敬意。哈民忙哈遗址出土的大量“丫”形陶器，突出两犄角造型，并刻意在犄角下捏制出对称小耳和戳印眼、鼻、嘴拟兽头简约形象，是人们对所熟悉动物并祈求大自然赐予观念的表达。从生态功能角度分析，“丫”形陶器应该是鹿科动物的仿形器。如果此推测无误,我们会发现辽西地区距今8000年的兴隆洼文化还保留着这种类型品的原始记忆。在白音长汗遗址 BF56 房址出土的鹿头石雕制品,或许就是这种鹿科动物早期的仿形器（图二，6）[16]。

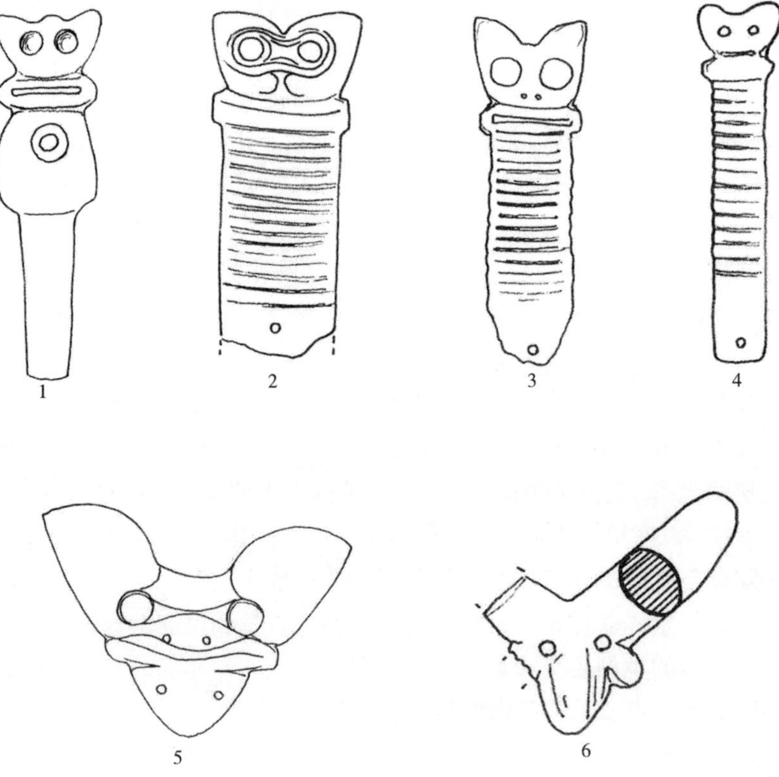


图二　兽面玉、石“丫”形器

1. 哈民忙哈遗址　2. 阜新福兴地　3、4. 辽宁省博物馆
5. 牛河梁第二地点一号冢 M21：4　6. 白音长汗遗址 BF56①：2

# 三

以人体伪装诱惑鹿群，是极其古老的狩猎方法。在法国南部阿多彼尔特洞窟发现的旧石器时代晚期岩画，描绘有这样的场景：一个猎人身披鹿皮吹着鹿笛，跟随在奔跑的鹿和野牛后面；另一个头戴枝桠鹿角帽，竖起双耳站在高处，手部酷似动物前爪并拢，下部露出人的双腿向前迈步，后者被法国考古学家步日耶解释为巫师[17]（图三）。同样在俄罗斯远东安加拉河苏哈雅巴利亚发现的新石器时代岩画，也展示猎鹿及驱兽者的形象。巫师头戴鹿角，手执串铃样的鞭子，驱赶的鹿群中有的已被刺中，画面生动展示在巫术作用下猎鹿的场景[18]。在我国北方的一些渔猎民族中，往往把行猎和原始宗教结合在一起。《钦定热河志》卷四载，"各戴鹿首为前导"。魏源《圣武记》也记录，"象鹿之首，人戴之，则鹿不疑"。近代这种行猎方式仍流行于鄂伦春、鄂温克人居住地区，只是他们已经不用假鹿头，代之以袍子帽。北方有些民族的萨满皆戴鹿角帽，并根据资历深浅分为不同品级，资历越深者鹿角数目越多。此俗源于古老的狩猎方式，乃萨满教原始形态之孑遗[19]。

1　　2

图三　法国阿多彼尔特洞窟岩画

1. 吹鹿笛者　2. 鹿角巫师

（引自陈兆复、邢琏：《外国岩画发现史》，上海人民出版社，1993年，图35、36）

萨满教来自通古斯——满语"萨满"（sa man）一词，直译为"无所不知的人"。萨满教是历史上阿尔泰语系渔猎游牧部落普遍信仰的原始宗教，主要信奉动物、植物、山川河流，拜谒万物有灵，以灵魂不灭为宗旨。萨满教把宇宙分为三界，上界主神灵，中界居人类，下界为鬼魔和祖先所处，巫师作为人与鬼神交往的媒介，多拟兽装扮，以歌舞悦鬼神[20]。巫师形象在考古资料中屡见不鲜，如仰韶文化著名的舞蹈、鱼纹人面彩陶盆[21]；安特生早年报道甘肃半山彩陶上的X光透视人[22]；青海柳湾马厂期陶壶上的阴阳合体浮雕人像[23]；牛河梁遗址第十六地点红山文化玉人[24]，可见在史前文化的精神世界里，萨满观念是普遍存在的。

原始宗教研究者认为巫术早于祭祀，而最早的巫术应源于狩猎。法国尼奥洞窟那幅最著名的绘有红色箭头野牛图左侧，还有一幅被称为“符号与野牛”的崖壁画，展示的是一群野牛旁排列着组成圆圈和圆点符号，其中还有棒状标识物。画面体现的心灵感应场景与狩猎巫术有关，表达了人们借助超自然力量征服野兽的愿望（图四）。

图四　符号与野牛

（法国尼奥洞窟崖壁画，引自陈兆复、邢琏：《外国岩画发现史》，上海人民出版社，1993年，图39）

在我国云南丽江纳西族东巴文化有一种“课标”，意为木牌画，即把松木劈成长条薄片，下削成尖桩，其上绘鬼神形象，长一二尺，宽三五寸，通常插在地上[25]。在西南少数民族中，这种尖桩类神像比较常见，如与纳西族比邻的普米族在葬礼上削制的木牌画[26]，景颇族流行的地鬼桩[27]，其上绘动、植物图像，下削成尖桩，且分公桩、母桩。特别有意思的是佤族牛角桩，以树丫造型模仿牛角状，有的在两犄角与主干间刻有牛头，并淋以牛血，表示已附上了牛所具备的灵性[28]。云南沧源崖画被称为“猎人生活的画卷”，第六地点六区图左上方，描绘有一条表示地面的横线，在横线上排列着七个“丫”形标识，画面生动记录了插在地面上供奉的“丫”形器与细致刻画的牛和人物动态形象相呼应（图五）[29]。其实，保留这种历史文化印记最多的是生活在东北、内蒙古地区的渔猎民族。鄂伦春和鄂温克族萨满供奉的木雕神像大多写实，如鸟、鱼、蛇、狼、马、人形，上部为神偶形，下部削成尖桩，在狩猎时可插在野外临时祭坛上，以祈求神灵保佑捕获更多的猎物[30]。赫哲族神偶有两类：一类便于携带、悬挂，如木雕马神，将许多马神串在一起，祭祀时挂在树上；另一类为人形，下呈尖桩，便于插在地上供奉[31]。俄罗斯境内居住的那乃人也有尖桩神像，长约30厘米，其上绘太阳、树、马、虎、豹。

通过对哈民忙哈遗址出土“丫”形陶器形制特点、出土状态、生业类型的综合分析，结合考古学与民族学考察，本文提出三点认识：

（1）“丫”形陶器不是生产、生活中的实用器具，纵使作为实用器怎样解释都与使用方式不符。

（2）“丫”形陶器本身的形态、性能及其出土的一般情况，说明它是一种与原始宗教和礼仪活动有关的信物，其犄角造型是猎人们最为熟悉并怀有敬意的拟鹿科动物仿形器，即很可能是狩猎时行巫术的辅助器具。

（3）从发现的数量来看，使用频率较高，使用方式为手持把握或插地供奉，在野外时可能有临时祭坛，以祈求捕获更多猎物，也隐含对本民族部落保护之寓意。“丫”形陶器作为一种特殊用品，在聚落内部已具有规范行为的社会职能。

图五　“丫”形器供奉与人和牛

（云南沧源岩画第六地点6区，引自汪宁生：《云南沧源岩画的发现与研究》，文物出版社，1993年，图五一）

## 注　释

［1］朱永刚、吉平：《探索内蒙古科尔沁沙地史前文明的重大考古新发现》，《吉林大学社会科学学报》2012年4期。

［2］朱永刚、郑钧夫：《科尔沁沙地东北部地区新石器时代遗存初探》，《边疆考古研究》（第11辑），科学出版社，2012年。

[ 3 ] 内蒙古自治区文物考古研究所：《2013 年内蒙古自治区文物考古研究所考古发现综述》，《草原文物》2014 年 1 期；《2014 年内蒙古自治区文物考古研究所考古发现综述》，《草原文物》2015 年 1 期。

[ 4 ] 吉林省地方志编纂委员会：《吉林省志》，卷四十三，文物志，吉林人民出版社，1991 年，第 15 页插图。

[ 5 ] 严文明：《中国古代的陶支脚》，《考古》1982 年 6 期。

[ 6 ] 朱永刚：《中国东北先史环壕聚落的演变与传播》，《华夏考古》2003 年 1 期。

[ 7 ] 内蒙古自治区文物考古研究所：《2014 年内蒙古自治区文物考古研究所考古发现综述》，《草原文物》2015 年 1 期。

[ 8 ] 青海文物管理处考古队、中国社会科学院考古所：《青海柳湾》，文物出版社，1984 年，第 169 页。

[ 9 ] 辽宁省文物考古研究所：《辽宁牛河梁第二地点一号冢 21 号墓发掘简报》，《文物》1997 年 8 期。

[10] 方殿春、刘葆华：《辽宁阜新县胡头沟红山文化玉器墓的发现》，《文物》1984 年 6 期。

[11] 吕军：《红山文化玉器研究》，《青果集——吉林大学考古系建系十周年纪念文集》，知识出版社，1998 年，第 53 页，图四，17、18。

[12] 于明：《中华文明的一源·红山文化》，中国档案出版社，2004 年，第 133 页。

[13] 朱永刚：《哈民忙哈遗址出土玉器及相关问题研究》，（待刊）。

[14] 朱永刚：《哈民忙哈遗址经济形态研究——一个居住模式与生态环境悖论的推导》，《边疆考古研究》（第 19 辑），科学出版社，2016 年。

[15] 陈君：《内蒙古哈民忙哈遗址出土动物遗存及相关问题研究》，吉林大学硕士学位论文，2014 年。

[16] 内蒙古自治区文物考古研究所：《白音长汗——新石器时代遗址发掘报告》（上），科学出版社，2004 年，第 377 页，图二九三，4。

[17] 陈兆复、邢琏：《外国岩画发现史》，上海人民出版社，1993 年，第 60～63 页。

[18] 中国社会科学院考古研究所：《苏联考古文选》，文物出版社，1980 年，第 215 页。

[19] 汪玢玲：《关于鹿的民俗考论》，《古民俗研究》，吉林文史出版社，1990 年，第 386～399 页。

[20] 任继愈：《宗教词典》，上海辞书出版社，1981 年，“萨满辞条”。

[21] 青海省文物管理处考古队：《青海大通县上孙家寨出土的舞蹈纹彩陶盆》，《文物》1978 年 3 期；中国科学院考古研究所、陕西省西安半坡博物馆：《西安半坡》，文物出版社，1963 年，图一二〇，1～5、图一二八。

[22] J. G. Andersson, “Researches into the prehistory of the Chinese”, *Bulletin of the Museum of Far Eastern Antiquities*, IS (1943), PL. 182: 1.

[23] 青海省文物管理处考古队、中国社会科学院考古研究所：《青海柳湾》，文物出版社，1984

年，第116页，图八二，1。

［24］辽宁省文物考古研究所：《牛河梁第十六地点红山文化积石冢中心大墓发掘简报》，《文物》2008年10期。

［25］宋兆麟：《古代器物溯源》，商务印书馆，2015年，第450～452页。

［26］宋兆麟：《古代器物溯源》，商务印书馆，2015年，第450～452页。

［27］杨兆麟：《原始物象——村寨的守护和祈愿》，云南教育出版社，2000年，第34～38页，第63～67页。

［28］杨兆麟：《原始物象——村寨的守护和祈愿》，云南教育出版社，2000年，第34～38页，第63～67页。

［29］汪宁生：《云南沧源崖画的发现与研究》，文物出版社，1985年，第54页插图。

［30］苏日台：《鄂温克族民间美术研究》，内蒙古文化出版社，1997年，第203页插图。

［31］郭淑云：《原始活态文化——萨满教透视》，上海人民出版社，2001年，第304、516页。

（原载《北方文物》2016年3期）

# 中国考古学20年之发展现状与跨世纪的中国考古学

## 一

现代考古学在中国诞生于20世纪20年代，至今已有70多年的历史。新中国成立前，从事田野考古的专门人才很少，学科基础十分薄弱，田野考古发掘仅局限于华北、甘青、东北等少数几个地点。一些重要的考古发掘与研究领域，多为外国考古学者把持或垄断。新中国成立以后，过去那种人才短缺，资料贫乏的落后状态得到较大程度的改变，形成了相当规模的专业队伍，取得了令人瞩目的成就，中国考古学开始建立起比较完善的学科体系。20世纪50～60年代，大规模的经济建设促使田野考古工作全面发展，一些典型遗址和墓地的大面积揭露，使中国考古学在地域和年代上的许多空白被填补，不断涌现的新材料也较大程度地丰富了纵横联系的中间环节。在考古学的理论和方法上，人们认识到考古学是一门历史学科，其主要任务是要通过实物资料的收集复原古代社会历史，田野考古调查与发掘是现代考古学的最基本方法。由此提出的建立马克思主义的中国考古学体系，得到了广泛响应。然而这一时期，研究课题比较单一，实践也有简单化和急躁冒进的倾向，以至作为考古学研究基本方法的类型学也受到“左倾”思想不公正的批判，因此阻碍了考古学的健康发展。“文化大革命”10年期间，几乎所有的考古工作都停止了，尚在摸索中建立符合中国考古学自身发展规律的学术体系受到了无情的摧残。

党的十一届三中全会，重新确立了解放思想、实事求是的思想路线。迎来科学春天的中国考古学迅速出现了转折，焕发出勃勃生机。首先，专业人才培养空前壮大。在全国有11所大学设立考古专业或考古系，截止到1997年已毕业的考古专业本科生近3000人，硕士研究生已达300余人，并培养出20多名博士研究生。近年北京大学还建立了考古学博士后流动站。全国现有考古专业人员中经正规培养产生的中级职称以上人员已超过2000人，科研队伍的业务素质有了极大的改善。其次，学科机构建设有了很大发展，各省、市、自治区普遍建立专门的考古学研究机构。各地方有计划地开展重点发掘和研究，田野考古的学术性、目的性明显提高。第三，科研组织和科研管理工作日趋完善。目前，除成立了全国性的考古学会，还设立了十多个省级考古学会、文物博物馆学会，及若干与考古有关的研究会，为推进考古事业发展和深化考古学研究发挥了重要作用。第四，重大考古发现层出不穷，考古学已深入到人文科学的各个领域，文理交叉，多学科相互渗透已成为考古学科发展的必然趋势。20年来，我国田野考古规模不断扩大，从1981年开始的第二次全国性文物普查，除了对已知考古遗址进行更加详细的调查外，还新发现了数以万计的各个时期遗址。大量带有轰动效应的考古新发现，以及提出的一系列重大学术课题，极大地推动了中国考古学科的发展。在此期间，积极开展专题研究和综合研究，范围从黄河流域推广到长城内外、大江南北，甚至世界屋脊青藏高原；深度广度从一般意义的考古学文化特征、起源、分期、发展阶段和相互关系的所谓文化历史研究，延伸到聚落形态、经济生活、社群结构和生态环境等深层次领域。在研究方法和手段方面，从传统地层学、类型学个案分析描述，发展到目前广泛开展的区域考古学文化谱系研究，并在逐步摸索中确立了符合中国考古实践的区系、类型方法论。需要指出的是，现代科学技术在中国考古研究中的应用取得了长足的发展。碳十四、热释光和其他各种测年方法已积累的大批年代测试数据（累计近4000项），使中国史前考古年代学序列有了可靠的科学证据。生态环境综合考察提供了更多的新信息，其他如遥感技术勘探、水下考古、计算机应用等多项工作也取得了初步成果。可以预见自然科学技术和手段在考古学中的广泛应用，必将使中国考古学进入一个值得期待的新阶段。

回眸这20年来，中国考古学不但在史前考古学领域起到决定性的作用，而且在文献记载较为翔实的秦、汉、唐、宋史研究中的地位也日益凸显出来，另外在古代典籍校补、科学技术史、文化艺术史、古今环境变迁等领域，也都无一例外地吸纳了考古学的研究成果。尤其是人们广为关注的中国文明起源、国家起源、中国文化多元一体化历史进程，以及统一多民族国家形成和发展等有待解决的重大课题，考古发掘与研究已经起到并且正在发挥着关键性作用。1992年公布的中华人民共和国标准分类中，将考古学由原属于历史学的二级学科提升为与历史学并列的一级学科，正反映当前中国考古学科突飞猛进的发展现状。

## 二

20年来中国考古学所取得的主要成就，大体可归纳为13个研究领域。

### 1. 中国古人类学研究

“人类起源”是国际学术界的重大课题。我国是亚洲地区发现人猿化石材料最多的国家，已发现众多古猿化石中极为重要的有云南禄丰古猿、云南保山古猿和云南元谋蝴蝶腊玛古猿等。禄丰古猿的年代为距今800万年前，保山与元谋腊玛古猿在800万～400万年。这一阶段恰是从猿到人最重要的发展阶段。这些化石的发现扩展了古猿在世界的分布范围，对探讨亚洲古猿在人类起源中的地位，具有相当重要的价值。同时，我国也是直立人及以后各阶段古人类化石最丰富的国家，其中巫山猿人约距今 200 万年，是迄今我国境内发现最古老的早期人类化石。湖北郧县、安徽和县、南京汤山和营口金牛山等地出土的重要化石，年代约距今 30 万～20 万年，属于直立人向早期智人过渡阶段的典型代表。他们为研究东亚地区早期人类体质形态进化和我国南方地区旧石器文化的年代提供了重要证据。

**2. 旧石器文化研究**

目前考古调查发现，在全国 26 个省、市、自治区分布有旧石器遗址，范围十分广阔。其中还陆续发现了一些石器制造场或生活遗迹，例如 1993 年湖北江陵公鸡山旧石器时代遗址，该遗址在红土层面上发现打制石器工场和数处居住面及一个野兽屠宰场。这是我国改进田野工作方法后，从遗址平面布局的视角首次揭露出的旧石器时代聚落遗址。这一时期通过对旧石器文化特点的研究和广泛比较，学者们提出我国南北地区存在不同文化谱系的论点，改变了以华北旧石器为中心的传统认识。在研究手段与方法上，近 10 年来普遍注意到对石器拼合、石器微痕与石器功能以及实验考古等方面研究，在加强多学科协作对遗址的古环境和人类行为的研究方面取得了新进展。

**3. 新石器早期文化的重大发现及相关课题研究**

在江西万年仙人洞、吊桶环，湖北道县玉蟾岩发现了距今 2 万～1.5 万年至距今 1 万年前后，由旧石器时代晚期向新石器时代早期过渡的古人类居住生活遗址。遗址出土的原始陶片是迄今为止中国发现最早的陶制品。近年又在河北徐水、阳原于家沟找到了北方地区这方面的线索，使我国成为世界上少数几个拥有超过万年陶器标本的国家。这些发现改变了新石器时代早期年代的认识，也提出亟待探讨的我国新、旧石器文化交替与过渡的重要学术课题。

**4. 农业起源问题研究**

农业起源是中国新石器时代重要标志之一，多年的考古研究证明，黄河流域是粟、黍等旱地农作物起源地，长江流域是稻作农业发源区，两个经济类型区约在新石器时代之初就已形成。其中稻作农业的起源是近年来考古学界普遍关注的热点问题。道县玉蟾岩、万年仙人洞和吊桶环等遗址发现的距今 1 万年左右的稻谷遗存，为迄今世界上最早的人工栽培稻，是探索水稻起源时间、地点、演化历史最难得的实物标本。到公元前 6000 年前后彭头山文化时期，稻作农业已在长江中游普遍存在，并已扩展到汉水上游和黄淮地区。进一步研究还认为，东亚地区日本和朝鲜的水稻是由中国传入的，东南亚与南亚地区的稻作农业也与中国有密切关系。由此可以确立中国在世界上作为农作物驯化栽培地区的重要地位。

**5. 中国史前文化区系、类型研究**

1978年至今，中国史前考古学有了长足发展，就田野考古的规模和时空范围而言，超过了以往任何时期。长江流域、东南沿海、燕山南北乃至华南、西南等一系列引人注目的发现，使长期以来以黄河为中心的考古工作格局发生根本性的改变。20世纪70年代中期至80年代，区系、类型理论的提出及指导作用，极大地推动了中国史前考古学的发展。在这个学说理论的指导下，广大考古工作者埋头苦干，科学发掘，填补空白，仔细梳理各种文化的关系及相互连接的中间环节。目前，一个以黄河、长江流域为龙头带动周邻地区建立的较为完整的考古学文化区系类型框架已基本形成。在此框架内呈现出中国史前文化多元演进的谱系日渐清晰，其文化分布格局与传说古代族群分布基本相契合。可以说重建中国史前史、探索中华古代民族起源、发展之历程的巨幅宏图已展现在我们面前。

**6. 聚落形态考古学研究**

通过聚落形态和埋葬制度，揭示史前各个时期的社会性质、组织结构及发展状况，是当前史前文化研究的热点学术课题，同时自然环境与人类文化关系也普遍受到人们的关注。近10年来，在北方长城地带相继发现距今8000年前后的大型环壕村落；在湖北枣阳、河南邓州、安徽蒙城等地也先后揭露出一批保存完好的新石器时代排房式建筑；在郑州西山发现的仰韶文化城址，是中国年代最早、建筑技术最进步的古城，同类性质的古城址在黄河下游和长江中游地区先后发现有30余座。这些发现对研究史前聚落演变，探索中国早期文明和重建中国史前史的工作提供了重要资料。

**7. 中国文明起源问题**

近20年来，各地相继发现距今4000～5000年以远，表现文化层次较高的重要考古遗存。如辽西距今5000年前后红山文化坛、庙、冢系列礼仪建筑；甘肃秦安大地湾距今5000年前仰韶文化晚期的“殿堂式”建筑址；太湖地区距今4800年前良渚文化大型祭坛、贵族墓地、神徽标帜；山西襄汾陶寺距今4400年间反映埋葬制度等级化的大型墓地；黄河下游和长江中游地区发现的数十座龙山时期城址；还有大量制作精美的玉器、礼乐器及金属器等，这些重大发现修正甚至颠覆了以往人们的传统认识。围绕中国文明起源问题，考古学界掀起了一场旷日持久波及全国范围的学术大讨论，争论的焦点是中国古代文明形成的时间、地点，以及从氏族制度解体到国家组织形式确立社会形态与特征等问题。一派意见认为中国文明出现于夏末商初，以中原地区为代表的黄河流域是中国文明的发祥地，然后扩展到周邻地区。另一派意见认为，中国文明形成有一个相当长的发展阶段，其起点可追溯到距今5000年前的仰韶时期，新石器时代晚期约龙山文化阶段（公元前2600～前2000年），应是中国文明的形成期；强调中国史前文化起源是多元的，发展具不平衡性，中华文明起源既呈现出多元一体的格局，又经历了非常复杂的过程。当前已取得的共识是：中国古代文明起源的形态有别于代表西方文明源头的西亚两河文明，它很可能是世界文明演进过程中的另一种形态，所以中国古代文明的探讨对于揭示人类文明发展规律，具有十分重要的理论意义和现实意义。

**8. 关于夏文化的探索**

20 世纪 30 年代由于安阳殷墟的发掘与研究，商朝的历史已被证实。文献记载，在商朝以前还有夏朝，要把夏朝的传说实证为信史，人们寄希望于考古学发现。于此提出的以探索夏王朝时期在夏人活动地域内物质文化遗存为目标的夏文化研究，成为中国考古学重大学术课题。

探索夏文化的工作开始于 1959 年，这期间考古工作者主要是在据传说夏人活动的豫西和晋南两个地区开展工作。随着考古资料的不断积累及分期断代工作的逐步深入，多数研究者认为二里头文化最有可能是夏文化。但也有人认为河南龙山文化也是夏人活动地域内发展起来的古文化，河南龙山文化与二里头文化有继承关系，两种文化都在夏代纪年范围内，所以它们都是夏文化。围绕二里头文化与夏文化关系，二里头文化与早商二里岗文化关系，二里头文化的分期、演变与社会发展水平，以及夏商王朝更替时间节点等问题的探讨，展示了当前考古学界对这一课题研究的深入和认识水平的提高。

**9. 商文化研究**

商文化研究主要围绕渊源、分期、分区及其传播与影响展开。“商人起源于何方”是史学界和考古学界共同关注的问题。按传统说法，商人起源于中原东方，但近 10 多年来，通过对郑州商城为代表早期商文化来源的追寻，绝大多数研究者认为商文化来自太行山东麓豫北、冀南地区。经过在这一地区的考古调查、发掘，基本弄清了夏代分布于该地下七垣文化的发展脉络，不少研究者提出并论证下七垣文化即先商文化的观点。因此商人起源于中原北方的说法，得到了考古学的有力支持。

河南偃师尸乡沟商城的发现，是中国考古学在 20 世纪 80 年代最重要的发现之一。关于该城址年代与性质研究的最新成果，彻底否定了曾经盛行一时的二里头遗址“西亳”说。作为夏商文化分界的可靠支撑点，偃师商城的发现还给商文化前期的分期编年研究提供了新依据。而继殷墟妇好墓发掘之后，近年在殷墟发现的另一批保存十分完好的殷墟晚期铜器墓器物群，则为商代后期偏晚阶段提供了断代标准，与属于商代后期偏早阶段的妇好墓，共同构成商代后期文化分期的年代标尺。此外，1991 年殷墟花园庄出土的大量早期甲骨，是继 1936 年和 1973 年发现大批甲骨之后的又一重大发现。这一发现对甲骨文的分期、断代和殷商文化历史研究都具有十分重要意义。

商文化的分区与方国研究也取得了重要进展。陕西西安老牛坡、耀州区北村遗址的发掘，使人们对陕西关中地区商文化的分布有了较清楚的了解。河南罗山息国墓地、山西灵石旌介“鬲”族墓地、河北定州某方国或氏族墓地，以及山东滕州前掌大薛国墓地的发掘，都为商王朝方国或氏族方位与分域的探讨提供了大量宝贵的新资料，因而极大地推进了商文化研究。

**10. 周文化研究**

周文化研究主要收获有三个方面：其一，在陕西传说周人早期活动区域内，通过一批重要遗址发掘从中辨识出商代晚期的周文化遗存，提出并探讨的“先周文化”问题，使人们对周文化来源及从西周到东周的形成、发展过程有了新认识。其二，对山西曲沃晋国遗址、北京房山琉璃河燕国墓地、山东曲阜鲁国故城、山东兖州西吴寺遗址、山东长清仙人台郜国贵族墓地、河南平顶山应国墓地、河南新郑郑国祭祀遗址和三门峡虢国墓地等发掘，不仅对晋、燕、鲁、郑等周王朝重要诸侯国封地和内涵有了进一步了解，而且通过对周文化遗存的分期编年和区域差异、类型划分考察，建立起了可参照的区域典型遗址的时空界标。其三，晋文化和楚文化研究有了突破性进展。晋文化是直接继承西周时期周文化而来的考古文化，是春秋战国时期周文化的主体。考古工作者对山西曲沃晋国墓地、闻喜上郭遗址、侯马新田遗址和太原金胜村 M215号大墓的发掘，深化了对晋文化形成、特征和分期的认识，从整体上推进了晋文化研究水平的提高。楚文化是周代后期与晋文化南北对峙的强大文化，该文化研究一直是考古学界的热点课题。此期间，先后有湖北江陵马山 1 号墓、荆门包山 2 号墓、湖北淅川下寺楚墓群等重要考古发掘。依据新的发掘资料，目前正在开展楚文化墓葬分期与年代研究，同时还就楚文化的来源，形成及早期楚文化的特点等进行热烈讨论。

**11. 先秦周边地区青铜文化研究**

这一研究领域的成果尤为显著，一些具有轰动效应的重大考古发现，例如江西新干大洋州大墓、四川广汉三星堆器物贮藏坑等，大批造型奇异、制作精美、工艺复杂的青铜器和玉器等文物的出土，颠覆了人们对这些地区历史的传统认识。更为边远的甘青、北方及东北地区、云贵高原等区域青铜文化的发现研究，除了确认一批填补空白的新的考古学文化外，已基本建立了考古学文化的序列与编年体系。需要指出的是，近年在拉萨曲贡遗址的发掘，首次发现年代可早到夏代晚期青藏高原的一种青铜文化，其陶器与西北地区青铜文化陶器在类型学上的可比性，表明西藏与内地源远流长的文化联系。此外，先秦周边地区青铜文化与族文化比较研究也取得了新进展。

**12. 秦汉及秦汉已降城市考古**

秦汉帝国建立，我国历史进入封建社会中央集权制阶段，直到清朝末年社会性质基本没有发生改变。秦汉及秦汉以降历代都城的演变不但是我国历史发展的一个缩影，而且对东亚一些国家的都城制度产生过重要影响，所以城市考古作为考古学的一个分支，占有突出地位。从 20 世纪 50 年代中期开始，中央研究机构和一些省考古工作队便进行系统的城市遗址考古发掘。近 20 年来，城市考古得到积极发展并已取得了丰硕成果。咸阳和长安是秦汉两个王朝的统治中心，历来为研究者所关注。在秦都咸阳，考古工作者对其宫殿区、作坊区和墓葬区做了大量工作，并就城址布局、形制及相关问题进行探讨。在西安长安城，除了对未央宫、长乐宫进行详细勘测，弄清了其布局情况外，还重点发掘了未央宫的 2 号、3 号宫殿基址，其中 3 号宫殿址出土数以万计记录各地工官向中央进贡时系在物品上的骨制标签，是研究西汉官供奉制度不可多得的重要资料。1992～1997 年，在辽宁绥中姜女石石碑地进行了全面勘探和大面积揭露，其规模宏大，布局整齐，给水排水系统设计缜密。这是一处秦汉时期中央设于东方皇苑性质的行宫遗址，保存良好的宫殿址，对研究秦代艺术、宗教和科学技术具有重要学术价值。此外，20 世纪 70 年代以来，对曹魏邺城、东魏北齐邺南城、北魏洛阳城、隋唐长安城和洛阳城、唐宋扬州城的考古发掘与研究，均取得了令人瞩目的成果。

**13. 秦汉及秦汉已降古代陵墓考古**

古代陵墓考古一直是中国考古学的重要组成部分。古代陵墓既反映古代社会礼仪和等级制度，也反映人们的精神生活和意识形态，同时又是各个不同时期文化、艺术、科学发展和中外关系的载体。所以考古工作者往往投入更多力量，这期间全国勘探和发掘的各类墓葬数以万计。秦汉时期的帝陵考古，最重要的是对汉高祖长陵和汉宣帝杜陵陵园的勘探与发掘。在汉代帝陵中杜陵是唯一对陵寝遗址进行较为全面发掘的一座，此发掘为认识汉代帝陵陵寝和便殿的位置及布局提供了翔实材料。20 世纪 80 年代发现的广州南越王墓是一座未被盗掘过的大型王墓，墓中出土玉衣、金印、铜器、漆器等上千件精美文物，轰动了海内外。南越王墓与河北满城中山靖王刘胜墓一样，也是开凿于山崖之中，构筑形制突破了商周以来的传统，开启从两汉时期中国陵墓制度的转变。河南永城芒山西汉梁国王陵的调查发掘，发现了西汉景帝时期宛如地下宫城的梁王及王室成员的巨大崖墓，是目前唯一一处保存完好、规模宏大的地下寝园遗址。其他重要王室墓发掘还有西汉早期长沙王室墓、徐州狮子山西汉楚王陵、山东长清西汉济北王陵等，这些发现对汉代陵寝制度和丧葬礼俗的研究至关重要。山西平朔墓葬是 20 世纪 50 年代继洛阳烧锅汉墓以后，在同一地点发掘数量最多的一批秦汉墓葬，为研究这一时期一般官吏和平民墓葬制度提供了重要资料。

秦汉已降各个历史时期陵墓考古主要有洛阳芒山发掘的晋武帝峻阳陵、晋文帝崇阳陵，在洛阳北部发掘的北魏宣武帝景陵，在河北磁山发掘的北齐文宣帝武宁陵，还有宁夏固原北周李贤墓地、山西太原北魏娄睿墓、大同南郊北魏墓等。隋唐时期以西安唐昭陵陪葬墓和长安区南里王韦氏家族墓的发掘较为重要。契丹与辽墓的发掘成绩斐然，其中内蒙古阿鲁科尔沁旗宝山辽代贵族墓，为已知年代最早的有纪年的契丹贵族墓。略晚于宝山墓的耶律羽之墓，墓主人耶律羽之是辽太祖耶律阿保机的同祖堂弟。该墓随葬品丰富，金银器、白瓷器、壁画及墓志等具有极高的文物和史料价值。耶律羽之墓是迄今发现年代最早的大型辽墓，这一发掘成果将有助于契丹早期历史研究。

除以上各时代考古重要发现及提出研讨的一系列学术课题外，这一时期开展的专题考古调查和研究有岩画调查、长城调查、石窟寺调查、瓷窑考古、丝绸之路考古调查。此外，边疆少数民族地区开展的考古在促进中外文化交流方面的研究也取得了较大进展。科技考古原本是中国考古学一个比较落后的领域，但近些年来发展十分迅速，主要包括两方面内容：一是对古代科学技术的研究，如冶金、陶瓷、纺织、造纸、天文历法、农业科学技术等都有不少新的研究成果；另一方面，是现代科学技术在考古学中的应用，诸如古地磁、碳十四、树轮校正、钾一氩、黑曜岩水合、热释光、铀系、电子自旋共振等测年技术的推广使用。还有遥感技术（GPS、GIS）、地理信息分析系统、孢粉分析、植硅石分析、陶石器等人工制品的实验考古及原料产地鉴定，对骨骼中微量元素和DNA的分析，通过地学、植物学、动物学对古代人类环境的复原等，其中有的已经接近或达到国际水平。传统考古学领域越来越借助于现代科学技术，科技考古正呈现出方兴未艾之势。

## 三

长期以来中国考古学的理论研究比较薄弱，主要有三方面原因：首先，考古学在中国始终被作为历史学的一个组成部分，中国传统史学往往只注重客观史实的记述和考证，原本就缺乏对历史理论的系统归纳和讨论。在这种历史观培养下发展起来的考古学，特别重视考古资料的获取、排比和演绎，而忽视对考古学科规律性认识的总结；其二，把马克思主义的历史唯物论比为中国考古学研究的法则，使之简单化、绝对化，然而理论在考古作业中的指导作用，则很少有理性的思维和缜密实践；其三，近代考古学在我国兴起较晚，大量田野考古工作和基础性研究是在新中国成立后才进行的，在历次政治运动的冲击下，理论问题被视为禁区，所以考古学理论研究被淡化，长期得不到重视。

近20年来，中国考古学界有较多机会了解世界考古学的发展状况，这一过程可以分为对国外理论、方法的介绍与吸收、借鉴两个方面。

一是对国外理论方法介绍。由于中国考古学与外国考古学研究的对象、范围不同，我们最先要了解国外的理论与方法，希望借助于他山之石攻中国考古学这块玉。

第一步就是翻译，开始是世界上古史学界对剑桥古代史中农业起源的研究，其后不断有关于国外农业起源的翻译，接下来是对新考古学的介绍和研究。首先是袁靖和李峰的译文《欧美考古学的动向——理论和方法论的再检讨》，此后中国历史博物馆和中国社会科学院先后编辑出版了《当代国外考古理论与方法》和《考古学的历史、理论、实践》译文集。由于译文集是按某一选项遴选过的，使我们看到国外同行对某些问题的思维方式和不同的研究视角，进而深化了对理论方法的理解。但是由于译者的语言和对国外考古历史背景的局限，有些文意晦涩，令人费解。这期间出版的译著，如黄其煦译的《考古学一百五十年》、蒋祖棣译的《时间与传统》等，使我们了解到国外考古学所取得的成就，并从中汲取到分析与研究问题的方法，有如在我们面前打开了一扇窗。当前，对国外考古学理论方法的翻译和介绍已经逐步走向系统化，从简单的介绍到比较深入的理解，预示着中国考古学理论与方法的建设进入了一个新阶段。

二是对国外理论方法的吸收与借鉴。对于国外理论方法应当如何评价，它在中国考古学中可以应用到什么程度，中国考古学者需要做出回答。

杨建华的《试论考古学研究的三个层次与方法》，根据外国考古学理论方法的启示，提出了中国考古学应从时空框架谱系研究的基础层次，上升到文化全面复原中层理论研究的构想。这一构想在考古学界引起了较大反响，并取得“两步并作一步走”的共识。吴春明的《考古学中的人类学取向》，根据中国考古学在历史学科中缺少文化个案分析的现状，提出了吸收国外文化人类学研究模式的看法。俞伟超的《考古学是什么》，反映了他对新考古学赞同并主张吸收的观点，强调在中国历史博物馆的考古发掘中注重计算机辅助研究，在水下考古和环境考古方面也进行一系列实践探索，他为中国考古学走向国际化做出了引领性贡献。张忠培的《中国考古学：实践、理论、方法》，从中国考古学的现状、历史出发，批判了新考古学的一些弊端，主张中国考古学应从自身实践中寻找考古学的理论方法。致力于搭建中外考古学桥梁的张光直在一系列文章中指出新考古学的利弊，主张应在结合中国考古学具体实践基础上对待新考古学，提出中国考古学应该走理论多元化、方法系统化、技术国际化的道路。

总之，对国外当代考古学的看法及其理论方法在中国考古学运用的研讨，如同在平静的池塘投入了一颗石子，激起片片涟漪。这对于缺少理论思维的中国考古学，是一个极具冲击力的触动。

## 四

回顾20年中国考古学走过的历程，既有取得辉煌成就的喜悦，也有在艰苦跋涉中的迷茫。如何迎接21世纪，使中国考古学取得更大的发展，是每一个考古工作者需要认真思考的问题。我们认为，跨入新世纪的中国考古学将确立“一个转化两个发展”的目标：“一个转化”是指从考古资料的描述、归纳走向解释，即由文化历史研究转向社会历史研究；“两个发展”是指考古学现代化和世界化的学科发展目标。考古学现代化包括加强理论和方法的研究，首先要注重史前考古理论和历史时期考古学方法的研究，这是当前乃至今后很长一段时间中国考古学界所面临的任务。我们不但要吸收借鉴国外已有的成功经验，而且还应该在不断完善的基础上建立起适于中国考古学发展的新理论与方法。其次，为拓宽考古学研究领域，应努力营造考古学与其他学科协作的氛围，加强与自然科学、技术科学、人文科学等学科的广泛联系。第三，加强社会考古学、民族考古学、环境考古学、动物考古学、植物考古学、分子人类学的工作。考古学现代化的宗旨是借助各种技术手段，从考古资料中获取更多的信息，提倡多学科综合研究，深入揭示古代人类的活动，阐明存在于历史发展过程中的规律，把马克思历史唯物主义的指导作用运用到历史复原的研究中去。

1993年在北京大学举行的“迎接二十一世纪的中国考古学国际学术研讨会”明确提出，下一世纪的中国考古学是走向世界的考古学。这个主旨可以引申三个含义：一是，中国历史经历了人类历史发展的全过程，作为一个古代文明中心的中国，对研究人类文明的起源及历史有着十分重要的意义。忽视对中国的研究是不全面的，所以应当让世界了解中国。二是，从中国地理位置上看，它位于欧亚草原大陆和大洋洲之间，自古就通过丝绸之路的凿通，保持着与西域国家的往来关系，同时在东北亚和东南亚产生过重要影响。用区系关系的观点看，中国只是世界的一个区，即“区系的中国”。因此有必要深入了解世界各主要文明，尤其要加强与中国相邻地区的研究，需要从宏观的角度重新审视中国。三是，国际合作是中国考古学走向世界的途径。我们不妨从某一领域开始，例如，对某一地区的调查，分别使用传统的地面调查和地理信息系统（GIS）相结合方法，使区域调查在考古研究中发挥更大作用，把从简单的发现遗址、确定文化范围上升到对社会组织与结构、文化与生态关系等更高层次的研究。最后，作为世界范围考古学的真正进步，各国考古工作者之间的沟通与合作是必然趋势，未来考古学将向着相互结合的全球一体化和多样化方向发展。

（原载《中国人文社会科学二十年》，吉林大学出版社，1999年）